十三經注疏

十三經注疏

尚書正義

［漢］孔安國 傳
［唐］孔穎達 正義
黄懷信 整理

上海古籍出版社

十三經注疏整理本編纂委員會

十三經注疏整理本序

張豈之　周天游

十三經是儒學的基本典籍，是中華傳統文化中影響至深至遠的重要文獻之一。在中國古代，堪與十三經比肩的唯有二十四史。面對這兩大文化支柱，無論是諸子還是詩文，其中雖不乏角立特出者，甚或是叛逆者，却往往只能站在歷史舞臺的邊緣，難以撼動其中心的地位。

如果説二十四史是以記實爲本，縱貫古今，鑒往説來，宣張資治，更多發揮的是實用的鏡鑒的作用，那末十三經則是整個封建社會的靈魂。自漢武帝接納董仲舒「罷黜百家，獨尊儒術」的建議，設立五經博士，立於學官之後，直至清代，經學一直是歷代統治者製定國策的理論依據，是士農工商各色人等齊家立身的行爲規範。不僅如此，十三經還被法典化，於是有了「春秋斷獄」，「禮」成了「禮法」，而且是法上之法。它更被神化、宗教化，於是儒學成爲國學、國教。它不但堂而皇之地被推廣到所有官私學校之中，又潛移默化地影響着包括目不識丁之人在内的社會不同階層的人們的思想與行爲。所以每當社會發生重大變革之際，總有人視其爲障礙，爲糟粕，必欲除之而後快；相反，也有人尊之爲聖典，爲良方，非憑其不足以安邦定國。時至今日，似依然如故。

從這一意義上講，不了解十三經，就不可能真正了解中國傳統文化，了解中國。特别是上世紀喊出「打倒孔家店」的口號之後，客觀上的確起到了振聾發聵、除舊迎新的作用，經學的地位開始一落千丈。然而正如在倒掉髒水的同時也倒掉了嬰兒一樣，十三經中的精華也同糟粕一道被棄置，殊爲可惜。更爲可怕的是，其中的許多糟粕并未得到真正的清理，又往往借尸還魂，死灰復燃，爲害社會。所以隨着時代的發展，人們對中華文化遺産更加珍視，開始呼喚讀經，呼喚科學的讀經，呼喚經學研究者在嚴謹的批判與借鑒中，讀懂十三經，並破繭而出，使經學中的合理内核與有益營養，跟現代社會達到真正的和諧與交融，發揮它應有的作用。正是基於此，我們才萌生出整理出版新版十三經注疏的最初願望。

「經」本指經綫，是布帛等織物的綱，並引申出提綱絜領、傳之久遠的含義。於是作爲基本典籍常相傳授的書，便被稱作「經」。「經」本非儒家典籍所專有。最早被稱爲「經」的書是墨經，也就是墨子。墨子有經上、經下、經説上、經説下四篇。此外，管子、韓非子也稱爲「經」。儒家之書被稱作「經」，也始於戰國，那就是「六經」。莊子天運篇曰：「孔子謂老聃曰：『丘治詩、書、禮、樂、易、春秋六經，自以爲久矣。』」又天下篇曰：「詩以道志，書以道事，禮以道行，樂以道和，易以道陰陽，春秋以道名分。其數散於天下而設於中國者，百家之學時或稱而道之。」湖北荆州郭店所出竹簡中所記「六經」經名與順序，證莊子所言不虚。這「六經」的順序保持到西漢前期。〔一〕

「六經」是夏商周三代禮制文明的結晶，大體成型於周代。春秋戰國時期，禮崩樂壞，上下陵替。隨着周王室的衰敗，「六經」也失去往日的榮耀，被棄之不用。而諸子百家乘勢而起，爲新興的貴族出謀劃策，變法圖强。孔子尊崇周制，潛心整理「六經」，試圖恢復周禮所提倡的等級秩序，以平息紛爭，因逆潮流而動，便到處碰壁，甚至陷入「惶惶若喪家之犬」的境地。當時，儒學並非顯學，「六經」也不神聖。秦併六國，天下歸一。秦始皇以法立國，一度焚書坑儒，儒家又遭沉重打擊。幸賴秦博士所藏及民間所匿，於漢初衆經才得以復出，而樂經已亡，僅餘「五經」。漢武帝之時，國力達於極盛，新的統治秩序得以鞏固，赤裸裸的法治或清静無爲的黄老之學無法滿足新秩序的需要，從此神學化的儒學脱穎而出，登上獨尊的國教地位。兩漢之際，「六經」順序有了微妙變化。漢書藝文志中六藝略所刊爲：易、書、詩、禮、樂、春秋。這順序沿用至今。而之所以有此改變，可能與劉向、劉歆當年整理文獻排列諸經成書年代次序有關。東漢時，加入了論語、孝經，除去已佚的樂經爲「七經」。唐時有「九經」之説，未見確論。據晁公武郡齋讀書志所言，至唐文宗太和年間（八二七—八三五）刻「十二經，立石國學」。這「十二經」有了實指，即易、書、詩、周禮、儀禮、禮記、春秋左氏傳、公羊傳、穀梁傳、論語、孝經、爾雅。到了宋代，經朱熹等理學家的推崇提倡，孟子進入「經」的行列，於是「十三經」始全。

十三經的成書年代，至今爭論不休。然而易經、尚書形成於西周；詩經始於西周而成於春秋；儀禮、周禮、禮記基本編定於東周，漢代有所變更；左傳、論語、孟子、爾雅成書於戰國；孝經古本完成於戰國，而改定於漢初；公羊傳、穀梁傳寫定於漢代，基本内容源出於孔子弟子之説，還是大體可信的。

中國經學的研究，從漢初算起，至今已有二千二百年之久。西漢時期，今文經控制學壇。王莽代漢，古文經學抬頭。進入東漢，更一發不可收拾，經馬融、鄭玄等大家的推動，經今古文合流，但古文經處於上風。魏晉學術爲之一變，玄學成爲顯學。而到了唐代，漢學重新流行，並以古文經爲基礎。宋時疑古之風大盛，理學一統天下，至明而不墜。清代則提倡樸學，輕虚言，重實證，追本溯源，漢學由是復興，經學研究也達到頂峰。那時相關著作，接踵問世，如納蘭性德匯刻之通志堂經解、阮元輯刻之皇清經解、王先謙輯印之皇清經解續編，動輒收書數百種，總卷帙超千卷，其他專著則數不勝數。當然影響最大、流傳最廣且久的，仍當推阮元主持修訂的十三經注疏。

阮元字伯元，號芸臺，江蘇儀徵人。乾隆五十四年（一七八九）進士，歷任翰林院編修，浙江、河南、江西巡撫，湖廣、兩廣、雲貴總督，太子少保，體仁閣大學士。道光二十九年（一八四九）卒，享年八十六歲，謚文達。據清史稿阮元傳所載，「元博學淹通，早被知遇，勅編石渠寶笈，校勘石經。再入翰林，創編國史儒林、文苑傳。至爲浙江巡撫，始手成之。集四庫未收書一百七十二種，撰提要。」又曰：「歷官所至，振興文教。在浙江立詁經精舍」，「在粵立學海堂」。「撰十三經校勘記、經籍纂詁、皇清經解百八十餘種，專宗漢學，治經者奉爲科律。」

阮元重刊宋本十三經注疏，始於嘉慶二十年（一八一五），刊成於二十一年（一八一六），可謂神速。不過其準備工作則在嘉慶四年（一七九九），在浙江創辦詁經精舍之時，當時他糾集段懋堂、何元錫、顧千里、徐新田、臧在東、孫雨人、李尚之、嚴厚民等知名學者，分撰十三經校勘記，奠定深厚基礎，所以新本一出，倍受歡迎，享譽至今。

阮刻本雖稱善本，却並非無懈可擊，其存在問題概括起來有以下四點：

一、選用底本不當。阮刻本以「重刻宋本」爲名，其中周易、尚書、毛詩、周禮、禮記、左傳、公羊傳、穀梁傳、論語、孟子等十經，以宋十行本爲據。而十行本刻於建陽坊肆，乃宋本中之下駟。相反，始於南宋初年浙東等鹽司刻本之周易、尚書、周禮三種，繼以紹熙中黄唐刻毛詩、禮記二種，因半葉八行，故稱八行本。而經注及義疏合刻始於是本，書名題有「注疏」之稱，亦始於是本，〔二〕勘刻之精審遠在十行本之上。以周禮、禮記爲例，因十行本錯而八行本不誤，阮刻校勘記可以不出者，大約在三分之一以上。

二、分卷無例。如尚書依正義作二十卷，儀禮依正義作五十卷，而周易則依經注本作九卷，與正義作十六卷異。又毛詩也依經注本作二十卷，却非正義作四十卷之舊。或依或違，所爲無定，遂使唐宋義疏原卷不可得以詳。

三、主事者意見不合，各執己見，勢同水火，正確建議未能採納，而致謬種流傳。如顧千里與段懋堂之争，事涉臧在東、何元錫二人，以至顧氏出走，爲張古餘刻儀禮注疏，以成己志。

四、急於呈送，校對未精。因阮元陞任兩廣總督，江西之盧宣旬以「創始者樂於觀成，板甫就，急思印本呈制軍，以慰其遺澤西江之意。局中襄事者未及細校，故書一出，頗有淮風別雨之訛」。〔三〕

有鑒於此，西北大學與上海古籍出版社共同發起，於一九九二年成立了新版十三經注疏整理本的編纂委員會。編委會草擬了有關的方案與體例，並約請國内十餘名中青年才俊，參預點校整理工作。各經均追本溯源，詳加考校，或採用宋八行本爲底本，或以宋早期單注、單疏本重新拼接，或取晚出佳本爲底本，在盡量恢復宋本原貌的基礎上，整理出一套新的整理本，來彌補阮刻本的不足，以期對經學研究、對中國傳統文化研究能起到推動作用，滿足廣大讀者的需要。但由於種種原因，有關工作遷延至今，這是我們深爲遺憾之處。

又當代缺乏經學大家，是客觀事實。今預役諸君各有特長，成果頗豐，但均有先天不足，不當之處，在所難免，望博雅君子，不吝賜教。

本項工作一直得到國家古籍整理出版規劃領導小組、全國高校古籍整理工作委員會以及上海古籍出版社的大力支持與幫助，在此一併致以誠摯的謝意。

二〇〇七年十一月

〔一〕參閱蔣伯潛十三經概論、楊伯峻經書淺談導言、周予同經學歷史序言、李學勤經史總説，下同，恕不一一注明。

〔二〕詳見屈萬里十三經注疏板刻述略，載屈萬里先生全集第十四册，聯經出版事業公司一九八四年版。

〔三〕見朱華臨重校宋本十三經注疏跋，載影印本十三經注疏第四頁，中華書局一九八〇年版。又參閱汪紹楹阮氏重刻宋本十三經注疏考，載文史第三輯。

校點前言

尚書，是我國現存最早的一部史書。其所涉及的時代，上自唐、虞，下迄春秋前期，長達一千三四百年，是研究這一時期歷史文化不可缺少的文獻材料。

尚書的原名就叫書。先秦文獻如左傳、墨子、孟子、韓非子等引其文，均言「書曰」。「書」字在古文字作「𦘠」，是一握筆書寫的象形，其本義即書寫。書寫的動作叫書，書寫下來的東西也就叫「書」。而在商周時代，具有書寫職能的，只有朝廷史官。所以，當時所謂書，實際上就是史官對君主言行及朝廷大事的記録，也就是歷史檔案。可見書本來就具有很高的史料價值。

書既然是史官的記録，那麽可以設想，虞夏毋論，即商周兩代，篇數也必定很多。墨子貴義篇云：「昔者周公旦朝讀書百篇。」説明當時書篇已經不少。尚書緯云尚書原有三千二百四十篇，看來并非完全没有可能。所以，春秋以後流行的定本尚書，肯定是經人删訂過的。漢代以來流行孔子删書説，看來也並非没有可能。如果結合逸周書的編定去考察，其時代也是相符的。再從思想上去分析，也頗相吻合。後代儒生們尊書爲經，看來確有道理。

尚書的流傳，自秦漢以來有着非常複雜曲折的歷史，這裏我們不能作詳細的叙述，而一般讀者，似乎也無需去深究它。但是，像「今文尚書」、「古文尚書」這樣的名稱，似乎還是應當瞭解。「今、古文」，是漢代人提出的概念。所謂「今文尚書」，就是用「今文」、即漢代通行的文字書寫的尚書；「古文尚書」，就是用「古文」、即先秦文字書寫的尚書。由於文字不同，師説不同，從而形成兩種不同的版本。

今本尚書有序一百篇，有文五十八篇，遞經唐、宋、明、清各代學者如吴棫、梅鷟、閻若璩、惠棟等人的考證，被判定爲僞古文尚書。就是説，它已經不是真正的古文尚書，而是後人僞造的古文尚書。據考證，五十八篇中，包括今文尚書三十三篇，它們是：

虞書：堯典、舜典、臯陶謨、益稷。

夏書：禹貢、甘誓。

商書：湯誓、盤庚上、盤庚中、盤庚下、高宗肜日、西伯戡黎、微子。

周書：牧誓、洪範、金縢、大誥、康誥、酒誥、梓材、召誥、洛誥、多士、無逸、君奭、多方、立政、顧命、康王之誥、吕刑、文侯之命、費誓、秦誓。

剩下的二十五篇「僞古文」分别是：

虞書：大禹謨。

夏書：五子之歌、胤征。

商書：仲虺之誥、湯誥、伊訓、太甲上、太甲中、太甲下、咸有一德、説命上、説命中、説命下。

周書：泰誓上、泰誓中、泰誓下、武成、旅獒、微子之命、蔡仲之命、周官、君陳、畢命、君牙、冏命。

三十三篇今文，實際上就是漢初伏生所傳的二十八篇，其中舜典析自堯典，益稷析自臯陶謨，康王之誥析自顧命，盤庚三篇原爲一篇。二十五篇「僞古文」，現在看來也並非全部没有根據，有重作考證的必要。但是，我們還是應當承認，二十五篇之中，確實有後人的作品。如武成一篇，真武成實際上就是逸周書中的世俘篇，世俘開篇曰：「維四月乙未日，武王成辟。」武成篇名，即取「武王成辟」句中「武」、「成」二字，這是尚書諸篇命名的通例；今本尚書武成篇則無此文。孔傳釋「武成」二字爲「武功成」，顯然不符合尚書通例，因此可以斷定其非真武成。然而其内容，則並非出於杜撰。觀其所記之事，在國語、逸周書、孟子、尚書他篇及其他先秦文獻中似皆約略可以看到，所以它至少也是搜集連綴古籍而成的文獻，因而也具有一定的價值。

今本各篇還附有孔安國的注，即所謂孔傳，及孔安國尚書序。孔傳連同孔序，向來也被判爲後人僞托，稱之爲「僞孔傳」。判其爲僞的主要依據，一是史記、漢書中没有提到孔安國爲尚書作注，一是孔傳中一些地名出於孔安國之後。對此，我們可以有不同的看法。

首先，史記、漢書没有記載，不等於史無其事。其次，所謂「傳」，不必爲本人親作。釋名云：「傳，傳(chuán)也，傳以示人也。」可見「傳」本來只是傳的意思。徐彦公羊傳解詁序引戴宏曰：「子夏傳與公羊高，高傳與其子平，平傳與其子地，地傳與其子敢，敢傳與其子壽，至景帝時，壽乃與齊人胡毋子都著竹帛。題其親師，故曰『公羊傳』。」可見所謂公羊傳，乃只是題其親師，並非公羊氏親著竹帛。公羊傳如此，那麽孔安國傳未嘗不可以如此。所以，所謂的孔安國傳，很可能就是傳自孔安國的尚書注。最後寫定，可能是他的後人或門徒。題其始作，所以稱之爲「孔安國傳」。孔傳當時之所以叫「傳」而不叫「注」，恐怕就是這個原因。如果與孔叢子、小爾雅等書去對照，孔傳出自孔家學者，也是極有可能的。既如此，那麽其晚出或者中間夾有後起的地名，也就不足爲奇了。總之我們認爲，所謂「僞孔傳」，至少是與孔安國有一定關係，被後人强加上的「僞」字，應當去掉。至於究竟是由何人最終寫定並傳出，還有待作進一步的考證，這當然也牽連到二十五篇「僞古文」的撰作問題。

尚書正義，是唐太宗貞觀年間孔穎達、王德韶、李子雲等人奉詔修撰，高宗永徽年間長孫無忌等人重加勘定而成的。由於是由朝廷頒行作爲科舉考試的統一標準的釋義，所以稱之爲「正義」。正義吸收、甄録了南北朝以來特别是隋初各家如費甝、劉焯、劉炫等人的舊疏，以孔傳爲正注，對尚書經文及孔傳作了淋漓盡致的發揮與疏解，儘管缺點與錯誤很多，但畢竟成爲一代權威性的著作。正義保留了不少前人舊注，至今仍是學習研究尚書的重要材料。

尚書的版本，現存最早的是唐開成石經。石經所用，實際上就是正義所解的孔傳本，只是改古字爲今字而已。（按：唐玄宗天寶三年，詔集賢學士衛包改古文從今文。）石經以後，各種不同的尚書版本，實際上都是以石經爲底本。這自然也是唐人刻石經的初衷所在。尚書正義，至遲在南宋光宗以前，就有完整的經、傳、疏合刻本。今古逸叢書所收宋刻尚書正義卷末載三山黄唐壬子（紹熙三年）

六經疏義跋云：「六經疏義，自京監、蜀本皆省正文及注，又篇章散亂，覽者病焉。本司舊刊易、書、周禮，正經、注、疏萃見一書，便於披繹。……紹熙辛亥（二年）遂取毛詩、禮記疏義，如前三經編彙，精加讎正，用鋟諸木，庶廣前人之所未備。」黄氏所云「本司」，不知何司，要尚書經、傳、疏合刻當自其始，而單疏本之刻又更在其前。黄跋作於壬子年，即光宗紹熙三年，而云紹熙辛亥（二年）刻毛詩、禮記之時，書已有舊刻，今本載有跋文，當是壬子以後重印之時所附。須加説明的是，阮元所見黄唐跋文「紹熙辛亥」作「紹興辛亥」，一字之差，時間提前了六十年。他因而作出了另樣的推斷：「蓋注疏合刻起於南北宋之間，而易、書、周禮先刻，當在北宋之末也。」（見尚書注疏校勘記序末列引據各本目録「宋板」下之説明。）總之，今該本當爲現存最早的尚書經、傳、疏合刻本。今該本無有釋文，則釋文之附，又在其後。

自爾以降，由於輾轉翻刻，訛謬日出，加上原有的錯誤，所以自宋人即有校勘。如毛居正氏，便作有六經正誤。元明兩代，也有大作。如元王天與尚書纂傳、明陳士元五經異文等，都很有名。清代較早的名校，有沈廷芳十三經注疏正字、顧炎武九經誤字、盧文弨尚書注疏校正、段玉裁尚書考異等。嘉慶年間，阮元重刊宋本十三經注疏，命貢生徐養原裒集衆本，廣參前校，詳加校勘，並親作裁定，撰成尚書注疏校勘記附於卷末，成爲一代名校。阮校雖然作出不少貢獻，但也有明顯的缺陷與錯誤。所以刊行之後，仍是校家輩出。如齊召南、俞樾、劉承幹、孫詒讓、于鬯等，均多有發明。但各家之校，終不如阮校系統全面，所以最終不能取代阮校。今天看來，阮校的最大缺陷，是所用底本欠佳，因而作出許多不必要的校記甚至誤校，這或許與他没有看到更好的版本有關。今古逸叢書三編所收之宋刻尚書正義，乃清人楊守敬於光緒十年（一八八四）自日本大板人家購歸之本。以之校阮本，則多優越之處，故今取做底本，而陸氏釋文，則别取宋刻本補入。

這次校勘，所據校之舊本凡一十一種，參考前人校勘成果凡一十四家。另外，一些引文還查校了原書。總之材料不可謂不多，但最終之校記却不如阮多。主要原因，是底本較好。同時，爲了減少學術上的混亂，對一些没有校勘價值的異文，也没有出列。

以下是此次整理工作之凡例。

一、本編尚書經文、孔安國傳文、孔穎達疏文，均以古逸叢書三編所收之北京圖書館所藏南宋刻尚書正義本爲底本；陸德明音義，以上海古籍出版社一九八〇年據北京圖書館所藏宋刻經典釋文影印本爲底本補入。

一、凡底本明顯之筆誤字（如「在（左）傳」、「傳（傅）會」之類），均逕作改正，不出校。

一、凡他本誤而底本不誤者，一般不出校，以免徒增混亂。

一、個别底本雖不誤而前人或以爲誤者，則出校辨説之，以杜防謬説流傳。

一、凡底本確誤而他本不誤者，酌情改從他本，並出校説明之。

一、釋文系於注後，前冠「〇」符號以作區别。

一、凡底本中每段疏文開首之「正義曰」三字，皆予删除。

由於水平與功力所限，儘管主觀上想作得更加周到與完善，但實際上肯定還會有不少錯誤與疏漏，惟讀者諸君指摘補正之。

整理者

目録

附録

尚書正義序

孔穎達

夫書者，人君辭誥之典，右史記言之策。古之王者，事總萬機，發號出令，義非一揆：或設教以馭下，或展禮以事上，或宣威以肅震曜，或敷和而散風雨。得之則百度惟貞，失之則千里斯謬。樞機之發，榮辱之主，絲綸之動，不可不慎。所以辭不苟出，君舉必書，欲其昭法誡，慎言行也。其泉源所漸，基於出震之君；黼藻斯彰，郁乎如雲之后。勳、華揖讓而典、謨起，湯、武革命而誓、誥興。

先君宣父，生於周末，有至德而無至位，修聖道以顯聖人，芟煩亂而翦浮辭，舉宏綱而撮機要，上斷唐、虞，下終秦、魯；時經五代，書總百篇。採翡翠之羽毛，拔犀象之牙角。罄荆山之石，所得者連城；窮漢水之濱，所求者照乘。巍巍蕩蕩，無得而稱；郁郁紛紛，於斯爲盛。斯乃前言往行，足以垂法將來者也。

暨乎七雄已戰，五精未聚，儒雅與深穽同埋，經典共積薪俱燎。漢氏大濟區宇，廣求遺逸，採古文於金石，得今書於齊魯。其文，則歐陽、夏侯二家之所説，蔡邕碑石刻之。古文則兩漢亦所不行。安國注之，寔遭巫蠱，遂寑而不用。歷及魏、晉，方始稍興，故馬、鄭諸儒莫覩其學，所注經傳，時或異同。晉世皇甫謐獨得其書，載於帝紀。其後傳授，乃可詳焉。但古文經雖然早出，晚始得行，其辭富而備，其義弘而雅，故復而不厭，久而愈亮，江左學者，咸悉祖焉。

近至隋初，始流河朔。其爲正義者，蔡大寶、巢猗、費甝、顧彪、劉焯、劉炫等。其諸公旨趣多或因循，怗釋注文，〔一〕義皆淺略，惟劉焯、劉炫，最爲詳雅。然焯乃織綜經文，穿鑿孔穴，〔二〕詭其新見，異彼前儒，非險而更爲險，無義而更生義。竊以古人言誥，惟在達情，雖復時或取象，不必辭皆有意。若其言必託數，經悉對文，斯乃鼓怒浪於平流，震驚飆於静樹，使教者煩而多惑，學者勞而少功。過猶不及，良爲此也。炫嫌焯之煩雜，就而删焉。雖復微稍省要，又好改張前義，義更太略，辭又過華，雖爲文筆之善，乃非開奬之路。義既無義，文又非文，欲使後生若爲領袖，此乃炫之所失，未爲得也。

今奉明敕，考定是非，謹罄庸愚，竭所聞見，覽古人之傳記，質近代之異同，存其是而去其非，削其煩而增其簡。此亦非敢臆説，必據舊聞。謹與朝散大夫行太學博士臣王德韶、前四門助教臣李子雲等，謹共銓叙。〔三〕至十六年，又奉敕與前修疏人及通直郎行四門博士驍騎尉臣朱才干、〔四〕給事郎守四門博士上騎都尉臣蘇德融、登仕郎守太學助教雲騎尉臣隨德素、儒林郎守四門助教雲騎尉臣王士雄等，對敕使趙弘智覆更詳審，爲之正義，凡二十卷。庶對揚於聖範，冀有益於童稚。略陳其事，叙之云爾。

校勘記

〔一〕怗釋注文　「怗」，正字疑是「詁」字誤，阮疑是「帖」字誤。今按：或是「拈」字形近而訛。公羊傳僖公四年「桓公救中國，卒怗荆」釋文：「『怗』，一本作『拈』。」

〔二〕穿鑿孔穴　舊作「穴鑿孔宂」，據殿本、阮本改。

〔三〕謹共銓敘　殿本「銓」作「詮」，用本字。

〔四〕朱才于　「才于」諸本作「長才」，當是。

尚書正義卷第一

尚書序

○此孔氏所作，述尚書起之時代，並敘爲注之由，故相承講之，今依舊爲音。

【疏】道本沖寂，非有名言。既形以道生，物由名舉，則凡諸經、史，因物立名。物有本形，形從事著。聖賢闡教，事顯於言。言愜羣心，書而示法，既書有法，因號曰「書」。後人見其久遠，自於上世。尚者，上也。言此上代以來之書，故曰「尚書」。且言者意之聲，書者言之記，是故存言以聲意，立書以記言。故易曰：「書不盡言，言不盡意。」是言者意之筌蹄，書、言相生者也。書者，舒也。書緯璿璣鈐云：「書者，如也。」則書者，寫其言，如其意，情得展舒也。又劉熙釋名云：「書者，庶也，以記庶物。又爲著，言事得彰著。」五經、六籍皆是筆書，此獨稱「書」者，以彼五經者非是君口出言，即書爲法，所書之事各有云爲，遂以所爲別立其稱。稱以事立，故不名「書」。至於此書者，本書君事，事雖有別，正是君言，言而見書，因而立號，以此之故，名異諸部。但諸部之書，隨事立名，名以事舉。要名立之後，亦是筆書，故百氏六經，總曰書也。論讖所謂「題意別名，各自載耳」。昭二年左傳曰：「晉韓起適魯，觀書於太史氏，見易象與魯春秋。」此總名書也。「序」者，言序述尚書起訖、〔一〕存亡、注説之由。序爲尚書而作，故曰「尚書序」。周頌曰：「繼序思不忘。」毛傳云：「序者，緒也。」則緒述其事，使理相胤續，〔二〕若繭之抽緒。但易有序卦，子夏作詩序，孔子亦作尚書序。故孔君因此作序名也。鄭玄謂之「贊」者，以序不分散，避其「序」名，故謂之「贊」。贊者，明也，佐也。佐成序義，明以注解故也。安國以孔子之序分附篇端，故已之總述亦謂之「序」。事不煩重，義無所嫌故也。

古者伏犧氏之王天下也，始畫八卦，造書契，以代結繩之政，由是文籍生焉。○伏犧氏，伏古作虙，犧，本又作羲，亦作戲，許皮反。説文云：「賈侍中説此犧非古字。」張揖字詁云：「羲，古字；戲，今字。」一號庖犧氏，三皇之最先，風姓，母曰華胥，以木德王，即太皡也。王，于況反。畫，乎麥反。卦，俱賣反。契，苦計反。書者，文字；契者，刻木而書其側，故曰「書契」也。一云以書契約其事也。鄭玄云：「以書書木邊，言其事，刻其木，謂之書契也。」結繩，易繫辭云：「上古結繩以治，後世聖人易之以書契。」文，字也。〔三〕籍，籍書。

【疏】「古者」至「生焉」　代結繩者，言前世之政用結繩，今有書契以代之。則伏犧時始有文字以書事，故曰由是文籍生焉。自今本昔曰「古」。古者以聖德伏物，教人取犧牲，故曰「伏犧」。字或作「宓犧」，音亦同。律曆志曰：「結作網罟，以取犧牲，故曰伏犧。或曰『包犧』，言取犧而包之。」顧氏讀「包」爲庖，取其犧牲以供庖廚。顧氏又引帝王世紀云：「伏犧母曰華胥。有巨人跡出於雷澤，華胥以足履之，有娠，生伏犧於成紀，蛇身人首。」月令云：「其帝太昊。」繫辭云「古者包犧氏之王天下也」，是直變「包」言「伏」耳。則伏犧是皇，言「王天下」者，以皇與帝、王據跡爲優劣，通亦爲王。故禮運云「昔者先王」，亦謂上代爲王。但自下言之，則以上身爲王，據王身於下，謂之王天下也。知伏犧始畫八卦者，以繫辭云「包犧氏之王天下也」，後乃云「始畫八卦，以通神明之德，以類萬物之情」，故知之也。知時造書契以代結繩之政者，亦以繫辭云「上古結繩而治，後世聖人易之以書契，蓋取諸『夬』」，是造書契可以代結繩也。彼直言後世聖人，知是伏犧者，以理比況而知。何則？八卦畫萬物之象，文字書百事之名，故繫辭曰：「仰則觀象於天，俯則觀法於地。觀鳥獸之文與地之宜，近取諸身，遠取諸物，始畫八卦。」是萬象見於卦。然畫亦書也，與卦相類，故知書契亦伏犧時也。由此，孔意正欲須言伏犧時有書契，本不取於八卦。今云「八卦」者，明書、卦相類，據繫辭有「畫八卦」之成文而言，明伏犧造書契也。言結繩者，當如鄭注云：「爲約，事大，大其繩；事小，小其繩。」王肅亦曰「結繩，識其政事」是也。言「書契」者，鄭云：「書之於木，刻其側爲契，各持其一，後以相考合，若結繩之爲治。」孔無明説，義或當然。説文云：「文者，物象之本也。籍者，借也。」借此簡書以記録政事，故曰「籍」。「蓋取諸『夬』」，「夬」者，決也，言文籍所以決斷，宣揚王政，是以夬。繇曰：「揚于王庭。」繫辭云「包犧氏之王天下」，又云「作結繩而爲罔罟，〔四〕蓋取諸『離』」。彼謂結罔罟之繩，與結爲政之繩異也。若然，尚書緯及孝經讖皆云三皇無文字，又班固、馬融、鄭玄、王肅諸儒皆以爲文籍初自五帝，亦云三皇未有文字，與此説不同，何也？又蒼頡造書，出於世本，蒼頡豈伏犧時乎？且繫辭云黄帝、堯、舜爲九事之目，末乃云「上古結繩以治，後世聖人易之以書契」，是後世聖人即黄帝、堯、舜，何得爲伏犧哉？孔何所據，而更與繫辭相反？如此不同者，藝文志曰：「仲尼没而微言絶，七十子喪而大義乖。」況遭秦焚書之後，羣言競出，其緯文鄙近，不出聖人，前賢共疑，有所不取。通人考正，僞起哀、平。則孔君之時，未有此緯，何可引以爲難乎？其馬、鄭諸儒以據文立説，見後世聖人在九事之科，便謂書起五帝，自所見有異，亦不可難孔也。而繫辭云「後世聖人」在九事之下者，有以而然。案彼文先歷説伏犧、神農「蓋取」，下乃云：「黄帝、堯、舜垂衣裳而天下治，蓋取諸『乾』『坤』。」是黄帝、堯、舜之事也。又舟楫取「涣」、服牛取「隨」、重門取「豫」、臼杵取「小過」、弧矢取「睽」，此五者時無所繫，在黄帝、堯、舜時以否，皆可以通也。至於宫室、葬與書契，皆先言「上古」、「古者」，乃言「後世聖人易之」，則別起事之端，不指黄帝、堯、舜時。以此葬事云「古……者」不云「上古」，而云「易之以棺槨」，棺槨自殷湯而然，非是彼時之驗，則上古結繩，何廢伏犧前也？其蒼頡則説者不同，故世本云：「蒼頡作書。」司馬遷、班固、韋誕、宋忠、傅玄皆云：「蒼頡，黄帝之史官也。」崔瑗、曹植、蔡邕、索靖皆直云：「古之王也。」徐整云在神農、黄帝之間，譙周云在炎帝之世，衛氏云當在庖犧蒼帝之世，慎到云在庖犧之前。張揖云：「蒼頡爲帝王，生於禪通之紀。」廣雅曰：「自開闢至獲麟，二百七十六萬歲，分爲十紀。」則大率一紀二十七萬六千年。十紀者：九頭，一也；五龍，二也；攝提，三也；

合雒，四也；連通，五也；序命，六也；循飛，〔五〕七也；因提，八也；禪通，九也；疏訖，〔六〕十也。如揖此言，則蒼頡在獲麟前二十七萬六千餘年。是說蒼頡其年代莫能有定，亦不可以難孔也。然紀自燧人而下，揖以爲自開闢而設，又伏犧前六紀後三紀，亦爲據張揖、慎到、徐整等說，亦不可以年斷。其疏訖之紀，似自黃帝爲始耳。又依易緯通卦驗，燧人在伏犧前，「表計寘其刻曰：『蒼牙通靈，昌之成，孔演命，明道經。』」鄭玄注云：「刻謂刻石而記識之。」據此，伏犧前已有文字矣。又陰陽書稱天老對黃帝云：「鳳皇之象，首戴德，背負仁，頸荷義，膺抱信，足履政，尾繫武。」又山海經云：「鳳皇首文曰德，翼文曰義，背文曰順，〔七〕膺文曰仁，腹文曰信。」又易繫辭云：「河出圖，洛出書，聖人則之。」是文字與天地並興焉。又韓詩外傳稱古封太山、禪梁甫者萬餘人，仲尼觀焉，不能盡識。又管子書稱管仲對齊桓公曰：「古之封太山者七十二家，夷吾所識，十二而已。」首有「無懷氏封太山，禪云云」。其登封者告刻石紀號，但遠者字有雕毀，故不可識。則夷吾所不識者六十家，又在無懷氏前。孔子覩而不識，又多於夷吾。是文字在伏犧之前已自久遠，何怪伏犧而有書契乎？如此者，蓋文字在三皇之前未用之教世，至伏犧乃用造書契以代結繩之政，是教世之用。猶燧人有火，中古用以燔黍捭豚，後聖乃修其利相似。文字理本有之，用否隨世而漸也。若然，惟繫辭至神農始有「噬嗑」與「益」，則伏犧時其卦未重，當無雜卦。而得有「取諸『夬』」者，此自鄭玄等說耳。案說卦曰：「昔者聖人幽贊於神明，而生蓍。」繫辭曰：「天生神物，聖人則之。」則伏犧用蓍而筮矣。故鄭注說卦亦曰：「昔者聖人，謂伏犧文王也。」繫辭又曰：「十有八變而成卦。」是言爻皆三歸奇爲三變，十八變，則六爻明矣。則筮皆六爻。伏犧有筮，則有六爻，何爲不重，而怪有夬卦乎？

伏犧、神農、黃帝之書，謂之三墳，言大道也；少昊、顓頊、高辛、唐、虞之書，謂之五典，言常道也。○神農，炎帝也，姜姓，母曰女登。以火德王，三皇之二也。黃帝，軒轅也，姬姓，少典之子，母曰付寶。〔八〕以土德王，三皇之三也。史記云：姓公孫，名軒轅，一號有熊氏。三墳，扶云反。墳，大也。〔九〕少，施照反。昊，胡老反。少昊金天氏，名摯字青陽，一曰玄囂。己姓，黄帝之子，母曰女節。以金德王，五帝之最先。顓音專。頊音許玉反。顓頊高陽氏，姬姓，黄帝之孫，昌意之子，母曰景僕，謂之女樞。以水德王，五帝之二也。高辛，帝嚳也，姬姓。嚳音口毒反。母不見。〔一〇〕以木德王，五帝之三也。唐，帝堯也，姓伊耆氏。堯初爲唐侯，後爲天子，都陶，故號陶唐氏。帝嚳之子，帝摯之弟，母曰慶都。以火德王，五帝之四也。虞，帝舜也。姓姚氏，國號有虞，顓頊六世孫，瞽叟之子，母曰握登。以土德王，五帝之五也。先儒解三皇、五帝，並與孔不同，〔一一〕並見發題。

【疏】「伏犧」至「常道也」 墳，大也。以所論三皇之事其道至大，故曰「言大道也」。以「典」者，常也，言五帝之道可以百代常行，故曰「言常道也」。此三皇、五帝，或舉德號，或舉地名，或直指其人，言及稱便，〔一二〕不爲義例。顧氏引帝王世紀云：「神農母曰女登，有神龍首感女登，而生炎帝，人身牛首。黄帝母曰附寶，見大電光繞北斗樞星，附寶感而懷孕，二十四月而生黄帝，日角龍顔。少昊金天氏，母曰女節，有星如虹下流，意感而生少昊。顓頊母曰景僕，昌意正妃，謂之女樞，有星貫月如虹，感女樞於幽房之宫，而生顓頊。堯母曰慶都，觀河遇赤龍，晻然陰風，感而有孕，十四月而生堯。」又云：「舜母曰握登，見大虹，感而生舜。」此言謂之三墳、謂之五典者，因左傳有「三墳、五典」之文，故指而謂之。然五帝之書皆謂之典，則虞書皋陶謨、益稷之屬亦應稱典。所以别立名者，若主論帝德，則以「典」爲名；其臣下所爲，隨義立稱。其三墳直云「言大道也」，五典直云「言常道也」，不訓「墳」、「典」之名者，以「墳，大」；「典，常」，常訓可知，故略之也。常道所以與大道爲異者，以帝者公平天下，其道可以常行，故以典言之；而皇優於帝，其道不但可常行而已，又更大於常，故言「墳」也。此爲對例耳。雖少有優劣，皆是大道，並可常行，故禮運以大道之行爲五帝時也。〔一三〕然帝號同天，名所莫加，優而稱皇者，以皇是美大之名，言大於帝也。故後代措廟立主，尊之曰皇，生者莫敢稱焉。而士庶祖父稱曰皇者，以取美名可以通稱故也。案左傳止有三墳、五典，〔一四〕不言墳是三皇之書、典是五帝之書。孔知然者，案今堯典、舜典是二帝二典，推此二典而上，則五帝當五典，是五典爲五帝之書。今三墳之書在五典之上，數與三皇相當，「墳」又大名，與「皇」義相類，故云三皇之書爲三墳。孔君必知三皇有書者，案周禮外史職「掌三皇、五帝之書」，〔一五〕是其明文也。鄭玄亦云其書即三墳、五典。但鄭玄以三皇無文，或據後録定。孔君以爲：書者記當時之事，不可以在後追録。若當時無書，後代何以得知其道也？此亦孔君所據三皇有文字之驗耳。鄭玄注中候，依運斗樞以伏犧、女媧、神農爲三皇。又云五帝坐〔一六〕帝鴻、金天、高陽、高辛、唐、虞氏。知不爾者，孔君既不依緯，不可以緯難之。又易「興」「作」之條不見有女媧，何以輒數？又鄭玄云：「女媧修伏犧之道，無改作。」則已上修舊者衆，豈皆爲皇乎？既不數女媧，不可不取黄帝以充三皇耳。又鄭玄數五帝，何以六人？或爲之説云：〔一七〕德協五帝座，〔一八〕不限多少，故六人亦名五帝。若六帝，何有五座？而皇指大帝，所謂耀魄寶，止一而已，本自無三皇，何云三皇？豈可三皇數人，五帝數座，二文舛互，自相乖阻也？其諸儒説三皇或數燧人、或數祝融，以配犧、農者，其五帝皆自軒轅，不數少昊，斯亦非矣。又燧人，〔一九〕説者以爲伏犧之前。據易曰「帝出於震」，震，東方，其帝太昊。又云「古者包犧氏之王天下也」，言古者制作莫先於伏犧，〔二〇〕何以燧人厠在前乎？又祝融及顓頊以下，火官之號，金天已上，百官之號，以其徵五經，無云祝融爲皇者，縱有，不過如共工氏。共工有水瑞，乃與犧、農、軒、摯相類，尚云霸其九州，祝融本無此瑞，何可數之乎？左傳曰：「少昊之立，鳳鳥適至。」於月令又在秋享食，所謂白帝之室者也，何爲獨非帝乎？故孔君以黄帝上數爲皇，少昊爲五帝之首耳。若然，案今世本帝繫及大戴禮五帝德並家語宰我問、太史公五帝本紀，皆以黄帝爲五帝，此乃史籍明文，而孔君不從之者。孟軻曰：「信書不如其無書。吾於武成，取二三策而已。」言書以漸染之濫也。孟軻已然，況後之説者乎？又帝繫、本紀、家語、五帝德皆云：少昊即黄帝子青陽是也；顓頊，黄帝孫、昌意子；帝嚳高辛氏，爲黄帝曾孫、玄囂孫、僑極子；〔二一〕堯爲帝嚳子；舜爲顓頊七世孫。此等之書，説五帝而以黄帝爲首者，原由世本經於暴秦，爲儒者所亂；家語則王肅多私定；大戴禮、本紀，出於世本，以此而同。蓋以少昊而下，皆出黄帝，故不得不先説黄帝，因此謬爲五帝耳。亦由繫辭以黄帝與堯、舜同事，故儒者共數之焉。孔君今者意以月令春曰太昊、夏曰炎帝、中央曰黄帝，依次以爲三皇。又依繫辭先包犧氏王；没，神農氏作；又没，黄帝氏作，亦文相次。皆著作見於易，此三皇之明文也。月令秋曰少昊，冬曰顓頊，自此爲五帝。然黄帝是皇，今言帝不云皇者，以皇亦帝也，别其美名耳。太昊爲皇，月令亦曰「其帝太昊」，易曰「帝出於震」是也。又軒轅之稱黄帝，猶神農之云炎帝。神農於月令爲炎帝，不怪炎帝爲皇，何怪軒轅稱帝？而梁王云：「書起軒轅，同以燧人爲皇。其五帝自黄帝至堯而止，知帝不可以過五，故曰舜非三王，〔一二〕亦非五帝，與三王爲四代而已。」其言與詩之爲體不雅則風，除皇已下不王則帝。何有非王非帝，以爲何人乎？典、謨皆云「帝曰」，非帝如何？

至于夏、商、周之書，雖設教不倫，雅誥奥義，其歸一揆。〇夏，禹天下號也。以金德王，三王之最先。商，湯天下號也。亦號殷。以水德王，三王之二也。周，文王、武王有天下號也。以木德王，三王之三也。雅誥，故報反，告也，示也。奥義，烏報反，深也。一揆，葵癸反，度也。

【疏】「至于」至「一揆」　既皇書稱「墳」、帝書稱「典」，除皇與帝墳、典之外，以次累陳，故言至於夏、商、周三代之書。雖復當時所設之教，與皇及帝墳、典之等不相倫類，要其言皆是雅正辭誥，有深奥之義，其所歸趣，與墳、典一揆。明雖事異墳、典，而理趣終同，故所以同入尚書，共爲世教也。孔君之意，以墳、典亦是尚書，故此因墳、典而及三代。下云「討論墳、典，斷自唐、虞以下」，是墳、典亦是尚書之内，而外史偏掌之者，〔一三〕以其遠代故也。此既言墳、典，不依外文連類，解八索、九丘而言三代之書厠於其間者，孔意以墳、典是尚書，丘、索是尚書外物，欲先説尚書事訖，然後及其外物，故先言之也。夏、商、周之書，皆訓、誥、誓、命之事，言「設教」者，以此訓、誥、誓、命即爲教而設，故云設教也。言「不倫」者，倫，類也，三代戰争，不與皇、帝等類。若然，五帝稱「典」，三王劣而不倫，不得稱「典」，則三代非典，不可常行，何以垂法乎？然三王世澆，不如上代，故隨事立名。雖篇不目「典」，理實是典，故曰「雅誥奥義，其歸一揆」，即爲典之謂也。然三王之書，惟無典、謨，以外訓、誥、誓、命、歌、貢、征、範，類猶有八。獨言誥者，以别而言之。其類有八，文從要約，一誥兼焉。何者？以此八事皆有言以誥示，故總謂之「誥」。又言「奥義」者，指其言謂之誥，論其理謂之義，故以義配焉。言「其歸一揆」，見三代自歸於一，亦與墳、典爲一揆者，況喻之義。假譬人射，莫不皆發，志揆度於的，猶如聖人立教，亦同揆度於至理，故云一揆。

是故歷代寶之，以爲大訓。

【疏】顧命云：「越玉五重，陳寶。」即以赤刀、大訓在西序，〔二四〕是「寶之，以爲大訓」之文。彼注以典、謨爲之，與此相當。要六藝皆是，此直爲書者，指而言之，故彼注亦然也。彼直周時寶之，此知歷代者，以墳、典久遠，周尚寶之，前代可知，故言歷代耳。

八卦之説，謂之八索，求其義也。九州之志，謂之九丘。丘，聚也。言九州所有土地所生、風氣所宜，皆聚此書也。〇八索，所白反，下同，求也。徐音素。本或作「素」。

【疏】「八卦」至「此書也」。以墳、典因外文，而知其丘、索與墳、典文連，故連而説之。故總引傳文以充足己意，且爲於下見與墳、典俱被黜削，故説而以爲首引。言爲論八卦事義之説者，其書謂之八索；其論九州之事所有志記者，其書謂之九丘。所以名「丘」者，以丘，聚也，言於九州當有土地所生之物、風氣所宜之事，莫不皆聚見於此書，故謂之九丘焉。然八卦言之「説」，九州言之「志」，不同者，以八卦交互相説其理，九州當州有所志識，以此而不同。此「索」謂求索，亦爲蒐索，以易八卦爲主，故易曰：「八卦成列，象在其中矣。因而重之，爻在其中矣。」又曰：「八卦相盪。」是六十四卦、三百八十四爻，皆出於八卦。就八卦而求其理，則萬有一千五百二十策，天下之事得，故謂之索，非一索、再索而已。此「索」於左傳亦或謂之「素」。〔二五〕説有不同，皆後人失其真理，妄穿鑿耳。其九丘，取名於「聚」，義多如山丘，故爲「聚」。左傳或謂之「九區」，得爲説當九州之區域，義亦通也。又言九州所有，此一句與下爲總，即土地所生、風氣所宜，是所有也。言「土地所生」，即其動物、植物，大率土之所生，不出此二者。又云「風氣所宜」者，亦與土地所生大同。何者？以九州各有土地，有生與不生，由風氣所宜與不宜，此亦職方、禹貢之類。別而言之，土地所生，若禹貢之厥貢、厥篚也；風氣所宜，若職方其畜宜若干、其民若干男若干女是也。上「墳」、「典」及「索」不別訓之，以可知，故略之。「丘」訓既難，又須別言「九州所宜」已下，故先訓之，於下結義，故云「皆聚此書」也。

春秋左氏傳曰：楚左史倚相，「能讀三墳、五典、八索、九丘」，即謂上世帝王遺書也。○左史，史官，在左。倚，於綺反，劉琴綺反。相，息亮反。倚相，楚靈王時史官也。

【疏】「春秋」至「遺書也」 以上因有外文言「墳」、「典」、「丘」、「索」而謂之，故引成文以證結之。此昭十二年左傳楚靈王見倚相趨過，告右尹子革以此辭，知「倚相」是其名字。蓋爲太史而主記左動之事，謂之左史。不然，或楚俗與諸國不同，官多以左右爲名，或別有此左史乎。彼子革答王云：「倚相，臣問祈招之詩而不知，若問遠焉，其焉能知之？」彼以爲倚相不能讀之，此云能者，以此據左傳成文，因王言而引之。假不能讀，事亦無妨，況子革欲開諫王之路，倚相未必不能讀也。言此「墳」、「典」、「丘」、「索」，即此書是謂上世帝王遺餘之書也。以楚王論時已在三王之末，故云遺書。其丘、索知是前事，亦不知在何代，故直總言帝王耳。

先君孔子，生於周末。覩史籍之煩文，懼覽者之不一，〔二六〕遂乃定禮、樂，明舊章，刪詩爲三百篇，約史記而修春秋，讚易道以黜八索，述職方以除九丘。○刪，色姦反。以黜，丑律反。

【疏】「先君」至「九丘」。既結申帝王遺書，欲言孔子就而刊定。孔子世家云：安國是孔子十一世孫。而上尊先祖，故曰先君。穀梁以爲魯襄公二十一年冬十月庚子孔子生。〔二七〕左傳哀公十六年夏四月己丑孔子卒。計以周靈王時生，敬王時卒，故爲周末。上云文籍，下云滅先代典籍，此言史籍。籍者，古書之大名。由文而有籍，謂之文籍；因史所書，謂之史籍；可以爲常，故曰典籍：義亦相通也。但上因書契而言文，下傷秦滅道以稱典，於此言史者，不但義通上下，又以此史籍不必是先王正史，是後代好事者作。以此，懼其不一，故曰蓋有不知而作之者，我無是也。先言定禮、樂者，欲明孔子欲反於聖道，以歸於一，故先言其舊行可從者。修而不改曰定，就而減削曰刪，準依其事曰約，因而佐成曰贊，顯而明之曰述。各從義理而言，獨禮、樂不改者，以禮、樂聖人制作，已無貴位，故因而定之。又云明舊章者，即禮、樂、詩、易、春秋是也。以易道、職方與黜八索、除九丘相對，其約史記以刪詩、書爲偶，其定禮、樂文孤，故以「明舊章」配之，作文之體也。易亦是聖人所作，不言定者，以易非如禮、樂人之行事，不須云定。又因而爲作十翼，故云贊耳。易文在下者，亦爲黜八索與除九丘相近故也。爲文之便，不爲義例。孔子之修六藝年月，孔無明說。論語曰：「吾自衛反魯，然後樂正，雅、頌各得其所。」則孔子以魯哀公十一年反魯爲大夫，十二年孟子卒，孔子弔，則致仕，時年七十以後。修，述也。詩有序三百一十一篇，〔二八〕全者三百五篇。云三百者，亦舉全數計。職方在周禮夏官，亦武帝時出於山巖屋壁，即藏祕府，世人莫見。以孔君爲武帝博士，於祕府而見焉。知必黜八索、除九丘者，以三墳、五典本有八，今序只有二典而已。其三典、三墳，今乃寂寞，明其除去。既墳、典書內之正尚有去者，況書外乎？故知丘、索亦黜除也。黜與除，其義一也。黜退不用，而除去之。必云贊易道以黜者，以不有所興，孰有所廢故也。職方即周禮也。上已云定禮、樂，即職方在其內。别云述之，〔二九〕以爲除九丘，舉其類者以言之。則云述者，以定而不改即是遵述，非更有書以述之。〔三〇〕

討論墳、典，斷自唐、虞以下，訖於周。芟夷煩亂，翦截浮辭，舉其宏綱，撮其機要，足以垂世立教，典、謨、訓、誥、誓、命之文，凡百篇。○斷，丁亂反。訖，居乙反，又許乙反。芟，色咸反。翦，咨淺反。撮，七活反。機，本又作「幾」。典，凡二十五篇，正典二，攝十三，十一篇亡。謨，莫胡反。凡三篇，正二攝一。訓，凡十六篇，正二篇，亡；攝十四，三篇亡。誥，凡三十八篇，正八攝三十，十八篇亡。誓，市制反。凡十篇，正八攝二，一篇亡。命，凡十八篇，正十二，三篇亡；攝六，四篇亡。

【疏】「討論」至「百篇」　言孔子既懼覽之者不一，不但刪詩約史，定禮贊易，有所黜除而已，又討整論理此三墳、五典並三代之書也。論語曰：「世叔討論之。」鄭以討論爲整理。孔君既取彼文，義亦當然。以書是亂物，故就而整理之。若然，墳、典，周公制禮使外史掌之，〔三一〕而孔子除之者，蓋隨世不同亦可。孔子之時，墳、典已雜亂，故因去之。左傳曰：「芟夷蘊崇之。」又曰：「俘翦惟命。」詩曰：「海外有截。」此孔君所取之文也。芟夷者，據全代全篇似草，隨次皆芟，使平夷。若自帝嚳已上，三典、三墳是芟夷之文。自夏至周雖有所留，全篇去之而多者，即芟夷也。翦截者，就代就篇，辭有浮者，翦截而去之，去而少者，爲翦截也。舉其宏綱，即上「芟夷煩亂」也；撮其機要，即上「翦截浮辭」也。且宏綱云「舉」，是據篇代大者言之；機要云「撮」，爲就篇代之内而撮出之耳。宏，大也。綱者，綱之索。〔三二〕舉大綱則衆目隨之。〔三三〕「機」者，機關。撮取其機關之要者。斷自唐、虞以下者，孔無明說，書緯以爲帝嚳以上朴略難傳，唐、虞已來焕炳可法。又禪讓之首，至周五代，一意故耳。孔義或然。典，即堯典、舜典；謨，即大禹謨、臯陶謨；訓，即伊訓、高宗之訓；誥，即湯誥、大誥；誓，即甘誓、湯誓；命，即畢命、顧命之等是也。説者以書體例有十，此六者之外，尚有征、貢、歌、範四者，併之則十矣。若益稷、盤庚單言，附於十事之例。今孔不言者，不但舉其機約，亦自征、貢、歌、範非君出言之名，六者可以兼之。此云凡百篇，據序而數故耳。或云百二篇者，誤有所由。以前漢之時，有東萊張霸僞造尚書百兩篇，而爲緯者附之。因此鄭云：「異者，其在大司徒、大僕正乎？」此事爲不經也。鄭作書論，依尚書緯云：「孔子求書，得黄帝玄孫帝魁之書，迄於秦穆公，凡三千二百四十篇。斷遠取近，定可以爲世法者百二十篇，以百二篇爲尚書，十八篇爲中候。」以爲去三千一百二十篇，以上取黄帝玄孫，以爲不可依用。今所考覈，尚書首自舜之末年以禪於禹，上録舜之得用之事由堯，以爲堯典下取舜禪之後，以爲舜讓得人。故史體例别，而不必君言。若禹貢全非君言，而禹身自受禪之後，〔三四〕無入夏書之言，是舜史自録成一法，後代因之耳。

所以恢弘至道，示人主以軌範也。帝王之制，坦然明白，可舉而行。三千之徒，並受其義。○恢，苦回反，大也。坦，土但反。

【疏】「所以」至「其義」 此論孔子正理羣經已畢，總而結之，故爲此言。家語及史記皆云孔子弟子三千人，故云三千之徒也。

及秦始皇滅先代典籍，焚書坑儒，天下學士逃難解散，我先人用藏其家書於屋壁。○秦始皇，名政，二十六年初併六國，自號始皇帝。焚書坑儒，苦庚反。焚詩書在始皇之三十四年，坑儒在三十五年。逃難，乃旦反。解音蟹。

【疏】「及秦」至「屋壁」 言孔子既定此書，後雖曰明白，又遭秦始皇滅除之。〔三五〕依秦本紀云：秦王正二十六年，〔三六〕平定天下，尊爲皇帝，不復立謚。以爲初併天下，故號始皇。爲滅先代典籍，故云坑儒焚書。以即位三十四年，因置酒於咸陽宫，丞相李斯奏請「天下敢有藏詩、書、百家語者，悉詣守尉雜燒之。〔三七〕有敢偶語詩、書者，棄市。令下三十日不燒，黥爲城旦」。制曰：「可！」是焚書也。三十五年，始皇以方士盧生求仙藥不得，以爲誹謗，諸生連相告引，〔三八〕四百六十餘人皆坑之咸陽，是坑儒也。又衞宏古文奇字序云：「秦改古文以爲篆隸，國人多誹謗。秦患天下不從，而召諸生，至者皆拜爲郎，凡七百人。又密令冬月種瓜於驪山硎谷之中温處，瓜實，乃使人上書曰：『瓜冬有實。』有詔天下博士諸生説之，人人各異，則皆使往視之，而爲伏機。諸生方相論難，因發機，從上填之以土，皆終命也。」「我先人用藏其家書於屋壁」者，史記孔子世家云：孔子生鯉，字伯魚；魚生伋，字子思；思生白，字子上；上生求，字子家；家生箕，字子京；京生穿，字子高；高生慎，慎爲魏相。慎生鮒，鮒爲陳涉博士。鮒弟子襄，爲惠帝博士、長沙太守。襄生中，中生武，武生延陵及安國，〔三九〕爲武帝博士、臨淮太守。家語序云：「子襄以秦法峻急，壁中藏其家書。」是安國祖藏之。

漢室龍興，開設學校，旁求儒雅，以闡大猷。濟南伏生，年過九十，失其本經，口以傳授，裁二十餘篇。以其上古之書，謂之尚書。百篇之義，世莫得聞。○學校，户教反。詩箋云：「鄭國謂學爲校。」闡，尸善反，大也，明也。濟，子禮反，郡名也。伏生，名勝。年過，古卧反。後同。以傳，直專反。下「傳之子孫」同。裁二十餘篇，即馬、鄭所注二十九篇是也。

【疏】「漢室」至「得聞」。將言所藏之書得之所由，故本之也。言龍興者，以易龍能變化，故比之聖人。九五「飛龍在天」，猶聖人在天子之位，故謂之龍興也。言學校者，校，學之一名也，故鄭詩序云：「子衿，刺學校廢。」左傳云然明請「毀鄉校」是也。漢書云惠帝除挾書之律，立學興教，招聘名士；文、景以後，儒者更衆；至武帝尤甚，故云旁求儒雅。詩小雅曰：「匪先民是程，匪大猷是經。」彼注云：「猷，道也。」大道，即先王六籍是也。伏生名勝，爲秦二世博士。儒林傳云：「孝文帝時，求能治尚書者，天下無有，聞伏生治之，欲召。時伏生年已九十有餘，老不能行，於是詔太常，使掌故晁錯往受之，〔四〇〕得二十九篇，即以教於齊、魯之間。」是「年過九十」也。案史記：「秦時焚書，伏生壁藏之，其後兵大起，〔四一〕流亡。〔四二〕漢定天下，伏生求其書，亡數十篇，獨得二十九篇，以教於齊、魯之間。」則伏生壁内得二十九篇。而云「失其本經，口以傳授」者，蓋伏生初實壁内得之，以教齊、魯，傳教既久，誦文則熟，至其末年，因其習誦，或亦目暗，至年九十晁錯往受之時，不執經而口授之故也。又言「裁二十餘篇」者，意在傷亡，爲少之文勢。何者？以數法隨所近而言之，若欲多之，當云得三十篇。今「裁二十餘篇」，言裁，亦意以爲少之辭。又二十九篇，自是計卷。若計篇，則三十四。去泰誓，猶有三十一。案史記及儒林傳，皆云「伏生獨得二十九篇，以教齊魯」，則今之泰誓非初伏生所得。案馬融云：「泰誓後得。」鄭玄書論亦云：「民間得泰誓。」别録曰：「武帝末，民有得泰誓書於壁内者，獻之，與博士使讀説之，〔四三〕數月，皆起傳以教人。」則泰誓非伏生所傳。而言二十九篇者，以司馬遷在武帝之世，見泰誓出而得行，入於伏生所傳内，故爲史總之，並云伏生所出，不復曲别分析。云民間所得，其實得時不與伏生所傳同也。但伏生雖無此一篇，而書傳有八百諸侯俱至孟津、白魚入舟之事，與泰誓事同。不知爲伏生先爲此説，不知爲是泰誓出後後人加增此語？案王充論衡及後漢史獻帝建安十四年，黄門侍郎房宏等説云：「宣帝本始元年，〔四四〕河内女子有壞老子屋，得古文泰誓三篇。」論衡又云：「以掘地所得者。」今史、漢書皆云伏生傳二十九篇，則司馬遷時已得泰誓，以併歸於伏生，不得云宣帝時始出也。則云宣帝時女子所得，亦不可信。或者爾時重得之，故於後亦據而言之。史記云伏生得二十九篇，武帝記載今文泰誓末篇，由此劉向之作别録、班固爲儒林傳不分明，因同於史記。而劉向云武帝末得之泰誓，理當是一。而古今文不同者，即馬融所云：「吾見書傳多矣，凡諸所引今之泰誓，皆無此言，而古文皆有。」則古文爲真，亦復何疑？但於先有張霸之徒僞造泰誓以藏壁中，故後得而惑世也。亦可今之泰誓百篇之外，若周書之例，以於時實有觀兵之誓，但不録入尚書，故古文泰誓曰「皇天震怒，命我文考肅將天威。大勳未集，肆予小子發以爾友邦冢君觀政於商」是也。又云「以其上古之書，謂之尚書」者，此文繼在伏生之下，則言以其上古之書謂之尚書，此伏生意也。若以伏生指解尚書之名，名已先有，有則當云名之尚書。既言以其上古之書，今先云「以其」，則伏生意之所加，則知「尚」字乃伏生所加也。以「尚」解「上」，則「尚」訓爲上。上者，下所慕尚，故義得爲通也。孔君既陳伏生此義，於下更無是非，明即用伏生之説，故書此而論之。馬融雖不見孔君此説，理自然同，故曰「上古有虞氏之書，故曰尚書」是也。王肅曰：「上所言，史所書，故曰尚書。」鄭氏云：「尚者，上也。尊而重之，若天書然，故曰尚書。」三家以「尚」與書相將，則「上」名不正出於伏生。鄭玄依書緯以「尚」字是孔子所加，故書贊曰：「孔子乃尊而命之曰尚書。璿璣鈐云：『因而謂之書，加「尚」以尊之。』」又曰：「書務以天言之。」鄭玄溺於書緯之説，何有人言而須繫之於天乎？且孔君親見伏生，不容不悉。自云伏生以其上古之書謂之尚書，何云孔子加也？王肅云「上所言，史所書」，則「尚」字與「書」俱有，無先後。既直云「尚」，何以明上之所言？書者，以筆畫記之辭。羣書皆是，何知書要責史所爲也？此其不若前儒之説密耳。云上古者，亦無指定之目。自伏生言之，則於漢世仰遵前代，自周已上皆是。馬融云：「有虞氏爲書之初耳。」若易歷三世，則伏犧爲上古、文王爲中古、孔子爲下古。禮運鄭玄以先王食腥與易上古結繩同時，爲上古，神農爲中古，五帝爲下古。其不相對，則無例耳。且「太」之與上，爲義不異。禮以唐、虞爲太古，以下有三代。冠而推之爲然，是爲不定則。但今世已上仰之已古，便爲上古耳。以書是本名，「尚」是伏生所加，故諸引書直云「書曰」。若有配代而言，則曰「夏書」，無言「尚書」者。

至魯共王，好治宮室，壞孔子舊宅以廣其居，於壁中得先人所藏古文虞、夏、商、周之書及傳、論語、孝經，皆科斗文字。王又升孔子堂，聞金石絲竹之音，乃不壞宅。○魯共，音恭。亦作「龔」，又作「恭」。共王，漢景帝之子，名餘。好治，呼報反。下「好古」同。壞音怪。下同。字林作「敹」，云：「公壞反，毁也。」及傳，謂春秋也。一云：周易十翼，非純謂之傳。〔四五〕論語，上如字，又音綸。科斗，上苦禾反。科斗，蟲名，蝦蟆子，書形似之。

【疏】「至魯」至「壞宅」　欲云得百篇之由，故序其事。漢景帝之子名餘，封於魯，爲王，死謚曰共。存日以居於魯，近孔子宅，好治宮室，故欲褒益，乃壞孔子舊宅，以增廣其居。於所壞壁内得安國先人所藏古文虞、夏、商、周之書及傳論語、孝經，皆是科斗文字。王雖得此書，猶壞不止，又升孔子廟堂，聞金鐘、石磬、絲琴、竹管之音，以懼其神異，乃止，不復敢壞宅也。上言藏家書於屋壁，此亦屋壁内得書也。亦得及傳論語、孝經等。不從約云得尚書，而煩文言虞、夏、商、周之書者，以壁内所得，上有題目虞、夏、商、周書，其序直云書序，皆無「尚」字，故其目録亦然，故不云尚書而言虞、夏、商、周之書。安國亦以此知「尚」字是伏生所加。推此壁内所無，則書本無「尚」字明矣。凡書，非經則謂之傳。言「及傳論語、孝經」，正謂論語、孝經是傳也。漢武帝謂東方朔云：「傳曰：『時然後言，人不厭其言。』」又漢東平王劉雲與其太師策書云：「傳曰：『陳力就列，不能者止。』」又成帝賜翟方進策書云：「傳曰：『高而不危，所以長守貴也。』」是漢世通謂論語、孝經爲傳也。以論語、孝經非先王之書，是孔子所傳説，故謂之傳，所以異於先王之書也。上已云「壞孔子舊宅」，又云「乃不壞宅」者，初，王意欲壞之，已壞其屋壁，聞八音之聲，乃止，餘者不壞，明知已壞者亦不敢居，故云乃不壞宅耳。

悉以書還孔氏。科斗書廢已久，時人無能知者。以所聞伏生之書考論文義，定其可知者爲隸古定，更以竹簡寫之，增多伏生二十五篇。伏生又以舜典合於堯典，益稷合於皐陶謨，盤庚三篇合爲一，康王之誥合於顧命，復出此篇並序，凡五十九篇，爲四十六卷。其餘錯亂摩滅，弗可復知，悉上送官，藏之書府，以待能者。○隸古，上音麗，謂用隸書寫古文。增多伏生二十五篇，謂虞書大禹謨，夏書五子之歌、胤征、商書仲虺之誥、湯誥、伊訓、太甲三篇、咸有一德、説命三篇、周書泰誓三篇、武成、旅獒、微子之命、蔡仲之命、周官、君陳、畢命、君牙、冏命。合於，舊音閤，又如字。下同。皐音高，本又作「咎」。陶音遥，本又作「繇」。〔四六〕盤，步干反，本又作「般」。復出，上扶九反。下同。凡五十九篇，即今所行五十八篇，其一是百篇之序。其餘錯亂磨滅，謂虞書汩作、九共九篇、槀飫、夏書帝告、釐沃、湯征、汝鳩、汝方，商書夏社、疑至、臣扈、典寶、明居、肆命、祖后、沃丁、咸乂四篇、伊陟、原命、仲丁、河亶甲、祖乙、高宗之訓，周書分器、旅巢命、歸禾、嘉禾、成王政、將蒲姑、賄肅慎之命、亳姑，凡四十二篇亡。〔四七〕悉上，時掌反。

【疏】「悉以」至「能者」　既云王不壞宅，以懼神靈，因還其書。已前所得言「悉以書還孔氏」，則上「傳論語、孝經」等皆還之，故言悉也。　科斗書，古文也，所謂蒼頡本體，周所用之。以今所不識，是古人所爲，故名古文。形多頭麤尾細，狀腹團圓，似水蟲之科斗，故曰科斗也。以古文經秦不用，故云「廢已久」矣，時人無能知識者。孔君以人無能知識之，故已欲傳之，故以所聞伏生之書比校起發，考論古文之義。　考文而云義者，以上下事義推考其文，故云義也。「定其可知者」，就古文内定可知識者爲隸古定。不言就伏生之書而云以其「所聞」者，明用伏生書外亦考之，故云「可知者」，謂并伏生書外有可知，不徒伏生書内而已。言「隸古」者，正謂就古文體而從隸定之。　存古爲可慕，以隸爲可識，故曰隸古，以雖隸而猶古。由此，故謂孔君所傳爲古文也。　古文者，蒼頡舊體，周世所用之文字。案班固漢志及許氏説文，書本有六體：一曰指事，上、下；二曰象形，日、月；三曰形聲，江、河；四曰會意，武、信；五曰轉注，考、老；六曰假借，令、長。　此造字之本也。自蒼頡以至今，字體雖變，此本皆同，古今不易也。自蒼頡以至周宣，皆蒼頡之體，未聞其異。宣王紀其史籀始有大篆十五篇，號曰篆籀，惟篆與蒼頡二體而已。衛恒曰：「蒼頡造書，觀於鳥跡，因而遂滋，則謂之字。字有六義，其文至於三代不改。及秦用篆書，焚燒先代典籍，古文絶矣。」許慎説文言自秦有八體：一曰大篆，二曰小篆，三曰刻符，四曰蟲書，五曰摹印，六曰署書，七曰殳書，八曰隸書。亡新居攝，以應制作，改定古文，使甄豐校定，時有六書：一曰古文，孔子壁内書也；二曰奇字，即古字有異者；三曰篆書即小篆，下杜人程邈所作也；四曰佐書，秦隸書也；五曰繆篆，所以摹印也；六曰鳥蟲書，所以書幡信也。由此而論，即秦罷古文而有八體，非古文矣。以至亡新六書并八體，亦用書之六體以造其字。其亡新六書於秦八體，用其小篆、蟲書、摹印、隸書，去其大篆、刻符、殳書、署書，而加以古文與奇字。其刻符及署書蓋同摹印，殳書同於繆篆，大篆正古文之别。以慕古，故乃用古文與奇字，而不用大篆也。是孔子壁内古文即蒼頡之體，故鄭玄云：「書初出屋壁，皆周時象形文字，今所謂科斗書。以形言之爲科斗，指體即周之古文。」鄭玄知者，若於周時、秦世所有，至漢猶當識之，不得云無能知者。又亡新古文，亦云即孔氏壁内古文，是其證也。或以古文即大篆，非也。何者？八體、六書，自大篆與古文不同。又秦有大篆，若大篆是古文，不得云古文遂絶。以此，知大篆非古文也。六書古文，與蟲書本别，則蟲書非科斗書也。鄭玄云周之象形文字者，總指六書象科斗之形，不謂六書之内一曰象形也。又云「更以竹簡寫之」，明留其壁内之本也。顧氏云：「策長二尺四寸，簡長一尺二寸。」「增多伏生二十五篇者」，以壁内古文篇題殊别，故知以舜典合於堯典，益稷合於臯陶謨。伏生之本亦壁内古文，而合者，蓋以老而口授之時，因誦而連之，故殊耳。其盤庚本當同卷，故有并也。康王之誥，以一時之事連誦而同卷，當以「王出在應門之内」爲篇首，及以「王若曰庶邦」，亦誤矣。以伏生本二十八篇，盤庚出二篇，加舜典、益稷、康王之誥凡五篇，爲三十三篇；加所增二十五篇，爲五十八；加序一篇，爲五十九，故云「復出此篇并序，凡五十九篇」。此云「爲四十六卷」者，謂除序也。下云「定五十八篇既畢」，不更云卷數，明四十六卷故爾。又伏生二十九卷而序在外，故知然矣。此云四十六卷者，不見安國明説，蓋以同序者同卷，異序者異卷，故五十八篇爲四十六卷。何者？五十八篇内有太甲、盤庚、説命、泰誓，皆三篇共卷，減其八。又大禹謨、臯陶謨、益稷又三篇同序共卷；其康誥、酒誥、梓材，亦三篇同序共卷，則又減四，通前十二。以五十八減十二，非四十六卷而何？其康王之誥乃與顧命别卷，以别序故也。「其餘錯亂摩滅」，五十八篇外四十二篇也。以不可復知，悉上送官。〔四八〕其可知者已用竹簡寫得其本，亦俱送入府，故在祕府得有古文也。以後生可畏，或賢聖間出，故須藏之，以待能整理讀之者。

承詔爲五十九篇作傳，於是遂研精覃思，博考經籍，採摭羣言，以立訓傳。約文申義，敷暢厥旨，庶幾有補於將來。○爲，于僞反。覃，徒南反，深也。思，息嗣反。採，本又作「采」。摭，之石反，一音之若反。敷，芳夫反。暢，丑亮反。

【疏】「承詔」至「將來」　安國時爲武帝博士，孔君考正古文之日，帝之所知，亦既定訖，當以聞於帝，帝令注解，故云「承詔爲五十九篇作傳」。以注者多言曰「傳」，「傳」者，傳通故也。以「傳」名出自丘明。賓牟賈對孔子曰：「史失其傳。」又喪服「儒者皆云子夏作傳」。是「傳」名久矣。但大率秦漢之際，多名爲「傳」；於後儒者，以其傳多，或有改之別云「注解」者。仍有同者，〔四九〕以當時之意耳。說者爲例云：前漢稱「傳」，於後皆稱「注」。誤矣。何者？馬融、王肅亦稱注名爲傳，傳何有例乎？以聖道弘深，當須詳悉，於是研覈精審，覃靜思慮以求其理，冀免乖違。既顧察經文，又取證於外，故須廣博推考羣經六籍，又捃拾採摭羣書之言。以此文證造立訓解，爲之作傳，明不率爾。雖復廣證，亦不煩多，爲傳直約省文，令得申盡其美。明文要義通，不假煩多也。以此得申，故能遍布通暢書之旨意。是辭達而已，不求於煩。既義暢而文要，則觀者曉悟，故云庶幾有所補益於將來，讀之者得悟而有益也。敷，布也。厥，其也。庶，幸也。幾，冀也。爾雅有訓。既云「經籍」，又稱「羣言」者，經籍，五經是也；羣言，子史是也。以書與經籍理相因通，故云博考；子史時有所須，故云採摭耳。案孔君此傳，辭旨不多，是約文也；要文無不解，是申義也。其義既申，故云敷暢其義之旨趣耳。考其此注，不但言少，書之爲言，多須詁訓，而孔君爲例，一訓之後，重訓者少，此亦約文也。

書序，序所以爲作者之意，昭然義見，宜相附近，故引之各冠其篇首，定五十八篇。既畢，會國有巫蠱事，經籍道息，用不復以聞。傳之子孫，以貽後代。若好古博雅君子，與我同志，亦所不隱也。○序所以爲，于僞反，又如字。義見，賢遍反。各冠，工亂反。巫音無。蠱音古。漢武帝末征和中，江充造蠱敗戾太子，故經籍道息焉。貽，以之反，遺也。

【疏】「書序」至「不隱也」　孔君既言己立傳之意，又當斟酌所宜。而書序雖名爲序，不是總陳書意汎論，乃篇篇各序作意，但作序者不敢厠於正經，故謙而聚於下。而注述者不可代作者之謙，須從利益而欲分之，從便云序，序所以當篇爲作此書之意，則是當篇作意，觀序而昭然，意義顯見。既義見由序，此序宜各與其本篇相從附近，不宜聚於一處，故每篇引而分之，各冠加於篇首，令意昭見。序既分散，損其一篇，故定五十八篇。然此本承詔而作，作畢當以上奏聞知，但會值國家有巫蠱之事，好愛經籍之道滅息，假奏亦不能行用。爲此之故，不復以此傳奏聞，亦以既傳成，不得聞上，惟自傳於己之子孫，以遺與後世之人使行之。亦不敢望後世必行，故云若後世有好愛古道、廣博學問、志懷雅正，如此之君子，若能與我同於慕古之志，以行我道。我道得此人流行，亦所以傳不隱蔽，是弘道由人也。言「巫蠱」者，王制曰：「執左道以亂政者殺。」鄭玄注云：「左道，謂巫蠱之屬。」以非正道，故謂之左道。以蠱皆巫之所行，故云巫蠱，蠱者總名。左傳云：「惑蠱其君。」則蠱者怪惑之名，指體，則藥毒害人者是。若行符厭俗之爲魅、令人蠱惑、夭年傷性，皆是也。依漢書，此時武帝末年，上已年老，淫惑鬼神，崇信巫術，由此姦人江充因而行詐，先於太子宮埋桐人，告上云：「太子宮有蠱氣。」上信之，使江充治之，於太子宮果得桐人。太子知己不爲此，以江充故爲陷己，因而殺之。而帝不知太子實心，謂江充言爲實，即詔丞相劉屈釐發三輔兵討之。〔五〇〕太子赦長安囚與鬬，不勝而出走，奔湖，遂自殺。〔五一〕此即巫蠱事也。言「不隱」者，不謂恐隱藏己道，以己道人所不知，懼其幽隱。人能行之使顯，爲不隱蔽耳。易曰：「謙謙君子。」仁者好謙，而孔君自作揄揚，云君子知己者，亦意在教世，欲令人覩此言，知己傳是深遠，因而有所曉寤，令之有益，故不可以苟謙也。亦猶孔子曰「何有於我哉」。

校勘記

〔一〕序述尚書起訖　「訖」舊訛「記」，今據殿本改正。

〔二〕使理相胤續　「續」字原重，據諸本删一。

〔三〕文字也　「文」字宋無疏本、阮本重。

〔四〕作結繩而爲罔罟　「罔」，正字訂作「網」。阮云：宋本作「網」。

〔五〕循飛　「飛」字李本、殿本及廣雅釋天並作「蜚」。又「循」字史記補三皇本紀引春秋緯作「脩」。

〔六〕疏訖　「疏」原訛「流」，據李本、殿本改，下同。阮云：宋本、正德本同，毛本改「疏仡」。

〔七〕翼文曰義背文曰順　「翼」、「背」二字原互誤，今從正字及阮説，又據殿本改易。

〔八〕付寶　「付」，諸本作「附」。

〔九〕按：「神農」至「墳大也」六十四字阮本脱。正字云：監本脱。

〔一〇〕母不見　「母」下宋無疏本有「曰」字，通志堂本、阮本有「名」字。黄焯云：宋本、葉鈔本皆無「名」字，影印宋大字本尚書釋音同。

〔一一〕並與孔不同　宋無疏本、阮本無「並」字，阮本「不」作「子」，非。

〔一二〕言及稱便　「稱便」二字原倒，今從阮校乙。

〔一三〕禮運以大道之行爲五帝時也　「以」上原有「云」字，衍，今從盧説删。

〔一四〕左傳止有三墳五典　「止」，原誤「上」，今據李本、殿本及正字、盧校改。阮云：宋本作「止」。

〔一五〕周禮外史　「外」原誤「小」（周禮原文可證），據殿本及正字説改。

〔一六〕五帝坐　「坐」，李本、殿本作「座」，與下同。正字及盧並云：「座」字衍。

〔一七〕或爲之説云　按：此下正字疑脱「行合天皇之星者稱皇」九字，盧校從增。

〔一八〕德協五帝座　按：此下正字疑脱「星者稱帝」四字，盧校從增。

〔一九〕又燧人　「又」原作「何」，今從正字、盧説及殿本改。

〔二〇〕言古者制作莫先於伏犧　「言」下原脱「古」字，據宋單疏本、李本、殿本、阮本補。

〔二一〕僑極子　「僑」，殿本作「蟜」。

〔二二〕舜非三王　「王」，諸本同，唯殿本作「皇」。下「三王」同。

〔二三〕而外史偏掌之者　「外史」原誤「小史」，據周禮及正字説訂正。

〔二四〕即以赤刀大訓在西序　正字云：「『以』當『云』字誤。」盧校從改。今按：「云」字差勝。

〔二五〕亦或謂之素　「素」，原作「索」，今從殿本及阮説。阮云：「宋本作『素』，是也。」

〔二六〕懼覽者之不一　「者之」，原作「之者」，阮云：「岳本作『者之』。顏師古匡謬正俗引亦作『者之』。今有晉宋時書不被妄改者往往而在，皆云『覽者之不一』。」今據改。

〔二七〕冬十月庚子　「十月」，原作「十一月」，從穀梁傳及正字與盧說刪「一」字。

〔二八〕詩有序三百一十一篇　正字及盧並云「有序」二字誤倒，阮謂或「序」下脱「者」字。今按阮説近是，然此「者」探下「全者」而省，不必增。

〔二九〕別云述之　正字及盧皆以「之」係「者」誤。今按：此「之」字爲代詞，承上指職方。「述之」正釋序文「述職方」，不誤。

〔三〇〕非更有書以述之　「更」上原脱「非」字，今從正字及盧説增。

〔三一〕使外史掌之　「外」原作「小」，據周禮及正字説改。

〔三二〕綱之索　「綱」原誤「網」，據文義及諸本改。

〔三三〕舉大綱則衆目隨之　「綱」原作「網」，與上「網」字互誤，據文義及諸本（作「岡」）改。

〔三四〕而禹身自受禪之後　「自」原作「事」，據殿本及阮引許宗彦説改。

〔三五〕又遭秦始皇滅除之　「又」原誤「反」，從阮説改。

〔三六〕秦王正二十六年　「正」，阮本、殿本作「政」。阮云：「十行本、閩本俱作『正』。」故不改。

〔三七〕悉詣守尉雜燒之　「雜」原誤「親」，據本紀及殿本、正字及阮説改。

〔三八〕諸生連相告引　正字云：「『連』字本紀作『傳』。」今按：「連相」亦通，此以訓詁代史記文，不必改。

〔三九〕襄生中中生武武生延陵及安國　正字云：「脱一『安國』，『忠』誤『中』，『延年』誤『延陵』。」今按：正字是，「安國」二字當重，一屬下。今史記孔子世家「中」作「忠」，「延陵」作「延年」。

〔四〇〕使掌故晁錯往受之　「掌故」下原有「臣」字，衍，從正字及盧説删。

〔四一〕其後兵大起　「大」原誤「火」，據儒林列傳及李本、殿本改。

〔四二〕流亡　「亡」字原脱，據儒林列傳及殿本補。

〔四三〕使讀説之　「讀」，殿本作「讚」。阮云：文選注作「讚」。今按：「讚」字差勝，「讀」蓋誤。

〔四四〕宣帝本始元年　「本始」原作「泰和」。阮云：「毛本作『本始』，所改是也。」今按：殿本亦作「本始」，今據改。

〔四五〕非純謂之傳　「純」，宋無疏本、阮本、通志堂本作「經」。黄焯云：「景宋本同，宋本誤『純』。」蓋指此。

〔四六〕臯陶本又作咎繇　按：敦煌唐寫本皆作「咎繇」。

〔四七〕汝方　「方」字原誤「才」；祖后　「祖」字諸本作「徂」；四十二　「十」字原誤「千」，並據諸本改。

〔四八〕悉上送官　「悉」，宋單疏本、李本、阮本、殿本皆作「亦」。今按：下文云「亦俱送入府」，則此似不應言「亦」，「悉」字義勝。

〔四九〕仍有同者　「仍」原訛「乃」，據諸本改。

〔五〇〕丞相劉屈氂　阮云：「明監本、毛本『氂』作『釐』。『氂』字非也。」

〔五一〕奔湖遂自殺　「遂」原誤「闕」，據殿本及阮説改。阮云：「毛本作『遂』。湖，地名也。作『湖闕』者，殆因『壺關』而誤。」

虞書

古文尚書堯典第一

【疏】「古文尚書堯典第一」　撿古本並石經直言「堯典第一」，無「古文尚書」。以孔君從隸古，仍號「古文」，故後人因而題於此，以別伏生所出，大、小夏侯及歐陽所傳爲今文故也。「堯典」，第一篇之名，當與衆篇相次。第，訓爲次也。於次第之内而處一，故曰堯典第一。以此第一者，以五帝之末接三王之初，典策既備，因機成務，交代揖讓，以垂無爲，〔一〕故爲第一也。然書者，理由舜史勒成一家，可以爲法，上取堯事，下終禪禹，以至舜終，皆爲舜史所録。其堯舜之典，多陳行事之狀，其言寡矣，禹貢即全非君言。準之後代，不應入書。此其一體之異。以此，禹之身事，於禪後無入夏書之理。自甘誓已下，皆多言辭，則古史所書於是乎始。知五子之歌亦非上言，典書草創，以義而録。但致言有本，各隨其事；撿其此體，爲例有十：一曰典、二曰謨、三曰貢、四曰歌、五曰誓、六曰誥、七曰訓、八曰命、九曰征、十曰範。堯典、舜典二篇，典也；大禹謨、皐陶謨二篇，謨也；禹貢一篇，貢也；五子之歌一篇，歌也；甘誓、泰誓三篇、湯誓、牧誓、費誓、秦誓八篇，誓也；仲虺之誥、湯誥、大誥、康誥、酒誥、召誥、洛誥、康王之誥八篇，誥也；伊訓一篇，訓也；説命三篇、微子之命、蔡仲之命、顧命、畢命、冏命、文侯之命九篇，命也；胤征一篇，征也；洪範一篇，範也。此各隨事而言。益稷亦謨也，因其人稱言以別之。其太甲、咸有一德，伊尹訓道王，亦訓之類。盤庚亦誥也，故王肅云：「不言誥，何也？取其徒而立功，非但録其誥。」高宗肜日，與訓序連文，亦訓辭可知也。西伯戡黎云「祖伊恐，奔告於受」，亦誥也。武成云「識其政事」，亦誥也。旅獒戒王，亦訓也。金縢自爲一體，祝亦誥辭也。梓材、酒誥分出，亦誥也。多士以王命誥，自然誥也。無逸戒王，亦訓也。君奭周公誥召公，亦誥也。多方、周官，上誥於下，亦誥也。君陳、君牙與畢命之類，亦命也。呂刑陳刑告王，亦誥也。書篇之名，因事而立，既無體例，隨便爲文。其百篇次第，於序孔、鄭不同。孔以湯誓在夏社前，於百篇爲第二十六；鄭以爲在臣扈後，第二十九。孔以咸有一德次太甲後第四十，鄭以爲在湯誥後第三十二。孔以蔡仲之命次君奭後第八十三，鄭以爲在費誓前第九十六。孔以周官在立政後第八十八，鄭以爲在立政前第八十六。孔以費誓在文侯之命後第九十九，鄭以爲在呂刑前第九十七。不同者，孔依壁内篇次及序爲文，鄭依賈氏所奏别録爲次。孔未入學官，以此不同。考論次第，孔義是也。

虞書

○凡十六篇，〔二〕十一篇亡，五篇見存。

【疏】堯典雖曰唐事，本以虞史所録，末言舜登庸由堯，故追堯作典。非唐史所録，故謂之虞書也。鄭玄云：「舜之美事，在於堯時。」是也。案馬融、鄭玄、王肅、别録，題皆曰虞夏書，以虞、夏同科，雖虞事亦連夏。此直言虞書，本無夏書之題也。〔三〕案鄭序以爲虞夏書二十篇、商書四十篇、周書四十篇，贊云：「三科之條，五家之教。」是虞、夏同科也。其孔於禹貢注云：「禹之王以是功，故爲夏書之首。」則虞、夏别題也。以上爲虞書，則十六篇。又帝告、釐沃、湯征、汝鳩、汝方，於鄭玄爲商書，而孔并於胤征之下，或以爲夏事，猶西伯戡黎。則夏書九篇、商書三十五篇。此與鄭異也。或孔因帝告以下五篇亡，並注於夏書，不廢猶商書乎。别文所引，皆云「虞書曰」、「夏書曰」，無並言

「虞夏書」者。又伏生雖有一虞夏傳，以外亦有虞傳、夏傳，此其所以宜別也。此孔依虞、夏各別而存之。莊八年左傳引夏書曰：〔四〕「皋陶邁種德。」僖二十四年左傳引夏書曰：「地平天成。」二十七年引夏書：「賦納以言。」襄二十六年引夏書曰：「與其殺不辜，寧失不經。」皆在大禹謨、皋陶謨，當云虞書，而云夏書者，以事關禹，故引爲夏書。若洪範以爲周書，以箕子至周，商人所陳，而傳引之即曰商書也。案壁内所得孔爲傳者，凡五十八篇，爲四十六卷，三十三篇與鄭注同，二十五篇增多鄭注也。其二十五篇者，大禹謨一、五子之歌二、胤征三、仲虺之誥四、湯誥五、伊訓六、太甲三篇九、咸有一德十、説命三篇十三、泰誓三篇十六、武成十七、旅獒十八、微子之命十九、蔡仲之命二十、周官二十一、君陳二十二、畢命二十三、君牙二十四、冏命二十五。但孔君所傳，值巫蠱不行。以終前漢，諸儒知孔本有五十八篇，不見孔傳，遂有張霸之徒於鄭注之外僞造尚書凡二十四篇，以足鄭注三十四篇爲五十八篇。其數雖與孔同，其篇有異。孔則於伏生所傳二十九篇内無古文泰誓，除序尚二十八篇。分出舜典、益稷、盤庚二篇、康王之誥，爲三十二。增二十五篇，爲五十八篇。鄭玄則於伏生二十九篇之内，分出盤庚二篇、康王之誥，又泰誓三篇，爲三十四篇。更增益僞書二十四篇，爲五十八。所增益二十四篇者，則鄭注書序：舜典一、汩作二、九共九篇十一、大禹謨十二、益稷十三、五子之歌十四、胤征十五、湯誥十六、咸有一德十七、典寶十八、伊訓十九、肆命二十、原命二十一、武成二十二、旅獒二十三、冏命二十四。以此二十四爲十六卷，以九共九篇共卷，除八篇，故爲十六。故藝文志、劉向別録云五十八篇。藝文志又云：「孔安國者，孔子後也。悉得其書，以古文又多十六篇。」篇即卷也，即是僞書二十四篇也。劉向作別録，班固作藝文志並云此言，不見孔傳也。劉歆作三統曆，論武王伐紂，引今文泰誓云「丙午逮師」，又引武成「越若來三月五日甲子，咸劉商王受」，並不與孔同，亦不見孔傳也。後漢初，賈逵奏尚書疏云「流爲烏」。是與孔亦異也。馬融書序云：「經傳所引泰誓，泰誓並無此文。」〔五〕又云：「逸十六篇，絶無師説。」是融亦不見也。服虔、杜預注左傳「亂其紀綱」，並云「夏桀時」，服虔、杜預皆不見也。鄭玄亦不見之，故注書序、舜典云「入麓伐木」，注五子之歌云「避亂於洛汭」，注胤征云「胤征，臣名」。〔六〕又注禹貢，引胤征云「厥篚玄黃，昭我周王」，又注咸有一德云「伊陟、臣扈曰」，又注典寶引伊訓云「載孚在亳」。〔七〕又曰「征是三朡」，又注旅獒云「獒讀曰豪，謂是酋豪之長」，又古文有仲虺之誥、太甲、説命等見在而云亡，其汨作、典寶之等一十三篇見亡而云已逸，是不見古文也。案伏生所傳三十四篇者，謂之今文，則夏侯勝、夏侯建、歐陽和伯等三家所傳，及後漢末蔡邕所勒石經是也。孔所傳者，膠東庸生、劉歆、賈逵、馬融等所傳是也。鄭玄書贊云：「我先師棘子下生安國，〔八〕亦好此學。衛、賈、馬二三君子之業，則雅才好博，既宣之矣。」又云：「歐陽氏失其本義，今疾此蔽冒，猶復疑惑未悛。」是鄭意師祖孔學傳授膠東庸生、劉歆、賈逵、馬融等學，而賤夏侯、歐陽等，何意鄭注尚書亡逸並與孔異，篇數並與三家同？又劉歆、賈逵、馬融之等，並傳孔學，云十六篇逸，與安國不同者，良由孔注之後，其書散逸，傳注不行。以庸生、賈、馬之等惟傳孔學經文三十三篇，故鄭與三家同以爲古文。而鄭承其後，所注皆同賈逵、馬融之學。題曰古文尚書，篇與夏侯等同，而經字多異。夏侯等書「宅嵎夷」爲「宅嵎鐵」、〔九〕「昧谷」曰「柳谷」、「心腹賢腸」曰「憂賢陽」、「劓刵劅剠」云「臏宫劓割頭庶剠」，是鄭注不同也。三家之學，傳孔業者。漢書儒林傳云：「安國傳都尉朝子俊，俊傳膠東庸生，〔一〇〕生傳清河胡常，常傳徐敖，敖傳王璜及塗惲，惲傳河南桑欽。至後漢初，衛、賈、馬亦傳孔學，故書贊云：「自世祖興後漢，衛、賈、馬二三君子之業是也。所得傳者三十三篇，古經亦無其五十八篇，及傳説絶無傳者。」至晉世王肅注書，始似竊見孔傳，故注「亂其紀綱」爲夏太康時。又晉書皇甫謐傳云：「姑子外弟梁柳邊得古文尚書，〔一一〕故作帝王世紀，往往載孔傳五十八篇之書。」晉書又云：「晉太保公鄭冲，以古文授扶風蘇愉，愉字休預。預授天水梁柳，字洪季，即謐之外弟也。季授城陽臧曹，字彦始。始授郡守子汝南梅頤，字仲真，又爲預章内史。遂於前晉奏上其書，而施行焉。」時已亡失舜典一篇。晉末范甯爲解時，已不得焉。至齊蕭鸞建武四年，姚方興於大航頭得而獻之，議者以爲孔安國之所注也。值方興有罪，事亦隨寢。至隋開皇二年，購募遺典，〔一二〕乃得其篇焉。然孔注之後，歷及後漢之末，無人傳説，至晉之初猶得存者，雖不列學官，散在民間，事雖久遠，故得猶存。

【疏】以注者多門，故云某氏，以别衆家。或當時自題孔氏，亦可以後人辯之。〔一三〕

孔氏傳○傳即注也，以傳述爲義。舊説漢以前稱傳。

昔在帝堯，聰明文思，光宅天下。言聖德之遠著。○昔，古也。堯，唐帝名。馬融云：「謚也。翼善傳聖曰堯。」聰，千公反。思，息嗣反，又如字，下同。著，張慮反。

將遜于位，讓于虞舜，遜，遁也。老，使攝，遂禪之。○遁，本又作「遯」，徒遜反，退也，避也。禪，時戰反，讓也，授也。作堯典。

【疏】「昔在」至「堯典」　此序鄭玄、馬融、王肅並云孔子所作，孔義或然。詩、書理不應異。夫子爲書作序，不作詩序者，此自或作或否，無義例也。鄭知孔子作者，依緯文而知也。安國既以同序爲卷，檢此百篇，凡有六十三序，序其九十六篇。明居、咸有一德、立政、無逸不序所由，直云咎單作明居、伊尹作咸有一德、周公作立政、周公作無逸。六十三序者，若汩作、九共九篇、槀飫十一篇共序；其咸乂四篇同序；其大禹謨、皐陶謨、益稷、夏社、疑至、臣扈、伊訓、肆命、徂后、太甲三篇、盤庚三篇、説命三篇、泰誓三篇、康誥、酒誥、梓材，二十四篇皆三篇同序；其帝告、釐沃、汝鳩、汝方、伊陟、原命、高宗肜日、高宗之訓，八篇皆共卷類同，故同序。同序而别篇者三十三篇，通明居、無逸等四篇爲三十七篇，加六十三即百篇也。序者以序别行辭爲形勢，言昔日在於帝號堯之時也。此堯身智無不知聰也，神無不見明也。以此聰明之神智，足可以經緯天地，即文也。又神智之運，深敏於機謀，即思也。聰明文思，即其聖性。行之於外，無不備知，故此德充滿居止，於天下而遠著。德既如此，政化有成，天道沖盈，功成者退。以此，故將遜遁避於帝位，以禪其有聖德之虞舜。史序其事，而作堯典之篇。言「昔在」者，鄭玄云：「書以堯爲始，獨云昔在，使若無先之典然也。」詩云：「自古在昔。」言「在昔」者，自下本上之辭；言「昔在」者，從上自下爲稱。故曰使若無先之者，據代有先之，而書無所先，故云昔也。言「帝」者，天之一名，所以名帝。帝者，諦也，言天蕩然無心，忘於物我，言公平通遠，舉事審諦，故謂之帝也。五帝道同，於此亦能審諦，故取其名。若然，聖人皆能同天，故曰「大人」。大人者與天地合其德，即三王亦大人。不得稱帝者，以三王雖實聖人，內德同天，而外隨時運，不得盡其聖，用逐跡爲名，故謂之爲王。禮運曰「大道之行，天下爲公」，即帝也；「大道既隱，各親其親」，即王也。則聖德無大於天，三皇優於帝，豈過乎天哉？然則三皇亦不能過天，但逐同天之名以爲優劣。〔一四〕五帝有爲而同天，三皇無爲而同天，立名以爲優劣耳。但有爲、無爲，亦逐多少以爲分。三王亦順帝之則而不盡，故不得名帝。然天之與帝，義爲一也。人主可得稱帝，不可得稱天者，以天隨體而立名，人主不可同天之體也。無由稱天者，以天德立號，王者可以同其德焉，所以可稱於帝，故繼天則謂之天子。其號謂之帝，不得云帝子也。言「堯」者，孔無明解，案下傳云：「虞，氏；舜，名。」然「堯」、「舜」相配爲義，既「舜」爲名，則「堯」亦名也。以此而言，「禹」、「湯」亦名，於下都無所解，而「放勳」、「重華」、「文命」，注隨其事而解其文以爲義，不爲堯、舜及禹之名。據此，似「堯」、「舜」及「禹」與「湯」相類，名則俱名，不應殊異。案鄭於下亦云「虞，氏；舜，名」，與孔傳不殊。及鄭注中候，云：「重華，舜名。」則舜不得有二名。鄭注禮記云：「舜之言充。」是以「舜」爲號謚之名。則下注云「舜名」，亦號謚之名也。推此，則孔君亦然。何以知之？既「湯」類「堯」、「舜」當爲名，而孔注論語「曰予小子履」云：「履，是殷湯名。」是湯名「履」，而「湯」非名也。又此不云「堯」、「舜」是名，則「堯」及「舜」、「禹」非名，於是明矣。既非名，而「放勳」、「重華」、「文命」，蓋以爲三王之名，同於鄭玄矣。鄭知名者，以帝繫云禹名文命。以上類之，亦名。若然，名本題情記意，必有義者。蓋運命相符，名與運接，所以異於凡平。或說以其有義，皆以爲字。古代尚質，若名之不顯，何以著字？必不獲已，以爲非名非字可也。譙周以「堯」爲號，皇甫謐以「放勳」、「重華」、「文命」爲名。案謚法：「翼善傳聖曰堯，仁義盛明曰舜。」是「堯」、「舜」，謚也。故馬融亦云「謚也」。又曰：「淵源流通曰禹，雲行雨施曰湯。」則「禹」、「湯」亦是謚法。而馬融云「禹」、「湯」不在謚法，故疑之。將由謚法或本不同，故有致異。亦可本無「禹」、「湯」爲謚，後來所加，故或本曰「除虐去殘曰湯」，是以異也。檀弓曰：「死謚，周道也。」周書謚法，周公所作，而得有「堯」、「舜」、「禹」、「湯」者，以周法死後乃追，故謂之爲謚。謚者，累也，累其行而號也。隨其行以名之，則死謚猶生號。因上世之生號，陳之爲死謚，明上代生死同稱。上世質，非至善至惡無號，故與周異。以此，「堯」、「舜」或云號，或云謚也。若然，湯名「履」而王侯。世本「湯名天乙」者，安國意蓋以湯受命之王，依殷法以乙日生，名天乙，至將爲王，又改名爲履，故二名也，亦可。安國不信世本，無天乙之名。皇甫謐巧欲傳會，云：「以乙日生，故名履字天乙。」又云：「祖乙亦云乙日生，復名乙。」引易緯「孔子所謂天之錫命」，故可同名。既以天乙爲字，何云同名乎？斯又妄矣。號之曰「堯」者，釋名以爲其尊高堯堯然物莫之先，故謂之「堯」也。謚法云：「翼善傳聖曰堯。」堯者以天下之生善，因善欲禪之，故二八顯升，所謂爲翼。能傳位於聖人，天下爲公，此所以出衆而高也。言「聰明」者，據人近驗，則聽遠爲聰，見微爲明，若離婁之視明也，師曠之聽聰也。以耳目之聞見，喻聖人之智慧，〔一五〕兼知天下之事，故在於聞、見而已，故以「聰、明」言之。智之所用，用於天地。經緯天地謂之文，故以聰、明之用爲文。須當其理，故又云思而會理也。經云「欽明」，此爲「聰明」者，彼方陳行事，故美其敬；此序其聖性，故稱其聰，隨事而變文。下舜典直云「堯聞之聰明」，不云「文思」者，此將言堯用，故云「文思」；彼要云舜德，故直云「聰明」，亦自此而可知也。言「光宅」者，經傳云：「光，充也。」不訓宅者，可知也。不於此訓光者，從經爲正也。下「將遜于位」傳云「遜，遁」者，以經無遜字，故在序訓之。

傳「言聖德之遠著」　聖德，解「聰明文思」；遠著，解「光宅天下」。

傳「老使」至「禪之」　「老使攝」者，解「將遜于位」；云「遂禪之」者，解「讓于虞舜」也。以己年老，故遜之，使攝之。後功成而禪，禪即讓也。言「攝」者，「納於大麓」是也；「禪」者，「汝陟帝位」是也。雖舜受而攝之，而堯以爲禪。或云「汝陟帝位」爲攝，因即直言爲讓，故云遂也。鄭玄云：「堯尊如故，舜攝其事。」是也。

堯典　言堯可爲百代常行之道。

【疏】「堯典」　序已云作堯典，而重言此者，此是經之篇目，不可因序有名略其舊題，故諸篇皆重言本目，而就目解之。稱「典」者，以道可百代常行。若堯、舜禪讓聖賢，禹、湯傳授子孫，即是堯、舜之道不可常行，但惟德是與，非賢不授。授賢之事，道可常行，但後王德劣，不能及古耳。然經之與典，俱訓爲常，名典不名經者，以經是總名，包殷、周以上，皆可爲後代常法，故以經爲名；典者，經中之別，特指堯、舜之德，於常行之内道最爲優，故名典不名經也。其太宰六典及司寇三典者，自由當代常行，與此別矣。

曰若稽古帝堯，若，順；稽，考也。能順考古道而行之者帝堯。〔一六〕**曰放勳欽明文思安安，**勳，功；欽，敬也。言堯放上世之功化，而以敬、明、文、思之四德安天下之當安者。○放，方往反，注同。徐云：鄭、王如字。勳，許云反，功也。馬云：「放勳，堯名。」皇甫謐同。一云：「放勳，堯字。」欽明文思，馬云：「威儀表備謂之欽，照臨四方謂之明，經緯天地謂之文，道德純備謂之思。」〔一七〕

允恭克讓，光被四表，格于上下。〔一八〕允，信；克，能；光，充；格，至也。既有四德，又信恭能讓，故其名聞充溢四外，至于天地。○被，皮寄反，徐扶義反。名聞，音問，本亦作「問」。溢音逸。

【疏】「曰若」至「上下」。史將述堯之美，故爲題目之辭曰：能順考校古道而行之者，是帝堯也。又申其順考古道之事曰：此帝堯能放效上世之功，而施其教化，心意恒敬，智慧甚明，發舉則有文謀，思慮則能通敏，以此四德安天下之當安者。在於己身則有此四德，其於外接物，又能信實恭勤，善能謙讓。恭則人不敢侮，讓則人莫與爭。由此爲下所服，名譽著聞，聖德美名充滿被溢於四方之外，又至于上天下地。言其日月所照，霜露所墜，莫不聞其聲名，被其恩澤。此即稽古之事也。

傳「若順」至「帝堯」。「若，順」，釋言文。詩稱「考卜惟王」，洪範考卜之事謂之「稽疑」，是「稽」爲考，經傳常訓也。爾雅一訓一也，孔所以約文，故數字俱訓，其末以「一也」結之。又已經訓者，後傳多不重訓；顯見可知，則徑言其義，皆務在省文故也。言「順考古道」者，古人之道非無得失，施之當時，又有可否。考其事之是非，知其宜於今世，乃順而行之。言其行可否，順是不順非也。考「古」者，自己之前無遠近之限，但事有可取，皆考而順之。今、古既異，時政必殊。古事雖不得盡行，又不可頓除古法，故説命曰：「事不師古，以克永世，匪説攸聞。」是後世爲治，當師古法，雖則聖人，必須順古。若空欲追遠，不知考擇，居今行古，更致禍災。若宋襄慕義，師敗身傷；徐偃行仁，國亡家滅，斯乃不考之失。故美其能順考也。鄭玄信緯，訓「稽」爲同，訓「古」爲天，言能順天而行之，與之同功。論語稱惟堯則天，詩美文王「順帝之則」，然則聖人之道，莫不同天合德，豈待同天之語然後得同之哉？書爲世教，當因之人事。以人繫天，於義無取，且「古」之爲天，經無此訓。高貴鄉公皆以鄭爲長，非篤論也。

傳「勳功」至「安者」　「勳，功」、「欽，敬」，釋詁文。此經述上稽古之事。放效上世之功，即是考於古道也。經言「放勳」，放其功而已。傳兼言化者，據其勳業謂之功，指其教人則爲化。功之與化，所從言之異耳。鄭玄云：「敬事節用謂之欽，照臨四方謂之明，經緯天地謂之文，慮深通敏謂之思。」孔無明説，當與之同。四者皆在身之德，故謂之四德。凡是臣人，王者皆須安之，故廣言安天下之當安者。所安者，則下文九族、百姓、萬邦是也。其敬、明、文、思爲此次者，顧氏云：「隨便而言，無義例也。」知者，此先『聰』後『明』，舜典云『明四目達四聰』，先『明』後『聰』，故知無例也。」今考舜典云「濬哲文明」，又先「文」後「明」，與此不類，知顧氏爲得也。

傳「允信」至「天地」　「允，信」、「格，至」，釋詁文。「克，能」、「光，充」，釋言文。在身爲德，施之曰行。鄭玄云：「不懈於位曰恭，推賢尚善曰讓。」恭、讓是施行之名。上言堯德，此言堯行，故傳以文次言之。言堯既有敬、明、文、思之四德，又信實恭勤，善能推讓，下人愛其恭讓，傳其德音，故其名遠聞，旁行則充溢四方，上下則至于天地。持身能恭，與人能讓，自己及物，故先恭後讓。恭言信，讓言克，交互其文耳，皆言信實能爲也。傳以溢解「被」，言其饒多盈溢，故被及之也。表裏、内外，相對之言，故以「表」爲外。向下向上，至有所限，旁行四方，無復限極，故四表言被，上下言至。四外者，以其無限，自内言之，言其至於遠處，正謂四方之外畔者，當如爾雅所謂四海、四荒之地也。先四表後上下者，人之聲名，宜先及於人，後被四表，是人先知之，故先言至人，後言至於上下。言「至于天地」，喻其聲聞遠耳。禮運稱「聖人爲政，能使天降膏露，地出醴泉」，是名聞遠達，使天地效靈。是亦「格于上下」之事。

克明俊德，以親九族。能明俊德之士，任用之，以睦高祖玄孫之親。○九族既睦，平章百姓。〔一九〕既，已也。百姓，百官。言化九族而平和章明。百姓昭明，協和萬邦，黎民於變時雍。昭，亦明也。協，合；黎，衆；時，是；雍，和也。言天下衆民皆變化從上，〔二〇〕是以風俗大和。○黎，力兮反。

【疏】「克明」至「時雍」　言堯能名聞廣遠，由其委任賢哲，故復陳之。言堯之爲君也，能尊明俊德之士，使之助己施化。以此，賢臣之化，先令親其九族之親。九族蒙化已親睦矣，又使之和協，顯明於百官之族姓。百姓蒙化，皆有禮儀，昭然而明顯矣，又使之合會，調和天下之萬國，其萬國之衆人於是變化從上，是以風俗大和。能使九族敦睦，百姓顯明，萬邦和睦，是安天下之當安者也。

傳「能明」至「之親」　鄭玄云：「俊德，賢才兼人者。」然則俊德謂有德。又「能明俊德之士」者，〔二一〕謂命爲大官，賜之厚禄，用其才智，使之高顯也。以其有德，故任用之。以此賢臣之化，親睦高祖、玄孫之親。上至高祖，下及玄孫，是爲「九族」。同出高、曾，皆當親之，故言「之親」也。〔二二〕禮記喪服小記云：「親親以三爲五，以五爲九。」又異義夏侯、歐陽等以爲九族者，父族四、母族三、妻族二，皆據異姓有服。鄭玄駁云：「異姓之服，不過緦麻，言不廢昏。又昏禮請期云：『惟是三族之不虞。』恐其廢昏，明非外族也。」是鄭與孔同。「九族」，謂帝之九族。「百姓」，謂百官族姓。「萬邦」，謂天下衆民。自内及外，從高至卑，以爲遠近之次也。知「九族」非民之九族者，以先親九族，次及百姓，百姓是羣臣弟子，不宜越百姓而先下民。若是民之九族，則「九族既睦」，民已和矣，下句不當復言「協和萬邦」，以此知帝之九族也。堯不自親九族，而待臣使之親者，此言用臣法耳。豈有聖人在上，疏其骨肉者乎？若以堯自能親，不待臣化，則化萬邦百姓，堯豈不能化之，而待臣化之也？且言親九族者，非徒使帝親之，亦使臣親之。帝亦令其自相親愛，故須臣子之化也。

傳「既已」至「章明」。既、已義同，故訓「既」爲已。經傳之言「百姓」，或指天下百姓。此下句乃有「黎民」，故知「百姓」即百官也。百官謂之百姓者，隱八年左傳云：「天子建德，因生以賜姓。」謂建立有德以爲公卿，因其所生之地而賜之以爲其姓，令其收斂族親，自爲宗主。明王者任賢不任親，故以百姓言之。周官篇云：「唐、虞稽古，建官惟百。」大禹謨云：「率百官若帝之初。」是唐、虞之世，經文皆稱百官。而禮記明堂位云：「有虞氏之官五十。」後世所記，不合經也。「平章」與「百姓」共文，非九族之事。傳以此經之事文勢相因，先化九族，乃化百官，故云化九族而平和章明，謂九族與百官皆須導之以德義，平理之使之協和；教之以禮法，章顯之使之明著。

傳「昭亦」至「大和」。釋詁以「昭」爲光，光、明義同，經已有「明」，故云「昭亦明也」。釋詁以「協」爲和，和、合義同，故訓「協」爲合也。「黎，衆」、「時，是」，釋詁文。「雍，和」，釋訓文。堯民之變，明其變惡從善，人之所和，惟風俗耳。故知謂「天下衆人皆變化從上，是以風俗大和」，人俗大和，即是太平之事也。此經三事相類。古史交互立文，以「親」言既睦，「平章」言昭明，「協和」言時雍。睦即親也，章即明也，雍即和也。各自變文，以類相對。平九族使之親，平百姓使之明，正謂使從順禮義，恩情和合，故於萬邦變言「協和」，則「以親九族」、「平章百姓」亦是協和之也。但九族宜相親睦，百姓宜明禮義，萬邦宜盡和協，各因所宜爲文，其實相通也。民言「於變」，謂從上化，則「九族既睦」、「百姓昭明」亦是變上，故得睦得明也。

乃命羲、和欽若昊天，曆象日月星辰，敬授人時。〔一三〕重、黎之後羲氏、和氏，世掌天地四時之官，故堯命之，使敬順昊天。昊天，言元氣廣大。星，四方中星；辰，日月所會。曆象其分節，敬記天時，以授人也。此舉其目，下別序之。○羲、和，馬云：「羲氏掌天官，和氏掌地官，四子掌四時。」昊，胡老反。重，直龍反，少昊之後。黎，高陽之後。日月所會，謂日月交會於十二次也。寅曰析木，卯曰大火，辰曰壽星，巳曰鶉尾，午曰鶉火，未曰鶉首，申曰實沈，酉曰大梁，戌曰降婁，亥曰娵觜，子曰玄枵，丑曰星紀。

分命羲仲宅嵎夷曰暘

谷，〔二四〕宅，居也。東表之地稱嵎夷。暘，明也。日出於谷而天下明，故稱暘谷。〔二五〕暘谷、嵎夷，一也。羲仲，居治東方之官。○嵎音隅。馬云：「嵎，海嵎也。夷，萊夷也。」尚書考靈耀及史記作「禺銕」。暘音陽。谷，工木反，又音欲。下同。馬云：「暘谷，海嵎夷之地名。」日出於谷，本或作「日出於陽谷」，「陽」衍字。**寅賓出日，平秩東作。**〔二六〕寅，敬；賓，導；秩，序也。歲起於東而始就耕，謂之東作。東方之官敬導出日，平均次序東作之事，以務農也。○寅，徐以真反，又音夷，下同。賓，如字，徐音殯，馬云：「從也。」出日，上尺遂反，又如字，注同。平，如字。馬作「苹」，普庚反，云：「使也。」下皆放此。秩，如字。**日中星鳥，以殷仲春。**日中，謂春分之日。鳥，南方朱鳥七宿。殷，正也。春分之昏鳥星畢見，以正仲春之氣節。轉以推季、孟，則可知。○日中，貞仲反，又如字。殷，於勤反，馬、鄭云：「中也。」七宿，音秀，下同。畢見，賢遍反，下同。**厥民析，鳥獸孳尾。**冬寒無事，並入室處。春事既起，丁壯就功。厥，其也。言其民老壯分析。乳化曰孳，交接曰尾。○析，星歷反。孳音字。乳化，上儒付反。說文云：「人及鳥生子曰乳，獸曰產。」**申命羲叔宅南交，**申，重也。南交，言夏與春交。舉一隅以見之。此居治南方之官。○申重，直用反。**平秩南訛，**〔二七〕**敬致。**訛，化也。掌夏之官平序南方化育之事，敬行其教，以致其功。四時同之，亦舉一隅。○訛，五禾反。**日永星火，以正仲夏。**永，長也，謂夏至之日。火，蒼龍之中星。舉中，則七星見可知。以正仲夏之氣節，季、孟亦可知。**厥民因，鳥獸希革。**因，謂老弱因就在田之丁壯，以助農也。夏時鳥獸毛羽希少改易。革，改。**分命和仲宅西，曰昧谷，**昧，冥也。日入於谷而天下冥，故曰昧谷。昧谷曰西，則嵎夷東可知。此居治西方之官，掌秋天之政。○昧，武內反。冥，莫定反。**寅餞納日，**〔二八〕**平秩西成。**餞，送也。日出言導，日入言送，因事之宜。秋，西方，萬物成。〔二九〕平序其政，助成物也。〔三〇〕○餞，賤衍反，馬云：「滅也，滅猶没也。」**宵中星虛，以殷仲秋。**宵，夜也。春言日，秋言夜，互相備。虛，玄武之中星，亦言七星皆以秋分日見，以正三秋。**厥民夷，鳥獸毛毨。**夷，平也。老壯在田，與夏平也。毨，理也。毛更生整理。○毨，先典反。說文云：「仲秋鳥獸毛盛，可選取以爲器用也。」〔三一〕**申命和叔宅朔**

方曰幽都，平在朔易。北稱朔，亦稱方，言一方則三方見矣。北稱幽都，南稱明從可知也。都，謂所聚也。易，謂歲改易於北方。平均在察其政，以順天常。上總言羲、和敬順昊天，此分別仲、叔各有所掌。○別，彼列反，下同。日短星昴，以正仲冬。日短，冬至之日。昴，白虎之中星，亦以七星並見，以正冬之三節。厥民隩，鳥獸氄毛。〔三二〕隩，室也。民改歲入此室處，以辟風寒；鳥獸皆生耎毳細毛以自溫。○隩，於六反，馬云：「煖也。」〔三三〕氄，如勇反。徐又而充反，又如充反，馬云：「溫柔貌。」辟音避。耎，如兗反。本或作「濡」，音儒。毳，尺銳反。

帝曰：「咨，汝羲暨和！朞三百有六旬有六日，以閏月定四時成歲。〔三四〕咨，嗟；暨，與也。匝四時曰朞。〔三五〕一歲十二月，月三十日，正三百六十日。除小月六爲六日，是爲一歲有餘十二日。未盈三歲足得一月，則置閏焉，以定四時之氣節，成一歲之曆象。○暨，其器反。朞，居其反，下同。旬，似遵反。十日爲旬。匝，子合反。允釐百工，庶績咸熙。」允，信；釐，治；工，官；績，功；咸，皆；熙，廣也。言定四時成歲曆，以告時授事，則能信治百官，衆功皆廣，歎其善。○釐，力之反。熙，〔三六〕許其反，興也。

【疏】「乃命」至「咸熙」。上言能明俊德，又述能明之事。堯之聖德美政，如上所陳。但聖不必獨理，必須賢輔。堯以須臣之故，乃命有俊明之人羲氏、和氏敬順昊天之命，曆此法象。其日之甲乙、月之大小、昏明遞中之星、日月所會之辰，定其所行之數，以爲一歲之曆。乃依此曆，敬授下人。以天時之早晚，其總爲一歲之曆，其分有四時之異。既舉總目，更別序之。堯於羲、和之內，乃分別命其羲氏而字仲者，令居治東方嵎夷之地也。日所出處名曰暘明之谷，於此處所主之職，使羲仲主治之。既主東方之事，而日出於東方，令此羲仲恭敬導引將出之日，平均次序東方耕作之事，使彼下民務勤種植。於日晝夜中分，刻漏正等，天星朱鳥南方七宿合昏畢見，以此天之時候，調正仲春之氣節。此時農事已起，不居室內，其時之民宜分析適野，老弱居室，丁壯就功。於時鳥獸皆孕胎卵，孳尾匹合。又就所分羲氏之內，重命其羲氏而字叔者，使之居治南方之職。又於天分南方與東交，立夏以至立秋時之事皆主之。均平次序南方化育之事，敬行其教，以致其功。於日正長、晝漏最多，天星大火、東方七宿合昏畢見，以此天時之候，調正仲夏之氣節。於時苗稼以殖，農事尤煩。其時之民，老弱因共丁壯就在田野。於時鳥獸羽毛希少，變改寒時。又分命和氏而字仲者，居治西方日所入處，名曰昧冥之谷。於此處所主之職，使和仲主治之。既主西方之事，而日入在於西方，令此和仲恭敬從送既入之日，平均次序西方成物之事，使彼下民務勤收斂。於晝夜中分，漏刻正等，天星之虚、北方七宿合昏畢見，以此天時之候，調正仲秋之氣節。於時禾苗秀實，農事未閑，〔三七〕其時之民，與夏齊平，盡在田野。於時鳥獸毛羽更生，已稍整治。又重命和氏而字叔者，令居治北方名曰幽都之地。於此處所主之職，使和叔主治之，平均視察北方歲改之事。於日正短、晝漏最少，天星之昴、西方七宿合昏畢見，以此天時之候，調正仲冬之氣節。於時禾稼已入，農事閑暇。其時之人，皆處深隩之室。鳥獸皆生耎毳細毛，以自温煖。此是羲、和敬天授人之實事也。羲、和所掌如是，故帝堯乃述而歎之曰：咨嗟！汝羲仲、羲叔與和仲、和叔：一朞之間，三百有六旬有六日，分爲十二月，則餘日不盡，令氣朔參差，若以閏月補闕，令氣朔得正，定四時之氣節，成一歲之曆象，是汝之美可歎也。又以此歲曆告時授事，信能和治百官，使之衆功皆廣也。歎美羲、和能敬天之節，衆功皆廣，則是風俗天和。

傳「重黎」至「序之」。楚語云：「少昊氏之衰，九黎亂德，人神雜擾，〔三八〕不可方物。顓頊受之，乃命南正重司天以屬神，火正黎司地以屬民。使復舊常，無相侵瀆。其後三苗復九黎之惡，〔三九〕堯復育重、黎之後，不忘舊者，使復典之，以至於夏、商。」據此文，則自堯及商，無他姓也。堯育重、黎之後，是此羲、和可知。是羲、和爲「重、黎之後」，「世掌天地之官」文所出也。呂刑先重後黎，此文先羲後和，揚子法言云：「羲近重，和近黎。」是羲承重而和承黎矣。呂刑稱「乃命重、黎」，與此命羲、和爲一事也，故呂刑傳云「重即羲」也，「黎即和」也。羲、和雖別爲氏族，而出自重、黎，故呂刑以重、黎言之。鄭語云爲高辛氏火正，則高辛亦命重、黎，故鄭玄於此注云：「高辛氏世命重爲南正，司天；黎爲火正，司地。」是「世掌」之文，用楚語爲説也。〔四〇〕楚世家云：「重黎爲帝嚳火正，能光融天下，帝嚳命曰祝融。共工氏作亂，帝嚳使重黎誅之而不盡，帝乃以庚寅日誅重黎，而以其弟吴回爲重黎，復居火正爲祝融。」案昭二十九年左傳稱少昊氏有子曰重，顓頊氏有子曰黎，則重、黎二人各出一帝，而史記並以重黎爲楚國之祖，吴回爲重黎，以「重黎」爲官號，此乃史記之謬。故束皙譏馬遷並兩人以爲一，謂此是也。左傳稱重爲勾芒，黎爲祝融，不言何帝使爲此官，但黎是顓頊之子，其爲祝融必在顓頊之世。重雖少昊之胤，而與黎同命，明使重爲勾芒，亦是顓頊時也。祝融，火官，可得稱爲火正；勾芒，木官，不應號爲南正。且木不主天，火不主地，而外傳稱顓頊命南正司天、火正司地者，蓋使木官兼掌天，火官兼掌地。南爲陽位，故掌天，謂之南正。黎稱本官，故掌地，猶爲火正。鄭答趙商云：「先師以來，皆云火掌爲地。當云黎爲北正。」孔無明説，未必然也。昭十七年左傳郯子稱少昊氏以鳥名官，自顓頊已來，乃命以民事。勾芒、祝融，皆以人事名官，明此當顓頊之時也。傳言少昊氏有四叔，當爲後代子孫，非親子也。何則？傳稱共工氏有子曰句龍，共工氏在顓頊之前多歷年代，豈復共工氏親子至顓頊時乎？明知少昊四叔亦非親子。高辛所命重、黎，或是重、黎子孫，未必一人能歷二代。又高辛前命後誅，當是異人。既有罪而誅，〔四一〕不容列在祀典。明是重、黎之後，世以重、黎爲號。所誅重、黎，是有功重、黎之子孫也。吕刑説羲、和之事，猶尚謂之重、黎，況彼尚近重、黎，何故不得稱之？以此知異世重、黎，號同人别。顓頊命重司天、黎司地，羲氏掌天、和氏掌地，其實重黎、羲和通掌之也。此云乃命羲、和欽若昊天，是羲、和二氏共掌天地之事，以乾坤相配，天地相成。運立施化者天，資生成物者地。天之功成，其見在地。故下言「日中星鳥」之類，是天事也；「平秩東作」之類，是地事也。各分掌其時，非别職矣。案楚語云重司天以屬神、黎司地以屬人，天、地既别，人、神又殊。而云通掌之者，外傳之文説吕刑之義，以爲少昊之衰，天地相通，人神雜擾，顓頊乃命重、黎分而異之，以解「絶地天通」之言，故云各有所掌。天地相通，人神雜擾，見其能離絶天地，變異人神耳。非即別掌之。下文別序所掌，則羲主春、夏，和主秋、冬，俱掌天時，明其共職。彼又言至於夏、商，世掌天地。胤征云：「羲、和湎淫，廢時亂日，不知日食。」羲、和同罪，明其世掌天地共職，可知顓頊命掌天地，惟重、黎二人。堯命羲、和，則仲、叔四人者，以羲、和二氏賢者既多，且後代稍文，故分掌其職事。四人各職一時，兼職方岳，以有四岳，故用四人。顓頊之命重、黎惟司天地，主岳以否，不可得知。設令亦主方岳，蓋重、黎二人分主東、西也。馬融、鄭玄皆以此「命羲、和」者，命爲天地之官。下云分命、申命，爲四時之職。天地之與四時，於周則冢宰、司徒之屬，六卿是也。孔言此舉其目，下別序之，則惟命四人，無六官也。下傳云四岳，即羲、和四子。舜典傳稱禹益六人，新命有職，與四岳、十二牧凡爲二十二人。然新命之六人，禹命爲百揆，契作司徒，伯夷爲秩宗，皋陶爲士，垂作共工。亦禹、契之輩，即是卿官；卿官之外，別有四岳，四岳非卿官也。孔意以羲、和非是卿官，別掌天地。但天地行於四時，四時位在四方，平秩四時之人，因主方岳之事，猶自別有卿官，分掌諸職。左傳稱少昊氏以鳥名官，五鳩氏，即周世之卿官也。五鳩之外，別有鳳鳥氏，曆正也，班在五鳩之上。是上代以來，皆重曆數，故知堯於卿官之外，別命羲、和掌天地也。於時羲、和似尊於諸卿。後世以來，稍益卑賤。周禮太史掌正歲年以序事，即古羲、和之任也。桓十七年左傳云「日官居卿以底日」，猶尚尊其所掌。周之卿官，明是堯時重之，故特言乃命羲、和。此乃命羲、和，重述克明俊德之事，得致雍和所由。已上論堯聖性，此說堯之任賢。據堯身而言用臣，故云乃命。非時雍之後，方始命之使敬順昊天。昊天者，混元之氣昊然廣大，故謂之昊天也。釋天云：「春爲蒼天，夏爲昊天，秋爲旻天，冬爲上天。」毛詩傳云：「尊而君之，則稱皇天，元氣廣大，則稱昊天；仁覆閔下，則稱旻天；自上降監，則稱上天；據遠視之蒼蒼然，則稱蒼天。」爾雅四時異名，詩傳即隨事立稱。鄭玄讀爾雅云：「春爲昊天，夏爲蒼天。」故駁異義云：「春氣博施，故以廣大言之；夏氣高明，故以遠言之；秋氣或生或殺，故以閔下言之；冬氣閉藏而清察，故以監下言之。皇天者，尊而號之也。六籍之中諸稱天者，以情所求言之耳，非必於其時稱之。」

然此言堯敬大四天，故以廣大言之。「星，四方中星」者，二十八宿，布在四方，隨天轉運，更互在南方，每月各有中者。月令每月昬旦惟舉一星之中，若使每日視之，即諸宿每日昬旦莫不常中。中則人皆見之，故以中星表宿。四方中星，總謂二十八宿也。或以書傳云「主春者張，昬中可以種穀；主夏者火，昬中可以種黍；主秋者虚，昬中可以種麥；主冬者昴，昬中可以收斂，皆云上告天子下賦臣人。天子南面而視四方星之中，知人緩急，故曰敬授人時」，謂此四方中星，如書傳之説。孔於虚、昴諸星，本無取中之事。用書傳爲孔説，非其旨矣。「辰，日月所會」者，昭七年左傳士文伯對晉侯之辭也。日行遲，月行疾，每月之朔，月行及日，而與之會，其必在宿。分二十八宿，是日月所會之處。辰，時也。集會有時，故謂之辰。日月所會與四方中星，俱是二十八宿。舉其人目所見，以星言之；論其日月所會，以辰言之；其實一物，故星、辰共文。益稷稱古人之象，日、月、星、辰共爲一象，由其實同故也。日、月與星，天之三光，四時變化，以此爲政，故命羲、和，今以筭術推步，累歷其所行，法象其所在，具有分數節候，參差不等，敬記此天時，以爲曆而授人。此言星、辰共爲一物。周禮大宗伯云：「實柴祀日、月、星、辰。(四二)」鄭玄云：「星謂五緯，辰謂日月所會十二次。」(四三)以星、辰爲二者，五緯與二十八宿俱是天星，天之神祇，禮無不祭，故鄭玄隨事而分之。以此敬授人時，無取五緯之義，故鄭玄於此注亦以星辰爲一，觀文爲説也。然則五星與日月皆別行，不與二十八宿同爲不動也。

傳「宅居」至「之官」　「宅，居」，釋言文。禹貢青州云：「嵎夷既略。」青州在東，界外之畔爲表，故云「東表之地稱嵎夷」也。陰、陽相對，陰闇而陽明也，故以暘爲明。谷無陰陽之異，以日出於谷而天下皆明，故謂日出之處爲暘谷。冬南夏北，不常厥處。但日由空道，似行自谷，故以谷言之，非實有深谷而日從谷之出也。(四四)據日所出謂之暘谷，指其地名即稱嵎夷，故云「暘谷、嵎夷一也」。又解「居」者，居其官不居其地，故云「羲仲居治東方之官」。此言「分命」者，上云「乃命羲、和」，總舉其目，就乃命之内分其職掌，使羲主春夏，和主秋冬，分一歲而別掌之，故言分命。就羲、和之内又重分之，故於夏變言「申命」。既命仲而復命叔，是其重命之也。所命無伯、季者，蓋時無伯、季，或有而不賢。則外傳稱堯育重、黎之後，不忘舊者，使復典之，明仲、叔能守舊業，故命之也。此羲、和掌序天地，兼知人事，因主四時而分主四方，故舉東表之地以明所舉之域地。東舉嵎夷之名，明分三方皆宜有地名。此爲其始，故特詳舉其文。羲仲居治東方之官，居在帝都，而遥統領之。王肅云：「皆居京師而統之，亦有時述職。」是其事也。以春位在東，因治於東方，其實本主四方春政，故於和仲之下，云「此居治西方之官，掌秋天之政」，明此掌春天之政。孔以經事詳，故就下文而互發之。

傳「寅敬」至「務農也」 「寅，敬」，釋詁文。賓者主行導引，故賓爲導也，釋詁以「秩」爲「常」，常即次第有序，故「秩」爲序也。一歲之事，在東則耕作，在南則化育，在西則成熟，在北則改易，故以方名配歲事爲文，言順天時氣以勸課人務也。春則生物，秋則成物。日之出也，物始生長，人當順其生長，致力耕耘。日之入也，物皆成熟，人當順其成熟，致力收斂。東方之官，當恭敬導引日出，平秩東作之事，使人耕耘。西方之官，當恭敬從送日入，平秩西成之事，使人收斂。日之出入，自是其常，但由日出入，故物有生成。雖氣能生物，而非人不就。勤於耕稼，是導引之；勤於收藏，是從送之。冬夏之文無此類者，南北二方非日所出入，「平秩南訛」亦是導日之事，「平在朔易」亦是送日之事，依此春、秋而共爲賓、餞，故冬、夏二時無此一句。勸課下民，皆使致力，是敬導之；平均次序，即是授人田里，各有疆埸，〔四五〕是平均之也。耕種、收斂，使不失其次序。王者以農爲重，經主於農事，寅賓出日，爲平秩設文，故並解之也。言「敬導出日」者，正謂平秩次序東作之事以務農也。鄭以「作」爲生。計秋言西成，春宜言東生，但四時之功皆須作力，不可不言力作。直説生成，明此以歲事初起，特言東作，以見四時亦當力作，故孔以耕作解之。鄭玄云「寅賓出日」謂春分朝日，又以「寅餞納日」謂秋分夕日也。

傳「日中」至「可知」 其仲春、仲秋、冬至、夏至，馬融云：「古制：刻漏晝夜百刻，晝長六十刻，夜短四十刻；晝短四十刻，夜長六十刻；晝中五十刻，夜亦五十刻。」融之此言，據日出見爲説。天之晝夜，以日出、入爲分；人之晝夜，以昏、明爲限。日未出前二刻半爲明，日入後二刻半爲昏。損夜五刻以裨於晝，則晝多於夜復校五刻。古今曆術與太史所候，皆云夏至之晝六十五刻，夜三十五刻；冬至之晝四十五刻，夜五十五刻；春分、秋分之晝五十五刻，夜四十五刻，此其不易之法也。然今太史細候之法，則校常法半刻也。從春分至於夏至，晝漸長，增九刻半；夏至至於秋分，所減亦如之。從秋分至於冬至，晝漸短，減十刻半；從冬至至於春分，其增亦如之。又於每氣之間，增減刻數有多有少，不可通而爲率。漢初未能審知，率九日增減一刻。和帝時待詔霍融，始請改之。鄭注書緯考靈曜，仍云九日增減一刻，猶尚未覺誤也。鄭注此云：「日長者日見之漏五十五刻，日短者日見之漏四十五刻。」與曆不同，故王肅難云：「知日見之漏，減晝漏五刻，不意馬融爲傳，已減之矣。因馬融所減而又減之，故日長爲五十五刻。因以冬至反之，取其夏至夜刻以爲冬至晝短，此其所以誤耳。」「鳥，南方朱鳥七宿」者，在天成象，星作鳥形。曲禮説軍陳象天之行，前朱雀、後玄武、左青龍、右白虎，雀即鳥也。武謂龜甲捍禦，故變文玄武焉。是天星有龍、虎、鳥、龜之形也。四方皆有七宿，各成一形，東方成龍形，西方成虎形，皆南首而北尾；南方成鳥形，北方成龜形，皆西首而東尾。以南方之宿象鳥，故言「鳥」，謂朱鳥七宿也。此經舉宿，爲文不類。春言星鳥，總舉七宿；夏言星火，獨指房心。虛、昴惟舉一宿。文不同者，互相通也。釋言以「殷」爲中，中、正義同，故殷爲正也。此經冬、夏言正，春、秋言殷者，其義同。春分之昏觀鳥星畢見，以正仲春之氣節。計仲春日在奎婁，而入於西地。則初昏之時，井、鬼在午，柳、星、張在巳，軫、翼在辰，是朱鳥七宿皆得見也。春有三月，此經直云仲春，故傳辨之云：既正仲春，轉以推季、孟之月，則事亦可知也。天道左旋，日體右行，故星見之方與四時相逆。春則南方見，夏則東方見，秋則北方見，冬則西方見，此則勢自當然。而書緯爲文生説，言春夏相與交、秋冬相與互，謂之母成子、子助母，斯假妄之談耳。馬融、鄭玄以爲星鳥、星火，謂正在南方，春分之昏七星中，仲夏之昏心星中，秋分之昏虛星中，冬至之昏昴星中，皆舉正中之星，不爲一方盡見，此其與孔異也。至於舉仲月以統一時，亦與孔同。王肅亦以星鳥之屬爲昏中之星。其要異者，以所宅爲孟月，日中、日永爲仲月，星鳥、星火爲季月，以殷，以正，皆總三時之月。讀「仲」爲中，言各正三月之中氣也。以馬融、鄭玄之言，不合天象。星火之屬，仲月未中，故爲每時皆歷陳三月。言日以正仲春，以正春之三月中氣。若正春之三月中，當言「以正春中」，不應言「以正仲春」。王氏之説，非文勢也。

傳「冬寒」至「日尾」。「厥，其」，釋言文。孔氏直取「畢見」，稍爲迂闊；比諸王、馬，於理最優。產生爲乳，胎孕爲化。孕產必愛之，故乳化曰孳。鳥獸皆以尾交接，故交接曰尾。計當先尾後孳，隨便言之。

傳「申重」至「之官」。「申，重」，釋詁文。此官既主四時，亦主方面。經言「南交」，謂南方與東方交。傳言「夏與春交」，見其時、方皆掌之，春盡之日與立夏之初，時相交也。東方之南，南方之東，位相交也。言羲叔所掌，與羲仲相交際也。四時皆舉仲月之候，嫌其不統季、孟。於此言交，明四時皆然，故傳言「舉一隅以見之」。春上無冬，不得見其交接。至是夏與春交，故此言之。

傳「訛化」至「一隅」。「訛，化」，釋言文。禾苗秀穗，化成子實，亦胎生乳化之類，故「掌夏之官平序南方化育之事」，謂勸課民耘耨，使苗得秀實。「敬行其教，以致其功」，謂敬行平秩之教，以致化育之功。農功歲終乃畢，敬行四時皆同，於此言之，見四時皆然，故云「亦舉一隅」也。夏日農功尤急，故就此言之。

傳「永長」至「可知」。「永，長」，釋詁文。夏至之日日最長，故知謂夏至之日。計七宿房在其中，但房、心連體，心統其名。左傳言「火中」、「火見」，詩稱「七月流火」，皆指房、心爲火。故曰「火，蒼龍之中星」。特舉一星，與鳥不類，故云「舉中則七星見可知」。計仲夏日在東井，而入於西地，即初昏之時，角、亢在午，氐、房、心在巳，尾、箕在辰。是東方七宿皆得見也。

傳「因謂」至「革改」　春既分析在外，今日因往就之，故言「因，謂老弱因就在田之丁壯」，以務農也。鳥獸冬毛最多，春猶未脫，故至夏始毛羽希少，改易往前。革謂變革，故爲改也。傳之訓字，或先或後，無義例也。

傳「昧冥」至「之政」　釋言云：「晦，冥也。」冥是暗，故昧爲冥也。谷者，日所行之道。日入於谷而天下皆冥，故謂日入之處爲昧谷，非實有谷而日入也。此經春、秋相對，春不言東，但舉嵎谷曰西，則嵎夷東可知。然則東言嵎夷，則西亦有地明矣。闕其文，所以互見之。傳於春言「東方之官」，〔四六〕不言掌春；夏言「掌夏之官」，不言南方；此言「居治西方之官，掌秋天之政」，互文明四時皆同。

傳「餞送」至「成物也」　送行飲酒謂之餞，故「餞」爲送也。導者，引前之言；送者，從後之稱。因其欲出，導而引之；因其欲入，從而送之。是其「因事之宜」而立此文也。秋位在西，於時萬物成熟。平序其秋天之政，未成則耘耨，既熟則收斂，助天成物，以此而從，送入日也。納、入義同，故傳以入解納。

傳「宵夜」至「三秋」　「宵，夜」，釋言文。舍人曰：「宵，陽氣消也。」三時皆言日，惟秋言夜，故傳辨之云「春言日，秋言夜，互相備」也，互著明也。〔四七〕明日中宵亦中，宵中日亦中。因此而推之，足知日永則宵短，日短則宵長，皆以此而備知也。正於此時變文者，以春之與秋，日夜皆等，春言出日，即以日言之；秋云納日，即以夜言之，亦事之宜也。北方七宿則虛爲中，故虛爲玄武之中星。計仲秋日在角、亢而入於酉地，初昏之時斗、牛在午，女、虛、危在巳，室、壁在辰。舉虛中星言之，亦言七星以秋分之日昏時並見，以正秋之三月。

傳「夷平」至「整理」　釋詁云：「夷、平，易也。」俱訓爲易，是「夷」得爲平。秋禾未熟，農事猶煩，故「老、壯在田，與夏平也」。毨者，毛羽美悅之狀，故爲理也。夏時毛羽希少，今則毛羽復生。夏改而少，秋更生多，故言「更生整理」。

傳「北稱」至「所掌」　釋訓云：「朔，北方也。」舍人曰：「朔，盡也。北方萬物盡，〔四八〕故言朔也。」李巡曰：「萬物盡於北方，蘇而復生，故言北方。」是「北稱朔」也。羲、和主四方之官，四時皆應言方，於此言方者，即三方皆見矣。春爲歲首，故舉地名；夏與春交，故言「南交」。秋言「西」，以見嵎夷當爲東；冬言「方」，以見三時皆有方。古史要約，其文互相發見也。幽之與明，文恒相對。北既稱幽，則南當稱明從此可知，故於夏無文。經冬言幽都，夏當云明都。傳不言都者，從可知也。鄭云：「夏不言『曰明都』，三字摩滅也。」伏生所誦與壁中舊本並無此字，非摩滅也。王肅以夏無明都，避敬致然，即幽足見明，闕文相避。如肅之言，義可通矣。「都，謂所聚」者，總言此方是萬物所聚之處，非指都邑聚居也。「易謂歲改易於北方」者，人則三時在野，冬入隩室；物則三時生長，冬入囷倉，是人之與物皆改易也。王肅云：「改易者，謹約蓋藏，循行積聚。」引詩：「嗟我婦子，曰爲改歲，入此室處。」王肅言人、物皆易，孔意亦當然也。釋詁云：「在，察也。」〔四九〕舍人曰：「在，見物之察。」是「在」爲察義，故言「平均在察其政」，以順天常。以在察須與平均連言，不復訓「在」爲察，故舜典之傳別更訓之。〔五〇〕三時皆言「平秩」，此獨言「平在」者，以三時乃役力田野，當次序之；冬則物皆藏入，須省察之，故異其文。秋日物成就，故傳言「助成物」；冬日蓋藏，天之常道，故言「順天常」。因明東作、南訛，亦是助生物、順常道也。上總言羲、和敬順昊天，此分別仲、叔各有所掌，明此四時之節，即順天之政。實恐人以敬順昊天，直是曆象日月，嫌仲、叔所掌非順天之事，〔五一〕故重明之。〔五二〕

傳「隩室」至「自温」。釋宫云：「西南隅謂之隩。」孫炎云：「室中隱隩之處也。」隩是室内之名，故以「隩」爲室也。物生皆盡，野功咸畢，是歲改矣。以天氣改歲，故入此室處，以避風寒。天氣既至，故鳥獸皆生耎毳細毛，以自温焉。經言「氄毛」，謂附肉細毛，故以「耎毳」解之。

傳「咨嗟」至「曆象」。「咨，嗟」、「暨，與」，皆釋詁文也。「迊四時曰朞」，朞即迊也，故王肅云：「朞，四時是也。」然古時真曆，遭戰國及秦而亡，漢存六曆，雖以於五紀之論，皆秦漢之際假託爲之，實不得正要有梗槩之言。周天三百六十五度四分度之一而日行一度，則一朞三百六十五日四分日之一。今考靈曜、乾鑿度諸緯皆然。〔五三〕此言「三百六十六日」者，王肅云：「四分日之一又入六日之內，舉全數以言之，故云三百六十六日也。」傳又解所以須置閏之意，皆據大率以言之。云「一歲十二月，月三十日」，正三百六十日也。除小月六，又爲六日。今經云三百六十六日，故云餘十二日。不成朞，以一月不整三十日。今一年餘十二日，故未至盈。滿三歲足得一月，則置閏也。以時分於歲，故云氣節。謂二十四氣，時月之節。歲總於時，故云「曆象日月星辰，敬授人時」，以相配成也。六曆、諸緯與周髀皆云：「日行一度，月行十三度十九分度之七。」爲每月二十九日過半。日之於法，分爲日九百四十分日之四百九十九，即月有二十九日半强。爲十二月，六大之外，有餘分三百四十八，〔五四〕是除小月，無六日。又大歲三百六十六日，小歲三百五十五日，則一歲所餘無十二日。今言十二日者，皆以大率，據整而計之。其實一歲所餘，正十一日弱也。以爲十九年七閏，十九年年十一日，則二百九日。其七月四大、三小，猶二百七日，況無四大乎？爲每年十一日弱分明矣。所以弱者，以四分日之一於九百四十分，則一分爲二百三十五分，少於小月餘分三百四十八。以二百三十五減三百四十八，不盡一百一十三，是四分日之一餘矣。皆以五日爲率，其小月雖爲歲日殘分所減，猶餘一百一十三，則實餘尚無六日。就六日抽一日，爲九百四十分，減其一百一十三分，不盡八百二十七分。以不抽者五日，並三百六十日外之五日，爲十日。其餘九百四十分日之八百二十七，爲每歲之實餘。今十九年年十日，得整日一百九十。又以十九乘八百二十七分，得一萬五千七百一十三。以日法九百四十除之，得十六日。以並一百九十日，爲二百六日。不盡六百七十三分，爲日餘。合爲閏月，〔五五〕得七。每月二十九日，七月爲二百三日。又每四百九十九分以七乘之，得三千四百九十三。以日法九百四十分除之，得三日。以並二百三日，〔五六〕亦爲二百六日。不盡亦六百七十三爲日餘，亦相當矣。所以無閏時不定，歲不成者，若無閏，〔五七〕三年差一月，則以正月爲二月，每月皆差。九年差三月，即以春爲夏。若十七年差六月，即四時相反，時何由定，歲何得成乎？故須置閏，以定四時。故左傳云：「履端於始，序則不愆；舉正於中，民則不惑；歸餘於終，事則不悖。」是也。先王以重閏焉。王肅云：「斗之所建，是爲中氣。日月所在，斗指兩辰之間，無中氣，故以爲閏也。」

傳「允信」至「其善」釋訓云：「鬼之爲言歸也。」鄉飲酒義云：「春之爲言蠢也。」然則釋訓之例，有以聲相近而訓其義者。「釐，治」、「工，官」，皆以聲近爲訓。他皆放此類也。「績，功」、「咸，皆」，釋詁文。「熙，廣」，周語文。此經文義承「成歲」之下，傳以文勢次之，言定曆、授事，能使「衆功皆廣」。「歎其善」，謂帝歎羲、和之功也。

帝曰：「疇咨若時？登庸。」疇，誰；庸，用也。誰能咸熙庶績，順是事者，將登用之。○疇，直由反。放齊曰：「胤子朱啓明。」帝曰：「吁！嚚訟，可乎？」放齊，臣名。胤，國；子，爵；朱，名；啓，開也。吁，疑怪之辭。言不忠信爲嚚，又好争訟。可乎，言不可。○放，方往反。注同。胤，引信反，〔五八〕馬云：「嗣也。」吁，況于反，〔五九〕徐往付反，一音于。嚚，魚巾反。訟，才用反，馬本作「庸」。又好，呼報反。下注同。争，鬭也。帝曰：「疇咨若予采？」采，事也。復求誰能順我事者。○若予音餘，又羊汝反。采，七在反，〔六〇〕馬云：「官也。」復求，上扶又反。驩兜曰：「都！共工方鳩僝功。〔六一〕」驩兜，臣名。都，於，歎美之辭。共工，官稱。鳩，聚；僝，見也。歎共工能方方聚見其功。○驩，呼端反。兜，丁侯反。〔六二〕共工，上音恭，注同。〔六三〕僝，仕簡反，徐音撰，馬云：「具也。」都於，下音烏。官稱，尺證反。帝曰：「吁！靜言庸違，象恭滔天。」靜，謀；滔，漫也。言共工自爲謀言，起用行事而背違之，貌象恭敬而心傲很，若漫天。言不可用。○滔，吐刀反。〔六四〕漫，末旦反，下同。又末寒反。背音佩。傲，五報反，下同。很，佷懇反。

帝曰：「咨！四岳：四岳，即上羲、和之四子。分掌四岳之諸侯，故稱焉。湯湯洪水方割，湯湯，流貌。洪，大。割，害也。言大水方方爲害。○湯湯，音傷。洪，户工反。蕩蕩懷山襄陵，浩浩滔天，蕩蕩，言水奔突有所滌除。懷，包。襄，上也。包山上陵，浩浩盛大若漫天。○浩，胡老反。滌，大歷反。襄上，時掌反。下民其咨。有能俾乂？」俾，使。乂，治也。言民咨嗟憂愁，病水困苦，故問四岳有能治者，將使之。○俾，必爾反。僉曰：「於，鯀哉！」僉，皆也。鯀，崇伯之名。朝臣舉之。○僉，七廉反，又七劒反。曰於，音烏。〔六五〕鯀，故本反，馬云：「禹父也。」〔六六〕朝臣，上直遥反。帝曰：「吁，咈哉！方命圮族。〔六七〕」凡言吁者，皆非帝意。咈，戾。圮，毁。族，類也。言鯀性很戾，好比方名，〔六八〕命而行事，輒毁敗善類。○咈，扶弗反，忿戾也。方命，如字，馬云：「方，放也。」徐云：「鄭、王音放。」圮，皮美反。戾，力計反。岳曰：「异哉！試可，乃已。」异，已。已，退也。言餘人盡已，唯鯀可試，無成乃退。〔六九〕○异，徐云：「鄭音異，孔、王音怡，已也。」帝曰：「往，欽哉！」敕鯀往治水，命使敬其事。堯知其性很戾圮族，未明其所能，而據衆言可試，故遂用之。九載，績用弗成。載，年也。三考九年，功用不成，則放退之。

【疏】「帝曰疇咨」至「弗成」。史又序堯事。堯任羲、和，衆功已廣，及其末年，羣官有闕，復求賢人，欲任用之。帝曰：誰乎？咨嗟！嗟人之難得也。有人能順此咸熙庶績之事者，我將登而用之。有臣放齊者對帝曰：有胤國子爵之君，其名曰朱，其人心志開達，性識明悟。言此人可登用也。帝疑怪歎之，曰：吁！此人既頑且嚚，又好爭訟，豈可用乎？言不可也。史又記堯復求人。帝曰：誰乎？咨嗟！嗟人之難得也。今有人能順我事者否乎？言有，即欲用之也。有臣驩兜者對帝曰：嗚呼！歎有人之大賢也。帝臣共工之官者，此人於所在之方，能立事業，聚見其功。言此人可用也。帝亦疑怪之，曰：吁！此人自作謀計之言，及起用行事，而背違之；貌象恭敬，而心傲很若漫天。言此人不可用也。頻頻求人，無當帝意。於是洪水爲災，求人治之，帝曰：咨嗟！嗟水災之大也。呼掌岳之官，而告以須人之意：汝四岳等：今湯湯流行之水，所在方方爲害。又其勢奔突，蕩蕩然滌除在地之物，包裹高山，乘上丘陵，浩浩盛大，勢若漫天。在下之人，其皆咨嗟，困病其水矣。有能治者，將使治之。羣臣皆曰：嗚呼！歎其有人之能。惟鯀堪能治之。帝又疑怪之，曰：吁！其人心很戾哉！好比方直之名。命而行事，輒毀敗善類。言其不可使也。朝臣已共薦舉，四岳又復然之。岳曰：帝若謂鯀爲不可，餘人悉皆已哉！言不及鯀也。惟鯀一人，試之可也，試若無功，乃黜退之。言洪水必須速治，餘人不復及鯀，故勸帝用之。帝以羣臣固請，不得已而用之，乃告敕鯀曰：汝往治水，當敬其事哉。鯀治水九載，已經三考，而功用不成。言帝實知人，而朝無賢臣，致使水害未除，待舜乃治。此經三言求人，未必一時之事，但歷言朝臣不賢，爲求舜張本故也。

傳「疇誰」至「用之」「疇，誰」，釋詁文。庸聲近用，故爲用也。馬融以羲、和爲卿官，堯之末年，皆以老死，庶績多闕，故求賢順四時之職，欲用以代羲、和。孔於下傳云四岳即上羲、和之四子，帝就羲、和求賢，則所求者别代他官，不代羲氏、和氏。孔以羲、和掌天地之官，正在敬順昊天，告時、授事而已。其施政者，乃是百官之事，非復羲、和之職。但羲、和告時、授事，流行百官，使百官庶績咸熙。今云咸熙庶績，順是事者，指謂求代百官之闕，非求代羲、和也。此經文承「庶績」之下而言順是事者，故孔以文勢次之。此言誰能咸熙庶績，順是事者將登用之，蓋求卿士用任也。計堯即位至洪水之時，六十餘年，百官有闕，皆應求代。求得賢者，則史亦不録；不當帝意，乃始録之。爲求舜張本，故惟帝求一人，放齊以一人對之，非六十餘年止求一人也。堯以聖德在位，庶績咸熙，蓋應久矣。此繼咸熙之下，非知早晚求之。史自歷序其事，不必與治水同時也。計四岳職掌天地，當是朝臣之首。下文求治水者，帝咨四岳，此不言咨四岳者，帝求賢者，固當博訪朝臣，但史以有岳對者，言咨四岳，此不言咨者，但此無岳對，故不言耳。

傳「放齊」至「不可」　以放齊舉人對帝，故知臣名。爲名、爲字，不可得知。傳言名者，辯此是爲臣之名號耳，未必是臣之名也。夏王仲康之時，胤侯命掌六師，顧命陳寶有胤之舞衣，故知古有胤國。胤既是國，自然子爲爵，朱爲名也。馬融、鄭玄以爲帝之胤子曰朱也，求官而薦太子，太子下愚，以爲啓明。揆之人情，必不然矣。「啓」之爲開，書傳通訓。言此人心志，開解而明達。「吁」者，必有所嫌而爲此聲，故以爲疑怪之辭。僖二十四年左傳曰：「口不道忠信之言爲嚚。」是言不忠信爲嚚也。其人心既頑嚚，又好争訟，此實不可，而帝云可乎，故吁聲而反之。可乎，言不可也。唐堯聖明之主，應任賢哲，放齊聖朝之臣，當非庸品，人有善惡，無容不知。稱嚚訟以爲啓明，舉愚臣以對聖帝，何哉？將以知人不易。人不易知，密意深心，固難照察。胤子矯飾容貌，但以惑人，放齊内少鑒明，未能圓備，謂其實可任用，故承意舉之。以帝堯之聖，乃知其嚚訟之事，放齊所不知也。驩兜薦舉共工，以爲比周之惡，謂之四凶，投之遠裔。放齊舉胤子，不爲凶人者，胤子雖有嚚訟之失，不至滔天之罪，放齊謂之實賢，非是苟爲阿比。驩兜則志不在公，私相朋黨，共工行背其言，心反於貌。其罪並深，俱被流放，其意異於放齊舉胤子故也。

傳「采事」至「事者」　「采，事」，釋詁文。上已求順時，不得其人，故復求順我事者。順時、順事，其義一也。史以上承「庶績」之下，故言順時，謂順是庶績之事。此不可復同前文，故變言順我帝事。其意亦如前經，當求卿士之任也。順我事之下，亦宜有登用之言，上文已具，故於此略之。

傳「驩兜」至「其功」　驩兜，亦舉人對帝，故知臣名。「都，於」，釋詁文。「於」即嗚字，歎之辭也。將言共工之善，故先歎美之。舜典命垂作共工，知共工是官稱。鄭以爲其人名氏，未聞先祖居此官，故以官氏也。計稱人對帝，不應舉先世官名，孔直云官稱，則其人於時居此官也。時見居官，則是已被任用，復舉之者，帝求順事之人，欲置之上位，以爲大臣，所欲尊於共工，故舉之也。「鳩，聚」，釋詁文。僝然，見之狀，故爲見。歎共工能方方聚見其功，謂每於所在之方，皆能聚集善事，以見其功，言可用也。若能共工，實有見功，則是可任用之人。帝言其庸違滔天，不可任者，共工言是行非，貌恭心很，取人之功以爲己功，其人非無見功，但功非己有。左傳説驩兜云：「醜類惡物，是與比周，天下之人謂之渾敦。」言驩兜以共工比周，妄相薦舉，知所言見功非其實功也。

傳「静謀」至「可用」　「静，謀」，釋詁文。「滔」者，漫浸之名。浸必漫其上，故滔爲漫也。共工險僞之人，自爲謀慮之言，皆合於道，及起用行事，而背違之。言其語是而行非也。貌象恭敬，而心傲很。其侮上陵下，若水漫天，言貌恭而心傲很也。行與言違，貌恭心反，乃是大佞之人，不可任用也。明君聖主，莫先於堯。求賢審官，王政所急。乃有放齊之不識是非，驩兜之朋黨惡物，共工之巧言令色，崇伯之敗善亂常。聖人之朝，不才總萃，雖曰難之，何其甚也？此等諸人，才實中品，亦雖行有不善，未爲大惡，故能仕於聖代，致位大官。以帝堯之末，洪水爲災，欲責非常之功，非復常人所及。自非聖舜登庸，大禹致力，則滔天之害未或可平。以舜、禹之成功，見此徒之多罪。勳業既謝，愆釁自生，爲聖所誅，其咎益大。且虞史欲盛彰舜德，歸過前人。春秋史克以宣公比堯，辭頗增甚。知此等並非下愚，未有大惡，其爲不善，惟帝所知。將言求舜，以見帝之知人耳。

傳「四岳」至「稱焉」　上列羲、和所掌，云宅嵎夷、朔方，言四子居治四方，主於外事。岳者，四方之大山。今王朝大臣皆號稱四岳，是與羲、和所掌其事爲一。以此，知四岳即上羲、和之四子也。又解謂之岳者，以其分掌四岳之諸侯，故稱焉。舜典稱「巡守至於岱宗，肆覲東后」。周官説巡守之禮云：「諸侯各朝於方岳之下。」是四方諸侯分屬四岳也。計堯在位六十餘年，乃命羲、和，蓋應早矣。若使成人見命，至此近將百歲，故馬、鄭以爲羲、和皆死。孔以爲四岳即是羲、和，至今仍得在者，以羲、和世掌天地，自當父子相承，不必仲、叔之身皆悉在也。書傳雖出自伏生，其當聞諸先達，虞傳雖説舜典之四岳，尚有羲伯、和伯，是仲、叔子孫世掌岳事也。

傳「湯湯」至「爲害」　湯湯，波動之狀，故爲流貌。「洪，大」，釋詁文。刀害爲割，故割爲害也。言大水方方爲害，謂其遍害四方也。

傳「蕩蕩」至「漫天」　蕩蕩，廣平之貌。言水勢「奔突有所滌除」，謂平地之水除地上之物，爲水漂流，無所復見，蕩蕩然惟有水耳。懷藏，包裹之義，故懷爲包也。釋言以襄爲駕。駕乘牛馬，皆車在其上，故襄爲上也。包山，謂遶其傍；上陵，謂乘其上。平地已皆蕩蕩，又復遶山上陵，故爲盛大之勢。總言浩浩盛大，若漫天然也。天者，無上之物；漫者，加陵之辭。甚其盛大，故云「若漫天」也。

傳「俾使乂治也」　「俾，使」，「乂，治」，釋詁文。

傳「僉皆」至「舉之」　「僉，皆」，釋詁文。周語云「有崇伯鯀」，即鯀是崇君，伯爵。故云「鯀，崇伯之名」。帝以岳爲朝臣之首，故特言四岳。其實求能治者，普問朝臣，不言岳對而云皆曰，乃衆人舉之，非獨四岳，故言「朝臣舉之」。

傳「凡言」至「善類」　自上以來，三經求人，所舉者帝言其惡，而辭皆稱「吁」，故知凡言「吁」者皆非帝之所當意也。「咈」者，相乖詭之意，故爲戾也。「圮，毀」，釋詁文。左氏稱「非我族類，其心必異」，族、類義同，故族爲類也。言鯀性很戾，多乖異衆人，好此方直之名，内有姦回之志。「命而行事，輒毀敗善類」，何則？心性很戾，違衆用己，知善不從，故云「毀敗善類」。詩稱「貪人敗類」，與此同。鄭、王以「方」爲放，謂放棄教命。易坤卦六二：「直方大。」是直方之事，爲人之美名。此經云方，故依經爲説。

傳「异已」至「乃退」　异聲近已，故爲已也。已訓爲止，是停住之意，故爲退也。

傳「敕鯀」至「用之」　傳解鯀非帝所意，而命使之者，堯知其性很戾圮族，未明其所能。夫管氏之好奢尚僭，翼贊霸圖；陳平之盜嫂受金，弼諧帝業。然則人有性雖不善，才堪立功者，而衆皆據之。言鯀可試，冀或有益，故遂用之。孔之此説，據迹立言，必其盡理而論，未是聖人之實。何則？禹稱「帝德廣運，乃聖乃神」。夫以聖神之資、聰明之鑒，既知鯀性很戾，何故使之治水者，馬融云：「堯以大聖，知時運當然。人力所不能治，下民其咨，亦當憂勢，屈己之是，從人之非，遂用於鯀。」李顒云：「堯雖獨明於上，衆多不達於下，故不得不副倒懸之望，以供一切之求耳。」

傳「載年」至「退之」釋天云：「載，歲也。夏曰歲，商曰祀，周曰年，唐、虞曰載。」李巡云：「各自紀事，示不相襲也。」孫炎曰：「歲，取歲星行一次也。祀，取四時祭祀一訖也。年，取禾穀一熟也。載，取萬物終而更始。」是載者，年之别名，故以載爲年也。舜典云：「三載考績。」「三考黜陟幽明。」是「三考九年」也。功用不成，水害不息，故「放退之」，謂退使不復治水。至明年得舜，乃殛之羽山。周禮太宰職云：「歲終，則令百官各正其治。」〔七〇〕而「詔王廢置」。三年，則「大計羣吏之治而誅賞」。〔七一〕然則考課功績，必在歲終。此言「功用不成」，是九年歲終三考也。下云「朕在位七十載」，而求得虞舜，歷試三載，即數登用之年，至七十二年爲三載，即知「七十載」者與此異年。此時，堯在位六十九年。鯀初治水之時，堯在位六十一年。若然，鯀既無功，早應黜廢，而待九年無成始退之者，水爲大災，天之常運，而百官不悟，謂鯀能治水，及遣往治，非無小益。下人見其有益，謂鯀實能治之。日復一日，以終三考。三考無成，衆人乃服，然後退之，故至九年。祭法云：「鯀障洪水而殛死，禹能修鯀之功。」然則禹之大功，頗亦因鯀，是治水有益之驗。但不能成功，故誅殛之耳。若然，災以運來，時不可距，假使興禹，未必能治，何以治水之功不成，而便殛鯀者，以鯀性傲很，帝所素知，又治水無功，法須貶黜。先有很戾之惡，復加無功之罪，所以殛之羽山，以示其罪。若然，禹既聖人，當知洪水時未可治，何以不諫父者？梁主以爲，舜之怨慕，由己之私；鯀之治水，乃爲國事。上令必行，非禹能止，時又年小，不可干政也。

帝曰：「咨，四岳！朕在位七十載，堯年十六以唐侯升爲天子，在位七十年，則時年八十六，老將求代。○朕，直錦反，馬云：「我也。」汝能庸命，巽朕位。」巽，順也。言四岳能用帝命，故欲使順行帝位之事。○巽音遜，馬云：「讓也。」岳曰：「否！德忝帝位。」否，不；忝，辱也。辭不堪。○否，方久反，不也，又音鄙。忝，他簟反，辱也。曰：「明明揚側陋。」堯知子不肖，有禪位之志，故明舉明人在側陋者，廣求賢也。○肖音笑。説文云：「肖，骨肉相似也。不似其先，故曰不肖。」師錫帝曰：「有鰥在下，曰虞舜。」師，衆；錫，與也。無妻曰鰥。虞，氏；舜，名。在下民之中。衆臣知舜聖賢，恥己不若，故不舉。乃不獲已而言之。○錫，星歷反。鰥，故頑反。虞舜，虞，氏；舜，名也。馬云：「舜，謚也。舜死後賢臣録之，臣子爲諱，故變名言謚。」帝曰：「俞，予聞。如何？」俞，然也。然其所舉，言我亦聞之，其德行如何？○俞，羊朱反。德行，下孟反。下「其行」同。岳曰：「瞽子。父頑，母嚚，象傲。無目曰瞽。舜父有目，不能分别好惡，故時人謂之瞽，配字曰瞍。瞍，無目之稱。心不則德義之經爲頑。象，舜弟之字。傲慢不友，言並惡。○瞽音古。傲，五報反。瞍，素后反。之稱，尺證反，又如字。克諧以孝，烝烝乂，不格姦。」〔七二〕諧，和；烝，進也。言能以至孝和諧頑嚚昏傲，使進進以善自治，不至於姦惡。○諧，户皆反。烝，之丞反。姦，古顔反。帝曰：「我其試哉！」言欲試舜，觀其行迹。女于時，觀厥刑于二女。女，妻；刑，法也。堯於是以二女妻舜，觀其法度，接二女，以治家觀治國。○女于，上恧據反。妻，千計反。釐降二女于嬀汭，〔七三〕嬪于虞。降，下；嬪，婦也。舜爲匹夫，能以義理下帝女之心於所居嬀水之汭，〔七四〕使行婦道於虞氏。帝曰：「欽哉！」歎舜能修己，行敬以安人，則其所能者大矣。○嬀，居危反。汭，如鋭反，水之内也。杜預注左傳云：「水之隈曲曰汭。」嬪，毗人反。〔七五〕

【疏】「帝曰咨四」至「欽哉」　帝以鯀功不成，又已年老，求得授位明聖代禦，天災，故咨嗟汝四岳等：我在天子之位七十載矣。言己年老，不堪在位。汝等四岳之内有能用我之命，使之順我帝位之事。言欲讓位與之也。四岳對帝曰：我等四岳皆不有用命之德，若使順行帝事，即辱於帝位。言己不堪也。帝又言曰：汝當明白舉其明德之人於僻隱鄙陋之處，何必在位之臣乃舉之也？於是朝廷衆臣乃與帝之明人曰：有無妻之鰥夫在下民之内，其名曰虞舜。言側陋之處有此賢人。帝曰：然，我亦聞之，其德行如何？四岳又對帝曰：其人愚瞽之子。其父頑、母嚚，其弟字象，性又傲慢。家有三惡，其人能諧和以至孝之行，使此頑嚚傲慢者皆進進於善以自治，不至於姦惡。言能調和惡人，是爲賢也。帝曰：其行如此，當可任用，我其召而試之哉。欲配女與試之也，即以女妻舜。於是，欲觀其居家治否也。舜能以義理下二女之心於嬀水之汭，使行婦道於虞氏。帝歎曰：此舜能敬其事哉。歎其善治家，知其可以治國，故下篇言其授以官位，而歷試諸難。

傳「堯年」至「求代」。徧撿今之書傳，無堯即位之年。孔氏博考羣書，作爲此傳，言堯年十六以唐侯升爲天子，必當有所案據，未知出何書。計十六爲天子，其歲稱元年，在位七十載，應年八十五。孔云八十六者，史記諸書皆言堯，帝嚳之子，帝摯之弟。嚳崩摯立，摯崩乃傳位於堯。然則堯以弟代兄，蓋踰年改元。據其改元年，則七十載。數其立年，故八十六。下句求人巽位，是老將求代也。此經文承「績用不成」之下，計治水之事於時最急，不求治水之人而先求代己者，堯以身既年老，臣無可任，治水之事非己所能，故求人代己，令代者自治。是虞史盛美舜功，言堯不能治水，以大事付舜。美舜能消大災，成堯美也。

傳「巽順」至「之事」。「巽，順」，易説卦文。帝呼四岳，言「汝能庸命」，四岳自謙，言己「否德」，故知「汝」四岳，言四岳能用帝命，故帝欲使之順行帝位之事，將使攝也。在位之臣，四岳爲長，故讓位於四岳也。

傳「否不」至「不堪」。「否」，古文「不」字。〔七六〕「忝，辱」，釋言文。己身不德，恐辱帝位，自辭不堪。岳爲羣臣之首，自度既不堪，意以爲在位之臣皆亦不堪。由是自辭而已，不薦餘人，故帝使之明舉側陋之處。

傳「堯知」至「求賢也」。此經「曰」上無「帝」，以可知而省文也。傳解四岳既辭，而復言此者，堯知子不肖，不堪爲主，有禪位與人之志，故令四岳明舉明人令其在側陋者，欲使廣求賢也。鄭注雜記云：「肖，似也，言不如人也。」史記五帝本紀云，堯知子丹朱之不肖，不足授天下，於是權授舜。授舜則天下得其利而丹朱病，授丹朱則天下病而丹朱得其利。堯曰：終不以天下之病而利一人，而卒授舜以天下。是堯知子不肖而禪舜之意也。文王世子論舉賢之法云：「或以事舉，或以言揚。」「揚」亦舉也，故以舉解揚。經之「揚」字，在於二「明」之下，傳進「舉」字於兩「明」之中，經於「明」中宜有「揚」字，言明舉明人於側陋之處。「明」下有「揚」，故上闕「揚」文。傳進「舉」於「明」上，互文以足之也。「側陋」者，僻側淺陋之處。意言不問貴賤，有人則舉，是令朝臣廣求賢人也。堯知有舜，而朝臣不舉，故令廣求賢以啓之。臣亦以堯知側陋有人，故不得不舉舜耳。此言堯知子不肖，有志禪位。然則自有賢子，必不禪人。授賢爰自上代，堯、舜而已，非堯、舜獨可，彼皆不然。將以子不肖，時無聖者，乃運值污隆，非聖有優劣，而緯候之書附會其事，乃云「河、洛之符，各字之録」，何其妄且俗也？

傳「師衆」至「言之」。「師，衆」，「錫，與」，釋詁文。〔七七〕無妻曰「鰥」。釋名云：「愁悒不寐，目恒鰥鰥然。」故鰥字從魚，魚目恒不閉。王制云：「老而無妻曰鰥。」舜於時年未三十，而謂之鰥者，書傳稱孔子對子張曰：「舜父頑母嚚，無室家之端，故謂之鰥。」鰥者，無妻之名，不拘老少。少者無妻，可以更娶，老者即不復更娶，謂之天民之窮，故禮舉老者耳。詩云：「何草不玄，何人不鰥？」暫離室家尚謂之鰥，不獨老而無妻始稱鰥矣。書傳以舜年尚少爲之説耳。「虞，氏；舜，名」者，舜之爲虞，猶禹之爲夏。外傳稱禹氏曰有夏，則此舜氏曰有虞。顓頊已來，地爲國號，而舜有天下，號曰有虞氏，是地名也。王肅云：「虞，地名也。」皇甫謐云：「堯以二女妻舜，封之於虞，今河東太陽山西虞地是也。」然則舜居虞地，以虞爲氏。堯封之虞，爲諸侯，及王天下，遂爲天子之號，故從微至著，常稱虞氏。舜爲生號之名，前已具釋，傳又解衆人以舜與帝，則衆人盡知有舜，但舜在下人之中，未有官位。衆臣德不及之，而位居其上，雖知舜實聖賢，而恥己不若，故不舉之。以帝令舉及側陋，意謂帝知有舜，乃不獲已而言之耳。知然者，正以初不薦舉，至此始言，明是恥己不若，故不早舉。舜實聖人，而連言賢者，對則事有優劣，散即語亦相通。舜謂禹曰「惟汝賢」，是言聖德稱賢也。傳以「師」爲衆，臣爲朝臣之衆，或亦通及吏人。堯計事之大者莫過禪讓，必應博詢吏人，〔七八〕非獨在位。王氏之言，得其實矣。鄭以「師」爲諸侯之師。帝咨四岳，遍訪羣臣，安得諸侯之師獨對帝也？

傳「俞然」至「如何」　「俞，然」，釋言文。然其所舉，言我亦聞也，其德行如何，恐所聞不審，故詳問之。堯知有舜，不召取禪之，而訪四岳，令衆舉薦者，以舜在卑賤，未有名聞，率暴禪之，則下人不服。故鄭玄六藝論云：「若堯知命在舜，舜知命在禹，猶求於羣臣，舉於側陋，上下交讓，務在服人。孔子曰：『人可使由之，〔七九〕不可使知之。』此之謂也。」是解堯使人舉舜之意也。

傳「無目」至「並惡」　周禮樂官有「瞽矇」之職，以其無目，使眡瞭相之。是「無目曰瞽」。又解稱瞽之意：「舜父有目」，但「不能識別好惡」，與無目者同，「故時人謂之瞽，配字曰瞍」。瞍亦無目之稱，故或謂之爲瞽瞍。詩云：「矇瞍奏公。」是瞍爲瞽類。大禹謨云：「祗載見瞽瞍。」是相配之文。史記云：「舜父瞽瞍。」盲以爲瞽，瞍是名，身實無目也。孔不然者，以經說舜德行，美其能養惡人，父自名瞍，何須言之？若實無目，即是身有固疾，非善惡之事，輒言舜是盲人之子，意欲何所見乎？論語云：「未見顔色而言謂之瞽。」則言瞽者，非謂無目。史記又說瞽瞍使舜上廩，〔八〇〕從下縱火焚廩；使舜穿井，下土實井。若其身自能然，不得謂之無目。明以不識善惡，故稱瞽耳。「心不則德義之經爲頑」，僖二十四年左傳文。象，舜弟之字。以字表象，是人之名號，其爲名，字，未可詳也。釋訓云：「善兄弟爲友。」孟子說象與父母共謀殺舜，是傲慢不友。言舜父母與弟並皆惡也。此經先指舜身，因言瞽子，又稱父頑者，欲極其惡，故文重也。

傳「諧和」至「姦惡」　「諧，和」、「烝，進」，釋詁文。上歷言三惡，此美舜能養之，言舜能和之。以至孝之行和頑、嚚、昏傲，使皆進進於善道，以善自治，不至於姦惡。以下愚難變化，令慕善，是舜之美行，故以此對堯。案孟子及史記稱瞽瞍縱火焚廩，舜以兩笠自扞而下；以土實井，舜從旁空出，〔八一〕象與父母共分財物。舜之大孝升聞天朝，堯妻之二女，三惡尚謀殺舜，爲姦之大，莫甚於此。而言不至姦者，此三人性實下愚，動罹刑綱，非舜養之，久被刑戮，猶尚有心殺舜，餘事何所不爲？舜以權謀自免厄難，使瞽無殺子之愆，象無害兄之罪，不至於姦惡，於此益驗。終令瞽亦允若，象封有鼻，是「不至於姦惡」也。

傳「言欲」至「行迹」　下言妻舜以女，觀其治家，是試舜，觀其行迹也。馬、鄭、王本說此經皆無「帝曰」，當時庸生之徒漏也。鄭玄云：「試以爲臣之事。」王肅云：「試之以官。」鄭、王皆以舜典合於此篇，故指歷試之事，充此「試哉」之言。孔據古文別卷，〔八二〕此言試哉，正謂以女試之。既善於治家，別更試以難事，與此異也。

傳「女妻」至「治國」　左傳稱「宋雍氏女於鄭莊公」、「晉伐驪戎，驪戎男女以驪姬」。以女妻人謂之「女」，故云「女，妻」也。「刑，法」，釋詁文。此已下皆史述堯事，非復堯語。言「女于時」，謂妻舜於是，故傳倒文以曉，明堯於是以二女妻舜。〔八三〕必妻之者，舜家有三惡，身爲匹夫，忽納帝女，難以和協，觀其施法度於二女，以法治家觀治國。將使治國，故先使治家。敵夫曰妻，不得有二女，言「女于時」者，總言之耳。二女之中，當有貴賤長幼。劉向列女傳云：「二女，長曰娥皇，次曰女英。舜既升爲天子，娥皇爲后，女英爲妃。」然則初適舜時，即娥皇爲妻。鄭不言妻者，不告其父，不序其正。又注禮記云：「舜不告而娶，不立正妃。」此則鄭自所説，未有書傳云然。案世本：堯是黃帝玄孫，舜是黃帝八代之孫。計堯女於舜之曾祖爲四從姊妹，以之爲妻，於義不可。世本之言，未可據信。或者古道質故也。

傳「降下」至「虞氏」　「降，下」，釋詁文。周禮「九嬪」之職，掌婦學之法。嬪是婦之別名，故以「嬪」爲婦。釐降，未能以義理下之，則女意初時不下，故傳解之，言舜爲匹夫，帝女下嫁，以貴適賤，必自驕矜，故美舜能以義理下帝女尊亢之心於所居嬀水之汭，使之服行婦道於虞氏。虞與嬀汭爲一地，見其心下，乃行婦道，故分爲二文。言「匹夫」者，士大夫已上則有妾媵，庶人無妾媵，惟夫妻相匹。其名既定，雖單亦通謂之匹夫、匹婦。嬀水，在河東虞鄉縣歷山西，西流至蒲坂縣南入於河，舜居其旁。周武王賜陳胡公之姓爲嬀，爲舜居嬀水故也。舜仕堯朝，不家在於京師，而令二女歸虞者，蓋舜以大孝示法，使妻歸事於其親。以帝之賢女事頑嚚舅姑，美其能行婦道，故云嬪於虞。

傳「歎舜」至「大矣」　二女行婦道，乃由舜之敬，故帝言「欽哉」，歎能修己行敬以安民也。能修己及安人，則是所能者大，故歎之。論語云：「修己以安百姓，堯、舜其猶病諸。」傳意出於彼也。

校勘記

〔一〕以垂無爲　「垂」原誤「重」，阮云：「宋板作『重』，非也。」今改正。

〔二〕凡十六篇　「凡」原誤「比」，阮本、通志堂本作「凡」。黄焯云：「宋本『凡』作『比』，葉鈔、朱鈔作『此』，並誤。」今從改。

〔三〕本無夏書之題也　「夏書」原作「尚書」，誤，從正字説據文義改。

〔四〕莊八年左傳引夏書曰　「引」原作「云」，阮云：「宋本、毛本作『引』，是也。」今按：依下文文例，此亦當作「引」，故改從宋本、毛本。

〔五〕經傳所引泰誓泰誓並無此文　按：「泰誓」二字原不重，今從殿本、阮本增重。阮云：「無『泰誓』二字，則謂漢之大誓經傳未有引之者也。若有，則謂經傳所引泰誓皆不見於漢之泰誓也。二義並通。據泰誓疏引馬序云：『吾見書傳多矣，所引泰誓而不在泰誓者甚多』，則此處宜有『泰誓』二字。」

〔六〕胤征臣名　盧云：「『征』衍字。」

〔七〕載孚在亳　「亳」原誤「毫」，阮本同，李本作「豪」，今據宋單疏本改正。今伊訓有「朕哉自亳」。

〔八〕我先師棘子下生安國　盧、阮並云：「『子』字衍。」

〔九〕夏侯等書宅嵎夷爲宅嵎鑯　阮云：「宋本『鑯』作『峓』。段玉裁云：『嵎鑯』即禺銕。銕者，古文鐵字；鑯者，鐵之訛體也。」今按：似應作「峓」。

〔一〇〕安國傳都尉朝子俊俊傳膠東庸生　按：今本漢書儒林傳無子俊之稱，直作「安國傳都尉朝」，「都尉朝傳膠東庸生」。蓋子俊爲朝之字（論語雍也「子有祝鮀之佞而有宋朝之美」，朝爲宋之俊男。都尉朝字子俊，蓋取義於此），名、字連稱。

〔一一〕姑子外弟梁柳邊　考證云：「『邊』字衍文，『姑子』上似脱『從』字。」今按：孔穎達所引晉書，並非唐修晉書，蓋内容爲今本晉書所無，當爲南齊臧榮緒之晉書。今本晉書謐傳僅云：「城陽太守梁柳，謐從姑子也。」則考證説「姑子」上當有「從」字爲是，但「邊」字不必衍。簡朝亮尚書集注述疏云：「邊猶所也。」「梁柳邊」即「梁柳處」，「邊」字可不删。

〔一二〕購募遺典　「募」字原作「慕」，從李本、殿本改。阮云：「宋本、閩本、明監本作『募』。」

〔一三〕亦可以後人辯之　「辯」，阮本作「辨」，是。又盧云：「『以』猶『使』。」

〔一四〕但逐同天之名以爲優劣　「逐」，原作「遂」。阮云：「毛本作『逐』，閩本初作『遂』，後改『逐』。」今按：作「逐」是，殿本亦作「逐」，從改。

〔一五〕喻聖人之智慧　「慧」原作「惠」，據諸本改。下文疏中「智慧甚明」同。

〔一六〕能順考古道而行之者帝堯　阮云：「古本『能』上有『言』字，『堯』下有『也』字。」今按：依例當有「言」字，古本長。

〔一七〕威儀表備、道德純備　按「表備」、「純備」，逸周書謚法解作「悉備」、「純一」，此疑誤。

〔一八〕格于上下　説文引作「假于上下」，借字。

〔一九〕平章百姓　孫星衍云：「史記索隱云：今文作『辯章』。」今按：本字應爲「辨章」。

〔二〇〕言天下衆民皆變化從上　「從上」原作「化上」，殿本作「從上」。阮云：「毛本作『從上』。」今按：釋文不釋「化上」，疏亦不釋「化上」而直言「於是變化從上」，是本作「從上」明矣，故改，原「化」字蓋涉上「化」誤。

〔二一〕又能明俊德之士者　正字云：「『又』當『云』字誤。」今按：「云」字義勝。阮云宋本作「人」，屬上，亦非。

〔二二〕故言之親也　「之」，殿本作「以」，盧「從官」改「以」。今按：「言之親」，乃釋傳文「之親」二字，不必改。

〔二三〕敬授人時　阮云：「古本『人』作『民』，注同。按唐以前引此句未有不作『民』者。」今按：此乃唐人避諱所改，宜回改。傳「以授人也」同，他篇亦多有。

〔二四〕宅嵎夷曰暘谷　段玉裁云：「『宅』，今文作『度』；『嵎夷』，今文作『禺銕』；『暘』，今文作『崵』。」

〔二五〕日出於谷而天下明故稱暘谷　阮云：「陸氏曰：『本或作「日出於陽谷」，「陽」衍字。』按史記集解有『暘』字。」今按：陸説是，集解「暘」亦衍。

〔二六〕平秩東作　孫星衍云：「尚書大傳『平』作『辯』。」按：本字當作「辨」。

〔二七〕平秩南訛　「訛」，段撰異作「僞」，云：「衛包作『訛』。」阮云：「史記：『便程南譌。』集解引孔安國曰：『譌，化也。』索隱曰：『「爲」，依字讀。孔安國彊讀爲「訛」字。』正義亦云：『「爲」，音于僞反。』然則史文及注皆當作『爲』，今作『譌』，非也。又羣經音辨人部云：『僞，化也，音訛。書：「平秩南僞。」』蓋古文『僞』、『譌』通用。漢書王莽傳亦作『南僞』。今本史記作『譌』者，妄依衛包所改。」孫星衍云：「當作『譌』。周禮馮相氏注引作『譌』。」今按：説文無「訛」字，則經文原本必不作「訛」。羣經音辨云「僞」音「訛」，則作「訛」乃借字。「僞」、「譌」古通用，然又當是「爲」之借字。阮云史記文及注皆當作「爲」，是也，此亦當作「爲」，而「爲」，又當借爲「叵」。

〔二八〕寅餞納日　阮云：「『餞納』，羣經音辨作『淺内』。」又引段云：「『餞』本是『淺』字，開寶依唐石經改『餞』。」今按：「淺」，本「餞」之借字；「内」，「納」之本字，改之亦可，不必回改。

〔二九〕西方萬物成　盧云：古本「成」上有「咸」字。

〔三〇〕助成物也　盧云：古本「物」上有「萬」字。

〔三一〕「毨」音義下　黄焯云：「古本反語上有『古洗字』三字，下有『理也』二字。又注末有『讀若選』三字。」

〔三二〕鳥獸氄毛　「氄」，説文引一作「毴」，一作「褎」。

〔三三〕「隩」音義下　黄焯云：「『隩，寫本作『炧』。案汗簡『火』部引尚書正作『炧』。又寫本反語上出『古煥字』三字，下有『室也』二字。」

〔三四〕以閏月定四時成歲　段云：「困學紀聞曰：『晁景迂云：古之『定』作『正』，開元誤作『定』。』今按：作「正」是，然「定」亦訓正，不必改。

〔三五〕迺四時曰朞　「迺」，阮本作「匝」，云：「『迺』、『匝』並俗『帀』字。」盧云：「『五經算術引作『帀』，是。」黄焯云：『寫本作『帀』。』今按：「帀」正字，「匝」、「迺」並異體。

〔三六〕熙　黄焯云：寫本下出「廣也馬云」四字。

〔三七〕農事未閑　正字云：「『閑』，同『間』。」盧云：「唐人每以『閑』代『間』。」

〔三八〕人神雜擾　國語楚語下原文作「民神雜糅」，「人」亦唐人避諱所改。

〔三九〕其後三苗復九黎之惡　「惡」，楚語作「德」。阮云：「毛本『惡』作『德』。作『惡』與國語異。」今按：九黎之德，即謂其惡。

〔四〇〕是世掌之文用楚語爲説也　「是」，原作「據」。阮云宋本作「是」，盧校亦正「是」。今按：「據」義不可通，宋本是，故據改。

〔四一〕既有罪而誅　「既」，原作「何」，從正字及盧説改。

〔四二〕實柴祀日月星辰　「柴」，正字作「柴」，云：「監本依經文作『柴』。張參五經文字云：『柴，本作柴，經典取燔柴之義，多從木。』」今按：「柴」正，「柴」借字。

〔四三〕辰謂日月所會十二次　「次」下原衍「者」字，從盧删。

〔四四〕非實有深谷而日從谷之出也　「之」，殿本作「以」。阮云：「毛本作『以』。」今按：作「以」義固長，然宋本不作「以」。

〔四五〕各有疆場　「場」，原作「場」，阮本作「場」。正字云：「場從易，毛本誤從昜。」今從改。

〔四六〕春言東方之官　「東」，原誤「義」，今改正。

〔四七〕互著明也　「著」，原作「者」。阮云：「岳本『者』作『著』，是也。」今按：殿本亦作「著」，據改。

〔四八〕北方萬物盡　「北」，原訛「比」，今改正。

〔四九〕釋詁云在察也　「詁」，原訛「語」，今改正。

〔五〇〕故舜典之傳别更訓之　「典」，原訛「與」，今改正。

〔五一〕嫌仲叔所掌非順天之事 「非」，原誤「明」，今改正。

〔五二〕故重明之 正字云：此下當脫「日短」至「三節」傳疏。

〔五三〕考靈曜 「靈」，原誤「筮」，今改正。

〔五四〕有餘分三百四十八 「餘」原作「日」，阮云：「毛本『日』作『餘』，是也。」今從改。

〔五五〕合爲閏月 「合」原誤「今」，從正字說改。

〔五六〕以並二百三日 「並」字原無，從盧校增。

〔五七〕若無閏 原作「若以閏無」，據正字、通解及盧校删訂。

〔五八〕胤引信反 黄焯云：寫本反語下出「國名」二字。

〔五九〕吁況于反 黄焯云：寫本反語下出「疑怪之辭」四字。

〔六〇〕采七在反 黄焯云：寫本反語下出「事也」二字。

〔六一〕方鳩僝功 説文引一作「旁逑孱功」，一作「旁救僝功」。段云：「方鳩」古文，「旁逑」今文。

〔六二〕兜丁侯反 黄焯云：寫本下出「驩兜，臣名」四字。

〔六三〕注同 黄焯云：寫本下出「共工，官名」四字。

〔六四〕滔吐刀反 黄焯云：寫本下出「漫也」二字。

〔六五〕於音烏 黄焯云：寫本音下出「歎美」二字。

〔六六〕馬云禹父也 黄焯云：寫本「馬云」下出「顓頊之子」四字。

〔六七〕方命圮族 「圮」，原誤「圯」，改從石經本。盧引毛云：「從戊己久己。」

〔六八〕好比方名 「比」原作「此」，敦伯三〇一五、阮本同，宋單疏本作「比」。阮云：「毛氏曰：『比，作「此」誤。』

按纂傳作『比』，與毛說合。爾雅釋詁『虧、壞、圮、垝，毀也』疏引此傳正作『比』。」今從改。

〔六九〕無成乃退　「退」下敦伯三〇一五有「之」字，勝。

〔七〇〕歲終則令百官各正其治　「官」下今周禮原文有「府」字。

〔七一〕則大計羣吏之治而誅賞　「賞」下今周禮原文有「之」字。

〔七二〕不格姦　段云：「格」，衛包以前當是本作「假」，後並同。

〔七三〕釐降二女于嬀汭　「嬀」，敦伯三〇一五作「溈」，傳「嬀水」同。今按：作「溈」正。

〔七四〕能以義理下帝女之心　「理」，敦伯三〇一五作「治」。蓋本作「治」，唐避高宗諱改「理」。

〔七五〕嬪毗人反　黃焯云：寫本「人」作「真」。今按：寫本是，當作「真」。

〔七六〕否古文不字　「文」原誤「今」，從盧說改正。

〔七七〕錫與釋詁文　盧云：「爾雅：『錫，賜也。』又：『陽，予也。』釋文云：『「陽」，或作「賜」。』然則『錫』有予義，因即以爲『與』，亦省文之法。」

〔七八〕應博詢吏人　劉承幹云：「人即民，避唐諱。」今按：劉說是。上「下人」、「吏人」、「萬人」並同。

〔七九〕人可使由之　「人」，殿本作「民」。阮云：「毛本作『民』。」今按：此亦唐人諱改，而毛本、殿本並回改之。

〔八〇〕瞽瞍使舜上廩　正字云：「『廩』上脫『塗』字。」

〔八一〕舜從旁空出　「空」下原衍「井」字，從正字及盧並說刪。

〔八二〕孔據古文別卷　「文」原作「今」，盧正「文」，云：「『今』譌。」阮亦云：當作「文」。今從改。

〔八三〕故傳倒文以曉明堯於是以二女妻舜　「明」，原作「民」，以音誤，從正字及盧改。

舜典第二

〇王氏注。相承云梅頤上孔氏傳古文尚書，亡舜典一篇，時以王肅注頗類孔氏，故取王注從「慎徽五典」以下爲舜典，以續孔傳。徐仙民亦音此本，今依舊音之。

虞舜側微，爲庶人，故微賤。堯聞之聰明，將使嗣位，歷試諸難，嗣，繼也。試以治民之難事。〇難，乃丹反。作舜典。

【疏】「虞舜」至「舜典」 虞舜所居側陋，身又微賤，堯聞之有聰明聖德，將使之繼己帝位，歷試於諸所難爲之事，史述其事，故作舜典。

傳「爲庶人故微賤」 此云側微，即堯典「側陋」也。不在朝廷謂之側，其人貧賤謂之微。居處褊隘，故言陋。此指解「微」，故云「爲庶人，故微賤」也。帝繫云：「顓頊生窮蟬，窮蟬生敬康，敬康生勾芒，勾芒生蟜牛，蟜牛生瞽瞍，瞽瞍生舜。」昭八年左傳云：「自幕至于瞽瞍，無違命。」以其繼世相傳，常有國土。孔言爲庶人者，堯典云「有鰥在下」，此云「虞舜側微」，必是爲庶人矣。蓋至瞽瞍，始失國也。

傳「嗣繼」至「難事」 「嗣，繼」，釋詁文。經所云「慎徽五典」、「納于百揆」、「賓于四門」，皆是「試以治民之難事」也。

舜典

「典」之義，與堯同。

曰若稽古帝舜，亦言其順考古道而行之。**曰重華協于帝，**華謂文德，言其光文重合於堯，俱聖明。○曰若稽古帝舜曰重華協于帝，此十二字是姚方興所上，孔氏傳本無。阮孝緒七録亦云。然方興本或此下更有「濬哲文明，温恭允塞，玄德升聞，乃命以位」，凡二十八字異，聊出之，於王注無施也。**濬哲文明，温恭允塞，**濬，深；哲，智也。舜有深智文明温恭之德，信允塞上下。[一]**玄德升聞，乃命以位。**玄，謂幽潛。潛行道德，升聞天朝，遂見徵用。

【疏】「曰若」至「以位」。昔東晉之初，豫章内史梅賾上孔氏傳，猶闕舜典。自此「乃命以位」已上二十八字，世所不傳，多用王、范之注補之，而皆以「慎徽」已下爲舜典之初。至齊蕭鸞建武四年，吴興姚方興於大航頭得孔氏傳古文舜典，亦類太康中書，乃表上之。事未施行，[二]方興以罪致戮。至隋開皇初購求遺典，始得之。史將録舜之美，故爲題目之辭曰：能順而考案古道而行之者，是爲帝舜也。又申其順考古道之事曰：此舜能繼堯，重其文德之光華，用此德合於帝堯，與堯俱聖明也。此舜性有深沉智惠，文章明鑒，温和之色，恭遜之容，由名聞遠達，信能充實上下潛行道德，升聞天朝，堯乃徵用，命之以位，而試之也。

傳「濬深」至「上下」。「濬，深」，「哲，智」，皆釋言文。舍人曰：「濬，下之深也。哲，大智也。」舜有深智，言其智之深，所知不淺近也。經緯天地曰文，照臨四方曰明。詩云「温温恭人」，言其色温而貌恭也。舜既有深遠之智，又有文明温恭之德，信能充實上下也。詩毛傳訓塞爲實，言能充滿天地之間，堯典所謂「格于上下」是也。不言四表者，以四表外無限極，非可實滿，故不言之。堯、舜道同，德亦如一。史官錯互爲文，故與上篇相類，是其所合於堯也。

傳「玄謂」至「徵用」 老子云：「玄之又玄，衆妙之門。」則「玄」者，微妙之名，故云玄謂幽潛也。舜在畎畝之間潛行，道德顯彰於外，升聞天朝。天朝者，天子之朝也。從下而上謂之爲升。天子聞之，故遂見徵用。

慎徽五典，五典克從；徽，美也。五典，五常之教：父義、母慈、兄友、弟恭、子孝。舜慎美篤行斯道，舉八元使布之於四方。五教能從，無違命。○徽，許韋反，王云「美」，馬云「善也」。從，才容反。八元，左傳：「高辛氏有才子八人：伯奮、仲堪、叔獻、季仲、伯虎、仲熊、叔豹、季貍，忠肅恭懿，宣慈惠和，天下之民謂之八元。」**納于百揆，百揆時叙；**揆，度也。度百事，總百官，納舜於此官。舜舉八凱，使揆度百事。百事時叙，無廢事業。○揆，葵癸反。八凱，開在反。左傳：「高陽氏有才子八人：蒼舒、隤敳、檮戭、大臨、尨降、庭堅、仲容、叔達，齊聖廣淵，明允篤誠，天下之民謂之八凱。」**賓于四門，四門穆穆；**穆穆，美也。四門，四方之門。舜流四凶族，四方諸侯來朝者，舜賓迎之。皆有美德，無凶人。○朝，直遥反。**納于大麓，烈風雷雨弗迷。**麓，録也。納舜使大録萬機之政，陰陽和，風雨時，各以其節，不有迷錯愆伏。明舜之德合於天。〔三〕○麓音鹿，王云：「録也。」馬、鄭云：「山足也。」愆，起虔反。**帝曰：「格，汝舜！詢事考言，乃言底可績三載，**〔四〕**汝陟帝位。**格，來。詢，謀。乃，汝。底，致。陟，升也。堯呼舜曰：來，汝所謀事，我考汝言，汝言致可以立功三年矣。三載考績，故命使升帝位，將禪之。○詢音荀。底，之履反，王云：「致也。」馬云：「定也。」本或作「厎」，非。**舜讓于德，弗嗣。**〔五〕辭讓於德不堪，不能嗣成帝位。〔六〕

【疏】「慎徽」至「弗嗣」 此承「乃命以位」之下，言命之以位，試之以事也。堯使舜慎美篤行五常之教，而五常之教皆能順從而行之，無違命也。又納於百官之事，命授度行之，而百事所揆度者於是皆得次序，無廢事也。又命使賓迎諸侯於四門，而來入者穆穆然皆有美德，無凶人也。又納於大官，總録萬機之政，而陰陽和，風雨時，烈風雷雨不有迷惑錯謬。明舜之德合於天。天、人和協，其功成矣，帝堯乃謂之曰：來，汝舜，有所謀之事，我考驗汝舜之所言，汝言致可以立功，於今三年。汝功已成，汝可升處帝位。告以此言，欲禪之也。舜辭讓於德，言己德不堪嗣成帝也。

傳「徽美」至「違命」　釋詁云：「徽，善也。」善亦美也。此五典，與下文五品、五教，其事一也。一家之内，品有五：謂父、母、兄、弟、子也。教此五者各以一事：教父以義，教母以慈，教兄以友，教弟以恭，教子以孝，是爲五教也。五者皆可常行，謂之五典。是五者同爲一事，所從言之異耳。文十八年左傳曰：「昔高辛氏有才子八人：伯奮、仲堪、叔獻、季仲、伯虎、仲熊、叔豹、季貍。忠肅恭懿，宣慈惠和，天下之民謂之八元。舜臣堯，舉八元，使布五教于四方，父義、母慈、兄友、弟恭、子孝。」以此知五典是五常之教，謂此父義之等五事也。皋陶謨云：「天叙有典，敕我五典五惇哉。」〔七〕惇，厚也。行此五典，須厚行之。篤，亦厚也。言舜謹慎美善，篤行斯道，舉八元使布之於四方，命教天下之民。以此五教能使天下皆順從之，無違逆舜之命也。左傳又云：「故虞書數舜之功曰：『慎徽五典，五典克從。』無違教也。」父母於子，並宜爲慈，今分之者，以父主教訓，母主撫養。撫養在於恩愛，故以慈爲名。教訓愛而加嚴，故以義爲稱。義者，宜也，理也。教之以義方，使得事理之宜，故爲義也。釋訓云：「善兄弟爲友。」則兄弟之恩，俱名爲友。今云兄友、弟恭者，以其同志曰友，友是相愛之名，但兄弟相愛，乃有長幼，故分其弟使之爲恭，恭敬於兄，而兄友愛之。

傳「揆度」至「事業」　「揆，度」，釋言文。百揆者，言百事皆度之。國事散在諸官，故度百事爲總百官也。周官云：「唐、虞稽古，建官惟百。」内有百揆四岳，則百揆爲官名，故云納舜於此官也。文十八年左傳云：「昔高陽氏有才子八人：蒼舒、隤敳、檮戭、大臨、尨降、庭堅、仲容、叔達，齊聖廣淵，明允篤誠，天下之民謂之八凱。舜臣堯，舉八凱使主后土，以揆百事，莫不時叙，地平天成。」又云：「虞書數舜之功曰：『納于百揆，百揆時叙。』無廢事業也。」是言百官於是得其次叙，皆無廢事業。舜既臣堯，乃舉元、凱，主后土、布五教，同時爲之。史官立文，自以人事外内爲次，故孔先言八元。若左傳據所出代之先後，故先舉八凱。堯既得舜，庶事委之；舜既臣堯，任無不統，非「五典克從」之後，方始「納於百揆」；「百揆時叙」之後，方始「賓于四門」。「四門穆穆」，謂流四凶。流放四凶，最在於前矣。洪範云：「鯀則殛死，禹乃嗣興。」是先誅鯀而後用禹。明此言三事，皆同時爲之。但言「百揆時叙」，故言「納于百揆」。其實「納于百揆」，初得即然。由舜既居百揆，故得舉用二「八」。若偏居一職，不得分使元、凱。

傳「穆穆美」至「凶人」 「穆穆，美也」，釋詁文。四門，四方之門。謂四方諸侯來朝者，從四門而入。文十八年左傳歷言四凶之行，乃云「舜臣堯，流四凶族渾敦、窮奇、檮杌、饕餮，投諸四裔，以禦螭魅」。又曰：「虞書數舜之功曰：『賓于四門，四門穆穆。』無凶人也。」是言皆有美德，無凶人也。案驗四凶之族，皆是王朝之臣，舜流王朝之臣，而言諸侯「無凶人」者，以外見内，諸侯無凶人，則王朝必無矣。鄭玄以「賓」爲擯，謂舜爲上擯，以迎諸侯。今孔不爲擯者，則謂舜既録攝，事無不統，以諸侯爲賓，舜主其禮，迎而待之，非謂身爲擯也。

傳「麓録」至「於天」 「麓」聲近録，故爲録也。皋陶謨云：「一日二日萬幾。」言天下之事，事之微者有萬，喻其多無數也。「納舜使大録萬機之政」，還是「納於百揆」。「揆度百事」，「大録萬機」，總是一事，不爲異也。但此言「德合于天」，故以「大録」言耳。論語稱孔子曰「迅雷風烈必變」，書傳稱越常之使「久矣，〔八〕天之無烈風淫雨」，則烈風是猛疾之風，非善風也。經言「烈風雷雨弗迷」，言舜居大録之時，陰陽和，風雨時，無此猛烈之風，又雷雨各以其節，不有迷錯愆伏也。迷錯者，應有而無、應無而有也。昭四年左傳云：「冬無愆陽，夏無伏陰。」無愆、伏者，無冬温、夏寒也。舜録大政，天時如此，明舜之德合於天也。此文與上三事亦同時也。上爲變人，此爲動天，故最後言之，以爲功成之驗。王肅云：「堯得舜，任之，事無不統，自『慎徽五典』以下是也。」其言合孔意。

傳「格來」至「禪之」 「格，來」，釋言文。「詢，謀」，「陟，升」，釋詁文。「底」聲近致，故爲致也。經傳言「汝」多呼爲

「乃」，知乃、汝義同。凡事之始，必先謀之，後爲之。堯呼舜曰來，汝舜，呼使前而與之言也。汝所謀事，我考汝言，汝所爲之事皆副汝所謀，致可以立功，於今三年矣。從徵得至此爲三年也。君之馭臣，必三年考績。考既有功，故使升帝位，將禪之也。鯀三考乃退，此一考使升者，鯀待三考，冀其有成，無成功乃黜，爲緩刑之義。舜既有成，更無所待，故一考即升之。且大聖之事，不可以常法論也。若然，禹貢兖州「作十有三載乃同」，是禹治兖州之水，乃積十有三年。此始三年，已言地平天成者，祭法云：「鯀障洪水而殛死，禹能修鯀之功。」先儒馬融等皆以爲鯀既九年，又加此三年，爲十二年。惟兖州未得盡平，至明年乃畢。八州已平，一州未畢，足以爲成功也。

正月上日，受終于文祖。上日，朔日也。終，謂堯終帝位之事。文祖者，堯文德之祖廟。○正月，音政，又音征。文祖，王云：「文祖，廟名。」馬云：「文祖，天也。天爲文萬物之祖，故曰文祖。」**在璿璣玉衡，以齊七政，**在，察也。璿，美玉。璣、衡，王者正天文之器，可運轉者。七政，日、月、五星各異政。舜察天文，齊七政，以審己當天心與否。○璿，音旋。**肆類于上帝，**堯不聽舜讓，使之攝位。舜察天文，考齊七政而當天心，故行其事。肆，遂也。類，謂攝位事類。遂以攝告天及五帝。○上帝，王云：「上帝，天也。」馬云：「上帝，太一神，在紫微宮，天之最尊者。」**禋于六宗，**精意以享謂之禋。宗，尊也。所尊祭者其祀有六，謂四時也、寒暑也、日也、月也、星也、水旱也，祭亦以攝告。○禋音因，王云：「絜祀也。」馬云：「精意以享也。」六宗，王云：「四時、寒暑、日、月、星、水旱也。」馬云：「天地四時也。」**望于山川，遍于羣神。**九州名山、大川、五岳、四瀆之屬，皆一時望祭之羣神。謂丘陵墳衍，古之聖賢皆祭之。○墳衍，扶云反，下音演。**輯五瑞，**〔九〕**既月，乃日覲四岳、羣牧，班瑞于羣后。**〔一〇〕輯，斂；既，盡；覲，見；班，還；后，君也。舜斂公、侯、伯、子、男之瑞圭璧，盡以正月中，乃日日見四岳及九州牧監，還五瑞於諸侯，與之正始。○輯，徐音集，王云合，馬云：「斂也。」五瑞，垂僞反，信也。牧，牧養之牧，徐音同。

【疏】「正月」至「羣后」 舜既讓而不許，乃以堯禪之。明年正月上日，受堯終帝位之事於堯文祖之廟。雖受堯命，猶不自安，又以璿爲璣，以玉爲衡者，〔一〕是爲王者正天文之器也。乃復察此璿璣、玉衡，以齊整天之日、月、五星七曜之政，觀其齊與不齊，齊則受之是也，不齊則受之非也。見七政皆齊，知己受爲是，遂行爲帝之事，而以告攝事類，祭於上帝，祭昊天及五帝也。又禋祭於六宗等尊卑之神，望祭於名山、大川、五岳、四瀆，而又遍祭於山川、丘陵、墳衍古之聖賢之羣神，以告己之受禪也。告祭既畢，乃斂公、侯、伯、子、男五等之瑞玉，其圭與璧，悉斂取之，盡以正月之中，乃日日見四岳及羣牧。既而更班所斂五瑞於五等之羣后，而與之更始，見己受堯之禪，行天子之事也。

傳「上日」至「祖廟」 月之始日謂之朔日。每月皆有朔日，此是正月之朔，故云上日，言一歲日之上也。下云元日，亦然。鄭玄以爲帝王易代，莫不改正。堯正建丑，舜正建子。此時未改堯正，故云正月上日。即位乃改堯正，故云月正元日，故以異文。先儒王肅等以爲惟殷、周改正，易民視聽。自夏已上，皆以建寅爲正。此篇二文不同，史異辭耳。孔意亦然。下云歲二月，傳云既班瑞之明月，以此爲建寅之月也。受終者，堯爲天子，於此事終而授與舜，故知終謂堯終帝位之事。終，言堯終舜始也。禮，有大事，行之於廟，況此是事之大者，知「文祖」者，堯文德之祖廟也。且下云「歸格于藝祖」，藝、文義同。知「文祖」是廟者，咸有一德云：「七世之廟，可以觀德。」則天子七廟，其來自遠。堯之文祖，蓋是堯始祖之廟，不知爲誰也。帝繫及世本皆云黄帝生玄囂，玄囂生僑極，僑極生帝嚳，帝嚳生堯。即如彼言，黄帝爲堯之高祖，黄帝以上，不知復祭何人充此七數，況彼二書，未必可信。堯之文祖，不可强言。

傳「在察」至「與否」 「在，察」，釋詁文。説文云：「璿，美玉也。」玉是大名，璿是玉之别稱。璣、衡俱以玉飾，但史之立文，不可以玉璣、玉衡一指玉體一指玉名，猶左傳云「瓊弁玉纓」。所以變其文，傳以「璿」言玉名，故云「美玉」，其實玉衡亦美玉也。易賁卦象云：「觀乎天文，以察時變。」日月星宿運行於天，是爲天之文也。璣、衡者，璣爲轉運，衡爲横簫，運璣使動，於下以衡望之，是王者正天文之器。漢世以來，謂之渾天儀者是也。馬融云：「渾天儀可旋轉，故曰璣。衡，其横簫，所以視星宿也。以璿爲璣，以玉爲衡，蓋貴天象也。」蔡邕云：「玉衡長八尺，孔徑一寸。下端望之，以視星辰。蓋懸璣以象天，而衡望之。轉機窺衡，以知星宿。」是其説也。七政，其政有七，於璣衡察之，必在天者。知七政謂日、月與五星也。木曰歲星，火曰熒惑星，土曰鎮星，金曰太白星，水曰辰星。易繫辭云：「天垂象，見吉凶，聖人象之。」此日、月、五星有吉凶之象，因其變動爲占。七者各自異政，故爲七政。得失由政，故稱政也。舜既受終，乃察璣衡，是舜察天文、齊七政，以審己之受禪當天心與否也。馬融云：「日、月、星，皆以璿璣、玉衡度知其盈縮進退，失政所在。」聖人謙讓，猶不自安，視璿璣、玉衡以驗齊日、月、五星行度，知其政是與否，重審己之事也。上天之體不可得知，測天之事見於經者，唯有此璿璣、玉衡一事而已。蔡邕天文志云：「言天體者有三家：一曰周髀，二曰宣夜，三曰渾天。宣夜絶無師説，周髀術數具在，考驗天象，多所違失，故史官不用。惟渾天者近得其情，今史所用候臺銅儀，〔一二〕則其法也。」虞喜云：「宣，明也。夜，幽也。幽明之數其術兼之，故曰宣夜。」但絶無師説，不知其狀如何。周髀之術，以爲天似覆盆，蓋以斗極爲中，中高而四邊下，日月旁行遶之，日近而見之爲晝，日遠而不見爲夜。渾天者，以爲地在其中，天周其外，日月初登於天，後入於地，晝則日在地上，夜則日入地下。王蕃渾天説曰：「天之形狀似鳥卵，〔一三〕天包地外，猶卵之裹黄，圓如彈丸，故曰渾天，言其形體渾渾然也。其術以爲天半覆地上，半在地下。其天居地上，見有一百八十二度半强，地下亦然。北極出地上三十六度，南極入地下亦三十六度。而嵩高正當天之中極南五十五度。當嵩高之上又其南十二度，爲夏至之日道。又其南二十四度，爲春秋分之日道。又其南二十四度，爲冬至之日道。南下去地，三十一度而已。是夏至日北去極六十七度，春、秋分去極九十一度，冬至去極一百一十五度。此其大率也。其南、北極持其兩端，其天與日、月、星宿斜而迴轉。」此必古有其法，遭秦而滅。揚子法言云：「或問渾天，曰：『落下閎營之，鮮于妄人度之，耿中丞象之。幾乎幾乎！莫之能違也。』」是揚雄之意，以渾天而問之也。閎與妄人，武帝時人。宣帝時，司農中丞耿壽昌始鑄銅爲之象，史官施用焉。後漢張衡作靈憲，以説其狀。蔡邕、鄭玄、陸績，吳時王蕃，晉世姜岌、張衡、葛洪，皆論渾天之義，並以渾説爲長。江南宋元嘉中，〔一四〕皮延宗又作是渾天論；太史丞錢樂鑄銅作渾天儀，〔一五〕傳於齊、梁。周平江陵，遷其器於長安，今在太史臺矣。〔一六〕衡長八尺，〔一七〕璣徑八尺，圓周二丈五尺，强轉而望之，有其法也。

傳「堯不」至「五帝」　傳以既受終事，又察璣、衡，方始祭於羣神，是舜察天文，考齊七政，知己攝位而當於天心，故行其天子之事也。祭法云：「有天下者祭百神。」徧祭羣神，是天子事也。肆，是縱緩之言。此因前事而行後事，故以肆爲遂也。類，謂攝位事類。既知攝當天心，遂以攝位事類告天帝也。此「類」與下「禋」、「望」相次，當爲祭名。詩云：「是類是禡。」周禮肆師云：「類造上帝。」王制云：「天子將出，類乎上帝。」所言「類」者，皆是祭天之事，言以事類而祭也。周禮小宗伯云：「天地之大烖，類社稷則爲位。」〔一八〕是「類」之爲祭，所及者廣。而傳云「類謂攝位事類」者，〔一九〕以攝位而告祭，故類爲祭名。周禮司服云：「王祀昊天上帝，則服大裘而冕。祀五帝，亦如之。」是昊天外更有五帝。上帝可以兼之，故以告天及五帝也。鄭玄篤信讖緯，以爲昊天上帝謂天皇大帝，北辰之星也；五帝謂靈威仰等，太微宫中有五帝座星是也。如鄭之言，天神有六也。家語云：「季康子問五帝之名，孔子曰：『天有五行：金、木、水、火、土，〔二〇〕分時化育，以成萬物，其神謂之五帝。』」王肅云：「五行之神，助天理物者也。」孔意亦當然矣。此經惟有祭天，不言祭地及社稷，必皆祭之，但史略文耳。

傳「精意」至「攝告」　國語云：「精意以享，禋也。」釋詁云：「禋，祭也。」孫炎曰：「禋，絜敬之祭也。」周禮大宗伯云：「以禋祀祀昊天上帝，以實柴祀日、月、星、辰，以槱燎祀司中、司命、風師、雨師。」鄭云：「禋之言煙。周人尚臭煙氣之臭聞者也。」鄭以禋祀之文在燎柴之上，故以禋爲此解耳。而洛誥云：「秬鬯二卣曰明禋。」又曰：「禋于文王、武王。」又曰：「王賓，殺、禋咸格。」經傳之文，此類多矣，非燔柴祭之也。知禋是精誠絜敬之名耳。宗之爲尊，常訓也。名曰六宗，明是所尊祭者有六，但不知六者爲何神耳。祭法云：「埋少牢於太昭祭時，〔二二〕相近於坎壇祭寒暑，王宮祭日，夜明祭月，幽禜祭星，雩禜祭水旱也。」據此言六宗，彼祭六神，故傳以彼六神謂此六宗。必謂彼之所祭是此六宗者，彼文上有祭天祭地，下有山谷丘陵。此六宗之文在上帝之下、山川之上，二者次第相類，故知是此六宗。王肅亦引彼文，乃云：「禋于六宗，此之謂矣。」鄭玄注彼云：「四時，謂陰陽之神也。」然則陰、陽、寒、暑、水、旱，各自有神。此言禋于六宗，則六宗常禮也。禮無此文，不知以何時祀之。鄭以彼皆爲祈禱之祭，則不可用鄭玄注以解此傳也。漢世以來，說六宗者多矣。歐陽及大、小夏侯說尚書，皆云所祭者六。上不謂天，下不謂地，旁不謂四方，在六者之間，助陰陽變化，實一而名六宗矣。孔光、劉歆，以六宗謂乾坤六子：水、火、雷、風、山、澤也。賈逵以爲六宗者，天宗三：日、月、星也；地宗三：河、海、岱也。馬融云：「萬物非天不覆，非地不載，非春不生，非夏不長，非秋不收，非冬不藏：此其謂六也。」鄭玄以六宗言禋，與祭天同名，則六者皆是天之神祇，謂星、辰、司中、司命、風師、雨師。星，謂五緯也。辰，謂日月所會十二次也。司中、司命，文昌第五、第四星也。風師，箕也。雨師，畢也。晉初，幽州秀才張髦上表云：「臣謂禋于六宗，祀祖考所尊者六，三昭、三穆是也。」司馬彪又上表云歷難諸家及自言己意，〔二三〕「天宗者，日、月、星、辰、寒、暑之屬也。地宗，社、稷、五祀之屬也。四方之宗，四時、五帝之屬」。惟王肅據家語六宗與孔同。各言其志，未知孰是。司馬彪續漢書云：「安帝元初六年，立六宗祠於洛陽城西北亥地，祀比大社。魏亦因之。晉初，荀顗定新祀，以六宗之神諸說不同，廢之。摯虞駁之，謂宜依舊。近代以來，皆不立六宗之祠也。」

傳「九州」至「祭之」　望於山川，大總之語，故知九州之內所有名山、大川、五岳、四瀆之屬，皆一時望祭之也。王制云：「名山、大川不以封。」山、川大，乃有名，是名、大互言之耳。釋山云：「泰山爲東嶽，華山爲西嶽，霍山爲南嶽，恒山爲北嶽，嵩高山爲中嶽。」白虎通云：「岳者何？ 捔也，捔考功德也。」應劭風俗通云：「岳者，捔考功德黜陟也。」然則四方方有一大山，天子巡守至其下，捔考諸侯功德而黜陟之，故謂之岳。釋水云：「江、河、淮、濟爲四瀆。四瀆者，發源注海者也。」釋名云：「瀆，獨也，各獨出其水而入海也。」岳是名山，瀆是大川，故先言名山、大川，又舉岳、瀆以見之。岳、瀆之外，猶有名山大川，故言「之屬」以包之。周禮大司樂云：「四鎮、五嶽崩，令去樂。」鄭云：「四鎮，山之重大者，謂揚州之會稽山、青州之沂山、幽州醫無閭山、冀州之霍山。」是五岳之外名山也。周禮職方氏每州云其川、其浸。若「雍州」云：「其川涇、汭，其浸渭、洛。」如此之類，是四瀆之外大川也。言「遍于羣神」，則神無不遍。故「羣神」謂丘、陵、墳、衍、古之聖賢，皆祭之。周禮大司樂云：「凡六樂者，一變而致川澤之示，再變而致山林之示，三變而致丘陵之示，四變而致墳衍之示。」鄭玄大司徒注云：「積石曰山，竹木曰林，注瀆曰川，水鍾曰澤，土高曰丘，大阜曰陵，水崖曰墳，下平曰衍。」此傳舉丘、陵、墳、衍，則林、澤亦包之矣。古之聖賢，謂祭法所云在祀典者，黄帝、顓頊、勾龍之類，皆祭之也。

傳「輯斂」至「正始」。「覲，見」、「后，君」，釋詁文。釋言云：「輯，合也。」〔三〕輯是合聚之義，故爲「斂」也。日、月食盡謂之既，是既爲「盡」也。釋言云：「班，賦也。」孫炎曰：「謂布與也。」輯是斂聚，班爲散布，故爲「還」也。下云「班瑞于羣后」，則知輯者從羣后而斂之。故云「舜斂公、侯、伯、子、男之瑞圭璧」也。周禮典瑞云：「公執桓圭，侯執信圭，伯執躬圭，子執穀璧，男執蒲璧。」是圭、璧爲五等之瑞。諸侯執之，以爲王者瑞信，故稱「瑞」也。舜以朔日受終於文祖，又遍祭羣神，及斂五瑞，則入月以多日矣。「盡以正月中」，謂從斂瑞以後至月末也。「乃日日見四岳及九州牧監」，舜初攝位，當發號出令，日日見之，與之言也。州牧各監一州諸侯，故言監也。更復「還五瑞於諸侯」者，此瑞本受於堯，斂而又還之，若言舜新付之，改爲舜臣，與之正新君之始也。

歲二月東巡守，至于岱宗，柴。〔二四〕諸侯爲天子守土，故稱守，巡行之。既班瑞之明月，乃順春東巡。岱宗，泰山，爲四岳所宗。燔柴，祭天告至。○巡，似遵反。〔二五〕徐養純反。守，詩救反，本或作「狩」。岱音代，泰山也。柴，士皆反。爾雅：祭天曰燔柴。馬云：「祭時積柴，加牲其上而燔之。」巡行，下孟反。燔，扶袁反，又扶云反。望秩于山川，東岳諸侯境内名山大川，如其秩次望祭之。謂五岳牲禮視三公，四瀆視諸侯，其餘視伯、子、男。○瀆，徒木反。肆覲東后。遂見東方之國君。協時、月正日，同律、度、量、衡。合四時之氣節，月之大小，日之甲乙，使齊一也。律，法制。及尺、丈、斛、斗、斤、兩皆均同。〔二六〕○同律，王云：「同，齊也。律，六律也。」馬云：「律，法也。」鄭云：「陰呂、陽律也。」度，如字，丈尺也。量，力尚反，注同，斗斛也。衡，稱也。修五禮、五玉、修吉、凶、賓、軍、嘉之禮，五等諸侯執其玉。三帛、二生、一死，贄。〔二七〕三帛：諸侯世子執纁，公之孤執玄，附庸之君執黄。二生：卿執羔，大夫執鴈。一死：士執雉。玉、帛、生、死，所以爲贄以見之。○贄音至，本又作「摯」。纁，許云反。如五器，卒乃復。卒，終；復，還也。器，謂圭璧。如五器，禮終則還之，三帛、生、死則否。○復，扶又反，下同。還音旋。五月南巡守，至于南岳，如岱禮。南岳，衡山。自東岳南巡，五月至。八月西巡守，至于西岳，如初。西岳，華山。初，謂岱宗。○華，户化反，華山在弘農。十有一月朔巡守，至于北岳，如西禮。北岳，恒山。○十有，如字，徐于救反。至於北岳如西禮，方興本同，馬本作「如初」。歸，格于藝祖，用特。巡守四岳，然後歸告至文祖之廟。藝，文也。言祖，則考著。特，一牛。○藝，魚世反，馬、王云：「禰也。」五載一巡守，羣后四朝。各會朝于方岳之下，凡四處，故曰四朝。將説敷奏之事，故申言之。堯、舜同道，舜攝則然，堯又可知。○四朝，直遥反，注同，馬、王皆云：「四面朝於方岳之下。」鄭云：「四朝，四年朝京師也。」〔二八〕敷奏以言，明試以功，車服以庸。敷，陳；奏，進也。諸侯四朝，各使陳進治禮之言，〔二九〕明試其言，以要其功，功成，則賜車服，以表顯其能用。○敷音孚。

【疏】「歲二月」至「以庸」 舜既班瑞羣后，即以其歲二月東行，巡省守土之諸侯。至於岱宗之岳，燔柴告至，又望而以秩次祭於其方岳山川。柴望既畢，遂以禮見東方諸侯諸國之君。於此諸國協其四時氣節、月之大小，正其日之甲乙，使之齊一。均同其國之法制：度之丈、尺，量之斛、斗，衡之斤、兩，皆使齊同，無輕重大小。又修五禮：吉、凶、賓、軍、嘉之禮；修五玉：公、侯、伯、子、男所執之圭璧也。又修三帛：諸侯世子、公之孤，附庸之君所執玄、纁、黄之帛也。又修二生：卿所執羔，大夫所執鴈也。又修一死：士所執雉也。自五玉至於一死，皆蒙上「修」文，總言所用玉、帛、生、死皆爲贄，以見天子也。其贄之內，如五玉之器，禮終乃復還之，其帛與生、死則不還也。東岳禮畢，即向衡山。五月南巡守，至于南岳之下，柴望以下，一如岱宗之禮。南岳禮畢，即向華山。八月西巡守，至于西岳之下，其禮如初時如岱宗所行。西岳禮畢，即向恒山。朔，北也。十有一月北巡守，至于北岳之下，一如西岳之禮。巡守既周，乃歸京師。藝，文也。至于文祖之廟，用特牛之牲設祭，以告巡守歸至也。從是以後，每五載一巡守。其巡守之年，諸侯羣后，四方各朝天子于方岳之下。其朝之時，各使自陳進其所以治化之言。天子明試其言，以考其功，功成有驗，則賜之車服，以表顯其有功能用事。

傳「諸侯」至「告至」 王者所爲巡守者，以諸侯自專一國，威福在己，恐其擁遏上命，澤不下流，故時自巡行，問民疾苦。孟子稱晏子對齊景公云：「天子適諸侯曰巡守。巡守者，巡所守也。」是言天子巡守，主謂巡行諸侯，故言「諸侯爲天子守土，故稱守」，而往「巡行之」。定四年左傳祝鮀言衛國取相土之東都，以會王之東蒐，蒐是獵之名也。王者因巡諸侯，或亦獵以教戰，其守皆作狩。白虎通云：「王者所以巡狩者何？〔三〇〕巡者，循也；狩者，收也，爲天子循收養人。」〔三一〕彼因名以附說，不如晏子之言得其本也。正月班瑞，二月即行，故云「既班瑞之明月，乃順春東巡」。春位在東，故順春也。爾雅：「泰山爲東岳。」此巡守至於岱，岱之與泰，其山有二名也。風俗通云：「泰山，山之尊者，一曰岱宗。岱，始也。宗，長也。萬物之始，陰陽交代，故爲五岳之長。」是解岱即泰山，「爲四岳之宗」，稱岱宗也。郊特牲云：「天子適四方，先柴。」是燔柴爲「祭天告至」也。

傳「東岳」至「子男」　四時各至其方岳，望祭其方岳山川，故云「東岳諸侯境内名山大川，如其秩次望祭之」也。言秩次而祭，知遍於羣神，故云「五岳牲禮視三公，四瀆視諸侯，其餘視伯、子、男」也。其尊卑所視，王制及書傳之文。「牲禮」二字，孔增之也。諸侯五等，三公爲上等，諸侯爲中等，伯、子、男爲下等。則所言諸侯，惟謂侯爵者耳。其言所視，蓋視其祭祀。祭五岳如祭三公之禮，祭四瀆如祭諸侯之禮，祭山川如祭伯、子、男之禮。公、侯、伯、子、男，尊卑既有等級，其祭禮必不同，但古典亡滅，不可復知。鄭玄注書傳云：「所視者，謂其牲幣、粢盛、〔三二〕籩豆、爵獻之數。」案五等諸侯適天子，皆膳用太牢。禮，諸侯祭，皆用太牢，無上下之別。又大行人云：上公九獻，侯伯七獻，子男五獻。掌客：上公饔餼九牢，飧五牢；侯、伯饔餼七牢、飧四牢，子、男饔餼五牢、飧三牢。又：上公豆四十，侯、伯三十二，子、男二十四。並伯與侯同。又鄭注禮器「四望、五獻」，據此諸文。與孔傳、王制不同者，掌客、行人自是周法，孔與王制先代之禮。必知然者，以周禮侯與伯同，公羊及左氏傳皆以公爲上，伯、子、男爲下，是其異也。

傳「合四」至「均同」　上篇已訓協爲合，故注即以合言之也。他皆倣此。周禮太史云：「正歲年，頒告朔於邦國。」則節氣、晦朔，皆天子頒之，猶恐諸侯國異，或不齊同，故因巡守而合和之。節是月初，氣是月半也。世本云：「容成作曆，大撓作甲子。」二人皆黄帝之臣。蓋自黄帝已來，始用甲子紀日。〔三三〕每六十日而甲子一周。史記稱紂爲長夜之飲，忘其日辰。恐諸侯或有此之類，故須合日之甲乙也。時也、月也、日也，三者皆當勘檢諸國，使齊一也。律者，候氣之管。而度、量、衡三者，法制皆出於律，故云「律，法制」也。度有丈、尺，量有斛、斗，衡有斤、兩，皆取法於律，故孔解律爲法制，即云「及尺、丈、斛、斗、斤、兩，皆均同」之。漢書律曆志云：「度、量、衡，出於黄鐘之律也。〔三四〕度者，分、寸、尺、丈、引，所以度長短也，本起於黄鐘之管長。〔三五〕以子穀秬黍中者以一黍之廣度之，千二百黍爲一分，〔三六〕十分爲寸，十寸爲尺，十尺爲丈，十丈爲引，而五度審矣。量，謂龠、合、升、斗、斛，所以量多少也，本起於黄鐘之龠。以子穀秬黍中者千有二百實爲一龠，十龠爲合，十合爲升，十升爲斗，十斗爲斛，而五量嘉矣。權者，銖、兩、斤、鈞、石，所以稱物知輕重也，〔三七〕本起於黄鐘之龠。〔三八〕一龠容千二百黍，重十二銖，兩之爲兩。〔三九〕十六兩爲斤，三十斤爲鈞，四鈞爲石，而五權謹矣。權、衡一物，衡，平也；權，重也。稱上謂之衡，稱鎚謂之權，所從言之異耳。」如彼志文，是度、量、衡本起於律也。時、月言協，日言正，度、量、衡言同者，以時月須與他月和合，故言協；日有正與不正，義言正；度、量、衡俱是民之所用，恐不齊同，故言同，因事宜而變名耳。

傳「修吉」至「其玉」　周禮大宗伯云：「以吉禮事邦國之鬼神示，以凶禮哀邦國之憂，以賓禮親邦國，以軍禮同邦國，以嘉禮親萬民之昏姻。」〔四〇〕知五禮謂此也。帝王之名既異，古今之禮或殊，而以周之五禮爲此五禮者，以帝王相承，事有損益，後代之禮，亦當是前代禮也。且曆驗此經，亦有五事：此篇類於上帝，吉也；如喪考妣，凶也；羣后四朝，賓也；大禹謨云「汝祖征」，軍也；堯典云「女于時」，嘉也。五禮之事並見於經，知與後世不異也。此云五玉，即上文五瑞，故知五等諸侯執其玉也。鄭玄云：「執之曰瑞，陳列曰玉。」

傳「諸侯」至「執黄」　周禮典命云：「凡諸侯之適子誓於天子，攝其君，則下其君之禮一等。未誓，則以皮帛繼子、男之下。〔四一〕公之孤四命，以皮帛視小國之君。」是諸侯世子、公之孤執帛也。附庸雖則無文，而爲南面之君，是一國之主。春秋時附庸之君適魯，皆稱來朝。未有爵命，不得執玉，則亦繼小國之君，同執帛也。經言三帛，必有三色。所云纁、玄、黄者，孔時或有所據，未知出何書也。王肅云：「三帛，纁、玄、黄也。附庸與諸侯之適子、公之孤執皮帛，其執之色未詳聞。或曰孤執玄，諸侯之適子執纁，附庸執黄。」王肅之注尚書，其言多同孔傳。周禮孤與世子皆執皮帛，鄭玄云：「皮帛者，束帛而表之，〔四二〕以皮爲之飾。皮，虎、豹皮也。」此三帛不言皮，蓋于時未以皮爲飾。

傳「卿執」至「執雉」　此皆大宗伯文也。鄭玄曰：「羔，小羊，取其羣而不失其類也。鴈，取其候時而行也。雉，取其守介，死不失節也。」曲禮云：「飾羔鴈者以繢。」謂衣之以布而又畫之。雉執之無飾。士相見之禮卿大夫飾贄以布，不言繢。此諸侯之臣，與天子之臣異也。鄭之此言，論周之禮耳。虞時每事猶質，羔、鴈不必有飾。

傳「玉帛」至「見之」　曲禮云：「贄，諸侯圭、卿羔、大夫鴈、士雉。」雉不可生，知一死是雉，二生是羔鴈也。鄭玄云：「贄之言至，所執以自至也。」自「五玉」以下蒙上「修」文者，執之使有常也。若不言贄，則不知所用，故言「贄」以結上文。是玉、帛、生、死皆所以爲贄，以見君與自相見其贄同也。

傳「卒終」至「則否」　「卒，終」，釋詁文。釋言云：「還、復，返也。」是還、復同義，故爲還也。「五器」文在贄下，則是贄内之物。周禮大宗伯云：「以玉作五器。」〔四三〕知器謂圭、璧，即五玉是也。如，若也。言諸侯贄之内若是五器，禮終乃還之，如三帛、生、死，則不還也。聘義云：「以圭璋聘，重禮也。」已聘而還圭璋，此輕財而重禮之義也。聘義主於説聘，其朝禮亦然。周禮司儀云：「諸公相見爲賓，〔四四〕還圭如將幣之儀。」是圭、璧皆還之也。士相見禮言大夫以下見國君之禮云：「若他邦之人，則使擯者還其贄，已臣皆不還其贄。」是三帛、生、死則否。

傳「南岳」至「月至」　釋山云：「河南華，河東岱，河北恒，江南衡。」李巡云：「華，西岳華山也。岱，東岳泰山也。恒，北岳恒山也。衡，南岳衡山也。」郭璞云：「恒山，一名常山，避漢文帝諱。」釋山又云：「泰山爲東岳，華山爲西岳，霍山爲南岳，恒山爲北岳。」岱之與泰，衡之與霍，皆一山而有兩名也。張揖云：「天柱謂之霍山。」漢書地理志云：「天柱在廬江灊縣。」則霍山在江北，而與江南衡爲一者，郭璞爾雅注云：「霍山今在廬江灊縣，潛水出焉，別名天柱山。漢武帝以衡山遼曠，故移其神於此。今其彼土俗人，皆呼之爲南岳。南岳本自以兩山爲名，非從近來也，而學者多以霍山不得爲南岳。」又云漢武帝來始乃名之。即如此言，謂武帝在爾雅前乎？斯不然矣。是解衡、霍二名之由也。書傳多云五岳，以嵩高爲中岳，此云四岳者，明巡守至於四岳故也。風俗通云：「泰山，山之尊者，一曰岱宗。岱，始也。宗，長也。萬物之始、陰陽交代，故爲五岳之長。王者受命，恒封禪之。衡山，一名霍山，言萬物霍然大也。華，變也，萬物變由西方也。恒，常也，萬物伏北方有常也。」二月至於岱宗，不指岳名者，巡守之始，故詳其文。三時言岳名，明岱亦是岳，因事宜而互相見也。四巡之後乃云歸格，則是一出而周四岳，故知自東岳而即南行，以五月至也。王者順天道以行人事，故四時之月各當其時之中，故以仲月至其岳。上云歲二月東巡守，以二月始發者，此四時巡守之月皆以至岳爲文，東巡以二月至，非發時也。但舜以正月有事，二月即發行耳。鄭玄以爲每岳禮畢而歸，仲月乃復更去。若如鄭言，當於東巡之下即言歸格，後以如初包之，何當北巡之後始言歸乎？且若來而復去，計程不得周遍。此事必不然也。〔四五〕其經南云「如岱禮」，西云「如初」，北云「如西禮」者，見四時之禮皆同，互文以明耳。不巡中岳者，蓋近京師，有事必聞，不慮枉滯，且諸侯分配四方，無屬中岳，故不須巡之也。

「朔巡守」。釋訓云：「朔，北方也。」故堯典及此與禹貢皆以「朔」言北，史變文耳。

傳「巡守」至「一牛」。此承四巡之下，是巡守既遍，然後歸也。以上受終在文祖之廟，知此亦告至文祖之廟。才藝、文德，其義相通，故藝爲文也。文祖、藝祖，史變文耳。王制説巡守之禮云：「歸，格于祖禰，用特。」此不言「禰」，故傳推之「言祖則考著」。考近于祖，舉尊以及卑也。「特」者，獨也，故爲「一牛」。此唯言文祖，故云一牛。遍告諸廟，廟用一牛，故鄭注彼云：「祖下及禰，皆一牛也。」此時舜始攝位，未自立廟，故知告堯之文祖也。

傳「各會」至「可知」。此總説巡守之事，而言「羣后四朝」，是言四方諸侯各自會朝於方岳之下。凡四處別朝，故云「四朝」。上文「肆覲東后」，是爲一朝。四岳禮同，四朝見矣。計此不宜須重言之，爲將説敷奏之事，敷奏因朝而爲，故申言之。申，重也。此是巡守大法，文在舜攝位之時，嫌堯本不然，故云「堯、舜同道，舜攝則然，堯又可知」也。堯法已然，舜無增改，而言此以美舜者，道同於堯，足以爲美，故史録之。

傳「敷陳」至「能用」。「敷」者，布散之言。與陳設義同，故爲「陳」也。「奏」是進上之語，故爲「進」也。諸侯四處來朝，每朝之處，舜各使陳進其治理之言，令自説己之治政。既得其言，乃依其言，明試之以要其功。必如其言，即功實成，則賜之車服，以表顯其人有才能可用也。又以車服爲榮，故天子之賞諸侯，皆以車服賜之。覲禮云「天子賜侯氏以車服」是也。

肇十有二州，肇，始也。禹治水之後，舜分冀州爲幽州、并州，分青州爲營州，始置十二州。○肇音兆。十有二州，謂冀、兖、青、徐、荆、揚、豫、梁、雍、并、幽、營也。**封十有二山，濬川。**封，大也。每州之名山殊大者，以爲其州之鎮。〔四六〕有流川則深之，使通利。○濬，荀俊反。**象以典刑，**象，法也。法用常刑，用不越法。**流宥五刑，**宥，寬也。以流放之法寬五刑。○宥音又，馬云：「宥，三宥也。」**鞭作官刑，**以鞭爲治官事之刑。**扑作教刑，**扑，榎楚也。不勤道業則撻之。○扑，普卜反，徐敷卜反。榎，皆雅反。**金作贖刑，**金，黄金。誤而入刑，出金以贖罪。○贖，石欲反，徐音樹。**眚災肆赦，**眚，過；災，害；肆，緩；賊，殺也。過而有害，當緩赦之。**怙終賊刑。**怙姦自終，當刑殺之。○眚，所景反。怙音户。**「欽哉，欽哉！惟刑之恤哉！」**舜陳典刑之義，敕天下使敬之，憂欲得中。○恤，峻律反，憂也。**流共工于幽洲，**〔四七〕象恭滔天，〔四八〕足以惑世，故流放之。幽洲，北裔。水中可居者曰洲。○共工，上音恭。左傳：「少皞氏有不才子，毁信廢忠，崇飾惡言，靖譖庸回，服讒蒐慝，以誣盛德，天下之民謂之窮奇。」杜預云「即共工」。裔，以制反。**放驩兜于崇山，**黨於共工，罪惡同。崇山，南裔。○驩，呼端反。兜，丁侯反。左傳：「帝鴻氏有不才子，掩義隱賊，好行凶德，醜類惡物，頑嚚不友，是與比周，天下之民謂之渾敦。」杜預云：「即驩兜也。帝鴻，黄帝也。」

竄三苗于三危，三苗，國名，縉雲氏之後，爲諸侯，號饕餮。三危，西裔。○竄，七亂反。三苗，馬、王云：「三苗，國名也，縉雲氏之後，爲諸侯，蓋饕餮也。」左傳：「縉雲氏有不才子，貪于飲食，冒于貨賄，侵欲崇侈，不可盈厭。聚斂積實，不知紀極。不念孤寡，不恤窮匱。天下之民以比三凶，謂之饕餮。」杜預云：「縉雲，黄帝時官名。非帝子孫，故以比三凶也。貪財曰饕，貪食曰餮。」縉音晉。饕，土刀反。餮，他節反。殛鯀于羽山，方命圮族，績用不成。殛、竄、放、流，皆誅也。異其文，述作之體。羽山，東裔，在海中。○殛，紀力反。鯀，故本反。左傳：「顓頊氏有不才子，不可教訓，不知話言，告之則頑，捨之則嚚，傲很明德，以亂天常，天下之民謂之檮杌。」杜預云：「即鯀也。檮杌，凶頑無儔匹之貌。」四罪而天下咸服。皆服舜用刑當其罪，故作者先敘典刑，而連引四罪，明皆徵用，所行於此總見之。

【疏】「肇十」至「咸服」。史言舜既攝位，出行巡守，復分置州域，重慎刑罰。於禹治水後，始分置十有二州，每州以一大山爲鎮，殊大者十有二山。深其州内之川，使水通利。又留意於民，詳其罪罰，依法用其常刑，使罪各當刑，不越法。用流放之法，寬宥五刑。五刑雖有犯者，或以恩減降，不使身服其罪，所以流放宥之。五刑之外，更有鞭作治官事之刑，有扑作師儒教訓之刑。其有意善功惡，則令出金贖罪之刑。若過誤爲害，原情非故者，則緩縱而赦放之。若怙恃姦詐，終行不改者則賊殺而刑罪之。舜慎刑如此，又設言以誡百官曰：敬之哉，敬之哉！惟此刑罰之事，最須憂念之哉！令勤念刑罰，不使枉濫也。又言舜非於攝位之後方始重慎刑罰，初於登用之日即用刑當其罪。流徙共工于北裔之幽州，放逐驩兜于南裔之崇山，竄三苗于西裔之三危，誅殛伯鯀于東裔之羽山。行此四罪，各得其實，而天下皆服從之。

傳「肇始」至「二州」。「肇，始」，釋詁文。禹貢治水之時，猶爲九州，今始爲十二州，知禹治水之後也。禹之治水，通鯀九載，爲作十有三載，則舜攝位元年，九州始畢，當是二年之後，以境界太遠，始別置之。知「分冀州爲幽州、并州」者，以王者廢置，理必相沿。周禮職方氏九州之名有幽、并無徐、梁。周立州名，必因於古，知舜時當有幽、并。職方幽、并山川，於禹貢皆冀州之域，知分冀州之域爲之也。爾雅釋地九州之名，於禹貢無梁、青而有幽、營，云：「燕曰幽州，齊曰營州。」孫炎以爾雅之文與職方、禹貢並皆不同，疑是殷制。則營州亦有所因，知舜時亦有營州。齊即青州之地，〔四九〕知分青州爲之。於此居攝之時始置十有二州，蓋終舜之世常然。宣三年左傳云：「昔夏之方有德也，貢金九牧。」則禹登王位，還置九州，其名蓋如禹貢，其境界不可知也。

傳「封大」至「通利」　釋詁云：「冢，大也。」舍人曰：「冢，封之大也。」定四年左傳云「封豕」、「長蛇」相對，是封爲大也。周禮職方氏每州皆云其山鎮曰某山：揚州會稽，荆州衡山，豫州華山，雍州吳山，冀州霍山，并州恒山，幽州醫無閭，青州沂山，兗州岱山，是周時九州之内最大之山。舜時十有二山，事亦然也。州内雖有多山，取其最高大者以爲其州之鎮，特舉其名是殊大之也。其有川無大無小，皆當深之，故云「濬川」。「有流川則深之」，使通利也。職方氏每州皆云其川、其浸，亦舉其州内大川。但令小大俱通，不復舉其大者，故直云濬之而已。

傳「象法」至「越法」　易繫辭云：「象也者，象此者也。」又曰：「天垂象，聖人則之。」是象爲倣法，故爲法也。五刑雖有常法，所犯未必當條，皆須原其本情，然後斷決。或情有差降，俱被重科；或意有不同，失出失入，皆是違其常法，故令依法用其常刑，用之，使不越法也。

傳「宥寬」至「五刑」　「寬，宥」，周語文。〔五〇〕流，謂徙之遠方，放使生活。「以流放之法」，寬縱五刑也。此惟解以流寬之刑，而不解宥寬之意。鄭玄云：「其輕者或流放之，四罪是也。」王肅云：「謂君不忍刑殺，宥之以遠方。」然則知此是據狀合刑，而情差可恕，全赦則太輕，致刑即太重。不忍依例刑殺，故完全其體，宥之遠方。應刑不刑，是寬縱之也。上言「典刑」，此言「五刑」者，其法是常，其數則五。「象以典刑」，謂其刑之也。「流宥五刑」，謂其遠縱之也。「流」言五刑，則「典刑」亦五，其文互以相見。王肅云：「言宥五刑，則正五刑見矣。」是言二文相通之意也。典刑，是其身；流宥，離其鄉。流放致罪爲輕，比鞭爲重，〔五一〕故次典刑之下，先言流宥。鞭、扑雖輕，猶虧其體。比於出金贖罪，又爲輕。且以刑五罰雖主贖五刑，其鞭扑之罪亦容輸贖，故後言之。此正刑五與流宥、鞭扑俱有常法，「典」字可以統之，故發首言「典刑」也。

傳「以鞭」至「之刑」 此有鞭刑，則用鞭久矣。周禮滌狼氏誓大夫曰：〔五二〕「敢不關，鞭五百。」左傳有鞭徒人費、圉人犖是也。子玉使鞭七人，衛侯鞭師曹三百。日來亦皆施用。大隋造律，〔五三〕方使廢之。「治官事之刑」者，言若於官事不治，則鞭之。蓋量狀加之，未必有定數也。

傳「扑榎」至「撻之」 學記云：「榎、楚二物，以收其威。」鄭玄云：「榎，槄也。楚，荆也。」二物可以扑撻犯禮者，知扑是榎、楚也。既言以收其威，知不勤道業則撻之。益稷云：「撻以記之。」又大射、鄉射皆云「司馬搢扑」，則扑亦官刑。惟言作教刑者，官刑鞭、扑俱用，教刑惟扑而已，故屬扑於教。其實官刑亦當用扑，蓋重者鞭之，輕者撻之。

傳「金黄」至「贖罪」 此以「金」爲黄金，吕刑「其罰百鍰」傳爲黄鐵。俱是贖罪，而金、鐵不同者，古之金、銀、銅、鐵總號爲金，別之四名耳。釋器云：「黄金謂之璗，〔五四〕白金謂之銀。」是黄金、白銀俱名金也。周禮考工記攻金之工，築氏爲削，冶氏爲殺矢，鳧氏爲鐘，㮚氏爲量，段氏爲鎛，〔五五〕桃氏爲劍。其所爲者有銅有鐵，是銅、鐵俱名爲金，則鐵名亦包銅矣。此傳黄金，吕刑黄鐵，皆是今之銅也。古之贖罪者皆用銅，漢始改用黄金，但少其斤兩，令與銅相敵，故鄭玄駁異義言「贖死罪千鍰，鍰六兩大半兩，爲四百一十六斤十兩大半兩銅，與金贖死罪金三斤爲價相依附」。是古贖罪皆用銅也。實謂銅而謂之金鐵，知傳之所言，謂銅爲金鐵耳。漢及後魏，贖罪皆用黄金。後魏以金難得，合金一兩收絹十匹。今律乃復依古，死罪贖銅一百二十斤，於古稱爲三百六十斤。孔以鍰爲六兩，計千鍰爲三百七十五斤，今贖輕於古也。「誤而入罪，出金以贖」，即律「過失殺傷人，各依其狀，以贖論」是也。吕刑所言「疑赦乃罰」者，即今律「疑罪各從其實，以贖論」是也。疑，謂虚實之證等，是非之理均，或事涉疑似，旁無證見；或雖有證見，事非疑似，如此之類，言皆爲疑罪。〔五六〕疑而罰贖，吕刑已明言。誤而輸贖，於文不顯，故此傳指言「誤而入罪」，以解此贖。鞭扑加於人身，可云「扑作教刑」；金非加人之物，而言「金作贖刑」；出金之與受扑，俱是人之所患，故得指其所出以爲刑名。

傳「眚過」至「殺之」　春秋言「肆眚」者，皆謂緩縱過失之人，是肆爲緩也，眚爲過也。公羊傳云：「害物曰災。」是爲害也。宣二年左傳晉侯殺趙盾，使鉏麑賊之，是賊爲殺也。此經二句，承上「典刑」之下，總言用刑之要。過而有害，雖據狀合罪，而原心非故如此者，當緩赦之。小則恕之，大則宥之，上言流宥贖刑是也。怙恃姦詐，欺罔時人，以此自終無心改悔，如此者當刑殺之。小者刑之，大者殺之，上言典刑及鞭、扑皆是也。經言「賊刑」，傳云「刑殺」，不順經文者，隨便言之。

傳「舜陳」至「得中」　此經二句，舜之言也。不言舜曰，以可知而略之。舜既制此典刑，又陳典刑之義以敕天下百官，使敬之哉，敬之哉，惟刑之憂哉。憂念此刑，恐有濫失，欲使得中也。

傳「象恭」至「曰州」　堯典言共工之行云：「静言庸違，象恭滔天。」言貌象恭敬，傲很漫天，足以疑惑世人，故流放也。左傳説此事，言「投諸四裔」。釋地云：「燕曰幽州。」知北裔也。「水中可居者曰洲」，釋水文。李巡曰：「四方有水，中央高獨可居，故曰洲。」天地之勢，四邊有水。鄒衍書説：「九州之外，有瀛海環之。」是九州居水内，故以州爲名。共在一洲之上，分之爲九耳。州取水内爲名，故引爾雅解州也。投之四裔，裔訓遠也。當在九州之外，而言於幽州者，在州境之北邊也。禹貢羽山在徐州，三危在雍州，故知北裔在幽州。下三者所居，皆言山名，此共工所處不近大山，故舉州言之。此流四凶在治水前，於時未作十有二州，則無幽州之名，而云幽州者，史據後定言之。

傳「黨於」至「南裔」　共工象恭滔天，而驩兜薦之，是黨於共工。罪惡同，故放之也。左傳説此事云：「流四凶族，投諸四裔。」則四方方各有一人。幽州在北裔，雍州、三危在西裔，徐州、羽山在東裔。三方既明，知崇山在南裔也。禹貢無崇山，不知其處，蓋在衡嶺之南也。

傳「三苗」至「西裔」　昭元年左傳説自古諸侯不用王命者，「虞有三苗，夏有觀、扈」，知三苗是國。其國以三苗爲名，非三國也。杜預言三苗地闕，不知其處。三凶皆是王臣，則三苗亦應是諸夏之國，入仕王朝者也。文十八年左傳言：「縉雲氏有不才子，貪于飲食，冒于貨賄，侵欲崇侈，不可盈厭；聚斂積實，不知紀極；不分孤寡，不恤窮匱，天下之民以比三凶，謂之饕餮。」即此三苗是也。知其然者，以左傳説此事，言「舜臣堯，流四凶族渾敦、窮奇、檮杌、饕餮，投諸四裔，以禦螭魅」，謂此驩兜、共工、三苗與鯀也。雖知彼言四凶，此等四人但名不同，莫知孰是。惟當驗其行跡，以別其人。左傳説窮奇之行云：「靖譖庸回。」堯典言共工之行云：「静言庸違。」其事既同，知窮奇是共工也。左傳説渾敦之行云：「醜類惡物，是與比周。」堯典言「驩兜薦舉共工，與惡比周」，知渾敦是驩兜也。左傳説檮杌之行言「不可教訓，不知話言，傲很明德，以亂天常」，堯典言鯀之行云：「咈哉，方命圮族。」其事既同，知檮杌是鯀也。惟三苗之行，堯典無文。鄭玄具引左傳之文，乃云「命驩兜舉共工」，則驩兜爲渾敦也，共工爲窮奇也，鯀爲檮杌也，而三苗爲饕餮亦可知。是先儒以書傳相考，知三苗是饕餮也。禹貢雍州言「三危既宅，三苗丕叙」，知三危是西裔也。

傳「方命」至「海中」　「方命圮族」，是其本性。「績用不成」，試而無功。二者俱是其罪，故並言之。釋言云：「殛，誅也。」傳稱流四凶族者，皆是流，而謂之「殛、竄、放、流皆誅」者，流者，移其居處，若水流然，罪之正名，故先言也。放者，使之自活。竄者，投棄之名。殛者，誅責之稱。俱是流徙，異其文，述作之體也。四者之次，蓋以罪重者先。共工滔天，爲罪之最大；驩兜與之同惡，故以次之。祭法以鯀障洪水，故列諸祀典。功雖不就，爲罪最輕，故後言之。禹貢徐州云：「蒙羽其藝。」是羽山爲東裔也。漢書地理志羽山在東海郡祝其縣西南，〔五七〕海水漸及，故言在海中也。

傳「皆服」至「見之」　此四罪者，徵用之初即流之也。舜以微賤超升上宰，初來之時，天下未服，既行四罪，故天下皆服，舜用刑得當其罪也。自「象以典刑」以下，徵用而即行之。於此居攝之後，追論成功之狀，故作者先叙典刑。言舜重刑之事，而連引四罪，述其刑當之驗。明此諸事皆是徵用之時所行，於此總見之也。知此等諸事皆徵用所行者，洪範云：「鯀則殛死，禹乃嗣興。」僖三十三年左傳云：「舜之罪也殛鯀，其舉也興禹。」襄二十一年左傳云：「鯀殛而禹興。」此三者皆言殛鯀而後用禹，爲治水是徵用時事，四罪在治水之前，明徵用所行也。又下云禹讓稷、契、皐陶，帝因追美三人之功。所言稷播百穀，契敷五教，皐陶作士，皆是徵用時事。皐陶所行，五刑有服，五流有宅，即是象以典刑，流宥五刑。此爲徵用時事，足可明矣。而鄭玄以爲禹治水事畢，乃流四凶，故王肅難鄭言：「若待禹治水功成而後以鯀爲無功殛之，是爲舜用人子之功而流放其父，則禹之勤勞，適足使父致殛，爲舜失『五典克從』之義，禹陷三千莫大之罪，進退無據，亦甚迂哉。」

二十有八載，帝乃殂落。〔五八〕殂落，死也。堯年十六即位，七十載求禪，試舜三載，自正月上日至崩二十八載，堯凡壽百一十七歲。〔五九〕○殂，才枯反。百姓如喪考妣。考妣，父母。言百官感德思慕。○喪，如字，又息浪反。考妣，必履反。〔六〇〕父曰考，母曰妣。三載，四海遏密八音。遏，絶；密，静也。八音，金、石、絲、竹、匏、土、革、木。四夷絶音三年，則華夏可知。言盛德恩化，所及者遠。○遏，安葛反，或音謁。八音，謂金，鐘也；石，磬也；絲，琴、瑟也；竹，箎、笛也；匏，笙也；土，塤也；革，鼓也；木，柷、敔也。匏，白交反。

【疏】「二十」至「八音」　舜受終之後，攝天子之事二十有八載，帝堯乃死。百官感德思慕，如喪考妣。三載之内，四海之人蠻、夷、戎、狄皆絶静八音而不復作樂，是堯盛德恩化，所及者遠也。

傳「殂落」至「七歲」　「殂落，死也」，釋詁文。李巡曰：「殂落，堯死之稱。」郭璞曰：「古死尊卑同稱，故書堯曰殂落，舜曰陟方乃死。」謂之「殂落」者，蓋殂爲往也，言人命盡而往；落者，若草木葉落也。堯以十六即位，明年乃爲元年。七十載求禪，求禪之時，八十六也。試舜三年，自正月上日至崩二十八載，總計其數凡壽一百一十七歲。案堯典求禪之年即得舜而試之，求禪試舜，共在一年也。更得二年，即爲歷試三年，故下傳云歷試二年。與攝位二十八年合，得爲三十在位。故王肅云：「徵用三載，其一在徵用之年，其餘二載與攝位二十八年，凡三十歲也。」故孔傳云歷試二年，明其一年在徵用之限。以此計之，惟有一百一十六歲，不得有七，蓋誤爲七也。

傳「考妣」至「思慕」　曲禮云：「生曰父、母，死曰考、妣。」鄭玄云：「考，成也，言其德行之成也。妣之言媲也，媲於考也。」喪服「爲父爲君，同服斬衰」。檀弓説事君之禮云：「服勤至死，方喪三年。」鄭玄云：「方喪，資於事父。」凡此，以義爲制，義重則恩輕，其情異於父。如喪考妣，言百官感德，情同父母，思慕深也。諸經傳言「百姓」，或爲百官，或爲萬民。知此「百姓」是百官者，以喪服庶民爲天子齊衰三月，畿外之民無服，不得如考妣，故知百官也。

傳「遏絶」至「者遠」　「密，静」，釋詁文。遏，止絶之義，故爲絶也。周禮大師云：「播之以八音：金、石、土、革、絲、木、匏、竹。」鄭云：「金，鐘、鎛也。石，磬也。土，塤也。革，鼓、鼗也。絲，琴、瑟也。木，柷、敔也。匏，笙也。竹，管、簫也。」傳言八音，與彼次不同者，隨便言耳。釋地云：「九夷、八狄、七戎、六蠻，謂之四海。」夷狄尚絶音三年，則華夏内國可知也。喪服諸侯之大夫爲天子正服繐衰，既葬除之。今能使四夷三載絶音，言堯有盛德，恩化所及遠也。

月正元日，舜格于文祖。月正，正月；元日，上日也。舜服堯喪三年畢，將即政，故復至文祖廟告。○故復，扶又反。詢于四岳，闢四門。詢，謀也。謀政治於四岳，開闢四方之門未開者，廣致衆賢。○闢，婢亦反，徐甫亦反。〔六二〕明四目，達四聰。廣視聽於四方，使天下無壅塞。咨十有二牧曰：「食哉，惟時！咨，亦謀也。所重在於民食，惟當敬授民時。柔遠能邇，惇德允元。〔六二〕柔，安；邇，近；敦，厚也。元，善之長。言當安遠，乃能安近，厚行德信，使足長善。〇惇音敦。〔六三〕之長，丁丈反。〔六四〕下同。而難任人，蠻夷率服。任，佞；難，拒也。〔六五〕佞人斥遠之，則忠信昭於四夷，皆相率而來服。〇而難，乃旦反。任音壬，又而鴆反。

【疏】「月正」至「率服」　自此以下，言舜真爲天子，命百官受職之事。舜既除堯喪，以明年之月正元日，舜至於文祖之廟，告己將即正位爲天子也。告廟既訖，乃謀政治於四岳之官。所謀開四方之門大爲仕路，致衆賢也；明四方之目，使爲己遠視四方也；達四方之聰，使爲己遠聽聞四方也。恐遠方有所壅塞，令爲己悉聞見之。既謀於四岳，又別敕州牧，咨十有二牧曰：人君最所重者，在於民之食哉，惟當敬授民之天時，無失其農。要爲政務在安民，當安彼遠人，則能安近人耳。遠人不安，則近亦不安。欲令遠近皆安之也。又當厚行德信，而使足爲善長。欲令諸侯皆厚行其德，爲民之師長，而難拒佞人斥遠之，使不干朝政。如是，則誠信昭於四夷，自然蠻夷皆相率而來服也。

傳「月正」至「廟告」　正，訓長也。月正，言月之最長。正月長於諸月，月正還是正月也。上日，日之最上。元日，日之最長，元日還是上日。王肅云：「月正元日，猶言正月上日，變文耳。禮云令月吉日，又變文言吉月令辰，此之類也。」知「舜服堯喪三年畢，將即政」者，以堯存且攝其位，堯崩謙而不居。孟子云：「堯崩三年，喪畢，舜避丹朱於南河之南。天下諸侯朝覲者不之堯子而之舜，獄訟者不之堯子而之舜，謳歌者不之堯子而謳歌舜曰天也，然後之中國，踐天子位。」孟子既言然矣，此文又承「三載」之下，故知舜服堯喪三年畢，將欲即政。「復至文祖廟告」，前以攝位告，今以即政告也。此猶是堯之文祖。自此以後，舜當自立文祖之廟，堯之文祖，當遷於丹朱之國也。

傳「詢謀」至「衆賢」　「詢，謀」，釋詁文。闢訓開。開四方之門，謂開仕路，引賢人也。論語云：「從我於陳蔡者，皆不及門也。」門者，行之所由，故以門言仕路。以堯舜之聖，求賢久矣。今更言開門，是開其未開者，謂多設取士之科，以此廣致衆賢也。

傳「廣視」至「壅塞」　聰，謂耳聞之也。既云明四目，不云聰四耳者，目視苦其不明，耳聽貴其及遠，明謂所見博，達謂聽至遠，二者互以相見，故傳總申其意「廣視聽於四方，使天下無壅塞」。天子之聞見在下，必由近臣四岳親近之官，故與謀此事也。

傳「咨亦」至「民時」　「咨，謀」，釋詁文。以上「帝曰咨」上連「帝曰」，故爲咨嗟。此則上有「詢于四岳」，言「咨十有二牧」，故爲謀也。立君所以牧民，民生在於粒食，是君之所重。論語云「所重民食」，謂年穀也。種殖收斂，及時乃穫，故惟當敬授民時。

傳「柔安」至「長善」　「柔，安」、「邇，近」、「惇，厚」，皆釋詁文。「元，善之長」，易文言也。安近不能安遠，遠人或來擾亂，雖欲安近，近亦不安。人君爲政，若其不能安近，〔六六〕但戒使之柔遠，故能安近。言當安彼遠人，乃能安近，欲令遠近皆安也。王肅云：「能安遠者，先能安近。」知不然者，以牧在遠方，故據遠言之。「惇德」者，令人君厚行德也。「允元」者，信使足爲長善也。言人君厚行德之與信，使足爲善長，民必效之爲善而行也。〔六七〕

傳「任佞」至「來服」　「任，佞」，釋詁文。孫炎云：「似可任之佞也。」論語説爲邦之法云：「遠佞人」，「佞人殆」，故以難距佞人爲「斥遠之」，令不干朝政。朝無佞人，則「忠信昭於四夷，皆相率而來服」也。舉蠻、夷，則戎、狄亦見矣。

舜曰：「咨！四岳：有能奮庸熙帝之載，奮，起；庸，功；載，事也。訪羣臣有能起發其功，廣堯之事者。言「舜曰」，以別堯。○奮，弗運反。〔六八〕

使宅百揆。亮采惠，疇？」亮，信；惠，順也。求其人，使居百揆之官。信立其功、順其事者，誰乎？僉曰：「伯禹作司空。」〔六九〕四岳同辭而對：禹代鯀爲崇伯，入爲天子司空。治洪水有成功，言可用之。帝曰：「俞。咨，禹：汝平水土，惟時懋哉！」然其所舉，稱禹前功以命之。懋，勉也。惟居是百揆，勉行之。○俞，以朱反。懋音茂，王云：「勉也。」馬云：「美也。」禹拜稽首，讓于稷、契暨皋陶。居稷官者，棄也。契、皋陶，二臣名。稽首，首至地。○稽音啓。稽首，首至地，臣事君之禮。契，息列反。陶音遥。帝曰：「俞。汝往哉！」然其所推之賢，不許其讓，敕使往宅百揆。

【疏】「舜曰」至「往哉」　舜本以百揆攝位，今既即政，故求置其官曰：咨嗟，四岳：等汝於羣臣之内，有能起發其功，廣大帝堯之事者，我欲使之居百揆之官。在官而信立其功，於事能順者，其是誰乎？四岳皆曰：伯禹作司空，有成功，惟此人可用。帝曰然，然其所舉得人也。乃咨嗟敕禹：汝本平水土，實有成功，惟當居是百揆，而勉力行哉。禹拜稽首，讓于稷、契與皋陶。帝曰然，然其所讓實賢也。汝但往居此職，不許其讓也。

傳「奮起」至「別堯」　奮是起動之意，故爲起也。釋詁云：「庸，勞也。」勞亦功也。鄭玄云：「載，行也。」王肅云：「載，成也。」孔以載爲「事也」，各自以意訓耳。舜受堯禪，當繼行其道，行之在於任臣。百揆，臣之最貴。求能起發其功，廣大帝堯之事者欲任之。舜既即位，可以稱帝，而言舜曰者，承堯事下，言舜曰以別堯。於此一別，以下稱帝也。

傳「亮信」至「誰乎」　「亮，信」，釋詁文。「惠，順」，釋言文。上云舜納於百揆，百揆是官名，故求其人，使居百揆之官。居官則當信立其功，能順其事者誰乎？此官任重，當統羣職，繼堯之功，故歷言所順，而後始問誰乎，異於餘官先言「疇」也。

傳「四岳」至「用之」　「僉」訓爲皆，故云四岳皆同辭而對也。國語云：「有崇伯鯀，堯殛之於羽山。」賈逵云：「崇，國名；伯，爵也。」禹代鯀爲崇伯，入爲天子司空，以其伯爵，故稱伯禹。　言人之賢而舉其爲官，知禹治洪水有成功，言可用也。

傳「然其」至「行之」　禹平水土，往前之事。嫌其今復命之令平水土，故云「稱禹前功以命之」。「懋，勉」，釋詁文。

傳「居稷」至「首至地」　下文帝述三人，遂變稷爲棄，故解之居稷官者棄也。獨稱官者，出自禹意耳，不必著義。鄭云：「時天下賴后稷之功，故以官名通稱。」或當然也。經因稷、契名單，共文言「暨皋陶」，爲文勢耳。三人爲此次者，蓋以官尊卑爲先後也。周禮太祝辨九拜，一曰稽首。稽首爲敬之極，故爲「首至地」。稽首是拜内之别名，爲拜乃稽首，故云拜稽首也。

帝曰：「棄，黎民阻飢，汝后稷〔七〇〕播時百穀。」

阻，難；播，布也。衆人之難在於飢，汝后稷，布種是百穀，以濟之。美其前功以勉之。○阻，〔七一〕莊吕反，王云：「難也。」播，波左反。

【疏】「帝曰棄」至「百穀」　帝因禹讓三人而官不轉，各述其功以勸之。帝呼稷曰：「棄，往者洪水之時，衆民之難難在於飢，汝君爲此稷之官，教民布種是百穀以濟活之。」言我知汝功，當勉之。

傳「阻難」至「勉之」　「阻，難」，釋詁文。「播」是分散之義，故爲布也。王肅云：「播，敷也。」堯遭洪水，民不粒食，故衆民之難在於飢也。稷是五穀之長，立官主此稷事。「后」訓君也。帝言汝君此稷官，布種是百穀以濟救之。追美其功以勸勉之。上文「讓於稷、契」，益稷云「暨稷」，吕刑云「稷降播種」，國語云「稷爲天官」。單名爲稷，尊而君之，稱爲后稷，故詩傳、孝經皆以「后稷」爲言，非官稱后也。

帝曰：「契，百姓不親，五品不遜，五品，謂五常。遜，順也。汝作司徒，敬敷五教，在寬。〔七二〕」布五常之教，務在寬，所以得人心。亦美其前功。

【疏】「帝曰契」至「在寬」　帝又呼契曰：往者天下百姓不相親睦，家内尊卑五品不能和順，汝作司徒之官，謹敬布其五常之教，務在於寬，故使五典克從，是汝之功，宜當勉之。

傳「五品」至「順也」　品，謂品秩。一家之内，尊卑之差，即父、母、兄、弟、子是也。教之義、慈、友、恭、孝，此事可常行，〔七三〕乃爲五常耳。上云「五典克從」，〔七四〕即此五品能順。上傳以解五典爲五常，又解此以同之，故云「五品謂五常」。其實五常據教爲言，不據品也。「遜，順」，常訓也。不順，謂不義、不慈、不友、不恭、不孝也。

傳「布五」至「前功」　文十八年左傳云：「布五教於四方，父義、母慈、兄友、弟恭、子孝。」是布五常之教也。論語云：「寬則得衆。」故務在寬，所以得民心也。治不遜之罪，宜峻法以繩之，而貴其「務在寬」者，此「五品不遜」直是禮教不行，風俗未淳耳；未有殺害之罪，故教之務在於寬。若其不孝、不恭，其人至於逆亂，而後治之，於事不得寬也。

帝曰：「皋陶，蠻夷猾夏，寇、賊、姦、宄，猾，亂也。夏，華夏。羣行攻劫曰寇，殺人曰賊。在外曰姦，在内曰宄。言無教所致。○猾，户八反。〔七五〕寇，苦豆反。宄音軌。汝作士，五刑有服。士，理官也。五刑，墨、劓、剕、宫、大辟。服，從也。言得輕重之中正。○劓，魚器反，截鼻也。剕，扶味反，刖足也。大辟，婢亦反，死刑也。

五服三就。既從五刑，謂服罪也。行刑當就三處：大罪於原野，大夫於朝，士於市。○三處，昌慮反。於朝，直遥反。五流有宅，五宅三居。謂不忍加刑，則流放之若四凶者。五刑之流，各有所居。五居之差，有三等之居：大罪四裔，次九州之外，次千里之外。惟明克允。」言皋陶能明信五刑，施之遠近。蠻夷猾夏，使咸信服，無敢犯者。因禹讓三臣，故歷述之。

【疏】「帝曰皋陶」至「克允」 帝呼皋陶曰：往者蠻夷戎狄猾亂華夏，又有强寇劫賊，外姦內宄者，爲害甚大。汝作士官治之，皆能審得其情，致之五刑之罪，受罪者皆有服從之心。言輕重得中，悉無怨恨也。五刑有服從者，於三處就而殺之。其有不忍刑其身者，則斷爲五刑而流放之。五刑之流，各有所居處。五刑所居，於三處居之。所以輕重罪得其宜，受罪無怨者，惟汝識見之明，能使之信服，故姦邪之人無敢更犯，是汝之功，宜當勉之。因禹之讓，以次誡之。

傳「猾亂」至「之致」 猾者，狡猾相亂，故猾爲亂也。夏，訓大也。中國有文章光華，禮義之大。定十年左傳云：「裔不謀夏，夷不亂華。」是中國爲華夏也。寇者，衆聚爲之；賊者，殺害之稱。故羣行攻劫曰寇，殺人曰賊。成十七年左傳云：「亂在外爲姦，在內爲宄。」是在外曰姦，在內曰宄也。寇、賊、姦、宄，皆是作亂害物之名也。蠻夷猾夏，興兵犯邊，害大，故先言之。寇、賊、姦、宄，皆國內之害，小，故後言之。管子曰：「倉廩實知禮節，衣食足知榮辱。」讓生於有餘，争生於不足。往者洪水爲災，下民饑困，內有寇賊爲害，外則四夷犯邊，皆言無教之致也。唐堯之聖，協和萬邦，不應末年頓至於此。蓋少有其事，辭頗增甚，歸功於人，作與奪之勢耳。

傳「士理」至「中正」 士，即周禮司寇之屬，有士師、鄉士等，〔七六〕皆以士爲官名。鄭玄云：「士，察也，主察獄訟之事。」月令云：「命大理。」昭十四年左傳云：「叔魚攝理。」是謂獄官爲理官也。準吕刑文，知五刑謂「墨、劓、剕、宫、大辟」也。人心服罪，是順從之義，故爲「從」也。所以服者，「言得輕重之中正」也。吕刑云「咸庶中正」是也。

傳「既從」至「於市」 經言「五服」，謂皋陶所斷五刑，皆服其罪。傳既訓服爲從，故云「既從五刑，謂服罪也」。「行刑當就三處」，惟謂大辟罪耳。魯語云：「刑五而已，無有隱者。大刑用甲兵，次刑斧鉞，中刑刀鋸，其次鑽笮，薄刑鞭扑，以威民。故大者陳之原野，小者致之市朝。五刑三次，是無隱也。」孔用彼爲説，故以三就爲原野與朝、市也。國語賈逵注云：「用兵甲者，諸侯逆命，征討之刑也。大夫已上於朝，士已下於市。」傳雖不言已上、已下，爲義亦當然也。國語云五刑者，謂甲兵也、斧鉞也、刀鋸也、鑽笮也、鞭扑也，與吕刑之五刑異也。所言三次，即此「三就」是也。惟死罪當分就處所，其墨、劓、剕、宫，無常處可就也。馬、鄭、王三家，皆以「三就」爲原野也、市朝也、甸師氏也。案刑於甸師氏者，王之同族，刑於隱者，不與國人，慮兄弟耳，非所刑之正處。此言正刑，不當數甸師也。又市、朝異所，不得合以爲一。且皆國語之文，其義不可通也。

傳「謂不」至「之外」　此「五流有宅」，即流宥五刑也。當在五刑而流放之，故知「謂不忍加刑則流放之若四凶」也。鄭玄云：「舜不刑此四人者，以爲堯臣，不忍刑之。」王肅云：「謂在八議之辟，君不忍殺，宥之以遠。」八議者，周禮小司寇所云議親、議故、議賢、議能、議貴、議賓、議功、議勤是也。以君恩不忍殺，罪重不可全赦，故流之也。「五刑之流，各有所居」，謂徙置有處也。「五居之差，有三等之居」，量其罪狀，爲遠近之差也。四裔最遠，在四海之表，故「大罪四裔」，謂不犯死罪也。故周禮調人職云：「父之讎，辟諸海外。」即與四裔爲一也。「次九州之外」，即王制云入學不率教者「屏之遠方，〔七七〕西方曰棘，東方曰寄」，注云：「偪寄於夷狄也。」與此九州之外同也。「次千里之外」者，即調人職云「兄弟之讎，辟諸千里之外」也。立政傳云「中國之外」，〔七八〕不同者，言「中國」者據罪人所居之國，定「千里」者〔七九〕據其遠近，其實一也。周禮與王制既有三處之別，故約以爲言。鄭玄云：「三處者，自九州之外至於四海，三分其地，遠近若周之夷、鎮、蕃也。」然罪有輕重不同，豈五百里之校乎？不可從也。

傳「言皐」至「述之」　「惟明」，謂皐陶之明；「克允」，謂受罪者信服。故王肅云：「惟明其罪，能使之信服，是信施於彼也。」但彼人信服由皐陶有信，故傳言皐陶能明信。五刑施之遠近，蠻夷使咸信服。主言信者，見其皐陶有信，故彼信之也。

帝曰：「疇若予工？」僉曰：「垂哉！」問誰能順我百工事者，朝臣舉垂。垂，臣名。○垂，如字，徐音睡。

【疏】傳「問誰」至「臣名」 考工記云：「國有六職，百工與居一焉。」工即百工，故云「問誰能順我百工事者」。直言「帝曰」，無所偏咨，故知「僉曰」是朝臣共舉垂也。

帝曰：「俞。咨，垂：汝共工。」共，謂供其職事。○共音恭。〔八〇〕

垂拜稽首，讓于殳斨暨伯與。殳斨、伯與，二臣名。○斨，七良反。伯與，下音餘。

帝曰：「俞。往哉！汝諧。」汝能諧和此官。

【疏】傳「共謂供其職事」 堯典傳云：「共工，官稱。」即彼以「共工」二字爲官名。上云「疇若予工」，單舉工名，今命此人，云「汝共工」，〔八一〕明是帝謂此人堪供此職，非是呼此官名爲共工也。其官或以共工爲名，要帝意言「共」謂供此職也。

帝曰：「疇若予上下草木、鳥獸？」僉曰：「益哉！」上，謂山；下，謂澤。順，謂施其政教，取之有時，用之有節。言伯益能之。

○益，皋陶子也。

【疏】傳「上謂」至「能之」　言「上下草木、鳥獸」，則上之與下，各有草木、鳥獸，即周禮山虞、澤虞之官各掌其教，知「上」謂山，「下」謂澤也。順其草木、鳥獸之宜，明是「施其政教，取之有時，用之有節」也。馬、鄭、王本皆爲「禹曰益哉」，是字相近而彼誤耳。

帝曰：「俞。咨，益，汝作朕虞。」虞，掌山澤之官。

【疏】「作朕虞」　此官以虞爲名。帝言作我虞耳，朕非官名也。鄭玄云：「言朕虞，重鳥獸草木。」漢書王莽自稱「爲予立予虞之官」，則莽謂此官名爲朕虞，其義必不然也。

益拜稽首，讓于朱虎、熊羆。帝曰：「俞。往哉！汝諧。」朱虎、熊羆，二臣名。垂、益所讓四人，皆在元、凱之中。○

羆，彼皮反。

【疏】傳「朱虎」至「之中」　知垂益所讓四人皆在元、凱之中者，〔八二〕以文十八年左傳八元之內有伯虎、仲熊，即此朱虎、熊羆是也。虎熊在元、凱之內，明殳斨、伯與亦在其內，但不知彼誰當之耳。益是皋陶之子，皋陶即庭堅也。益在八凱之內，垂則不可知也。傳不在伯夷、夔、龍之下爲此言者，以伯夷姜姓，不在元、凱之內，夔、龍亦不可知，惟言此四人耳。傳雖言殳斨、伯與，亦難知也。

帝曰：「咨，四岳：有能典朕三禮？」僉曰：「伯夷。」三禮，天、地、人之禮。伯夷，臣名，姜姓。

【疏】傳「三禮」至「姜姓」 此時秩宗，即周禮之宗伯也。其職云：「掌天神、人鬼、地祇之禮。」雖三者併爲吉禮，要言三禮者是天、地、人之事，故知三禮是天、地、人之禮。上文舜之巡守，言修五禮，此云典朕三禮，各有其事，則五禮皆據其所施於三處，五禮所施於天、地、人耳。言三足以包五，故舉三以言之。鄭語云：「姜，伯夷之後也。」伯夷能禮於神以佐堯，是伯夷爲姜姓也。此經不言「疇」者，訪其有能，是問誰可知，上文已具，此略之也。

帝曰：「俞。咨，伯：汝作秩宗。秩，序；宗，尊也。主郊廟之官。夙夜惟寅，直哉惟清。」夙，早也。言早夜敬思其職，典禮施政教，使正直而清明。○寅，如字，徐音夷。

【疏】傳「秩序」至「之官」 堯典傳已訓「秩」爲序，此復訓者，此爲官名，須辨官名之義，故詳之也。「宗」之爲尊，常訓也。主郊廟之官，掌序鬼神尊卑，故以秩宗爲名。郊，謂祭天南郊、祭地北郊；廟，謂祭先祖，即周禮所謂天神、人鬼、地祇之禮是也。

傳「夙早」至「清明」 「夙，早」，釋詁文。早夜敬服其職，謂侵早已起，夜深乃卧，謹敬其職事也。典禮之官，施行教化，使正直而清明。正直，不枉曲也。清明，不暗昧也。

伯拜稽首，讓于夔、龍。夔、龍，二臣名。

帝曰：「俞。往，欽哉！」然其賢，不許讓。

帝曰：「夔：命汝典樂，教胄子。胄，長也，謂元子以下至卿大夫子弟。〔八三〕以歌詩蹈之舞之，教長國子中、和、祗、庸、孝、友。○夔，求龜反。胄，直又反。王云：「胄子，國子也。」馬云：「胄，長也。教長天下之子弟。」〔八四〕直而溫，寬而栗，教之正直而溫和，寬弘而能莊栗。○栗，戰栗也。剛而無虐，簡而無傲。剛失入虐，簡失入傲。教之以防其失。詩言志，歌永言，〔八五〕謂詩言志以導之，歌詠其義以長其言。○永，徐音詠，〔八六〕又如字。聲依永，〔八七〕律和聲。聲，謂五聲：宮、商、角、徵、羽。律，謂六律、六呂，十二月之音氣。言當依聲、律以和樂。八音克諧，無相奪倫，神人以和。」倫，理也。八音能諧，理不錯奪，則神、人咸和。命夔使勉之。夔曰：「於予擊石拊石，〔八八〕百獸率舞。」石，磬也。磬，音之清者。拊，亦擊也。舉清者和，則其餘皆從矣。樂感百獸，使相率而舞，則神、人和可知。○於，如字，或音烏而絕句者非。拊音撫，徐音府。

【疏】「帝曰夔」至「率舞」　帝因伯夷所讓，隨才而任用之。帝呼夔曰：我今命汝典掌樂事，當以詩、樂教訓世適長子，使此長子正直而溫和，寬弘而莊栗，剛毅而不苛虐，簡易而不傲慢。教之詩、樂，所以然者，詩言人之志意，歌詠其義以長其言。樂聲依此長歌爲節，律、呂和此長歌爲聲，八音皆能和諧，無令相奪。道理如此，則神、人以此和矣。

夔答舜曰：嗚呼！我擊其石磬，拊其石磬，諸音莫不和諧，百獸相率而舞。樂之所感如此，是人、神既已和矣。

傳「胄長」至「孝友」　說文云：「胄，胤也。」釋詁云：「胤，繼也。」繼父世者惟長子耳，故以「胄」爲長也。謂「元子已下至卿大夫子弟」者，王制云：「樂正崇四術，立四教，王太子、王子、羣后之太子、卿大夫元士之適子皆造焉。」是下至卿大夫也。不言元士，士卑，故略之。彼鄭注云：「王子，王之庶子也。」此傳兼言弟者，蓋指太子之弟耳。或孔意公卿大夫之弟亦教之。國子以適爲主，故言胄子也。命典樂之官使教胄子，下句又言詩、歌之事，是令夔以歌、詩蹈之舞之，教此適長國子也。周禮大司樂云：「以樂德教國子中、和、祗、庸、孝、友。」鄭云：「中，猶忠也；和，剛柔適也；祗，敬也；庸，有常也。善父母曰孝，善兄弟曰友。」是言樂官用樂教之，使成此六德也。樂記又云：「樂在宗廟之中，君臣上下同聽之，則莫不和敬；在族黨鄉里之中，長幼同聽之，則莫不和順；在閨門之內，父子兄弟同聽之，則莫不和親。」是樂之感人，能成忠、和、祗、庸、孝、友之六德也。

傳「教之」至「莊栗」　此「直而温」與下三句，皆使夔教胄子，令性行當然，故傳發首言教之也。正直者失於太嚴，故令正直而温和。寬弘者失於緩慢，故令寬弘而莊栗。謂矜莊嚴栗，栗者，謹敬也。

傳「剛失」至「其失」　剛彊之失，入於苛虐，故令人剛而無虐。簡易之失，入於傲慢，故令簡而無傲。剛、簡是其本性，教之使無虐、傲，是言教之以防其失也。由此而言之，上二句亦直、寬是其本性。直失於不温，寬失於不栗，故教之使温栗也。直、寬、剛、簡，即臯陶所謀之九德也。九德而獨舉此四事者，人之大體，故特言之。

傳「謂詩」至「其言」　作詩者自言己志，則詩是言志之書。習之可以生長志意，故教其詩言志，以導胄子之志，使開悟也。作詩者直言不足以申意，故長歌之，教令歌詠其詩之義以長其言，謂聲長續之。定本經作「永」字，明訓永爲長也。

傳「聲謂」至「和樂」　周禮大師云：「文之以五聲：宮、商、角、徵、羽。」言五聲之清濁有五品，分之爲五聲也。又

「大師掌六律、六吕，以合陰陽之聲。陽聲黄鍾、太蔟、姑洗、蕤賓、夷則、無射，〔八九〕陰聲大吕、應鍾、南吕、林鍾、仲吕、夾鍾」，〔九〇〕是六律、六吕之名也。漢書律曆志云：「律有十二，〔九一〕陽六爲律、陰六爲吕。」是陰律名同，亦名吕也。鄭玄云：「律述氣也。同助陰宣氣，與之同也。」又云：「吕，旅也。言旅助陽宣氣也。」志又云：「律，黄帝之所作也。黄帝使伶倫氏自大夏之西、崑崙之陰，取竹於嶰谷之中，各生其竅厚薄均者，〔九二〕斷兩節之間吹之，以爲黄鍾之宫。制十二篇，以聽鳳凰之鳴。〔九三〕其雄聲爲六，〔九四〕雌鳴亦六，以比黄鍾之宫，是爲律之本。」言律之所作如此。聖人之作律也，既以出音，又以候氣，布十二律於十二月之位，氣至則律應。是六律、六吕，述十二月之音氣也。〔九五〕聲依永者，謂五聲依附長言而爲之，其聲未和，乃用此律、吕調和其五聲，使應於節奏也。

傳「倫理」至「勉之」　「倫」之爲理，常訓也。「八音能諧」，相應和也。各自守分，不相奪道理，是言理不錯亂相奪也。如此，「則神、人咸和」矣。帝言此者，命夔使勉之也。大司樂云：「大合樂以致鬼神示，以和邦國，以諧萬民，以安賓客，以説遠人。」是神、人和也。

傳「石磬」至「可知」　樂器惟磬以石爲之，故云「石，磬也」。八音之音，石磬最清，故知磬是音之聲清者。磬必擊以鳴之，故云「拊，亦擊」也。〔九六〕重其文者，擊有大小，擊是大擊，拊是小擊。音聲濁者粗，清者精。精則難和，舉清者和，則其餘皆從矣。商頌云：「依我磬聲。」是言磬聲清，諸音來依之。「百獸率舞」，即大司樂云「以作動物」，益稷云「鳥獸蹌蹌」是也。人、神易感，鳥、獸難感。百獸「相率而舞」，則神、人和可知也。夔言此者，以帝戒之云「神、人以和」，欲使勉力感神、人也。乃答帝云「百獸率舞」，則神、人以和，言帝德及鳥獸也。

帝曰：「龍，朕堲讒説殄行，震驚朕師。堲，疾；殄，絶；震，動也。言我疾讒説絶君子之行而動驚我衆，欲遏絶之。○堲，徐在力反。讒，切韻士咸反。説，如字，注同，徐失鋭反。殄，切韻徒典反。行，下孟反，注同。**命汝作納言，夙夜出納朕命，惟允。」**納言，喉舌之官，聽下言納於上，受上言宣於下，必以信。○喉音侯。

【疏】「帝曰龍」至「惟允」　帝呼龍曰：龍，我憎疾人爲讒佞之説，絶君子之行，而動驚我衆人。欲遏之，故命汝作納言之官，從早至夜，出納我之教命，惟以誠信。每事皆信，則讒言自絶，命龍使勉之。

傳「堲疾」至「絶之」　「堲」聲近疾，故爲疾也。「殄，絶；震，動」，皆釋詁文。讒人以善爲惡，以惡爲善，故言我疾讒説絶君子之行，衆人畏其讒口，故爲驚也。〔九七〕動驚我衆，欲遏止之。

傳「納言」至「以信」　正義曰：詩美仲山甫爲王之喉舌。喉舌者，宣出王命，如王咽喉口舌，故納言爲「喉舌之官」也。此官主「聽下言納於上」，故以「納言」爲名。亦主「受上言宣於下」，故言「出朕命」。納言不納於下，朕命有出無入，官名納言，云「出納朕命」，互相見也。「必以信」者，不妄傳下言，不妄宣帝命，出納皆以信也。

帝曰：「咨！汝二十有二人，禹、垂、益、伯夷、夔、龍六人新命，有職四岳、十二牧，凡二十二人，特敕命之。**欽哉！惟時亮天功。」**各敬其職，惟是乃能信立天下之功。

【疏】「帝曰咨」至「天功」　帝既命用衆官，乃總戒敕之曰：咨嗟！汝新命六人及四岳、十二牧，凡二十有二人，汝各當敬其職事哉！惟是汝等敬事，則信實能立天下之功。天下之功成，主在於汝，可得不敬之哉？

傳「禹垂」至「命之」　傳以此文總結上事，據上文詢於四岳、咨十有二牧，及新命六官等，適滿二十二人，謂此也。

其稷、契、皐陶、殳斨、伯與、朱虎、熊羆七人仍舊，故不須敕命之。岳牧亦應是舊，而敕命之者，岳牧外内之官，常所咨詢，故亦敕之。鄭玄云：「自咨十有二牧至帝曰龍，皆月正元日格於文祖所敕命也。」案經「格於文祖」之後，方始「詢於四岳」「咨十二州牧」，未必一日之内即得行此諸事。傳既不説，或曆日命授乃總敕之，未必即是元日之事也。鄭以爲二十二人數殳斨、伯與、朱虎、熊羆，不數四岳。彼四人者，直被讓而已，不言居官，何故敕使敬之也？岳、牧俱是帝所咨詢，何以敕牧不敕岳也？必非經旨，故孔説不然。

三載考績。三考，黜陟幽明。三年有成，故以考功九歲，則能否幽明有别。黜退其幽者，升進其明者。○黜，丑律反。庶績咸熙，分北三苗。考績法明，衆功皆廣，三苗幽闇，君臣善否，分北流之，〔九八〕不令相從，善惡明。○北，如字，又音佩。令，力呈反。

【疏】「三載」至「三苗」　自此以下，史述舜事，非帝語也。言帝命羣官之後，經三載，乃考其功績。經「三考」，則九載。「黜陟幽明」，明者升之，闇者退之。羣官懼黜思升，各敬其事，故得衆功皆廣。前流四凶時，三苗之君竄之西裔，更紹其嗣，不滅其國。舜即政之後，三苗復不從化，是闇，當黜之。其君臣有善有惡，舜復分北流其三苗。北，背也。善留惡去，使分背也。

傳「三年」至「明者」　三年一閏，天道成，人亦可以成功，故以三年考校其功之成否也。九年三考，則人之能否可知，幽明有别。黜退其幽者，或奪其官爵，或徙之遠方；升進其明者，或益其土地，或進其爵位也。

傳「考績」至「惡明」　考績法明，〔九九〕人皆自勵，故得衆功皆廣也。「分北三苗」即是黜幽之事，故於考績之下，言其流之。「分」，謂别之。云「北」者，言相背，必善惡不同。故知三苗幽闇，宜黜其君，臣乃有善否，分背流之，不令相從。俱從之則善從惡，俱不徙則惡從善，言善惡不使相從，言舜之黜陟善惡明也。鄭玄以爲流四凶者，卿爲伯、子，大夫爲男，降其位耳。猶爲國君，故以三苗爲西裔。猶爲惡，乃復分北流之，謂分北西裔之三苗也。孔傳「竄三苗」爲誅也，其身無復官爵，必非黜陟之限。其所分北，非彼竄者。王肅云：「三苗之民有赦宥者，復不從化。不令相從，分北流之。」王肅意彼赦宥者復繼爲國君，至不復從化，故分北流之。禹繼鯀爲崇伯，三苗未必絶後。傳意或如肅言。

舜生三十徵庸，言其始見試用。[一〇〇]三十在位，歷試二年，攝位二十八年。五十載陟方，乃死。方，道也。舜即位五十年，升道南方巡守，死於蒼梧之野而葬焉。三十徵庸，三十在位。服喪三年，其一在三十之數。爲天子五十年，凡壽百一十二歲。

【疏】傳「歷試」至「八年」。上云「乃言厎可績，三載」，則歷試當三年，云二年者，其一即是徵用之年，已在上句三十之數，故惟有二年耳。受終居攝，尚在臣位，故歷試併爲三十。在位，謂臣位也。

傳「方道」至「十二」。論語云：「可謂仁之方也已。」孔注亦以方爲道，常訓也。舜即位五十年，從格于文祖之後數之。升道，謂乘道而行也。天子之行，必是巡其所守之國，故通以巡守爲名，未必以仲夏之月巡守南岳也。檀弓云：「舜葬蒼梧之野。」是舜死蒼梧之野，因而葬焉。孔以「月正元日」在「三載」「遏密」之下，又孟子云：「舜服堯三年喪畢，避堯之子，故服喪三年。三年之喪，二十五月而畢，其一年即在「三十在位」之數，惟有二年，是舜年六十二。爲天子五十年，是舜凡壽百一十二歲也。大禹謨云「帝曰：朕宅帝位三十有三載」，乃求禪禹。孟子云：「舜薦禹於天子，十有七年。」[一〇一]是在位五十年，其文明矣。鄭玄讀此經云：「舜生三十，謂生三十年也。登庸二十，謂歷試二十年。在位五十載，陟方乃死，謂攝位至死爲五十年。舜年一百歲也。」史記云：「舜年三十，堯舉用之。年五十，攝行天子事。年五十八，堯崩。年六十一，而踐天子位。三十九年，崩。」皆謬耳。

帝釐下土，方設居方，言舜理四方諸侯，各設其官，居其方。○釐，力之反，馬云：「賜也，理也。」「下土」絶句。一讀至「方」字絶句。別生分類，生，姓也。別其姓族，分其類，使相從。○別，彼列反。分，方云反，徐扶問反。作汨作、汨，治；作，興也。言其治民之功興，故爲汨作之篇。亡。○汨音骨。九共九篇、槀飫。槀，勞；飫，賜也。凡十一篇，皆亡。○共音恭，王己勇反，〔一〇二〕法也。馬同。槀，苦報反。飫，於庶反。槀飫，亦書篇名也。汨作等十一篇同此序，其文皆亡，而序與百篇之序同編，故存。〔一〇三〕今馬、鄭之徒百篇之序總爲一卷，孔以各冠其篇首，而亡篇之序即隨其次第居見存者之間。衆家經文並盡此，唯王注本下更有「汨作、九共故逸」，「故」亦作「古」。

【疏】「帝釐」至「槀飫」。 此序也。孔以書序序所以爲作者之意，宜相附近，故引之各冠其篇首。其經亡者，以序附於本篇，次而爲之傳，故此序在此也。帝舜治理下土諸侯之事，爲各於其方置設其官，居其所在之方而統治之，又爲民別其姓族之生，分別異類，各使相從，作汨作篇，又作九共九篇，又作槀飫之篇，凡十一篇，皆亡。

傳「言舜」至「其方」。 在虞書，知「帝」是舜也。「下土」對天子之辭，故云理四方諸侯，各爲其官，〔一〇四〕居其方，不知若爲設之。凡此三篇之序，亦既不見其經，闇射無以可中。〔一〇五〕孔氏爲傳，復順其文，爲其傳耳，是非不可知也。他皆倣此。

傳「汨治」至「篇亡」。 「汨」之爲治，無正訓也。「作」是起義，故爲興也。「言其治民之功興」，以意言之耳。

傳「槀勞飫賜也」。 左傳言「槁師者，以師枯槁，用酒食勞之」，是槀得爲勞也。襄二十六年左傳云：「將賞，爲加膳，加膳則飫賜。」是「飫」得爲賜也。亦不知勞賜之何所謂也。

〔一〕信允塞上下　盧文弨云：「『允』，古本作『充』，下有『四表至于』四字。」阮云：「岳本作『充』。」今按：傳文「信」字釋經文「允」，「允」字不宜復出，作「充」當是。

〔二〕事未施行　「未」原作「末」，據李本、殿本、阮本改。

〔三〕明舜之德合於天　盧云：「『德』下古本有『行』字。」

〔四〕乃言厎可績　孫星衍云：「『言』字疑衍，史記無『乃言』二字。」今按：孫說非。

〔五〕舜讓于德弗嗣　盧云：「『弗嗣』，今文作『不怡』。」俞樾云：「『嗣』，當從今文作『怡』。」今按：作「嗣」勝。

〔六〕不能嗣成帝位　阮云：「纂傳『成』作『承』。」今按：當作「承」。

〔七〕敕我五典五惇哉　「敕」原作「自」，阮云：「毛本『自』作『敕』。是也。」今按：當作「敕」，今從改。

〔八〕稱越常之使久矣　「常」，殿本作「裳」。阮云：毛本作「裳」。說文「常」是「裳」之正字。

〔九〕輯五瑞　阮云：「『輯』，古文作『揖』，見漢書倪寬傳注。」段玉裁云：「本作『揖』，唐石經以下作『輯』，蓋衛包所改。」

〔一〇〕班瑞于羣后　阮云：古本「瑞」上有「五」字。

〔一一〕以璿爲璣以玉爲衡者　正字云：「衡下當脫『璣衡』二字。」

〔一二〕今史所用候臺銅儀　「今」，殿本作「令」。阮云：宋本作「令」。劉承幹云：弘化本作「令」。

〔一三〕天之形狀似鳥卵　正字云：晉書天文志引王蕃說下有「地居其中」四字，此脫去。

〔一四〕江南宋元嘉中　「中」原誤「年」，從正字說改。

〔一五〕太史丞錢樂　考證引陳師凱曰：「錢樂本名之樂，脫『之』字。」

〔一六〕今在太史臺矣　「臺」原誤「書」，從阮說據殿本改。

〔一七〕衡長八尺　按：此下正字從蔡傳增「孔徑一寸」四字。阮云：「正義前引蔡邕云衡長八尺孔徑一寸，蔡氏集傳因錢樂銅儀亦衡長八尺，遂肊增此四字。」

〔一八〕類社稷則爲位　正字云：「『社稷』下脱『宗廟』二字。」今按：本經有，此蓋作疏者省，不必增。

〔一九〕而傳云類謂攝位事類者　「云」原誤「之」，據殿本及盧、阮説改。

〔二〇〕金木水火土　正字云：「『水火』二字誤在『金木』下。」盧亦云：當作「水火金木土」。今按：家語本作「水火金木土」，乃古人習慣提法，此移「金木」於前，乃以唐人習慣説之。

〔二一〕埋少牢於太昭　原作「理少牢於大昭」，據諸本改。

〔二二〕司馬彪又上表云歷難諸家及自言己意　盧云：「『云』字衍。」阮云：「疏中往往有小注，『歷難諸家及自言己意』九字疑是小注，否則『云』字當在『己意』下。」今按：阮後説是，「云」當在「己意」下。

〔二三〕釋言云輯合也　按：今爾雅釋言「合也」條無「輯」字。

〔二四〕至于岱宗柴　「柴」，説文引作「祡」，用本字。

〔二五〕巡似遵反　黄焯云：「寫本反語下出『古作徇』三字。」

〔二六〕及尺丈斛斗斤兩皆均同　盧云：「『同』下古本有『之也』二字。」今按：有「之」長。

〔二七〕三帛二生一死贄　釋文云本又作「摯」。孫星衍云：「當作『摯』。」段玉裁云：「『贄』爲後出之俗字。」

〔二八〕四年朝京師也　「年」原誤「季」，據黄焯所校寫本及盧説改。

〔二九〕各使陳進治禮之言　「禮」，殿本作「理」。阮云：「興國本作『理』，毛本亦作『理』，案正義『各使自陳進其治化之言』，是作『禮』者誤也。」今按：宜作「理」，阮説是也。

〔三〇〕王者所以巡狩者何　「何」原作「也」，從正字、盧、阮説及殿本改。

〔三一〕爲天子循收養人　盧云：本作「爲天下循行守牧民」。

〔三二〕謂其牲幣粢盛　阮云：「毛本『幣』作『帛』。」今按：作「帛」義勝。

〔三三〕始用甲子紀日　「用」，李本作「作」，盧云毛本亦作「作」。

〔三四〕出於黄鐘之律也　「鐘」，阮本、李本作「鍾」。下皆同。

〔三五〕本起於黄鐘之管長　盧云：漢書無「管」字。

〔三六〕千二百黍爲一分　按：此句疑有誤，今漢書律曆志云：「一黍之廣，度之九十分，黄鐘之長，一爲一分。」則宜作「九十黍爲一分」。

〔三七〕所以稱物知輕重也　「稱」下律曆志有「平施」二字。

〔三八〕本起於黄鐘之龠　「龠」，今律曆志原文作「重」。

〔三九〕兩之爲兩　「之」上原衍「銖」字，據律曆志原文删。阮云：「毛本無『銖』字。」

〔四〇〕以嘉禮親萬民之昏姻　按：周禮原文無「之昏姻」三字。盧云：「三字衍。」

〔四一〕則以皮帛繼子男之下　按：原經無「之下」二字。

〔四二〕束帛而表之　按：原注無「之」字。

〔四三〕以玉作五器　五器，周禮原文作「六器」。

〔四四〕諸公相見爲賓　按：周禮原文無「見」字。

〔四五〕此事必不然也　「必不」二字原倒，從盧、阮説乙正。

〔四六〕每州之名山殊大者以爲其州之鎮　阮云：「古本『者』作『之』。按疏云『特舉其名，是殊大之也』，則作『之』

爲是。」今按：疏云「取其最大者以爲其州之鎮」，正釋「殊大者」義。「殊大之也」，乃釋「殊大」之稱。阮説非，「者」不誤。

〔四七〕流共工于幽洲　「洲」，吴本作「州」。孫星衍云：「『洲』俗字，孟子作『州』。」盧云：「本是『州』字，禮記注引堯典作『州』。唐天寶間以隸寫六經，遂雜用俗字。」後不出。

〔四八〕象恭滔天　「恭」，唐石經本作「共」。

〔四九〕齊即青州之地　正字云：「營」誤「青」。

〔五〇〕寬宥周語文　正字云：「宥寬」誤倒。

〔五一〕比鞭爲重　「比」，原作「此」。阮云：「毛本作『比』，是也。」今按：李本亦作「比」，據改。

〔五二〕周禮滌狼氏　「滌」，原經作「條」。阮云：「杜子春云：『條，讀爲滌器之滌。』因改而爲『滌』，此正義之例也。」

〔五三〕大隨造律　阮云：唐人書「隋」字多作「隨」。

〔五四〕黄金謂之盪　「盪」，正字作「璗」，云：誤從「皿」。

〔五五〕段氏爲鎛　「段」，原誤「叚」，據考工記改。又考工記「鎛」下有「器」字。

〔五六〕言皆爲疑罪　盧云：「『言』字衍。」

〔五七〕羽山在東海郡祝其縣西南　「西南」，今漢志無「西」字。

〔五八〕帝乃殂落　孫星衍云：「『帝』當爲『放勳』二字。孟子引作『放勳』，春秋繁露、御覽、五經通義皆作『放勳』。」

〔五九〕堯凡壽百一十七歲　「凡」，李本、阮本作「死」。「七」，正字云：「當作『六』，出疏。」

〔六〇〕 必履反 「履」，宋無疏本作「禮」。

〔六一〕 甫亦反 盧引毛居正云：「『甫』當作『蒲』。」

〔六二〕 惇德允元 「惇」，依傳當作「敦」。參下校。

〔六三〕 惇音敦 黄焯云：寫本無「音敦」二字，注云：「本又作『惇』，皆古『敦』字，厚也。」

〔六四〕 丁丈反 「丁」，阮本作「張」。按：「丁」讀「伐木丁丁」之「丁」，不必改「張」。

〔六五〕 任佞難拒也 盧云：「古本『也』在『難拒』上，是也。若正釋『難』字，不應反在釋『任』下。」

〔六六〕 若其不能安近 「若」，阮疑當是「苦」，近是。

〔六七〕 民必效之爲善而行也 「效」原作「効」，正字云「効」宜作「效」，據改。

〔六八〕 奮弗運反 黄焯云：寫本反語下出「明也」二字。

〔六九〕 伯禹作司空 「伯」原作「百」，改從宋無疏本、李本、吴本、殿本。

〔七〇〕 汝后稷 俞樾云：「『后』乃『君』字誤。」

〔七一〕 阻 黄焯云：「寫本作『俎』，注云：『本又作「阻」』，『難也』下出『馬本作「俎」，云：「始也」』七字。」

〔七二〕 敬敷五教在寬 孫星衍云：「後漢書順帝紀及詩商頌譜引書皆重『五教』二字，唐石經『五教』下疊二字。」
但由正義觀之，經文「五教」不重。

〔七三〕 此事可常行 「可常」二字原脱，據阮本、李本、殿本補。

〔七四〕 上云五典克從 「上」上原有「傳」字，衍，從正字及盧説删。

〔七五〕 猾 黄焯云：「寫本作『滑』。」引吴士鑑云：「説文無『猾』字。尚書大傳、荀子成相、史記酷吏傳均作『滑』。蓋『猾』乃漢以後俗字也。」

〔七六〕有士師鄉士　「鄉」原訛「卿」，從正字改。
〔七七〕入學不率教者　「率」，禮記作「帥」。
〔七八〕立政傳云中國之外　「傳」字原無，從正字説補。
〔七九〕定千里者　「者」原誤「也」，據文義、從孫星衍説改。
〔八〇〕共音恭　黄焯云：「寫本下出『馬云：「共工，司空官也。本或作女作共工」』。」
〔八一〕汝共工　「汝」下原衍「作」字，從正字及盧説删。
〔八二〕知垂益所讓四人皆在元凱之中者　此句原脱，據傳，從阮説補。
〔八三〕謂元子以下至卿大夫子弟　阮云：「古本『謂』上有『子』字，『元』作『天』。」今按：「子」字似宜有，「元」字當不誤。
〔八四〕馬云胄長也教長天下之子弟　阮云：「『胄無長義，馬本未必作『胄』。説文『育』字注云：『養子使作善也。虞書曰：「教育子。」』然則古書作『育』，馬本亦必作『育』，故訓爲長。」又黄焯云：「寫本『天下』作『天子』。」今按：寫本是也。
〔八五〕歌永言　俞樾云：「『永』，當從今文尚書作『咏』。」
〔八六〕徐音詠　「詠」原訛「詠」，從諸本改。又「如字」下，黄焯云寫本出「長也，下同」四字。
〔八七〕聲依永　盧云：「古本作『咏』。漢書與上『永言』並作『咏』。」
〔八八〕夔曰於予擊石拊石　考證引劉敞曰：「『益稷之末又有『夔曰於』云云，則舜典之末衍一簡耳。」正字引蔡沈亦曰：「益稷之文脱一簡在此。」
〔八九〕太蔟姑洗　「姑」字原誤「沽」，據原經及阮本、李本、殿本改。

〔九〇〕南吕林鐘仲吕　「林鐘仲吕」，周禮原文作「函鍾小吕」。

〔九一〕律有十二　律曆志原文作「律十有二」。

〔九二〕黄帝使伶倫氏……取竹於嶰谷之中各生其竅厚薄均者　今律曆志「伶倫氏」作「泠綸」，以下作「取竹之解谷生，其竅厚均者」，此乃以義改寫。

〔九三〕制十二籥以聽鳳凰之鳴　「凰」原作「皇」，從諸本改。又律曆志原文「籥」作「筩」，無「皇」字。

〔九四〕雄聲爲六　「聲」，律曆志作「鳴」。

〔九五〕述十二月之音氣也　「述」字原無，從汪文臺説，據李本、殿本增。汪云：「周禮注：『律，述氣者也。』述字出此。」

〔九六〕故云拊亦擊也　「也」原誤「之」，從盧改。

〔九七〕故爲驚也　「驚」原作「讒」，涉上誤，從正字及盧説改。

〔九八〕分北流之　阮云：古本「分」上有「並」字，「北」作「背」。

〔九九〕考績法明　按：此至「五十載陟方乃死」下疏「朕宅帝位三十有三載」凡六百零三字原脱，據諸本補。

〔一〇〇〕言其始見試用　盧云：古本下有「時也」二字。

〔一〇一〕舜薦禹於天子十有七年　「有」字原無，從阮説據毛本及孟子萬章上原文補。

〔一〇二〕已勇反　黄焯云：寫本「已」作「恭」。

〔一〇三〕故存　「存」原訛「序」，據宋無疏本、阮本、通志堂本改。

〔一〇四〕各爲其官　「爲」，盧云：當從傳文作「設」。

〔一〇五〕闇射無以可中　「可」，正字及盧並以爲「考」字之誤。

大禹謨第三

〇徐云：「本虞書總爲一卷，〔一〕凡十二卷，今依七志、七録爲十三卷。」

皋陶矢厥謨，矢，陳也。〇皋音高。陶音遥。矢，本又作「夭」。謨，字又作「謩」。禹成厥功，陳其成功。帝舜申之，申，重也。重美二子之言。作大禹、皋陶謨、大禹謨九功，皋陶謨九德。益稷。〔二〕凡三篇。〇申重，直用反。下同。

【疏】「皋陶」至「益稷」 皋陶爲帝舜陳其謀，禹爲帝舜陳已成所治水之功，帝舜因其所陳，從而重美之。史録其辭，作大禹、皋陶二篇之謨，又作益稷之篇，凡三篇也。篇先大禹，序先言皋陶者，皋陶之篇，皋陶自先發端，禹乃然而問之。皋陶言在禹先，故序先言皋陶。其此篇以功大爲先，故先禹也。益稷之篇，亦是禹之所陳，因皋陶之言而禹論益稷，在皋陶謨後，故後其篇。

傳「矢陳也」 「矢，陳」，釋詁文。

傳「陳其成功」 此是謨篇，禹成其功，陳其言耳。蒙上「矢」文，故傳明之，言陳其成功也。序「成」在「厥」上，傳「成」在下者，序順上句，傳從便文，故倒也。

傳「申重」至「之言」 「申，重」，釋詁文。大禹謨云：「帝曰：『俞，地平天成，時乃功。』」又帝曰：「皋陶惟兹臣庶，罔或干予政，時乃功，懋哉。」益稷云：「迪朕德，時乃功。」皆是重美二子之言也。

傳「大禹」至「九德」　二篇皆是謨也，序以一謨總三篇，故傳明之。大禹治水，能致九功，而言謨，以其序有「謨」文，故云謨也。

傳「凡三篇」　益稷亦大禹所謀，不言「謨」者，禹謀言及益、稷，非是益、稷爲謀，不得言益稷謨也。其篇雖有「夔曰」，夔言樂和，本非謀慮，不得謂之夔謨。

大禹謨

禹稱大，大其功。謨，謀也。

【疏】傳「禹稱」至「謀也」　餘文單稱禹，而此獨加「大」者，故解之：禹與皋陶同爲舜謀，而禹功實大，禹與皋陶不等，史加大其功，使異於皋陶，於此獨加「大」字，與皋陶並言故也。「謨，謀」，釋詁文。此三篇皆是舜史所錄，上取堯事，下錄禹功，善於堯之知己，又美所禪得人，故包括上下，以爲虞書。其事以類相從，非由事之先後。若其不然，上篇已言舜死，於此豈死後言乎？此篇已言禪禹，下篇豈受禪後乎？明史以類聚爲文。計此三篇，禹謨最在後，以禹功大，故進之於先。孟子稱舜薦禹於天，十有七年，則禹攝一十七年，舜陟方乃死，不知禹征有苗在攝幾年。史述禹之行事，不必以攝位之年即征苗民也。

曰若稽古大禹，順考古道而言之。曰文命敷于四海，祗承于帝。言其外布文德教命，内則敬承堯、舜。○文命，孔云：「文德教命也。」先儒云：「文命，禹名。」

【疏】「曰若」至「于帝」　史將錄禹之事，故爲題目之辭曰：能順而考案古道而言之者，是大功之禹也。此禹能以文德教命布陳於四海，又能敬承堯、舜。外布四海，內承二帝，言其道周備。

傳「順考」至「言之」　典是常行，謨是言語，故傳於典云「行之」，於謨云「言之」，皆是順考古道也。

傳「言其」至「堯舜」　「敷於四海」即敷此「文命」，故言「外布文德教命」也。「四海」，舉其遠地，故傳以外內言之。「祗」，訓敬也。禹承堯、舜二帝，故云敬承堯、舜。傳不訓「祗」而直言「敬」，以易知而略之。

曰：「后克艱厥后，臣克艱厥臣，政乃乂，黎民敏德。」敏，疾也。能知爲君難，爲臣不易，則其政治，而衆民皆疾修德。○易，以豉反。治，直吏反。帝曰：「俞。允若茲，嘉言罔攸伏，野無遺賢，萬邦咸寧。攸，所也。善言無所伏，言必用。如此，則賢才在位，天下安寧。○俞，羊朱反。攸音由，徐以帚反。寧，安也，說文「安寧」如此，〔三〕願辭也。稽于衆，舍己從人，不虐無告，不廢困窮，惟帝時克。」帝，謂堯也。舜因嘉言無所伏，遂稱堯德以成其義，考衆從人，矜孤愍窮。凡人所輕，聖人所重。○舍音捨。告，故毒反。矜，居陵反。

【疏】「曰后」至「時克」　禹爲帝舜謀曰：君能重難其爲君之事，臣能重難其爲臣之職，則上之政教乃治，則下之衆民皆化，而疾修其德。而帝曰：然，〔四〕信能如此，君臣皆能自難。並願善以輔己，則下之善言無所隱伏。在野無遺逸之賢，賢人盡用，則萬國皆安寧也。爲人上者考於衆言，觀其是非，舍己之非，從人之是，不苛虐鰥寡，孤獨無所告者必哀矜之，不廢棄困苦，貧窮無所依者必愍念之，惟帝堯於是能爲此行，餘人所不能。言克艱之不易也。

傳「敏疾」至「修德」　許慎說文云：「敏，疾也。」是相傳爲訓。「爲君難，爲臣不易」，論語文。能知爲君難爲臣不易，則當謹慎恪勤，求賢自輔，故其政自然治矣。見善則用，知賢必進，衆民各自舉，則皆疾修德矣。此經上不言禹者，承上禹事，以可知而略之。

傳「攸所」至「下安寧」　「攸，所」，釋言文。善言無所伏者，言其必用之也。言之善者必出賢人之口，但言之易、行之難，或有人不賢而言可用也，故「嘉言」與「賢」異其文也。如此用善言，任賢才在位，則天下安。

傳「帝謂」至「所重」　舜稱爲帝，故知「帝」謂堯也。舜因嘉言無所伏，以爲堯乃能然，故遂稱堯德以成其義。此禹言之義，〔五〕以堯之聖智，無所不能，惟言其「考衆從人，矜孤愍窮」，以爲堯之美者，此是「凡人所輕，聖人所重」。不虐、不廢，皆謂矜撫愍念之，互相通也。王制云：「少而無父謂之孤，老而無子謂之獨，老而無妻謂之鰥，老而無夫謂之寡。」此四者，天民之窮而無告者，故此「無告」是彼四者。彼四者而此惟言「孤」者，四者皆孤也，言「孤」足以總之。言「困窮」，謂貧無資財也。

益曰：「都！帝德廣運，乃聖乃神，乃武乃文。益因舜言又美堯也。廣，謂所覆者大；運，謂所及者遠。聖無所不通，神妙無方，文經天地，武定禍亂。皇天眷命，奄有四海，爲天下君。」眷，視；奄，同也。言堯有此德，故爲天所命，所以勉舜也。○眷，俱倦反。奄，於檢反。

【疏】「益曰」至「下君」　益承帝言，歎美堯德曰：嗚呼！帝堯之德廣大運行，乃聖而無所不通，乃神而微妙無方，乃武能克定禍亂，乃文能經緯天地。以此爲大天顧視而命之，使同有四海之内，爲天下之君。

傳「益因」至「禍亂」　廣者，闊之義，故爲所覆者大。運者，動之言，故爲所及者遠。洪範云：「睿作聖。」言通知衆事，故爲無所不通。案易曰：「神者，妙萬物而爲言也。」又曰：「神妙無方。」〔六〕此言神道微妙，無可比方，不知其所以然。易又云：「陰陽不測之謂神。」謚法云：「經緯天地曰文，克定禍亂曰武。」經傳「文」、「武」倒者，經取韻句，傳以文重故也。

傳「眷視」至「勉舜也」 詩云：「乃眷西顧。」謂視而迴首。説文亦以「眷」爲視。「奄，同」，釋言文。〔七〕益因帝言盛稱堯善者，亦勸勉舜，冀之必及堯也。

禹曰：「惠迪吉，從逆凶，惟影響。」〔八〕迪，道也。順道吉，從逆凶，吉凶之報若影之隨形、響之應聲，言不虛。○迪，徒歷反。響，許丈反。應，應對之應。下「應風」同。益曰：「吁！戒哉！儆戒無虞，〔九〕罔失法度。先吁後戒，欲使聽者精其言。虞，度也。無億度，謂無形。戒於無形，備慎深。秉法守度，言有恒。○吁，況俱反。度，徒布反，注「守度」同。虞度，下徒洛反，後「億度」同。罔遊于逸，罔淫于樂。淫，過也。遊逸過樂，敗德之原，富貴所忽，故特以爲戒。○樂音洛。任賢勿貳，去邪勿疑，疑謀勿成，百志惟熙。一意任賢，果於去邪，疑則勿行，道義所存於心，日以廣矣。○去，起呂反。熙，火其反。罔違道以干百姓之譽，干，求也。失道求名，古人賤之。罔咈百姓以從己之欲。咈，戾也。專欲難成，犯衆興禍，故戒之。○咈，扶弗反。戾，連弟反。無怠無荒，四夷來王。」言天子常戒慎，無怠惰荒廢，則四夷歸往之。○怠音待。惰，徒卧反。

【疏】「禹曰」至「來王」 禹因益言，謀及世事，言人順道則吉，從逆則凶。吉凶之報，惟若影之隨形、響之應聲。言其無不報也。益聞禹語，驚懼而言曰：吁，誡如此言，宜誡慎之哉！所誡者，當儆誡其心，無億度之事。謂忽然而有，當誡慎之，無失其守法度，使行必有恒，無違常也。無遊縱於逸豫，無過耽於戲樂，當誡慎之以保己也。任用賢人勿有二心，逐去回邪勿有疑惑，所疑之謀勿成用之。如是，則百種志意惟益廣也。無違越正道以求百姓之譽，無反戾百姓以從己心之欲。常行此事，無怠惰荒廢，則四夷之國皆來歸往之。此亦所以勸勉舜也。

傳「迪，道也」，釋詁文。

傳「先吁」至「有恒」 堯典傳云：「吁，疑怪之辭。」此無可怪，聞善驚而爲聲耳。先吁後戒者，驚其言之美，然後設戒辭，欲使聽者精審其言。「虞，度」，釋言文。〔一〇〕無億度者，謂不有此事，無心億度之。曲禮云：「凡爲人子者，聽于無聲，視于無形。」戒于無形見之事，言備慎深也。安不忘危，治不忘亂，是其慎無形也。法度當執守之，故以秉法守度解不失，言有恒也。

傳「淫過」至「爲戒」 淫者，過度之意，故爲過也。逸謂縱體，樂謂適心。縱體在於逸遊，適心在於淫恣，故以遊逸過樂爲文。二者敗德之源，富貴所忽，故特以爲戒。

傳「干求」至「賤之」 「干，求」，釋言文。失道求名，謂曲取人情。苟悅衆意，古人賤之。

傳「咈戾」至「戒之」 堯典已訓「咈」爲「戾」，彼謂戾朋儕，此謂戾在下，故詳其文耳。「專欲難成，犯衆興禍」，襄十年左傳文。

禹曰：「於，帝念哉！德惟善政，政在養民。歎而言念，重其言。爲政以德，則民懷之。○曰於，音烏。水、火、金、木、土、穀惟修，言養民之本，在先修六府。正德、利用、厚生惟和。正德以率下，利用以阜財，厚生以養民。三者和，所謂善政。九功惟叙，〔一一〕九叙惟歌。言六府三事之功有次叙，皆可歌樂，乃德政之致。○歌樂，下音洛。戒之用休，董之用威，勸之以九歌，俾勿壞。」休，美；董，督也。言善政之道，美以戒之，威以督之，歌以勸之，使政勿壞，在此三者而已。○俾，必爾反。壞，乎怪反。帝曰：「俞。地平天成，六府、三事允治，萬世永賴，時乃功。」水土治曰平，五行叙曰成。因禹陳九功而歎美之，言是汝之功，明衆臣不及。○治，直吏反。

【疏】「禹曰」至「乃功」　禹因益言，又獻謀於帝曰：「嗚呼！帝當念之哉！言所謂德者，惟是善於政也。政之所爲，在於養民。養民者，使水、火、金、木、土、穀此六事惟當修治之；正身之德、利民之用、厚民之生，此三事惟當諧和之。修和六府、三事，九者皆就有功。九功惟使皆有次叙，九事次叙惟使皆可歌樂，此乃德之所致。是德能爲善政之道，終當不得怠惰。但人雖爲善，或寡令終，故當戒敕之念用美道，使民慕美道行善。又督察之用威罰。言其不善當獲罪。勸勉之以九歌之辭，但人君善政，先致九歌成辭，自勸勉也。用此事，使此善政勿有敗壞之時，勸帝使長爲善也。帝答禹曰：汝之所言爲然。汝治水土，使地平天成，六府、三事信皆治理，萬代長所恃賴，是汝之功也。歸功于禹，明衆臣不及。

傳「歎而」至「懷之」　於，歎辭。歎而言念，自重其言，欲使帝念之。此史以類相從，共爲篇耳，非是一時之事，不使念益言也。禹謀以九功爲重。知重其言者，九功之言也。

傳「言養」至「六府」　下文帝言六府，即此經六物也。六者民之所資，民非此不生，故言「養民之本，在先修六府」也。府者，藏財之處。六者貨財所聚，故稱六府。襄二十七年左傳云：「天生五財，民並用之。」即是水、火、金、木、土，民用此自資也。彼惟五材，此兼以穀爲六府者，穀之於民尤急，穀是土之所生，故於土下言之也。此言五行，與洪範之次不同者，洪範以生數爲次，此以相尅爲次，〔一二〕便文耳。六府是民之急，先有六府，乃可施教，故先言六府，後言三事也。

傳「正德」至「善政」　「正德」者，自正其德。居上位者正己以治民，故所以率下人。「利用」者，謂在上節儉，不爲縻費，以利而用，使財物殷阜。利民之用，爲民興利除害，使不匱乏，故所以阜財。「阜財」，謂財豐大也。「厚生」，謂薄征徭，輕賦稅，不奪農時，令民生計温厚，衣食豐足，故所以「養民」也。「三者和」，謂德行正、財用利、生資厚。立君所以養民，人君若能如此，則爲君之道備矣，故謂「善政」，結上「德惟善政」之言。此三者之次，人君自正乃能正下，故以正德爲先；利用然後厚生，故後言厚生。厚生，謂財用足、禮讓行也。

傳「言六」至「之致」　上六下三，即是六府、三事。此總云「九功」，知六府、三事之功爲九功。「惟叙」者，即上惟修、惟和爲次叙。事皆有叙，民必歌樂君德，故九叙皆可歌樂，乃人君德政之致也。言下民必有歌樂，乃爲善政之驗，所謂「和樂興而頌聲作」也。

傳「休美」至「而已」　「休，美」，釋詁文。又云：「董，督，正也。」是董爲督也。此戒之、董之、勸之，皆謂人君自戒勸，欲使善政勿壞，在此三事而已。文七年左傳云：晉郤缺言於趙宣子，引此一經，乃言：「九功之德皆可歌也，謂之九歌。若吾子之德，莫可歌也，其誰來之？盍使睦者歌吾子乎？」言九功之德皆可歌者，若水能灌溉，火能烹飪，金能斷割，木能興作，土能生殖，穀能養育。古之歌詠，〔一三〕各述其功，猶如漢魏已來樂府之歌詞，〔一四〕歌其功用，是舊有成辭。人君修治六府以自勸勉，使民歌詠之，三事亦然。

傳「水土」至「不及」　釋詁云：「平，成也。」是平、成義同，天、地文異而分之耳。天之不成，由地之不平，故先言地平，本之於地以及天也。禹平水土，故「水土治曰平」。五行之神，佐天治物，繫之於天，故「五行叙曰成」。洪範云：「鯀陻洪水，汨陳其五行，彝倫攸斁。禹治洪水，彝倫攸叙。」是禹命五行叙也。帝因禹陳九功而歎美之，指言「是汝之功」，明衆臣不及。

帝曰：「格，汝禹。朕宅帝位三十有三載，耄期，倦于勤。汝惟不怠，總朕師。」　八十、九十曰耄，百年曰期頤。言己年老，厭倦萬機，〔一五〕汝不懈怠於位，稱總我衆。欲使攝。○格，庚白反。朕，直錦反。耄，莫報反。倦，其眷反。期頤，以之反。期，要；頤，養也。厭，於艷反。懈，工賣反。

禹曰：「朕德罔克，民不依。皋陶邁種德，德乃降，黎民懷之，邁，行；種，布；降，下；懷，歸也。言己無德，民所不能依，皋陶布行其德，〔一六〕下洽於民，民歸服之。○種，章用反。降，江巷反。帝念哉！念茲在茲，釋茲在茲。茲，此；釋，廢也。念此人在此功，廢此人在此罪。言不可誣。名言茲在茲，允出茲在茲，惟帝念功。」名言此事，必在此義，信出此心，亦在此義。言皋陶之德，以義爲主，所宜念之。

【疏】「帝曰格」至「念功」。此舜言。將禪禹，帝呼禹曰：來，汝禹。我居帝位，已三十有三載，在耄期之間，厭倦於勤勞，汝惟在官不懈怠，可代我居帝位，總領我衆。禹讓之曰：我德實無所能，民必不依就我也。言己不堪總衆也。皋陶行布於德，德乃下洽於民，衆皆歸服之，可令皋陶攝也。我所言者，帝當念之哉。凡念愛此人在此功勞，知有功乃用之；釋廢此人在此罪釁，知有罪乃廢之，言進人退人不可誣也。名目言談此事，必在此事之義，而名言之。若信實出見此心，必在此心之義，而出見之。言己名言其口，出見其心，以舉皋陶，皆在此義，不有虛妄，帝當念録其功以禪之。言皋陶堪攝位也。

傳「八十」至「使攝」。「八十、九十曰耄，百年曰期頤」，曲禮文也。如舜典之傳，計舜年六十三即政，〔一七〕至今九十五矣。年在耄、期之間，故並言之。鄭云：「期，要也。頤，養也。不知衣服食味，孝子要盡養之道而已。」孔意當然。

傳「邁行」至「服之」。「邁，行」、「降，下」，釋言文。又云：「懷，來也。」來亦歸也。種物必布於地，故爲布也。

傳「茲此」至「可誣」。「茲，此」，釋詁文。釋爲舍義，故爲廢也。禹之此意，欲令帝念皋陶。下云「惟帝念功」，念是念功，知廢是廢罪。言念、廢必依其實，不可誣罔也。

傳「名言」至「念之」。「名言」，謂己發於口；「信出」，謂始發於心。皆據欲舉皋陶，必先念慮於心，而後宣之於口。

先言「名言」者，已對帝讓皋陶，即是名言之事，故先言其意。然後本其心，故後言「信出」。以義爲主者，言己讓皋陶，事非虛妄，以義爲主。

帝曰：「皋陶，惟茲臣庶，罔或干予正。或，有也。無有干我正，言順命。汝作士，明于五刑，以弼五教，期于予治。弼，輔；期，當也。歎其能以刑輔教，當于治體。○治，直吏反，注下同。當，丁浪反，又如字。刑期于無刑，民協于中，時乃功。懋哉！」雖或行刑，以殺止殺，終無犯者。刑期於無刑，民皆合於大中之道，是汝之功，勉之。○懋音茂。皋陶曰：「帝德罔愆，臨下以簡，御衆以寬，愆，過也。善則歸君，人臣之義。○愆，起虔反。罰弗及嗣，賞延于世。嗣亦世，俱謂子。延，及也。父子罪不相及，而及其賞，道德之政。宥過無大，刑故無小；過誤所犯，雖大必宥；不忌故犯，雖小必刑。○宥音又。罪疑惟輕，功疑惟重。刑疑附輕，賞疑從重，忠厚之至。與其殺不辜，寧失不經。好生之德，洽于民心，茲用不犯于有司。」辜，罪；經，常；司，主也。皋陶因帝勉己，遂稱帝之德，所以明民不犯上也。寧失不常之罪，不枉不辜之善，仁愛之道。○辜音孤。好生，上呼報反。帝曰：「俾予從欲以治，四方風動，惟乃之休。」〔一八〕使我從心所欲，而政以治民，動順上命，若草應風，是汝能明刑之美。

【疏】「帝曰皋陶」至「之休」。帝以禹讓皋陶，故述而美之。帝呼之曰：皋陶，惟此羣臣衆庶，皆無敢有干犯我正道者，由汝作士官，明曉於五刑，以輔成五教，當於我之治體，用刑期於無刑，以殺止殺，使民合於中正之道，令人每事得中，是汝之功，當勉之哉。皐陶以帝美己，歸美於君曰：民合於中者，由帝德純善，無有過失，臨臣下以簡易，御衆庶以優寬，罰人不及後嗣，賞人延於來世。宥過失者無大，雖大亦宥之；刑其故犯者無小，雖小必刑之。罪有疑者，雖重，從輕罪之。功有疑者，雖輕，從重賞之。與其殺不辜非罪之人，寧失不經不常之罪。以等枉殺無罪，寧妄免有罪也。由是，故帝之「好生之德」下「洽於民心」，民服帝德如此，故用是「不犯於有司」。言民之無刑，非己力也。帝又述之曰：使我從心所欲而爲政，以大治四方之民，從我化，如風之動草，惟汝用刑之美。言己知其有功也。

傳「弼輔」至「治體」　書傳稱「左輔右弼」，是弼亦輔也。期要是相當之言，故爲當也。傳言當於治體，言皐陶用刑輕重得中，於治體正相當也。〔一九〕

傳「雖或」至「勉之」　言皐陶或行刑，乃是「以殺止殺」，爲罪必將被刑，民終無犯者，要使人無犯法，是期於無所用刑。刑無所用。〔二〇〕此「期」爲限，與前經「期」義別，而論語所謂「勝殘去殺」矣。「民皆合於大中」，言舉動每事得中，不犯法憲。是「合大中」，即洪範所謂「皇極」是也。

傳「愆過」至「之義」　「愆，過」，釋言文。坊記云：「善則稱君，過則稱己，則民作忠。」是善則稱君，人臣之義也。「臨下」據其在上，「御衆」斥其治民。簡易、寬大，亦不異也。論語云：「居敬而行簡，以臨其民，不亦可乎？」是臨下宜以簡也。又曰：「寬則得衆。居上不寬，吾何以觀之哉？」是御衆宜以寬也。

傳「嗣亦」至「及也」　「嗣」謂繼父，「世」謂後胤，故俱謂子也。「延」訓長。以長及物，故「延」爲及也。

傳「辜罪」至「之道」　「辜，罪」，釋詁文。經，常；司，主，常訓也。「皐陶因帝勉己，遂稱帝之德，所以明民不犯上」者，自由帝化使然，非己力也。「不常之罪」者，謂罪大，非尋常小罪也。枉殺無罪，妄免有罪，二者皆失，必不得民心。寧妄免大罪，不枉殺無罪，以好生之心故也。大罪尚赦，小罪可知。欲極言不可枉殺不辜，寧放有罪，故也，故言非常大罪以對之耳。「寧失不經」與「殺不辜」相對，故爲放赦罪人。原帝之意，等殺無罪，寧放有罪；傳言帝德之善，寧失有罪，不枉殺無罪，是「仁愛之道」，各爲文勢，故經傳倒也。「洽」謂沾漬優渥。「洽於民心」，言潤澤多也。

帝曰：「來，禹。降水儆予，〔一一〕成允成功，惟汝賢。水性流下，故曰下水。儆，戒也。能成聲教之信，成治水之功，言禹最賢。重美之。○儆，居領反。重，直用反。克勤于邦，克儉于家，不自滿假，惟汝賢。滿謂盈實。假，大也。言禹惡衣薄食，卑其宮室，〔一二〕而盡力爲民，執心謙沖，不自盈大。○假，工雅反。盡，津忍反。爲民，于爲反。汝惟不矜，天下莫與汝爭能；汝惟不伐，天下莫與汝爭功。自賢曰矜，自功曰伐。言禹推善讓人而不失其能，不有其勞而不失其功，所以能絕衆人。予懋乃德，嘉乃丕績。天之曆數在汝躬，汝終陟元后。丕，大也。曆數，謂天道。元，大也。大君，天子。舜善禹有治水之大功，言天道在汝身，汝終當升爲天子。○丕，普悲反，大也。徐甫眉反。人心惟危，道心惟微，惟精惟一，允執厥中。危則難安，微則難明，故戒以精一，信執其中。無稽之言勿聽，弗詢之謀勿庸。無考無信驗，不詢專獨，終必無成，故戒勿聽用。○聽，徐天定反。可愛非君？可畏非民？衆非元后何戴？后非衆罔與守邦。民以君爲命，故可愛。君失道，民叛之，故可畏。言衆戴君以自存，君恃衆以守國，相須而立。欽哉！慎乃有位，敬修其可願，四海困窮，天禄永終。有位，天子位。可願，謂道德之美。困窮，謂天民之無告者。言爲天子勤此三者，則天之禄籍長終汝身。惟口出好興戎。朕言不再。」好，謂賞善；戎，謂伐惡。言口，榮辱之主，慮而宣之，成於一也。○出，如字，徐尺遂反。好，如字，徐許到反。

【疏】「帝曰來」至「不再」　帝不許禹讓，呼之曰：來，禹。下流之水儆戒於我，我恐不能治之。汝成聲教之信，〔二三〕能成治水之功，惟汝之賢。汝能勤勞於國，謂盡力於溝洫。能節儉於家，謂薄飲食、卑宫室。常執謙沖，不自滿溢誇大，惟汝之賢也。又申美之：汝惟不自矜誇，故天下莫敢與汝争能；汝惟不自稱伐，故天下莫敢與汝争功。美功之大也。我今勉汝之德、善汝大功，天之曆運之數，帝位當在汝身，汝終當升此大君之位，宜代我爲天子。因戒以爲君之法：民心惟甚危險，道心惟甚幽微。危則難安，微則難明，汝當精心，〔二四〕惟當一意，信執其中正之道，乃得人安而道明耳。又爲人君，不當妄受用人語，無可考驗之言，勿聽受之；不是詢衆之謀，勿信用之。言民所愛者，豈非人君乎？民以君爲命，故愛君也。言君可畏者，豈非民乎？君失道則民叛之，故畏民也。衆非大君，而何所奉戴？無君則民亂，故愛君也。君非衆人，無以守國。無人則國亡，故畏民也。君民相須如此，當宜敬之哉！謹慎汝所有之位，守天子之位，勿使失也。敬修其可願之事，謂道德之美，人所願也。養彼四海困窮之民，使皆得存立，則天之禄籍長終汝身矣。又告禹：惟口之所言，出好事，興戎兵。非善思慮，無以出口。我言不可再發，令禹受其言也。

傳「水性」至「美之」　降水，洪水也。水性下流，故曰下水。禹以治水之事儆戒於予。益稷云：「予創若時，娶于塗山。辛壬癸甲，啓呱呱而泣。予弗子，惟荒度土功之事。」雖文在下篇，實是欲禪前事，故帝述而言之。禹貢言治水功成云：「朔南暨聲教。」故知「成允」是「成聲教之信」，「成功」是「成治水之功」也。前已言「地平天成」是汝功，今復説治水之事，言禹最賢，重美之也。禹實聖人，美其賢者，其性爲聖，其功爲賢，猶易繫辭云「可久則賢人之德，可大則賢人之業」，亦是聖人之事。

傳「滿謂」至「盈大」　滿以器喻，故爲盈實也。「假，大」，釋詁文。言己無所不知，是爲自滿；言己無所不能，是爲自大。禹實不自滿大，故爲賢也。論語美禹之功德云：「惡衣服，菲飲食，卑宫室，而盡力乎溝洫。」故傳引彼。惡衣、薄食、卑其宫室，是「儉於家」；盡力爲民，是「勤於邦」。上言其功，此言其德，故再云「惟汝賢」。

傳「自賢」至「衆人」　自言己賢曰矜，自言己功曰伐。論語云：「願無伐善。」詩序云：「矜其車甲。」〔二五〕矜與伐，俱是誇義。以經有争能、争功，故别解之耳。弗矜莫與汝争能，即矜者矜其能也。〔二六〕賢、能大同小異，故以「自賢」解矜。〔二七〕老子云：「夫惟不争，故天下莫能與之争。」是故不矜伐而不失其功、能，此所以能絶異於衆人也。

傳「丕大」至「天子」　「丕，大」，釋詁文。「曆數」，謂天曆運之數。帝王易姓而興，故言「曆數謂天道」。鄭玄以「曆數在汝身」謂有圖籙之名，孔無讖緯之説，義必不然。當以大功既立，衆望歸之，即是天道在身。釋詁「元」訓爲首，首是體之大也。易曰：「大君有命。」是大君謂天子也。

傳「危則」至「其中」　居位則治民，治民必須明道，故戒之以「人心惟危，道心惟微」。道者，徑也，物所從之路也。因言「人心」，遂云「道心」。人心爲萬慮之主，道心爲衆道之本。立君所以安人，人心危則難安。安民必須明道，道心微則難明。將欲明道，必須精心；將欲安民，必須一意，故以戒精心一意。又當信執其中，然後可得明道以安民耳。

傳「無考」至「聽用」　爲人之君，不當妄用人言，故又戒之。無可考校之言謂「無信驗」，不詢於衆人之謀謂專獨用意。言無信驗，是虚妄之言；獨爲謀慮，是偏見之説。二者終必無成，故戒令勿聽用也。「言」謂率意爲語，「謀」謂豫計前事，故互文也。

傳「民以」至「而立」　百姓無主，不散則亂，故「民以君爲命」。君尊，民畏之。嫌其不愛，故言「愛」也。民賤，君忽之。嫌其不畏，故言「畏」也。

傳「有位」至「汝身」　上云「汝終陟元后」，命升天位，知其慎汝「有位」，慎天子位也。道德，人之可願，知「可願」者是「道德之美」也。惟言「四海困窮」，不結言民之意，〔二八〕必謂四海之内困窮之民，令天子撫育之，故知如王制所云孤、獨、鰥、寡，〔二九〕「此四者，天民之窮而無告者」，此是困窮者也。言爲天子，當慎天位，修道德，養窮民。勤此三者，則天之禄籍長終汝身。禄謂福禄，籍謂名籍。言享大福，保大名也。

傳「好謂」至「於一也」　昭二十八年左傳云：「賞慶刑威曰君。」〔三〇〕君出言有賞、有刑。出好，謂愛人而出好言，故爲「賞善」。興戎，謂疾人而動甲兵，故爲「伐惡」。易繫辭曰：「言語者，君子之樞機。〔三一〕樞機之發，榮辱之主。」必當慮之於心，然後宣之於口。故成之於一，而不可再。帝言「我命汝升天位」者，是慮而宣之，此言故不可再。

禹曰：「枚卜功臣，惟吉之從。」枚，謂歷卜之而從其吉。此禹讓之志。○枚音梅。帝曰：「禹，官占惟先蔽志，〔三二〕昆命于元龜。帝王立卜占之官，故曰官占。蔽，斷；昆，後也。官占之法先斷人志，後命於元龜。言志定然後卜。○蔽，必世反，徐甫世反。〔三三〕斷，丁亂反。朕志先定，詢謀僉同，鬼神其依，龜筮協從，卜不習吉。」習，因也。言已謀之於心，謀及卜筮，四者合從，卜不因吉，無所枚卜。○僉，七潛反。

禹拜稽首固辭。再辭曰固。帝曰：「毋！惟汝諧。」言毋，所以禁其辭。禹有大功德，故能諧和元后之任。○禁，今鴆反，又音金。

【疏】「禹曰」至「汝諧」　禹以讓而不許，更請帝曰：每以一枚歷卜功臣，惟吉之人，從而受之。帝曰：禹，卜官之占，一惟能先斷人志，後乃命其大龜。我授汝之志，先以定矣。又詢於衆人，其謀又皆同美矣。我後謀及鬼神，加之卜筮，鬼神其依我矣，龜筮復合從矣。卜法，不得因前之吉更復卜之，不須復卜也。禹猶拜而後稽首固辭。帝曰：毋！毋者，禁止其辭也。惟汝能諧和此元后之任，汝宜受之。

傳「枚謂」至「之志」　周禮有銜枚氏，所銜之物狀如箸。今人數物云一枚、兩枚，則枚是籌之名也。「枚卜」，謂人人以次歷申卜之，似若枚數然。然請卜不請筮者，舉重也。

傳「帝王」至「後卜」　占是卜人之占，而云官占者，帝王立卜筮之官，故曰「官占」。洪範「稽疑」云：「擇建立卜筮人。」是帝王立卜筮之官。周禮司寇斷獄爲蔽獄，是蔽爲斷也。「昆，後」，釋言文。官占之法，先斷人志，後命元龜，言志定然後卜也。洪範云：「汝則有大疑，謀及乃心，謀及卿士，謀及庶人。」是先斷人志。乃云謀及卜筮，是後命元龜。元龜，謂大龜也。

傳「習因」至「枚卜」　表記云：「卜筮不相襲。」鄭云：「襲，因也。」然則「習」與「襲」同。重衣謂之襲。習是後因前，故爲因也。「朕志先定」，言已謀之於心。「龜、筮協從」，是謀及卜筮。經言「詢謀僉同」，謀及卿士、庶人，謀皆同心。「鬼神其依」，即是龜、筮之事。卜筮通鬼神之意，故言「鬼神其依，龜、筮協從」，謂卜得吉，是依從也。志先定也、謀僉同也、鬼神依也、龜筮從也，四者合從，然後命汝。卜法不得因吉，無所復枚卜也。如帝此言，既謀既卜，方始命禹，仍請枚卜者，帝與朝臣私謀私卜，將欲命禹。禹不預謀，故不在，更請卜也。

傳「言毋」至「之任」　說文云：「毋，止之也。」其字從女，內有一畫，象有姦之者，禁止令勿姦也。古人言毋，猶今人言莫。是言毋者，所以禁其辭，令勿辭。

正月朔旦，受命于神宗。受舜終事之命。神宗，文祖之宗廟。言神尊之。○正月，音政，徐音征。**率百官，若帝之初。**順舜初攝帝位故事奉行之。

【疏】「正月」至「之初」。舜即政三十三年，命禹代己。禹辭不獲免，乃以明年正月朔旦，受終事之命於舜神靈之宗廟，總率百官，順帝之初攝故事。言與舜受禪之初，其事悉皆同也。此年舜即政三十四年，九十六也。〔三四〕

傳「受舜」至「尊之」　舜典説舜之初受終于文祖，此言若帝之初，知受命即是舜終事之命也。神宗猶彼文祖，故云文祖之宗廟。文祖，言祖有文德；神宗，言神而尊之。名異而實同。神宗，當舜之始祖。案帝繫云：「黄帝生昌意，昌意生顓頊，顓頊生窮蟬，窮蟬生敬康，敬康生勾芒，勾芒生蟜牛，蟜牛生瞽瞍，瞽瞍生舜。」即是舜有七廟，黄帝爲始祖。其顓頊與窮蟬，爲二祧。敬康、勾芒、蟜牛、瞽瞍，爲親廟。則文祖爲黄帝、顓頊之等也。

傳「順舜」至「行之」　「若」，不得爲如也。舜典巡守之事言「如初」者，皆言「如」不言「若」，知此「若」爲順也。順舜初攝帝位故事而奉行之，其奉行者當如舜典「在璿璣」以下、「班瑞羣后」以上也。其巡守非率百官之事，舜尚自爲陟方，禹攝帝位，未得巡守，此是舜史所録，以爲虞書，故言順帝之初，奉行帝之故事，〔三五〕自美禪之得人也。

帝曰：「咨！禹：惟時有苗弗率，汝徂征。」三苗之民數干王誅。〔三六〕率，循；徂，往也。不循帝道，〔三七〕言亂逆，命禹討之。○數音朔。禹乃會羣后，誓于師曰：「濟濟有衆，咸聽朕命：會諸侯共伐有苗。軍旅曰誓。濟濟，衆盛之貌。○濟濟，子禮反。蠢兹有苗，昏迷不恭，蠢，動；昏，闇也。言其所以宜討之。○蠢，春允反。侮慢自賢，反道敗德。狎侮先王，輕慢典教，反正道，敗德義。○侮，亡甫反。慢，亡諫反。〔三八〕君子在野，小人在位。廢仁賢，任姦佞。民棄不保，天降之咎。言民叛，天災之。○咎，其九反。肆予以爾衆士奉辭罰罪。〔三九〕肆，故也。辭，謂不恭。罪，謂「侮慢」以下事。爾尚一乃心力，其克有勳。」尚，庶幾。

一汝心力，以從我命。

【疏】「帝曰咨」至「有勳」　史言禹雖攝位，帝尊如故。時有苗國不順，帝曰：咨嗟，汝禹：惟時有苗之國不循帝道，汝往征之。禹得帝命，乃會羣臣諸侯，告誓於衆曰：濟濟美盛之有衆，皆聽從我命：今蠢蠢然動而不遜者，是此有苗之君。昏闇迷惑，不恭敬王命，侮慢典常，自以爲賢，反戾正道，敗壞德義。〔四〇〕其君子在野，小人在位。由此，民棄叛之，不保其有衆，上天降之殃咎，故我以爾衆士奉此譴責之辭，伐彼有罪之國。汝等庶幾同心盡力，以從我命，其必能有大功勳，不可懈惰。

傳「三苗」至「討之」　吕刑稱「苗民作五虐之刑」，皇帝「遏絶苗民，無世在下」，謂堯初誅三苗。舜典云「竄三苗于三危」，謂舜居攝之時投竄之也。舜典又云「庶績咸熙，分北三苗」，謂舜即位之後，往徙三苗也。今復不率命，命禹徂征，是三苗之民數干王誅之事。禹率衆征之，猶尚逆命。即三苗是諸侯之君，而謂之民者，以其頑愚，號之爲民。吕刑云：「苗民弗用靈。」是謂爲民也。吕刑稱堯誅三苗云「無世在下」，而得有苗國歷代常存者，無世在下謂誅叛者，絶後世耳。蓋不滅其國，又立其近親，紹其先祖。鯀既殛死於羽山，禹乃代爲崇伯。三苗亦竄其身而存其國，故舜時有被宥者復不從化，更分北流之。下傳云三苗之國左洞庭右彭蠡，其國在南方。蓋分北之時，使爲南國君，今復不率帝道。「率，循」、「徂，往」，皆釋詁文。不循帝道，言其亂逆。以其亂逆，故命禹討之。案舜典皆言舜受終之後，萬事皆舜主之，舜自巡守不禀堯命。此言若帝之初，其事亦應同矣，而此言命禹征苗，舜復陟方乃死，與舜受堯禪事不同者，以題曰虞書，即舜史所録，明其詳於舜事，略於堯、禹也。

傳「會諸」至「之貌」　「軍旅曰誓」，曲禮文也。隱八年穀梁傳曰：「誥誓不及五帝，盟詛不及三王，交質不及二伯。」「二伯」，謂齊桓公、晉文公也。「不及」者，言於時未有也。據此文，五帝之世有誓。周禮立司盟之官，三王之世有盟也。左傳云平王與鄭交質，二伯之前有質也。穀梁傳漢初始作，不見經文，妄言之耳。美軍衆而言「濟濟」，知是衆盛之貌。

傳「蠢動」至「討之」「蠢，動」，釋詁文。釋訓云：「蠢，不遜也。」郭璞云：「蠢動爲惡，不謙遜也。」日入爲「昏」，是爲「闇」也。動爲惡而闇於事，言其所以宜討之。

傳「狎侮」至「德義」「侮」謂輕人身，「慢」謂忽言語，故爲「狎侮先王，輕慢典教」。侮、慢義同，因有二字而分釋之。論語云：「狎大人，侮聖人之言。」則狎、侮爲異。旅獒云：「狎侮君子。」則狎、侮意亦同。鄭玄云：「狎，慣忽也。」慣見而忽之，是侮之義。傳取狎侮連言之。慢先王典教，自謂己賢，不知先王訓教。「道」者，物所由之路。「德」，謂自得於心。反正道從邪徑，敗德義毀正行也。

傳「廢仁賢任姦佞」雖則下愚之君皆云好賢疾佞，非知賢而廢之、知佞而任之。但愚人所好必同於民，賢求其心，佞從其欲，以賢爲惡，謂佞爲善，故仁賢見廢，姦佞被任，此則「昏迷」之狀也。

傳「肆故」至「下事」「肆，故」，釋詁文。所奉之辭，即所伐之罪。但天子責其不恭，數其身罪，因其文異而分之。

傳「尚庶」至「我命」釋言云：「庶幾，尚也。」反以相解，故「尚」爲「庶幾」。

三旬，苗民逆命。旬，十日也。以師臨之，一月不服。責舜不先有文誥之命，威讓之辭，而便憚之以威，脅之以兵，所以生辭。○誥，古報反。憚，徒旦反，一音丹末反。脅，許業反。益贊于禹曰：「惟德動天，無遠弗屆。贊，佐；屆，至也。益以此義佐禹，欲其修德致遠。○弗屆，下音戒。滿招損，謙受益，時乃天道。自滿者人損之，自謙者人益之，是天之常道。帝初于歷山，〔四一〕往于田，日號泣于旻天、于父母。仁覆愍下，謂之旻天。言舜初耕于歷山之時，爲父母所疾，日號泣于旻天及父母，克己自責，不責於人。○田，本或作「畋」。號，户高反。旻，武巾反。負罪引慝，祗載見瞽瞍，夔夔齊慄，〔四二〕瞽亦允若。慝，惡；載，事也。夔夔，悚懼之貌。言舜負罪引惡，敬以事見于父，悚懼齊莊，父亦信順之。言能以至誠感頑父。○慝，他則反。載見，賢遍反。瞽音古。瞍，素后反。夔夔，求龜反。齋，側皆反。至諴感神，矧茲有苗？」諴，和；矧，況也。至和感神，況有苗乎？言易感。○諴音咸。矧，失忍反。易，以豉反。禹拜昌言，曰：「俞。」班師振旅。昌，當也。以益言爲當，故拜受而然之，遂還師。兵入曰振旅。言整衆。○當，丁浪反，下同。還，經典皆音旋。帝乃誕敷文德，遠人不服，大布文德以來之。○誕音但。舞干、羽于兩階。干，楯；羽，翳也，皆舞者所執。修闡文教，舞文舞于賓主階間，抑武事。○階，徐音皆。楯，食允反。翳，於計反。闡，尺善反。七旬，有苗格。討而不服，不討自來，明御之者必有道。三苗之國左洞庭右彭蠡，在荒服之例，去京師二千五百里。○洞，徒弄反。蠡音禮。

【疏】「三旬」至「苗格」　禹既誓於衆，而以師臨苗，經三旬，苗民逆帝命，不肯服罪。益乃進謀以佐於禹曰：惟是有德，能動上天，苟能修德，無有遠而不至。因言行德之事：自滿者招其損，謙虚者受其益，是乃天之常道。欲禹修德謙虚以來苗。既説其理，又言其驗，帝乃初耕於歷山之時，爲父母所疾，往至于田，日號泣于旻天、於父母，乃自負其罪，自引其惡，恭敬以事。見父瞽瞍，夔夔然悚懼，齋莊戰慄，不敢言己無罪。舜謙如此，雖瞽瞍之頑愚，亦能信順。帝至和之德，尚能感于冥神，況此有苗乎？言其苗易感於瞽瞍。禹拜受益之當言，曰：然。然益語也。遂還師整衆而歸。帝舜乃大布文德，舞干羽于兩階之間，七旬而有苗自服來至。言主聖臣賢，御之有道也。

傳「旬十」至「生辭」　堯典云「三百有六旬」，是知旬十日也。以師臨之，一月不服者，責舜不先有文告之命、威讓之辭，而便憚之以威，脅之以兵，所以有苗得生辭也。傳知然者，昭十三年左傳論征伐之事云：「告之以文辭，董之以武師。」是用兵者先告，不服然後伐之。今經無先告之文，而有逆命之事，故知責舜不先有文告之命，而即脅之以兵。其文告之命、威讓之辭，國語亦有其事。夫以大舜，足達用兵之道，而不爲文告之命，使之得生辭者，有苗數干王誅逆者，難以言服，故憚之以威武，任其生辭。待其有辭，爲之振旅。彼若師退而服，我復更有何求？爲退而又不降，復往必無辭說。不恭而征之，有辭而捨之，正是柔服之道也。若先告以辭，未必即得從命。不從而後行師，必將大加殺戮。不以文誥，感德自來，固是大聖之遠謀也。

傳「贊佐」至「致遠」　禮有「贊佐」，是助祭之人，故「贊」爲「佐」也。「屆，至也」，釋詁文。經云「惟德動天」，天遠而難動，德能動遠。又言「無遠不屆」，乃據人言。德動遠人，無不至也。益以此義佐禹，欲修德致遠，使有苗自來也。德之動天，經傳多矣。禮運云：「聖人順民，天不愛其道，地不愛其寶，故天降膏露，地出醴泉。」如此之類，皆德動之也。

傳「自滿」至「常道」　自以爲滿，人必損之；自謙受物，人必益之。易謙卦彖曰：「天道虧盈而益謙，地道變盈而流謙，鬼神害盈而福謙，人道惡盈而好謙。」是「滿招損、謙受益」爲天道之常也。益言此者，欲令禹修德息師，持謙以待有苗。

傳「仁覆」至「責於人」　「仁覆愍下謂之旻天」，詩毛傳文也。旻，愍也。求天愍己，故呼曰旻天。書傳言舜耕於歷山，鄭玄云：「歷山在河東。」是耕於歷山之時，爲父母所疾，故往於田，日號泣于旻天。何爲其然也？〔四三〕孟子曰：「怨慕也。」長息問於公明高曰：『舜往于田，則予既聞命矣。號泣于旻天及父母，則吾不知矣。』公明高曰：『非爾所知也。』我竭力耕田，供爲子職而已。父母不愛我，何哉？大孝終身慕父母。五十而慕者，予於大舜見之矣。」言舜之號泣怨慕者，「克己自責，不責於人」也。

傳「慝惡」至「頑父」　「慝」之爲「惡」，常訓耳。舜典已訓「載」爲「事」，以非常訓，故詳其文。「夔夔」與「齋慄」共文，故爲「悚懼之貌」。自負其罪，引惡歸己，事勢同耳，丁寧深言之。「敬以事見于父」者，謂恭敬。自因事務須見父，恭敬以見。夔夔然悚懼齋慄，是見時之貌。「父亦信順之」者，謂當以事見之時，順帝意，不悖怒也。「言能以至誠感頑父」者，言感使當時暫以順耳，不能使每事信順，變爲善人。故孟子説舜既被堯徵用，堯妻之以二女，瞽瞍猶與象欲謀殺舜而分其財物，是下愚之性終不可改。但舜善養之，使不至于姦惡而已。

傳「諴和」至「易感」　「諴」，亦咸也。「咸」訓爲皆，皆能相從，亦「和」之義也。「矧，況」，釋言文。上言德能動天，次言帝能感瞽。天以玄遠難感，瞽以頑愚難感。言苗民近於天而智於瞽，故言感天、感瞽以況之。天是神也，覆動上天，〔四四〕言至和尚能感天神，而況於有苗乎？言有苗易感。神覆動天，〔四五〕而不覆言瞽者，以瞽雖愚，猶是人類，天神事與人隔，感天難於感瞽，故舉難者以況之。其實天與瞽俱言難感，以況有苗易於彼二者。

傳「昌當」至「整衆」　「昌，當也」，釋詁文。禹以益言爲當，拜受而已即還。還不請者，春秋襄十九年晉士匄帥師侵齊，聞齊侯卒，乃還。公羊傳曰：「大夫以君命出，進退在大夫。」是言進退由將，不須請也。或可當時請帝乃還，文不具耳。「兵入曰振旅」，釋天文。與春秋二傳，皆有此文。振，整也。言整衆而還。

傳「遠人」至「來之」　「遠人不服，文德以來之」，論語文也。益贊於禹使修德，而帝自「誕敷」者，言君臣同心。「大布」者，多設文德之教，君臣共行之也。

傳「干楯」至「武事」　釋言云：「干，扞也。」孫炎曰：「干，楯，自蔽扞也。」以楯爲人扞，通以干爲楯名，故干爲楯。釋言又云：「翿，翳也。」郭璞云：「舞者持以自蔽翳也。」故明堂位云：「朱干玉戚以舞大武。」戚，斧也。是武舞執斧、執楯。詩云：「左手執籥，右手秉翟。」是文舞執籥。故干、羽皆舞者所執。修闡文教，不復征伐，故舞文德之舞於「賓主階間」。言帝「抑武事」也。經云舞干、羽，即亦舞武也。傳惟言「舞文」者，以據器言之則有武、有文，俱用以爲舞，而不用於敵，故教爲文也。

傳「討而」至「百里」「御之必有道」者，不恭而往征，得辭而振旅，而御之以道。史記吴起對魏武侯云：「昔三苗氏左洞庭，右彭蠡，德義不修，而禹滅之。」此言來服，則是不滅。吴起言滅者，以武侯恃險，言滅以懼之。辯士之説，不必皆依實也。知「在荒服之例」者，以其地驗之爲然。禹貢五服，甸、侯、綏、要、荒，荒最在外。王畿面五百里，其外四服，又每服五百里，是去京師爲二千五百里。

皋陶謨第四

皋陶謨〔四六〕謨，謀也。皋陶爲帝舜謀。○爲帝，于僞反。

【疏】傳「謨謀」至「舜謀」孔以此篇惟與禹言，嫌其不對帝舜，故言「爲帝舜謀」。將言「爲帝舜謀」，故又訓「謨」爲「謀」，以詳其文。

曰若稽古皋陶。〔四七〕亦順考古道以言之。夫典、謨，聖帝所以立治之本，皆師法古道，以成不易之則。○夫音扶。治，直吏反，下同。曰：「允迪厥德，謨明弼諧。」迪，蹈；厥，其也。〔四八〕其古人也。〔四九〕言人君當信蹈行古人之德，謀廣聰明，以輔諧其政。○蹈，徒報反。禹曰：「俞。如何？」然其言，問所以。皋陶曰：「都！慎厥身修，思永。歎美之重也。慎修其身，思爲長久之道。○身修，絶句。惇叙九族，庶明勵翼，邇可遠，在茲。」言慎修其身，厚次叙九族，則衆庶皆明其教而自勉勵，翼戴上命，近可推而遠者，在此道。○惇，切韻都昆反。禹拜昌言曰：「俞。」以皋陶言爲當，故拜受而然之。○當，丁浪反，下同。

【疏】「曰若」至「曰俞」　史將言皋陶之能謀，故爲題目之辭曰：能順而考案古道而言之者，是皋陶也。其爲帝謀曰：爲人君者，當信實蹈行古人之德，而謀廣其聰明之性，以輔諧己之政事，則善矣。禹曰然，然其謀是也。此當如何行之？皋陶曰嗚呼，重其事而歎美之。行上謀者，當謹慎其己身，而修治人之事，思爲久長之道。又厚次叙九族之親而不遺棄，則衆人皆明曉上意，而各自勉勵，翼戴上命，行之於近，而可推而至遠者，在此道也。禹乃拜受其當理之言曰然，美其言而拜受之。

傳「亦順」至「之則」　二謨其目正同，故云「亦順考古道以言」也。堯、舜考古以行，謂之爲典；大禹、皋陶考古以言，謂之爲謨。典、謨之文不同，其目皆云「考古」，故傳明其意。夫典、謨，聖帝所以立治之本，雖言、行有異，皆是考法古道以成不易之則，故史皆以「稽古」爲端目。但君則行之，臣則言之，以尊卑不同，故「典」、「謨」名異。禹亦爲君，而云「謨」者，禹在舜時未爲君也。顧氏亦同此解。皋陶德劣於禹，皆是考古以言，故得同其題目。但禹能敷于四海，祗承于帝，皋陶不能然，故此下更無別辭耳。

傳「迪蹈」至「其政」　釋詁云：「迪，道也。」聲借爲「導」。導音與蹈同，故迪又爲蹈也。其德即其上稽古，故曰其古人也。而臣爲君謀，故云「言人君當信蹈行古人之德」，謂蹈履依行之也。謀廣聰明，聰明者自是己性，又當受納人言，使多所聞見，以博大此聰明，以輔弼和諧其政。經惟言「明」，傳亦有「聰」者，以耳目同是所用，故以「聰明」言之。此「曰」上不言皋陶，猶大禹謨，〔五〇〕「曰」上不言禹。鄭玄以「皋陶」下屬爲句，〔五一〕則「稽古」之下無人名，與上三篇不類甚矣。

傳「歎美」至「之道」 案傳之言，以「修」爲上讀，顧氏亦同也。

傳「言慎」至「此道」 自身以外，九族爲近，故慎修其身，又厚次叙九族。猶堯之爲政，先以親九族也。人君既能如此，則衆庶皆明其教，而各自勉勵，翼戴上命。昭九年左傳説晉叔向言翼戴天子，故以爲翼戴上命。言如鳥之羽翼而奉戴之。王者率己以化物，親親以及遠，故從近可推而至于遠者，在修己身、親九族之道。王肅云：「以衆賢明爲砥礪，爲羽翼。」鄭云：「厲，作也。以衆賢明作輔翼之臣。」與孔不同。

皋陶曰：「都！在知人，在安民。」歎修身親親之道，在知人所信任，在能安民。禹曰：「吁！咸若時，惟帝其難之。言帝堯亦以知人安民爲難，故曰吁。知人則哲，能官人；安民則惠，黎民懷之。哲，智也。無所不知，故能官人。惠，愛也。愛則民歸之。能哲而惠，何憂乎驩兜？佞人亂德，〔五二〕堯憂其敗政，故流放之。何遷乎有苗？何畏乎巧言令色孔壬？」孔，甚也。巧言，静言庸違。令色，象恭滔大。禹言有苗、驩兜之徒甚佞如此，堯畏其亂政，故遷放之。

【疏】「皋陶曰都在」至「孔壬」 皋陶以禹然其言，更述修身親親之道，歎而言曰：人君行此道者，在於知人善惡，擇善而信任之，在於能安下民，爲政以安定之也。禹聞此言，乃驚而言曰：吁，人君皆如是，能知人，能安民，惟帝堯猶其難之，況餘人乎？知人善惡則爲大智，能用官得其人矣。能安下民，則爲惠政，衆民皆歸之矣。此甚不易也。若帝堯能智而惠，則當朝無姦佞，何憂懼於驩兜之佞而流放之，何須遷徙於有苗之君，何所畏懼於彼巧言令色爲甚佞之人。三凶見惡，帝堯方始去之，是知人之難。

傳「哲智」至「歸之」　「哲，智」，釋言文。舍人曰：「哲，大智也。」無所不知，知人之善惡，是能官人。「惠，愛」，釋詁文。君愛民，則民歸之。

傳「孔甚」至「放之」　「孔，甚」，釋言文。〔五三〕上句既言驩兜、有苗，則此「巧言令色」，共工之行也，故以堯典共工之事解之。巧言，「靜言庸違」也。令色，「象恭滔天」也。「孔壬」之文在三人之下，總上三人皆甚佞也。苗言其名，巧言令色言其行，令其文首尾互相見，故傳通言之。禹言有苗、驩兜之徒甚佞如此，堯畏其亂政，故遷放之，傳不言共工，故云「之徒」以包之。遷與憂、畏，亦互相承，言畏之而憂，乃遷之也。四凶惟言三者，馬融云禹爲父隱，故不言鯀也。

皋陶曰：「都！亦行有九德。言人性行，有九德以考察，真僞則可知。○亦行，下孟反。注「性行」、「行正直」之行同。亦言其人有德，〔五四〕乃言曰載采采。」載，行；采，事也。稱其人有德，必言其所行某事某事以爲驗。

【疏】「皋陶」至「采采」　禹既言知人爲難，皋陶又言行之有術，故言曰：嗚呼！人性雖則難知，亦當考察其所行有九種之德。人欲稱薦人者，不直言可用而已，亦當言其人有德。問其德之狀，乃言曰其德之所行某事某事。以所行之事爲九德之驗，如此則可知也。

傳「言人」至「可知」　言人性行有九德，下文所云是也。如此九者考察其真僞，則人之善惡皆可知矣。然則皋陶之賢，不及帝堯遠矣。皋陶知有此術，帝堯無容不知，而有四凶在朝。禹言「帝難之」者，堯朝之有四凶，晦迹以顯舜爾。禹言惟帝難之，説彼甚佞，因其成敗以示教法，欲開皋陶之志，故舉大事以爲戒，非是此實甚佞，堯不能知也。顧氏亦云：「堯實不以此爲難，今云難者，俯同流俗之稱也。」

傳「載行」至「爲驗」　「載」者，運行之義，故爲行也。此謂薦舉人者稱其人有德，欲使在上用之，必須言其所行之事，云見此人常行其某事某事。由此所行之事，以爲有德之驗。論語云：「如有所譽者，其有所試矣。」是言試之於事，乃可知其德。

禹曰：「何？」問九德品例。皋陶曰：「寬而栗，性寬弘而能莊栗。柔而立，和柔而能立事。愿而恭，慤愿而恭恪。○愿音願。慤，切韻苦角反。恪，苦各反。亂而敬，亂，治也。有治而能謹敬。擾而毅，擾，順也。致果爲毅。○擾，而小反。徐音饒。毅，五既反。直而溫，行正直而氣溫和。簡而廉，性簡大而有廉隅。剛而塞，(五五)剛斷而實塞。○斷，丁亂反。彊而義。無所屈橈，動必合義。○撓，女孝反。彰厥有常，吉哉！彰，明；吉，善也。明九德之常，以擇人而官之，則政之善。

【疏】「禹曰」至「吉哉」　皋陶既言其九德，禹乃問其品例曰：何謂也？皋陶曰：人性有寬弘而能莊栗也、和柔而能立事也、慤愿而能恭恪也、治理而能謹敬也、和順而能果毅也、正直而能溫和也、簡大而有廉隅也、剛斷而能實塞也、强勁而合道義也。人性不同，有此九德。人君明其九德所有之常，以此擇人而官之，則爲政之善哉。

傳「性寬」至「莊栗」　此九德之文，舜典云「寬而栗，直而溫」，與此正同；彼云「剛而無虐，簡而無傲」，與此小異；彼言「剛失入虐」，此言剛斷而能實塞，實塞亦是不爲虐；彼言「簡失入傲」，此言簡大而有廉隅，廉隅亦是不爲傲也。九德，皆人性也。鄭玄云：「凡人之性有異，有其上者不必有下，有其下者不必有上，上下相協，乃成其德。」是言上下以相對，各令以相對，兼而有之，乃爲一德。此二者雖是本性，亦可以長短自矯。寬弘者失於緩慢，故性寬弘而能矜莊嚴栗，乃成一德。九者皆然也。

傳「愨愿」而「恭恪」　愿者，愨謹良善之名。謹愿者失於遲鈍，貌或不恭，故愨愿而能恭恪，乃爲德。

傳「亂治」至「謹敬」　「亂，治」，釋詁文。有能治者，謂才高於人也，堪撥煩理劇者也。負才輕物，人之常性，故有治而能謹敬，乃爲德也。願言恭、治云敬者，恭在貌，敬在心。願者遲鈍，外失於儀，〔五六〕故言恭以表貌；治者輕物，内失於心，故稱敬以顯情。恭與敬，其事亦通，愿其貌恭而心敬也。

傳「擾順」至「爲毅」　周禮太宰云：「以擾萬民。」鄭玄云：「擾，猶馴也。」司徒云：「安擾邦國。」鄭云：「擾亦安也。」擾是安馴之義，故爲順也。「致果爲毅」，宣二年左傳文。彼文以殺敵爲果。致果爲毅，謂能致果敢殺敵之心，是爲强毅也。〔五七〕和順者失於不斷，故順而能決，乃爲德也。

傳「性簡」至「廉隅」　簡者，寬大率略之名。志遠者遺近，務大者輕細，弘大者失于不謹細行，〔五八〕不修廉隅，故簡大而有廉隅，乃爲德也。

傳「剛斷而實塞」　「塞」訓實也。剛而能斷，失於空踈，必性剛正而内充實，乃爲德也。

傳「無所」至「合義」　强直自立，無所屈撓，或任情違理，失於事宜。動合道義，乃爲德也。鄭注論語云：「剛，謂强志不屈撓。」即剛、强義同。此剛、强異者，剛是性也，强是志也。當官而行，無所避忌，剛也；執己所是，不爲衆撓，强也。剛、强相近，鄭連言之。「寬」謂度量寬弘，「柔」謂性行和柔，「擾」謂事理擾順。三者相類，即洪範云「柔克」也。「願」謂容貌恭正，「亂」謂剛柔治理，「直」謂身行正直。三者相類，即洪範云「正直」也。「簡」謂器量疑簡，「剛」謂事理剛斷，「强」謂性行堅强。三者相類，即洪範云「剛克」也。而九德之次，從柔而至剛也，惟「擾而毅」，在「愿」「亂」之下耳。其洪範三德，先人事而後天地，與此不同。

傳「彰明」至「之善」　「彰，明；吉，善」，常訓也。此句言用人之義，所言九德，謂彼人常能然者。若暫能爲之，未成爲德。故人君取士，必明其九德之常，知其人常能行之，然後以此九者之法擇人而官之，則爲政之善也。明，謂人君明知之。王肅云：「明其有常，則善也。言有德當有恒也。」其意亦言彼能有常，人君能明之也。鄭云：「人能明其德所行使有常，則成善人矣。」其意謂彼人自明之，與孔異也。

「日宣三德，夙夜浚明，有家。三德，九德之中有其三。宣，布；夙，早；浚，須也。卿大夫稱家。言能日日布行三德，早夜思之，須明行之，可以爲卿大夫。○浚，息俊反，馬云：「大也。」日嚴祇敬六德，亮采，有邦。有國，諸侯。日日嚴敬其身，敬行六德，以信治政事，則可以爲諸侯。○嚴，如字。馬、徐魚檢反。翕受敷施，九德咸事，俊乂在官。翕，合也。能合受三六之德而用之，以布施政教，使九德之人皆用事。謂天子如此，則俊德治能之士並在官。○翕，許及反。俊乂，馬曰：「千人曰俊，百人曰乂。」百僚師師，百工惟時。僚、工，皆官也。師師，相師法。百官皆是，言政無非。○百僚，本又作「寮」。撫于五辰，〔五九〕庶績其凝。凝，成也。言百官皆撫順五行之時，衆功皆成。○撫，方武反。凝，魚凌反，馬云：「定也。」

【疏】「日宣」至「其凝」。皐陶既陳人有九德，宜擇而官之，此又言官之所宜。若人能日日宣布三德，早夜思念，而須明行之，此人可以爲卿大夫，使有家也。若日日嚴敬其身，又能敬行六德，信能治理其事，此人可以爲諸侯，使有國也。然後總以天子之任，合受有家、有國三、六之德而用之，布施政教，使九德之人皆得用事，事各盡其能，無所遺棄，則天下俊德治能之士並在官矣。皆隨賢才任職，百官各師其師，轉相教誨，則百官惟皆是矣。無有非者，以此撫順五行之時，以化天下之民，則衆功其皆成矣。結上知人安民之意。

傳「三德」至「大夫」　此文承「九德」之下，故知「三德」是九德之内課有其三也。周語云：「宣布哲人之令德。」「宣」亦布義，故爲布也。「夙，早」，釋詁文。又云：「須，待也。」此經之意，謂夜思之，明旦行之。「須」爲待之意，故「浚」爲須也。大夫受采邑，賜氏族，立宗廟，世不絶祀，故稱「家」。位不虛受，非賢臣不可言能。「日日布行三德」，早夜思之，待明行之，如此念德不懈怠者，乃可以爲大夫也。以士卑，故言不及也。計有一德二德，即可以爲士也。鄭以三德、六德皆「亂而敬」以下之文，經無此意也。

傳「有國」至「諸侯」　天子分地建國，諸侯專爲己有，故「有國」謂諸侯也。「祗」亦爲敬。敬有二文，上謂敬身，下謂敬德。「嚴」則敬之狀也，故言「日日嚴敬其身，敬行六德。以信治政事，則可以爲諸侯」也。諸侯、大夫皆言「日日」者，言人之行德，不可暫時捨也。臣當行君之令，故早夜思之；君是出令者，故言敬身行德。此文以小至大，總以天子之事，故先大夫而後諸侯。

傳「翕合」至「在官」　「翕，合」，釋詁文。以文承三德、六德之下，故言「合受三、六之德而用之」。以此人爲官，令其「布施政教」。使此九德之人皆居官用事，謂天子也，任之所能。〔六〇〕大夫所行三德，或在諸侯六德之内，但并此三、六之德，即充九數，故言九德。「皆用事」，謂用爲大夫，用爲諸侯，使之治民事也。大夫、諸侯當身自行之，故言日宣、日嚴。天子當任人使行之，故言「合受」「而用之」，其實天子亦備九德，故能任用三德、六德也，則「俊德治能之士并在官」矣。「乂」訓爲治，故云「治能」。馬、王、鄭皆云「才德過千人爲俊，百人爲乂」。

傳「僚工」至「無非」　「僚，官」，釋詁文。〔六一〕「工，官」，常訓也。師師，謂相師法也。

傳「凝成」至「皆成」　鄭玄亦云：「凝，成也。」王肅云：「凝，猶定也。」皆以意訓耳。文承百工之下，撫于五辰，還是百工撫之，故云「百官皆撫順五行之時，則衆功皆成」也。五行之時，即四時也。禮運曰：「播五行於四時。」土寄王四季，故爲「五行之時」也。所「撫順」者，即堯典「敬授民時」、「平秩東作」之類是也。

「無教逸欲有邦，不爲逸豫貪欲之教，是有國者之常。兢兢業業，一日二日萬幾。兢兢，戒慎；業業，危懼；幾，微也。言當戒懼萬事之微。○兢兢，居凌反。業業，如字，徐五答反。幾，徐音機。無曠庶官，天工人其代之。曠，空也。位非其人爲空官。言人代天理官，不可以天官私非其才。天敘有典，敕我五典五惇哉！天次叙人之常性，各有分義，當敕正我五常之教，使合于五厚，厚天下。○有典，馬本作「五典」。有分，符問反。天秩有禮，自我五禮有庸哉！庸，常；自，用也。天次秩有禮，當用我公、侯、伯、子、男五等之禮以接之，使有常。○有庸，馬本作「五庸」。同寅協恭和衷哉！衷，善也。以五禮正諸侯，使同敬合恭而和善。○衷音中。天命有德，五服五章哉！五服，天子、諸侯、卿、大夫、士之服也。尊卑彩章各異，所以命有德。天討有罪，五刑五用哉！言天以五刑討有罪，用五刑宜必當。政事懋哉懋哉！言叙典秩禮，命德討罪，無非天意者，故人君居天官聽政治事，不可以不自勉。

【疏】「無教」至「懋哉」 皐陶既言用人之法，又戒以居官之事。上之所爲，下必效之。無教在下爲逸豫貪欲之事，是有國之常道也。爲人君當兢兢然戒慎，業業然危懼，言當戒慎。一日二日之間而有萬種幾微之事，皆須親自知之，不得自爲逸豫也。萬幾事多，不可獨治，當立官以佐己，無得空廢衆官，使才非其任。此官乃是天官，人其代天治之，不可以天之官而用非其人。又言典禮德刑，皆從天出，天次叙人倫，使有常性，故人君爲政，當敕正我父、母、兄、弟、子五常之教，教之使五者皆惇厚哉。天又次叙爵命，使有禮法，故人君爲政，當奉用我公、侯、伯、子、男五等之禮接之，使五者皆有常哉。接以常禮，當使同敬合恭而和善哉。天又命用有九德，使之居官。當承天意，爲五等之服，使五者尊卑彰明哉。天又討治有罪，使之絶惡。當承天意，爲五等之刑，使五者輕重用法哉。典禮德刑，無非天意，人君居天官，聽治政事，當須勉之哉。

傳「不爲」至「之常」「毋」者，禁戒之辭。人君身爲逸欲，下則效之，是以禁人君使不自爲耳。「不爲逸豫貪欲之教，是有國者之常」也。此文主於天子，天子謂天下爲國，詩云「生此王國」之類是也。

傳「兢兢」至「之微」釋訓云：「兢兢，戒也。業業，危也。」戒必慎，危必懼，傳言慎、懼以足之。易繫辭云：「幾者，動之微。」故「幾」爲微也。一日二日之間，微者乃有萬事，言當戒慎萬事之微。微者尚有萬，則大事必多矣。且微者難察，察則勞神，以言不可逸耳。馬、王皆云：「一日二日，猶日日也。」

傳「曠空」至「其才」「曠」之爲空，常訓也。位非其人，所職不治，是爲「空官」。天不自治，立君乃治之。君不獨治，爲臣以佐之。下典禮德刑，無非天意者，天意既然，人君當順天。是言人當代天治官。官則天之官，居天之官代天爲治，苟非其人，不堪此任。人不可以天之官而「私非其才」。王肅云：「天不自下治之，故人代天居之，不可不得其人也。」

傳「天次」至「天下」「天叙有典」，有此五典，即父義、母慈、兄友、弟恭、子孝是也。五者，人之常性，自然而有，但人性有多少耳。天次叙人之常性，使之各有分義。義，宜也。令此義、慈、友、恭、孝各有定分，〔六二〕合於事宜。此皆出天然，是爲天次叙之。天意既然，人君當順天之意，「勑正我五常之教」，使合於五者皆厚，以教天下之民也。五常之教，人君爲之，故言「我」也。五教遍於海内，故以天下言之。

傳「庸常」至「有常」「庸，常」，釋詁文。又云：「由，自也。」由是用，故「自」爲「用」也。「天次叙有禮」，謂使賤事貴、卑承尊，是天道使之然也。天意既然，人君當順天意，「用我公、侯、伯、子、男五等之禮以接之」，使之貴賤有常也。此文主於天子。天子至於諸侯，車旗衣服、國家禮儀、饗食燕好、饔餼飧牢，禮各有次秩以接之。上言「天叙」，此云「天秩」者，「叙」謂定其倫次，「秩」謂制其差等，義亦相通。上云「勑我」，此言「自我」者，五典以教下民，須勑戒之；五禮以接諸侯，當用我意，故文不同也。上言「五惇」，此言「五庸」者，五典施于近親，欲其恩厚；五禮施于臣下，欲其有常，故文異也。王肅云：「五禮，謂王、公、卿、大夫、士。」鄭玄云：「五禮，天子也、諸侯也、卿大夫也、士也、庶民也。」此無文可據，各以意説耳。

傳「衷善」至「和善」「衷」之爲「善」，常訓也。故左傳云「天誘其衷」，説者皆以衷爲善。此文合五禮之下，禮尚恭敬，故以五禮正諸侯，使同敬合恭而和善也。鄭玄以爲并上之禮，〔六三〕共有此事。五典，室家之內，務在相親，非復言以恭敬，恭敬惟爲五禮而已，孔言是也。

傳「五服」至「有德」益稷云：「以五采彰施於五色，作服，汝明。」是天子、諸侯、卿、大夫、士之服也。其「尊卑彩章各異」，於彼傳具之。天命有德，使之居位，命有貴賤之倫，位有上下之異，不得不立名，以此等之象物以彰之。先王制爲五服，所以表貴賤也。服有等差，所以別尊卑也。

「天聰明，自我民聰明。言天因民而降之福。民所歸者，天命之。天視聽人君之行，用民爲聰明。天明畏，自我民明威。〔六四〕天明可畏，亦用民成其威。民所叛者天討之，是天明可畏之效。○明畏，下如字，〔六五〕徐音威，馬本作威。達于上下，敬哉！有土。」言天所賞罰，惟善惡所在，不避貴賤。有土之君，不可不敬懼。皋陶曰：「朕言惠，可厎行。」其所陳九德以下之言，順於古道，可致行。禹曰：「俞，乃言厎可績。」然其所陳，從而美之曰：用汝言，致可以立功。皋陶曰：「予未有知思，日贊贊襄哉。」〔六六〕言我未有所知，未能思致於善，徒亦贊奏上古行事言之。因禹美之，承以謙辭，言之序。○有知，如字，徐音智。思，如字，徐音息吏反。襄，息羊反，上也。馬云：「因也。」案爾雅作「儴」，因也，如羊反。

【疏】「天聰」至「襄哉」　此承上「懋哉」之下，言所以勉之者，〔六七〕以天之聰明視聽，觀人有德，用我民以爲耳目之聰明。察人言善者，天意歸賞之。又天之明德可畏，天威者，用我民言惡而叛之，因討而伐之，成其明威。天所賞罰，達於上下，不避貴賤，故須敬哉，有土之君。皋陶既陳此戒，欲其言入之，故曰我之此言順於古道，可致行，不可忽也。禹即受之曰：然，汝言用而致可以立功。重其言以深戒帝。皋陶乃承之以謙曰：我未有所知，未能思致於善，我所言曰徒贊奏上古所行而言之哉，非己知思而所自能。是其謙也。

傳「言天」至「聰明」　皇天無心，以百姓之心爲心。此經大意言民之所欲，天必從之。聰、明，謂聞、見也。天之所聞見，用民之所聞見也。然則「聰明」直是聞見之義，其言未有善惡。以下言「明威」是天降之禍，知此「聰明」是天降之福。此即泰誓所云「天聽自我民聽，天視自我民視」，故民所歸者天命之。大而言之，民所歸就，天命之爲天子也。小而言之，雖公卿大夫之任，亦爲民所歸向乃得居之。此文主於天子，故言天視聽。人君之行，用民爲聰明，戒天子使順民心，受天之福也。

傳「言天」至「敬懼」　上句有賞罰，故言天所賞罰，不避貴賤。此之達於上下，言天子亦不免也。喪服鄭玄注云：「天子、諸侯及卿、大夫有地者皆曰君。」即此「有土」可兼大夫以上。但此文本意實主於天子，戒天子不可不敬懼也。

傳「言我」至「之序」　皋陶自言可致行，禹言致可績。此承而爲謙，知其自言未有所知，未能思致於善也。「思」字屬上句。王肅云：「贊贊，猶贊奏也。」顧氏云：「襄，上也。謂贊奏上古行事而言之也。」經云「曰」者，謂我上之所言也。傳不訓「襄」爲上，已從「襄陵」而釋之，故二劉並以「襄」爲因。若必爲因，孔傳無容不訓其意。言進習上古行事，因贊成其辭而言之也。傳雖不訓「襄」字，其義當如王說。皋陶慮忽之，自云言順可行。因禹美之，即承謙辭。一揚一抑，言之次序也。鄭玄云：「贊，明也。襄之言揚。」〔六八〕言我未有所知所思，徒贊明帝德，揚我忠言而已，〔六九〕謙也。」

校勘記

〔一〕徐云本虞書總爲一卷　阮云：「『云』字疑衍。」

〔二〕益稷　孫星衍本「益」作「棄」，云：「僞孔傳割分臯陶謨已下爲益稷，因『曁益』、『曁稷』之文易『棄』爲『稷』。」

〔三〕說文安寧如此　按：「寧」下當有「字」字。

〔四〕而帝曰然　正字云：「『而』當作『矣』，屬上句。」

〔五〕此禹言之義　正字云：「五字衍文。」盧云：「『此』上脱『成』字，足上句也。」

〔六〕神妙無方　周易無「妙」字，「無」作「无」。

〔七〕奄同釋言文　「奄」，爾雅作「弇」。

〔八〕惟影響　正字引鄒季友云：「『影』古文作『景』，葛洪始加『彡』。此天寶三年衛包改古文從今文時所易也。」

〔九〕儆戒無虞　阮云：「朱子曰：『儆』與『警』同，古文作『敬』，開元改今文。」

〔一〇〕虞度釋言文　「言」原誤「詁」，據爾雅改。

〔一一〕九功惟叙　盧云：「古本『叙』作『序』，下同。」

〔一二〕此以相尅爲次　「尅」原誤「刻」，改從殿本作「尅」，李本作「克」。

〔一三〕古之歌詠　「古」，正字及盧並以爲「見」字之誤。

〔一四〕樂府之歌詞　「詞」原作「事」，以音誤，從正字及盧説改。

〔一五〕厭倦萬機　「機」，宋無疏本、殿本作「幾」。阮云：「岳本作『幾』。」

〔一六〕皐陶布行其德　盧云：「古本重一『德』字。」

〔一七〕計舜年六十三即政　正字云：「『二』誤『三』。」

〔一八〕惟乃之休　盧云：「『乃』，古本作『女』。」

〔一九〕於治體正相當也　「正」上原有「與」字，衍，從正字及盧説删。

〔二〇〕刑無所用　正字云：「四字疑在下『與前經期義别』之下。」阮云：「下云『此「期」爲限，與前經「期」義别，而論語所謂「勝殘去殺」矣』，三句當是疏内小注。」今按：阮説是也。

〔二一〕降水儆予　「降水」，阮云：「纂傳引朱子曰：『降水，洪水也。古文作洚。』」

〔二二〕卑其宫室　盧云：「古本『宫』作『居』。」

〔二三〕汝成聲教之信　「汝」下李本、殿本有「能」字，當是。

〔二四〕汝當精心　正字及盧並云：「『汝』下當脱『惟』字。」

〔二五〕詩序云矜其車甲　「序」字原脱，從正字及盧説據詩秦風小戎序原文補。

〔二六〕即矜者矜其能也　正字云：「『即』疑『則』字誤。」

〔二七〕故以自賢解矜　「以」字原無，從正字及盧説補。

〔二八〕不結言民之意　正字云：「『不結言』下疑脱『養』字。」

〔二九〕必謂四海之内困窮之民令天子撫育之故知如王制所云　正字云「故知」二字當在「謂四海」之上，盧從移。盧又云：「『必』字衍。」

〔三〇〕賞慶刑威曰君　「賞慶」原倒，據左傳原文乙。

〔三一〕言語者君子之樞機　「言語」，周易繫辭原文作「言行」。

〔三二〕官占惟先蔽志　阮引孫志祖曰：「左傳哀十八年引夏書：『官占惟能蔽志。』釋文云：『尚書「能」作「克」，克亦能也。』孔疏則云：『夏書大禹謨之篇也，惟彼「能」作「先」耳。』此則陸氏所見本與今異，孔氏所見本與今同，頗疑釋文近得其真，『先』字後人以意改也。」阮曰：「既言『昆』，則不必言『先』，故知陸氏爲得也。但孔疏云『惟能先斷人志』，『先』字上仍有『能』字，則孔氏所見本未必不作『克』。左傳疏『先』字疑本是『克』字，後人反據誤本尚書改之。」今按：「克」、「先」二字形似，經籍恒多互誤，然「克」可作「能」，「先」則無緣作「能」。左傳引作「能」，則本不作「先」可知。然傳云「先斷人志」，知孔氏所見本已誤「先」，與陸氏所見本異。

〔三三〕甫世反　毛居正云：「『甫』當作『補』。」

〔三四〕舜即政三十四年九十六也　盧校下增重一「年」字，是也。

〔三五〕奉行帝之故事　「故事」二字原誤倒，從正字及盧説乙。

〔三六〕三苗之民數干王誅　「誅」，殿本作「法」。阮云：「纂傳『誅』作『法』，是也。」

〔三七〕不循帝道　「帝」，殿本作「常」。阮云：「纂傳作『常』，是也。」

〔三八〕亡諌反　毛居正云：「『亡』當作『忙』。」

〔三九〕奉辭罰罪　「罰」，唐石經本作「伐」。阮云：「唐石經作『伐』，明監本、毛本因之。古本及蔡傳並作『伐』，『伐』字是也。」

〔四〇〕敗壞德義　「義」字原脱，據諸本補。

〔四一〕帝初于歷山　盧云：「古本『初』下有『耕』字。」

〔四二〕夔夔齋慄　「齋」，吴本、殿本作「齊」。阮云：監本、毛本、葛本作「齊」。今按：「齊」、「齋」本通，故釋文音

「側皆反」。

〔四三〕何爲其然也 「其」原作「公」，諸本作「何爲然也」。阮云：「宋板『然』上有『其』字，是也。」今從宋板改。

〔四四〕覆動上天 阮引許宗彦曰：「當作『覆上動天』。」

〔四五〕神覆動天 「神」，殿本作「祇」。阮云：當作「祇」。

〔四六〕臯陶 説文及唐寫本並作「咎繇」。孫星衍云：「顔師古注漢書、李賢注後漢書、李善注文選俱引作『咎繇』，是唐以前本，知此『臯陶』字後人所改。」

〔四七〕曰若稽古 盧云：「薛季宣謂此四字今文無，古文所加。」

〔四八〕迪蹈厥其也 盧云：「『迪』上古本有『允信』二字。」

〔四九〕其古人也 盧云：「『其』上古本復有『其』字。」今按：依古文例，「其」字當重，古本是也。

〔五〇〕猶大禹謨 「謨」原誤「謀」，上衍「爲」字，從盧説删正。

〔五一〕鄭玄以臯陶下屬爲句 「玄」下原衍「云」字，從盧校删。

〔五二〕佞人亂德 「德」原作「真」，從阮説據殿本改。阮云：「古本作『德』。德古作『悳』，形近之譌。」

〔五三〕孔甚釋言文 「言」，原作「詁」，據爾雅原書改。

〔五四〕亦言其人有德 唐石經本無「人」字。阮云：「唐石經無『人』字，與史記夏本紀同。」今按：此「人」當涉傳衍或增。

〔五五〕剛而塞 「塞」，説文引作「𡫸」。俞樾云：「『塞』當讀爲『思』」。

〔五六〕外失於儀 「外」字原在「儀」上，據阮本、李本、殿本移。

〔五七〕是爲强毅也 「毅」原作「貌」，從阮説據殿本、四庫本改。阮云：「毛本作『毅』，是也。」

〔五八〕弘大者失於不謹細行　「細行」下原有「者」字，衍，從盧説删。

〔五九〕撫于五辰　于鬯云：「『五辰』殊無義，『辰』疑『長』字之誤。五長，即益稷篇所云『外薄四海，咸建五長』也。」按：金景芳疑「五」是「三」字之誤，近是。三辰，日、月、星也。

〔六〇〕謂天子也任之所能　正字云：「『也』疑『各』字誤，『之』疑『其』字誤。」今按：「也」字似不誤，惟當讀斷。

〔六一〕僚官釋詁文　「僚」，今爾雅作「寮」。

〔六二〕令此義慈友恭孝各有定分　「令」原誤「今」，從正字説訂正。

〔六三〕鄭玄以爲并上之禮　「之」，正字疑「典」誤。

〔六四〕天明畏自我民明威　考證引王應麟云：「古文本作『畏』，今下文『畏』作『威』，蓋衛包所改。」今按：王説近是，敦煌唐寫本凡「威」皆作「畏」。

〔六五〕下如字　「下」原譌「不」，據義改。

〔六六〕思日贊贊襄哉　「日」原作「曰」，孫星衍云：「曰字史記無，或當爲『日思』。」正字引蔡沈云：「當作『日』。」盧云：「『思』屬上句。『曰』上畫不開口即『日』字，不以濶狹爲辨。」今按：觀傳義，似本作「日」，故從改。

〔六七〕言所以勉之者　「以」字原脱，從正字説補。

〔六八〕襄之言揚　「揚」原誤「暢」，盧云：「王伯厚鄭注尚書『言暢』作『言揚』，注：『一作「暢」。』下『暢』亦作『揚』。」毛本作「揚」，似與王所見本合。」阮云：「鄭注尚書乃惠棟所輯託名王伯厚者。」今按：襄無暢義，故從改。

〔六九〕揚我忠言　「揚」原亦誤「暢」，從李本。阮云：毛本作「揚」。

益稷第五

益稷禹稱其人，因以名篇。

【疏】傳「禹稱」至「名篇」禹言「暨益」、「暨稷」，是禹稱其二人。二人佐禹有功，因以此二人名篇。既美大禹，亦所以彰此二人之功也。禹先言「暨益」，故益在稷上。馬、鄭、王所據書序，此篇名爲棄稷。棄、稷一人，不宜言名又言官，是彼誤耳。又合此篇於皋陶謨，謂其別有棄稷之篇，皆由不見古文，妄爲説耳。

帝曰：「來，禹！汝亦昌言。」因皋陶謀九德，故呼禹，使亦陳當言。○當，丁浪反，本亦作「讜」，當蕩反。李登聲類云：「讜言，善言也。」禹拜曰：「都，帝！予何言？予思日孜孜。」〔一〕拜而歎，辭不言，欲使帝重皋陶所陳。言已思日孜孜不怠，奉承臣功而已。○思，徐如字，又息吏反。孜孜，音兹。皋陶曰：「吁！如何？」問所以孜孜之事。禹曰：「洪水滔天，浩浩懷山襄陵，下民昏墊。〔二〕言天下民昏瞀墊溺，皆困水災。○浩浩，户老反。墊，丁念反。瞀音務，一音茂，本或作「務」。溺，乃歷反。予乘四載，隨山刊木。〔三〕所載者四，謂水乘舟，陸乘車、泥乘輴、山乘樏。隨行九州之山林，刊槎其木，開通道路以治水也。○予乘，下音繩。刊，苦安反。輴，丑倫反，漢書作「橇」，如淳音絶，以板置泥上。服虔云：「木橇，形如木箕，擿行泥上。」尸子云：「澤行乘蕝。」蕝音子絶反。樏，力追反。史記作「橋」，徐音丘遥反。漢書作「梮」，九足反。隨行，下孟反。槎，士雅反，下同，説文云：「衺斫。」又莊下反。**暨益，奏庶鮮食。**奏，謂進於民。鳥獸新殺曰鮮。與益槎木，獲鳥獸，民以進食。○暨，其器反。鮮，徐音仙。馬云：「鮮，生也。」**予決九川，距四海；濬畎、澮，距川。**距，至也。決九州名川，通之至海。一畎之間廣尺深尺曰畎，方百里之間廣二尋深二仞曰澮。澮畎深之至川，亦入海。○距音巨。濬，思俊反。畎，公犬反。澮，故外反。廣尺，上音光浪反。深尺，上尸鴆反，下「深二仞」同。**暨稷，播奏庶艱食鮮食。**艱，難也。衆難得食處，則與稷教民播種之，決川有魚鼈，使民鮮食之。○艱，工閑反。馬本作「根」，云：「根生之食，謂百穀。」食處，昌慮反。鼈，必滅反。**懋遷有無化居，**〔四〕化，易也。居，謂所宜居積者。勉勸天下徙有之無，魚鹽徙山，林木徙澤，交易其所居積。○懋音茂。鹽，余廉反。**烝民乃粒，萬邦作乂。」**米食曰粒。言天下由此爲治本。○烝，之烝反。粒音立。治，直吏反，下同。**皋陶曰：「俞，師汝昌言。」**言禹功甚當，可師法。○當，丁浪反。

【疏】「帝曰來」至「汝昌言」　皋陶既爲帝謀，帝又呼禹進之，曰：來，禹，汝亦宜陳其當言。禹拜曰：嗚呼，帝，皋陶之言既已美矣，我更何所言？我之所思者，每日孜孜，勤於臣職而已。皋陶怪禹不言，故謂之曰「吁」。問其所以孜孜之事如何，禹曰：往者洪水漫天，浩浩然盛大，包山上陵，下民昏惑沈溺，皆困水災。我乘舟、車、輴、樏等四種之載，隨其所往之山，槎木通道而治之。與益所進於人者，惟有槎木所獲衆鳥獸鮮肉爲食也。我又通決九州名川，通之至於四海；深其畎、澮，以至於川，水漸除矣。與稷播種五穀，進於衆人難得食處，乃決水所得魚鼈鮮肉爲食也。人既皆得食矣，又勸勉天下徙有之無，交易其所居積。於是天下衆人乃皆得米粒之食，萬國由此爲治理之政。我所言孜孜者，在此也。」皋陶曰：「然，可以爲師法者，是汝之當言。

傳「因皋」至「當言」　上篇皋陶謀九德，此帝呼禹，令亦陳當言。亦者，亦皋陶也。明上篇皋陶雖與益相應，其言亦對帝也。上傳云皋陶爲帝舜謀者，以此而知也。

傳「拜而」至「而已」　既已拜而歎，必有所美。復辭而不言，是知欲使帝重皋陶所陳，言已無以加也。王肅云：「帝在上，皋陶陳謀於下，已備矣，我復何所言乎？」是也。既無所言，故言已思，惟日孜孜，不敢怠惰，奉成臣職而已。〔五〕孜孜者，勉力不怠之意。

傳「言天下」至「水災」　昏者，眩惑之意，故言昏瞀。墊是下濕之名，故爲溺也。言天下之人遭此大水，精神昏瞀迷惑，無有所知。又苦沈溺，皆困此水災也。鄭云：「昏，没也。墊，陷也。禹言洪水之時，人有没陷之害。」

傳「所載」至「治水」　史記河渠書云：「夏書曰：禹湮洪水十三年，〔六〕三過家不入門。陸行載車，水行載舟，泥行蹈橇（音蕝），山行即橋（丘遥反）。」徐廣曰：「橋，一作輂，几玉反。輂，直轅車也。」尸子云：「山行乘樏，泥行乘蕝（子絶反）。」漢書溝洫志云：「泥行乘毳，山行則梮（居足反）。毳形如箕，〔七〕擿行泥上。」如淳云：「毳，謂以板置泥上，以通行路也。」慎子云：「爲毳者，患塗之泥也。」應劭云：「梮，或作樏，爲人所牽引也。」如淳云：「梮，謂以鐵如錐，頭長半寸，施之履下，以上山不蹉跌也。」韋昭云：「梮，木器也。如今轝牀，人舉以行也。」〔八〕此經惟言四載，傳言所載者四，同彼史記之説。古書尸子、慎子之徒有此言也。輴與毳爲一，樏與梮、轝爲一。〔九〕古篆變形，字體改易，説者不同，未知孰是。禹之施功，本爲治水，此經乃云隨山刊木，刊木爲治水，治水遍於九州，故云隨行九州之山林。襄二十五年左傳云：「井堙木刊。」刊是除木之義也。毛傳云：「除木曰槎。」故曰刊槎其木，開通道路以治水。

傳「奏謂」至「進食」　黎民阻飢，爲人治水，故知奏謂進食於人也。禮有鮮魚腊，以其新殺鮮淨，故名爲鮮。是鳥獸新殺曰鮮，魚鼈新殺亦曰鮮也。此承「山」下，故爲鳥獸；下承「水」後，故爲魚鼈，其新殺之意同也。既言刊木乃進鮮食，食是除木所得，故言與益槎木，獲鳥獸，人以進食。

傳「距至」至「入海」　「距」者，相抵之名，故爲「至」也。非是名川不能至海，故決九州之名川，通之至海也。考工記云：「匠人爲溝洫。耜廣五寸，二耜爲耦。一耦之伐，廣尺深尺謂之甽。田首倍之，廣二尺深二尺謂之遂。九夫爲井，井間廣四尺深四尺謂之溝。方十里爲成，成間廣八尺深八尺謂之洫。方百里爲同，同間廣二尋深二仞謂之澮。」是甽、遂、溝、洫、澮皆通水之道也。以小注大，故從甽、遂、溝、洫乃以入澮。澮入於川，川入於海，是甽内之水亦入海也。惟言甽、澮，舉大、小而略其餘也。先言決川至海，後言濬甽至川者，川既入海，然後澮得入川，故先言川也。

傳「艱難」至「鮮食之」　「艱，難也」，釋詁文。禹主治水，稷主教播種。水害漸除，則有可耕之地。難得食處，先須教導以救之，故云「衆難得食處，則與稷教人播種之」。易得食處，人必自能得之。意在救人艱危之厄，故舉難得食處以言之。於時雖漸播種，得穀猶少，人食未足，故決川有魚鼈，使人鮮食之。言食魚以助穀也。鄭玄云：「與稷教人種澤物菜蔬艱厄之食。」稷功在於種穀，不主種菜蔬也。言后稷種菜蔬艱厄之食，傳記未有此言也。

傳「化易」至「居積」　變化是改易之義，故「化」爲易也。「居謂所宜居積者」，近水者居魚鹽，近山者居林木也。「勉勸天下徙有之無者」，謂徙我所有，往彼無鄉；取彼所有，以濟我之所無。魚鹽徙山，林木徙川澤，交易其所宜居積。言此遷者，謂將物去，不得空取彼物也。王肅云：「易居者不得空去，當滿而去，當滿而來也。」

傳「米食」至「治本」　説文云：「粒，糂也。」今人謂飯爲米糂，遺餘之飯謂之一粒兩粒。是米食曰「粒」，言是用米爲食之名也。人非穀不生，政由穀而就，言天下由此穀爲治政之本也。君子之道，以謙虛爲德。禹盛言己功者，爲臣之法當孜孜不怠，自言己之勤苦，所以勉勸人臣，非自伐也。

禹曰：「都！帝：慎乃在位。」帝曰：「俞。」然禹言，受其戒。禹曰：「安汝止，惟幾惟康，其弼直。言慎在位，當先安好惡所止，念慮幾微，以保其安，其輔臣必用直人。○好，呼報反；惡，烏路反，又並如字。惟動丕應，徯志。〔一〇〕徯，待也。帝先安所止，動則天下大應之，順天命以待帝志。○應，應對之應。徯，胡啓反。以昭受上帝，天其申命用休。」昭，明也。非但人應之，又乃明受天之報施，天又重命用美。○施，始豉反。重，直用反。帝曰：「吁！臣哉鄰哉，鄰哉臣哉！」禹曰：「俞。」鄰，近也。言君臣道近，相須而成。

【疏】「禹曰都」至「曰俞」 禹以臯陶然己，因難而戒帝曰：嗚呼，帝當謹慎汝所在之位。帝受其戒曰：然。禹又戒帝曰：若欲慎汝在位，當須先安定汝心好惡所止，念慮事之微細，以保安其身。其輔弼之臣，必用正直之人。若能如此惟帝所動，則天下大應之以待帝志，以明受天之布施於天〔一一〕，其重命帝用美道也。帝以禹言已重，乃驚而言曰：吁，臣哉近哉，臣當親近君也；近哉臣哉，君當親近臣也。言君臣當相親近，共與成政道也。禹應帝曰：然，言君臣宜相親近也。

傳「言慎」至「直人」 此禹重戒帝，覆上「慎乃在位」。「當先安好惡所止」，謂心之所止當止好不止惡，言惡以形好也。大學云：「爲人君，止於仁；爲人臣，止於敬。」好惡所止，謂此類也。傳意以上「惟」爲念，下「惟」爲辭，故云「念慮幾微」，然後以保其好惡所安寧耳。

傳「徯待」至「帝志」 「徯，待」，釋詁文。帝先能自安所止，心之所止，止於好事。其有舉動發號出令，則天下大應之。「順命以待帝志」，謂靜以待命，有命則從也。

傳「昭明」至「用美」 堯典已訓「昭」爲「明」，此重訓詳之。皇天無親，惟德是輔，人之所欲，天必從之。帝若能安所止，非但人歸之，又乃明受天之報施。天下太平，祚胤長遠，是天之報施也。「天又重命用美」，謂四時和、祥瑞臻之類也。或當前後非一，故傳言又也。

傳「鄰近」至「而成」 周禮「五家爲鄰」，取相近之義，故「鄰」爲「近」也。禹言君當好善，帝言須得臣力。再言「鄰哉」，言君臣之道，當「相須而成」。鄭玄云：「臣哉，汝當爲我鄰哉；鄰哉，汝當爲我臣哉。」反覆言此，欲其志心入禹。」〔一二〕

帝曰：「臣作朕股肱耳目。言大體若身。○股音古。肱，古弘反。予欲左右有民，汝翼。左右，助也。助我所有之民富而教之，汝翼成我。予欲宣力四方，汝爲。布力立治之功，汝羣臣當爲之。予欲觀古人之象，欲觀示法象之服制。○觀，舊音官，又官喚反。日、月、星辰、山、龍、華、蟲，日、月、星爲三辰。華，象草華。蟲，雉也。畫三辰、山、龍、華、蟲於衣服、旌旗。○蟲，直弓反。作會宗彝。〔一三〕會五采也。〔一四〕以五采成此畫焉。宗廟彝樽，亦以山、龍、華、蟲爲飾。○會，馬、鄭作「繪」，胡對反。彝音夷，馬同。鄭云：「宗彝，虎也。」〔一五〕藻、火、粉、米、黼、黻絺繡，藻，水草有文者。火爲火字，粉若粟冰，米若聚米，黼若斧形，黻爲兩己相背。〔一六〕葛之精者曰絺。五色備曰繡。○藻音早，本又作「藻」。粉米，説文作「黺䊩」，徐本作「絑」，音米。黼音甫，白與黑謂之黼。黻音弗，黑與青謂之黻。絺，徐敕私反，又敕其反，馬同；鄭陟里反，刺也。繡音秀。背音佩。以五采彰施于五色，作服，汝明。天子服日月而下，諸侯自龍袞而下至黼黻，士服藻火，大夫加粉米。上得兼下，下不得僭上。以五采明施于五色，作尊卑之服，汝明制之。○袞，工本反。僭，子念反。予欲聞六律、五聲、八音，在治忽，以出納五言，〔一七〕汝聽。言欲以六律和聲音，在察天下治理及忽怠者，又以出納仁、義、禮、智、信五德之言，施于民以成化，汝當聽審之。○出，如字，又尺遂反，注同。納，如字，又音内。予違，汝弼。汝無面從，退有後言。我違道，汝當以義輔正我，無得面從我違，而退後有言我不可弼。欽四鄰，庶頑讒説若不在時，四近，前、後、左、右之臣。敕使敬其職。衆頑愚讒説之人，若所行不在於是而爲非者，當察之。侯以明之，撻以記之。當行射侯之禮，以明善惡之教，笞撻不是者，使記識其過。○撻，他末反，又他達反。笞，敕疑反。書用識哉，欲並生哉！書識其非，欲使改悔，與共並生。工以納言，時而颺之，工，樂官，掌誦詩以納諫，當是正其義而颺道之。〔一八〕○颺音揚。格則承之、庸之，否則威之。」天下人能至於道，則承用之，任以官；不從教，則以刑威之。○否，方有反，徐音鄙。任，汝鴆反。

【疏】「帝曰臣」至「威之」。帝以禹然己言，又説須臣之事：作我股肱耳目，言己動作視聽，皆由臣也。我欲助我所有之人，使之家給人足，汝當翼贊我也。我欲布陳智力於天下四方，爲立治之功，汝等當與我爲之。我欲觀示君臣上下以古人衣服之法象，其日、月、星辰、山、龍、華、蟲，作會合五采而畫之。又畫山、龍、華、蟲於宗廟彝罇。其藻、火、粉、米、黼、黻於絺葛而刺繡，以五種之彩明施於五色，制作衣服，汝當爲我明其差等而制度之。我欲聞知六律，和五聲，播之於八音，以此音樂察其政治與忽怠者。其樂音又以出納五德之言，汝當爲我聽審之。我有違道，汝當以義輔成我，汝無得知我違非而對面從我，退而後更有言云我不可輔也。既言其須臣之力，乃總敕之敬其職事哉，汝在我前後左右四旁鄰近之臣也。其衆類頑愚讒説之人，若有所行不在於是而爲非者，汝當察之以法，行射侯之禮，知其善惡以明別之。行有不是者，又撻其身以記之。書其過者，以識哉。所以撻之、書之者，冀其改悔，欲與並生活哉。工樂之官，以納諫言於上，當是正其義而顯揚之，使我自知得失也。又總言御下之法：天下之人有能至於道者，則當承受而進用之，當任以官也。不從教者，則以刑罰威之，當罪其身也。此等，皆汝臣之所爲。

傳「言大體若身」　君爲元首，臣爲股肱耳目，大體如一身也。足行手取，耳聽目視，身雖百體，四者爲大，故舉以爲言。鄭玄云：「動作視聽，皆由臣也。」

傳「左右」至「成我」　釋詁云：「左、右、助，勴也。」〔一九〕同訓爲勴，是「左右」得爲助也。立君所以牧人，人之自營生産，人君當助救之。論語稱孔子適衛，欲先富民而後教之，故云助我所有之民，欲富而教之也。君子施教，本爲養人，故先云助人，舉其重者。以其爲人事重，當須翼成，故言「汝翼」。次顯君施教化，須臣爲之，故言「汝爲」。次明衣服上下，摽顯尊卑，故云「汝明」。次云六律、五聲，故云「汝聽」。各隨事立文，其實不異。

傳「布力」至「爲之」　詩云：「四方于宣。」論語云：「陳力就列。」是布政用力，故言「布力立治之功，汝羣臣當爲之」。

傳「欲觀」至「服制」　「觀示法象之服制」者，謂欲申明古人法象之衣服，垂示在下，使觀之也。易繫辭云：「黄帝、堯、舜，垂衣裳而天下治。」象物制服，蓋因黄帝以還，未知何代而具彩章。舜言已欲觀古，知在舜之前耳。

傳「日月」至「旂旗」　桓二年左傳云：「三辰旂旗，昭其明也。」三辰，謂此日、月、星也。故「日、月、星爲三辰」，辰即時也。三者皆是示人時節，故並稱辰焉。傳言此者，以辰在星下，總上三事爲辰，辰非别爲物也。周禮大宗伯云：「實柴祀日月星辰。」鄭玄云：「星，謂五緯也。辰，謂日月所會十二次也。」星、辰異者，彼鄭以遍祭天之諸神，十二次亦當祭之，故令辰與星别。此云畫之於衣，日月合宿之辰，非有形容可畫，且左傳云：「三辰，即日、月、星也。」周禮司常掌九旗之物，〔二〇〕惟日月爲常，不言畫星，蓋太常之上不畫星也。〔二一〕穆天子傳稱天子葬盛姬，畫日月七星，蓋畫北斗也。草木雖皆有華，而草華爲美，故云「華象草華」。蟲，雉也。周禮司服有鷩冕，鷩則雉焉。

雉五色，象草華也。月令五時皆云「其蟲」，蟲是鳥獸之總名也。下云「作服汝明」，知畫三辰、山、龍、華、蟲於衣服也。又言「旌旗」者，左傳言「三辰旂旗」，周禮司常云「日、月爲常」。王者禮有沿革，後因於前，故知舜時三辰亦畫之於旌旗也。下傳云「天子服日、月而下」，則三辰畫之於衣服，又畫於旌旗也。周禮司服云：「享先王則衮冕。」衮者，卷也。言龍首卷。然以衮爲名，則所畫自龍以下，無日、月、星也。郊特牲云：「祭之日，王被衮冕，〔二二〕以象天也。」又曰：「龍章而設日、月，以象天也。」鄭玄云：「謂有日、月、星辰之章，設日、月，畫於衣服、旌旗也。」〔二三〕據此，記文衮冕之服亦畫日、月。鄭注禮記，言郊特牲所云謂魯禮也。要其文稱「王被服衮冕」，非魯事也。或當二代天子衣上亦畫三辰，〔二四〕自龍章爲首，而使衮統名耳。禮文殘缺，不可得詳。但如孔解，舜時天子之衣畫日月耳。鄭玄亦以爲然。王肅以爲舜時三辰即畫於旌旗，不在衣也，天子山、龍、華、蟲耳。

傳「會五」至「爲飾」　會者，合聚之名。下云以五采彰施於五色作服，知會謂五色也。禮，衣畫而裳繡。五色備謂之繡。知畫亦備五色。故云以五采成此畫焉，謂畫之於衣。「宗彝」文承「作會」之下，故云宗廟。彝樽亦以山、龍、華、蟲爲飾。知不以日、月、星爲飾者，孔以三辰之尊，不宜施於器物也。周禮有山罍、龍勺、雞彝、鳥彝，以類言之，知彝樽以山、龍、華、蟲爲飾，亦畫之以爲飾也。周禮彝器所云犧、象、雞、鳥者，鄭玄皆爲畫飾，〔二五〕與孔意同也。周禮彝器無山龍、華、蟲爲飾者，帝王革易，所尚不同，故有異也。

傳「藻水」至「曰繡」　詩云：「魚在在藻。」是藻爲水草。草類多矣，獨取此草者，謂此草有文故也。火爲火字，謂刺繡爲火字也。考工記云：「火以圜。」鄭司農云：「謂圜形，似火也。」〔二六〕鄭玄云：「形如半環。」然記是後人所作，何必能得其真？今之服章繡爲火字者，如孔所説也。粉若粟冰者，粉之在粟，其狀如冰。米若聚米者，刺繡爲文，類聚米形也。黼若斧形，考工記云：「白與黑謂之黼。」釋器云：「斧謂之黼。」孫炎云：「黼文如斧形。」蓋半白半黑似斧，刃白而身黑。黻爲兩己相背，謂刺繡爲己字，兩己字相背也。考工記云：「黑與青謂之黻。」刺繡爲兩己字，以青黑線繡也。詩葛覃云：「爲絺爲綌。」是絺用葛也。王藻云：「浴用二巾，上絺下綌。」曲禮云：「爲天子削瓜者，副之，巾以絺。爲國君者，華之，巾以綌。」皆以絺貴而綌賤。是絺精而綌麤，故葛之精者曰絺。「五色備謂之繡」，〔二七〕考工記文也。計此所陳，皆述祭服。祭服玄纁爲之，後代無用絺者。蓋於時仍質，暑月染絺爲纁而繡之，以爲祭服。孔以華象草華蟲雉，則合華、蟲爲一。周禮鄭玄注亦然。則以日、月、星辰、山、龍、華蟲六章畫於衣也，藻、火、粉、米、黼、黻六章繡於裳也。天之大數，不過十二，故王者制作，皆以十二，象天也。顧氏取先儒等説，以爲日、月、星取其照臨，山取能興雲雨，龍取變化無方，華取文章，雉取耿介。顧氏雖以華、蟲爲二，其取象則同。又云藻取有文，火取炎上，粉取絜白，米取能養，黼取能斷，黻取善惡相背。鄭玄云：「會讀爲繪。宗彝，謂宗廟之鬱鬯樽也。故虞、夏以上，蓋取虎彝、蜼彝而已。粉米，白米也。絺讀爲黹，黹，紩也。自日月至黼黻凡十二章，天子以飾祭服。凡畫者爲繪，刺者爲繡。此繡與繪各有六，衣用繪，裳用繡。至周而變之，以三辰爲旂旗，謂龍爲袞，宗彝爲毳。或損益上下，更其等差。」鄭意以華、蟲爲一，粉、米爲一，加宗彝謂虎蜼也。周禮宗廟彝器有虎彝、蜼彝，故以宗彝爲虎蜼也。此經所云，凡十二章：日也、月也、星也、山也、龍也、華蟲也，六者畫以作繪，施於衣也；宗彝也、藻也、火也、粉米也、黼也、黻也，此六者紩以爲繡，施之於裳也。鄭玄云：「至周而變易之，損益上下，更其等差。」周禮司服之注具引此文，乃云：「此古天子冕服十二章也。王者相變，至周而以日、月、星畫於旌旗。冕服九章，登龍於山，登火於宗彝，尊其神明也。九章：初一曰龍，次二曰山，次三曰華蟲，次四曰火，次五曰宗彝，皆畫以爲繢；次六曰藻，次七曰粉米，次八曰黼，次九曰黻，以絺爲繡。則袞之衣五章，裳四章，凡九也。鷩畫以雉，謂華蟲也。其衣三章，裳四章，凡七也。毳畫虎蜼，謂宗彝也。其衣三章，裳二章，凡五也。」是鄭以冕服之名皆取章首爲義。袞冕九章，以龍爲首。龍首卷然，故以袞爲名。鷩冕七章，華蟲爲首，華蟲即鷩雉也。毳冕五章，虎蜼爲首。虎蜼毛淺，毳是亂毛，故以毳爲名。如鄭此解，配文甚便。於絺繡之義，總爲消帖。

但解宗彝爲虎蜼，取理太迴，未知所説誰得經旨。

傳「天子」至「制之」　此言作服汝明，故傳辯其等差。天子服日、月而下十二章，諸侯自龍、衮而下至黼、黻八章。再言而下，明天子、諸侯皆至黼、黻也。士服藻、火二章，大夫加粉、米四章。孔注上篇五服，謂天子、諸侯、卿、大夫、士，則卿與大夫不同，當加之以黼、黻爲六章。孔略而不言。孔意蓋以周禮制諸侯有三等之服，此諸侯同八章者，上古樸質，諸侯俱南面之尊，故合三爲一等。且禮諸侯多同爲一等，故雜記云：「天子九虞，〔一八〕諸侯七虞。」左傳云：「天子七月而葬，諸侯五月而葬。」是也。孔以此經上句日、月、星辰、山、龍、華蟲尊者在上，下句藻、火、粉、米、黼、黻尊者在下，黼、黻尊於粉、米，粉、米尊於藻、火，故從上以尊卑差之。士服藻、火，大夫加以粉、米，併藻、火爲四章。馬融不見孔傳，其注亦以爲然，以古有此言，相傳爲説也。蓋以衣在上爲陽，陽統於上，故所尊在先；裳在下爲陰，陰統於下，故所重在後。詩稱「玄衮及黼」，顧命云「麻冕黼裳」，當以黼爲裳，故首舉黼以言其事如孔説也。天子、諸侯下至黼、黻，大夫粉、米兼服藻、火，是上得兼下也。士不得服粉、米，大夫不得服黼、黻，是下不得僭上也。訓彰爲明，以五種之彩明施於五色，作尊卑之服，汝當分明制之，令其勿使僭濫也。鄭玄云：「性曰采，施曰色。」以本性施於繒帛，故云以五采施於五色也。鄭云作服者，此十二章爲五服，天子備有焉。公自山、龍而下，侯伯自華、蟲而下，子男自藻、火而下，卿大夫自粉、米而下，亦是以意説也。此云作服，惟據衣服，所以經有宗彝。及孔云旌旗，亦以山、龍、華蟲爲飾者，但此雖以服爲主，上既云古人之象，則法象分在器物，皆悉明之，非止衣服而已。旌旗器物，皆是彩飾。彼服以明尊卑，故總云「作服」以結之。

傳「言欲」至「審之」　此經大意，令臣審聽樂音，察世之治否，以報君也。金、石、絲、竹、匏、土、革、木八物，各出其音，謂之八音。八音之聲，皆有清濁，聖人差之，以爲五品。宮、商、角、徵、羽，謂之五聲。五聲高下，各有所準，則聖人制爲六律，與五聲相均。作樂者以律均聲，聲從器出。帝言我欲以六律和彼五聲、八音，以此樂之音聲察世之治否。詩序云：「治世之音安以樂，其政和；亂世之音怨以怒，其政乖。」此則聽聲知政之道也。言今聽作樂，若其音安樂和平，則時政辨治而修理也。若其音怨怒乖離，則時政忽慢而怠惰也。是用樂之聲音，察天下治理及忽怠者也。知其治理則保以修之，知其忽怠則改而修之。此治理忽怠，人君所願聞也。又樂之感人，使和易調暢，若樂音合度，則言必得理。以此樂音出納仁、義、禮、智、信五德之言，乃君之發言，合彼五德。施之於人，可以成其教化，是出五言也。人之五言，合彼五德，歸之於君，可以成諷諫，是納五言也。君言可以利民，民言可以益君，是言之善惡，由樂音而知也。此言之善惡，亦人君之所願聞也。政之理忽，言之善惡，皆是上所願聞，欲令察知以告己，得守善而改惡，故帝令臣：汝當爲我聽審之也。六律、六吕，當有十二。惟言六律者，鄭玄云：「舉陽，陰從可知也。」傳以「五言」爲「五德之言」者，漢書律曆志稱「五聲播於五常」，則角爲仁、商爲義、徵爲禮、羽爲智、宫爲信。志之所稱，必有舊説也。言五聲與五德相協。此論樂事，而云「出納五言」，知是出納五德之言也。樂音和則五德之言得其理，音不和則五德之言違其度，故亦以樂音察五言也。帝之此言，自説臣之大法。於舜所聽，使聽韶樂也。襄二十九年左傳吴季札見舞韶樂而歎曰：「德至矣哉！大矣，如天之無不幬也，如地之無不載也！」然則韶樂盡善盡美，有理無忽。而並言忽者，韶樂自美耳。樂採人歌爲曲，若其怠忽，則音辭亦有焉，故常使聽察之也。

傳「四近」至「察之」　冏命云：「惟予一人無良，實賴左右前後有位之士，匡其不及。」知「四近」謂「前後左右」。四者近君之臣，敕使敬其職也。更欲告以此下之辭，故敕之。衆頑愚讒説之人，若有所行不在於是而爲非者，當察之。知其非，乃撻之、書之。此與以下發端也。「庶頑讒説」，謂朝廷之臣。「格則承之」，乃謂天下之人。舜之朝廷，當無讒説之人，故設爲大法，戒慎之耳。四近之臣，普謂近君之臣耳，無常人也。鄭玄以四近爲左輔、右弼、前疑、後承，惟伏生書傳有此言。文王世子云「有師保、有疑承」，〔二九〕以外經傳，無此官也。

傳「當行」至「其過」　禮，射皆張侯射之。知「侯以明之」，「當行射侯之禮，以明善惡之教」。射禮有序賓以賢，詢衆擇善之義，是可以明善惡也。答撻不是者，使記識其過，謂過輕者也。大罪刑殺之矣。古之射侯之事，無以言之。案周禮司裘云：「王大射，則供虎侯、熊侯、豹侯，設其鵠。諸侯則供熊侯、豹侯，卿大夫則供麋侯，皆設其鵠。」鄭玄注云：「虎九十弓，即方一丈八尺。熊七十弓，方一丈四尺。豹、麋五十弓，方一丈。」鄭又引梓人：「爲侯廣與崇方，三分其廣，而鵠居一焉。」則丈八之侯，鵠方六尺；丈四之侯，鵠方四尺六寸大半寸；一丈之侯，鵠方三尺三寸少半寸：此皆大射之侯也。射人云：「王以六耦射三侯五正，諸侯以四耦射二侯三正，孤卿大夫以三耦射一侯二正，士以三耦射豻侯二正。」鄭玄注云：「五正者五采，中朱、次白、次蒼、次黃，玄居外。三正者去玄、黃，二正者去白、蒼而畫以朱、緑。」此賓射之侯也。鄭以賓射三侯步數高廣與大射侯同，正大如鵠。司裘及射人所云諸侯者謂圻内諸侯。若圻外諸侯，則儀禮大射云大侯九十弓，熊侯七十弓，豹侯五十弓，〔三〇〕皆以三耦。其賓射則無文。若天子已下之燕射，案鄉射記云：「天子熊侯白質，諸侯麋侯赤質，大夫布侯畫以虎、豹，士布侯畫以鹿、豕。」能侯已下同五十弓，即侯身高一丈，君臣共射之。

傳「書識」至「並生」　書識其非，亦是小過者也。欲並生哉，總上三者「侯以明之、撻以記之、書用識哉」，皆是欲其改悔，與無過之人共並生也。

傳「工樂」至「道之」　禮通謂樂官爲工，知工是樂官，則周禮大師、瞽矇之類也。樂官掌頌詩言以納諫。以詩之義理或微，人君聽之若有不悟，當正其義而揚道之。揚，舉也。舉而道向君也。

傳「天下」至「威之」　言「承之、用之」，則此人未在官也，故言謂天下民必也。「能至於道」即賢者，故承用之，而任以官也。否，謂「不從教」者。「則以刑威之」，而罪其身也。臣過必小，故撻之、書之。人罪或大，故以刑威之。

禹曰：「俞哉！帝：光天之下，至于海隅蒼生，光天之下至于海隅，蒼蒼然生草木，言所及廣遠。萬邦黎獻，共惟帝臣。惟帝時舉，敷納以言，明庶以功，〔三一〕車、服以庸。獻，賢也。萬國衆賢，共爲帝臣，帝舉是而用之，使陳布其言，明之皆以功大小爲差，以車服旌其能用之。〔三二〕誰敢不讓，敢不敬應？上惟賢是用，則下皆敬應上命而讓善。○應，應對之應。帝不時，敷同日奏罔功。帝用臣不是，則遠近布同而日進於無功，以賢、愚並位，優、劣共流故。無若丹朱傲，惟慢遊是好。丹朱，堯子。舉以戒之。○傲，五報反，字又作「奡」。好，呼報反。傲虐是作，罔晝夜頟頟。傲戲而爲虐，無晝夜常頟頟肆惡無休息。○傲，五羔反，徐五報反，注同。頟頟，五客反。罔水行舟，朋淫于家，用殄厥世。朋，羣也。丹朱習於無水陸地行舟，言無度。羣淫於家，妻妾亂用，是絶其世，不得嗣。○殄，徒現反。予創若時，娶于塗山，辛、壬、癸、甲。創，懲也。塗山，國名。懲丹朱之惡，辛日娶妻，至于甲日復往治水，不以私害公。○娶，促住反。復往，上扶又反。啓呱呱而泣，予弗子，惟荒度土功。啓，禹子也。禹治水過門不入，聞啓泣聲，不暇子名之，以大治度水土之功故。○呱呱音孤。弗子，如字，鄭將吏反。度，徒洛反。弼成五服，至于五千，州十有二師。五服，侯、甸、綏、要、荒服也。服五百里，四方相距，爲方五千里，治洪水輔成之。一州用三萬人功，九州二十七萬庸。○至于五千，馬云：「面五千里爲方萬里。」鄭云：「五服已五千，又弼成爲萬里。」州十有二師，二千五百人爲師。鄭云：「師，長也。」要，一遥反。外薄四海，咸建五長。薄，迫也。言至海諸侯，五國立賢者一人爲方伯，謂之五長，以相統治，以奬帝室。○薄，蒲各反，徐扶各反。長，丁丈反。五長，衆官之長。各迪有功，苗頑弗即工，帝其念哉！」九州五長各蹈爲有功，唯三苗頑凶，不得就官。善惡分別。○別，彼列反。帝曰：「迪朕德，時乃功惟叙。」言天下蹈行我德，是汝治水之功有次序，敢不念乎？

【疏】「禹曰」至「惟叙」　禹既得帝言，乃答帝曰：然。既帝之任臣，又言當擇人充滿大天之下，旁至四海之隅，蒼蒼然生草木之處，皆是帝德所及。其内有萬國衆賢，皆共爲帝臣，言其可用者甚衆也。帝當就是衆賢之内，舉而用之。其舉用之法，各使陳布其言納受之，以其言之所能，從其所能而驗試之。明顯衆人所能，當以功之大小。既知有功，乃賜之以車、服，以表其功有能用。帝以此法用人，即在下之人知官不妄授，必用度才能而使之。如此，誰敢不讓有德，敢不敬應帝命而推先善人也？若帝用臣不是，不嘗試驗，不知臧否，則羣臣遠近遍布同心，而日進無功之人。既戒帝擇人，又勸帝自勤，無若丹朱之傲，惟慢褻之遊是其所好。傲戲而爲虐，是其所爲。爲此惡事，不問晝夜而頟頟然恒爲之無休息，又無水而陸地行舟，羣朋淫泆於室家之内。用此之故，絶其世嗣，不得居位。我本創丹朱之惡若是也，故娶於塗山之國，歷辛、壬、癸、甲四日，而即往治水。其後過門不入，聞啓呱呱而泣，我不暇入而子名之，惟以大治度水土之功故也。水土既平，乃輔成五服，四面相距，至於五千里。「州十有二師」，其治水之時所役人功，每州用十有二師，各用三萬人也。自京師外迫及四海，其間諸侯五國皆立一長，迆相統領。以此，諸侯各蹈行所職，並爲有功，惟有三苗頑凶，不能就官。我以供勤之故，得使天災消没，帝念此事哉，不可不自勤也。帝答禹曰：天下之人皆蹈行我德，是汝治水之功惟有次叙故也。受其戒而美其功也。

傳「光天」至「廣遠」　堯典之序訓「光」爲「充」，即此亦爲充，言充滿大天之下也。據其方面即四隅，爲遠至於海隅，舉極遠之處，言帝境所及廣遠，其内多賢人也。

傳「獻賢」至「用之」　釋言云：「獻，聖也。」賢是聖之次，臣德不宜言聖，故爲賢也。萬國衆賢共爲帝臣，言求臣之處多也。帝舉是衆賢而用之，使陳布其言，令其自説己之所能，聽其言而納受之，依其言而考試之。顯明衆臣，皆以功大小爲差，然後賜車、服以旌别其人功能事用，是舉賢用人之法也。舜典云：「敷奏以言，明試以功。」「奏」「試」二字與此異者，彼言施於諸侯，其人見爲國君，故令奏言試功；此謂方始擢用，故言「納」「庶」。納謂受取之，庶謂在羣衆。

傳「帝用」至「流故」　帝用臣不是，不以言考功在下，知帝不分别善惡，則無遠近徧布同心，日日進於無功之人，由其賢愚並位，優劣共流故也。「敷」是布之義，故言「遠近布同」，同心妄舉也。

傳「丹朱堯子」　漢書律曆志云：「堯讓舜，使子朱處於丹淵爲諸侯。」則朱是名，丹是國也。

傳「傲戲」至「休息」　詩美衛武公云：「善戲謔兮，不爲虐兮。」丹朱反之，故傲戲而爲虐也。　額額，是不休息之意。肆，謂縱恣也。　晝夜常額額然縱恣爲惡，無休息時也。

傳「朋羣」至「得嗣」　朋輩與羣聚義同，故「朋」爲「羣」也。　聖人作車以行陸，作舟以行水，丹朱乃習於無水而陸地行舟，言其所爲惡事無節度也。　此乃稟受惡性，習惡事也。　鄭玄云：「丹朱見洪水時人乘舟，今水已治，猶居舟中，額額使人推行之。」案下句云「予創若時」，乃勤治水，則丹朱行舟之時，水尚未除，非效洪水之時人乘舟也。「羣淫於家」，言羣聚妻妾，恣意淫之，無男女之别，故言「妻妾亂」也。　用是之惡，故絶其世位，不得嗣父也。　此「用殄厥世」一句，禹既見世絶，今始言之，以明行惡之驗。　此句非禹所創，創之者，創其行之惡耳。

傳「創懲」至「害公」　「創」與「懲」皆是見惡自止之意，故云「創，懲也」。　哀七年左傳云：「禹會諸侯於塗山。」〔三三〕杜預云：「塗山在壽春縣東北。」塗山，國名，蓋近彼山也。　「娶于塗山」，言其所娶之國耳，非就妻家見妻也。　懲丹朱之惡，故不可不勤，故辛日娶妻，至于甲日復往治水。　孔云復往，則已嘗治水，而輟事成昏也。　鄭玄云：「登用之年始娶于塗山氏，三宿而爲帝所命治水。」鄭意娶後始受帝命，娶前未治水也。　然娶後始受帝命，當云聞命即行，不須計辛之與甲日數多少。　當如孔説，輟事成昏也。　此時禹父新殛，而得爲昏者，鯀放而未死，不妨禹娶，且治水四年，兗州始畢，禹娶不必在殛鯀之年也。

傳「啓禹」至「功故」 「啓，禹子」，世本文也。孟子稱禹治水三過其門而不入，是至門而「聞啓泣聲」，不暇如人父子，名爲己子而愛念之，以其爲「大治度水土之功故」也。訓「荒」爲「大，治」，謂去其水。「度」謂量其功，故「治度」連言之。

傳「五服」至「萬庸」 據禹貢所云五服之名數，知五服即「甸、侯、綏、要、荒服」也。彼五服每服五百里，四面相距，爲方五千里也。王肅云：「五千里者，直方之數。若其迴邪委曲，動有倍加之較。」是直路五千里也。「治洪水輔成之」者，謂每服之內，爲其小數，定其差品，各有所掌，是禹輔成之也。周禮大司馬法，二千五百人爲師。每州十有二師，〔三四〕通計之，一州用三萬人功，總計九州用「二十七萬庸」，庸亦功也。州境既有闊狹，用功必有多少。例言三萬人者，大都通率爲然。惟言用三萬人者，不知用功日數多少，治水四年乃畢，用功蓋多矣，不知用幾日也。鄭玄云：「輔五服而成之，至于面方各五千里，四面相距，爲方萬里。九州州立十二人爲諸侯師，以佐牧。堯初制五服，服各五百里。要服之內，方四千里曰九州，其外荒服曰四海。此禹所受。地記書曰『崑崙山東南，〔三五〕地方五千里名曰神州』者，禹弼五服之殘數，亦每服者合五百里，故有萬里之界、萬國之封焉。猶用要服之內爲九州，州更方七千里。七七四十九，得方千里者四十九。其一以爲圻內，餘四十八，八州分而各有六。春秋傳曰：『禹朝羣臣于會稽，執玉帛者萬國。』言執玉帛者，則九州之內諸侯也。其制特置牧，以諸侯賢者爲之師，蓋百國一師，州十有二師，則州千二百國也。八州凡九千六百國，其餘四百國在圻內，與王制之法準之，八州通率封公、侯百里之國者一，伯七十里之國二，子、男五十里之國四。方百里者三，封國七，〔三六〕有畸。至于圻內，則子、男而已。」鄭云禹弼成五服，面各五千里，王肅禹貢之注已難之矣。傳稱萬，盈數也。萬國，舉盈數而言，非謂其數滿萬也。詩桓曰「綏萬邦」，烝民曰「揉此萬邦」，〔三七〕豈周之建國復有萬乎？天地之勢，平原者甚少，山川所在，不啻居半，豈以不食之地，亦封建國乎？王圻千里，封五十里之國四百，則圻内盡以封人，王城宮室無建立之處，言不顧實，何至此也？百國一師，不出典記。自造此語，何以可從？「禹朝羣臣于會稽」，〔三八〕魯語文也。「執玉帛者萬國」，左傳文也。採合二事，亦爲謬矣。

傳「薄迫」至「帝室」　釋言云：「逼，迫也。」薄者，逼近之義，故云迫也。外迫四海，言從京師而至于四海也。釋地云：「九夷、八狄、七戎、六蠻謂之四海，謂九州之外也。」王制云：「五國以爲屬，屬有長。」此建五長，亦如彼文，故云「諸侯五國立賢者一人爲方伯，謂之五長，以相統治」，欲以共奬帝室故也。僖元年公羊傳曰：「上無天子，下無方伯。」方伯謂周禮九命作伯者也。王制云：「千里之外設方伯。」方伯，一州之長，謂周禮八命作牧者也。傳言五國立一人爲方伯，直是五國之長耳，與彼異也。以其是當方之長，故傳以方伯言之。

傳「九州」至「分别」　「蹈爲有功」之長，言蹈履典法，行之有功。「惟三苗頑凶，不得就官」，謂舜分北三苗之時，苗君有罪，不得就其諸侯國君之官，而被流於遠方也。言「九州五長各蹈爲有功」，則海内諸侯皆有功矣。惟有三苗不得就官，以見天下大治，而惡者少耳。頑則不得就官，言「善惡分别」也。

皋陶方祗厥叙，〔三九〕方施象刑，惟明。方，四方。禹五服既成，故皋陶敬行其九德考績之次序於四方，又施其法刑，皆明白。史因禹功重美之。

○重美，上直用反。

【疏】「皋陶」至「惟明」　此經史述爲文，非帝言也。史以禹成五服，帝念禹功，故因美皋陶。言禹既弼成五服，故皋陶於其四方敬行九德考績之法有次叙也。又於四方施其刑法，惟明白也。由禹有此大功，故史重美之也。

傳「方四」至「美之」　皋陶爲帝所任，遍及天下，故「方」爲四方也。天下蹈行帝德，水土既治，亦由刑法彰明。若使水害不息，皋陶法無所施。若無皋陶以刑，人亦未能奉法。天下蹈行帝德，二臣共有其功，故史因帝歸功於禹，兼記皋陶之功。舜典與大禹謨已美皋陶，故言「重美之」也。傳言「考績之次叙」者，皋陶所言九德，依德以考其功績，亦是刑法之事，故兼言也。鄭云「歸美於二臣」，則以此經爲帝語。此文上無所由，下無所結，形勢非語辭也，故傳以爲史因記之。

夔曰：「戛擊鳴球，搏拊琴瑟以詠，祖考來格。戛擊，柷敔，所以作止樂。搏拊，以韋爲之，實之以糠，〔四〇〕所以節樂。球，玉磬。此舜廟堂之樂，民悦其化，神歆其祀，禮備樂和，故以祖考來至明之。○夔，求龜反。戛，居八反，徐古八反，馬云：「擽也。」球音求。搏音博。拊音撫。柷，尺叔反，所以作樂。敔，魚吕反，所以止樂。糠音康。歆，許金反。**虞賓在位，羣后德讓。**丹朱爲王者後，故稱賓。言與諸侯助祭，年爵同，推先有德。**下管、鼗鼓，合止柷、敔。**堂下樂也。上下合止樂，各有柷、敔。明球、弦、鍾、籥，各自互見。○鼗音桃。合，如字，徐音閤。籥，余若反。互音汗。〔四一〕見，賢遍反。下「見細器」同。**笙、鏞以間，鳥獸蹌蹌。**〔四二〕鏞，大鍾。間，迭也。吹笙擊鍾，鳥獸化德，相率而舞蹌蹌然。○鏞音庸。間，間厠之間。鳥獸，孔以爲自舞也。馬云：「鳥獸，筍簴也。」蹌，七羊反，舞貌。説文作「牄」，〔四三〕云：「鳥獸求食聲。」迭，直結反。〔四四〕**簫韶九成，鳳皇來儀。」**韶，舜樂名。言簫，見細器之備。雄曰鳳，雌曰皇，靈鳥也。儀，有容儀。備樂九奏，而致鳳皇，則餘鳥獸不待九而率舞。○韶，時昭反。**夔曰：「於！予擊石拊石，百獸率舞，庶尹允諧。」**尹，正也。衆正官之長信皆和諧。言神人洽，始於任賢。立政以禮，治成以樂，所以太平。〔四五〕○於，予，並如字。

【疏】「夔曰」至「允諧」　皋陶、大禹爲帝設謀，大聖納其昌言，天下以之致治。功成道洽，禮備樂和，史述夔言，繼之於後。夔曰：在舜廟堂之上，戛敔擊柷，鳴球玉之磬，擊搏拊鼓琴、瑟，以歌詠詩章。樂音和協，感致幽冥，祖考之神來至矣。虞之賓客丹朱者，在於臣位，與羣君諸侯以德相讓，此堂上之樂所感深矣。又於堂下吹竹管，擊鼗鼓，合樂用柷，止樂用敔。吹笙擊鍾，以次迭作，鳥獸相率而舞，其容蹌蹌然。堂下之樂，感亦深矣。簫韶之樂作之九成，以致鳳皇來而有容儀也。夔又曰：嗚呼，歎舜樂之美。我大擊其石磬，小拊其石磬，百獸相率而舞，鳥獸感德。如此，衆正官長信皆和諧矣。言舜政教平，而樂音和，君聖臣賢，謀爲成功所致也。

傳「戛擊」至「明之」　戛、擊是作用之名，非樂器也，故以「戛、擊」爲「柷、敔」。柷、敔之狀，經典無文。漢初已來，學者相傳皆云：柷如漆桶，中有椎柄，動而擊其旁也。敔狀如伏虎，背上有刻，戛之以爲聲也。樂之初，擊柷以作之；樂之將末，戛敔以止之。故云「所以作、止樂」，雙解之。釋樂云：「所以鼓柷謂之止，所以鼓敔謂之籈。」郭璞云：「柷如漆桶，方二尺四寸，深一尺八寸，中有椎柄，連氐，挏之令左右擊。止者，其椎名也。敔如伏虎，背上有二十七鉏鋙刻，以木長一尺櫟之。籈者，其名也。」是言擊柷之椎名爲止，戛敔之木名爲籈，戛即櫟也。漢禮器制度及白虎通、馬融、鄭玄、李巡，其説皆爲然也，惟郭璞爲詳，據見作樂器而言之。搏拊形如鼓，以韋爲之，實之以糠，擊之以節樂，漢初相傳爲然也。釋器云：「球，玉也。」「鳴球」，謂擊球使鳴。樂器惟磬用玉，故球爲玉磬。商頌云：「依我磬聲。」磬亦玉磬也。鄭玄云：「磬，懸也，而以合堂上之樂。〔四六〕玉磬和，尊之也。」然則鄭以球玉之磬懸於堂下，尊之，故進之使在上耳。「此舜廟堂之樂」，謂廟内堂上之樂。言「祖考來格」，知在廟内。下云「下管」，知此在堂上也。馬融見其言「祖考」，遂言此是舜除瞽瞍之喪，祭宗廟之樂，亦不知舜父之喪在何時也。但此論韶樂，必在即政後耳。此説樂音之和，而云祖考來格者，聖王先成於人，然後致力於神，言「人悦其化，神歆其祀，禮備樂和，所以祖考來至」明矣。以祖考來至，明樂之和諧也。詩稱「神之格思，不可度思」，而云祖考來至者，王肅云：「祖考來至者，見其光輝也。」蓋如漢書郊祀志稱武帝郊祭天，祠上有美光也。此經文次，以柷、敔是樂之始終，故先言戛、擊。其球與搏拊琴、瑟，皆當彈、擊，故使「鳴」冠於「球」上，使下共蒙之也。鄭玄以「戛擊鳴球」三者皆總下樂，〔四七〕櫟擊此四器也。樂器惟敔當櫟耳。四器不櫟，鄭言非也。

傳「丹朱」至「有德」　微子之命云：「作賓于王家。」詩頌微子之來，謂之「有客」，是王者之後爲時王所賓也。故知虞賓謂丹朱爲王者後，故稱賓也。王者立二代之後，而獨言丹朱者，蓋高辛氏之後無文而言，故惟指丹朱也。王者之後尊於羣后，故殊言在位。羣后亦在位也，後言德讓，丹朱亦以德讓也，故言「與諸侯助祭，年爵同」者，「推先有德」也。二王之後並爲上公，亦有與丹朱爵同，故丹朱亦讓也。丹朱之性下愚，堯不能化。此言有德者，猶上云瞽「亦允若」，暫能然也。

傳「堂下」至「互見」　經言「下管」，知是堂下樂也。敔當戛之，柷當擊之。上言戛、擊，此言柷、敔，其事是一，故云「上下合、止樂，各有柷、敔」也。言堂下、堂上合樂各以柷，止樂各以敔也。上言作用，此言器名，兩相備也。上下皆有柷、敔，兩見其文，明球、弦、鐘、籥上下樂器不同，各自更互見也。弦謂琴、瑟。鐘，鏞也。籥，管也。琴、瑟在堂，鐘、籥在庭，上下之器各別，不得兩見其名，各自更互見之。依大射禮，鐘磬在庭。今鳴球於廟堂之上者，案郊特牲云：「歌者在上，貴人聲也。」左傳云：「歌鐘二肆。」則堂上有鐘，明磬亦在堂上，故漢魏已來，登歌皆有鐘磬。燕禮、大射堂上無鐘磬者，諸侯樂不備也。

傳「鏞大」至「蹌蹌然」　釋樂云：「大鐘謂之鏞。」李巡曰：「大鐘音聲大。鏞，大也。」孫炎曰：「鏞，深長之聲。」釋詁云：「間，代也。」孫炎曰：「間厠之代也。」釋言云：「遞，迭也。」李巡曰：「遞者，更迭間厠相代之義。」故「間」爲迭也。吹笙擊鐘，更迭而作，鳥獸化德，相率而舞，蹌蹌然。下云「百獸率舞」，知此蹌蹌然亦是舞也。禮云：「凡行容惕惕，〔四八〕大夫濟濟，士蹌蹌。」是爲行動之貌，故爲舞也。

傳「韶舜」至「率舞」　韶是舜樂，經傳多矣。但餘文不言簫，簫乃樂器，非樂名。簫是樂器之小者，言簫，見細器之備，謂作樂之時小大之器皆備也。釋鳥云：「鶠，鳳，其雌皇。」是此鳥雄曰鳳，雌曰皇。禮運云：「麟、鳳、龜、龍，謂之四靈。」是鳳皇爲神靈之鳥也。易漸卦上九：「鴻漸于陸，其羽可用爲儀。」是「儀」爲有容儀也。〔四九〕「成」，謂樂曲成也。鄭云：「成，猶終也。」每曲一終，必變更奏，故經言「九成」，傳言「九奏」，周禮謂之「九變」，其實一也。「言簫，見細器之備」。「備樂九奏，而致鳳皇，則其餘鳥獸，不待九而率舞也。」尊者體盤，靈瑞難致，故九成之下，始言鳳皇來儀。「鳥獸蹌蹌」，乃在上句。傳據此文，言鳥獸易來，鳳皇難致，故云「鳥獸不待九」也。樂之作也，依上下遞奏，間合而後曲成。神物之來，上下共致，非堂上堂下別有所感。以祖考尊神配堂上之樂，鳥獸賤物，故配堂下之樂。總上下之樂，言九成致鳳，尊異靈瑞，故別言爾，非堂上之樂獨致神來，堂下之樂偏令獸舞也。鄭玄注周禮具引此文，乃云「此其在於宗廟九奏效應也」。〔五〇〕是言「祖考來格」、「百獸率舞」，皆是九奏之事也。大司樂云：「凡六樂者，六變而致象物及天神。」鄭玄云：「象物，有象在天，所謂四靈者。」彼謂大蜡之祭，作樂以致其神，此謂鳳皇身至，故九奏也。

傳「尹正」至「太平」。「尹，正」，釋言文。「衆正官之長」，謂每職之首，周官所謂「唐、虞稽古，建官惟百」是也。「信皆和諧」，言職事修理也。上云「祖考來格」，此言衆正官治，言神、人洽，樂音和也。此篇初説用臣之法，末言樂音之和，言其「始於任賢，立政以禮，治成以樂」，所以得致太平，解史録夔言之意。

帝庸作歌，曰：「敕天之命，惟時惟幾。」用「庶尹允諧」之政，故作歌以戒安不忘危。敕，正也。奉正天命以臨民，惟在順時，惟在慎微。乃歌曰：「股肱喜哉，元首起哉，百工熙哉！」元首，君也。股肱之臣喜樂盡忠，君之治功乃起，百官之業乃廣。○喜樂，下音洛。盡忠，上津忍反。臯陶拜手稽首，颺言曰：「念哉！大言而疾曰颺。承歌以戒帝。○颺音揚。率作興事，慎乃憲，欽哉！憲，法也。天子率臣下爲起治之事，當慎汝法度，敬其職。屢省乃成，〔五一〕欽哉！」屢，數也。當數顧省汝成功，敬終以善，無懈怠。○屢，力具反。省，悉井反。數，色角反。懈，佳賣反。乃賡載歌曰：「元首明哉，股肱良哉，庶事康哉！」賡，續；載，成也。帝歌歸美股肱，義未足，故續歌，先君後臣，衆事乃安，以成其義。○賡，加孟反，劉皆行反，説文以爲古續字。又歌曰：「元首叢脞哉，〔五二〕股肱惰哉，萬事墮哉！」叢脞，細碎無大略。君如此，則臣懈惰，萬事墮廢，其功不成，歌以申戒。○叢，才公反。脞，倉果反，徐音瑣。馬云：「叢，總也。脞，小也。」惰，徒卧反。墮，許規反。帝拜曰：〔五三〕「俞，往欽哉！」拜受其歌，戒羣臣自今以往，敬其職事哉。

【疏】「帝庸」至「往欽哉」　帝既得夔言，用此「庶尹允諧」之政，故乃作歌自戒。將歌而先爲言曰：人君奉正天命以臨下民，惟當在於順時，惟當在於慎微。既爲此言，乃歌曰：股肱之臣喜樂其事哉，元首之君政化乃起哉，百官事業乃得廣大哉。言君之善政由臣也。皋陶拜手稽首，颺聲大言曰：帝當念是言哉。率領臣下爲起政治之事，慎汝天子法度而敬其職事哉。又當數自顧省己之成功，而敬終之哉。乃續載帝歌曰：會是元首之君能明哉，則股肱之臣乃善哉，衆事皆得安寧哉。既言其美，又戒其惡：元首之君叢脞細碎哉，則股肱之臣懈惰緩慢哉，衆事悉皆墮廢哉。言政之得失由君也。帝拜而受之曰：然，然其所歌顯是也。汝羣臣自今已往，各敬其職事哉。

傳「用庶」至「慎微」　此承夔言之下，既得夔言而歌，故知「帝庸作歌」者，用「庶尹允諧」之政，故作歌以自戒之，安不忘危也。「敕」，是正齊之意，故爲正也。言天合「奉正天命」以臨下民，「惟在順時」，不妨農務也；「惟在慎微」，不忽細事也。鄭玄以爲戒臣，孔以爲自戒者，以正天之命是人君之事故也。

傳「元首」至「乃廣」　釋詁云：「元、良，首也。」僖三十三年左傳稱「狄人歸先軫之元」，則元與首各爲頭之别名。此以元、首共爲頭也。君臣大體，猶如一身，故「元首，君也」。「股肱之臣喜樂盡忠」，謂樂行君之化。「君之治功乃起」，言無廢事業。事業在於百官，故衆功皆起，「百官之業乃廣也」。

傳「憲法」至「其職」　「憲，法」，釋詁文。此言興事，對上「起哉」。「天子率臣下爲起治之事」，言臣不能獨使起也。

傳「屢數」至「懈怠」　釋詁云：「屢、數，疾也。」俱訓爲疾，故「屢」爲數也。「顧省汝成功」，謂已有成功，令數顧省之，「敬終以善，無懈怠」也。恐其惰於已成功，故以此爲戒。

傳「賡續」至「其義」　詩云：「西有長賡。」〔五四〕毛傳亦以「賡」爲「續」，是相傳有此訓也。鄭玄以「載」爲始，孔以「載」爲成，各以意訓耳。「帝歌歸美股肱，義未足」者，非君之明，爲臣不能盡力。空責臣功，是其義未足。以此續成帝歌，必「先君後臣」，「衆事乃安」，故以此言成其義也。

傳「叢脞」至「申戒」　孔以「叢脞」爲「細碎無大略」，鄭以「叢脞，總聚小小之事以亂大政」，皆是以意言耳。君無大略，則不能任賢；功不見知，則臣皆懈惰，「萬事墮廢，其功不成」，故又歌以重戒也。「庶事」、「萬事」爲義同而文變耳。

校勘記

〔一〕予思日孜孜　于鬯云：「『孜孜』，史記夏本紀作『孳孳』，當以『孳孳』爲正。」

〔二〕下民昏墊　孫星衍云：「『昏』，依史記疑當作『皆』。」今按：史記夏本紀作「下民皆服於水」，孫説或是。

〔三〕隨山刊木　于鬯云：「『隨』，蓋讀爲『墮』。」盧云：「刊，字從『干』，從『千』誤。」
〔四〕懋遷有無化居　孫星衍云：「『化』即古『貨』字。」是也。
〔五〕奉成臣職　正字云：「『承』誤『成』。」
〔六〕禹湮洪水　「湮」，史記原文作「抑」。
〔七〕毳形如箕　「形」原作「行」，據李本及正字改。
〔八〕人舉以行也　「舉」原誤「轝」，據義從正字改。
〔九〕輴與毳爲一欙與梮轝爲一　正字云：「『毳』上脱『橇』字，『梮』下脱『橋』字，『輂』誤『轝』。」
〔一〇〕惟動丕應徯志　孫星衍云：「『志』字說文所無，疑當爲『意』。」
〔一一〕以明受天之布施於天　盧云：「『布』，宜改『報』；『於』字宜删，『天』屬下句。」今按：「布施」疑不誤，「於天」屬下句。
〔一二〕欲其志心入禹　考證云：「六字無理，以文義推之，當作『欲其忠心入告』也。」
〔一三〕作會宗彝　考證云：「『作會』連上文爲句，『宗彝』連下文爲句。」
〔一四〕會五采也　盧云：「古本重『會』字。」
〔一五〕宗彝虎也　黄焯云：「段校本『虎』下有『蜼』字。」
〔一六〕黻爲兩己相背　正字引楊旭云：「『黻』古象兩弓相背，取其辨。『弓』俗訛作『己』。」
〔一七〕在治忽以出納五言　俞樾云：「鄭以『治』字絶句，是也，『忽』乃語詞。」今按史記夏本紀索隱曰：「古文尚書作『在治忽』，今文作『采政忽』。」劉伯莊云：「聽諸侯能爲政及怠忽者。」是也。
〔一八〕當是正其義而颺道之　盧云：「『道』，古本作『導』。」阮云：「釋文無音，作『導』爲是。」

〔一九〕左右助勴也　「勴」原誤「慮」，據爾雅原文改。

〔二〇〕司常掌九旗之物　按周禮原文「物」下有「名」字。

〔二一〕蓋太常之上不畫星也　「不」原誤「又」，從正字説改。

〔二二〕王被衮冕　按：禮記原文無「冕」字。

〔二三〕設日月畫於衣服旌旗也　正字云：「鄭注作『畫於旌上』。」

〔二四〕或當二代天子衣上亦畫三辰　「二代」原誤「三代」，改從阮本、李本、殿本。

〔二五〕鄭玄皆爲畫飾　正字云：「『皆爲』，當『皆謂』誤。」

〔二六〕謂圜形似火也　孫詒讓云：「『謂』，當依考工記注作『爲』。」

〔二七〕五色備謂之繡　「色」，考工記原文作「采」。

〔二八〕故雜記云天子九虞　正字云：「『天子九虞』見公羊文二年傳何休注，雜記無此文。」

〔二九〕有師保有疑承　「承」，禮記原文作「丞」。

〔三〇〕儀禮大射云大侯九十弓熊侯七十弓豹侯五十弓　按：儀禮原文云：「大侯九十，參七十，干五十。」鄭玄注：「大侯，熊侯。謂之大者，與天子熊侯同。參，讀爲糝。糝，雜也。雜侯者豹鵠而麋飾，下天子大夫也。干，讀爲豻。豻侯者，豻鵠豻飾也。」然則「九十」者熊侯，「七十」者豹侯，「五十」者豻侯，此疑孔誤。

〔三一〕明庶以功　「庶」，左傳僖二十七年引作「試」。盧云：「古本作『試』，與左氏合。」阮云：「潛夫論引亦作『試』。」今按：「試」字是，「庶」借字。

〔三二〕以車服旌其能用之　阮云：「古本『之』作『也』。」今按：「之」當「者」字音誤，「也」字亦非。

〔三三〕禹會諸侯於塗山　「會」，左傳原文作「合」。

〔三四〕每州十有二師　「師」原誤「干」，據諸本改。

〔三五〕地記書曰云云　正字云：「語出河圖括地象。」

〔三六〕封國七　「七」下原有「十」字，衍，從汪文臺、孫星衍説據禮記王制正義删。

〔三七〕烝民曰揉此萬邦　按：「揉此萬邦」，語在崧高，此誤。

〔三八〕禹朝羣臣于會稽　正字云：「魯語作『禹致羣神于會稽之山』，注：『羣神，謂主山川之君爲羣神之主，故謂之神。』」

〔三九〕皋陶方祗厥叙　「祗」，原作「祇」，據諸本正。

〔四〇〕實之以糠　「糠」，釋文作「穅」，異體。

〔四一〕互音冱　盧云：「『冱』乃『沍』之或體。注疏本作『音護』。」按：阮本作「音護」。

〔四二〕鳥獸蹌蹌　「蹌蹌」，説文引作「牄牄」，本字。

〔四三〕説文作搶　「搶」，通志堂本作「槍」，阮本作「蹌」。正字云：「説文作『牄』，監本誤『蹌』，毛本誤『搶』。」

〔四四〕迭直結反　毛居正云：「『直』當作『迪』。」

〔四五〕所以太平　盧云：「古本『所以』下有『致』字。」

〔四六〕磬懸也而以合堂上之樂　正字云：「續通解無『也』字。」今按：無「也」字是。此所引非鄭箋原文，乃約括其義。

〔四七〕鄭玄以爲戛擊鳴球三者皆總下樂　阮云：「球」衍。

〔四八〕凡行容愓愓　「愓愓」，原誤「惕惕」，從盧説據禮記玉藻原文改。

〔四九〕是儀爲有容儀也　「爲」，李本、殿本作「謂」。

〔五〇〕此其在於宗廟九奏效應也　正字云：「鄭周禮注無『在』字。」

〔五一〕屢省乃成　孫星衍云：「『屢』當爲『婁』。」

〔五二〕元首叢脞　「脞」，孫星衍云：「當從説文作『睉』。」

〔五三〕帝拜曰　敦伯三六〇五無「拜」字。盧云：「古本無『帝拜』二字。」

〔五四〕西有長賡　「賡」，今詩大東原文作「庚」。

尚書正義卷第六

夏　書

○凡九篇，五篇亡。一云：夏書唯四篇。

禹貢第一

禹別九州，分其圻界。別，彼列反。九州，周公職録云：〔一〕「黄帝受命，風后受圖，割地布九州。」鄭子云：「中國爲赤縣，赤縣之内有九州。」春秋説題辭云：「州之言殊也。」圻，其依反。**隨山濬川，**刊其木，深其流。○濬，思俊反。刊，苦安反。**任土作貢。**〔二〕任其土地所有，定其貢賦之差。〔三〕此堯時事而在夏書之首，〔四〕禹之王以是功。○任，而鴆反。貢，字或作「贑」。之王，于況反。

【疏】「禹別」至「作貢」　禹分別九州之界，隨其所至之山，刊除其木，深其大川，使得注海。水害既除，地復本性，任其土地所有，定其貢賦之差。史録其事，以爲禹貢之篇。

傳「分其圻界」　詩傳云：「圻，疆也。」分其疆界，使有分限。計九州之境，當應舊定，而云「禹別」者，以堯遭洪水，萬事改新，此爲「作貢」生文，故言「禹別」耳。

傳「刊其木深其流」　經言「隨山刊木」，序以較略爲文，直言「隨山」，不云隨山爲何事，故傳明之。隨山，刊其木也，濬川，深其流也。隨山本爲濬川，故連言之。

傳「任其」至「是功」　九州之土，物産各異，「任其土地所有」，以定「貢賦之差」，既任其所有，亦因其肥瘠多少不同，制爲差品。鄭玄云：「任土，謂定其肥墝之所生。」是言用肥瘠多少爲差也。「賦」者，自上税下之名，謂治田出穀，故經定其差等謂之「厥賦」。「貢」者，從下獻上之稱，謂以所出之穀，市其土地所生異物，獻其所有，謂之「厥貢」。雖以所賦之物爲貢用，賦物不盡有也。亦有全不用賦物，直隨地所有採取以爲貢者。此之所貢，即與周禮太宰「九貢」不殊，但周禮分之爲九耳。〔五〕其賦與周禮「九賦」全異，彼賦謂口率出錢，不言「作賦」而云「作貢」者，取下供上之義也。諸序皆言「作某篇」，此序不言「作禹貢者」，以發首言「禹」，句末言「貢」，篇名足以顯矣。百篇之序，此類有三：微子作誥父師、少師，不言「作微子」；仲虺作誥，不言「作仲虺之誥」，與此篇皆爲理足而略之也。又解篇在此之意，此治水是堯末時事，而在夏書之首，禹之得王天下，以是治水之功，故以爲夏書之首。此篇史述時事，非是應對言語，當是水土既治，史即録此篇，其初必在虞書之内。蓋夏史抽入夏書，或仲尼始退其第，事不可知也。

禹貢 禹制九州貢法。

【疏】「禹貢」　此篇史述爲文，發首奠高山大川，言禹治九州之水，水害既除，定山川次秩，與諸州爲引序。自「導岍」至「嶓冢」，條説所治之山，言其首尾相及也。自「導弱水」至「導洛」，條説所治之水，言其發源注海也。自「九州攸同」至「成賦中邦」，總言水土既平，貢賦得常之事也。「錫土姓」三句，論天子於土地布行德教之事也。自「五百里甸服」至「二百里流」，總言四海之内，量其遠近，分爲五服之事也。自「東漸于海」以下，總結禹功成受錫之事也。

傳「禹制九州貢法」　禹制貢法，故以禹貢名篇。貢賦之法，其來久矣。治水之後，更復改新。言此篇貢法是禹所制，非禹始爲貢也。

禹敷土，隨山刊木，洪水汎溢，禹分布治九州之土，隨行山林，斬木通道。○敷，芳無反，馬云：「分也。」汎，孚劍反。隨行，下孟反。奠高山大川。奠，定也。高山，五岳。大川，四瀆。定其差秩，祀禮所視。○奠，田遍反。瀆音獨，下同。

【疏】「禹敷至大川」 言禹分布治此九州之土。其治之也，隨行所至之山，除木通道，決流其水。水土既平，乃定其高山大川，謂定其次秩尊卑，使知祀禮所視。言禹治其山川，使復常也。

傳「洪水」至「通道」 詩傳云：「汎汎，流也。」〔六〕汎是水流之貌。洪水流而汎溢，浸壞民居，故禹分布治之。知者，文十八年左傳云：「舉八凱使主后土。」〔七〕則伯益之輩佐禹多矣。禹必身行九州，規謀設法，乃使佐己之人分布治之。於時平地盡爲流潦，鮮有陸行之路，故將欲治水，隨行山林斬木通道。鄭云：「必隨州中之山而登之，除木爲道，以望觀所當治者，則規其形而度其功焉。」是言禹登山之意也。孟子曰：「禹三過門，不入其家。」門猶三過之，則其餘所歷多矣。來而復往，非止一處，故言「分布治」之。

傳「奠定」至「所視」 禮定器於地，通名爲奠，是奠爲定也。山之高者莫高於岳，川之大者莫大於瀆，故言「高山，五岳」，謂嵩、岱、衡、華、恒也；「大川，四瀆」，謂江、河、淮、濟也。此舉高大爲言，卑小亦定之矣。舜典云：「望秩於山川。」故言「定其差秩」，定其大小次叙也。定其「祀禮所視」，謂王制所云五岳視三公，四瀆視諸侯，其餘視伯、子、男。往者洪水滔天，山則爲水所包，川則水皆汎溢，祭祀禮廢，今始定之，以見水土平復舊制也。經云「荊岐既旅」、「蔡蒙旅平」、「九山刊旅」，是次秩既定，故旅祭之。

冀州既載。堯所都也。先施貢、賦、役，載於書。○冀，居器反。州，九州，名義見爾雅音。載，如字。載，載於書也。馬同鄭。韋昭云：「載，事也。」

【疏】「冀州」九州之次，以治爲先後。以水性下流，當從下而泄，故治水皆從下爲始。冀州，帝都。於九州近北，故首從冀起，而東南次兖，而東南次青，而南次徐，而南次揚。從揚而西次荆，從荆而北次豫，從豫而西次梁，從梁而北次雍，雍地最高，故在後也。自兖已下，皆準地之形勢，從下向高，從東向西。青、徐、揚三州，並爲東偏。雍州高於豫州，豫州高於青、徐。雍、豫之水，從青、徐而入海也。梁高於荆，荆高於揚。梁、荆之水，從揚而入海也。兖州在冀州東南，冀、兖二州之水，各自東北入海也。冀州之水不經兖州，以冀是帝都，河爲大患，故先從冀起，而次治兖。若使冀州之水東入兖州，水無去處，治之無益，雖是帝都，不得先也。此經大體每州之始先言山川，後言平地。青州、梁州先山後川，徐州、雍州先川後山。兖、揚、荆、豫有川無山，揚、豫不言平地。冀州田賦之下始言「恒、衛既從」，史以大略爲文，不爲例也。每州之下，言水路相通，通向帝都之道，言禹每州事了，入朝以白帝也。

傳「堯所」至「於書」　史傳皆云堯都平陽，五子之歌曰「惟彼陶唐，有此冀方」，是冀州堯所都也。諸州冀爲其先，治水先從冀起，爲諸州之首，記其役功之法。「既載」者，言先施貢賦役載於書也。謂計人多少，賦功配役，載於書籍，然後徵而用之，以治水也。冀州如此，則餘州亦然，故於此特記之也。王肅云：「言已賦功屬役，載於書籍。」傳意當然。鄭云：「載之言事，事謂作徒役也。禹知所當治水，又知用徒之數，則書於策以告帝，徵役而治之。」惟解「載」字爲異，其意亦同孔也。

壺口治梁及岐。壺口在冀州，梁、岐在雍州，從東循山治水而西。○壺音胡。馬云：「壺口，山名。」治，如字。岐，其宜反。雍，於用反。後州名同。

【疏】傳「壺口」至「而西」　史記稱高祖入咸陽，蕭何先收圖籍，則秦焚詩、書，圖籍皆在。孔君去漢初七八十年耳，身爲武帝博士，必當具見圖籍。其山川所在，必是驗實。而知壺口在冀州，梁、岐在雍州，當時疆界爲然也。此於冀州之分言及雍州之山者，從東循山治水而西故也。鄭云於此言治梁及岐者，蓋治水從下起，以襄水害，易也。班固作漢書地理志，據前漢郡縣言山川所在。志云：「壺口在河東北屈縣東南。」應劭云：「已有南屈，故稱北屈。」梁山在左馮翊夏陽縣西北，岐山在右扶風美陽縣西北。」然則壺口西至梁山，梁山西至岐山，從東而向西言之也。經於壺口之下言「治」者，孔意蓋云欲見上下皆治也。

既修太原，至於岳陽。高平曰太原，今以爲郡名。岳，太岳，在太原西南。山南曰陽。○岳，字又作「嶽」。太岳，山名。陽，山南曰陽，水北亦曰陽。

【疏】傳「高平」至「曰陽」。太原，原之大者。漢書以爲郡名。傳欲省文，故云「高平曰太原，今以爲郡名」，即晉陽縣是也。釋地云：「廣平曰原，高平曰陸。」孔以太原地高，故言「高平」，其地高而廣也。下文導山云「壺口、雷首至於太岳」，知此「岳」即太岳也，屬河東郡，在太原西南也。地理志云：「河東彘縣東有霍太山。」此彘縣，周厲王所奔，順帝改爲永安縣。周禮職方氏冀州其山鎮曰霍山，即此太岳是也。山南見日，故山南曰陽。此說循理平地，言從太原至岳山之南，故云「岳陽」也。

覃懷厎績，至于衡漳。覃懷，近河地名。漳水横流入河，從覃懷致功，至横漳。〔八〕○覃，徒南反。厎，之履反。衡，如字，横也。馬云：「水名。」漳音章。近河，附近之近。

【疏】傳「覃懷」至「衡漳」。地理志河内郡有懷縣，在河之北。蓋覃、懷二字共爲一地，故云「近河地名」。「衡」即古横字。漳水横流入河，故云「横漳」。漳在懷北五百餘里，從覃懷致功而北至横漳也。地理志云：「清漳水出上黨沾縣大黽谷，東北至渤海阜城縣入河。過郡五，行千六百八十里。」此沾縣因水爲名。志又云：「沾水出壺關。」志又云：「濁漳水出長子縣，東至鄴縣入清漳。」鄭玄亦云：「横漳，漳水横流。」王肅云：「衡、漳，二水名。」

厥土惟白壤，無塊曰壤。水去土復其性，色白而壤。○壤，若丈反，[九]馬云：「天性和美也。」塊，苦對反。

【疏】傳「無塊」至「而壤」　九章算術：「穿地四，爲壤五。壤爲息土。」則壤是土和緩之名，故云「無塊曰壤」。此土本色爲然，水去土復其性，色白而壤。雍州色黄而壤。豫州直言壤不言其色，蓋州内之土不純一色，故不得言色也。

厥賦惟上上錯，賦，謂土地所生，以供天子。上上，第一。錯，雜。雜出第二之賦。○上，如字，賦第一。錯，倉各反，馬云：「地有上下相錯，通率第一。」以供，音恭。

【疏】傳「賦謂」至「之賦」　以文承「厥土」之下，序云「任土作貢」。又「賦」者，税斂之名。往者洪水爲災，民皆墊溺，九州賦税蓋亦不行。水災既除，土復本性，以作貢賦之差，故云「賦謂土地所生，以供天子」，謂税穀以供天子。鄭玄云：「此州入穀不貢。」是也。因九州差爲九等，「上上」是第一也。交錯是間雜之義，故「錯」爲雜也。顧氏云：「上上之下，即次上中。」故云「雜出第二之賦」也。孟子稱税什一爲正，輕之於堯舜爲大貊小貊，重之於堯舜爲大桀小桀，則此時亦什一。税俱什一而得爲九等差者，人功有强弱，收穫有多少，傳以荆州田第八、賦第三，爲人功修也。雍州田第一、賦第六，爲人功少也。是據人功多少，總計以定差。此州以上上爲正，而雜爲次等，言出上上時多，而上中時少也。多者爲正，少者爲雜，故云第一。此州言「上上錯」者，少在正下，故先言「上上」，而後言「錯」。豫州言「錯上中」者，少在正上，故先言「錯」而後言「上中」。揚州云「下上上錯」，不言「錯下上」者，以本設九等，分三品爲之上、中、下，下、上本是異品，故變文言「下上上錯」也。梁州云「下中三錯」者，梁州之賦凡有三等，其出下中時多，故以下中爲正。上有下上，下有下下，三等雜出，故言「三錯」，足明「雜」有下上、下下可知也。此九等所較無多，諸州相準爲等級耳。此計大率所得，非上科定也。但治水據田責其什一，隨土豐瘠，是上之任土，而下所獻自有差降，即以差等爲上之定賦也。然一升一降，不可常同。冀州自出第二，與豫州同時，則無第一之賦。豫州與冀州第二同時，則無第二之賦。或容如此，事不可恒。鄭玄云：「賦之差，一井上上出九夫税，下下出一夫税。通率九州一井税五夫。」如鄭此言，上上出税，九倍多於下下。鄭詩箋云：「井税一夫，其田百畝。」若上上一井税一夫，則下下九井乃出一夫，税太少矣。若下下井税一夫，則上上全入官矣。豈容輕重頓至是乎？

厥田惟中中。田之高下肥瘠，九州之中爲第五。○中，丁仲反，又如字，馬云：「土地有高下。」肥，符非反。瘠，在亦反。

【疏】傳「田之」至「第五」 鄭玄云：「田著高下之等者，當爲水害備也。」則鄭謂地形高下爲九等也。王肅云：「言其土地各有肥瘠。」則肅定其肥瘠以爲九等也。如鄭之義，高處地瘠，出物既少，不得爲上。如肅之義，肥處地下，水害所傷，出物既少，不得爲上。故孔云高下、肥瘠共相參對，以爲九等。上言「敷土」，此言「厥田」，田、土異者，鄭玄云：「地當陰陽之中，能吐生萬物者曰土。據人功作力，競得而田之，則謂之田。」[一〇]田、土異名，義當然也。

恒、衛既從，大陸既作。二水已治，從其故道，大陸之地已可耕作。○既從，才容反。

【疏】傳「二水」至「耕作」 二水汎溢漫流，已治，從其故道，故今已可耕作也。青州「濰淄其道」，與此「恒衛既從」，同是從故道也。荆州「雲土、夢作乂」，與此「大陸既作」，同是水治可耕作也。其文不同，史異辭耳，無義例也。壺口與雍州之山連文，故傳言「壼口在冀州」。此無所嫌，故不言在冀州。以下皆如此也。地理志云：「恒水出常山上曲陽縣，東入滱水。衛水出常山靈壽縣，東北入虖沲。〔一一〕大陸在鉅鹿縣北。」釋地十藪云：「晉有大陸。」孫炎等皆云：「今鉅鹿縣北廣河澤也。」〔一二〕郭璞云：「廣河，猶大陸，以地名言之。」近爲是也。春秋「魏獻子畋于大陸，焚焉，還，卒于寧」。杜氏春秋説云：〔一三〕「嫌鉅鹿絶遠，以爲汲郡修武縣吴澤也。」寧即修武也。然此二澤相去甚遠，所以得爲「大陸」者，以爾雅「廣平曰陸」，但廣而平者則名大陸，故異所而同名焉。然此二澤地形卑下，得以廣平爲陸者，澤雖卑下，旁帶廣平之地，故統名焉。故大陸澤名廣河，以旁近大陸故也。

島夷皮服。〔一四〕海曲謂之島。居島之夷，還服其皮，明水害除。○島，當老反。馬云：「島夷，北夷國。」

【疏】傳「海曲」至「害除」　孔讀鳥爲島，島是海中之山。九章算術所云「海島邈絶，不可踐量」是也。傳云「海曲謂之島」，謂其海曲有山，夷居其上。此居島之夷，常衣鳥獸之皮，爲遭洪水，衣食不足，今還得衣其皮服，以明水害除也。鄭玄云：「鳥夷，東方之民，搏食鳥獸者也。」王肅云：「鳥夷，東北夷國名也。」與孔不同。

夾右碣石，入于河。碣石，海畔山。禹夾行此山之右，而入河逆上。此州帝都，不説境界，以餘州所至則可知。先賦後田，亦殊於餘州。不言貢篚，亦差於餘州。○夾音協，注同，帶也。碣，其列反，韋昭其逝反。逆上，時掌反。篚，方尾反。

【疏】傳「碣石」至「餘州」　地理志云，碣石山在北平驪城縣西南。〔一五〕是碣石爲海畔山也。鄭云：「戰國策碣石在九門縣，今屬常山郡。蓋别有碣石，與此名同。」今驗九門無此山也。下文導河「入于海」，傳云「入於渤海」。渤海之郡，當以此海爲名。計渤海北距碣石五百餘里，河入海處遠在碣石之南，禹行碣石不得入於河也。蓋遠行通水之處，北盡冀州之境，然後南迴入河而逆上也。「夾右」者，孔云「夾行此山之右」，則行碣石山西南。行入河在碣石之右，故云「夾右」也。顧氏亦云：「山西曰右。」鄭玄云：「禹由碣石山西北行，盡冀州之境，還從山東南行入河。」鄭以北行則東爲右，南行西爲右，故夾山兩旁，山常居右，與孔異也。梁州傳云：「浮東渡河，而還帝都，白所治也。」則入河逆上，爲還都白所治也。禹之治水，必每州巡行，度其形勢，計其人功施設規模，指授方略，令人分布並作，還都白帝所治。〔一六〕於時帝都近河，故於每州之下，皆言浮水達河，記禹還都之道也。冀、兖、徐、荆、豫、梁、雍州各自言河，惟青、揚二州不言河耳。兖州云「浮于濟、漯達于河」，故青州直云「達于濟」。徐州云「浮于淮、泗達于河」，故揚州云「達于淮、泗」，皆記禹入河之道也。王肅云：「凡每州之下説諸治水者，禹功主於治水，故詳記其所治之州，往還所乘涉之水名。」肅雖不言還都白帝，〔一七〕亦謂爲治水，故浮水也。鄭玄以爲治水既畢更復行之，觀地肥瘠定貢賦上下，其意與孔異也。八州皆言境界，而此獨無，故解之「此州帝都，不説境界，以餘州所至則可知」也。兖州云「濟、河」，自東河以東也。豫州云「荆、河」，自南河以南也。雍州云「西河」，自西河以西也。明東河之西，西河之東，南河之北，是冀州之境也。馬、鄭皆云「冀州不書其界」者，時帝都之，使若廣大。然文既局以州名，復何以見其廣大？是妄説也。又解餘州先田後賦，此州先賦後田，亦如境界「殊於餘州」也。言「殊」者，當爲田賦以收穫爲差，田以肥瘠爲等。若田在賦上，則賦宜從田，田美則宜賦重，無以見人功修否，故令賦先於田也，以見賦由人功。此則既見此理，餘州從而可知。皆令賦在田下，欲見賦從田出。爲此，故殊於餘州也。鄭玄云：「此州入穀不貢。」下云「五百里甸服」，傳云：「爲天子服治田。」是田入穀，故不獻貢篚，差異於餘州也。甸服止方千里，冀之北土，境界甚遥，遠都之國，必有貢篚，舉大略而言也。

濟、河惟兗州。東南據濟，西北距河。○濟，子禮反，下同。兗，悦轉反。

【疏】「兗州」 傳「東南」至「距河」 此下八州發首言山川者，皆謂境界所及也。「據」，謂跨之；「距」，至也。濟、河之間，相去路近。兗州之境，跨濟而過，東南越濟水，西北至東河也。李巡注爾雅解州名云：「兩河間其氣清，性相近，故曰冀。冀，近也。濟、河間其氣專質，體性信謙，〔一八〕故云兗〔一九〕。兗，信也。淮、海間其氣寬舒，稟性安徐，故曰徐。徐，舒也。江南其氣燥勁，厥性輕揚，故曰揚。揚，輕也。荆州其氣燥剛，〔二〇〕稟性彊梁，故曰荆。荆，彊也。河南其性安舒，厥性寬豫，〔二一〕故曰豫。豫，舒也。河西其氣蔽壅，受性急凶，〔二二〕故云雍。雍，壅也。」爾雅九州無梁、青，故李巡不釋。所言未必得其本也。

九河既道，河水分爲九道，在此州界，平原以北是。○九河，徒駭一、太史二、馬頰三、覆釜四、胡蘇五、簡六、潔七、鉤盤八、鬲津九，出爾雅。

【疏】傳「河水」至「北是」 河自大陸之北，敷爲九河。謂大陸在冀州，〔二三〕嫌九河亦在冀州，故云「在此州界」也。河從大陸東畔北行，而東北入海。冀州之東境至河之西畔，水分大河，東爲九道，故知在兗州界「平原以北是」也。釋水載九河之名云：「徒駭、太史、馬頰、覆釜、胡蘇、簡、絜、鉤盤、鬲津。」李巡曰：「徒駭，禹疏九河以徒衆起，故云徒駭。太史，禹大使徒衆通其水道，故曰太史。〔二四〕馬頰，河勢上廣下狹，狀如馬頰也。覆釜，水中多渚，往往而處，形如覆釜。胡蘇，其水下流，故曰胡蘇。胡，下也。蘇，流也。簡，大也，河水深而大也。絜，言河水多山石，治之苦絜。絜，苦也。鉤盤，言河水曲如鉤，屈折如盤也。鬲津，河水狹小，可鬲以爲津也。」孫炎曰：「徒駭，禹疏九河，用功雖廣，衆懼不成，故曰徒駭。」「胡蘇，水流多散，胡蘇然。」其餘同李巡。郭璞云：「徒駭，今在成平東光縣。」「今有胡蘇亭。」覆釜之名同李巡，〔二五〕餘名皆云「其義未詳」。計禹陳九河，云復其故道，則名應先有，不宜徒駭、太史因禹立名，此郭氏所以未詳也。或九河雖舊有名，至禹治水，更別立名，即爾雅所云是也。漢書溝洫志成帝時河隄都尉許商上書曰：「古記九河之名，〔二六〕有徒駭、胡蘇、鬲津，今見在成平、東光、鬲縣界中。自鬲津以北至徒駭，其間相去二百餘里。」是知九河所在，徒駭最北，鬲津最南。蓋徒駭是河之本道，東出分爲八枝也。許商上言三河下言三縣，則徒駭在成平，胡蘇在東光，鬲津在鬲縣，其餘不復知也。爾雅九河之次，從北而南。既知三河之處，則其餘六者太史、馬頰、覆釜在東光之北，成平之南，簡、絜、鉤盤在東光之南，鬲縣之北也。其河填塞，時有故道。鄭玄云：「周時齊桓公塞之，同爲一河。今河間弓高以東至平原鬲津，往往有其遺處。」春秋緯寶乾圖云：「移河爲界在齊呂。填閼八流以自廣。」鄭玄蓋據此文，謂齊桓公塞之也。言閼八流拓境，則塞其東流，八枝并使歸於徒駭也。

雷夏既澤，灉、沮會同。雷夏，澤名。灉、沮二水會同此澤。〇灉，徐音邕，王於用反。沮，七餘反。

【疏】傳「雷夏」至「此澤」 洪水之時，高原亦水，澤不爲澤。雷夏既澤，高地水盡，此復爲澤也。於澤之下言「灉、沮會同」，謂二水會合而同入此澤也。地理志云，雷澤在濟陰城陽縣西北。

桑土既蠶，是降丘宅土。地高曰丘。大水去，民下丘居平土，就桑蠶。〇蠶，在南反。

【疏】「桑土」至「宅土」 宜桑之土，既得桑養蠶矣。洪水之時民居丘上，於是得下丘陵，居平土矣。

傳「地高」至「桑蠶」　釋丘云：「非人爲之丘。」孫炎曰：「地性自然也。」是地高曰丘也。「降丘宅土」與「既蠶」連文，知「下丘居平土，就桑蠶」也。計下丘居土，諸處皆然，獨於此州言之者，鄭玄云：「此州寡於山而夾川兩大流之間，〔二七〕遭洪水，其民尤困，水害既除，於是下丘居土，以其免於厄，尤喜，故記之。」

厥土黑墳，色黑而墳起。○墳，扶粉反，後同。韋昭音勃憤反，起也。馬云：「有膏肥也。」厥草惟繇，厥木惟條。繇，茂；條，長也。○繇音遥，馬云：「抽也。」

【疏】傳「繇茂條長也」　「繇」是茂之貌，「條」是長之體，言草茂而木長也。九州惟此州與徐、揚三州言「草」「木」者，三州偏宜之也。宜草木則地美矣，而田非上者，爲土下濕故也。

厥田惟中下，田第六。厥賦貞。貞，正也。州第九，賦正與州相當。〔二八〕

【疏】傳「貞正」至「相當」　周易彖、象，皆以「貞」爲正也。諸州賦無下下，貞即下下，爲第九也。此州治水最在後畢，州爲第九成功，其賦亦爲第九。列賦於九州之差，與第九州相當，故變文爲「貞」，見此意也。

作十有三載，乃同。治水十三年，乃有賦法，與他州同。○十有三載，馬、鄭本「載」作「年」。

【疏】傳「治水」至「州同」　「作」者，役功作務，謂治水也。治水十三年，乃有賦法，始得貢賦，與他州同也。他州十二年，此州十三年，比於他州最在後也。堯典言鯀治水「九載績用不成」，然後堯命得舜，舜乃舉禹治水，三載功成，堯即禪舜。此言十三載者，並鯀九載數之。祭法云：「禹能修鯀之功。」明鯀已加功，而禹因之也。此言十三載者，記其治水之年，言其水害除耳，非言十三年內皆是禹之治水施功也。馬融曰：「禹治水三年，八州平，故堯以爲功而禪舜。」是十二年而八州平，十三年而兖州平。兖州平在舜受終之年也。

厥貢漆、絲，厥篚織文。地宜漆林，又宜桑蠶。織文，錦綺之屬，盛之筐篚而貢焉。○漆音七。盛音成。

【疏】傳「地宜」至「貢焉」「任土作貢」，此州貢漆，知「地宜漆林」也。周禮載師云「漆林之征」，故以漆林言之。綺是織繒之有文者，是綾錦之别名，故云「錦綺之屬」，皆是織而有文者也。篚是入貢之時盛在於篚，故云「盛之筐篚而貢焉」。鄭玄云：「貢者，百功之府受而藏之。其實於篚者入於女功，故以貢篚别之。」歷檢篚之所盛，皆供衣服之用，入於女功，如鄭言矣。檿絲中琴、瑟之弦，亦是女功所爲也。織貝，鄭玄以爲「織如貝文」，傳謂「織爲細紵」。貝爲水物，則貝非服飾所須。蓋恐其損缺，故以筐篚盛之也。諸州無「厥篚」者，其諸州無入篚之物，故不貢也。漢世陳留襄邑縣置服官，使制作衣服，是兖州綾錦美也。

浮于濟、漯，達于河。順流曰浮。濟、漯，兩水名。因水入水曰達。○漯，天荅反，篇韻作他合反。

【疏】傳「順流」至「曰達」地理志云：「漯水出東郡東武陽縣，至樂安千乘縣入海。過郡三，行千二十里。」其濟則下文具矣。是濟、漯爲二水名也。言「因水入水曰達」，當謂從水入水，不須捨舟而陸行也。揚州云「沿于江、海，達于淮、泗」，傳云：「沿江入海，自海入淮，自淮入泗。」是言水路相通，得乘舟徑達也。〔二九〕案青州云「浮于汶，達于濟」，經言濟會于汶，浮汶得達濟也。此云「浮于濟、漯，達于河」，從漯入濟，自濟入河。徐州云「浮于淮、泗，達于河」，蓋以徐州北接青州，既浮淮、泗，當浮汶入濟，以達于河也。

海、岱惟青州。東北據海，西南距岱。○岱音代，泰山也。

【疏】「青州」　傳「東北」至「距岱」　海非可越，而言「據」者，東萊，東境之縣，浮海入海曲之間，青州之境北至海畔而已，〔三〇〕故言「據」也。漢末有公孫度者，竊據遼東，自號青州刺史，越海收東萊諸郡。堯時青州當越海而有遼東也。舜爲十二州，分青州爲營州，營州即遼東也。

嵎夷既略，〔三一〕**濰、淄其道。**嵎夷，地名。用功少曰略。濰、淄二水，復其故道。○嵎音隅。濰音惟，本亦作「惟」，又作「維」。淄，側其反。

【疏】傳「嵎夷」至「故道」　嵎夷，地名，即堯典「宅嵎夷」是也。嵎夷、萊夷、和夷爲地名，淮夷爲水名，島夷爲狄名，皆觀文爲説也。略是簡易之義，故用功少爲「略」也。地理志云：濰水出琅邪箕屋山，〔三二〕北至都昌縣入海，過郡三，行五百二十里。〔三三〕淄水出泰山萊蕪縣原山，東北至千乘博昌縣入海。〔三四〕

厥土白墳，海濱廣斥。濱，涯也。言復其斥鹵。○濱，必人反。斥，徐音尺。説文云：「東方謂之斥，西方謂之鹵。」鄭云：「斥，謂地鹹鹵。」涯，魚佳反。

【疏】傳「濱涯」至「斥鹵」　「濱，涯」，常訓也。説文云：「鹵，鹹地也。東方謂之斥，西方謂之鹵。」海畔迥闊，地皆斥鹵，故云廣斥。言水害除，復舊性也。

厥田惟上下，厥賦中上。田第三，賦第四。厥貢鹽、絺，海物惟錯。絺，細葛。錯，雜，非一種。○鹽，餘占反。絺，敕其反。種，章勇反。

岱畎絲、枲、鉛、松、怪石，畎，谷也。怪，異，好石似玉者。岱山之谷出此五物，皆貢之。○畎，工犬反，徐本作「畎谷」。枲，思似反。鉛，寅專反，字從「㕣」。㕣音以選反。怪，如字。怪石，碔砆之屬。

【疏】傳「畎谷」至「貢之」釋水云：「水注川曰谿，注谿曰谷。」谷是兩山之間流水之道。畎言畎去水，〔三五〕故言「谷」也。「怪石」，奇怪之石，故云「好石似玉」也。「枲」，麻也。「鉛」，錫也。岱山之谷有此五物，美於他方所有，故貢之也。

萊夷作牧。萊夷，地名。可以放牧。○萊音來。牧，牧養之牧，徐音目。一音茂，注同。厥篚檿絲。檿桑蠶絲，中琴瑟弦。○檿，烏簟反，山桑也。

【疏】傳「檿桑」至「瑟弦」釋木云：「檿桑，山桑。」郭璞曰：「柘屬也。」檿絲是蠶食檿桑所得絲，韌中琴瑟弦也。

浮于汶，達于濟。○汶音問。

【疏】「浮于汶」地理志云：汶水出泰山萊蕪縣原山，西南入濟也。

海、岱及淮惟徐州。東至海，北至岱，南及淮。淮沂其乂，蒙羽其藝。二水已治，二山已可種藝。○沂，魚依反，水名。藝，魚世反。

【疏】「徐州」　傳「二水」至「種藝」　「乂」訓治也，故云「二水已治」。地理志云：「沂水出泰山蓋縣臨樂子山，南至下邳入泗。過郡五，行六百里。」淮出桐柏山，發源遠矣，於此州言之者，淮水至此而大，爲害尤甚，喜得其治，故於此記之。地理志云：「蒙山在泰山蒙陰縣西南，羽山在東海祝其縣南。」詩云：「藝之荏菽。」故「藝」爲種也。

大野既豬，東原厎平。大野，澤名。水所停曰豬。東原致功而平，言可耕。○豬，張魚反。馬云：「水所停止，深者曰豬。」劉東胡反。

【疏】傳「大野」至「可耕」　地理志云：「大野澤在山陽鉅野縣北。」鉅即大也。檀弓云：「污其宫而豬焉。」又澤名孟豬，停水處也，故云「水所停曰豬」。往前漫溢，今得豬水爲澤也。東原即今之東平郡也。致功而地平，言其可耕也。

厥土赤埴墳，〔三六〕草木漸包。〔三七〕土黏曰埴。漸，進長。〔三八〕包，叢生。○埴，市力反，鄭作「戠」。徐、鄭、王皆讀曰熾，韋昭音試。漸，如字，本又作「蔪」，字林才冉反，草之相包裹也。包，必茅反。字或作「苞」，非叢生也。馬云：「相包裹也。」黏，女占反。進長，丁丈反。叢，才公反。

【疏】傳「土黏」至「叢生」　戠、埴音義同。考工記用土爲瓦，謂之搏埴之工。〔三九〕是埴謂黏土，故土黏曰埴。易漸卦彖云：「漸，進也。」釋言云：「苞，稹也。」孫炎曰：「物叢生曰苞，齊人名曰稹。」郭璞曰：「今人呼叢緻者爲稹。」「漸苞」，謂長進叢生，言其美也。

厥田惟上中，厥賦中中，田第二，賦第五。厥貢惟土五色。王者封五色土爲社，建諸侯則各割其方色土與之，使立社。燾以黄土，苴以白茅，茅取其絜，黄取王者覆四方。○燾，徒報反，覆也。苴，子餘反，包裹也。

【疏】傳「王者」至「四方」 傳解貢土之意，「王者封五色土以爲社」，若封建諸侯，則各割其方色土與之，使歸國立社。其上「燾以黄土」，燾，覆也。四方各依其方色，皆以黄土覆之。其割土與之時，「苴以白茅」，用白茅裹土與之。必用白茅者，取其絜清也。易稱「藉用白茅」，茅色白而絜美。韓詩外傳云：「天子社廣五丈，東方青、南方赤、西方白、北方黑，上冒以黄土。將封諸侯，各取其方色土，苴以白茅，以爲社。明有土謹敬絜清也。」〔四〇〕蔡邕獨斷云：「天子太社，以五色土爲壇。皇子封爲王者，授之太社之土，〔四一〕以所封之方色，苴以白茅，使之歸國以立社，謂之茅社。」是必古書有此説，故先儒之言皆同也。

羽畎夏翟，嶧陽孤桐。夏翟，翟，雉名。羽中旌旄，羽山之谷有之。孤，特也。嶧山之陽特生桐，中琴瑟。○夏，行雅反。翟，徒歷反。嶧音亦，一音夕。

【疏】傳「夏翟」至「琴瑟」 釋鳥云：「翟，山雉。」此言「夏翟」，則夏翟共爲雉名。周禮立夏采之官，取此名也。周禮司常云：「全羽爲旞，析羽爲旌。」用此羽爲之，故云羽中旌旄也。地理志云：「東海下邳縣西，有葛嶧山。」即此山也。

泗濱浮磬，淮、夷蠙珠暨魚。泗水涯水中見石，可以爲磬。蠙珠，珠名。淮、夷二水出蠙珠及美魚。〇泗音四，水名。淮夷，鄭云：「淮水之夷民也。」馬云：「淮、夷，二水名。」孔傳云「淮夷之水」，本亦有作「淮、夷二水也」。蠙，蒲邊反，徐扶堅反，字又作「玭」。〔四二〕韋昭薄迷反，蚌也。暨，其器反。見石，上賢遍反。

【疏】傳「泗水」至「美魚」　泗水旁山而過，石爲泗水之涯。石在水旁，水中見石，似若水上浮然。此石可以爲磬，故謂之「浮磬」也。貢石而言磬者，此石宜爲磬，猶如砥礪然也。蠙是蚌之別名。此蠙出珠，遂以蠙爲珠名。蠙之與魚，皆是水物，而以淮、夷冠之，知淮、夷是二水之名。淮即四瀆之淮也。夷蓋小水，後來竭涸，不復有其處耳。王肅亦以淮、夷爲水名。鄭玄以爲淮水之上夷民，獻此珠與魚也。地理志泗水出濟陰乘氏縣，東南至臨淮睢陵縣入淮，行千一百一十里也。

厥篚玄纖縞。玄，黑繒。縞，白繒。纖，細也。纖在中，明二物皆當細。〇纖，息廉反。縞，古老反，徐古到反。繒，似陵反。

【疏】傳「玄黑」至「當細」　篚之所盛，例是衣服之用。此單言「玄」，玄必有質。玄是黑色之別名，故知「玄」是黑繒也。史記稱高祖爲義帝發喪，諸侯皆縞素，是「縞」爲白繒也。

浮于淮、泗，達于河。〔四三〕〇達于河，如字。説文作「菏」，工可反，云：「水出山陽湖陵南。」〔四四〕

淮、海惟揚州。北據淮，南距海。彭蠡既豬，陽鳥攸居。彭蠡，澤名。隨陽之鳥，鴻鴈之屬，冬月所居於此澤。〇彭蠡，下音禮。張勃吴録云：

「今名洞庭湖。」案今在九江郡界。

【疏】「揚州」 傳「彭蠡」至「此澤」 彭蠡，是江、漢合處。下云導漾水「南入于江，東匯爲彭蠡」是也。日之行也，夏至漸南，冬至漸北。鴻鴈之屬，九月而南，正月而北，左思蜀都賦所云「木落南翔，冰泮北徂」是也。日，陽也。此鳥南北與日進退，隨陽之鳥，故稱陽鳥。冬月所居，於此彭蠡之澤也。

三江既入，震澤底定，震澤，吴南大湖名。言三江已入，致定爲震澤。〇三江，韋昭云：「謂吴松江、錢唐江、浦陽江也。」吴地記云：「松江東行七十里，得三江口，東北入海爲婁江，東南入海爲東江，併松江爲三江。」震澤，吴都太湖。底，之履反，致也，史記音致。大湖，音太胡。

【疏】傳「震澤」至「震澤」 地理志云：會稽吴縣，故周泰伯所封國也。具區在西，古文以爲震澤，是「吴南大湖名」。蓋縣治居澤之東北，故孔傳言南，志言西。大澤畜水，南方名之曰湖。三江既入，此湖也。〔四五〕治水致功，令江入此澤，故「致定爲震澤」也。下傳云「自彭蠡江分爲三，入震澤，遂爲北江而入海」，是孔意江從彭蠡而分爲三，又共入震澤，從震澤復分爲三，乃入海。鄭云「三江分於彭蠡，爲三孔東入海。」〔四六〕其意言「三江既入」，入海耳，不入震澤也。又案周禮職方揚州藪曰具區，浸曰五湖，五湖即震澤。若如志云，具區即震澤，則浸、藪爲一。案餘州浸、藪皆異，而揚州同者，蓋揚州浸、藪同處，論其水謂之浸，指其澤謂之藪。

篠、簜既敷。篠，竹箭。簜，大竹。水去已布生。〇篠，西了反。簜，徒黨反，或作「⿱竹昜」，他莽反。

【疏】傳「篠竹箭簜大竹」　釋草云：「篠，竹箭。」郭璞云：「别二名也。」又云：「簜，竹。」李巡曰：「竹節相去一丈曰簜。」孫炎曰：「竹闊節者曰簜。」郭璞云：「竹别名。」是篠爲小竹，簜爲大竹。

厥草惟夭，厥木惟喬。少長曰夭。喬，高也。○夭，於嬌反，馬云：「長也。」喬，其嬌反，徐音驕。少，詩照反。長，丁丈反。

【疏】傳「少長曰夭喬高也」　夭，是「少長」之貌，詩曰「桃之夭夭」是也。「喬，高」，釋詁文，詩曰「南有喬木」是也。

厥土惟塗泥，地泉濕。〔四七〕厥田惟下下，厥賦下上上錯，田第九，賦第七，雜出第六。厥貢惟金三品。金、銀、銅也。

【疏】傳「金銀銅也」　「金」既總名，而云「三品」，黄金以下惟有白銀與銅耳，故爲「金、銀、銅也」。釋器云：「黄金謂之璗，其美者謂之鏐；白金謂之銀，其美者謂之鐐。」郭璞曰：「此皆道金、銀之别名及其美者也。〔四八〕鏐，即紫磨金也。」鄭玄以爲「金三品者，銅三色也」。

瑶、琨、篠、簜，瑶、琨皆美玉。〔四九〕○瑶音遥。琨音昆，美石也。馬本作「瑻」，韋昭音貫。

【疏】傳「瑶琨皆美玉」　美石似玉者也。玉、石其質相類，美惡别名也。王肅云：「瑶琨，美石次玉者也。」

齒、革、羽、毛惟木。齒，象牙。革，犀皮。羽，鳥羽。毛，旄牛尾。木，楩、梓、豫章。○犀，細兮反。旄音毛。楩音緶，又婢善反。

【疏】傳「齒象」至「豫章」　詩云：「元龜象齒。」知「齒」是「象牙」也。説文云：「齒，口斷骨也。」「牙，壯齒也。」隱五年左傳云：「齒、牙、骨、角。」牙、齒小別，統而名之，齒亦牙也。考工記犀甲七屬，兕甲六屬。宣二年左傳云：「犀兕尚多，棄甲則那？」是甲之所用，犀革爲上。革之所美，莫過於犀，知「革」是「犀皮」也。説文云：「獸皮治去其毛爲革。」革與皮去毛爲異耳。説文云：「羽，鳥長毛也。」知「羽」是「鳥羽」。南方之鳥，孔雀、翡翠之屬，其羽可以爲飾，故貢之也。説文云：「犛，西南夷長旄牛也。」此犛牛之尾可爲旌旗之飾，經傳通謂之「旄」。牧誓云「右秉白旄」，詩云「建旐設旄」，皆謂此牛之尾，故知「毛」是「旄牛尾」也。直云「惟木」不言木名，故言「楩、梓、豫章」。此三者是揚州美木，故傳舉以言之，所貢之木，不止於此。

島夷卉服。南海島夷，草服葛越。○卉，徐許貴反。

【疏】傳「南海」至「葛越」　上傳「海曲謂之島」，知此「島夷」是南海島上之夷也。釋草云：「卉，草。」舍人曰：「凡百草一名卉。」知「卉服」是「草服葛越」也。葛越，南方布名，用葛爲之。左思吳都賦云「蕉葛升越，弱於羅紈」是也。冀州云「島夷皮服」，是夷自服皮，皮非所貢也。此言「島夷卉服」，亦非所貢也。此與「萊夷作牧」，並在貢、篚之間，古史立文不次也。鄭玄云：「此州下濕，故衣草服。貢其服者，以給天子之官。」與孔異也。

厥篚織貝。織，細紵。貝，水物。

【疏】傳「織細」至「水物」。傳以貝非織物而云織貝，則貝、織異物，織是織而爲之。揚州紵之所出，此物又以篚盛之，爲衣服之用，知是「細紵」，謂細紵布也。釋魚之篇，貝有居陸、居水，此州下濕，故云「水物」。釋魚有「玄貝，貽貝，餘貾，黄白文。餘泉，白黄文」。當貢此有文之貝，以爲器物之飾也。鄭玄云：「貝，錦名。詩云：『萋兮斐兮，成是貝錦。』凡爲織者，〔五〇〕先染其絲，乃織之則文成矣。禮記曰：『士不衣織。』」與孔異也。

厥包橘、柚，錫貢。小曰橘，大曰柚。其所包裹而致者。錫命乃貢，言不常。○橘，均必反。柚，由究反。裹音果。

【疏】傳「小曰」至「不常」。橘、柚二果，其種本別。以實相比，則柚大橘小，故云「小曰橘，大曰柚」。猶詩傳云「大曰鴻，小曰鴈」，亦别種也。此物必須裹送，故云「其所包裹」而送之。以須之有時，故待「錫命乃貢，言不常」也。文在「篚」下，以不常故耳。荆州「納錫大龜」，豫州「錫貢磬錯」，皆爲非常，並在「篚」下。荆州言「包」，傳云「橘柚」也。文在篚上者，荆州橘柚爲善，以其常貢，此州則不常也。王肅云：「橘與柚錫其命而後貢之，不常入，當繼荆州乏無也。」〔五一〕鄭云：「有錫則貢之，或時無，則不貢。錫，所以柔金也。周禮考工記云『攻金之工掌執金錫之齊』故也。」

沿于江海，達于淮、泗。順流而下曰沿。沿江入海，自海入淮，自淮入泗。○沿，悦專反。鄭本作「松」，「松」當爲「沿」。馬本作「均」，云：「均平。」

【疏】傳「順流」至「入泗」。文十年左傳云：「沿漢泝江。」泝是逆，沿是順，故「順流而下曰沿」。「沿江入海」，順也。「自海入淮，自淮入泗」，逆也。

荆及衡陽惟荆州。北據荆山，南及衡山之陽。

【疏】「荆州」傳「北據」至「之陽」 此州北界至荆山之北，故言「據」也。「南及衡山之陽」，其境過衡山也。以衡是大山，其南無復有名山大川可以爲記，故言「陽」，見其南至山南也。

江、漢朝宗于海，二水經此州而入海，有似於朝。百川以海爲宗。宗，尊也。○朝，直遥反。

【疏】傳「二水」至「宗尊也」 周禮大宗伯諸侯見天子之禮，「春見曰朝，夏見曰宗」。鄭云：「朝，猶朝也，欲其來之早也。宗，尊也，欲其尊王也。」朝宗是人事之名，水無性識，非有此義，以海水大而江、漢小，以小就大似諸侯歸於天子，假人事而言之也。詩云：「沔彼流水，朝宗於海。」毛傳云：「水猶有所朝宗，朝宗是假人事而言水也。」老子云：「滄海所以能爲百谷王者，〔五二〕以其下之。」是百川以海爲宗。鄭云：「江水、漢水，其流遄疾，又合爲一，共赴海也，猶諸侯之同心尊天子而朝事之。荆楚之域，國有道則後服，國無道則先彊，故記其水之義，以著人臣之禮。」

九江孔殷，江於此州界分爲九道，甚得地勢之中。○九江，尋陽地記云：「一曰烏白江，二曰蚌江，三曰烏江，四曰嘉靡江，五曰畎江，六曰源江，七曰廩江，八曰提江，九曰箘江。」張須元緣江圖云：「一曰三里江，二曰五州江，三曰嘉靡江，四曰烏土江，五曰白蚌江，六曰白烏江，七曰箘江，八曰沙提江，九曰廩江。參差隨水長短，或百里或五千里。始於鄂陵，終于江口，會于桑落洲。」太康地記曰：「九江，劉歆以爲湖漢九水，入彭蠡澤也。」

【疏】傳「江於」至「之中」 傳以「江」是此水大名，九江謂大江分而爲九，猶大河分爲九河，故言江於此州之界分爲九道。訓「孔」爲甚，「殷」爲中，言「甚得地勢之中」也。鄭云：「殷，猶多也。九江從山谿所出，其孔衆多，言治之難也。地理志九江在今廬江潯陽縣南，皆東合爲大江。」如鄭此意，九江各自别源，其源非大江也，下流合於大江耳。然則江以南水無大小，俗人皆呼爲江。或從江分出，或從外合來，故孔、鄭各爲别解。應劭注地理志云：「江自潯陽分爲九道。」符於孔説。潯陽記有九江之名：一曰烏江，二曰蚌江，三曰烏白江，四曰嘉靡江，五曰畎江，六曰源江，七曰廩江，八曰提江，九曰菌江。雖名起近代，義或當然。

沱、潛既道，沱，江别名。潛，水名。皆復其故道。○沱，徒何反。潛，捷廉反。馬云：「沱，湖也，其中泉出而不流者謂之潛。」

【疏】傳「沱江」至「故道」　下文「岷山導江，東别爲沱」，是沱爲江之别名也。(五三)經無潛之本源，故直云水名。釋水云：「水自江出爲沱，漢爲潛。」鄭注此既引爾雅，乃云：「今南郡枝江縣有沱水，其尾入江耳，首不於江出也。華容有夏水，首出江，尾入沔，蓋此所謂沱也。潛則未聞象類。」此解荆州之沱、潛發源此州。若如鄭言，此水南流，不入荆州界，非此潛也。此下梁州注云：「二水亦謂自江、漢出者，地理志在今蜀郡郫縣江沱及漢中安陽皆有沱水、潛水，其尾入江漢耳，(五四)首不於此出。江源有鄗江，首出江，(五五)南至犍爲武陽又入江，豈沱之類與？潛蓋漢西出嶓冢，(五六)東南至巴郡江州入江，行二千七百六十里。」此解梁州之沱、潛也。郭璞爾雅音義云：「沱水自蜀郡都水縣揃山與江别而更流。」璞又云：「有水從漢中沔陽縣南流至梓潼漢壽入大穴中，(五七)通峒山下，西南潛出，一名沔水，舊俗云即禹貢潛也。」郭璞此言，亦解梁州沱、潛，與鄭又異。然地理志及鄭皆以荆、梁二州各有沱、潛。又郭氏所解沱、潛，惟據梁州，不言荆州之沱、潛，而孔「梁州」注云：「沱、潛發源此州，入荆州。」以二州沱、潛爲一者，然彼州山水古今不可移易，孔爲武帝博士，地理志無容不知，蓋以水從江、漢出者皆曰沱、潛，但地勢西高東下，雖於梁州合流，還從荆州分出，猶如濟水入河，還從河出，故孔舉大略爲發源梁州耳。

雲土夢作乂。雲夢之澤在江南，其中有平土丘，水去可爲耕作畎畝之治。○雲，徐本作「云」。夢，亡弄反，一音武仲反，徐莫公反。治，直吏反。

【疏】傳「雲夢」至「之治」。昭三年左傳楚子與鄭伯田于江南之夢，是雲夢之澤在江南也。地理志南郡華容縣南有雲夢澤。杜預云：「南郡枝江縣西有雲夢城，江夏安陸縣亦有雲夢。」〔五八〕或曰：「南郡華容縣東南有巴丘湖，江南之夢。」雲夢一澤而每處有名者，司馬相如子虛賦云：「雲夢者，方八九百里。」則此澤跨江南北，每處名存焉。定四年左傳稱楚昭王寢于雲中，則此澤亦得單稱雲、單稱夢。經之「土」字在二字之間，蓋史文兼上下也。此澤既大，其内有平土有高丘，「水去可爲耕作畎畝之治」。

厥土惟塗泥，厥田惟下中，厥賦上下。田第八，賦第三，人功修。厥貢羽、毛、齒、革，惟金三品。土所出與揚州同。

【疏】傳「土所」至「州同」。與揚州同而揚州先齒、革，此州先羽、毛者，蓋以善者爲先。由此而言之，諸州貢物多種，其次第皆以當州貴者爲先也。

杶、榦、栝、柏，榦，柘也。柏葉松身曰栝。○杶，敕倫反，徐敕荀反，木名，又作「櫄」。榦，本又作「幹」，故旦反。栝，古活反，馬云：「白栝也。」柘，章夜反。

【疏】傳「榦栝」至「曰栝」　「榦」爲弓榦。考工記云弓人「取榦之道七」，〔五九〕以「柘爲上」，知此「榦」是「柘」也。釋木云：「栝，柏葉松身。」陸機毛詩義疏云：「杶、榑、栲、漆，相似如一。」則杶似榑、漆也。杶、栝、柏，皆木名也。以其所施多矣，柘木惟用爲弓榦，弓榦莫若柘木，故舉其用也。

礪、砥、砮、丹，砥細於礪，皆磨石也。砮，石，中矢鏃。丹，朱類。○礪，力世反。砥音脂，徐之履反，韋昭音旨。砮音奴，韋昭乃固反。磨，末佐反。鏃，子木反，一音七木反。

【疏】傳「砥細」至「朱類」　砥以細密爲名，礪以麤糲爲稱，故「砥細於礪，皆磨石」也。鄭云：「礪，磨刀刃石也。精者曰砥。」魯語曰：「肅慎氏貢楛矢石砮。」賈逵云：「砮，矢鏃之石也。」故曰「砮，石，中矢鏃」。「丹」者，丹砂，故云「朱類」。王肅云：「丹可以爲采。」

惟箘、簵、楛，三邦厎貢，厥名。箘、簵，美竹。楛，中矢榦。三物皆出雲夢之澤，近澤三國常致貢之，其名天下稱善。○箘，求隕反，韋昭一名聆風。〔六〇〕簵音路。楛音户，馬云：「木名，可以爲箭。」毛詩草木疏云：「葉如荆而赤，莖似蓍。」近，附近之近。

【疏】傳「箘簵」至「稱善」　「箘、簵，美竹」，當時之名猶然。鄭云：「箘、簵，簵風也。竹有二名，或大小異也。」箘、簵是兩種竹也。肅慎氏貢楛矢，知「楛，中矢榦」。「三物皆出雲夢之澤」，當時驗之猶然。經言「三邦厎貢」，知近澤三國致此貢也。文續「厥名」，則其物特有美名，故云「其名天下稱善」。鄭玄以「厥名」下屬「包匭菁茅」。

包，橘柚。

【疏】傳「橘柚」「包」下言「匭菁茅」，説文云：「匚，受物之器，象形也。凡匚之屬皆從匚。」匱、匣之字皆從匚，匭亦從匚，故匭是匣也。菁茅既以匭盛，非所包之物，明包必有裹也。此州所出與揚州同，揚州「厥包橘柚」，知此「包」是「橘柚」也。王肅云：「揚州厥包橘柚，從省而可知也。」

匭菁、茅。匭，匣也。菁以爲菹，茅以縮酒。○匭音軌。菁茅，上子丁反。徐音精，馬同。鄭云：「茅有毛刺曰菁茅。」匣，胡甲反，又音甲。菹，切韻側魚反。縮，所六反。

【疏】傳「匭匣」至「縮酒」　匣是匱之别名，匱之小者。菁、茅所盛不須大匱，故用匣也。周禮醢人有「菁菹鹿臡」，故知「菁以爲菹」。鄭云：「菁，蔓菁也。」〔六二〕蔓菁處處皆有，而令此州貢者，蓋以其味善也。僖四年左傳齊桓公責楚云：「爾貢包茅不入，王祭不供，無以縮酒。」是茅以縮酒也。郊特牲云：「縮酒用茅，〔六二〕明酌也。」鄭注云：「以茅縮酒也。」〔六三〕周禮甸師云：「祭祀供蕭茅。」鄭興云：「蕭字或爲莤，莤讀爲縮。束茅立之祭前，酒沃其上，〔六四〕酒滲下若神飲之，故謂之縮。」杜預解左傳用鄭興之説，未知誰同孔旨。特令此州貢茅，茅當異於諸處。杜預云：「茅之爲異，未審也。」或云茅有三脊。案史記齊桓公欲封禪，管仲覩其不可窮以辭，因設以無然之事云：「古之封禪，江淮之間，三脊茅以爲藉。」此乃懼桓公耳，非荆州所有也。鄭玄以「菁茅」爲一物，匭猶纏結也。菁茅之有毛刺者重之，故既包裹而又纏結也。

厥篚玄纁、璣組。此州染玄纁色善，故貢之。璣，珠類，生於水。組，綬類。○纁，許云反。璣，其依反，又音機，馬同。説文云：「珠不圜也。」字書云：「小珠也。」玉篇渠依、居沂二反。組音祖，馬云：「組，文也。」

【疏】傳「此州」至「綬類」釋器云：「三染謂之纁。」李巡云：「三染，其色已成爲絳，纁、絳一名也。」考工記云：「三入爲纁，〔六五〕五入爲緅，七入爲緇。」鄭云：「染纁者三入而成。又再染以黑，則爲緅。又再染以黑，則爲緇。玄色在緅、緇之間，其六入者。」是染玄纁之法也。「此州染玄纁色善」，故令貢之。說文云：「璣，珠不圓者。」故爲「珠類」。玉藻說佩玉所懸者，皆云「組綬」，是組、綬相類之物也。

九江納錫大龜。尺二寸曰大龜，出於九江水中。龜不常用，錫命而納之。○納，馬云：「入也。」

【疏】傳「尺二」至「納之」史記龜策傳云：「龜千歲滿尺二寸。」漢書食貨志云：「元龜距髥，〔六六〕長尺二寸。」故以尺二寸爲大龜。冠以「九江」，知出九江水中也。文在篚下，而言「納錫」，是言「龜不常用」，故「錫命」乃「納之」。言此大龜錫命乃貢之也。

浮于江、沱、潛、漢，逾于洛，至于南河。逾，越也。河在冀州南東流，故越洛而至南河。○江、沱、潛、漢，四水名。本或作「潛于漢」，非。逾，羊朱反。

【疏】「浮于江沱潛漢」浮此四水，乃得至洛。本或「潛」下有「于」，誤耳。

荊、河惟豫州。西南至荊山，北距河水。伊、洛、瀍、澗，既入于河。伊出陸渾山，洛出上洛山，澗出沔池山，瀍出河南北山，四水合流而入河。○瀍，直然反。澗，故晏反。渾音魂，又胡困、胡昆二反。沔，亡淺反，又亡忍反，下同。陸渾、沔池二縣屬河南郡。

【疏】「豫州」傳「伊出」至「入河」　地理志云：「伊水出弘農盧氏縣東熊耳山，東北入洛。洛水出弘農上洛縣冢領山，東北至鞏縣入河。瀍水出河南穀城縣潛亭北，東南入洛。澗水出弘農新安縣東，南入洛。」志與傳異者，熊耳山在陸渾縣西，冢領山在上洛縣境之内，沔池在新安縣西，穀城潛亭北，此即是河南境内之北山也。志詳而傳略，所據小異耳。伊、瀍、澗三水入洛合流而入河，言其不復爲害也。

滎波既豬，〔六七〕滎，澤；波，水。已成遏豬。○滎，户扃反，滎澤也。波，如字，馬本作「播」。滎播，澤名。遏，烏曷反。

【疏】傳「滎澤」至「遏豬」　沇水入河而溢爲滎，滎是澤名。洪水之時，此澤水大，動成波浪。此澤其時波水「已成遏豬」，言壅遏而爲豬，畜水而成澤，不濫溢也。鄭云：「今塞爲平地，滎陽民猶謂其處爲滎澤，在其縣東。」言在滎澤縣之東也。馬、鄭、王本皆作「滎播」，謂此澤名滎播。春秋閔二年衛侯及狄人戰于滎澤，不名「播」也。鄭玄謂衛、狄戰在此地。杜預云：「此滎澤當在河北，以衛敗方始渡河，戰處必在河北。」蓋此澤跨河南北，多而得名耳。〔六八〕

導菏澤，被孟豬。菏澤在胡陵。孟豬，澤名，在菏東北，水流溢覆被之。○導音道，下同。菏，徐音柯，又士可反，注同，韋胡阿反。被，皮寄反，徐扶義反，注同。豬，張魚反，又音諸。左傳、爾雅皆作「孟諸」，宋藪澤也。

【疏】傳「菏澤」至「被之」　地理志山陽郡有胡陵縣，〔六九〕不言其縣有菏澤也。又云菏澤在濟陰定陶縣東，孟豬在梁國睢陽縣東北。〔七〇〕以今地驗之，則胡陵在睢陽之東，定陶在睢陽之北，其水皆不流溢東北被孟豬也。然郡縣之名，隨代變易，古之胡陵，當在睢陽之西北，故得東出被孟豬也。於此作孟豬，左傳、爾雅作孟諸，周禮作望諸，聲轉字異，正是一地也。

厥土惟壤，下土墳壚。高者壤，下者壚。壚，疏。壚音盧，說文：「黑剛土也。」○厥田惟中上，厥賦錯上中。田第四，賦第二，又雜出第一。

厥貢漆、枲、絺、紵，厥篚纖纊。纊，細綿。○絺，敕其反。紵，直呂反。纊音曠。綿，切韻武延反。

【疏】傳「纊細綿」　禮喪大記候死者「屬纊以俟絶氣」，即「纊」是新綿耳。纖是細，故言細綿。

錫貢磬錯。治玉、石曰錯。治磬錯。浮于洛，達于河。

【疏】傳「治玉」至「磬錯」　詩云：「佗山之石，可以攻玉。」又曰：「可以爲錯。」磬有以玉爲之者，故云「治玉、石曰錯」，謂「治磬錯」也。

華陽、黑水惟梁州。東據華山之南，西距黑水。○華，胡化反，又胡瓜反。

【疏】「梁州」　傳「東據」至「黑水」　周禮職方氏豫州其山鎮曰華山，在豫州界内。此梁州之境東據華山之南，不得其山，故言陽也。此山之西，雍州之境也。

岷、嶓既藝，沱、潛既道，岷山、嶓冢皆山名。水去已可種藝。沱、潛發源此州，入荆州。○岷，武巾反。嶓音波，徐甫河反，韋音播。

【疏】傳「岷山」至「荆州」　漢制，縣有羌、夷曰道。地理志云：蜀郡有湔道，〔七一〕岷山在西徼外，江水所出也。隴西郡西縣嶓冢山西，漢水所出。是二者「皆山名」也。沱出于江，潛出于漢，二水「發源此州」，而「入荆州」，故荆州亦云「沱、潛既道」。

蔡、蒙旅平，和夷底績。蔡、蒙，二山名。祭山曰旅。平言治功畢。和夷之地致功可藝。○旅，如字，韋音盧。和，如字，又作「龢」。鄭云：「和讀曰洹。」言治，直吏反。下同。

【疏】傳「蔡蒙」至「可藝」　地理志云：「蒙山在蜀郡青衣縣。」應劭云：「順帝改曰漢嘉縣。」蔡山不知所在。論語云：「季氏旅於泰山。」是祭山曰旅也。「平」者，言其治水畢，猶上「既藝」也。「和夷」，平地之名。致功可藝，藝與平互言耳。

厥土青黎，色青黑而沃壤。○黎，鄭力兮反，徐力私反。馬云：「小疏也。」

【疏】傳「色青黑而沃壤」　孔以黎爲黑，故云「色青黑」。其地「沃壤」，言其美也。王肅曰：「青，黑色；黎，小疏也。」

厥田惟下上，厥賦下中三錯。田第七，賦第八，雜出第七、第九三等。

【疏】傳「田第」至「三等」　傳以既言「下中」，復云「三錯」，舉下中第八爲正，上下取一，故「雜出第七、第九」，與第八爲三也。鄭云：「三錯者，此州之地有當出下之賦者少耳。又有當出下上、中下者，差復益少。」與孔異也。

厥貢璆、鐵、銀、鏤、砮、磬，璆，玉名。鏤，剛鐵。○璆音虯，徐又居虯反，又閭幼反，馬同。韋昭、郭璞云：「紫磨金。」案郭注爾雅，鏐即紫磨金。鐵，天結反。鏤，婁豆反。

【疏】傳「璆玉」至「剛鐵」　釋器云：「璆、琳，玉也。」郭璞云：「璆、琳，美玉之別名。」〔七二〕鏤者，可以刻鏤，故爲剛鐵也。

熊、羆、狐、貍織皮。貢四獸之皮，織金罽。〔七三〕○熊音雄。羆，彼宜反，如熊而黄。貍，力疑反。罽，紀例反。

【疏】傳「貢四」至「金罽」　與織皮連文，必不貢生獸，故云「貢四獸之皮」。釋言云：「氂，罽也。」舍人曰：「氂，謂毛罽也。胡人績羊毛作衣。」〔七四〕孫炎曰：「毛氂爲罽。」織毛而言皮者，毛附於皮，故以皮表毛耳。

西傾因桓是來，浮于潛，逾于沔，〔七五〕西傾，山名。桓水自西傾山南行，因桓水是來，浮于潛。漢上曰沔。○傾，窺井反。

【疏】傳「西傾」至「曰沔」　下文導山有西傾，知是山名也。地理志云：「西傾在隴西臨洮縣西南，〔七六〕西傾在雍州。」自西傾山南行因桓水是來，浮於潛水也。地理志云：「桓水出蜀郡蜀山，西南行羌中，入南海。」則初發西傾，未有水也。不知南行幾里得桓水也。下傳云：「泉始出山爲漾水，東南流爲沔水，至漢中東行爲漢水。」是「漢上曰沔」。

入于渭，亂于河。越沔而北入渭，浮東渡河而還帝都，白所治。正絶流曰亂。○渭音謂。

【疏】傳「越沔」至「曰亂」。計沔在渭南五百餘里，故越沔陸行，而北入渭。渭水入河，故浮渭而東。帝都在河之東，故渡河陸行而「還帝都」也。以每州之下言入河之事，河近帝都，知是還都「白所治」也。「正絶流曰亂」，釋水文。孫炎曰：「横渡也。」

黑水、西河惟雍州。西距黑水，東據河。龍門之河在冀州西。○雍，於用反。

【疏】「雍州」。傳「西距」至「州西」。禹治豫州，乃次梁州。自東向西，故言梁州之境先以華陽，而後黑水。從梁適雍，自南向北，故先黑水而後西河。計雍州之境，被荒服之外，東不越河，而西踰黑水。王肅云：「西據黑水，〔七七〕東距西河。」所言得其實也。徧檢孔本，皆云「西距黑水東據河」，必是誤也。又河在雍州之東而謂之「西河」者，「龍門之河在冀州西」界，故謂之西河。王制云：「自東河至於西河，千里而近。」是河相對而爲東、西也。

弱水既西，導之西流，至於合黎。

【疏】傳「導之」至「合黎」　諸水言「既導」，此言「既西」，由地勢不同，導之使西流也。鄭云：「衆水皆東，此水獨西，故記其西下也。」

涇屬渭汭，屬，逮也。水北曰汭。言治涇水入於渭。○涇音經。屬，之蜀反。汭，本又作「内」，同，如鋭反，馬云：「入也。」逮音代。

【疏】傳「屬逮」至「於渭」　屬，謂相連屬，故訓爲「逮」。逮，及也，言水相及。詩毛傳云：「汭，水涯也。」鄭云：「汭之言内也。」蓋以人皆南面望水，則北爲汭也。且涇水南入渭而名爲渭汭，知水北曰汭。言治涇水使之入渭，亦是從故道也。地理志云：「涇水出安定涇陽縣西岍頭山，東南至馮翊陽陵縣入渭，行千六百里。」

漆、沮既從，灃水攸同。漆沮之水已從入渭。灃水所同，同於渭。〔七八〕○沮，七徐反。灃，芳弓反。

【疏】傳「漆沮」至「於渭」　詩云：「自土沮漆。」毛傳云：「沮水、漆水也。」則漆、沮本爲二水。地理志云：「漆水出扶風漆縣西。」闞駰十三州志云：「漆水出漆縣西北岐山，東入渭。」沮則不知所出，蓋東入渭時已與漆合。渭發源遠，以渭爲主，上云「涇屬渭」是矣，故此言「漆沮既從」，已從於渭。「灃水所同」，亦「同於渭」，以渭爲主故也。地理志灃水出扶風鄠縣東南，北過上林苑入渭也。

荆、岐既旅，已旅祭，言治功畢。此荆在岐東，非荆州之荆。○治，直吏反。

【疏】傳「已旅」至「之荆」　洪水之時，祭祀禮廢。「已旅祭」，而「言治功畢」。治水從下，自東而西，先荆後岐。荆在岐東，嫌與上荆爲一，故云「非荆州之荆」也。地理志云：禹貢北條荆山在馮翊懷德縣南，南條荆山在南郡臨沮縣北，〔七九〕彼是荆州之荆也。

終南、惇物，至于鳥鼠。三山名，言相望。○終南，山名，漢書地理志一名太一。三秦記云：「又名地肺。」惇物，山名，漢書云：「垂山也。」

【疏】傳「三山」至「相望」　以荆、岐單名，此山復名，故辯之云「三山名」也。「至于」爲首尾之辭，故言相望也。三山空舉山名，不言治意，蒙上「既旅」之文也。地理志云：扶風武功縣有太一山，古文以爲終南。垂山，古文以爲惇物，皆在縣東。

原隰厎績，至于豬野。下濕曰隰。豬野，地名。言皆致功。

【疏】傳「下濕」至「致功」　「下濕曰隰」，釋地文。地理志云：「豬野澤在武威縣，東北有休屠澤，古文以爲豬野澤。」鄭玄以爲詩云「度其隰原」，即此原隰是也。原隰，豳地。從此致功，西至豬野之澤也。

三危既宅，三苗丕敘。西裔之山已可居，三苗之族大有次敘，美禹之功。○丕，普悲反。

【疏】傳「西裔」至「之功」　左傳稱「舜去四凶，投之四裔」，舜典云「竄三苗於三危」，是三危爲西裔之山也。其山必是西裔，未知山之所在。地理志杜林以爲燉煌郡，即古瓜州也。〔八〇〕昭九年左傳云：「先王居檮杌于四裔，故允姓之姦居于瓜州。」杜預云：「允姓之祖，與三苗俱放於三危。瓜州，今燉煌也。」鄭玄引地記書云：「三危之山，在鳥鼠之西，南當岷山。」則在積石之西南。地記乃妄書，其言未必可信。要知三危之山，必在河之南也。禹治水未已，〔八一〕竄三苗，水災既除，彼得安定，故云三危之山已可居，三苗之族大有次叙，記此事以美禹治之功也。

厥土惟黄壤，厥田惟上上，厥賦中下。田第一，賦第六，人功少。

【疏】傳「田第一」至「功少」。此與荆州賦、田升降皆較六等，荆州升之極，故云「人功修」，此州降之極，故云「人功少」。其餘相較少者，從此可知也。王制云：「凡居民，量地以制邑，度地以居民，地邑、民居必參相得也。」則民當相準，而得有人功修、人功少者，記言初置邑者可以量之，而州境闊遠，民居先定，新遭洪水，存亡不同，故地勢有美、惡，人功有多、少。治水之後，即爲此差。在後隨人少、多，必得更立其等，此非永定也。

厥貢惟球、琳、琅、玕。球、琳，皆玉名。琅、玕，石而似珠。〔八二〕○球音求。琳，韋音來金反。琅音郎。玕音干。山海經云：「崐崘山有琅玕樹。」

【疏】傳「球琳」至「似珠」。釋地云：「西北之美者，有崐崘虚之璆、琳、琅、玕焉。」説者皆云球、琳，美玉名；琅、玕，石而似珠者，必相傳驗實有此言也。

浮于積石，至于龍門西河，積石山在金城西南，河所經也。沿河順流而北，千里而東，千里而南。龍門山在河東之西界。

【疏】傳「積石」至「西界」。地理志云：積石山在金城河關縣西南羌中。河行塞外，東北入塞内。積石非河之源，故云河所經也。河從西來，至此北流，故禹沿河順流而北。釋水云：「河千里一曲一直。」故「千里而東，千里而南」，至于龍門西河也。地理志云：龍門山在馮翊夏陽縣北。此山當河之道，禹鑿以通河，「東郡之西界也」。禹至此，渡河而還都白帝也。「沿」或誤爲「治」。此説禹行，不説治水也。

會于渭汭。逆流曰會。自渭北涯逆水西上。○西上，時掌反。

【疏】傳「逆流」至「西上」。會，合也。人行逆流而水相向，故「逆流曰會」。從河入渭，「自渭北涯逆水西上」，言禹白帝訖，從此而西上，更入雍州界也。諸州之末惟言還都之道，此州事終，言發都更去，明諸州皆然也。

織皮崐崘、析支、渠、搜，西戎即叙。〔八三〕織皮，毛布。有此四國在荒服之外，流沙之内。羌髳之屬皆就次叙，美禹之功及戎狄也。○崐崘，下魯門反。馬云：「崐崘在臨羌西。」析，星歷反。馬云：「析支在河關西。」搜，所由反。漢書志朔方郡有渠搜縣，武紀云「北發渠搜」是也。髳音謀，又音毛，西戎國名。

【疏】傳「織皮」至「戎狄也」。四國皆衣皮毛，故以「織皮」冠之。傳言織皮毛布有此四國，崐崘也、析支也、渠也、搜也，四國皆是戎狄也。末以西戎總之，此戎在「荒服之外，流沙之内」。牧誓云武王伐紂，有羌、髳從之。此是羌、髳之屬，禹皆就次叙。美禹之功遠及戎狄，故記之也。鄭玄云：「衣皮之民居此崐崘、析支、渠搜三山之野者，皆西戎也。」王肅云：「崐崘在臨羌西，析支在河關西。西戎，西域也。」王肅不言渠、搜，鄭併渠、搜爲一，孔傳不明，或亦以渠、搜爲一，通西戎爲四也。鄭以崐崘爲山，謂別有崐崘之山，非河所出者也。所以孔意或是地名國號，不必爲山也。

導岍及岐，至于荊山，更理説所治山川首尾所在。治山通水，故以山名之。三山皆在雍州。○導音道，〔八四〕從首起也。岍音牽，字又作「汧」，山名，一名吴岳。馬本作「開」。

【疏】「導岍及岐」　上文每州説其治水，登山從下而上。州境隔絶，未得徑通。今更從上而下，條説所治之山，本以通水，舉其山相連屬，言此山之傍，所有水害皆治訖也。因冀州在北，故自北爲始。從此「導岍」至「敷淺原」，舊説以爲三條。地理志云：「禹貢北條荊山在馮翊懷德縣南，南條荊山在南郡臨沮縣東北。」是舊有三條之説也。故馬融、王肅皆爲三條：導岍北條，〔八五〕西傾中條，嶓冢南條。鄭玄以爲四列：導岍爲陰列，〔八六〕西傾爲次陰列，嶓冢爲次陽列，岷山爲正陽列。鄭玄創爲此説，孔亦當爲三條也。岍與嶓冢言導，西傾不言導者，史文有詳略，以可知故省文也。

傳「更理」至「雍州」　荊、岐上已具矣，而此復言之，以山勢相連，而州境隔絶，更從上理説所治山川首尾所在，總解此下導山水之意也。其實通水而文稱導山者，導山本爲治水，故以導山名之。地理志云：「吴岳在扶風岍縣西，〔八七〕古文以爲岍山。」岐山在美陽縣西北，荊山在懷德縣，三山皆在雍州。

逾于河。此謂梁山。龍門西河。

【疏】傳「此謂」至「西河」　「逾于河」，謂山逾之也。此處山勢相望，越河而東，故云此謂龍門西河，言此處山不絶，從此而渡河也。

壺口、雷首，至于太岳。〔八八〕三山在冀州。太岳在上黨西。〔八九〕

【疏】傳「三山」至「黨西」　地理志云：壺口在河東北屈縣東南，雷首在河東蒲坂縣南，太岳在河東彘縣東。是「三山在冀州」。以太岳東近上黨，故云「在上黨西」也。

底柱、析城，至于王屋。此三山在冀州南河之北，東行。○底，之履反。柱，如字，韋知父反，又知女反。底柱，山名，在河水中。

【疏】傳「此三」至「東行」　地理志云：析城在河東濩澤縣西，〔九〇〕王屋在河東垣縣東北。地理志不載底柱，底柱在太陽關東、析城之西。從底柱至王屋，在冀州南河之北，東行也。

太行、恒山，至于碣石，入于海。此二山連延，東北接碣石而入滄海。百川經此衆山，禹皆治之，不可勝名，故以山言之。○太行，户剛反，又如字。滄音倉。勝音升。

【疏】傳「此二」至「言之」　地理志云：「太行山在河内山陽縣西北，恒山在常山上曲陽縣西北。」太行去恒山太遠，恒山去碣石又遠，故云「此二山連延，東北接碣石而入滄海」，言山傍之水皆入海，山不入海也。又解治水言山之意，「百川經此衆山，禹皆治之，川多不可勝名，故以山言之」也。謂漳、潞、汾、涑在壺口、雷首，太行經底柱、析城，濟出王屋，淇近太行，恒、衛、滹沲、滱、易近恒山、碣石之等也。

西傾、朱圉、鳥鼠，西傾、朱圉在積石以東。鳥鼠，渭水所出，在隴西之西。三者，雍州之南山。○傾，窺并反。圉，魚吕反。

【疏】傳「西傾」至「南山」　地理志云：「西傾在隴西臨洮縣西，〔九一〕朱圉在天水冀縣南。」言在積石以東，見河所經也。地理志云：「鳥鼠同穴山，在隴西首陽縣西南，渭水所出，在隴西郡之西。」是三者皆雍州之南山也。

至于太華。相首尾而東。○太華，如字，又户化反。

【疏】傳「相首尾而東」　地理志云：太華在京兆華陰縣南。鳥鼠東望太華太遠，故云「相首尾而東」也。

熊耳、外方、桐柏，至于陪尾。〔九二〕四山相連，東南在豫州界。洛經熊耳，伊經外方，淮出桐柏經陪尾。凡此皆先舉所施功之山於上，而後條列所治水於下，互相備。○陪音裴。陪尾，山名，漢書作横尾。列，如字，本或作「别」，彼列反。

【疏】傳「四山」至「相備」　地理志云：「熊耳山在弘農盧氏縣東，伊水所出；嵩高山在潁川嵩高縣，古文以爲外方山；桐柏山在南陽平氏縣東南；横尾山在江夏安陸縣東北，古文以爲陪尾山。」是四山接華山而相連東南，皆在豫州界也。凡舉山名，皆爲治水，故言水之所經：洛出熊耳，伊經外方，淮出桐柏經陪尾。導山本爲治水，故云皆先舉所施功之山於上，而後條列所治水於下，互相備也。

導嶓冢至于荆山。漾水出嶓冢，在梁州，經荆山。荆山在荆州。○漾，羊尚反。

【疏】傳「漾水」至「荆州」　下云「嶓冢導漾」，梁州云「岷嶓既藝」，是嶓冢在梁州也。荆州以荆山爲名，知荆山在荆州也。

内方，至于大別。内方、大別，二山名，在荆州，漢所經。

【疏】傳「内方」至「所經」 地理志云：「章山在江夏竟陵縣東北，古文以爲内方山。」地理志無大別。鄭玄云：「大別在廬江安豐縣。」杜預解春秋云：「大別闕，不知何處。或曰：大別在安豐縣西南。左傳云：『吴既與楚夾漢，然後楚乃濟漢而陳，自小別至於大別。』然則二別近漢之名，無緣得在安豐縣。」如預所言，雖不知其處，要與内方相接，漢水所經，必在荆州界也。

岷山之陽，至于衡山。岷山，江所出，在梁州。衡山，江所經，在荆州。

【疏】傳「岷山」至「荆州」 其下云「岷山導江」，梁州「岷嶓既藝」，是岷山在梁州也。地理志云：「衡山在長沙相南縣東南。」上言「衡陽惟荆州」，是江所經在荆州也。

過九江，至于敷淺原。言衡山連延過九江，接敷淺原，言導從首起，言陽從南。〔九三〕敷淺原，一名博陽山，在揚州豫章界。

【疏】傳「言衡」至「章界」 衡，即横也。東西長，今之人謂之爲嶺。東行連延過九江之水，而東接於敷淺原之山也。經於岍及嶓冢言導，岷山言陽，故解之「言導從首起，言陽從南」。言岷山之南至敷淺原，別以岷山爲首，不與大別相接，由江所經，別記之耳，以見岷非三條也。地理志：「豫章歷陵縣南有博陽山，古文以爲敷淺原。」

導弱水至于合黎，〔九四〕合黎，水名，在流沙東。○弱，本或作「溺」。合，如字。黎，力兮反，馬云：「地名。」

【疏】「導弱水」 此下所導凡有九水，大意亦自北爲始。以弱水最在西北，水又西流，故先言之。黑水雖在河南，水從雍、梁西界南入南海，與諸水不相參涉，故又次之。四瀆江、河爲大，河在北，故先言河也。漢入于江，故先漢後江。其濟發源河北，越河而南，與淮俱爲四瀆，故次濟次淮。其渭與洛俱入于河，故後言之。計流水多矣，此舉大者言耳。凡此九水，立文不同。弱水、黑水、沇水不出于山，文單，故以水配。其餘六水，文與山連，既繫於山，不須言水。積石山非河上源，記施功之處，故云「導河積石」，言發首積石起也。漾、江先山後水，淮、渭、洛先水後山，皆是史文詳略，無義例也。又淮、渭、洛言自某山者，皆是發源此山，欲使異於「導河」，故加「自」耳。鄭玄云：「凡言『導』者，發源於上，未成流。凡言『自』者，亦發源於上，未成流。」必其俱未成流，何須别「導」與「自」？河出崐崘，發源甚遠，豈至積石猶未成流，而云「導河」也？

傳「合黎」至「沙東」 弱水得入合黎，知合黎是水名。顧氏云：「地記書：合黎，山名。〔九五〕但此水出合黎，因山爲名。」鄭玄亦以爲山名。地理志張掖郡删丹縣，桑欽以爲導弱水自此，西至酒泉合黎。張掖郡又有居延澤，在縣東北，古文以爲流沙。如志之言，酒泉郡在張掖郡西，居延屬張掖，合黎在酒泉，則流沙在合黎之東，與此傳不合。案經弱水西流，水既至于合黎，餘波入于流沙，當如傳文，合黎在流沙之東，不得在其西也。

餘波入于流沙。弱水餘波西溢，入流沙。○溢音逸。**導黑水至于三危，入于南海。**黑水自北而南，經三危過梁州入南海。

【疏】傳「黑水」至「南海」 地理志益州郡計在蜀郡西南三千餘里，故滇王國也。武帝元封二年，始開爲郡。郡内有滇池縣，縣有黑水祠。止言有其祠，不知水之所在。鄭云：「今中國無也。」傳之此言，順經文耳。案酈元水經黑水出張掖雞山，南流至燉煌，過三危山，南流入于南海。然張掖、燉煌並在河北，所以黑水得越河入南海者，河自積石以西皆多伏流，故黑水得越而南也。

導河積石，至于龍門。施功發于積石，至于龍門，或鑿山，或穿地，以通流。

【疏】傳「施功」至「通流」 河源不始於此，記其施功處耳，故言「施功發於積石」。釋水云：「河千里一曲一直。」則河從積石北行，又東，乃南行，至于龍門，計應三千餘里。龍門、底柱，鑿山也。其餘平地，穿地也。「或鑿山，或穿地，以通流」，言自積石至海皆然也。釋水云：「河出崐崘虛，色白。」李巡曰：「崐崘，山名。虛，山下地也。」郭璞云：「發源高處，激湊，故水色白。潛流地中，受渠衆多，渾濁，故水色黃。」漢書西域傳云：「河有兩源，一出葱嶺，一出于闐。于闐在南山下，其河北流，與葱嶺河合，東注蒲昌海。蒲昌海，一名鹽澤者，去玉門陽關三百餘里，廣袤三四百里。其水停居，冬夏不增減，皆以爲潛行地下。南出于積石，爲中國河。」郭璞云：「其去崐崘里數遠近，未得詳也。」

南至于華陰，河自龍門南流，至華山北而東行。**東至于底柱，**底柱，山名，河水分流，包山而過，山見水中若柱然，在西虢之界。○山見，賢遍反。虢，寡白反。**又東至于孟津。**孟津，地名，在洛北，都道所湊，古今以爲津。○孟津，如字，洛北地名。湊，七豆反。

【疏】傳「孟津」至「爲津」 孟是地名，津是渡處。在孟地致津，〔九六〕謂之孟津。傳云「地名」，謂孟爲地名耳。杜預云：

「孟津，河内河陽縣南孟津也，在洛陽城北。都道所湊，古今常以爲津，武王渡之。近世以來，呼爲武濟。」

東過洛汭，至于大伾。〔九七〕洛汭，洛入河處。山再成曰伾。至于大伾而北行。○伾，本又作「岯」，音丕，又皮鄙反。徐扶眉反，又敷眉反。韋音嚭，郭撫梅反，字或作「阫」。處，昌慮反。

【疏】傳「洛汭」至「北行」　洛汭，洛入河處，河南鞏縣東也。釋山云：「再成英，一成岯。」李巡曰：「山再重曰英，一重曰岯。」傳云「再成曰岯」，與爾雅不同，蓋所見異也。鄭玄云：「大岯在脩武武德之界。」張揖云：「成皋縣山也。」漢書音義有臣瓚者，以爲「脩武武德無此山也。成皋縣山又不一成。今黎陽縣山臨河，豈不是大岯乎？」瓚言當然。

北過降水，至于大陸。降水，水名，入河。大陸，澤名。○降，如字，鄭户江反。

【疏】傳「降水」至「澤名」　地理志云：降水在信都縣。案班固漢書以襄國爲信都，〔九八〕在大陸之南。或降水發源在此，下尾至今之信都，故得先過降水，乃至大陸。若其不爾，則降水不可知也。鄭以「降」讀爲降，下江反，聲轉爲共。河内共縣，淇水出焉，東至魏郡黎陽縣入河。此近降水也。周時國於此地者惡言「降水」，改謂之「共」。此鄭胸臆，不可從也。

又北，播爲九河，北分爲九河，以殺其溢，在兖州界。殺，所界反。溢，字又作「隘」，於賣反。○同爲逆河，入于海。同合爲一大河，名逆河，而入於渤海。皆禹所加功，故叙之。○渤，蒲兀反。

【疏】傳「同合」至「叙之」 傳言九河將欲至海，更同合爲一大河，名爲逆河，而入于渤海也。鄭玄云：「下尾合名爲逆河，言相向迎受。」王肅云：「同逆一大河，納之於海。」其意與孔同。

嶓冢導漾，東流爲漢。泉始出山爲漾水，東南流爲沔水，至漢中，東行爲漢水。〔九九〕

【疏】傳「泉始」至「漢水」 傳之此言，當據時人之名爲説也。地理志云：「漾水出隴西氐道縣，至武都爲漢水。」不言中爲沔水，孔知嶓冢之東漢水之西而得爲沔水者，以禹治梁州，入帝都白所治云「逾于沔入于渭」，是沔近於渭，當梁州向冀州之路也。應劭云：「沔水自江別，至南郡華容縣爲夏水，過江夏郡入江。」既云江別，明與此沔別也。依地理志漢水之尾變爲夏水，是應劭所云沔水下尾亦與漢合，乃入于江也。

又東，爲滄浪之水。別流，在荆州。○浪音郎。

【疏】傳「別流在荆州」 傳言「別流」，似分爲異水。案經首尾相連，不是分別，當以名稱別流也。以上在梁州，故此云在荆州。

過三澨，至于大別，三澨，水名，入漢。大別，山名。○澨，市制反。南入于江。觸山迴南入江。○觸，切韻尺玉反。東匯澤爲彭蠡，匯，迴也。水東迴爲彭蠡大澤。○匯，徐胡罪反，韋空爲反。東爲北江，入于海。〔一〇〇〕自彭蠡江分爲三，入震澤遂爲北江，而入海。

【疏】傳「自彭」至「入海」　揚州云「三江既入，震澤底定」，孔以爲「三江既入」，〔一〇一〕入震澤也，故言江自彭蠡分而爲三江，復共入震澤。出澤，又分爲三，此水遂爲北江，而入于海。鄭玄以爲「三江既入」，入于海，不入震澤也。孔必知入震澤者，以震澤屬揚州，彭蠡在揚州之西界。今從彭蠡有三江，則震澤之西三江具矣。今云三江既入，繼以震澤底定，故知三江入震澤矣。今南人以大江不入震澤，震澤之東別有松江等三江。案職方揚州其川曰三江，宜舉州内大川，其松江等雖出震澤，入海既近，周禮不應捨岷山大江之名，而記松江等小江之説。山水同，今變易，〔一〇二〕故鄭云：「既知今，亦當知古。」是古今同之驗也。

岷山導江，東別爲沱。江東南流，沱東行。○沱，唐何反。

【疏】傳「江東」至「東行」　以上云浮于江、沱、潛、漢，其次自南而北，江在沱南，知江東南流而沱東行。

又東至于澧。澧，水名。○澧音禮。

【疏】傳「澧水名」　鄭玄以此經自「導弱水」已下言「過」、言「會」者，皆是水名；言「至于」者，或山或澤，皆非水名，故以合黎爲山名，澧爲陵名。鄭玄云「今長沙郡有澧陵縣」，其以陵名爲縣乎？孔以合黎與澧皆爲水名。弱水「餘波入于流沙」，則本源入合黎矣。合黎得容弱水，知是水名。楚辭曰「濯余佩兮澧浦」，〔一〇三〕是澧亦爲水名。

過九江，至于東陵。江分爲九道，在荆州。東陵，地名。

【疏】傳「江分」至「地名」 九江之水，禹前先有其處。禹今導江過歷九江之處，非是别有九江之水。

東迆，北會于匯。迆，溢也。東溢分流，都共北會彭蠡。〔一〇四〕○迆，以爾反，馬云：「靡也。」

【疏】傳「迆溢」至「彭蠡」 「迆」，言靡迆。邪出之言，故爲溢也。東溢分流，又都共聚合，北會彭蠡，言散流而復合也。鄭云：「東迆者爲南江。」孔意或然。「至」之與「會」，史異文耳。

東爲中江，入于海。有北、有中，南可知。

【疏】傳「有北有中南可知」 地理志云：南江從會稽吴縣南東入海，中江從丹陽蕪湖縣西，〔一〇五〕東至會稽陽羨縣東入海，北江從會稽毗陵縣北東入海。

導沇水，東流爲濟，泉源爲沇，流去爲濟。在温西北平地。○沇音兖，又以轉反。

【疏】傳「泉源」至「平地」 地理志云：濟水出河東垣縣王屋山東南，至河内武德縣入河。傳言「在温西北平地」者，濟水近在河内，孔必驗而知之，見今濟水所出在温之西北七十餘里。温是古之舊縣，故計温言之。

入于河，溢爲滎。濟水入河並流十數里而南截河，又並流數里溢爲滎澤，在敖倉東南。○數，色住反，下同，一本作「十所」。

【疏】傳「濟水」至「東南」　此皆目驗爲説也。濟水既入于河，與河相亂，而知截河過者，以河濁濟清，南出還清，故可知也。

東出于陶丘北，〔一〇六〕陶丘，丘再成。○陶音桃。

【疏】傳「陶丘丘再成」　釋丘云：「再成爲陶丘。」李巡曰：「再成，其形再重也。」郭璞云：「今濟陰定陶城中有陶丘。」地理志云：定陶縣西南有陶丘亭。

又東至于菏，菏澤之水。又東北會于汶，濟與汶合。又北東入于海。北折而東。○折，之設反。導淮自桐柏，桐柏山在南陽之東。

【疏】傳「桐柏」至「之東」　地理志云：桐柏山在南陽平氏縣東南，淮水所出。水經云：出胎簪山東北，過桐柏山。胎簪蓋桐柏之傍小山，傳言南陽郡之東也。

東會于泗、沂，東入于海。與泗、沂二水合入海。

【疏】傳「與泗」至「入海」 地理志云：沂水出泰山蓋縣南，至下邳入泗；泗水出濟陰乘氏縣，至臨淮睢陵縣入淮。乃沂水先入泗，泗入淮耳。以沂水入泗處去淮已近，故連言之。

導渭自鳥鼠同穴，鳥、鼠共爲雄雌，同穴處此山，遂名山曰鳥鼠，渭水出焉。

【疏】傳「鳥鼠」至「出焉」 釋鳥云：「鳥、鼠同穴，其鳥爲鵌，其鼠爲鼵。」李巡曰：「鵌、鼵，鳥、鼠之名，共處一穴，天性然也。」郭璞曰：「鼵如人家鼠而短尾，鵌似鵽而小，黄黑色。穴入地三四尺，鼠在内，鳥在外。今在隴西首陽縣有鳥鼠同穴山。〔一〇七〕尚書孔傳云共爲雄雌，張氏地理記云不爲牝牡。」璞並載此言，未知誰得實也。 地理志云：隴西首陽西南有鳥鼠同穴山，渭水所出，至京兆北沿司空縣入河。過郡四，行千八百七十里。

東會于灃，又東會于涇，灃水自南，涇水自北而合。○灃音豐。又東過漆、沮，入于河。漆、沮，二水名。〔一〇八〕亦曰洛水，出馮翊北。○翊，與職反。

【疏】傳「漆沮」至「翊北」 地理志云：漆水出扶風漆縣。依十三州記，漆水在岐山，東入渭，則與漆、沮不同矣。此云「會于涇」，又「東過漆、沮」，是漆、沮在涇水之東，故孔以爲洛水，一名漆沮。水經沮水出北地直路縣，〔一〇九〕東入洛水。又云：「鄭渠在太上皇陵東南，濯水入焉，俗謂之漆水，又謂之漆沮。其水東流，注於洛水。」志云出馮翊懷德縣，東南入渭。以水土驗之，與毛詩古公「自土沮、漆」者别也。彼漆即扶風漆水也，彼沮則未聞。

導洛自熊耳，在宜陽之西。**東北會于澗、瀍，**會于河南城南。**又東會于伊，**合於洛陽之南。**又東北入于河。**合於鞏之東。○鞏，恭勇反，縣名，屬河南郡。

九州攸同，所同事在下。**四隩既宅，**四方之宅已可居。○隩，於六反，玉篇於報反。**九山刊旅，九川滌源，九澤既陂，**九州名山已槎木通道而旅祭矣；九州之川已滌除泉源無壅塞矣；九州之澤已陂障無決溢矣。○滌，待歷反。陂，彼宜反。槎，仕雅反。障，章尚反。**四海會同，六府孔修。**四海之內會同京師，九州同風，萬國共貫，水、火、金、木、土、穀甚修治，言政化和。○貫，工喚反。**庶土交正，厎慎財賦。**交，俱也。衆土俱得其正，謂壤、墳、壚。〔一一〇〕致所慎者，財貨、貢賦。言取之有節，〔一一一〕不過度。**咸則三壤，成賦中邦。**皆法壤田上、中、下大較三品，成九州之賦，明水害除。○較音角。

【疏】「九州」至「中邦」 昔堯遭洪水，道路阻絶，今水土既治，天下大同，故總叙之。今九州所共同矣，所同者，四方之宅已盡可居矣；九州之山，刊槎其木，旅祭之矣；九州之川滌除，泉源無壅塞矣；九州之澤已皆陂障，無決溢矣；四海之內皆得會同京師，無乖異矣；六材之府，甚修治矣，言海內之人，皆豐足矣。水災已除，天下衆土墳壤之屬俱得其正，復本性故也。民既豐足，取之有藝，致所重慎者惟財貨、賦税也。慎之者皆法則其三品土壤，準其地之肥瘠，爲上、中、下三等，以成其貢賦之法於中國。美禹能治水土、安海內，於此總結之。

傳「所同事在下」 九州所同，與下爲目，故言所同事在下，「四隩既宅」已下皆是也。其言九山、九川、九澤，最是同之事矣。

傳「四方」至「可居」 室隅爲隩，隩是內也。人之造宅爲居，至其隩內，遂以隩表宅，故傳以隩爲宅。以宅內可居，言四方舊可居之處皆可居也。

傳「九州」至「滋矣」　上文諸州有言山、川、澤者，皆舉大言之。所言不盡，故於此復更總之。九山、九川、九澤，言九州之内所有山、川、澤無大無小，皆刊槎決除已訖，其皆旅祭。惟據名山大川言「旅」者，往前大水，旅祭禮廢，已旅，見已治也。山非水體，故以旅見治。其實，水亦旅矣。發首云奠高山大川，但是定位，皆已旅祭也。川言「滌除」，泉源從其所出至其所入，皆蕩除之，無壅塞也。澤言「既陂」，往前濫溢，今時水定，或作陂以障之，使無決溢。詩云「彼澤之陂」，毛傳云：「陂，澤障也。」

傳「四海」至「化和」　禮，諸侯之見天子，時見曰會，殷見曰同。此言「四海會同」，乃謂官之與民皆得聚會京師，非據諸侯之身朝天子也。夷、狄、戎、蠻，謂之四海。但天子之於夷、狄，不與華夏同風，故知「四海」謂「四海之内」。即是九州之中，乃有萬國，萬國同其風化，若物在繩索之貫，故云「九州同風，萬國共貫」。大禹謨云：「水、火、金、木、土、穀，謂之六府。」皆修治者，「言政化和」也。由政化和，平民不失業，各得殖其資産，故六府修治也。

傳「交俱」至「過度」　交錯、更互，「俱」之義，故「交」爲「俱」也。洪水之時，高下皆水，土失本性，今水災既除，「衆土俱得其正」，謂壤、墳、壚還復其壤、墳、壚之性也。諸州之土，青黎是色，塗泥是濕。土性之異，惟有壤、墳、壚耳，故舉三者以言也。「致所慎者財貨、貢賦」，謹慎其事，不使害人，言取民有節什一而税，「不過度」也。

傳「皆法」至「害除」　土壤各有肥瘠，貢賦從地而出，故分其土壤爲上、中、下。計其肥瘠等級甚多，但舉其大較，定爲三品。法則地之善惡，以爲貢賦之差，雖細分三品以爲九等，人功修少，當時小異，要民之常税，必準其土，故皆法三壤，「成九州之賦」。言得施賦法，以明水害除也。九州即是「中邦」，故傳以九州言之。

錫土姓，祇台德先，不距朕行。台，我也。天子建德，因生以賜姓，謂有德之人生此地，以此地名賜之姓以顯之。王者常自以敬我德爲先，則天下無距違我行者。○台，徐音怡。行，下孟反，注同。

【疏】「錫土」至「朕行」　此一經皆史美禹功，言九州風俗既同，可以施其教化，天子惟當擇任其賢者與共治之，選有德之人，賜與所生之土爲姓。既能尊賢如是，又天子立意常自以敬我德爲先，則天下之民無有距違我天子所行者。皆禹之使然，故敘而美之。

傳「台我」至「行者」　「台，我」，釋詁文。「天子建德，因生以賜姓」，隱八年左傳文。既引其文，又解其義。土，地也。謂有德之人生于此地，天子以地名賜之姓，以尊顯之。周語稱帝嘉禹德，賜姓曰姒；祚四岳，賜姓曰姜；左傳稱周賜陳胡公之姓爲嬀，皆是因生賜姓之事也。臣蒙賜姓，其人少矣。此事是用賢大者，故舉以爲言。王者既能用賢，又能謹敬。其立意也，常自以敬我德爲先，則天下無有距違我天子之行者。論語云：「上好禮，則民莫敢不敬；上好義，則民莫敢不服；上好信，則民莫敢不用情。」王者自敬其德，則民豈敢不敬之？人皆敬之，誰敢距違者？聖人行而天下皆悦，動而天下皆應，用此道也。

五百里甸服。規方千里之内謂之甸服，爲天子服治田，去王城面五百里。○甸，田遍反。爲天，上于僞反。

【疏】「五百里甸服」　既言九州同風，法壤成賦，而四海之内路有遠近，更叙弼成五服之事。甸、侯、綏、要、荒五服之名，堯之舊制。洪水既平之後，禹乃爲之節文，使賦役有恒，職掌分定。甸服去京師最近，賦税尤多，故每於百里即爲一節。侯服稍遠，近者供役，故二百里内各爲一節，三百里外共爲一節。綏、要、荒三服去京師益遠，每服分而爲二，内三百里爲一節，外二百里爲一節。以遠近有較，故其任不等。甸服入穀，故發首言賦税也。賦令自送入官，故三百里内每皆言納。四百里、五百里不言納者，從上省文也。於三百里言服者，舉中以明上下，皆是服王事也。侯服以外，貢不入穀。侯主爲斥候，二百里内徭役差多，故各爲一名。三百里外同是斥候，故共爲一名。自下皆先言三百里，而後二百里，舉大率爲差等也。

傳「規方」至「百里」　「先王規方千里以爲甸服」，周語文。王制亦云：「千里之内曰甸。」鄭玄云：「服治田，出穀税也。」言甸者主治田，故服名甸也。

百里賦納總，甸服内之百里，近王城者。禾稾曰總。〔一一二〕入之，供飼國馬。○納，如字。本又作「内」，音同。下如字。總音總。近，附近之近。稾，故老反。供音恭。飼音嗣。

【疏】傳「甸服」至「國馬」　去王城五百里，總名甸服。就其甸服内，又細分之。從内而出，此爲其首，故云甸服之内近王城者。總者，總下銍秸、禾穗與稾總皆送之，故云禾稾曰總，入之供飼國馬。周禮掌客待諸侯之禮有芻、有禾，此「總」是也。

二百里納銍，銍，刈，謂禾穗。○銍，珍栗反。穗，字亦作「穟」，音遂。

【疏】傳「銍刈謂禾穗」　劉熙釋名云：「銍，穫禾鐵也。」説文云：「銍，穫禾短鎌也。」詩云：「奄觀銍刈。」用銍刈者，謂禾穗也。禾穗用銍以刈，故以銍表禾穗也。

三百里納秸服，秸，稾也。服稾役。○秸，本或作「稭」，工八反。馬云：「去其穎曰秸。」〔一一三〕

【疏】傳「秸稾也服稾役」　郊特牲云：「莞簟之安，而稾秸之設。」〔一一四〕秸亦稾也，雙言之耳。去穗送稾，易於送穗，故爲遠彌輕也。然計什一而得稾粟皆送，則秸服重於納銍，則乖近重遠輕之義。蓋納粟之外，斟酌納稾。「服稾役」者，解經「服」字。於此言服，明上下服皆並有所納之役也。四百里猶尚納粟，此當稾、粟別納，非是徒納稾也。

四百里粟，五百里米。所納精者少，麤者多。

【疏】傳「所納」至「者多」　直納粟米爲「少」，禾稾俱送爲「多」。其於稅也，皆當什一，但所納有精麤，遠輕而近重耳。

五百里侯服。甸服外之五百里。侯，候也，斥候而服事。

【疏】傳「甸服」至「服事」　「侯」聲近候，故爲「候」也。襄十八年左傳稱晉人伐齊，「使司馬斥山澤之險」，「斥」謂檢行之也。「斥候」，謂檢行險阻，伺候盜賊。此五百里主爲斥候而服事天子，故名「侯服」。因見諸言「服」者，皆是服事也。

百里采，侯服内之百里，供王事而已，不主一。

【疏】傳「侯服」至「主一」　「采」訓爲「事」。此百里之内，主供王事而已。事，謂役也。有役則供，不主於一，故但言「采」。

二百里男邦，男，任也，任王者事。○任，而針反，又而鴆反。任壬，上而鴆反，又而針反。

【疏】傳「男任也任王者事」「男」聲近任，故訓爲「任」。「任王者事」，任受其役。此任有常，殊於不主一也。言「邦」者，見上下皆是諸侯之國也。

三百里諸侯。三百里同爲王者斥候，故合三爲一名。○爲，于僞反。

【疏】傳「三百」至「一名」 經言「諸侯」者，三百里内同爲王者斥候，在此内所主事同，故合三百、四百、五百共爲一名，言「諸侯」以示義耳。

五百里綏服。綏，安也。侯服外之五百里，安服王者政教。○綏，息遺反。

【疏】傳「綏安」至「政教」 「綏，安」，釋詁文。要服去京師已遠，王者以文教要束使服。此綏服路近，言「安服王者政教」，以示不待要束而自服也。周語云：「先王之制，邦内甸服，邦外侯服，侯、衛賓服，夷、蠻要服，〔一一五〕戎、狄荒服。」彼「賓服」當此「綏服」。韋昭云：「以文武侯衛爲安，王賓之，因以名服。」然則「綏」者，據諸侯安王爲名；「賓」者，據王敬諸侯爲名。彼云「先王之制」，則此服舊有二名。

三百里揆文教，揆，度也，度王者文教而行之。三百里皆同。○揆，葵癸反。度，待洛反。

【疏】傳「揆度」至「皆同」　釋詁訓「揆」爲「度」，〔一一六〕故雙言之。以王者有文教，此服諸侯揆度王者政教而行之。必自揆度，恐其不合上耳，即是安服王者之義。

二百里奮武衛。文教外之二百里，奮武衛，天子所以安。○奮，方問反。

【疏】傳「文教」至「以安」　既言「三百」，又言「二百」，嫌是「三百之內」以下二服文與此同，故於此解之，此是文教外之二百里也。由其心安王化，奮武以衛天子，所以名此服爲安也。內文而外武，故先「揆文教」，後言「奮武衛」。所從言之異，與安之義同。「奮武衛天子」，是其安之驗也。言服內諸侯心安天子，非言天子賴諸侯以安也。

五百里要服。綏服外之五百里，要束以文教。○要，一遥反。束，如字，一音來。〔一一七〕

【疏】傳「綏服」至「文教」　「要」者，約束之義。上言「揆文教」，知「要」者「要束以文教」也。綏服自揆天子文教，恐其不稱上旨。此要服差遠，已慢王化，天子恐其不服，乃以文教要服之。〔一一八〕名爲「要」，見其疎遠之義也。

三百里夷，守平常之教，事王者而已。○夷，馬云：「易也。」二百里蔡。蔡，法也。法三百里而差簡。○差，初佳反，又初賣反。

【疏】傳「蔡法」至「差簡」　「蔡」之爲法，無正訓也。上言三百里夷，「夷」訓平也。言「守平常教」耳。此名爲「蔡」，義簡於夷，故訓「蔡」爲「法」。法則三百里者，去京師彌遠，差復簡易，言其不能守平常也。

五百里荒服。要服外之五百里，言荒，又簡略。

【疏】傳「要服」至「簡略」 服名「荒」者，王肅云：「政教荒忽，因其故俗而治之。」傳言「荒，又簡略」，亦當以爲荒忽又簡略於「要服」之「蔡」也。

三百里蠻，以文德蠻來之，不制以法。

【疏】傳「以文」至「以法」 鄭云「蠻者，聽從其俗，羈縻其人耳，故云蠻，蠻之言緡也。」其意言「蠻」是緡也。緡是繩也，言「蠻」者，以繩束物之名。揆度文教，論語稱「遠人不服，則修文德以來之」，故傳言「以文德蠻來之」，不制以國内之法强逼之。王肅云：「蠻，慢也，禮儀簡慢。」與孔異。然甸、侯、綏、要四服俱有三日之役、什一而税，但二百里蔡者，税微差簡。其荒服力役、田税並無，故鄭注云：「蔡之言殺，减殺其賦。」荒服既不役作其人，又不賦其田事也。其侯、綏等所出税賦，各入本國，則亦有納緫、納銍之差，但此據天子立文耳。要服之内皆有文教，故孔於「要服」傳云「要束以文教」，則知已上皆有文教可知。獨於綏服三百里云「揆文教」者，以去京師既遠，更無别供，又不近外邊，不爲武衛，其要服又要束始行文教，無事而能揆度文教而行者，惟有此三百里耳。奮武衛者，在國習學兵武，有事則征討夷狄。不於要服内奮武衛者，以要服逼近夷狄，要束始來，不可委以兵武。

二百里流，流，移也。言政教隨其俗。凡五服相距爲方五千里。

【疏】傳「流移」至「千里」　「流」，如水流，故云「移」也。其俗流移無常，故政教隨其俗，任其去來，不服蠻來之也。〔一一九〕凡五服之別，各五百里，是王城四面，面別二千五百里，四面相距爲方五千里也。賈逵、馬融以爲甸服之外百里至五百里米，〔一二〇〕特有此數，去王城千里。其侯、綏、要、荒服各五百里，是面三千里，相距爲方六千里。鄭玄以爲五服服別五百里是堯之舊制，及禹弼之，每服之間更增五百里，面別至于五千里，相距爲方萬里。司馬遷與孔意同。王肅亦以爲然，故肅注此云：「賈、馬既失其實，鄭玄尤不然矣。」禹之功在平治山川，不在拓境廣土。土地之廣三倍於堯，而書傳無稱也。則鄭玄創造，難可據信。漢之孝武，疲弊中國，甘心夷狄，天下户口至減太半，然後僅開緣邊之郡而已。禹方憂洪水，三過其門不入，未暇以征伐爲事，且其所以爲服之名，輕重顛倒，遠近失所，難得而通矣。先王規方千里以爲甸服，其餘均分之，公、侯、伯、子、男使各有寰宇。而使甸服之外諸侯入禾稾，非其義也。史遷之旨，蓋得之矣，是同於孔也。若然，周禮王畿之外別有九服，服別五百里，是爲方萬里，復以何故三倍於堯？又地理志言漢之土境，東西九千三百二里，南北萬三千三百六十八里。驗其所言山川，不出禹貢之域。山川戴地，古今必同。而得里數異者，堯與周、漢，其地一也。尚書所言，據其虛空鳥路，方直而計之，漢書所言，乃謂著地人跡，屈曲而量之，所以數不同也。故王肅上篇注云：「方五千里者，直方之數。若其迴邪委曲，動有倍加之較。」是言經指直方之數，漢據迴邪之道，有九服、五服，其地雖同，王者革易，自相變改其法，不改其地也。鄭玄不言禹變堯法，乃云地倍於堯，故王肅所以難之。王制云「西不盡流沙，東不盡東海，南不盡衡山，北不盡恒山。凡四海之內，斷長補短，方三千里」者，彼自言不盡，明未至遠界。且王制漢世爲之，不可與經合也。

東漸于海，西被于流沙，朔、南暨聲教。漸，入也。被，及也。此言五服之外皆與王者聲教而朝見。○漸，子廉反。被，皮寄反。朔，北也。與音預。朝，直遥反。見，賢遍反。**訖于四海，禹錫玄圭，告厥成功。**玄，天色。禹功盡加於四海，故堯錫玄圭以彰顯之，言天功成。○訖，斤密反。

【疏】「東漸」至「成功」　言五服之外又東漸入于海，西被及于流沙。其北與南雖在服外，皆與聞天子威聲文教，時來朝見。是禹治水之功，盡加于四海。以禹功如是，故帝賜以玄色之圭，告其能成天之功也。

傳「漸入」至「朝見」　「漸」是沾濕，故爲「入」，謂入海也。「覆被」是遠及之辭，故爲「及」也。海多邪曲，故言「漸入」；流沙長遠，故言「被及」，皆是過之意也。五服之下，乃説此事，故言此「五服之外，皆與王者聲教而朝見」，言其聞風感德而來朝也。鄭玄云：「南北不言所至，容踰之。」此言西被於流沙，流沙當是西境最遠者也，而地理志以流沙爲張掖居延澤是也。計三危在居延之西大遠矣，志言非也。

傳「玄天」至「功成」　考工記「天謂之玄」，是「玄」爲「天色」。禹之蒙賜，必是堯賜，故史敘其事。禹功盡加于四海，故堯賜玄圭以彰顯之。必以天色圭者，「言天功成」也。大禹謨舜美禹功云「地平天成」，是「天功成」也。

校勘記

〔一〕周公職録　正字引王應麟云：「隋、唐志無此書，太平御覽引太乙式占周公城名録有此三句。通志藝文略有周公城名録一卷。城、職字相似，恐傳寫誤也。」

〔二〕任土作貢　阮云：「古本下有『作禹貢』三字。」

〔三〕定其貢賦之差　盧云：「定其」，古本作「以定」。

〔四〕此堯時事而在夏書之首　盧云：「古本『首』下有『者』字。」

〔五〕但周禮分之爲九耳　「但」原誤作「曰」，據諸本改。

〔六〕汎汎流也　正字云：「『也』，當從詩傳作『貌』。」

〔七〕舉八凱使主后土　「凱」，左傳原文作「愷」。

〔八〕從覃懷致功至横漳　「至」上殿本有「而北」二字。

〔九〕壤若丈反　「若」字原空，據阮本、殿本補。通志堂本作「汝」，黄焯云：景宋本作「若」。

〔一〇〕則爲之田　「爲」當作「謂」。

〔一一〕衛水出常山靈壽縣東北入滹沲　盧云：「志又有一『東』字。」

〔一二〕今距鹿縣北廣河澤也　阮云：「纂傳『河』作『阿』，是也。下『廣河』同。」

〔一三〕杜氏春秋説云　正字云：「『春秋』二字疑衍。」

〔一四〕島夷皮服　「島」，唐石經本以下皆同，敦伯三六一五寫本亦同。阮引臧琳曰：「孔傳：『海曲謂之島。』正義曰：『孔讀「鳥」爲島。鄭玄云：「鳥夷，東方之民搏食鳥獸者也。」王肅云：「鳥夷，東北夷國名也。」與孔不同。』據此，知鄭、王本皆作『鳥夷』。孔傳雖讀爲島，然未改經字，故正義本亦作『鳥』也。」今按：傳云「海曲謂之島」，又云「居島之夷」，則孔所見本必不作「鳥」，與鄭、王所見本異。正義云「孔讀鳥爲島」，乃就鄭、王本「鳥」而言，臧説非是。

〔一五〕碣石山在北平驪城縣西南　漢志原文「碣石山」作「大揭石山」，「北平」上有「右」字，「城」作「成」。

〔一六〕還都白帝所治　「治」原作「知」，屬下，今從阮説據「毛本」、殿本改。

〔一七〕肅雖不言還都白帝　「雖」原作「惟」，從盧校改。

〔一八〕體性信謙　正字云：「『體』下脱『厥』字，『謹』誤『謙』，從爾雅音義校。」今按：「體」，依例當作「厥」，以音誤。

〔一九〕故云兖　正字云：「曰」誤「云」。

〔二〇〕荆州其氣燥剛　正字云：「『荆州』，爾雅疏作『漢南』。」盧云：「當作『漢南』，與上下一例。」

〔二一〕河南其性安舒，厥性寬豫　阮云：「毛本作『其氣著密，厥性安舒』。」汪文臺云：「公羊莊十年疏、爾雅疏引皆同，毛本是也。」

〔二二〕受性急凶　正字云：「厥」誤「受」。

〔二三〕謂大陸在冀州　「謂」當作「爲」。

〔二四〕太史　盧云：「爾雅釋文『太』作『大』，孫炎讀如字。」今按：依義當作「大」。上同。

〔二五〕覆釜之名同李巡　正字云：「據爾雅疏所引，此『覆釜』上脱『馬頰』，下脱『鬲津』。」

〔二六〕古記九河之名　正字云：「説」誤「記」。

〔二七〕而夾川兩大流之間　阮云：「纂傳『川』作『於』，是也。」

〔二八〕賦正與州相當　「州」原誤「九」，從盧校據「古本」改。

〔二九〕得乘舟徑達也　「徑」原誤「經」，從李本、殿本改。

〔三〇〕青州之境北至海畔而已　「北」原作「非」，涉前誤，從盧校改。

〔三一〕嵎夷既略　俞樾云：「略」當爲「垎」。

〔三二〕濰水出琅邪箕屋山　盧云：「『箕』下當有『縣』字。『屋山』二字志無，説文有。」

〔三三〕行五百二十里　正字云：漢志「二十」作「三十」。

〔三四〕東北至千乘博昌縣入海　盧云：志無「東」字，「海」作「泲」，「泲」即「濟」。

〔三五〕 畎言畎去水　劉承幹云：「言」當作「谷」。

〔三六〕 厥土赤埴　「埴」，敦伯三四六九作「戠」。孫星衍云：「據疏，孔本似經作『戠』，注作『埴』。」

〔三七〕 草木漸包　「漸」，說文引作「蔪」。

〔三八〕 漸進長　阮云：「『進長』二字史記集解倒，按疏亦倒。」

〔三九〕 謂之摶埴之工　「摶」原誤「搏」，從阮本及考工記本徑改。

〔四〇〕 韓詩外傳云云　正字云：「韓詩外傳無文，白虎通社稷篇引春秋傳有此，又見周書作洛篇。」

〔四一〕 授之太社之土　「太」，阮本、殿本作「大」。

〔四二〕 字又作玭　「玭」，阮本作「蚍」。黄焯云：「景宋本作『玭』，朱校本作『蚍』，十行、毛本同。」

〔四三〕 達于河　阮云：「說文『菏』字下、水經濟水篇引並作『達於菏』。古文尚書疏說云：『菏者，澤名，爲濟水所經。又東至于菏者，是在豫之東北，即徐之東北。舟則自淮而泗，自泗而菏，然後自菏入濟，以達于河。』此徐之貢道也。」

〔四四〕 水出山陽湖陵南　黄焯云：「說文：『菏澤在山陽胡陵』，無『南』字，此作『湖』非。」

〔四五〕 三江既入此湖也　正字云：「脱一『入』字。」是。

〔四六〕 孔東入海　正字云：「『孔』疑『北』字誤。」

〔四七〕 地泉濕　「濕」，盧正「温」，云：「揚州地泉温，故地凍不密，而常見其塗泥耳。」

〔四八〕 别名及其美者也　「美」，郭原文作「精」。

〔四九〕 瑶琨皆美玉　「玉」，敦伯三四六九作「石」。盧云：左傳昭七年正義、楊倞注荀子皆引作「石」。

〔五〇〕 凡爲織者　「織」，阮云：「纂傳作『錦』。」是。

〔五一〕當繼荆州乏之無也　「乏」，殿本作「之」。阮云：「毛本作『之』。」

〔五二〕滄海所以云云　正字云：「『滄』，老子本皆作『江』。」

〔五三〕是沱爲江之別名也　阮云：「當作『是沱爲江別之名也』。」

〔五四〕地理志在……其尾入江漢耳　盧云：「此段譌，當云『江沱在今蜀郡郫縣西，東入江，又漢中安陽縣有潛水，其尾入江漢耳』。」

〔五五〕江源有鄗江首出江　正字云：「漢志作『江原在蜀郡，有鄗水，首出江』。」

〔五六〕蓋漢西出嶓冢　阮云：「『漢西』二字纂傳倒，是也。」

〔五七〕入大穴中　「大」原作「太」，從盧校改，與殿本同。阮云：「纂傳作『大』，是也。」

〔五八〕江夏安陸縣亦有雲夢　盧云：「據左傳疏，『縣』下脫『東』字，『夢城』誤『雲夢』。」

〔五九〕弓人取榦之道七　「七」原誤「也」，據考工記原文改。

〔六〇〕韋昭一名聆風　「韋昭」下當有「云」字。

〔六一〕鄭云菁蓂菁也　正字云：「『蔓』誤『蓂』。」下同。

〔六二〕縮酒用茅　「酒」，禮記原文作「酌」。

〔六三〕以茅縮酒也　原注作「以茅縮去滓也」。

〔六四〕酒沃其上　原注「酒沃」二字倒。

〔六五〕三入爲纁　「入」原訛「又」，從阮本及諸本改。

〔六六〕元龜距髯　「距髯」，漢志原文作「岠冉」。孟康曰：「冉，龜甲緣也。」

〔六七〕滎波既豬　「滎」，段校改「熒」。黄焯引阮云：「葉本作熒。案熒澤字從火不從水。左傳隱公元年注：『虢國，今滎陽縣。』釋文云：『本或作滎，非也。』」

〔六八〕多而得名耳　盧校「多」上從詩正義補「但在河内」四字，是。

〔六九〕山陽郡有胡陵縣　「胡」，志作「湖」。

〔七〇〕孟豬在梁國睢陽縣東北　「孟豬」，志作「盟諸」。

〔七一〕蜀郡有湔道　「湔」下地理志有「氐」字。

〔七二〕美玉之別名　正字云：「之別」二字衍。

〔七三〕貢四獸之皮織金罽　盧云：「『織』下脱『皮』字。」阮云：「史記集解『金』作『今』。」

〔七四〕胡人績羊毛作衣　「績」原誤「續」，從盧校。

〔七五〕逾于沔　盧云：「蔡傳謂當曰『逾于渭』。」

〔七六〕西傾在隴西臨洮縣西南　盧云：「『南』字衍，前、後志皆無。」

〔七七〕西據黑水　盧云：「『據』，當依傳作『距』。」

〔七八〕同於渭　「同」下原有「之」字，衍，據敦伯三一六九及史記集解删。

〔七九〕南條荆山在南郡臨沮縣北　正字云：「『縣』下脱『東』字，志有。」

〔八〇〕杜林以爲燉煌郡即古瓜州也　阮云：「毛本『燉』作『敦』，與地理志合。唐人乃作『燉』，見元和郡縣志。」文正字云：「縣」誤「郡」。

〔八一〕禹治水未已　殿本「未」作「末」，「已」屬下句。

〔八二〕石而似珠　「珠」下敦伯三一六九有「者」字，長。盧云：古本、史記集解皆有。

〔八三〕織皮崐崘析支渠搜西戎即叙　正字云：蘇軾以爲此十二字當在「厥貢惟珠琳琅玕」之下、「浮于積石」

之上。

〔八四〕導音道　「音」原誤「言」，據諸本改。盧云：「經本作『道』，陸音『導』，後人倒易之。前『導菏澤』及下並同。」段云：「開寶中改。」

〔八五〕導岍北條　正字云：「岍岐」誤「導岍」。下同。

〔八六〕導岍爲陰列　正字云：「爲」下脱「正」字。

〔八七〕吴岳在扶風岍縣西　志「岳」下有「山」字，「岍」作「汧」。

〔八八〕至于太岳　「太」，段校爲「大」，云：「石經以下作『太』，誤也。」下「太華」同。

〔八九〕太岳在上黨西　「在」字原脱，據敦伯三一六九、四〇三三及史記集解補。

〔九〇〕析城在河東濩澤縣西　地理志「西」下有「南」字。

〔九一〕西傾在隴西臨洮縣西　「西」下原有「南」字，從正字説據原志删。

〔九二〕至于陪尾　「陪」，敦伯三一六九作「倍」，與地理志合。

〔九三〕言陽從南　盧云：「『南』下古本有『起也』二字。」

〔九四〕導弱水至于合黎　盧云：「『弱』，古文作『溺』，説文同。」

〔九五〕地記書合黎山名　「記」，原誤「説」，從正字改。

〔九六〕在孟地致津　「致」當作「置」。盧云：「毛本作『置』。」

〔九七〕東過洛汭至于大伾　釋文云：「『伾』，本又作『岯』。」段玉裁云：「『東京賦：『底柱輟流，鐔以大岯。』李善注引：『東過大岯。』然則當作『岯』。」

〔九八〕漢書以襄國爲信都　盧云：「『襄國』，『廣川國』之誤。」

〔九九〕東行爲漢水　「行」，李本、阮本作「流」，阮云：「古本、岳本作『行』。」

〔一〇〇〕東匯澤爲彭蠡東爲北江入于海　正字云：「鄭樵以爲此十三字爲衍文，朱子取之。」

〔一〇一〕孔以爲三江既入　「以」字原脱，從正字説增。

〔一〇二〕山水同今變易　正字云：「當有脱字。」阮校引許宗彦曰：「『同』蓋『古』字誤。」今按：當作「山水古今不變易」。

〔一〇三〕濯余佩兮澧浦　「濯」，今楚辭作「遺」。

〔一〇四〕都共北會彭蠡　「彭蠡」上原有「爲」字，衍，據敦伯三六二八及史記集解删。

〔一〇五〕中江從丹陽蕪湖縣西　「蕪」原誤「無」，據李本改。又盧云：漢志「西」下有「南」字，「陽羨縣」下無「東」字。

〔一〇六〕東出于陶丘北　孫星衍云：「出于」，説文引作「至于」。

〔一〇七〕今在隴西首陽縣有鳥鼠同穴山　正字云：「有」字衍，「山」下脱「中」字。

〔一〇八〕漆沮二水名　阮云：「『二』當作『一』，洛水一名漆沮可證。」今按：漆、沮蓋洛水上下游之别名，故曰二水名，若本一名，則直言水名可矣，「一」字亦不需有。

〔一〇九〕沮水出北地　「地」原誤「池」，據水經注改。

〔一一〇〕謂壤墳壚　「壚」字原誤「盧」，據宋無疏本、阮本、李本改。

〔一一一〕言取之有節　「之」，敦伯三六二八、二五三三並作「民」。

〔一一二〕禾稾曰總　「稾」原訛「槀」，從孫説改，下並同。

〔一一三〕去其穎曰秸　「曰」原誤「音」，從段説改。

〔二一四〕郊特牲云莞簟之安而稾秸之設　正字云：見禮器，「秸」記作「鞂」。

〔二一五〕夷蠻要服　國語原文「夷蠻」倒。

〔二一六〕釋詁訓揆爲度　按：「揆，度」之訓今在釋言。

〔二一七〕一音來　「音」，盧依段校改「作」。

〔二一八〕乃以文教要服之　正字云：「要」，當「束」字誤。

〔二一九〕不服蠻來之也　「服」，李本、殿本作「復」。阮云：毛本作「復」。今按：作「復」義勝。

〔二二〇〕至五百里米　「米」原訛作「采」，據諸本改。

甘誓第二

啓與有扈戰于甘之野，作甘誓。夏啓嗣禹立，〔一〕伐有扈之罪。○啓，禹子，嗣禹爲天子也。扈音户。有扈，國名，與夏同姓。馬云：「似姓之國，〔二〕爲無道者。」案京兆鄠縣即有扈之國也。

【疏】「啓與」至「甘誓」　夏王啓之時，諸侯有扈氏叛，王命率衆親征之。有扈氏發兵拒啓，啓與戰于甘地之野。將戰，集將士而誓戒之。史叙其事，作甘誓。

傳「夏啓」至「之罪」　孟子稱禹薦益於天七年，禹崩之後，益避啓於箕山之陰。天下諸侯不歸益而歸啓，曰：「吾君之子也。」啓遂即天子位。史記夏本紀稱啓立，有扈氏不服，故伐之。蓋由自堯、舜受禪相承，啓獨見繼父，以此不服，故云「夏啓嗣禹立，伐有扈之罪」。言繼立者，見其由嗣立，故不服也。

甘誓甘，有扈郊地名。將戰先誓。○甘，有扈郊地名。馬云：「南郊地也。」甘，水名，今在鄠縣西。誓，馬云：「軍旅曰誓，會同曰誥。」

【疏】「甘誓」　發首二句，叙其誓之由。其「王曰」已下，皆是誓之辭也。曲禮云：「約信曰誓。」將與敵戰，恐其損敗，與將士設約，示賞罰之信也。將戰而誓，是誓之大者。禮將祭而號令齊百官，亦謂之誓。周禮大宰云：「祀五帝，〔三〕則掌百官之誓戒。」鄭玄云：「誓戒，要之以刑，重失禮也。」明堂位所謂「各揚其職，百官廢職服大刑」，是誓辭之略也。彼亦是約信，但小於戰之誓。馬融云：「軍旅曰誓，會同曰誥。」誥、誓俱是號令之辭，意小異耳。

傳「甘有」至「先誓」　地理志：「扶風鄠縣，古扈國，夏啓所伐者也。」鄠、扈音同，未知何時改也。啓伐，有扈必將至其國乃出兵與啓戰，故以「甘」爲有扈之郊地名。馬融云：「甘，有扈南郊地名。」計啓西行伐之，當在東郊。融則扶風人，或當知其處也。將戰先誓，誓是臨戰時也。甘誓、牧誓、費誓，皆取誓地爲名。湯誓舉其王號，泰誓不言「武誓」者，皆史官不同，故立名有異耳。泰誓未戰而誓，故別爲之名。秦誓自悔而誓，非爲戰誓，自約其心，故舉其國名。

大戰于甘，乃召六卿。天子六軍，其將皆命卿。○將，子匠反。王曰：「嗟！六事之人，各有軍事，故曰六事。予誓告汝：有扈氏威侮五行，〔四〕怠棄三正，五行之德，王者相承所取法。有扈與夏同姓，恃親而不恭，是則威虐侮慢五行，怠惰棄廢天、地、人之正道。言亂常。○侮，亡甫反。正，如字，徐音征。馬云：「建子、建丑、建寅三正也。」惰，徒卧反。天用剿絶其命。用其失道故。剿，截也。截絶謂滅之。○剿，子六反，玉篇子小反。馬本作「巢」，與玉篇、切韻同。今予惟恭行天之罰。恭，奉也。言欲截絶之。○罰音伐。左不攻于左，汝不恭命；〔五〕左，車左。左方主射。攻，治也。治其職。右不攻于右，汝不恭命；右，車右。勇力之士，執戈矛以退敵。御非其馬之正，汝不恭命。御以正馬爲政。三者有失，皆不奉我命。○御，魚慮反。用命，賞于祖；天子親征，必載遷廟之祖主行。有功，則賞祖主前，示不專。弗用命，戮于社，天子親征，又載社主，謂之社事。不用命奔北者，則戮之於社主前。社主陰，陰主殺。親祖嚴社之義。○戮音六。北，如字，又音佩，軍走曰北。予則孥戮汝。」孥，子也。非但止汝身，辱及汝子。言恥累也。〔六〕○孥，音奴，子也。累，劣僞反。

【疏】「大戰」至「戮汝」　史官自先叙其事。啓與有扈大戰于甘之野，將欲交戰，乃召六卿，令與衆士俱集，王乃言曰：「嗟！」重其事，故嗟歎而呼之。汝六卿者，各有軍事之人，我設要誓之言以勑告汝：今有扈氏威虐侮慢五行之盛德，怠惰棄廢三才之正道，上天用失道之故，今欲截絶其命。天既如此，故我今惟奉行天之威罰，不敢違天也。我既奉天，汝當奉我。汝諸士衆，在車左者不治理於車左之事，是汝不奉我命；在車右者不治理於車右之事，是汝不奉我命；御車者非其馬之正，令馬進退違戾，是汝不奉我命。汝等若用我命，我則賞之於祖主之前；若不用我命，則戮之於社主之前。所戮者非但止汝身而已，我則并殺汝子，以戮辱汝。汝等不可不用我命，以求殺敵。戒之使齊力戰也。

傳「天子」至「命卿」　將戰而召六卿，明是卿爲軍將。天子「六軍」，其將「皆命卿」，周禮夏官序文也。鄭玄云：「夏亦然。」則三王同也。經言「大戰」者，鄭玄云：「天子之兵，故曰大。」孔無明説，蓋以六軍並行，威震多大，故稱「大戰」。

傳「各有」至「六事」　卿爲軍將，故云「乃召六卿」。及其誓之，非六卿而已。鄭玄云：「變六卿言六事之人者，言軍吏下及士卒也。」下文戒左右與御，是遍勑在軍之士，步卒亦在其間。六卿之身及所部之人各有軍事，故「六事之人」爲總呼之辭。

傳「五行」至「亂常」　五行，水、火、金、木、土也。分行四時，各有其德。月令孟春三日，太史謁於天子曰：「某日立春，盛德在木。」夏云「盛德在火」，秋云「盛德在金」，冬云「盛德在水」。此「五行之德」，王者雖易姓相承，其所取法同也。言王者共所取法，而有扈氏獨侮慢之，所以爲大罪也。且五行在人，爲仁、義、禮、智、信。「威侮五行」，亦爲侮慢此五常而不行也。有扈與夏同姓，恃親而不恭天子，廢君臣之義，失相親之恩，五常之道盡矣，是「威侮五行」也。無所畏忌，作威虐而侮慢之，故云「威虐侮慢」。易說卦云：「立天之道曰陰與陽，立地之道曰柔與剛，立人之道曰仁與義。」物之爲大，無大於此者，周易謂之「三才」。人生天地之間，莫不法天地而行事。以此，知「怠惰棄廢天、地、人之正道」。棄廢此道，言「亂常」也。孔、馬、鄭、王與皇甫謐等，皆言有扈與夏同姓，並依世本之文。楚語云：「昭王使觀射父傅太子，射父辭之曰：堯有丹朱，舜有商均，夏有觀、扈，周有管、蔡。」是其恃親而不恭也。周語云：「帝嘉禹德，賜姓曰姒，禹始得姓。」有扈與夏同姓，則爲啓之兄弟。如此者，蓋禹未賜姓之前，以姒爲姓，故禹之親屬舊已姓姒，帝嘉其德，又以姒姓顯揚之，猶若伯夷國語稱賜姓曰姜，然伯夷是炎帝之後，未賜姓之前先爲姜姓，與此同也。故有扈以爲夏之同姓。

傳「用其」至「滅之」　天子用兵，稱「恭行天罰」；諸侯討有罪，稱「肅將王誅」，皆示有所禀承，不敢專也。有扈既有大罪，宜其絶滅，故原天之意，言天「用其失道之故」，欲截絶其命，謂滅之也。「剿」是斬斷之義，故爲「截」也。

傳「左車」至「其職」　歷言「左」、「右」及「御」，此三人在一車之上也，故「左」爲車左，則「右」爲車右明矣。宣十二年左傳云：楚許伯御樂伯，攝叔爲右，以致晉師，樂伯曰：「吾聞致師者，左射以菆。」攝叔曰：「吾聞致師者，右入壘折馘，執俘而還。」是「左方主射」，右主擊刺，而御居中也。御言「正馬」，而左右不言所職者，以戰主殺敵，左右用兵，是戰之常事，故略而不言；御惟主馬，故特言之，互相明也。此謂凡常兵車甲士三人，所主皆如此耳。若將之兵車，則御者在左，勇力之士在右，將居鼓下，在中央主擊鼓，與軍人爲節度。成二年左傳說晉伐齊云：「晉解張御郤克，鄭丘緩爲右。郤克傷於矢，未絶鼓音，曰：『余病矣！』張侯曰：『自始合而矢貫余手及肘，余折以御，左輪朱殷，豈敢言病！』」郤克傷於矢而鼓音未絶，張侯爲御而血染左輪，是御在左而將居中也。「攻」之爲治，常訓也。治其職者，左當射人，右當擊刺，是其所掌職事也。

傳「御以」至「我命」　「御以正馬爲政」，言御之政事，事在正馬，故馬不正則罪之。詩云：「兩驂如手。」傳云：「進止如御者之手。」是爲馬之正也。左、右與御三者有失，言「皆不奉我命」。以御在後，故總解之。

傳「天子」至「不專」　曾子問云：「孔子曰：天子巡守，以遷廟之主行，載於齊車，言必有尊也。」巡守尚然，征伐必也，故云「天子親征，必載遷廟之祖主行，有功則賞祖主前，示不專」也。周禮大司馬云：「若師不功，則厭而奉主車。」鄭玄云：「厭，伏冠也。奉，猶送也。」送主歸於廟與社，亦是征伐載主之事也。

傳「天子」至「之義」　定四年左傳云：「君以軍行，祓社釁鼓，祝奉以從。」是「天子親征，又載社主」行也。郊特牲云：「惟爲社事，單出里。」故以「社事」言之。「不用命奔北者則戮之於社主之前」，「奔北」謂背陳走也。所以刑賞異處者，「社主陰，陰主殺」，則祖主陽，陽主生。禮，左宗廟，右社稷。是祖陽而社陰。就祖賞，就社殺，「親祖嚴社之義」也。大功大罪，則在軍賞罰。其遍叙諸勳，乃至太祖賞耳。

傳「孥子」至「累也」　詩云：「樂爾妻孥。」對「妻」別文，是「孥」爲子也。非但止辱汝身，并及汝子亦殺，言以恥惡累之。湯誓云：「予則孥戮汝。」傳曰：「古之用刑，父子兄弟罪不相及。」今云孥戮汝，權以脅之，使勿犯。」此亦然也。

五子之歌第三

太康失邦，啓子也。盤于遊田，不恤民事，爲羿所逐，不得反國。昆弟五人須于洛汭，作五子之歌。太康五弟與其母待太康於洛水之北，怨其不反，故作歌。〇五人，五子，名字書傳無聞，仲康蓋其一也。須，馬云：「止也。」汭，如鋭反，本又作「内」，音同。

【疏】「太康」至「之歌」　啓子太康，以遊畋棄民，爲羿所逐，失其邦國。其未失國之前，畋于洛水之表。太康之弟，更有昆弟五人，從太康畋獵，與其母待太康于洛水之北。太康爲羿所距，不得反國。其弟五人，即啓之五子，並怨太康，各自作歌。史叙其事，作五子之歌。

傳「太康」至「作歌」　昆弟五人自有長幼，故稱「昆弟」。嫌是太康之昆，故云太康之五弟。

五子之歌啓之五子，因以名篇。

【疏】「五子之歌」　史述作歌之由，先叙失國之事。其「一曰」以下，乃是歌辭。此五子作歌五章，每章各是一人之作，而辭相連接，自爲終始。初言「皇祖有訓」，未必則指怨太康，必是五子之歌相顧從輕至甚。其一、其二，蓋是昆弟之次，或是作歌之次，不可知也。

傳「啓之」至「名篇」　直言「五子」，不知謂誰，故言「啓之五子」。太康之弟叙怨作歌，不言五弟而言五子者，以其述祖之訓，故繫父以言之。

太康尸位以逸豫，尸，主也。主以尊位，爲逸豫不勤。〇逸，本又作「佾」。豫，本或作「忬」，音同。滅厥德，黎民咸貳。君喪其德，則衆民皆二心矣。〇黎，力兮反。喪，息浪反。乃盤遊無度，盤樂遊逸，無法度。〇盤，步干反，本或作「槃」。度，如字。樂音洛。畋于有洛之表，十旬弗反。

洛水之表，水之南。十日曰旬。田獵過百日不還。○畋，音田。有窮后羿因民弗忍，〔七〕距于河。有窮，國名。羿，諸侯名。距太康於河，不得入國，遂廢之。○羿，五計反，徐胡細反。距音巨。厥弟五人，御其母以從，御，侍也。言從畋。○從，如字，或作才用反，非。徯于洛之汭。五子咸怨，待太康，怨其久畋失國。○徯，胡啓反。述大禹之戒以作歌。述，循也。歌以敘怨。

【疏】「太康」至「作歌」 天子之在天位，職當牧養兆民。太康主以尊位，用爲逸豫，滅其人君之德，衆人皆有二心。太康乃復愛樂遊逸，無有法度，畋獵於洛水之表，一出而十旬不反。有窮國君其名曰羿，因民不能堪忍太康之惡，率衆距之于河，不得反國。太康初去之時，其弟五人侍其母以從太康。太康畋于洛南，五弟待於洛北。太康久而不反，致使羿距于河。五子皆怨太康，追述大禹之戒以作歌，而各敘己怨之志也。其弟侍母以從太康，太康初去即然。待於洛水之北，以冀太康速反。羿既距之，五子乃怨。史述太康之惡既盡，然後言其作歌，故令羿距之文乃在母從之上，作文之勢當然也。

傳「尸，主也」 釋詁文。

傳「有窮」至「廢之」 襄四年左傳曰：「夏之方衰也，后羿自鉏遷于窮石。」然則羿居窮石，故曰「有窮，國名」。窮是諸侯之國，羿是其君之名也。說文云：「羿，帝嚳射官也。」賈逵云：「羿之先祖，世爲先王射官，故帝賜羿弓矢，使司射。」淮南子云：「堯時十日並生，〔八〕堯使羿射九日而落之。」楚辭天問云：「羿焉彈日烏解羽？」歸藏易亦云：「羿彈十日。」說文云：「彈者，射也。」此三者言雖不經以取信，〔九〕要言帝嚳時有羿，堯時亦有羿，則羿是善射之號，非復人之名字。信如彼言，則不知羿名爲何也。夏都河北，洛在河南，距太康於河北，「不得入國」，遂廢太康耳。羿猶立仲康，不自立也。

傳「述循」至「叙怨」　「述，循」，釋詁文。〔一〇〕循其所戒，用作「歌」以「叙怨」也。其一曰「皇祖有訓」，其二曰「訓有之」，是述大禹之戒也。其三恨亡國都，其四恨絶宗祀，其五言追悔無及，直是指怨太康，非爲述祖戒也。本述戒作歌，因即言及時事，故言祖戒以總之。

其一曰：「皇祖有訓：民可近，不可下；皇，君也。君祖禹有訓戒。「近」謂親之，「下」謂失分。○近，附近之近。分，扶問反。民惟邦本，本固邦寧。言人君當固民以安國。予視天下愚夫、愚婦，一能勝予。言能畏敬小民，所以得衆心。一人三失，怨豈在明？不見是圖。三失，過非一也。不見是謀，備其微。○三失，上如字，又息暫反。見，賢遍反。予臨兆民，懔乎若朽索之馭六馬。十萬曰億，十億曰兆。言多。懔，危貌。朽，腐也。腐索馭六馬，言危懼甚。○懔，力甚反。朽，許久反。索，息洛反。馭音御。腐，扶甫反。爲人上者，奈何不敬？」能敬則不驕。在上不驕，則高而不危。

【疏】「其一」至「不敬」　我君祖大禹有訓戒之事，言民可親近，不可卑賤輕下，令其失分，則人懷怨，則事上之心不固矣。民惟邦國之本，本固則邦寧，言在上不可使人怨也。我視天下之民，愚夫、愚婦，一能過勝我，安得不敬畏之也？所以畏其怨者，一人之身三度有失，凡所過失爲人所怨，豈在明著？大過皆由小事而起，言小事不防，易致大過，故於不見細微之時，當於是豫圖謀之，使人不怨也。我臨兆民之上，常畏人怨，懔懔乎危懼若腐索之馭六馬，索絶則馬逸，言危懼之甚。人之可畏如是，爲民上者奈何不敬慎乎？怨太康之不恤下民也。

傳「皇君」至「失分」　「皇，君」，釋詁文。述禹之戒，知君祖是禹。禹有訓也。「民可近」者，據君爲文，近謂親近之也。「下」謂卑下輕忽之，失本分也。奪其農時，勞以横役，是失分也。故下云「予視天下愚夫、愚婦，一能勝予」，是畏敬下民也。

傳「言能」至「衆心」　我視愚夫、愚婦當能勝我身，是「畏敬小民」也。由能畏敬小民，故以小民從命是「得衆心」也。

傳「三失」至「其微」　顧氏云：「怨豈在明，未必皆在明著之時。必於未形之日，思善道以自防衛之，是備慎其微也。」

傳「十萬」至「懼甚」　古數十萬曰億，十億曰兆，言多也。懔懔，心懼之意，故爲「危貌」。「朽，腐」，常訓也。腐索馭六馬，索絶馬驚，馬驚則逸，言危懼甚也。經傳之文，惟此言六馬。漢世此經不傳，餘書多言駕四者。春秋公羊説天子駕六，毛詩説天子至大夫皆駕四。許慎案王度記云：「天子駕六。」鄭玄以周禮校人養馬，乘馬一師四圉，四馬曰乘。康王之誥云：「皆布乘黄朱。」以爲天子駕四。漢世天子駕六，非常法也。然則此言馬多懼深，故舉六以言之。

其二曰：「訓有之：内作色荒，外作禽荒。作，爲也。迷亂曰荒。色，女色。禽，鳥獸。甘酒嗜音，峻宇彫牆。甘嗜無厭足。峻，高大。彫，飾畫。○甘，一音户甘反。嗜，市志反。峻，思俊反。牆，慈羊反。厭，於鹽反，又於豔反。有一于此，未或不亡。」此六者，棄德之君必有其一。有一必亡，況兼有乎？

【疏】傳「作爲」至「鳥獸」「作，爲」，釋言文。昭元年左傳：晉平公近女色過度，〔一一〕惑以喪志。老子云：「馳騁田獵，令人心發狂。」好色、好田則精神迷亂，故迷亂曰「荒」。女有美色，男子悦之，經傳通謂女人爲「色」。獵則鳥獸並取，故以「禽」爲鳥獸也。

其三曰：「惟彼陶唐，有此冀方。陶唐，帝堯氏。都冀州，統天下四方。今失厥道，亂其紀綱，乃厎滅亡。」〔一二〕言失堯之道，亂其法制，自致滅亡。○厎，之履反。

【疏】傳「陶唐」至「四方」世本云：「帝堯爲陶唐氏。」韋昭云：「陶、唐皆國名，猶湯稱殷商也。」案書傳皆言堯以唐侯升爲天子，不言封於陶唐，陶、唐二字，或共爲地名，未必如昭言也。以天子王有天下，非獨冀州一方，故以冀方爲都。冀州統天下四方。堯都平陽，舜都蒲坂，禹都安邑，相去不盈二百里，〔一三〕皆在冀州。自堯以來，其都不出此地，故舉陶唐以言之。

其四曰：「明明我祖，萬邦之君。君萬國，爲天子。有典有則，貽厥子孫。典，謂經籍。則，法。貽，遺也。言仁及後世。○貽，以之反。遺，唯季反。關石和鈞，王府則有。金、鐵曰石。供民器用，通之使和平，則官民足。言古制存，而太康失其業，以取亡。○覆，芳服反。供音恭。荒墜厥緒，覆宗絶祀。」

【疏】「其四」至「絶祀」 有明明之德，我祖大禹也。以有明德，爲萬邦之君，謂爲天子也。有治國之典，有爲君之法，遺其後世之子孫，使法則之。又關通衡石之用，使之和平。人既足用，王之府藏則皆有矣。典存國富，宜以爲政。今太康荒廢，墜失其業，覆滅宗族，斷絶祭祀。言太康棄典法，所以滅宗祀也。

傳「君萬」至「後世」 萬邦之君，謂君統萬國爲天子也。典，謂先王之典，可憑據而行之，故爲經籍。「則，法」，釋詁文。「典」謂先王舊典，「法」謂當時所制。其事不爲大異，重言以備文耳。「貽，遺」，釋言文。以典法遺子孫，言仁恩及後世。

傳「金鐵」至「取亡」 關者，通也。名石而可通者，惟衡、量之器耳。律曆志云：「二十四銖爲兩，十六兩爲斤，三十斤爲鈞，四鈞爲石。」是石爲稱之最重。以石而稱，則爲重物，故金、鐵曰石。言絲、綿止於斤、兩，金、鐵乃至於石。舉石而言之，則所稱之物皆通之也。〔一四〕傳取金、鐵重物以解言「石」之意，非謂所關通者惟金、鐵耳。米、粟則斗、斛以量之，布帛則丈、尺以度之。惟言關通權、衡，則度、量之物懋遷有無，亦關通矣。舉一以言之耳。衡石所稱之物，以供民之器用。其土或有或無，通使和平也。論語云：「百姓足，君孰與不足？」民既足用，則官亦富饒，故「通之使和平，則官、民」皆足。有典、有法，可依而行。官、民足，可坐而守。「言古制存，而太康失其業」，所以亡也。訓「緒」爲業。費氏、顧氏等意云：通金、鐵於人，官不禁障，民得取之，以供器用。器用既具，所以上下充足。以金、鐵皆從石而生，則金、鐵亦石之類也。故漢書五行志云石爲怪異，入「金不從革」之條。費、顧之義，亦得通也。

其五曰：「嗚呼！曷歸？〔一五〕予懷之悲。曷，何也。言思而悲。○曷，户割反。萬姓仇予，予將疇依？仇，怨也。言當依誰以復國乎？鬱陶乎予心，顔厚有忸怩。鬱陶，言哀思也。顔厚，色愧。忸怩，心慚。慚愧於仁人賢士。○鬱音蔚。〔一六〕陶音桃。鬱陶，憂思也。忸，女六反。怩，女姬反，徐乃私反。思，息嗣反。弗慎厥德，雖悔可追？」言人君行已不慎其德，以速滅敗，雖欲改悔，其可追及乎？言無益。○雖，如字，或作「睢」。

【疏】「其五」至「可追」　嗚呼！太康已覆滅矣，我將何所依歸？我以此故，思之而悲。太康爲惡，毒遍天下，萬姓皆共仇我，我將誰依就乎？鬱陶而哀思乎，我之心也。我以此故，外貌顔厚而内情忸怩羞慚。由太康不慎其德，以致此見距。雖欲改悔，其可追及之乎？事已往矣，不可如何。從首漸怨至此爲深，皆是羿距時事也。

傳「仇怨」至「國乎」　桓二年左傳云：「怨耦曰仇。」故爲「怨」也。羿距於河，不得復反，乃思太康欲歸依之。言當依誰以復國乎？

傳「鬱陶」至「賢士」　孟子稱舜弟象見舜云：「思君正鬱陶。」鬱陶，精神憤結積聚之意，故爲哀思也。詩云：「顔之厚矣。」羞愧之情見於面貌，似如面皮厚然，故以「顔厚」爲「色愧」。「忸怩」，羞不能言，心慚之狀。小人不足以知得失，故慚愧於仁人賢士。

胤征第四

羲、和湎淫，廢時亂日，羲氏、和氏，世掌天地四時之官，自唐、虞至三代，世職不絶。承太康之後，沈湎於酒，過差非度，廢天時，亂甲乙。○湎，徐音緬，面善反。差，初賣反，又初佳反。

胤往征之，作胤征。胤國之君。受王命往征之。○胤，國名也。

【疏】「羲和」至「胤征」。羲氏、和氏，世掌天地四時之官，今乃沈湎于酒，過差非度，廢天時亂甲乙，不以所掌爲意，胤國之侯受王命往征之。史叙其事，作胤征。

傳「羲氏」至「甲乙」。羲氏、和氏世掌天地四時之官，堯典所言是其事也。羲、和是重、黎之後。楚語稱堯育重、黎之後，使典天地，以至于夏商。是自唐、虞至三代世職不絶，故此時羲、和仍掌時日。以太康逸豫，臣亦縱弛。此承太康之後，於今仍亦懈惰，「沈湎于酒，過差非度，廢天時，亂甲乙」，是其罪也。經云「酒荒于厥邑」，惟言荒酒不言好色，故訓「淫」爲過，言耽酒爲過差也。聖人作曆數以紀天時，不存曆數，是廢天時也。日以甲乙爲紀。不知日食，是亂甲乙也。

胤征

奉辭伐罪曰征。〔一七〕

【疏】傳「奉辭伐罪」。奉責讓之辭，伐不恭之罪，名之曰征。征者，正也，伐之以正其罪。

惟仲康肇位四海，〔一八〕羿廢太康，而立其弟仲康爲天子。○肇，音兆。胤侯命掌六師。仲康命胤侯掌主六師，〔一九〕爲大司馬。羲、和廢厥職，酒荒于厥邑，舍其職官，還其私邑，以酒迷亂，不修其業。○舍音捨。胤后承王命徂征。徂，往也。就其私邑討之。〔二〇〕

【疏】「惟仲康」至「徂征」。惟仲康始即王位，臨四海，胤國之侯受王命爲大司馬，掌六師。於是有羲氏、和氏廢其所掌之職，縱酒荒迷，亂于私邑，胤國之君承王命往征之。

傳「羿廢」至「天子」。以羿距太康於河，於時必廢之也。夏本紀云：「太康崩，弟仲康立。」襄四年左傳云：「羿因夏民，以代夏政。」則羿於其後，篡天子之位。仲康不能殺羿，必是羿握其權。知仲康之立，是羿立之矣。故云「羿廢太康，而立其弟仲康爲天子」。計五子之歌仲康當是其一，仲康必賢於太康，但形勢既衰，故政由羿耳。羿在夏世，爲一代大賊。左傳稱羿既篡位，寒浞殺之，滅夏后相，〔二一〕相子少康始滅浞復夏政。計羿、浞相承，向有百載，爲夏亂甚矣。而夏本紀云：「太康崩，其弟仲康立；仲康崩，子相立；相崩，子少康立。」都不言羿、浞之事，是馬遷之說疏矣。

告于衆曰：「嗟！予有衆：誓敕之。**聖有謨訓，明徵定保。**徵，證；保，安也。聖人所謀之教訓爲世明證，所以定國安家。**先王克謹天戒，臣人克有常憲，**言君能慎戒，臣能奉有常法。**百官修輔，厥后惟明明。**修職輔君，君臣俱明。**每歲孟春，遒人以木鐸徇于路。**遒人，宣令之官。木鐸，金鈴木舌，所以振文教。○遒，在由反。〔二二〕鐸，待洛反。鈴音零。**官師相規，工執藝事以諫。**官師，衆官，更相規闕。〔二三〕百工各執其所治技藝以諫，諫失常。○藝，本又作「埶」。更音庚。技，其綺反。**其或不恭，邦有常刑。」**言百官廢職，服大刑。

【疏】「告于」至「常刑」　胤侯將征羲、和，告于所部之衆曰：嗟乎！我所有之衆人。聖人有謨之訓，所以爲世之明證，可以定國安家。其所謀者，言先王能謹慎敬畏天戒，臣人者能奉先王常法，百官修常職輔其君。君臣相與如是，則君臣俱明，惟爲明君明臣。言君當謹慎以畏天，臣當守職以輔君也。先王恐其不然，大開諫争之路，每歲孟春，遒人之官以木鐸徇于道路，以號令臣下，使在官之衆更相規闕。百工雖賤，令執其藝能之事，以諫上之失常。其有違諫不恭謹者，國家則有常刑。

傳「徵證」至「安家」　成八年左傳稱晉殺趙括，「欒、郤爲徵」，「徵」是證驗之義，故爲「證」也。能自「保」守，是安定之義，故爲「安」也。聖人將爲教訓，必謀而後行，故言「所謀之教訓」。聖人之言必有其驗，故爲「世之明證」。用聖人之謨訓必有成功，故「所以定國安家」。

傳「言君」至「常法」　王者代天理官，故稱「天戒」。臣人奉主法令，故言「常憲」。君當奉天臣當奉君，言君能戒慎，天戒也，臣能奉有常法，奉行君法也。此謂大臣。下云「百官修輔」，謂衆臣。

傳「遒人」至「文教」　以執木鐸徇於路是「宣令」之事，故言「宣令之官」。周禮無此官，惟小宰云「正歲帥理官之屬而觀治象之法，［二四］徇以木鐸曰：不用法者，國有常刑」。宣令之事，略與此同。此似別置其官，非如周之小宰。名曰「遒人」，不知其意，蓋訓遒爲聚。聚人而令之，故以爲名也。禮有金鐸、木鐸，鐸是鈴也。其體以金爲之，明舌有金、木之異，知木鐸是木舌也。周禮教鼓人以金鐸通鼓，大司馬教振旅，兩司馬執鐸。明堂位云：「振木鐸於朝。」是武事振金鐸，文事振木鐸。今云木鐸，故云「所以振文教」也。

傳「官衆」至「失常」　「相規」，相平等之辭，故「官衆」謂「衆官」，「相規」謂「更相規闕」。平等有闕，猶尚相規，見上之過，諫之必矣。「百工各執其所治技藝以諫」，謂被遣作器，工有奢儉，若月令云「無作淫巧，以蕩上心」。見其淫巧不正，當執之以諫，諫失常也。百工之賤，猶令進諫，則百工以上，不得不諫矣。

傳「言百」至「大刑」　「百官廢職服大刑」，明堂位文也。顧氏云：「百官衆臣，其有廢職懈怠，不恭謹者，國家當有常刑。」

「惟時羲、和，顛覆厥德，顛覆，言反倒。將陳羲、和所犯，故先舉孟春之令、犯令之誅。○覆，芳服反。倒，丁老反。沈亂于酒，畔官離次，沈謂醉冥。失次位也。○離，如字，又力智反。冥，莫定反，又亡丁反。俶擾天紀，遐棄厥司。俶，始；擾，亂；遐，遠也。紀，謂時日。司，所主也。○俶，本又作「俶」，〔二五〕亦作「叔」，同尺六反。擾，而小反。乃季秋月朔，辰弗集于房。辰，日月所會。房，所舍之次。集，合也。不合，即日食可知。瞽奏鼓，嗇夫馳，庶人走。凡日食，天子伐鼓於社，責上公。瞽，樂官。樂官進鼓則伐之。嗇夫，主幣之官。馳取幣，禮天神。衆人走，供救日食之百役也。○嗇音色。馳，車馬曰馳。走，步曰走。供音恭。羲、和尸厥官，罔聞知。主其官而無聞知於日食之變異，所以罪重。昏迷于天象，以干先王之誅。闇錯天象，言昏亂之甚。干，犯也。政典曰：『先時者殺無赦，政典，夏后爲政之典籍，若周官六卿之治典。先時，謂曆象之法、四時節氣、弦望晦朔先天時，則罪死無赦。○先時，上音悉薦反，又如字。注「先時」、「先天」同。赦，亦作「赦」。〔二六〕不及時者殺無赦。』不及，謂曆象後天時。雖治其官，苟有先後之差，則無赦，況廢官乎？○後天，上胡豆反。治，直吏反。

【疏】「惟時」至「無赦」。言不諫尚有刑，廢職懈怠是爲大罪。惟是羲、和顛倒其奉上之德，而沈没昏亂於酒，違叛其所掌之官，離其所居位次，始亂天之紀綱，遠棄所主之事。乃季秋九月之朔，日、月當合於辰；其日之辰，日、月不合於舍，不得合辰。謂日被月食，日有食之。禮有救日之法，於時瞽人樂官進鼓而擊之，嗇夫馳騁而取幣以禮天神，庶人奔走供救日食之百役。此爲災異之大，羣官促遽若此。羲、和主其官，而不聞知日食，是大罪也。此羲、和昏闇迷錯於天象，以犯先王之誅，此罪不可赦也。故先王爲政之典曰：「主曆之官，爲曆之法，節氣先天時者殺無赦，不及時者殺無赦。」失前失後，尚猶合殺，況乎不知日食，其罪不可赦也。況彼罪之大，言已所以征也。

傳「顛覆」至「之誅」　「顛覆言反倒」，謂人反倒也。人當豎立，今乃反倒，猶臣當事君，今乃廢職，似人之反倒然。言臣以事君爲德，故言「顛覆厥德」。胤侯將陳羲、和之罪，「故先舉孟春之令、犯令之誅」，舉輕以見重。小事犯令，猶有常刑，況叛官離次，爲大罪乎！

傳「沈謂」至「次位也」　没水謂之「沈」。大醉冥然無所復知，猶沈水然，故謂醉爲沈。

傳「俶始」至「所主也」　「俶，始」，「遐，遠」，皆釋詁文。「擾」謂煩亂，故爲「亂」也。洪範五紀，五曰曆數。曆數所以紀天時。此言天紀，謂「時日」。此時日之事，是羲、和所司，言棄其所主。

傳「辰日」至「可知」　昭七年左傳曰：「晉侯問於士文伯曰：何謂辰？對曰：日、月之會是謂辰。」是「辰」爲日、月之會。日、月俱右行於天，日行遲，月行疾。日每日行一度，月日行十三度十九分度之七，計二十九日過半，月已行天一周，又逐及日，而與日聚會。此聚會爲辰。〔二七〕一歲十二會，故爲十二辰，即子、丑、寅、卯之屬是也。房，謂室之房也，故爲「所舍之次」。計九月之朔，日、月當會於大火之次。釋言云：「集，會也。」會即是合，故爲「合」也。日、月當聚會共舍，今言日、月不合於舍，則是日食可知也。〔二八〕日食者，月掩之也。月體掩日，日被月映，即不成共處，故以不集言日食也。或以爲「房」謂房星。九月日、月會于大火之次。房、心共爲大火。言辰在房星，事有似矣。知不然者，以集是止舍之處，言其不集於舍，故得以表日食。若言不集於房星，似太遲太疾，惟可見曆錯，不得以表日食也。且日之所在，星宿不見，正可推算以知之，非能舉目而見之。君子慎疑，寧當以日在之宿爲文。以此，知其必非房星也。

傳「凡日」至「百役也」　文十五年左傳云：「日有食之，天子不舉，伐鼓于社；諸侯用幣于社，伐鼓于朝。」杜預以爲伐鼓于社，責羣陰也。此傳言「責上公」者，郊特牲云：「社祭土而主陰氣也。君南鄉北墉下，答陰之義也。」是言社主陰也。日食陰侵陽，故杜預以爲責羣陰也。昭二十九年左傳云：「封爲上公，祀爲貴神。社稷五祀，是尊是奉。」是社祭句龍爲「上公」之神也。日食，臣侵君之象，故傳以爲「責上公」，亦當羣陰、上公並責之也。周禮瞽、矇之官掌作樂，瞽爲樂官。樂官用無目之人，以其無目，於音聲審也。詩云：「奏鼓簡簡。」謂伐鼓爲「奏鼓」。知「樂官進鼓則伐之」。周禮太僕：「軍旅田役贊王鼓，救日月亦如之。」鄭玄云：「王通鼓，佐擊其餘面。」則救日之時，王或親鼓。莊二十五年穀梁傳曰：「天子救日，置五麾，陳五兵、五鼓。」陳既多，皆樂人伐之。周禮無嗇夫之官。禮云：「嗇夫承命，告于天子。」〔二九〕鄭玄云：「嗇夫，蓋司空之屬也。」嗇夫主幣，禮無其文。此云嗇夫馳，必馳走有所取也。左傳云諸侯用幣，則天子亦當有用幣之處。嗇夫必是「主幣之官」，「馳取幣」也。社神尊於諸侯，故諸侯用幣於社以請救。天子伐鼓于社，必不用幣，知嗇夫「馳取幣，禮天神」。「庶人走」，蓋是庶人在官者，謂諸侯胥徒也。其走必有事，知爲「供救日食之百役」也。曾子問云：「諸侯從天子救日食，各以方色與其兵。」周禮庭氏云：「救日之弓矢。」是救日必有多役，庶人走供之。鄭注庭氏云：「以救日爲太陽之弓，救月爲太陰之弓。救日以枉矢，救月以恒矢。」其鼓，則蓋用祭天之雷鼓也。昭十七年夏六月甲戌朔，日有食之。左傳云：季平子曰：「惟正月朔，慝未作，日有食之，於是乎有伐鼓用幣，禮也。其餘則否。」太史曰：「在此月也。當夏四月，是謂孟夏。」如彼傳文，惟夏四月有伐鼓用幣之禮，餘月則不然。此以九月日食，亦奏鼓用幣者，顧氏云：「夏禮異於周禮也。」

傳「政典」至「無赦」。胤侯，夏之卿士。引政典而不書古典，則當時之書，知是夏后爲政之典籍也。周禮太宰掌建邦之六典，以佐王治邦國，一曰治典、二曰教典、三曰禮典、四曰政典、五曰刑典、六曰事典。「若周官六卿之治典」，謂此也。「先時」、「不及」者，謂此「曆象之法，四時節氣、弦望晦朔」不得「先天時」、不得「後天時」。四時時各九十日有餘，分爲八節，節各四十五日有餘也。「節氣」者，周天三百六十五日四分日之一。四時分之，均分爲十二月，則月各得三十日十六分日之七。以初爲節氣，半爲中氣，故一歲有二十四氣也。計十二月每月二十九日彊半也。以月初爲「朔」，月盡爲「晦」，當月之中日，月相望，故以月半爲「望」。望去晦、朔皆不滿十五日也。又半此望去晦朔之數，名之曰「弦」。弦者，言其月光正半如弓弦也。「晦」者，月盡無月，言其闇也。「朔」者，蘇也，言月死而更蘇也。「先天時」者，所名之日在天時之先。假令天之正時當以甲子爲朔，今曆乃以癸亥爲朔，是造曆先天時也。若以乙丑爲朔，是造曆後天時也。後即是不及時也。其氣、望等，皆亦如此。

「今予以爾有衆，奉將天罰。將，行也。奉王命行王誅，謂殺湎淫之身，立其賢子弟。爾衆士同力王室，尚弼予欽承天子威命。以天子威命督其士衆，使用命。火炎崐岡，玉石俱焚。山脊曰岡。崐山出玉。言火逸而害玉。○崐音昆。天吏逸德，烈于猛火。逸，過也。天王之吏爲過惡之德，其傷害天下甚於火之害玉。猛火烈矣，又烈於火。殲厥渠魁，脅從罔治。殲，滅；渠，大；魁，帥也。指謂羲、和罪人之身，其脅從距王師者皆無治。○殲，子廉反。魁，苦回反。脅，虛業反。帥，色類反。舊染汙俗，咸與惟新。言其餘人久染汙俗，本無惡心，皆與更新，一無所問。○汙，烏故反，汙辱之汙。又音烏，涴泥著物也。一音烏卧反。嗚呼！威克厥愛，允濟；歎能以威勝所愛，則必有成功。愛克厥威，允罔功。以愛勝威，無以濟衆，信無功。其爾衆士，懋戒哉！」言當勉以用命，戒以辟戮。○懋音茂。辟音避。

【疏】「今予」至「戒哉」。羲、和所犯如上，故今我用汝所有之衆，奉王命行天罰。汝等衆士，當同心盡力於王室，庶幾輔我敬承天子之命，使我伐必克之。又恐兵威所及，濫殺無辜，故假喻以戒之。火炎崐山之岡，玉石俱被焚燒。天王之吏爲過惡之德，則酷烈甚於猛火。宜誅惡存善，不得濫殺。滅其爲惡大帥，罪止羲、和之身。其被迫脅而從距王師者，皆無治責其罪。久染汙穢之俗，本無惡心，皆與惟得更新，〔三〇〕一無所問。又言將軍之法，必有殺戮。「嗚呼」，重其事，故歎而言之。將軍威嚴能勝其愛心。有罪者，雖愛必誅，信有成功。若愛心勝其威嚴，親愛者有罪不殺，信無功矣。言我雖愛，汝有罪必殺。其汝衆士，宜勉力以戒慎哉，勿違我命以取殺也。

傳「將行」至「子弟」　「將」之爲「行」，常訓也。天欲加罪，王者順天之罰，則王誅也。奉王命行王誅，謂「殺淫湎之身」。義、和之罪不及其嗣，故知殺其身，「立其賢子弟」。楚語云：「重、黎之後世掌天地四時之官，至于夏、商。」則此不滅其族，故傳言此也。

傳「山脊」至「害玉」　釋山云：「山脊，岡。」孫炎曰：「長山之脊也。」以崐山出玉，言火逸害玉，喻誅惡害善也。

傳「逸過」至「於火」　「逸」，即佚也。佚是淫縱之名，故爲「過」也。「天王之吏」，言位貴而威高。乘貴勢而逞毒心，或睚眦而害良善，故「爲過惡之德」。其傷害天下，甚於火之害玉。猛火爲烈甚矣，又復烈之於火，言其害之深也。

傳「殲滅」至「無治」　「殲，盡也」，釋詁文。舍人曰：「殲，衆之盡也。」衆皆死盡，爲滅也。「渠，大；魁，帥」無正訓，以上「殲厥渠魁」謂滅其元首，故以「渠」爲「大」，「魁」爲「帥」。史傳因此謂賊之首領爲渠帥，本源出於此。

自契至于成湯八遷，十四世，凡八徙國都。○契，息列反，殷之始祖。八遷，八遷之書史唯見四。湯始居亳，從先王居，契父帝嚳都亳，湯自商丘遷焉，故曰從先王居。○亳，旁各反，徐扶各反。嚳，苦毒反。作帝告、釐沃。告來居，治沃土，二篇皆亡。○帝告，下音工毒反。釐，力之反。沃，徐烏酷反。此五亡篇，〔三一〕舊解是夏書，馬、鄭之徒以爲商書，兩義俱通。

【疏】「自契」至「釐沃」 自此已下，皆商書也。序本別卷，與經不連。孔以經、序宜相附近，引之各冠其篇首。此篇經亡序存，文無所託，不可以無經之序爲卷之首，本書在此，故附此卷之末。契是商之始祖，故遠本之。自契至于成湯凡八遷都，至湯始往居亳，從其先王帝嚳舊居。當時湯有言告，史序其事，作帝告、釐沃二篇。

傳「十四」至「國都」 周語曰：「玄王勤商，十四世而興。」玄王，謂契也。勤殖功業十四世，〔三〕至湯而興爲天子也。殷本紀云：「契生昭明，昭明卒，子相土立；相土卒，子昌若立；昌若卒，子曹圉立；曹圉卒，子冥立；冥卒，子振立；振卒，子微立；微卒，子報丁立；報丁卒，子報乙立；報乙卒，子報丙立；報丙卒，子主壬立；主壬卒，子主癸立；主癸卒，子天乙立。」天乙是爲成湯是也。契至成湯十四世，凡八遷國都者，商頌云：「帝立子生商。」是契居商也。世本云：「昭明居砥石。」左傳稱相土居商丘。及今湯居亳，事見經傳者有此四遷。其餘四遷，未詳聞也。鄭玄云：「契本封商，國在太華之陽。」皇甫謐云：「今上洛商是也。」襄九年左傳云：「陶唐氏之火正閼伯居商丘，相土因之。」杜預云：「今梁國睢陽宋都是也。」其砥石，先儒無言，不知所在。自契至湯，諸侯之國，而得數遷都者，蓋以時王命之使遷。至湯，乃以商爲天下號。則都雖數遷，商名不改。今湯遷亳，乃作此篇。若是諸侯遷都，則不得史録其事，以爲商書之首。文在湯征諸侯、伊尹去亳之上，是湯將欲爲王時事。史以商有天下，乃追録初興。並湯征與汝鳩、汝方，皆是伐桀前事，後追録之也。

傳「契父」至「王居」 先王，天子也。自契已下，皆是諸侯，且文稱契至湯。今云「從先王居」者，必從契之先世天子所居也。世本、本紀皆云契是帝嚳子，知先王是契父帝嚳。帝嚳本居亳，今湯往從之。嚳實帝也，言先王者，對文論優劣則有皇與帝及王之別，散文則雖皇與帝皆得言王也。故禮運云：「昔者先王未有宮室。」乃謂上皇爲王，是其類也。孔言「湯自商丘遷焉」，以相土之居商丘，其文見於左傳，因之言自商丘徙耳。此言不必然也。何則？相土，契之孫也。自契至湯凡八遷，若相土至湯都遂不改，豈契至相土三世而七遷也？相土至湯，必更遷都，但不知湯從何地而遷亳耳，必不從商丘遷也。鄭玄云：「亳，今河南偃師縣有湯亭。」漢書音義臣瓚者云：「湯居亳，今濟陰亳縣是也。今亳有湯冢，已氏有伊尹冢。」杜預云：「梁國蒙縣北有亳城，城中有成湯冢。其西又有伊尹冢。」皇甫謐云：「孟子稱湯居亳，與葛爲鄰。葛伯不祀，湯使亳衆爲之耕。葛，即今梁國寧陵之葛鄉也。若湯居偃師，去寧陵八百餘里，豈當使民爲之耕乎？亳，今梁國穀熟縣是也。」諸説不同，未知孰是。

傳「告來」至「皆亡」　經文既亡，其義難明。孔以意言耳。所言「帝告」，不知告誰。序言「從先王居」，或當告帝嚳也。

湯征諸侯，爲夏方伯，得專征伐。葛伯不祀，湯始征之，葛，國；伯，爵也。廢其土地山川及宗廟神祇皆不祀，湯始伐之，伐始於葛。○祇，臣支反。

【疏】傳「葛國」至「於葛」　序言湯征諸侯，知其人是葛國之君，伯爵。直云「不祀」，文無指斥。王制云：「山川神祇有不舉者爲不敬，不敬者君削以地。宗廟有不順者爲不孝，不孝者君黜以爵。」是言「不祀」，必廢其土地山川之神祇及宗廟皆不祀，故湯始征之。湯伐諸侯，伐始於葛，仲虺之誥云「初征自葛」是也。孟子云：「湯居亳，與葛爲鄰。葛伯不祀，湯使人問之曰：何爲不祀？曰：無以供犧牲也。湯使遺之牛、羊，葛伯食之，又不祀。湯又使人問之曰：何爲不祀？曰：無以供粢盛也。湯使亳往爲之耕，老弱饋食。葛伯率其人要其酒食黍稻者劫而奪之，不授者殺之。有童子以黍肉餉，殺而奪之。書曰『葛伯仇餉』，此之謂也。」是説伐始於葛之事也。

作湯征。述始征之義也。亡。

伊尹去亳適夏，伊尹，字氏。湯進於桀。

【疏】傳「伊尹」至「於桀」　伊，氏；尹，字，故云「字氏」，倒文以曉人也。伊尹不得叛湯，知湯貢之於桀。必貢之者，湯欲以誠輔桀，冀其用賢以治，不可匡輔，乃始伐之。此時未有伐桀之意，故貢伊尹使輔之。孫武兵書反間篇曰：「商之興也，伊尹在夏；周之興也，吕牙在殷。」言使之爲反間也，與此説殊。

既醜有夏，復歸于亳，醜，惡其政。不能用賢，故退還。○復，扶又反。入自北門，乃遇汝鳩、汝方，鳩、方二人，湯之賢臣。不期而會曰遇。作汝鳩、汝方。言所以醜夏而還之意。二篇皆亡。

【疏】傳「鳩方」至「曰遇」　伊尹與之言，知是賢臣也。「不期而會曰遇」，隱八年穀梁傳文也。

校勘記

〔一〕夏啓嗣禹立　「立」，敦伯二五三三同，餘諸本作「位」。盧云：「古本、宋本並作『立』，與疏合。」今按：作「位」非，嗣禹立，謂繼禹而立。

〔二〕似姓之國　「似」，當作「姒」。

〔三〕祀五帝　「祀」，原誤「嗣」，據周禮及諸本改。

〔四〕有扈氏威侮五行　「威」，敦伯五五四三作「畏」。盧云：古本作「畏」。

〔五〕左不攻于左汝不恭命　盧云：「『不』，古本作『弗』。」今按：敦煌寫本凡「不」皆作「弗」。

〔六〕言恥累也　「也」，敦伯五五四三、史記集解並作「之」，長。

〔七〕有窮后羿　阮云：古本「后」上有「之」字。

〔八〕堯時十日並生　正字云：「出」誤「生」。

〔九〕言雖不經以取信　正字云：「經」下脱「難」字。

〔一〇〕述循釋詁文　按：釋詁無此文，釋言有「循，述也」。

〔一一〕左傳晉平公近女色過度　「女色」，左傳原文作「女室」。

〔一二〕「惟彼陶唐」至「乃厎滅亡」　正字云：左傳引作「惟彼陶唐，帥彼天常，有此冀方，今失其行，亂其紀綱，乃滅而亡」。

〔一三〕相去不盈二百里　「里」字原無，據殿本增。

〔一四〕舉石而言之則所稱之物皆通之也　「所」原誤「止」，據殿本改。阮云：「毛本作『所』，是也。」

〔一五〕嗚呼曷歸　阮引匡謬正俗云：「嗚呼」，古文尚書悉爲「於戲」。

〔一六〕鬱音蔚　「蔚」原作「鬱」，涉上誤，據阮本、殿本、通志堂本改。

〔一七〕奉辭伐罪　「伐」原作「罰」，從盧校據毛本及敦伯二五三三唐寫本改。

〔一八〕仲康　阮校云：「古本『仲』作『中』，注同。」

〔一九〕掌主六師　敦伯三七五二同，今諸本「主」作「王」，阮校以爲誤。

〔二〇〕就其私邑討之　「討」上原有「往」字，衍，從敦伯二五三三號唐寫本刪。

〔二二〕滅夏后相　「滅」上原有「羿」字，衍，今删。

〔二三〕在由反　「在」原誤「生」，「由」字原闕，據宋本、阮本及通志堂本補正。

〔二三〕官師衆官更相規闕　「師」，阮本、李本、殿本作「衆」。阮云：作「師」與疏標目不合。

〔二四〕惟小宰云正歲帥理官之屬而觀治象之法　「理」，原經作「治」，此避諱改。

〔二五〕本又作俅　「俶」，阮本、通志堂本作「[illegible]」，古字。

〔二六〕亦作敊　按説文，「敊」爲「赦」或體。

〔二七〕此聚會爲辰　「此」上諸本有「謂」字。

〔二八〕則是日食可知　「食」，原誤作「月」，據毛本改。

〔二九〕禮云嗇夫承命告于天子　正字云：「禮」上當脱「覲」字。

〔三〇〕皆與惟得更新　盧云：「惟得」二字衍。

〔三一〕此五亡篇　黄焯云：盧云並湯征、汝鳩、汝方爲五篇，「此」字上當有脱文。

〔三二〕十四世　「世」原誤「出」，今改正。

商　書

○凡三十四篇，十七篇亡，十七篇見存。

湯誓第一

伊尹相湯伐桀，升自陑，桀都安邑，湯升道從陑，出其不意。陑在河曲之南。○相，息亮反。湯，如字，馬云：「俗儒以『湯』爲謚，或爲號。號者似非其意，言謚近之，然不在謚法，故無聞焉。〔一〕及『禹』，俗儒以爲名。帝系禹名文命，王侯世本湯名天乙。推此言之，『禹』豈復非謚乎？亦不在謚法，故疑焉。」桀，其列反，夏之末天子。升音昇。陑音而。遂與桀戰于鳴條之野，地在安邑之西。桀逆拒湯。作湯誓。

【疏】「伊尹」至「湯誓」　伊尹以夏政醜惡，去而歸湯，輔相成湯，與之伐桀，升道從陑，出其不意，遂與桀戰于鳴條之野。將戰而誓戒士衆，史叙其事，作湯誓。

傳「桀都」至「之南」　此序湯自伐桀，必言伊尹相湯者，序其篇次，自爲首尾。以上云伊尹醜夏，遂相成湯伐之，故文次言伊尹也。計太公之相武王，猶如伊尹之相成湯。泰誓不言太公相者，彼文無其次也。且武王之時有周、召之倫，聖賢多矣。湯稱伊尹云「聿求元聖，與之戮力」，伊尹稱「惟尹躬暨湯，咸有一德」，則伊尹相湯，其功多於太公，故特言「伊尹相湯」也。「桀都安邑」，相傳爲然，即漢之河東郡安邑縣是也。史記吴起對魏武侯云：「夏桀之居，左河濟，右太華，伊闕在其南，羊腸在其北。修政不仁，湯放之也。」地理志云：「上黨郡壺關縣有羊腸坂，在安邑之北。」是桀都安邑必當然矣。將明陑之所在，故先言桀都安邑。桀都在亳西，當從東而往，今乃升道從陑，升者，從下向上之名。言「陑」，當是山阜之地。歷險迂路，爲出其不意故也。陑在河曲之南，蓋今潼關左右。河曲在安邑西南，從陑向北渡河，乃東向安邑。鳴條在安邑之西，桀西出拒湯，故戰于鳴條之野。陑在河曲之南，鳴條在安邑之西，皆彼有其跡，相傳云然。湯以至聖伐暴，當顯行用師，而出其不意，掩其不備者，湯承禪代之後，嘗爲桀臣，慚而且懼，故出其不意。武王則三分天下有其二，久不事紂，紂有浮桀之罪，地無險要之勢，故顯然致罰，以明天誅。又慇懃誓衆，與湯有異，所以湯惟一誓，武王有三。

傳「地在」至「拒湯」　鄭玄云：「鳴條，南夷地名。」孟子云：「舜卒於鳴條，東夷之地。」或云陳留平丘縣今有鳴條亭是也。皇甫謐云：「伊訓曰：『造攻自鳴條，朕哉自亳。』又曰：『夏師敗績，乃伐三朡。』湯誥曰：『王歸自克夏，至于亳。』三朡在定陶，於義不得在陳留與東夷也。今安邑見有鳴條陌、昆吾亭。左氏以爲昆吾與桀同以乙卯日亡，韋、顧亦爾。故詩曰：『韋、顧既伐，昆吾夏桀。』於左氏昆吾在衛，乃在濮陽，不得與桀異處。同日而亡，明昆吾亦來安邑欲以衛桀，故同日亡，而安邑有其亭也。」且吴起言險以指安邑。安邑於此而言，何得在南夷乎？謐言是也。

湯誓 戒誓其士衆。

【疏】「湯誓」　此經皆誓之辭也。甘誓、泰誓、牧誓，發首皆有序引，別言其誓意，記其誓處。此與費誓惟記誓辭，不言誓處者，史非一人，辭有詳略。序以經文不具，故備言之也。

王曰：「格，爾衆庶，悉聽朕言：契始封商，湯遂以爲天下號。湯稱王，則比桀於一夫。○格，庚白反，來也。非台小子敢行稱亂，有夏多罪，天命殛之。稱，舉也。舉亂，以諸侯伐天子。非我小子敢行此事，桀有昏德，天命誅之，今順天。○台，以之反。下同。殛，居力反。今爾有衆，汝曰我后不恤我衆，舍我穡事而割正夏。[二]汝，汝有衆。我后，桀也。正，政也。言奪民農功，而爲割剝之政。○恤，荀律反。舍音捨，廢也。予惟聞汝衆言，不憂我衆之言。夏氏有罪，予畏上帝，不敢不正。不敢不正桀罪誅之。今汝其曰夏罪其如台。今汝其復言桀惡，亦如我所聞之言。○復，扶又反。夏王率遏衆力，率割夏邑，言桀君臣相率爲勞役之事，以絶衆力，謂廢農功。相率割剝夏之邑居，謂征賦重。○遏，於葛反，徐音謁，馬云：「止也。」有衆率怠弗協，曰：時日曷喪？予及汝皆亡！衆下相率爲怠惰，不與上和合。比桀於日，曰是日何時喪？我與汝俱亡。欲殺身以喪桀。○喪，息浪反，注同。惰，徒臥反。夏德若茲，今朕必往。凶德如此，我必往誅之。爾尚輔予一人致天之罰，予其大賚汝。賚，與也。汝庶幾輔成我，我大與汝爵賞。○罰音伐。賚，力代反，徐音來。爾無不信，朕不食言。食盡其言，僞不實。爾不從誓言，不用命。予則孥戮汝，罔有攸赦。」古之用刑，父子兄弟罪不相及。今云「孥戮汝，無有所赦」，權以脅之，使勿犯。

【疏】「王曰」至「攸赦」。商王成湯將與桀戰，呼其將士曰：來，汝在軍之衆庶，悉聽我之誓言。我伐夏者，非我小子輒敢行此以臣伐君，舉爲亂事，乃由有夏君桀多有大罪，上天命我誅之。桀既失君道，我非復桀臣，是以順天誅之，由其多罪故也。桀之罪狀，汝盡知之。今汝桀之所有之衆，即汝輩是也。汝等言曰：我君夏桀不憂念我等衆人，舍廢我稼穡之事，奪我農功之業，而爲割剥之政於夏邑，斂我貨財。我惟聞汝衆言夏氏既有此罪，上天命我誅桀。我畏上天之命，不敢不正桀罪而誅之，又質而審之。今汝衆人其必言曰：夏王之罪，其實如我所言。夏王非徒如此，又與臣下相率遏絶衆力，使不得事農。又相率爲割剥之政於此夏邑，使不得安居。上下同惡，民困益甚。由是，汝等相率怠惰，不與在上和協，比桀於日，曰是日何時能喪？若其可喪，我與汝皆亡身殺之。寧殺身以亡桀，是其惡之甚。夏王惡德如此，今我必往誅之。汝庶幾輔成我一人致行天之威罰，我其大賞賜汝，汝無得不信我語。我終不食盡其言，爲虚僞不實。汝若不從我之誓言，我則并殺汝子，以戮汝身，必無有所赦。勸使勉力，勿犯法也。庶，亦衆也。古人有此重言，猶云「艱難」也。

傳「契始」至「一夫」　以湯於此稱「王」，故本其號商之意。契始封商。湯號爲商，知「契始封商，〔三〕湯遂以商爲天下之號」。鄭玄之説亦然，惟王肅云：「相土居商丘，湯取商爲號。」若取商丘爲號，何以不名商丘而單名商也？若八遷國名商不改，則此商猶是契商，非相土之商也。若八遷遷即改名，則相土至湯改名多矣。相土既非始祖，又非受命，何故用其所居之地以爲天下號？名「成湯」之意，復何取乎？知其必不然也。湯取契封商，以商爲天下之號，周不取后稷封邰爲天下之號者，契後八遷，商名不改，成湯以商受命，故宜以商爲號；后稷之後，隨遷易名，公劉爲豳，太王爲周，文王以周受命，故當以周爲號。二代不同，理則然矣。泰誓云「獨夫受」，此湯稱爲「王」，則比桀於一夫。桀既同於一夫，故湯可稱「王」矣。是言湯於伐桀之時始稱王也。周書泰誓稱「王」，則亦伐紂之時始稱王也。鄭玄以文王生稱王，亦謬也。

傳「稱舉」至「順天」　「稱，舉」，釋言文。常法，以臣伐君則爲亂逆，故「舉亂」謂「以諸侯伐天子」。「桀有昏德」，宜三年左傳文。以有昏德，「天命誅之」，今乃「順天」行誅，非復臣伐君也。以此解衆人守常之意也。

傳「今汝」至「之言」「如我」者，謂湯之自稱我也。湯謂其衆云：汝言桀之罪，如我誓言所述也。

傳「言桀」至「賦重」此經與上「舍我穡事而割正夏」，其意一也。上言夏王之身，此言「君臣相率」，再言所以積桀之罪也。力施於農，財供上賦，故以止絶衆力謂「廢農功」，割剥夏邑謂「征賦重」。言以農時勞役，又重斂其財，致使民困而怨深，賦斂重則民不安矣。

傳「衆下」至「喪桀」上既馭之非道，下亦不供其命，故衆下相率爲怠惰，不與上和合，不肯每事順從也。比桀於日，曰：是日何時喪亡？欲令早喪桀命也。「我與汝俱亡」者，民相謂之辭，言並欲殺身以喪桀也。所以比桀於日者，以日無喪之理，猶云桀不可喪，言喪之難也。不避其難，與汝俱亡，欲殺身以喪桀，疾之甚也。鄭云：「桀見民欲叛，乃自比於日，曰：是日何嘗喪乎？日若喪亡，我與汝亦皆喪亡。引不亡之徵，以脅恐下民也。」

傳「食盡」至「不實」釋詁云：「食，僞也。」孫炎曰：「食，言之僞也。」哀二十五年左傳云：孟武伯惡郭重曰：「何肥也？」公曰：「是食言多矣，能無肥乎？」然則言而不行，如食之消盡，後終不行，前言爲僞，故通謂僞言爲「食言」，故爾雅訓「食」爲「僞也」。

傳「古之」至「勿犯」昭二十年左傳引康誥曰：「父子兄弟，罪不相及。」是古之用刑如是也。既刑不相及，必不殺其子。權時以迫脅之，使勿犯刑法耳。不於甘誓解之者，以夏啓承舜、禹之後，刑罰尚寬，殷、周以後，其罪或相緣坐，恐其實有孥戮，故於此解之。鄭玄云：「大罪不止其身，又孥戮其子孫。」周禮云：「其奴，男子入于罪隸，女子入于舂槀。」鄭意以爲實戮其子，故周禮注云：「奴，謂從坐而没入縣官者也。」孔以孥戮爲權脅之辭，則周禮所云非從坐也。鄭衆云：「謂坐爲盜賊而爲奴者，輸於罪隸舂人、槀人之官。」引此「孥戮汝」。又引論語云：「箕子爲之奴。」或如衆言，别有没入，非緣坐者也。

湯既勝夏，欲遷其社，不可，湯承堯、舜禪代之後，順天應人，逆取順守，而有慚德，故革命創制，改正易服，變置社稷，而後世無及句龍者，故不可而止。○社，后土之神。〔四〕禪，時戰反。應，應對之應。創，初亮反。正音征，又音正。句龍，上音鉤。句龍，共工之子，爲后土。**作夏社、疑至、臣扈。**言夏社不可遷之義。疑至及臣扈三篇皆亡。○扈音户。

【疏】「湯既」至「臣扈」　湯既伐而勝夏，革命創制，變置社稷，欲遷其社，無人可代句龍，故不可而止。於時有言議論其事，故史叙之，爲夏社、疑至、臣扈三篇，皆亡。

傳「湯承」至「而止」　傳解湯遷社之意。湯承堯、舜禪代之後，已獨伐而取之。雖復應天順人，乃是逆取順守，而有慚愧之德，自恨不及古人，故革命創制，改正易服，因變置社稷也。易革卦彖曰：「湯、武革命，順乎天而應乎人。」下篇言湯有慚德。大傳云：「改正朔，易服色，此其所得與民變革者也。」所以變革此事，欲易人之視聽，與之更新，故於是之時變置社稷。昭二十九年左傳云：「共工氏有子曰勾龍，爲后土。后土爲社；有烈山氏之子曰柱，爲稷，自夏已上祀之。周棄亦爲稷，自商已來祀之。」祭法云：「厲山氏之有天下也，其子曰農，能殖百穀。夏之衰也，周棄繼之，故祀以爲稷。共工氏之霸九州也，其子曰后土，能平九州，故祀以爲社。」是言變置之事也。魯語文與祭法正同，而云「夏之興也，周棄繼之」，「興」當爲「衰」字之誤耳。湯于初時，社稷俱欲改之。周棄功多於柱，即令廢柱祀棄。而上世治水土之臣，其功無及勾龍者，故不可遷而止。此序之次，在湯誓之下。云「湯既勝夏」，下云「夏師敗績，湯遂從之」，是未及逐桀，已爲此謀。鄭玄等注此序，乃在湯誓之上。若在作誓之前，不得云「既勝夏」也。孟子曰：「犧牲既成，粢盛既絜，祭祀以時。然而旱乾、水溢，則變置社稷。」鄭玄因此，乃云湯伐桀之時大旱，既置其禮祀，明德以薦，而猶旱至七年，故更致社稷。〔五〕乃謂湯即位之後七年大旱，方始變之。若實七年乃變，何當繫之勝夏？勝夏猶尚不可，況在湯誓前乎？且禮記云「夏之衰也，周棄繼之」，商興七年乃變，安得以夏衰爲言也？若商革夏命，猶七年祀柱，左傳亦不得斷爲「自夏已上」祀柱，「自商已來」祀棄也。由此而言，孔稱改正朔而變置社稷，所言得其旨也。漢世儒者，説社稷有二。左傳説社祭勾龍，稷祭柱、棄，惟祭人神而已。孝經説社爲土神，稷爲穀神，勾龍、柱、棄是配食者也。孔無明説，而此經云「遷社」，孔傳云「無及勾龍」，即同賈逵、馬融等説以社爲勾龍也。

傳「言夏」至「皆亡」 「疑至」與「臣扈」相類，當是二臣名也。蓋亦言其不可遷之意。馬融云：「聖人不可自專，復用二臣自明也。」

夏師敗績，湯遂從之。大崩曰敗績。從，謂逐討之。○績，子寂反。從之，上才容反。遂伐三朡，俘厥寶玉。三朡，國名，桀走保之，今定陶也。桀自安邑東入山，出太行，東南涉河。湯緩追之不迫，遂奔南巢。俘，取也。玉以禮神，使無水旱之災，故取而寶之。○朡，子公反。俘音孚。行，户剛反，一音如字。

【疏】傳「三朡」至「寶之」 湯「伐三朡」，知是「國名」。逐桀而伐其國，知「桀走保之」也。「今定陶」者，相傳爲然。安邑在洛陽西北，定陶在洛陽東南。孔跡其所往之路，「桀自安邑東入山，出太行」，乃「東南涉河」，往奔三朡。湯緩追之，不迫，遂奔南巢。「俘，取」，釋詁文。桀必載寶而行，棄於三朡。取其寶玉，取其所棄者也。楚語云：「玉足以庇廕嘉穀，使無水旱之災，則寶之。」韋昭云：「玉，禮神之玉也。」言用玉禮神，神享其德，使風雨調和，可以庇廕嘉穀，故取而寶之。

誼伯、仲伯作典寶。二臣作典寶一篇，言國之常寶也。亡。○誼，本或作「義」。

仲虺之誥第二

湯歸自夏，至于大坰，自三朡而還。大坰，地名。○坰，故螢反，徐欽螢反，又古營反。仲虺作誥。爲湯左相，奚仲之後。○虺，許鬼反。誥，故報反。相，息亮反。

【疏】「湯歸」至「作誥」　湯歸自伐夏，至于大坰之地，其臣仲虺作誥，以誥湯。史録其言，作仲虺之誥。上言「遂伐三朡」，故傳言「自三朡而還」。不言歸自三朡而言「歸自夏」者，伐夏而遂逐桀，於今方始旋歸，以自夏告廟，故序言「自夏」。傳本其來處，故云「自三朡」耳。大坰，地名，未知所在，當是定陶向亳之路所經。湯在道而言「予恐來世以台爲口實」，故仲虺至此地而作誥也。序不言作仲虺之誥，以理足文便，故略之。

傳「爲湯」至「之後」　定元年左傳云：「薛之皇祖奚仲居薛，以爲夏車正。仲虺居薛，以爲湯左相。」是其事也。

仲虺之誥

仲虺，臣名，以諸侯相天子。會同曰誥。

【疏】「仲虺之誥」　發首二句，史述成湯之心；次二句，湯言己慚之意。「仲虺乃作誥」以下，皆勸湯之辭。自「曰嗚呼」至「用爽厥師」，言天以桀有罪，命伐夏之事。自「簡賢附勢」至「言足聽聞」，〔六〕説湯在桀時怖懼之事。自「惟王弗邇聲色」至「厥惟舊哉」，言湯有德行加民，民歸之事。自「佑賢輔德」以下，説天子之法，當擢用賢良，屏黜昏暴，勸湯奉行此事，不須以放桀爲惡。康誥、召誥之類，二字足以爲文，「仲虺誥」三字不得成文，以「之」字足成其句。畢命、冏命不言「之」，微子之命、文侯之命言「之」，與此同。猶周禮司服言「大裘而冕」，亦足句也。

傳「仲虺」至「曰誥」　伯、仲、叔、季，人字之常。仲虺，必是其名。或字仲而名虺。古人名字，不可審知，縱使是字，亦得謂之爲名，言是人之名號也。左傳稱居薛爲湯左相，是以諸侯相天子也。周禮士師云：「以五戒先後刑罰：一曰誓，用之於軍旅；二曰誥，用之於會同。」是會同曰誥，誥謂於會之所設言以誥衆。〔七〕此惟誥湯一人，而言會同者，因解諸篇「誥」義，且仲虺必對衆誥湯，亦是「會同曰誥」。

成湯放桀于南巢，惟有慚德，湯伐桀，武功成，故以爲號。南巢，地名。有慚德，慚德不及古。〇成湯，伐桀武功成，故號成湯。一云：成，謚也。曰：「予恐來世以台爲口實。」恐來世論道我放天子，常不去口。仲虺乃作誥，陳義誥湯可無慚。曰：「嗚呼！惟天生民有欲，無主乃亂。民無君主，則恣情欲，必致禍亂。惟天生聰明，時乂。言天生聰明，是治民亂。有夏昏德，民墜塗炭，夏桀昏亂，不恤下民，民之危險，若陷泥墜火，無救之者。天乃錫王勇智，表正萬邦，纘禹舊服。言天與王勇智，應爲民主，儀表天下，法正萬國，繼禹之功，統其故服。〇纘，子管反。應，應對之應。茲率厥典，奉若天命。天意如此，但當循其典法，奉順天命而已，無所慚。

【疏】「成湯放桀于南巢」。桀奔南巢，湯縱而不迫，故稱放也。傳言「南巢，地名」，不知地之所在。周書序有「巢伯來朝」，傳云：「南方遠國。」鄭玄云：「巢，南方之國，世一見者。」桀之所奔，蓋彼國也。以其國在南，故稱南耳。傳並以「南巢」爲地名，不能委知其處，故未明言之。

「夏王有罪，矯誣上天，以布命于下。言託天以行虐於民，乃桀之大罪。〇矯，居表反。誣音無。帝用不臧，式商受命，用爽厥師。天用桀無道，故不善之。式，用；爽，明也。用商受王命，用明其衆，言爲主也。○臧，作郎反。簡賢附勢，寔繁有徒。簡，略也。賢而無勢則略之，不賢有勢則附之。若是者繁多有徒衆，無道之世所常。○繁音煩。肇我邦于有夏，若苗之有莠，若粟之有秕。始我商家國於夏世，欲見翦除，若莠生苗，若秕在粟，恐被鋤治簸颺。○莠，羊九反。秕，悲里反，徐甫里反，又必履反。鋤，仕魚反。簸，波我反。颺音揚。小大戰戰，罔不懼于非辜，矧予之德言足聽聞？言商家小大憂危，恐其非罪見滅。矧，況也。況我之道德善言足聽聞乎？無道之惡有道，自然理。○矧，申忍反。惡，烏路反。惟王不邇聲色，不殖貨利。邇，近也。不近聲樂，言清簡；不近女色，言貞固。殖，生也。不生資貨財利，言不貪也。既有聖德，兼有此行。○近，附近之近。行，下孟反。

【疏】「夏王」至「厥師」　矯，詐也。誣，加也。夏王自有所欲，詐加上天，言天道須然，不可不爾。假此以布苛虐之命於天下，以困苦下民。上天用桀無道之故，故不善之，用使商家受此爲王之命，以王天下。用命商王明其所有之衆，謂湯教之使修德行善，以自安樂，是明之也。

傳「式用爽明也」　「式，用」，釋言文。昭七年左傳云：「是以有精爽至於神明。」從爽以至於明，則爽是明之始，故「爽」爲「明」也。經稱「昧爽」，謂未大明也。

「德懋懋官，功懋懋賞。用人惟己，改過不吝。勉於德者則勉之以官，勉於功者則勉之以賞。用人之言，若自己出。有過則改，無所吝惜，所以能成王業。○懋音茂。吝，良刃反。王業，上如字，又于況反。克寬克仁，彰信兆民。言湯寬仁之德明信於天下。

【疏】「德懋」至「不吝」。於德能勉力行之者王則勸勉之以官，於功能勉力爲之者王則勸勉之以賞，用人之言惟如己之所出，改悔過失無所吝惜，美湯之行如此。凡庸之主，得人之言，耻非己智，雖知其善，不肯遂從，己有愆失，恥於改過，舉事雖覺其非，不肯更悔，是惜過不改，故以此美湯也。成湯之爲此行，尚爲仲虺所稱歎，凡人能勉者鮮矣。

「乃葛伯仇餉，初征自葛。東征西夷怨，南征北狄怨，葛伯遊行，見農民之餉於田者，殺其人，奪其餉，故謂之仇餉。仇，怨也。湯爲是以不祀之罪伐之。從此後，遂征無道。西夷、北狄，舉遠以言，則近者著矣。○仇音求。餉，式亮反。曰：『奚獨後予？』〔八〕怨者辭也。攸徂之民，室家相慶，曰：『徯予后，后來其蘇。』湯所往之民皆喜曰：待我君來，〔九〕其可蘇息。○徯，胡啓反。蘇，字亦作「穌」。民之戴商，厥惟舊哉！舊，謂初征自葛時。佑賢輔德，顯忠遂良，賢則助之，德則輔之，忠則顯之，良則進之，明王之道。兼弱攻昧，取亂侮亡，弱則兼之，闇則攻之，亂則取之，有亡形則侮之，言正義。推亡固存，邦乃其昌。有亡道則推而亡之，有存道則輔而固之。王者如此，國乃昌盛。○推，土雷反。

【疏】「乃葛伯仇餉」。此言「乃」者，却説已過之事。胤征云「乃季秋月朔」，其義亦然。左傳稱「怨耦曰仇」，謂彼人有負於我，我心怨之，是名爲「仇」也。餉田之人不負葛伯，葛伯奪其餉而殺之，是葛伯以餉田之人爲己之仇。言非所怨而妄殺，故湯爲之報也。孟子稱湯使亳衆往爲之耕，有童子以黍肉餉，葛伯奪而殺之。則葛伯所殺，殺亳人也。傳言葛伯遊行，見農人之餉於田者，殺其人而奪其餉，故謂之仇餉，乃似葛伯自殺己人。與孟子違者，湯之征葛，以人之枉死，而爲之報耳，不爲亳人乃報之，非亳人則赦之，故傳指言殺餉，不辨死者何人。亳人、葛人，義無以異，故不復言亳，非是故違孟子。

傳「賢則」至「之道」　周禮鄉大夫云：「三年則大比，考其德行道藝，而興賢者。」鄭玄云：「賢者，謂有德行者。」詩序云『忠臣良士』，皆是善也。」然則「賢」是德盛之名，「德」是資賢之實，「忠」是盡心之事，「良」是爲善之稱。俱是可用之人，所從言之異耳。「佑」之與「輔」，「顯」之與「遂」，隨便而言之。

傳「弱則」至「正義」　力少爲「弱」，不明爲「昧」，政荒爲「亂」，國滅爲「亡」。「兼」謂包之，「攻」謂擊之，「取」謂取爲己有，「侮」謂侮慢其人。弱、昧、亂、亡，俱是彼國衰微之狀。兼、攻、取、侮，是此欲吞併之意。弱、昧是始衰之事，來服則制爲己屬，不服則以兵攻之。此二者始欲服其人，未是滅其國。亂是已亂，亡謂將亡。二者衰甚，已將滅其國。亡形已著，無可忌憚，故陵侮其人。既侮其人，必滅其國，故以「侮」言之。此是人君之正義。仲虺陳此者，意亦言桀亂亡，取之不足爲愧。下言推「亡」及「覆昏暴」，其意亦在桀也。

「德日新，萬邦惟懷；志自滿，九族乃離。日新不懈怠，自滿志盈溢。○懈，工債反。

【疏】「德日」至「乃離」　易繫辭云：「日新之謂盛德。」修德不怠，日日益新；德加于人，無遠不屆，故萬邦之衆惟盡歸之。志意自滿則陵人，人既被陵，情必不附，雖九族之親，乃亦離之。萬邦，舉遠以明近；九族，舉親以明疏也。漢代儒者説九族有二：案禮戴及尚書緯歐陽説，九族乃異姓有屬者，父族四、母族三、妻族二；古尚書説九族，從高祖至玄孫，凡九族。堯典云：「以親九族。」傳云：「以睦高祖玄孫之親。」則此言九族，亦謂高祖玄孫之親也。謂萬邦惟懷，實歸之；九族乃離，實離之。聖賢設言爲戒，容辭頗甚。父子之間，便以志滿相棄。此言九族，以爲外姓九族有屬，文便也。

「王懋昭大德，建中于民，以義制事，以禮制心，垂裕後昆。欲王自勉明大德，立大中之道於民，率義奉禮，垂優足之道示後世。○中，如字，本或作「忠」，非。裕，徐以樹反。予聞曰：『能自得師者王，求賢聖而事之。○王，徐于況反，或如字。謂人莫己若者亡。自多足，人莫之益，亡之道。好問則裕，自用則小。』問則有得，所以足。不問專固，所以小。○好問，上呼報反。嗚呼！慎厥終，惟其始。靡不有初，鮮克有終，故戒慎終如其始。○鮮，息淺反。殖有禮，覆昏暴。有禮者封殖之，〔一〇〕昏暴者覆亡之。○覆，芳服反。〔一一〕暴，蒲報反，字或作「虣」。欽崇天道，永保天命。」王者如此上事，則敬天安命之道。

湯誥第三

湯既黜夏命，黜，退也。退其王命。復歸于亳，作湯誥。

【疏】「湯既」至「湯誥」〔一二〕湯既黜夏王之命，復歸于亳，以伐桀大義誥示天下。史録其事，作湯誥。仲虺在路作誥，此至亳乃作，故次仲虺之下。

湯誥

以伐桀大義告天下。

王歸自克夏，至于亳，誕告萬方。誕，大也。以天命大義，告萬方之衆人。○誕音但。告，工毒反。

【疏】「王歸自克夏」 湯之伐桀，當有諸侯從之，不從行者必應多矣。既已克夏，改正名號，還至于亳，海内盡來，猶如武成篇所云「庶邦冢君暨百工受命于周」也。湯於此時大誥諸侯以伐桀之義，故云「誕告萬方」。「誕，大」，釋詁文。「萬」者，舉盈數。下云「凡我造邦」，是誥諸侯也。

王曰：「嗟！爾萬方有衆，明聽予一人誥：天子自稱曰「予一人」，古今同義。惟皇上帝，降衷于下民，皇，大；上帝，天也。衷，善也。

【疏】「降衷于下民」 天生烝民，與之五常之性，使有仁、義、禮、智、信，是天降善于下民也。天既與善于民，君當順之，故下傳云「順人有常之性」，則是「爲君之道」。

若有恒性，克綏厥猷惟后。順人有常之性，能安立其道教，則惟爲君之道。夏王滅德作威，以敷虐于爾萬方百姓。夏桀滅道德作威刑，以布行虐政於天下百官，言殘酷。爾萬方百姓罹其凶害，〔一三〕弗忍荼毒，罹，被。荼毒，苦也。不能堪忍虐之甚。○罹，力之反，本亦作「羅」，洛何反。荼，音徒。**並告無辜于上下神祇。**言百姓兆民並告無罪，稱冤訴天地。○冤，紆元反。**天道福善、禍淫，降災于夏，以彰厥罪。**政善天福之，淫過天禍之，故下災異以明桀罪惡，譴寤之而桀不改。○譴，遣戰反。寤，五故反。**肆台小子將天命明威，不敢赦。**行天威，謂誅之。○台音怡。**敢用玄牡，敢昭告于上天神后，請罪有夏。**明告天，問桀百姓有何罪而加虐乎？○牡，茂后反。

【疏】「弗忍荼毒」 釋草云：「荼，苦菜。」此菜味苦，故假之以言人苦。毒，謂螫人之蟲蛇、虺之類，實是人之所苦，故並言「荼毒」，以喻苦也。

「敢用玄牡」 檀弓云：「殷人尚白，牲用白。」今云「玄牡」，夏家尚黑，于時未變夏禮，故不用白也。故安國注論語「敢用玄牡」之文云：「殷家尚白，未變夏禮，故用玄牡。」是其義也。鄭玄說天神有六，周家冬至祭皇天大帝于圜丘，牲用蒼；夏至祭靈威仰於南郊，則牲用騂。孔注孝經，圜丘與郊共爲一事。則孔之所說，無六天之事。論語堯曰之篇所言「敢用玄牡」，即此事是也。孔注論語，以爲堯曰之章有二帝、三王之事，録者採合以成章。檢大禹謨及此篇與泰誓、武成，則堯曰之章其文略矣。鄭玄解論語云：「用玄牡者，爲舜命禹事，於時總告五方之帝，莫適用用皇天大帝之牲。」其意與孔異。

聿求元聖，與之戮力，以與爾有衆請命。聿，遂也。大聖陳力，謂伊尹放桀，除民之穢，是請命。○聿，允橘反，述也。〔一四〕戮，舊音六，又力彫反。說文力周反，史記音力消反。〔一五〕穢，於廢反。

【疏】傳「聿遂」至「請命」 聿，訓述也。述前所以申遂，故「聿」爲遂也。戮力，猶勉力也。論語云：「陳力就列。」湯臣大賢，惟有伊尹，故知「大聖陳力」謂伊尹也。伊尹，賢人，而謂之聖者，相對則聖極而賢次，散文則賢聖相通。舜謂禹曰：「惟汝賢。」是聖得謂之賢，則賢亦可言聖。鄭玄周禮注云：「聖，通而先識也。」解先識則爲聖名，故伊尹可爲聖也。孟子云：「伯夷，聖人之清者也。伊尹，聖人之任者也。柳下惠，聖人之和者也。孔子，聖人之時者也。」是謂伊尹爲聖人也。桀爲殘虐，人不自保，故伐桀除人之穢，是爲「請命」。

「上天孚佑下民，罪人黜伏。孚，信也。天信佑助下民，桀知其罪，退伏遠屏。天命弗僭，賁若草木，兆民允殖。僭，差；賁，飾也。言福善、禍淫之道不差，天下惡除，煥然咸飾，若草木同華，民信樂生。○僭，子念反，忒也。劉創林反。賁，彼義反，徐扶云反，飾也。煥，呼亂反。樂音洛。

【疏】「天命」至「允殖」 桀以大罪身即黜伏，是天之福善、禍淫之命信而不僭差也。既除大惡，天下「煥然修飾」，若草木同生華，兆民「信樂生」也。昔日不保性命，今日樂生活矣。「僭」，差不齊之意，故傳以「僭」爲「差」。「賁，飾」，易序卦文也。

俾予一人，輯寧爾邦家。言天使我輯安汝國家。國，諸侯。家，卿大夫。○俾，必爾反，徐甫婢反，使也。輯音集，又七入反。兹朕未知獲戾于上下，此伐桀，未知得罪於天地。謙以求衆心。○戾，力計反。

【疏】傳「此伐」至「衆心」 經言「茲」者，謂此伐桀也。顧氏云：「未知得罪于天地，言伐桀之事未知得罪于天地以否。」湯之伐桀，上應天心，下符人事，本實無罪，而云未知得罪以否者，「謙以求衆心」。

慄慄危懼，若將隕于深淵。慄慄危心，若墜深淵，危懼之甚。○慄音栗。隕，于敏反。凡我造邦，無從匪彝，無即慆淫，戒諸侯與之更始。彝，常；慆，慢也。無從非常，無就慢過，禁之。○彝，徐音夷。慆，他刀反。各守爾典，以承天休。守其常法，承天美道。爾有善，朕弗敢蔽；罪當朕躬，弗敢自赦，惟簡在上帝之心。所以不蔽善人，不赦己罪，以其簡在天心故。

【疏】「惟簡在上帝之心」 鄭玄注論語云：「簡閲在天心，言天簡閲其善惡也。」

其爾萬方有罪，在予一人。自責化不至。予一人有罪，無以爾萬方。無用爾萬方，言非所及。嗚呼！尚克時忱，乃亦有終。」忱，誠也。庶幾能是誠道，乃亦有終世之美。○忱，市林反。

咎單作明居。咎單，臣名，主土地之官，作明居民法一篇，亡。○咎，其九反。單音善，卷末並同。

【疏】「咎單作明居」 百篇之序，此類有四：伊尹作咸有一德，周公作無逸、作立政，與此篇直言其所作之人，不言其作者之意，蓋以經文分明，故略之。馬融云：「咎單爲湯司空。」傳言「主土地之官」，蓋亦爲司空也。

伊訓第四

成湯既沒，太甲元年，太甲，太丁子，湯孫也。太丁未立而卒，及湯沒而太甲立，稱元年。伊尹作伊訓、肆命、徂后。

凡三篇，其二亡。

【疏】「成湯」至「徂后」 成湯既沒，其歲即太甲元年。伊尹以太甲承湯之後，恐其不能纂修祖業，作書以戒之。史敍其事，作伊訓、肆命、徂后三篇。

傳「太甲」至「元年」 「太甲，太丁子」，世本文也。此序以太甲元年繼湯沒之下，明是太丁未立而卒，太甲以孫繼祖，故湯沒而太甲代立，即以其年稱爲元年也。周法以踰年即位，知此即以其年稱元年者，此經云「元祀十有二月，伊尹祠于先王，奉嗣王祗見厥祖」，太甲中篇云「惟三祀十有二月朔，伊尹以冕服奉嗣王歸于亳」。二者皆云十有二月，若是踰年即位，二者皆當以正月行事，何以用十二月也？ 明此經十二月是湯崩之踰月。太甲中篇「三祀十有二月」，是服闋之踰月，以此知湯崩之年太甲即稱元年也。舜禹以受帝終事，自取歲首。遭喪嗣位，經無其文。夏后之世，或亦不踰年也。顧氏云：「殷家猶質，踰月即改元年，以明世異，不待正月以爲首也。」商謂年爲祀，序稱年者，序以周世言之故也。據此經序及太甲之篇，太甲必繼湯後。〔一六〕而殷本紀云：「湯崩，太子太丁未立而卒，於是乃立太丁之弟外丙。三年崩，别立外丙之弟仲壬。四年崩，伊尹乃立太丁之子太甲。」與經不同，彼必妄也。劉歆、班固不見古文，謬從史記。皇甫謐既得此經，作帝王世紀乃述馬遷之語，是其疏也。顧氏亦云：「止可依經誥大典，不可用傳記小説。」

伊訓 作訓以教道太甲。

惟元祀十有二月乙丑，伊尹祠于先王， 此湯崩踰月，太甲即位，奠殯而告。○祀，年也。夏曰歲，商曰祀，周曰年，唐、虞曰載。祠音辭，祭也。

【疏】「惟元祀」至「先王」〔一七〕「伊尹祠于先王」，謂祭湯也。「奉嗣王祇見厥祖」，謂見湯也。故傳解「祠先王」爲「奠殯而告」，「見厥祖」爲「居位主喪」，「羣后咸在」爲「在位次」，皆述在喪之事，是言「祠」是奠也。禮喪于殯、斂祭，皆名爲奠。〔一八〕虞祔卒哭，始名爲祭。知「祠」非宗廟者，「元祀」即是初喪之時，未得祠廟，且湯之父祖不追爲王，所言先王惟有湯耳，故知「祠」實是奠，非祠宗廟也。祠之與奠，有大小耳。祠則有主有尸，其禮大；奠則奠器而已，其禮小。奠、祠俱是享神，故可以祠言奠。亦由於時猶質，未有節文。周時則祠、奠有異，故傳解「祠」爲「奠」耳。

傳「此湯」至「而告」。太甲中篇云「三祀十有二月，伊尹以冕服奉嗣王」，則是除喪即吉，明十二月服終。禮記稱「三年之喪，二十五月而畢」，知此年十一月湯崩。此祠先王，是「湯崩踰月，太甲即位，奠殯而告」也。此「奠殯而告」，亦如周康王受顧命尸於天子。春秋之世既有奠殯即位、踰年即位，此「踰月」即位當「奠殯」即位也。此言「伊尹祠于先王」，是特設祀也；「嗣王祇見厥祖」，是始見祖也。特設祀禮，而王始見祖，明是初即王位，告殯爲喪主也。

奉嗣王祗見厥祖，居位主喪。○見，賢遍反。侯、甸羣后咸在，在位次。○甸，徒遍反。百官總已以聽冢宰。伊尹制百官，以三公攝冢宰。○總音揔。伊尹乃明言烈祖之成德，以訓于王。湯，有功烈之祖，故稱焉。

【疏】傳「湯有」至「稱焉」 「湯有功烈之祖」，毛詩傳文也。烈，訓業也。湯有定天下之功業，爲商家一代之大祖，故以「烈祖」稱焉。

曰：「嗚呼！古有夏先后，方懋厥德，罔有天災。先君，謂禹以下、少康以上賢王。言能以德禳災。○少康，上詩照反。上，時掌反。禳，如羊反。

【疏】傳「先君」至「禳災」 有夏先君，總指桀之上世有德之王皆是也。傳舉聖賢者，言禹已下少康已上，惟當禹與啓及少康耳。魯語云：「杼，能師禹者也。」〔一九〕杼，少康之子。傳蓋以其德衰薄，故斷自少康已上耳。由勉行其德，故無有天災，言能以德禳災也。

山川鬼神，亦莫不寧。莫，無也。言皆安之。暨鳥獸、魚鼈，咸若。雖微物，皆順之。明其餘無不順。○暨，其器反。鼈，必滅反。

【疏】「山川」至「咸若」 「山川鬼神」，謂山川之鬼神也。「亦莫不寧」者，謂鬼神安人君之政。政善則神安之，神安之則降福人君，無妖孽也。「鳥獸、魚鼈咸若」者，謂人君順禽、魚。君政善而順彼性，取之有時，不夭、殺也。鳥獸在陸，魚鼈在水，水陸所生微細之物，人君爲政「皆順之」，明其餘無不順也。

于其子孫弗率，皇天降災，假手于我有命。言桀不循其祖道，故天下禍災，借手于我有命商王誅討之。造攻自鳴條，朕哉自亳。造、哉，皆始也。始攻桀伐無道，由我始修德于亳。○亳，旁各反，徐扶各反。

【疏】「于其」至「自亳」　「于其子孫」，於有夏先君之子孫，謂桀也。「不循其祖之道」，「天下禍災」，謂滅其國而誅其身也。天不能自誅於桀，故「借手于我有命」之人，謂成湯也。言湯有天命，將爲天子，就湯借手，使誅桀也。既受天命誅桀，始攻從鳴條之地而敗之。天所以命我者，由湯始自修德于亳故也。

惟我商王布昭聖武，代虐以寬，兆民允懷。言湯布明武德，以寬政代桀虐政，兆民以此皆信懷我商王之德。今王嗣厥德，罔不在初。言善惡之由，無不在初，欲其慎始。立愛惟親，立敬惟長，始于家、邦，終于四海。言立愛敬之道，始於親、長，則家、國並化，終洽四海。○長，丁丈反。

【疏】傳「言立愛」至「四海」　王者之馭天下、撫兆人，惟愛、敬二事而已。孝經天子之章盛論愛、敬之事，言天子當用愛、敬以接物也。行之所立，自近爲始。立愛惟親，先愛其親，推之以及疏；立敬惟長，先敬其長，推之以及幼。即孝經所云「愛親者不敢惡於人，敬親者不敢慢於人」。是推親以及物，始則行於家、國，終乃洽於四海。即孝經所云「德教加于百姓，刑于四海」是也。所異者，孝經論愛、敬並始于親，令緣親以及疏，此分敬屬長，言從長以及幼耳。

「嗚呼！先王肇修人紀，從諫弗咈，先民時若。言湯始修爲人綱紀，有過則改，從諫如流，必先民之言是順。○咈，扶弗反。

【疏】「先民時若」　賈逵注周語云：「先民，古賢人也。」魯語云：「古曰在昔，昔曰先民。」然則先民在古昔之前，遠言之也。遠古賢人，亦是民内之一人，故以民言之。先民之言於是順從，言其動皆法古賢也。

居上克明，言理恕。爲下克忠。事上竭誠。與人不求備，檢身若不及，使人必器之，常如不及，恐有過。

【疏】「居上克明」　見下之謂「明」。言其以理恕物照察下情，是能明也。「檢身若不及」　「檢」，謂自攝斂也。檢敕其身，常如不及，不自大以卑人，不恃長以陵物也。

以至于有萬邦。茲惟艱哉！〔二〇〕言湯操心常危懼，動而無過，以至爲天子。此自立之難。○操，七曹反，又七報反。敷求哲人，俾輔于爾後嗣。布求賢智，使師輔於爾嗣王，言仁及後世。○哲，本又作「喆」。俾，必爾反。制官刑，儆于有位。言湯制治官刑法，以儆戒百官。○儆，居領反。

「曰：敢有恒舞于宮、酣歌于室，時謂巫風；常舞則荒淫。樂酒曰酣。酣歌則廢德。事鬼神曰巫。言無政。○酣，户甘反。巫音無。樂音洛。敢有殉于貨色、〔二二〕恒于遊畋，時謂淫風；殉，求也。昧求財貨美色，常遊戲畋獵，是淫過之風俗。○殉，辭俊反，徐辭荀反。畋音田。敢有侮聖言、逆忠直、遠耆德、比頑童，時謂亂風。狎侮聖人之言而不行，拒逆忠直之規而不納，耆年有德疏遠之，童稚頑嚚親比之，是荒亂之風俗。○遠，于萬反。注同。耆，巨夷反。比，毗志反，徐扶至反。稚，直利反。嚚，魚巾反。惟茲三風十愆，卿士有一于身，家必喪；有一過則德義廢，失位、亡家之道。○愆，去乾反。喪，如字，又息浪反。邦君有一于身，國必亡。諸侯犯此，國亡之道。臣下不匡，其刑墨，具訓于蒙士。邦君、卿士則以争臣自匡正。臣不正君，服墨刑，鑿其額，涅以墨。蒙士，例謂下士。士以争友僕隸自匡正。○争，諫争之争。鑿，在洛反。額，魚白反。涅，乃結反。隸，郎計反。

【疏】曰「敢有」至「蒙士」。此皆湯所制治官之刑，以儆戒百官之言也。「三風十愆」，謂巫風二：舞也、歌也；淫風四：貨也、色也、遊也、畋也；與亂風四，爲十愆也。舞及遊、畋，得有時爲之，而不可常然，故三事特言「恒」也。歌則可矣，不可樂酒而歌，故以「酣」配之。巫以歌舞事神，故歌舞爲巫覡之風俗也。貨色，人所貪欲，宜其以義自節，而不可專心殉求，故言「殉于貨色」。心殉貨色，常爲遊畋，是謂淫過之風俗也。侮慢聖人之言，拒逆忠直之諫，疏遠耆年有德，親比頑愚幼童，愛惡憎善，國必荒亂，故爲荒亂之風俗也。此三風十愆，雖惡有大小，但有一于身，皆喪國亡家，故各從其類，相配爲風俗。「臣下不匡其刑墨」，言臣無貴賤，皆當匡正君也。「具訓于蒙士」者，謂湯制官刑，非直教訓邦君、卿大夫等使之受諫，亦備具教訓下士使受諫也。

傳「常舞」至「無政」。酣歌常舞，並爲耽樂無度；荒淫廢德，俱是敗亂政事。其爲愆過，不甚異也。恒舞酣歌，乃爲愆耳。若不恒舞、不酣歌，非爲過也。「樂酒曰酣」，言耽酒以自樂也。説文亦云：「酣，樂酒也。」〔一二〕楚語云：「民之精爽不携貳者，則明神降之。在男曰覡，在女曰巫。」又周禮有男巫、女巫之官，皆掌接神，故事鬼神曰巫也。廢棄德義，專爲歌舞，似巫事鬼神然，言其無政也。

傳「殉求」至「風俗」。「殉」者，心循其事，是貪求之意，故爲「求」也。志在得之，不顧禮義。味求，謂貪味以求之。無逸云：「于遊于畋。」是遊與畋别，故爲遊戲與畋獵，爲之無度，是淫過之風俗也。

傳「狎侮」至「風俗」。「侮」謂輕慢，「狎」謂慣忽，故傳以「狎」配「侮」而言之。旅獒云：「德盛不狎侮。」是狎、侮意相類也。

傳「邦君」至「匡正」。言十愆有一則亡國喪家，邦君、卿士慮其喪亡之故，則宜以争臣自匡正。犯顔而諫，臣之所難，故設不諫之刑以勵臣下，故言「臣不正君，則服墨刑」。墨刑，五刑之輕者，謂鑿其額，涅以墨，司刑所謂「墨罪五百」者也。「蒙」謂蒙稚，卑小之稱，故「蒙士例謂下士」也。顧氏亦以爲「蒙」謂蒙闇之士。「例」字宜從下讀，言此等流，「例謂下士」也。

「嗚呼！嗣王祇厥身，念哉！言當敬身念祖德。聖謨洋洋，嘉言孔彰。洋洋，美。善言甚明，可法。○洋洋音羊，徐音翔。

【疏】「聖謨」至「孔彰」。此歎聖人之謨洋洋美善者，謂上湯作官刑所言三風十愆，令受下之諫是善言，甚明可法也。

惟上帝不常。作善，降之百祥；作不善，降之百殃。祥，善也。天之禍、福，惟善、惡所在，不常在一家。爾惟德罔小，萬邦惟慶；修德無小，則天下賚慶。〔二三〕○賚，力代反。爾惟不德，罔大，墜厥宗。苟爲不德，無大，言惡有類，以類相致，必墜失宗廟。此伊尹至忠之訓。

【疏】「爾惟」至「厥宗」　又戒王爾惟修德而爲善，德無小；德雖小，猶萬邦賴慶，況大善乎？爾惟不德而爲惡，惡無大；惡雖小，猶墜失其宗廟，況大惡乎？

傳「苟爲」至「之訓」　「爾惟德」，謂修德以善也。〔二四〕「爾惟不德」，謂不修德爲惡也。易繫辭曰：「善不積，不足以成名；惡不積，不足以滅身。」乃謂大善始爲福，大惡乃成禍。此訓作勸誘之辭，言爲善無小，小善萬邦猶慶，況大善乎。而爲惡無大，言小惡猶墜厥宗，況大惡乎。此經二事，辭反而意同也。傳言「惡有類」者，解小惡墜宗之意。初爲小惡，小惡有族類，「以類相致」，至於大惡。若致於大惡，必墜失宗廟。言至於大惡乃墜，非小惡即能墜也。晉語云：「趙文子冠，見韓獻子。曰：〔二五〕戒之，此謂成人。成人在始，始與善，善進，不善蔑由至矣。始與不善，不善進，善亦蔑由至矣。」言「惡有類，以類相致」也。今太甲初立，恐其親近惡人，以惡類相致禍害，故以言戒之。此是伊尹至忠之訓也。

肆命陳天命以戒太甲，亡。

徂后陳往古明君以戒，亡。

太甲上第五

太甲既立，不明，不用伊尹之訓，不明居喪之禮。伊尹放諸桐。湯葬地也。不知朝政，故曰放。○朝政，上直遥反。三年，復歸于亳，思庸，念常道。伊尹作太甲三篇。

【疏】「太甲」至「三篇」　太甲既立爲君，不明居喪之禮，伊尹放諸桐宫，使之思過。三年，復歸於亳都，以其能改前過，思念常道故也。自初立至放而復歸，伊尹每進言以戒之，史叙其事，作太甲三篇。案經上篇是放桐宫之事，中、下二篇是歸亳之事，此序歷言其事，以總三篇也。

傳「不用」至「之禮」　此篇承伊訓之下，經稱「不惠于阿衡」，知「不明」者不用伊尹之訓也。「王徂桐宫」，始云「居憂」，是未放已前「不明居喪之禮」也。

傳「湯葬」至「曰放」　經稱「營于桐宫，密邇先王」，知桐是湯葬地也。舜放四凶，徙之遠裔，春秋放其大夫，流之他境，嫌此亦然，故辨之云「不知朝政，故曰放」。使之遠離國都，往居墓側，與彼放逐事同，故亦稱「放」也。古者天子居喪三年，政事聽於冢宰，法當不知朝政，而云「不知朝政」曰放者，彼正法三年之内，君雖不親政事，冢宰猶尚諮稟，此則全不知政，故爲「放」也。

太甲　戒太甲，故以名篇。

【疏】傳「戒太甲故以名篇」 盤庚、仲丁、祖乙等，皆是發言之人名篇，此太甲及沃丁、君奭以被告之人名篇，史官不同，故以爲名有異，且伊訓、肆命、徂后與此三篇及咸有一德皆是伊尹戒太甲，不可同名伊訓，故隨事立稱，以太甲名篇也。

惟嗣王不惠于阿衡，阿，倚；衡，平。言不順伊尹之訓。○倚，於綺反。

【疏】惟「嗣」至「阿衡」 太甲以元年十二月即位，此至放桐之時，未知凡經幾月，必是伊尹數諫，久而不順，方始放之，蓋以三五月矣，必是二年放之。序言「三年復歸」者，謂即位三年，非在桐宫三年也。史録其伊尹訓王，有伊訓、肆命、徂后，其餘忠規切諫，固應多矣。太甲終不從之，故言「不惠于阿衡」。史爲作書發端，故言此爲目也。傳「阿倚」至「之訓」 古人所讀阿、倚同音，故「阿」爲倚也。稱上謂之衡，故「衡」爲平也。詩毛傳云：「阿衡，伊尹也。」鄭玄亦云：「阿，倚；衡，平也。伊尹，湯倚而取平，故以爲官名。」

伊尹作書曰：「先王顧諟天之明命，以承上下神祇，顧，謂常目在之。諟，是也。言敬奉天命，以承順天地。○顧音故。諟音是，説文：「理也。」祇，巨支反。

【疏】傳「顧謂」至「天地」 説文云：「顧，還視也。」「諟」與「是」，古今之字異，故變文爲「是」也。言先王每有所行，必還迴視是天之明命，謂常目在之。言其想象如目前，終常敬奉天命，以承上天、下地之神祇也。

社稷宗廟，罔不祇肅。肅，嚴也。言能嚴敬鬼神而遠之。○遠，于萬反。天監厥德，用集大命，撫綏萬方。監，視也。天視湯德，集王命於其身，撫安天下。○監，工暫反。惟尹躬克左右厥辟宅師，伊尹言能助其君居業天下之衆。○辟，必亦反，徐甫亦反。〔二六〕肆嗣王丕承基緒。肆，故也。言先祖勤德，致有天下，故子孫得大承基業。宜念祖修德。○丕，普悲反，徐甫眉反。惟尹躬先見于西邑夏，自周有終，〔二七〕相亦惟終。周，忠信也。言身先見夏君臣用忠信有終。夏都在亳西。○先見，並如字，注同。相亦，上息亮反。其後嗣王罔克有終，相亦罔終。言桀君臣滅先人之道德，不能終其業，以取亡。嗣王戒哉！祗爾厥辟。辟不辟，忝厥祖。」以不終爲戒慎之至。敬其君道，則能終。忝，辱也。爲君不君，則辱其祖。王惟庸，罔念聞。言太甲守常不改，無念聞伊尹之戒。

【疏】「惟尹躬」孫武兵書及呂氏春秋皆云伊尹名摯，則伊非名也。今自稱尹者，蓋湯得之使尹正天下，故號曰伊尹。人既呼之爲尹，故亦以尹自稱。禮法，君前臣名。不稱名者，古人質直，不可以後代之禮約之。

伊尹乃言曰：「先王昧爽丕顯，坐以待旦。爽、顯，皆明也。言先王昧明思大明其德，坐以待旦而行之。○昧音妹。旁求俊彥，啓迪後人，旁，非一方。美士曰彥。開道後人，言訓戒。○俊，本亦作「畯」。迪，大歷反。無越厥命以自覆。越，墜失也。無失亡祖命而不勤德，以自顛覆。○越，于月反，本又作「粵」。覆，芳服反，注同。愼乃儉德，惟懷永圖。言當以儉爲德，思長世之謀。若虞機張，往省括于度，則釋。機，弩牙也。虞，度也。度機，機有度。以準望言修德，夙夜思之，明旦行之，如射先省矢括于度，釋則中。○省，息井反。括，故活反。度，如字。虞度，待洛反。中，丁仲反。欽厥止，率乃祖攸行。止，謂行所安止。君止於仁，子止於孝。惟朕以懌，萬世有辭。」〔二八〕言能循汝祖所行，則我喜悦，王亦見歎美無窮。○懌音亦。

【疏】「伊尹」至「有辭」。伊尹作書以告，太甲不念聞之。伊尹乃又言曰：「先王以昧爽之時思大明其德，既思得其事，則坐以待旦，明則行之。其身既勤於政，又乃旁求俊彦之人，置之於位，令以開導後人。先王之念子孫，其憂勤若是。嗣王今承其後，無得墜失其先祖之命，以自覆敗。王當慎汝儉約之德，令其以儉爲德而謹慎守之，惟思爲長世之謀。謀爲政之事，譬若以弩射也，可準度之，機已張之，又當以意往省視矢括，當於所度，則釋而放之。如是而射，則無不中矣。猶若人君所修政教，欲發命也，當以意夙夜思之，使當于民心，明旦行之，則無不當矣。王又當敬其身所安止，循汝祖之所行。若能如此，惟我以此喜悦，王于萬世常有善辭。言有聲譽，亦見歎美無窮也。」

傳「爽顯」至「行之」。昭七年左傳云：「是以有精爽，至於神明。」從爽以至於明，是「爽」謂未大明也。昧是晦冥，爽是未明，謂夜向晨也。釋詁云：「丕，大也。顯，光也。」光亦明也。於夜昧冥之時，思欲大明其德，既思得之，「坐以待旦而行之」，言先王身之勤也。

傳「旁非」至「訓戒」。「旁」謂四方求之，故言「非一方」也。「美士曰彦」，釋訓文。舍人曰：「國有美士，爲人所言道也。」

傳「機弩」至「則中」。「括」謂矢末。機張、省括，則是以射喻也。「機」是轉關，故爲弩牙。「虞」訓度也。度機者，機有法度。以準望所射之物，「準望」則解經「虞」也。如射者弩以張訖機關，先省矢、括與所射之物，三者於法度相當，乃後釋弦發矢，則射必中矣。言爲政亦如是也。

王未克變。未能變，不用訓。太甲性輕脱，伊尹至忠，所以不已。○輕，遣政反。

【疏】傳「未能」至「不已」　「未能變」者，據在後能變，故當時爲未能也。時既未變，是不用伊尹之訓也。太甲終爲人主，非是全不可移，但體性輕脱，與物推遷，雖有心向善，而爲之不固。伊尹至忠，所以進言不已。是伊尹知其可移，故誨之不止，冀其終從己也。

伊尹曰：「茲乃不義，習與性成。言習行不義，將成其性。○義，本亦作「誼」。予弗狎于弗順，營于桐宮，密邇先王，其訓，無俾世迷。狎，近也。經營桐墓立宮，令太甲居之近先王，則訓於義，無成其過，不使世人迷惑怪之。○俾，必爾反，後篇同。近，附近之近。令太甲，令音力呈反。

【疏】「伊尹」至「世迷」　伊尹以王未變，乃告於朝廷羣臣曰：此嗣王所行乃是不義之事。習行此事，乃與性成。言爲之不已，將以不義爲性也。我不得令王近於不順之事，當營於桐墓立宮，使比近先王，當受人教訓之，無得成其過失，使後世人迷惑怪之。

傳「狎近」至「怪之」　狎習是相近之義，故訓爲近也。不順，即是近不順也。習爲不義，近於不順，則當日日益惡，必至滅亡，故伊尹言己不得使王近於不順，故經營桐墓，立宮墓傍，令太甲居之，不使復知朝政。身見廢退，必當改悔爲善也。

王徂桐宮居憂，往入桐宮居憂位。克終允德。」言能思念其祖，終其信德。

【疏】傳「往入」至「憂位」。亦既不知朝政之事，惟行居喪之禮。「居憂位」，謂服治喪禮也。伊尹亦使兵士衛之，選賢俊教之，故太甲能終信德也。

太甲中第六

惟三祀十有二月朔，湯以元年十一月崩，至此二十六月，三年服闋。○闋，苦穴反。伊尹以冕服奉嗣王歸于亳，冕，冠也。踰月即吉服。○冕音免。

【疏】「惟三」至「于亳」。周制，君薨之年屬前君，明年始爲新君之元年。此殷法，君薨之年而新君即位，即以其年爲新君之元年。「惟三祀」者，太甲即位之三年也。湯以元年十一月崩，至此年十一月爲再朞，除喪服也。至十二月，服闋。闋，息也。如喪服息，即吉服。舉事貴初始，故於十二月朔，以冕服奉嗣王歸于亳。冕是在首之服，冠内之別名，冠是首服之大名，故傳以「冕」爲「冠」。案王制云：「殷人冔而祭。」大雅云：「常服黼冔。」冔是殷之祭冠。今云冕者，蓋冕爲通名。王制文云：「有虞氏皇而祭，夏后氏收而祭，殷人冔而祭，周人冕而祭。」並是當代別名。殷禮不知天子幾冕，周禮天子六冕。大裘之冕，祭天尚質。弁師惟掌五冕，備物盡文，惟衮冕耳。此「以冕服」，蓋以衮冕之服也。顧氏云：「祥禫之制，前儒不同。」案士虞禮云：「朞而小祥，又朞而大祥，中月而禫。」王肅云：「祥月之内又禫，祭服彌寬，而變彌數也。」禮記檀弓云：「祥而縞。是月禫，徙月樂。」王肅云是祥之月而禫，禫之明月可以樂矣。案此孔傳云「二十六月服闋」，則與王肅同。鄭玄以中月爲間一月，云：「祥後復更有一月而禫。」則三年之喪凡二十七月，與孔爲異。

作書曰：「民非后，罔克胥匡以生；無能相匡，故須君以生。○胥，息餘反。后非民，罔以辟四方。須民以君四方。

皇天眷佑有商，俾嗣王克終厥德，實萬世無疆之休。」言王能終其德，乃天之顧佑商家，是商家萬世無窮之美。○疆，居良反。

王拜手稽首曰：「予小子不明于德，自厎不類，君而稽首於臣，謝前過。類，善也。闇於德，故自致不善。○厎，之履反。

欲敗度，縱敗禮，以速戾于厥躬。速，召也。言己放縱情欲，毁敗禮儀法度，以召罪於其身。○敗，必邁反，徐甫邁反。縱，子用反。戾，郎計反。

【疏】傳「速召」至「其身」　釋言云：「速，徵也。」「徵，召也。」轉以相訓，故「速」爲召也。欲者，本之於情；縱者，放之於外。有欲而縱之，縱、欲爲一也。準法謂之度，體見謂之禮，禮、度一也。故傳並釋之，「言己放縱情欲，毁敗禮儀法度，以召罪於其身」也。

天作孽，猶可違；自作孽，不可逭。孽，災；逭，逃也。言天災可避，自作災不可逃。○孽，魚列反。逭，胡亂反。

【疏】傳「孽災」至「可逃」　洪範五行傳有「妖孽眚祥」。漢書五行志説云：「凡草物之類謂之妖，妖猶天胎，言尚微也。蟲豸之類謂之孽，孽則牙孽矣。甚則異物生，謂之眚；自外來，謂之祥。」是「孽」爲災初生之名，故爲「災」也。「逭，逃也」，釋言文。樊光云：「行相避逃謂之逭。亦行不相逢也。」「天作災」者，謂若太戊桑穀生朝、高宗雊雉升鼎耳，可修德以禳之，是可避也。「自作災」者，謂若桀放鳴條、紂死宣室，是不可逃也。據其將來，修德可去；及其已至，改亦無益。天災、自作，逃否亦同。且天災亦由人行而至，非是横加災也。此太甲自悔之深，故言自作甚於天災耳。

既往背師保之訓，弗克于厥初，尚賴匡救之德，圖惟厥終。」言已往之前不能修德於其初，今庶幾賴教訓之德，謀終於善。悔過之辭。○背音佩，徐扶代反。

伊尹拜手稽首，拜手，首至手。曰：「修厥身，允德協于下，惟明后。言修其身，使信德合於羣下，惟乃明君。

先王子惠困窮，民服厥命，罔有不悦。言湯子愛困窮之人，使皆得其所，故民心服其教令，無有不欣喜。並其有邦，厥鄰乃曰：徯我后，后來無罰。湯俱與鄰並有國，鄰國人乃曰：待我君來，言欣戴君來。無罰，言仁惠。○徯，胡啓反。

【疏】傳「拜手首至手」　周禮太祝辨九拜：一曰稽首，二曰頓首，三曰空首。鄭玄云：「稽首，拜頭至地也。頓首，拜頭叩地也。空首，拜頭至手，所謂拜手也。」鄭惟解此三者拜之形容所以爲異也。稽首，頭至地，頭下至地也。頓首，頭下至地，暫一叩之而已。此言「拜手稽首」者，初爲拜頭至手，乃復申頭以至于地。至手，是爲「拜手」；至地，乃爲「稽首」。然則凡爲稽首者，皆先爲拜手，乃後爲稽首，故拜手稽首連言之。諸言「拜手稽首」，義皆同也。太祝又云：「四曰振動、五曰吉拜、六曰凶拜、七曰奇拜、八曰褒拜、九曰肅拜。」鄭注云：「振動者，戰栗變動而拜。〔二九〕吉拜者，拜而後稽顙，謂齊衰不杖以下者之拜。凶拜者，稽顙而後拜，即三年喪拜也。〔三〇〕奇拜者，謂君答臣一拜也。褒拜者，謂再拜，拜神與尸也。肅拜者，謂揖拜也。」禮，介者不拜，及婦人之拜也。左傳云：「天子在，寡君無所稽首。」〔三一〕則諸侯於天子，稽首也。諸侯相於，則頓首也。君於臣，則空手也。

【疏】「並其」至「無罰」　言湯昔爲諸侯之時，與湯並居其有邦。國，謂諸侯之國也。此諸侯國人，其與湯鄰近者，皆願以湯爲君，乃言曰：待我后，后來無罰於我。言羨慕湯德，欣戴之也。

王懋乃德，視乃厥祖，無時豫怠。言當勉修其德，法視其祖而行之，無爲是逸豫怠惰。○懋音茂。**奉先思孝，接下思恭。**以念祖德爲孝，以不驕慢爲恭。**視遠惟明，聽德惟聰。**言當以明視遠，以聰聽德。**朕承王之休無斁。」**王所行如此，則我承王之美無厭。○斁音亦。厭，於豔反。

【疏】傳「言當」至「聽德」　人之心識所知，在於聞見，聞見所得，在於耳目。故欲言人之聰、明，以視、聽爲主。視苦不見，〔三二〕故言「惟明」，明謂監察是非也。聽苦不聞，故言「惟聰」，聰謂識知善惡也。視戒見近迷遠，故言「視遠」；聽戒背正從邪，故言「聽德」，各準其事，相配爲文。

太甲下第七

伊尹申誥于王曰：「嗚呼！惟天無親，克敬惟親。言天於人無有親疏，惟親能敬身者。

【疏】「伊尹申誥于王」 伊尹以至忠之心喜王改悔，重告於王，冀王大善。一篇皆誥辭也。天親「克敬」，民歸「有仁」，神享「克誠」，言天民與神皆歸于善也。奉天宜其敬謹，養民宜用仁恩，事神當以誠信，亦準事相配而爲文也。

民罔常懷，懷于有仁。民所歸無常，以仁政爲常。鬼神無常享，享于克誠。言鬼神不保一人，能誠信者則享其祀。天位艱哉！言居天子之位難，以此三者。德惟治，否德亂。爲政以德則治，不以德則亂。○治，直吏反，注及下同。與治同道，罔不興；與亂同事，罔不亡。言安危在所任，治亂在所法。

【疏】傳「言安」至「所法」 任賢則興，任佞則亡，故安危在所任。於善則治，於惡則亂，故治亂在所法。總言治國則稱「道」，單指所行則言「事」。興難而亡易，道大而事小，故大言「興」而小言「亡」也。此所云，惟言「治亂在所法」耳。下句云「終始慎厥與」，言當與賢不與佞。治亂在於用臣，故傳於此言「安危在所任」也。

終始慎厥與，惟明明后。〔三三〕明慎其所與治亂之機，則爲明王明君。

【疏】「惟明明后」　重言「明明」，言其爲大明耳。傳因文重，故言「明王明君」，君、王猶是一也。

先王惟時懋敬厥德，克配上帝。言湯惟是終始所與之難，勉修其德，能配天而行之。今王嗣有令緒，尚監茲哉！令，善也。繼祖善業，當夙夜庶幾視祖此配天之德而法之。若升高，必自下；若陟遐，必自邇。言善政有漸，如登高升遠，必用下近爲始，然後終致高遠。無輕民事，惟難；無輕爲力役之事，必重難之乃可。無安厥位，惟危。言當常自危懼，以保其位。慎終于始。於始慮終，於終思始。

【疏】「慎終于始」　欲慎其終，於始即須慎之，故傳云「於始慮終」。傳以將終戒惰，故又云「於終思始」，言終始皆當慎也。

有言逆于汝心，必求諸道；人以言咈違汝心，必以道義求其意，勿拒逆之。○咈，扶弗反。有言遜于汝志，必求諸非道。遜，順也。言順汝心，必以非道察之，勿以自臧。

「嗚呼！弗慮胡獲，弗爲胡成？一人元良，萬邦以貞。胡，何；貞，正也。言常念慮道德則得道德，念爲善政則成善政。一人，天子。天子有大善，則天下得其正。

【疏】傳「胡何」至「其正」。「胡」之與「何」，方言之異耳。易彖、象皆以「貞」爲「正」也。伊尹此言，勸王爲善，「弗慮」、「弗爲」，必是善事。人君善事，惟有道德政教。言不慮何獲，是念慮有所得，知心所念慮是道德也。不爲何成，則爲之有所成，則知心所念，是爲善政也。謂天子爲「一人」者，其義有二：一則天子自稱一人，是爲謙辭，言已是人中之一耳；一則臣下謂天子爲一人，是爲尊稱，言天下惟一人而已。

君罔以辯言亂舊政，利口覆國、家，故特慎焉。○覆，芳服反。〔三四〕臣罔以寵利居成功，成功不退，其志無限，故爲之極，以安之。邦其永孚于休。」言君臣各以其道，則國長信保於美。

【疏】傳「成功」至「安之」。四時之序，成功者退。臣既成功，不知退謝，其志貪欲無限，其君不堪所求，或有怨恨之心。君懼其謀，必生誅殺之計。自古以來，人臣有功不退者，皆喪家滅族者衆矣。經稱「臣無以寵利居成功」者，爲之限極，以安之也。伊尹告君而言及臣事者，雖復汎説大理，亦見已有退心也。

咸有一德第八

伊尹作咸有一德。言君臣皆有純一之德，以戒太甲。

【疏】「伊尹作咸有一德」 太甲既歸於亳，伊尹致仕而退，恐太甲德不純一，故作此篇以戒之。經稱尹躬及湯咸有一德，言已君臣皆有純一之德，戒太甲使君臣亦然。此主戒太甲而言臣有一德者，欲令太甲亦任一德之臣。經云「任官惟賢材，左右惟其人」，是戒太甲使善用臣也。伊尹既放太甲，又迎而復之，是伊尹有純一之德，已爲太甲所信，是已君臣純一，欲令太甲法之。

咸有一德 即政之後，恐其不一，故以戒之。

【疏】「咸有一德」 此篇終始皆言一德之事，發首至「陳戒于德」，叙其作戒之由，已下皆戒辭也。「德」者，得也。内得於心，行得其理，既得其理，執之必固，不爲邪見更致差貳，是之謂「一德」也。而凡庸之主，監不周物，志既少決，性復多疑，與智者謀之，與愚者敗之，則是二三其德，不爲一也。經云「德惟一，動罔不吉；德二三，動罔不凶」，是不二三則爲一德也。又曰「終始惟一，時乃日新」，言守一必須固也。太甲新始即政，伊尹恐其二三，故專以一德爲戒。

伊尹既復政厥辟，還政太甲。將告歸，乃陳戒于德。告老歸邑，陳德以戒。

【疏】「伊尹」至「于德」 自太甲居桐而伊尹秉政，太甲既歸于亳，伊尹還政其君，將欲告老歸其私邑，乃陳言戒王於德，以一德戒王也。太甲既得復歸，伊尹即應還政，其告歸陳戒，未知在何年也。下云「今嗣王新服厥命」，則是初始即政。蓋太甲居亳之後，即告老也。君奭云：「在太甲，時則有若保衡。」保衡，伊尹也。襄二十一年左傳云：「伊尹放太甲而相之，卒無怨色。」則伊尹又相太甲。蓋伊尹此時將欲告歸，太甲又留之爲相，如成王之留周公，不得歸也。

傳「告老」至「以戒」 伊尹，湯之上相，位爲三公，必封爲國君，又受邑于畿内。告老致政事于君，欲歸私邑以自安，將離王朝，故陳戒以德也。無逸云：「肆祖甲之享國三十三年。」傳稱祖甲即太甲也。殷本紀云：「太甲崩，子沃丁立。」沃丁序云：「沃丁既葬伊尹于亳。」則伊尹卒在沃丁之世。湯爲諸侯之時，已得伊尹，比至沃丁始卒，伊尹壽年百有餘歲。此告歸之時，已應七十左右也。殷本紀云：「太甲既立三年，伊尹放之於桐宫。居桐宫三年，悔過反善，伊尹乃迎而授之政。」謂太甲歸亳之歲，已爲即位六年，與此經相違，馬遷之説妄也。紀年云：「殷仲壬即位居亳，其卿士伊尹。〔三五〕仲壬崩，〔三六〕伊尹乃放太甲於桐，而自立也。伊尹即位於太甲七年，太甲潛出自桐，殺伊尹，乃立其子伊陟。伊奮命復其父之田宅而中分之。」案此經序伊尹奉太甲歸于亳，其文甚明。左傳又稱伊尹放太甲而相之。孟子云：「有伊尹之志則可，無伊尹之志則篡。」伊尹不肯自立，太甲不殺伊尹也。必若伊尹放君自立，太甲起而殺之，則伊尹死有餘罪，義當汙宫滅族，太甲何所感德，而復立其子，還其田宅乎？紀年之書，晉太康八年汲郡民發魏安僖王塚得之。蓋當時流俗有此妄説，故其書因記之耳。

曰：「嗚呼！天難諶，命靡常。以其無常，故難信。○諶，徐市林反。常厥德，保厥位。厥德匪常，九有以亡。人能常其德，則安其位。九有，諸侯。桀不能常其德，湯伐而兼之。

【疏】「九有以亡」 毛詩傳云：「九有，九州也。」此傳云「九有，諸侯」，謂九州所有之諸侯。伊尹此言汎説大理，未指夏桀。但傳顧下文比桀爲此言之驗，故云「桀不能常其德，湯伐而兼之」。

夏王弗克庸德，慢神虐民。言桀不能常其德，不敬神明，不恤下民。皇天弗保，監于萬方，啓迪有命，言天不安桀所爲，廣視萬方有天命者開道之。眷求一德，俾作神主。天求一德使伐桀，爲天地神祇之主。惟尹躬暨湯咸有一德，克享天心，受天明命，享，當也。所征無敵，謂之受天命。

【疏】傳「享當」至「天命」　德當神意，神乃享之，故以「享」爲「當」也。天道遠而人道近，天之命人，非有言辭文誥，正以神明佑之，使之所征無敵，謂之受天命也。緯候之書乃稱有黄龍、玄龜、白魚、赤雀負圖銜書以授聖人，正典無其事也。漢自哀、平之間緯候始起，假託鬼神，妄稱祥瑞。孔時未有其説。縱使時已有之，亦非孔所信也。

以有九有之師，爰革夏正。爰，於也。於得九有之衆，遂伐夏，勝之，改其正。〔三七〕非天私我有商，惟天佑于一德。非天私商而王之；佑助一德，所以王。○而王，于況反。下「以王」同，或如字。非商求于下民，惟民歸于一德。非商以力求民，民自歸於一德。德惟一，動罔不吉；德二三，動罔不凶。二三，言不一。惟吉凶不僭，在人；惟天降災祥，在德。行善則吉，行惡則凶，是不差。德一天降之善，不一天降之災，是在德。○僭，子念反。

【疏】「惟吉」至「在德」　指其已然則爲「吉凶」，言其徵兆則曰「災祥」，其事不甚異也。「吉凶」已成之事，指人言之，故曰「在人」。「災祥」未至之徵，行之所招，故言「在德」。在德，謂爲德有一與不一；在人，謂人行有善與不善也。吉凶已在其身，故不言來處；災祥自外而至，故言「天降」，其實吉凶亦天降也。

「今嗣王新服厥命，惟新厥德。其命，王命。新其德，戒勿怠。**終始惟一，時乃日新。**言德行終始不衰殺，是乃日新之義。○行，下孟反。殺，色界反。衰，微也。殺，害也。言小小害也。**任官惟賢材，左右惟其人。**官賢才而任之，非賢才不可任。選左右必忠良，不忠良非其人。**臣爲上爲德，爲下爲民。**言臣奉上布德，順下訓民，不可官所私，任非其人。○爲上，于僞反，下「爲民」同。爲德，上如字，下「爲下」同，除皆于僞反。**其難其慎，惟和惟一。**其難無以爲易，其慎無以輕之，羣臣當和一心以事君，政乃善。○易，以豉反。

【疏】「今嗣王」至「惟一」　上既言在德，此指戒嗣王：今新始服其王命，惟當新其所行之德。所云「新」者，終始所行，惟常如一，無有衰殺之時，是乃「日新」也。王既身行一德，臣亦當然。任人爲官，惟用其賢材；輔弼左右，惟當用其忠良之人，乃可爲左右耳。此任官、左右，即王之臣也。臣之爲用，所施多矣。何者？言臣之助爲在上，當施爲道德；身爲臣下，當須助爲於民也。臣之既當爲君，又須爲民，故不可任非其才，用非其人。此臣之所職，其事甚難，無得以爲易。其事須慎，無得輕忽。爲臣之難如此，惟當衆臣和順，惟當共秉一心。以此事君，然後政乃善耳。言君臣宜皆有一德。

傳「其命」至「勿怠」　說命云：「王言惟作命。」成十八年左傳云：「人之求君，使出命也。」是言人君職在發命。「新服厥命」，新始服行王命，故云「其命，王命」也。新其德者，勤行其事，日日益新，戒王勿懈怠也。

傳「言德」至「之義」　「日新」者，日日益新也。若今日勤而明日惰，昨日是而今日非，自旁觀之，則有新有舊。言王德行「終始」皆同，不有「衰殺」，從旁觀之，每日益新，是乃「日新」之義也。

傳「官賢」至「其人」　「任官」，謂任人以官。故云「官賢才而任之」，言官用賢才而委任之。詩序云：「任賢使能。」「非賢才不可任」也。冏命云：「小大之臣，咸懷忠良。」故言「選左右必忠良」。「不忠良」，即是「非其人」。任官是用人爲官，左右亦是任而用之，故言「選左右」也。直言「其人」，人字不見，故據冏命之文以「忠良」充之。

傳「言臣」至「其人」　「言臣奉上布德」者，「奉上」謂奉爲在上，解經「爲上」也；「布德」者，謂布爲道德，解經「爲德」也。「順下訓民」者，「順下」謂卑順以爲臣下，解經「爲下」也；「訓民」者，謂以善道訓助下民，解經「爲民」也。顧氏亦同此解。

傳「其難」至「乃善」　此經申上臣事既所爲如此，「其難無以爲易」，「其慎無以輕忽之」，戒臣無得輕易臣之職也。既事不可輕，宜和協奉上，羣臣當「一心以事君」，如此，政乃善耳。「一心」即一德，言臣亦當一德也。

德無常師，主善爲師；德非一方，以善爲主乃可師。善無常主，協于克一。言以合於能一爲常德。俾萬姓咸曰：大哉！王言。一德之言，故曰大。又曰：一哉！王心。能一德，則一心。克綏先王之祿，永底烝民之生。〔三八〕言爲王而令萬姓如此，則能保安先王之寵祿，長致衆民所以自生之道，是明王之事。○烝，之承反。

「嗚呼！七世之廟，可以觀德；天子立七廟，有德之王則爲祖宗，其廟不毀，故可觀德。萬夫之長，可以觀政。能整齊萬夫，其政可知。○長，丁丈反。

【疏】「嗚呼」至「觀政」 此又勸王修德以立後世之名。禮，王者祖有功，宗有德，雖七世之外，其廟不毁。嗚呼！七世之廟，其外則猶有不毁者，可以觀知其有明德也。立德在於爲政，萬夫之長，能使其整齊，可以觀知其善政也。萬夫之長尚爾，况天子乎？勸王使爲善政也。

傳「天子」至「觀德」 「天子立七廟」，是其常事。其「有德之王」則列爲祖宗，雖七廟親盡而「其廟不毁」，故於七廟之外可以觀德矣。下云「萬夫之長可以觀政」，謂觀其萬夫之長，此「七世之廟可以觀德」，謂觀七世之外，文雖同而義小異耳，所謂辭不害意。漢氏以來，論七廟者多矣，其文見於記傳者，禮器、家語、荀卿書、穀梁傳皆曰天子立七廟，以爲天子常法，不辨其廟之名。王制云：「天子七廟，三昭、三穆，與太祖之廟而七。」祭法云：「王立七廟：曰考廟，曰王考廟，曰皇考廟，曰顯考廟，曰祖考廟，皆月祭之；遠廟爲祧，有二祧，享嘗乃止。」漢書韋玄成議曰：「周之所以七廟者，后稷始封，文王、武王受命而王，是以三廟不毁。與親廟四，而七也。」鄭玄用此爲説，惟周有七廟，二祧爲文王、武王廟也，故鄭玄王制注云：「此周制。七者，太祖及文王、武王二祧，與親廟四。太祖，后稷也。殷則六廟，契及湯與二昭、二穆。夏則五廟，無太祖，禹與二昭、二穆而已。」良由不見古文，故爲此謬説。此篇乃是商書，已云七世之廟，則天子立七廟，王者常禮，非獨周人始有七廟也。文、武則爲祖宗，不在昭、穆之數，王制之文不得云三昭、三穆也。劉歆、馬融、王肅雖則不見古文，皆以七廟爲天子常禮。所言二祧者，王肅以爲高祖之父及祖也。並高祖已下，共爲三昭、三穆耳。喪服小記云：「王者禘其祖之所自出，以其祖配之，而立四廟。庶子王亦如之。」所以不同者，王肅等以受命之王是初基之王，故立四廟。庶子王者，謂庶子之後自外繼立，雖承正統之後，自更别立己之高祖已下之廟，猶若漢宣帝别立戾太子悼皇考廟之類也。或可庶子初基爲王，亦得與嫡子同，正立四廟也。

后非民罔使，民非后罔事。君以使民自尊，民以事君自生。無自廣以狹人。匹夫、匹婦不獲自盡，民主罔與成厥功。」上有狹人之心，則下無所自盡矣。言先盡其心，然後乃能盡其力，人君所以成功。○狹，户夾反。盡，徐子忍反，注同。

【疏】「無自」至「厥功」。既言君民相須，又戒王虚心待物。凡爲人主，無得自爲廣大，以狹小前人。勿自以所知爲大，謂彼所知爲小。若謂彼狹小，必待之輕薄。彼知遇薄，則意不自盡。匹夫、匹婦不得自盡其意，則在下不肯親上，在上不得下情。如是，則人主無與成其功也。

沃丁既葬伊尹于亳，沃丁，太甲子。伊尹既致仕老終，以三公禮葬。○沃，烏毒反，徐於毒反。咎單遂訓伊尹事，〔三九〕訓暢其所行功德之事。作沃丁。咎單，忠臣名。作此篇，以戒也。亡。

【疏】「沃丁」至「作沃丁」。沃丁，殷王名也。沃丁既葬伊尹，言重其賢德，備禮而葬之。咎單以沃丁愛慕伊尹，遂訓暢伊尹之事以告沃丁。史録其事，作沃丁之篇。傳「沃丁」至「禮葬」。世本、本紀皆云「太甲崩，子沃丁立」，是爲太甲子也。伊尹本是三公，上篇言其告歸，知致仕老終，以三公禮葬。皇甫謐云：「沃丁八年，伊尹卒，卒年百有餘歲。大霧三日，沃丁葬之以天子禮，葬祀以太牢，親臨喪以報大德。」晉文請隧，襄王不許，沃丁不當以天子之禮葬伊尹也。孔言三公禮葬，未必有文，要情事當然也。

伊陟相太戊，伊陟，伊尹子。太戊，沃丁弟之子。○陟，張力反。相，息亮反。太戊，馬云：「太甲子。」亳有祥，桑、穀共生于朝，祥，妖怪。二木合生，七日大拱，不恭之罰。○桑，蘇臧反。穀，工六反，楮也。朝，直遥反。伊陟贊于巫咸，作咸乂四篇。贊，告也。巫咸，臣名。皆亡。○巫咸，馬云：「巫，男巫也，名咸，殷之巫也。」乂，治也。

【疏】「伊陟」至「四篇」　伊陟輔相太戊於亳都之内，有不善之祥，桑、穀二木共生于朝。朝非生木之處，是爲不善之徵。伊陟以此桑、穀之事告于巫咸，史録其事，作咸乂四篇。乂，訓治也。言所以致妖，須治理之，故名篇爲咸乂也。伊陟不先告太戊而告巫咸者，君奭云：「在太戊，時則有若巫咸乂王家。」則咸是賢臣，能治王事。大臣見怪而懼，先共議論，而後以告君。下篇序云「太戊贊于伊陟」，明先告於巫咸而後告太戊。

傳「伊陟」至「之子」　伊陟，伊尹子，相傳爲然。殷本紀云：「沃丁崩，弟太庚立，崩，子小甲立，崩，弟雍己立，崩，弟太戊立。」是太戊爲小甲弟，太庚之子。

傳「祥妖」至「之罰」　漢書五行志云：「凡草物之類謂之妖，自外來謂之祥。」祥是惡事先見之徵，故爲妖怪也。「二木合生」，謂共處生也。「七日大拱」，伏生書傳有其文，或當别出餘書，則孔用之也。鄭玄注書傳云：「兩手搤之曰拱。生七日，而見其大滿兩手也。」殷本紀云「一暮大拱」，言一夜即滿拱。所聞不同，故説異也。五行傳曰：「貌之不恭，是謂不肅，時則有青眚、青祥。」漢書五行志、夏侯始昌、劉向等説云：「肅，敬也。内曰恭，外曰敬。」人君行己體貌不恭，怠慢驕蹇，則不能敬。木色青，故有青眚、青祥，是言木之變怪，是貌不恭之罰。人君貌不恭，天將罰之，木怪見其徵也。皇甫謐云：「太戊問於伊陟，伊陟曰：『臣聞妖不勝德，帝之政事有闕。』白帝修德。太戊退而占之，曰：『桑、穀野木而不合生於朝，意者朝亡乎！』〔四〇〕太戊懼，修先王之政，明養老之禮，〔四一〕三年而遠方重譯而至七十六國。」〔四二〕是言妖不勝德也。

傳「贊告」至「臣名」 禮有贊者，皆以言告人，故「贊」爲告也。君奭傳曰：「巫，氏也。」當以巫爲氏，名咸。此言臣名者，言是臣之名號也。鄭玄云：「巫咸謂之巫官者，案君奭咸子又稱賢，父子並爲大臣，必不世作巫官。」故孔言巫氏是也。

太戊贊于伊陟，告以改過自新。作伊陟、原命。〔四三〕原，臣名。原命、伊陟，二篇皆亡。

【疏】「太戊」至「原命」 言太戊贊於伊陟，惟告伊陟，不告原也。史録其事，而作伊陟、原命二篇，則太戊告伊陟亦告原，俱以桑、穀事告，故序總以爲文也。原是臣名而云原命，謂以言命原，故以原命名篇，猶如冏命、畢命也。

仲丁遷于囂，太戊子，去亳。囂，地名。○囂，五羔反。作仲丁。陳遷都之義，亡。

【疏】「仲丁遷于囂」 此三篇皆是遷都之事，俱以君名名篇，並陳遷都之義，如盤庚之誥民也。發其舊都謂之遷，到彼新邑謂之居。遷于囂與居相，亦事同也。以河亶甲三字句長不言于，其實亦是居于相也。圮于耿者，孔意以爲毁于相地，乃遷于耿地。其篇蓋言毁意，故序特言圮也。李顒云：「囂在陳留浚儀縣。」皇甫謐云：「仲丁自亳徙囂，在河北也。或曰：今河南敖倉。二説未知孰是也。」相地孔云在河北，蓋有文而知也。謐又以耿在河東皮氏縣耿鄉是也。

傳「太戊」至「地名」　此及下傳言仲丁是太戊之子，河亶甲，仲丁弟也，祖乙，河亶甲子，皆世本文也。仲丁是太戊之子，太戊之時仍云亳有祥，知仲丁遷于囂去亳也。

河亶甲居相，仲丁弟。相，地名，在河北。○亶，丁但反。相，息亮反，在河北。今魏郡有相縣。作河亶甲。亡。

祖乙圮于耿，〔四四〕亶甲子。圮于相，遷于耿。河水所毁曰圮。○圮，備美反，徐扶鄙反，馬云：「毁也。」作祖乙。亡。

【疏】傳「亶甲」至「曰圮」　孔以河亶甲居相，祖乙即亶甲之子，故以爲圮於相地乃遷都于耿。釋詁云：「圮，毁也。」故云河水所毁曰圮。據文「圮于耿」也，知非圮毁于耿，更遷餘處，必云圮于相地遷於耿者，明與其上文連。上云「遷于囂」，謂遷來向囂；「居于相」，謂居于相地，故知「圮于耿」謂遷來于耿。以文相類，故孔爲此解。謂古人之言雖尚要約，〔四五〕皆使言足其文，令人曉解，若圮于相遷居于耿，經言圮于耿，太不辭乎？且亶甲居于相，祖乙居耿，今爲水所毁，更遷他處，故言毁于耿耳，非既毁乃遷耿也。盤庚云：「不常厥邑，于今五邦。」及其數之，惟有亳、囂、相、耿四處而已，知此既毁于耿，更遷一處，盤庚又自彼處而遷于殷耳。殷本紀云「祖乙遷于邢」，馬遷所爲説耳。鄭玄云：「祖乙又去相居耿，而國爲水所毁，於是修德以禦之，不復徙也。」如鄭所言，稍爲文便。但上有仲丁、亶甲，下有盤庚，皆爲遷事作書，述其遷意，此若毁而不遷，序當改文見義，不應文類遷居，更以不遷爲義。汲冢古文云盤庚自奄遷于殷者，蓋祖乙圮于耿，遷于奄，盤庚自奄遷于殷。亳、囂、相、耿與此奄五邦者，此蓋不經之書，未可依信也。

校勘記

〔一〕故無聞焉　「聞」原誤「間」，據諸本改。

〔二〕舍我穡事而割正夏　段玉裁云：「孔傳不言於夏邑，則各本『夏』字賸也。史記殷本紀云：『舍我嗇事而割政。』裴駰引孔安國曰：『奪民農耕而爲割剝之政。』蓋今、古文尚書皆無『夏』字，後人據正義妄增之，非也。」于鬯云：「此『夏』字必非衍文也。『割』實猶『是』，倒裝法，若曰何舍我穡事而征夏也。」今按：據經，下言「夏氏有罪，予畏上帝，不敢不正」，則此當有「夏」字，「割」讀爲「何」，「正」讀爲「征」；據傳，則似初無「夏」字。然傳釋以「而爲割剝之政」，疏多「于夏邑」三字，「割剝之政」費解。

〔三〕湯號爲商知契始封商　此九字阮本、李本無，正字曰：「九字監本、閩本無，當誤衍。」今按：此九字當爲疏中小注，無者或脱。

〔四〕社后土之神　「后」上宋無疏本有「常者反」三字。

〔五〕故更致社稷　「致」，當作「置」。阮云：毛本作「置」。

〔六〕簡賢附勢　「附」原誤「輔」，從李本、殿本及經改。

〔七〕誥謂於會之所設言以誥衆　正字云：「『會』下疑脱『同』字，上『誥』字疑衍。」

〔八〕奚獨後予　盧云：「『予』，古本作『我』。」

〔九〕待我君來　盧云：「古本重『君』字。」按：重「君」與經合。

〔一〇〕有禮者封殖之　「禮」原誤「道」，據經及諸本改。

〔一一〕覆芳服反　服，黄焯云景宋本作「復」，是。

〔一二〕湯既至湯誥　按：此疏原錯在下篇題「湯誥」傳下，今移正。

〔一三〕萬方百姓罹其凶害　盧云：「『害』，古本作『虐』。」

〔一四〕述也　述，原誤「迷」，從阮本、殿本改。

〔一五〕史記音力消反　「消」原作「洛」，據宋無疏本、阮本、通志堂本改。阮云：作「洛」非。

〔一六〕太甲必繼湯後　「必」，正字云當作「本」。

〔一七〕惟元祀至先王　「至先王」三字原無，從正字説依例補。

〔一八〕禮喪于殯斂祭皆名爲奠　「禮」原作「祠」，涉上誤，從正字説改。

〔一九〕杍能師禹者也　「師」，國語作「帥」。

〔二〇〕茲惟艱哉　「艱」，盧云古本作「難」。

〔二一〕敢有殉于貨色　阮云：「玄應一切經音義引尚書：『狥于貨色。』當以『狥』爲正。」

〔二二〕酣樂酒也　説文「樂酒」倒。

〔二三〕則天下賚慶　阮云：「釋文云『賚，力代反』，是陸氏本作賚也。疏云：『德雖小，猶萬邦賴慶。』是孔氏本作『賴』也，似當以『賴』爲正。賴慶，謂一人有慶，兆民賴之。」今按：疏作「賴慶」，或以訓詁代經文，原傳未必即作「賴」。

〔二四〕謂修德以善也　正字云：「爲」誤「以」。

〔二五〕晉語云趙文子冠見韓獻子曰　「曰」上國語復有「獻子」二字。

〔二六〕徐甫亦反　毛居正云：「甫」當作「浦」。

〔二七〕自周有終　正字引金履祥云：「『周』當爲『君』，古字相似而誤。」

〔二八〕萬世有辭　盧云：「古本『辭』作『䛐』。」今按：玉篇云：「䛐，古文『嗣』字。」

〔二九〕戰栗變動而拜　「而」，鄭注原文作「之」。

〔三〇〕即三年喪拜也　「即」，鄭注原文作「謂」。

〔三一〕左傳云天子在寡君無所稽首　盧云：「『天子在而君辱稽首』，見左傳襄公三年；『非天子寡君無所稽首』，見左傳哀公十七年。此乃交互成文，不若單據哀十七傳爲得。」

〔三二〕視苦不見　「苦」，原誤「若」，從正字説改。下「聽苦不聞」同。

〔三三〕惟明明后　石經本無「后」字。

〔三四〕覆芳服反　「服」亦當作「復」。阮本無此音。

〔三五〕其卿士伊尹　「其」，紀年作「命」。

〔三六〕仲壬崩　「崩」，紀年作「陟」。

〔三七〕改其正　盧云：古本「正」作「政」。

〔三八〕永厎烝民之生　「厎」，原訛作「底」，從諸本改。

〔三九〕咎單遂訓伊尹事　于鬯云：「『事』當讀爲『吏』。」

〔四〇〕「桑穀野木」至「意者朝亡乎」　正字云：「書傳、説苑皆以此爲祖乙語。」

〔四一〕明養老之禮　正字云：下脱「三月而祥桑枯死」七字。

〔四二〕遠方重譯而至七十六國　正字云：「『者』誤『七』。書傳云：『重譯而朝者六國。』説苑作『七國』，唯家語作『十六國』，疑『七』與『云』近是。」

〔四三〕作伊陟原命　孫詒讓云：「史記作『伊陟讓，作原命』。江聲云：『命伊陟而伊陟讓，乃作原命。俗儒誤闕太戊一篇，因而增伊陟以足百篇之數耳。』」

〔四四〕祖乙圮于耿　「圮」，原訛作「圯」，據石經、阮本改。傳、疏並同。

〔四五〕謂古人之言雖尚要約　正字云：「『謂』疑『然』字誤。」

尚書正義卷第九

盤庚上第九

盤庚五遷，將治亳殷，（自湯至盤庚凡五遷都，盤庚治亳殷。○盤，本又作「般」，步干反。治，直吏反。）民咨胥怨，（胥，相也。民不欲徙，乃咨嗟憂愁，相與怨上。○胥，徐思餘反。怨，紆萬反。）作盤庚三篇。

【疏】「盤庚」至「三篇」 商自成湯以來，屢遷都邑。仲丁、河亶甲、祖乙皆有言誥，歷載於篇。盤庚最在其後，故序總之自湯至盤庚凡五遷都。今盤庚將欲遷居而治於亳之殷地，民皆戀其故居，不欲移徙，咨嗟憂愁，相與怨上，盤庚以言辭誥之。史叙其事，作盤庚三篇。

傳「自湯」至「亳殷」 經言「不常厥邑，於今五邦」，故序言盤庚五遷。傳嫌一身五遷，故辯之云「自湯至盤庚，凡五遷都」也。上文言自契至于成湯八遷，並數湯爲八。此言盤庚五遷，又並數湯爲五。湯一人再數，故班固云：「殷人屢遷，前八後五，其實正十二也。」此序云盤庚「將治亳殷」，下傳云「殷，亳之别名」，則亳殷即是一都，〔一〕湯遷還從先王居也。汲冢古文云：「盤庚自奄遷于殷，殷在鄴南三十里。」束皙云：「尚書序『盤庚五遷，將治亳殷』，舊説以爲居亳，亳殷在河南。孔子壁中尚書云：『將始宅殷。』是與古文不同也。漢書項羽傳云『洹水南殷墟上』。今安陽西有殷。」束皙以殷在河北，與亳異也。然孔子壁内之書，安國先得其本，此「將治亳殷」，不可作「將始宅殷」。

亳字摩滅，容或爲「宅」。壁内之書安國先得，「治」皆作「亂」，其字與「始」不類，〔二〕無緣誤作「始」字。知束皙不見壁内之書，妄爲説耳。若洹水之南有殷墟，或當餘王居之，非盤庚也。盤庚治於亳殷，紂滅在於朝歌，則盤庚以後遷於河北。蓋盤庚後王有從河南亳地遷於洹水之南，後又遷于朝歌。

傳「胥相」至「怨上」。釋詁云：「胥，皆也。」「相」亦是皆義，故通訓「胥」爲相也。「民不欲徙，乃咨嗟憂愁，相與怨上」，經云「民不適有居」，是怨上之事也。仲丁、祖乙亦是遷都，序無民怨之言，此獨有怨者，盤庚，祖乙之曾孫也。祖乙遷都於此，至今多歷年世，民居已久，戀舊情深，前王三徙，誥令則行，曉喻之易，故無此言。此則民怨之深，故序獨有此事。彼各一篇，而此獨三篇者，謂民怨上，故勸誘之難也。民不欲遷，而盤庚必遷者，鄭玄云：「祖乙居耿後，奢侈踰禮，土地迫近，山川嘗圮焉。至陽甲立，盤庚爲之臣，乃謀徙居湯舊都。」又序注云：「民居耿久，奢淫成俗，故不樂徙。」王肅云：「自祖乙五世至盤庚元兄湯甲，宫室奢侈，下民邑居墊隘，水泉瀉鹵，不可以行政化，故徙都於殷。」皇甫謐云：「耿在河北，〔三〕迫近山川，自祖辛以來民皆奢侈，故盤庚遷於殷。」此三者之説，皆言奢侈。鄭玄既言君奢，又言民奢。王肅專謂君奢，皇甫謐專謂民奢。言君奢者，以天子宫室奢侈，侵奪下民；言民奢者，以豪民室宇過度，逼迫貧乏。皆爲細民弱劣無所容居，欲遷都改制以寬之。富民戀舊，故違上意，不欲遷也。案檢孔傳無奢侈之語，唯下篇云「今我民用蕩析離居，罔有定極」，傳云：「水泉沈溺，故蕩析離居，無安定之極，徙以爲之極。」孔意蓋以地勢洿下，又久居水變，水泉瀉鹵，不可行化，故欲遷都，不必爲奢侈也。此以君名名篇，必是爲君時事，而鄭玄以爲上篇是盤庚爲臣時事，何得專輒謬妄也！

盤庚

盤庚，殷王名。殷質，以名篇。〔四〕○盤庚，殷王名也。馬云：「祖乙曾孫，祖丁之子。不言『盤庚誥』何？非但録其誥也。取其徙而立功，故以『盤庚』名篇」。

【疏】「盤庚」 此三篇皆以民不樂遷，開解民意，告以不遷之害、遷都之善也。中、上二篇，〔五〕未遷時事；下篇，既遷後事。上篇人皆怨上，初啓民心，故其辭尤切。中篇民以少悟，故其辭稍緩。下篇民既從遷，故辭復益緩。哀十一年左傳引此篇云盤庚之誥，則此篇皆誥辭也。題篇不目盤庚誥者，王肅云：「取其徒而立功，故但以盤庚名篇。」然仲丁、祖乙、河亶甲等皆以王名名篇，則是史意異耳，未必見他義。

傳「殷質以名篇」 周書謚法成王時作，故桓六年左傳云：「周人以諱事神。」殷時質，未諱君名，故以王名名篇也。上仲丁、祖乙亦是王名，於此始作傳者，以上篇經亡，此經稱盤庚，故就此解之。史記殷本紀云：「盤庚崩，弟小辛立，殷復衰，百姓思盤庚，乃作盤庚三篇。」與此序違，非也。鄭玄云：「盤庚，湯十世孫，祖乙之曾孫。以五遷繼湯，篇次祖乙，故繼之于上累之。祖乙爲湯玄孫，七世也。又加祖乙復其祖、父，通盤庚，故十世。」本紀云：「祖乙崩，子祖辛立；崩，子開甲立；〔六〕崩，弟祖丁立；〔七〕崩，開甲之子南庚立；崩，祖丁子陽甲立；崩，弟盤庚立。」是祖乙生祖辛，祖辛生祖丁，祖丁生盤庚，故爲曾孫。

盤庚遷于殷，亳之別名。民不適有居，適，之也。不欲之殷有邑居。率籲衆慼，出矢言。籲，和也。率和衆憂之人，出正直之言。○籲音喻。慼，千歷反。曰：「我王來，既爰宅于茲，我王，祖乙。此，耿；爰，於也。言祖乙已居於此。重我民，無盡劉。劉，殺也。所以遷此，重我民，無欲盡殺故。○盡，子忍反。不能胥匡以生，卜稽曰：『其如台。』言民不能相匡以生，則當卜考於龜以徙，曰：其如我所行。○稽，工兮反。台音怡。先王有服，恪謹天命，茲猶不常寧。先王有所服行，敬謹天命如此，尚不常安，有可遷輒遷。○恪，苦各反。不常厥邑，于今五邦。湯遷亳、仲丁遷囂、河亶甲居相、祖乙居耿、我往居亳，凡五徙國都。○五邦，馬云：「五邦，謂商丘、亳、囂、相、耿也。」今不承于古，罔知天之斷命，今不承古而徙，是無知天將斷絶汝命。○斷，又音短。矧曰其克從先王之烈？天將絶命，尚無知之，況能從先王之業乎？○從，才容反。若顛木之有由蘖，〔八〕言今往遷都，更求昌盛，如顛仆之木，有用生蘖哉。○蘖，五達反，本又作「枿」，馬云：「顛木而肄生曰枿。」仆音赴，又步北反。天其永我命于茲新邑，言天其長我命於此新邑，不可不徙。紹復先王之大業，底綏四方。言我從欲如此。○底，之履反。

【疏】「盤庚」至「四方」 盤庚欲遷於亳之殷地，其民不欲適彼殷地別有邑居，莫不憂愁相與怨上。盤庚率領和諧其衆憂之人，出正直之言以曉告曰：我先王初居此者，從舊都來，於是宅於此地。所以遷於此者，爲重我民，無欲盡殺。故先王以久居墊隘，不遷則死，見下民不能相匡正以生，故謀而來徙。以徙爲善，未敢專決，又考卜於龜以徙。既獲吉兆，乃曰：其如我所行。欲徙之吉。先王成湯以來，凡有所服行，敬順天命如此，尚不常安，可徙則徙，不常其邑，於今五邦矣。今若不承於古，徙以避害，則是無知天將斷絶汝命矣。天將絶命尚不能知，況曰其能從先王之基業乎？今我往遷都，更求昌盛，若顛仆之木，有用生蘖哉。人衰更求盛，猶木死生蘖哉。我今遷向新都，上天其必長我殷之王命於此新邑，繼復先王之大業，致行其道，以安四方之人。我從欲如此耳，汝等何以不願從乎？前云若不徙以避害則天將絶汝命，謂絶臣民之命，明亦絶我殷王之命。復云若遷往新都，天其長我殷之王命，明亦長臣民之命，互文也。

傳「亳之別名」 此序先亳後殷，亳是大名，殷是亳内之別名。鄭玄云：「商家自徙此而號曰殷。」鄭以此前未有殷名也。中篇云：「殷降大虐。」將遷於殷，先正其號，明知於此號爲殷也〔九〕。雖兼號爲殷，而商名不改，或稱商或稱殷，又有兼稱殷商。商頌云：「商邑翼翼」，「撻彼殷武」，是單稱之也。又大雅云：「殷商之旅」，「咨汝殷商」，是兼稱之也。亳是殷地大名，故殷社謂之亳社。其亳，鄭玄以爲偃師，皇甫謐以爲梁國穀熟縣，或云濟陰亳縣。説既不同，未知誰是。

傳「適之」至「邑居」　釋詁云：「適、之，往也。」俱訓爲往，故「適」得爲「之」。不欲往彼殷地別有新邑居也。

傳「籲和」至「之言」　「籲」，即裕也，是寬意，故爲「和」也。憂則不和。戚，訓憂也。故「率和衆憂之人」。「出正直之言」，詩云：「其直如矢。」故以「矢言」爲正直之言。

傳「我王」至「於此」　孔以祖乙圮於相地，遷都於耿，今盤庚自耿遷于殷，以我王爲祖乙。此，謂耿也。

傳「劉殺」至「殺故」　「劉，殺」，釋詁文。水泉鹹鹵，不可行化。王化不行，殺民之道。先王所以去彼遷此者，〔一〇〕「重我民，無欲盡殺故」也。

傳「言民」至「所行」　不徙所以「不能相匡以生」者，謂水泉沈溺，人民困苦，不能從教相匡正以生。〔一一〕又考卜於龜以從，周禮太卜「大遷則貞龜」，是遷必卜也。

傳「先王」至「輒遷」　下云「于今五邦」，自湯以來數之，則此言「先王」，總謂成湯至祖乙也。「先王有所服行」，謂行有典法，言能敬順天命，即是有所服行也。盤庚言先王敬順天命如此，尚不常安，有可遷輒遷，況我不能敬順天命，不遷民必死矣，故不可不遷也。

傳「湯遷」至「國都」　孔以盤庚意在必遷，故通數我往居亳爲五邦。鄭、王皆云湯自商徙亳，數商、亳、囂、相、耿爲五。計湯既遷亳，始建王業，此言先王遷都，不得遠數居亳之前充此數也。

傳「言今」至「蘖哉」　釋詁云：「枿，餘也。」李巡曰：「枿，槁木之餘也。」郭璞云：「晉、衛之間曰枿。」是言木死顛仆，其根更生蘖哉。此都毀壞，若枯死之木。若棄去毀壞之邑更得昌盛，猶顛仆枯死之木用生蘖哉。

盤庚斆于民：由乃在位，〔一二〕以常舊服，正法度。斆，教也。教人使用汝在位之命，用常故事，正其法度。○斆，户教反。下如字。〔一三〕度，如字。曰：「無或敢伏小人之攸箴！」〔一四〕言無有敢伏絶小人之所欲箴規上者。戒朝臣。○箴，之林反，馬云：「諫也。」朝臣，上直遥反。

【疏】「盤庚」至「攸箴」。前既略言遷意，今復並戒臣民。盤庚先教於民云：汝等當用汝在位之命，用舊常故事，正其法度。欲令民從從其臣言也。民從上命，即是常事法度也。又戒臣曰：汝等無有敢伏絶小人之所欲箴規上者。

傳「斆教」至「朝臣」。文王世子云：「小樂正斆干，大胥贊之；籥師斆戈，籥師丞贊之。」彼並是教舞干戈，知「斆」爲「教」也。小民等患水泉沈溺，欲箴規上而徙，汝臣下勿抑塞伏絶之。鄭玄云：「奢侈之俗，小民咸苦之，欲言於王。今將屬民而詢焉，故敕以無伏之。」

王命衆悉至于庭。衆，群臣以下。

【疏】傳「衆羣臣以下」。周禮小司寇掌外朝之政，以致萬民而詢焉：一曰詢國危，二曰詢國遷，三曰詢立君。是國將大遷，必詢及於萬民。故知「衆」悉至王庭，是「羣臣以下」。謂及下民也。民不欲徙，由臣不助王勸民，故已下多是責臣之辭。

王若曰：「格，汝衆！予告汝訓，告汝以法教。汝猷黜乃心，無傲從康。謀退汝違上之心，無傲慢從心所安。

〇傲，五報反。古我先王，亦惟圖任舊人共政。先王謀任久老成人，共治其政。〇任，而鴆反。

【疏】傳「先王」 此篇所言「先王」，其文無指斥者，皆謂成湯以來諸賢王也。下言「神后」、「高后」者，指謂湯耳。下篇言「古我先王適于山」者，乃謂遷都之王仲丁、祖乙之等也。此言「先王」，謂先世賢王。此既言「先王」，下句「王播告之」，〔一五〕「王用丕欽」，蒙上之「先」，不言「先」，省文也。

王播告之修，不匿厥指。王布告人以所修之政，不匿其指。〇播，波餓反。匿，女力反。

【疏】傳「王布」至「其指」 上句言先王「用舊人共政」，下云「王播告之修」，當謂告臣耳。傳言「布告人」者，以下云「民用丕變」，是必告臣，亦又告民。

王用丕欽，罔有逸言，民用丕變。王用大敬其政教，無有逸豫之言，民用大變從化。今汝聒聒，起信險膚，予弗知乃所訟。聒聒，無知之貌。起信險僞膚受之言，我不知汝所訟言何謂。〇聒聒，故活反，馬及說文皆云拒善自用之意。〔一六〕

【疏】傳「聒聒」至「何謂」 鄭玄云：「聒，讀如聒耳之聒。聒聒，難告之貌。」王肅云：「聒聒，善自用之意也。」〔一七〕此傳以「聒聒」爲「無知之貌」，以「聒聒」是多言亂人之意也。「起信險膚」者，言發起所行，專信此「險僞膚受」淺近之言。信此浮言，妄有争訟，「我不知汝所訟言何謂」，言無理也。

「非予自荒兹德，惟汝含德，不惕予一人，〔一八〕予若觀火。我之欲徙，非廢此德。汝不從我命，所含惡德，但不畏懼我耳，我視汝情如視火。○惕，他歷反。

【疏】「非予」至「觀火」 言先王敬其教，民用大變。我命教汝，汝不肯徙，非我自廢此丕欽之德，惟汝之所含德甚惡，不畏懼我一人故耳。汝含藏此意，謂我不知，我見汝情「若觀火」，言見之分明如視火也。

予亦拙謀，作乃逸。逸，過也。我不威脅汝徙，是我拙謀成汝過。○拙，之劣反。

【疏】傳「逸過」至「汝過」 「逸，過」，釋言文。我若以威加汝，汝自不敢不遷，則無違上之過也。我不威脅汝徙，乃是我亦拙謀，作成汝過也。恨民以恩導之而不從己也。

若網在綱，有條而不紊。若農服田，力穡乃亦有秋。紊，亂也。穡，耕稼也。下之順上，當如網在綱，各有條理而不亂也。農勤穡則有秋，下承上則有福。○紊音問，徐音文。

【疏】傳「紊亂」至「有福」 「紊」是絲亂，故爲「亂」也。「稼」、「穡」相對，則種之曰稼，斂之曰穡。穡是秋收之名，得爲耕穫總稱，故云「穡，耕稼」。「下承上則有福」，福謂禄賞。

汝克黜乃心，施實德于民，至于婚、友，丕乃敢大言汝有積德。汝羣臣能退汝違上之心，施實德於民，至于婚姻、僚友，則我大乃敢言汝有積德之臣。乃不畏戎毒于遠邇，惰農自安，不昬作勞，不服田畝，越其罔有黍稷。戎，大；昬，强；越，於也。言不欲徙則是不畏大毒於遠近，如怠惰之農，苟自安逸，不强作勞於田畝，則黍稷無所有。○昬，馬同，本或作「暋」，音敏。爾雅「昬」、「暋」皆訓强，故兩存。越，本又作「粤」，音曰，於也。强，其丈反。

【疏】傳「戎大」至「所有」。「戎，大」、「昬，强」、「越，於」，皆釋詁文。孫炎曰：「昬，夙夜之强也。」書曰：「不昬作勞。」引此解彼，是亦讀此爲昬也。鄭玄讀昬爲愍，訓爲勉也，與孔不同。傳云「言不欲徙，則是不畏大毒于遠近」，其意言不徙則有毒，毒謂禍患也。遠近，謂徐促，〔一九〕言害至有早晚也。不强于作勞則黍稷無所獲，以喻不遷于新邑則福禄無所有也。此經惰農、弗昬、無黍稷，對上服田、力穡，乃亦有秋，但其文有詳略耳。

「汝不和吉言于百姓，惟汝自生毒。責公卿不能和喻百官，是自生毒害。

【疏】傳「責公」至「毒害」。此篇上下皆言「民」，此獨云「百姓」，則知「百姓」是百官也。「百姓」既是百官，和吉言者又在百官之上，知此經是責公卿不能和喻善言於百官，使之樂遷也。不和百官，必將遇禍，是公卿自生毒害。

乃敗禍姦宄，以自災于厥身。言汝不相率共徙，是爲敗禍姦宄以自災之道。○宄音軌。乃既先惡于民，乃奉其恫，汝悔身何及？〔二○〕羣臣不欲徙，是先惡於民。恫，痛也。不徙則禍毒在汝身，徒奉持所痛而悔之，則於身無所及。○奉，孚勇反，注同。恫，敕動反，又音通，痛也。

【疏】傳「羣臣」至「所及」　羣臣是民之師長，當倡民爲善。羣臣亦不欲徙，是乃「先惡於民」也。「恫，痛」，釋言文。

相時憸民，猶胥顧于箴言，其發有逸口，矧予制乃短長之命！言憸利小民，尚相顧於箴誨，恐其發動有過口之患，況我制汝死生之命，而汝不相教從我，是不若小民。○相時，上息亮反，馬云：「視也。」徐息羊反。憸，息廉反，馬云：「憸利，小小見事之人也。」徐七漸反。汝曷弗告朕，而胥動以浮言？恐沈于衆。曷，何也。責其不以情告上，〔二一〕而相恐動以浮言，不徙，恐汝沈溺於衆，有禍害。○曷，何末反。若火之燎于原，不可嚮邇，其猶可撲滅。火炎不可嚮近，尚可撲滅；浮言不可信用，尚可刑戮絶之。〔二二〕○燎，力召反，又力鳥反，又力紹反。嚮，許亮反。撲，普卜反。近，附近之近。則惟汝衆自作弗靖，非予有咎。我刑戮汝，非我咎也。靖，謀也。是汝自爲，非謀所致。○靖，馬云：「安也。」

【疏】「相時」至「有咎」　又責大臣不相教遷徙，是不如小民。我視彼憸利小民，猶尚相顧於箴規之言，恐其發舉有過口之患，故以言相規。患之小者尚知畏避，況我爲天子，制汝短長之命，威恩甚大，汝不相教從我，乃是汝不如小民。

汝若不欲徙，何不以情告我，而輒相恐動以浮華之言，乃語民云：「國不可徙。」我恐汝自取沈溺於衆人，而身被刑戮之禍害。此浮言流行，若似火之燎於原野，炎熾不可嚮近，其猶可撲之使滅。以喻浮言不可止息，尚可刑戮使絶也。若以刑戮加汝，則是汝衆自爲，非謀所致此耳，非我有咎過也。

傳「曷何」至「禍害」　曷、何同音，故「曷」爲「何」也。顧氏云：「汝以浮言恐動不從，更是無益。我恐汝自取沈溺於衆人，不免禍害也。」

傳「我刑」至「所致」　我刑戮汝，汝自招之，非我咎也。「靖，謀」，釋詁文。告民不從者非善謀也。由此而被刑戮，是汝自爲，非謀所致也。

遲任有言曰：『人惟求舊；器非求舊，惟新。』遲任，古賢。言人貴舊，器貴新，汝不徙，是不貴舊。○遲，直疑反，徐持夷反。任，而金反，馬云：「古老成人。」古我先王暨乃祖、乃父，胥及逸勤，予敢動用非罰？言古之君臣相與同勞逸，子孫所宜法之，我豈敢動用非常之罰脅汝乎？世選爾勞，予不掩爾善。選，數也。言我世世數汝功勤，不掩蔽汝善，是我忠於汝。○選，息轉反，又蘇管反。掩，本又作「弇」。數，色主反。兹予大享于先王，爾祖其從與享之。古者天子録功臣配食於廟。大享，烝、嘗也。所以不掩汝善。○與音預。烝，之丞反。作福、作災，予亦不敢動用非德。善自作福，惡自作災。我不敢動用非罰加汝，非德賞汝，各從汝善惡而報之。〔一三〕

【疏】「遲任」至「非德」　可遷即遷，是先王舊法。古之賢人遲任有言曰：「人惟求舊，器非求舊，惟新。」言人貴舊，器貴新。汝不欲從，是不貴舊，反遲任也。古者我之先王及汝祖、汝父相與同逸豫，同勤勞，汝爲人子孫，宜法父、祖，〔二四〕當與我同其勞逸。我豈敢動用非常之罰脅汝乎？自先王以至於我，〔二五〕世世數汝功勞，我不掩蔽汝善，是我忠於汝也。以此故，我大享祭於先王，汝祖其從我先王與在宗廟而歆享之，是我不掩汝善也。汝有善，自作福；汝有惡，自作災，我亦不敢動用非德之賞，妄賞汝，各從汝善惡而報之耳。其意告臣，言從上必有賞，違我必有罰也。

傳「遲任」至「貴舊」　其人既没，其言立於後世，知是古賢人也。鄭玄云：「古之賢史。」王肅云：「古老成人。」皆謂賢也。

傳「選數」至「於汝」　釋詁云：「算，數也。」舍人曰：「釋數之曰算。」選即算也，故訓爲數。經言世世數汝功勞，是從先王至已常行此事，故云「是我忠於汝」也。言已之忠，責臣之不忠也。

傳「古者」至「汝善」　周禮大宗伯祭祀之名，天神曰祀、地祇曰祭、人鬼曰享。此「大享於先王」，謂天子祭宗廟也。傳解天子祭廟得有臣祖與享之意，言「古者天子録功臣配食於廟」，故臣之先祖得與享之也。「古者」，孔氏據己而道前世也，此殷時已然矣。「大享，烝、嘗」者，烝、嘗是秋、冬祭名，謂之大享者，以事各有對。若烝、嘗對禘、祫，則禘、祫爲大，烝、嘗爲小。若四時自相對，則烝、嘗爲大，礿、祠爲小。以秋、冬物成，可薦者衆，故烝、嘗爲大。春、夏物未成，可薦者少，故礿、祠爲小也。知烝、嘗有功臣與祭者，案周禮司勳云「凡有功者，銘書於王之太常，祭於大烝，司勳詔之」是也。嘗是烝之類，而傳以嘗配之，魯頌曰「秋而載嘗」是也，祭統云「内祭則大嘗禘」是也，「外祭則郊社」是也。然彼以祫爲大嘗，知此不以烝、嘗時爲禘、祫，而直據時祭者，以殷祫於三時，非獨烝、嘗也。秋、冬之祭尚及功臣，則禘、祫可知。惟春、夏不可耳，以物未成故也。近代已來，惟禘、祫乃祭功臣配食，時祭不及之也。近代已來，功臣配食，各配所事之君。若所事之君其廟已毁，時祭不祭毁廟。其君尚不時祭，其臣固當止矣。禘、祫則毁廟之主亦在焉，其時功臣亦當在也。王制云：「天子犆礿、祫禘、祫嘗、祫烝。諸侯礿犆，禘一犆一祫，嘗祫，烝祫。」此王制之文，夏、殷之制。天子春惟時祭，其夏、秋、冬既爲祫又爲時祭。諸侯亦春爲時祭，夏惟作祫，不作時祭，秋、冬先作時祭，而後祫。周則春曰祠，夏曰礿，三年一祫，在秋；五年一禘，在夏。故公羊傳云：「五年再殷祭。」禮緯云：「三年一祫，五年一禘。」此是鄭氏之義，未知孔意如何。

「予告汝于難，若射之有志。告汝行事之難，當如射之有所準志，必中所志乃善。○射，食夜反。準音准。中，丁仲反。

【疏】「予告」至「有志」　既言作福、作災由人行有善惡，故復教臣行善。我告汝於行事之難，猶如射之有所準志。志之所主，欲得中也。必中所志，乃爲「善」耳。以喻人將有行，豫思念之，行得其道爲善耳。其意言遷都是善道，當念從我言也。

傳「告汝」至「乃善」　此傳惟順經文，不言喻意。鄭玄云：「我告汝，於我心至難矣。夫射者張弓屬矢，而志在所射必中，然後發之。爲政之道，亦如是也。以己心度之，可施於彼，然後出之。」

汝無侮老成人，〔二六〕無弱孤有幼。〔二七〕不用老成人之言，是侮老之。〔二八〕不徙則孤幼受害，是弱易之。○侮，亡甫反。易，以豉反。

【疏】傳「不用」至「易之」　老，謂見其年老，謂其無所復知。弱，謂見其幼弱，謂其未有所識。鄭云：「老、弱，皆輕忽之意也。」老成人之言云可徙，不用其言，是侮老之也。不徙則水泉鹹鹵，孤幼受害，不念其害，則是卑弱輕易之也。

各長于厥居，勉出乃力，聽予一人之作猷。盤庚敕臣下各思長於其居，勉盡心出力，聽從遷徙之謀。○長，丁丈反。

【疏】傳「盤庚」至「之謀」　於時羣臣難毁其居宅，惟見目前之利，不思長久之計。其臣非一，共爲此心。盤庚敕臣下各思長久於其居處，勉强盡心出力，聽從我遷徙之謀。自此以下皆是也。

無有遠邇，用罪伐厥死，用德彰厥善。言遠近待之如一，罪以懲之使勿犯，伐去其死道，德以明之，使勸慕競爲善。○伐去，下羌呂反。

【疏】「無有」至「厥善」　此即遷徙之謀也。言我至新都撫養在下，無有遠之與近，必當待之如一。用刑殺之罪，伐去其死道，用照察之德，彰明其行善。有過，罪以懲之，使民不犯非法，死刑不用，是「伐去其死道」。「伐」若伐樹然，言止而不復行用也。有善者，人主以照察之德加賞禄以明之，使競慕爲善，是彰其善也。此二句相對，上言「用罪伐厥死」，下宜言「用賞彰厥生」，不然者，上言用刑，下言賞善，死是刑之重者，舉重，故言死；有善乃可賞，故言「彰厥善」。行賞是德，故以「德」言賞。人生是常，無善亦生，不得言彰厥生，故文互。

邦之臧，惟汝衆；有善，則衆臣之功。○臧，徐子郎反。邦之不臧，惟予一人有佚罰。佚，失也。是己失政之罰，罪己之義。○佚音逸。

「凡爾衆，其惟致告。致我誠告汝衆。自今至于後日，各恭爾事，齊乃位，度乃口。奉其職事，正齊其位，以法度居汝口，勿浮言。○度，徐如字，亦作「渡」。

【疏】「度乃口」　度，法度也，故傳言「以法度居汝口」也。

罰及爾身，弗可悔！」不從我謀，罰及汝身，雖悔可及乎？

盤庚中第十

盤庚作惟涉河，以民遷，爲此南渡河之法，用民徙。乃話民之弗率，誕告用亶其有衆：話，善言。民不循教，發善言大告用誠於衆。○話，胡快反，馬云：「告也，言也。」誕，徐音但。亶，丁但反，馬本作「單」，音同，誠也。咸造，勿褻在王庭。造，至也。衆皆至王庭，無褻慢。○造，七報反，注同，馬在早反，云：「爲也。」褻，息列反。盤庚乃登進厥民。升進，命使前。

【疏】「盤庚」至「厥民」　盤庚於時見都河北，欲遷向河南，作惟南渡河之法，欲用民徙，乃出善言，以告曉民之不循教者，大爲教告，〔二九〕用誠心於其所有之衆人。於時衆人皆至，無有褻慢之人，盡在於王庭，盤庚乃升進其民，延之使前，而教告之。史叙其事，以爲盤庚發誥之目。

傳「爲此」至「民徙」　鄭玄云「作渡河之具」，王肅云「爲此思南渡河之事」，此傳言「南渡河之法」，皆謂造舟船渡河之具，是濟水先後之次，思其事而爲之法也。

傳「話善」至「於衆」　釋詁云：「話，言也。」孫炎曰：「話，善人之言也。」王苦民不從教，〔三〇〕必發善言告之，故以「話」爲善言。鄭玄詩箋亦云：「話，善言也。」

曰：「明聽朕言，無荒失朕命！荒，廢。「嗚呼！古我前后，罔不惟民之承。言我先世賢君，無不承安民而恤之。保后胥慼，鮮以不浮于天時。民亦安君之政，相與憂行君令。浮，行也。少以不行於天時者，言皆行天時。○鮮，息淺反。

【疏】傳「民亦」至「天時」　以君承安民而憂之，故民亦安君之政，相與憂行君令，使君令必行。責時羣臣不憂行君令也。舟船浮水而行，故以「浮」爲「行」也。行天時也。順時布政〔三一〕若月令之爲也。

「殷降大虐，先王不懷。我殷家於天降大災，則先王不思故居而行徙。

【疏】傳「我殷」至「行徙」　遷都者，止爲邑居墊隘，水泉鹹鹵，非爲避天災也。此傳以「虐」爲「災」、「懷」爲「思」，言「殷家於天降大災，則先王不思故居而行徙」者，以天時、人事終是相將，邑居不可行化，必將天降之災。上云「不能相匡以生」，「罔知天之斷命」，即是天降災也。

厥攸作，視民利用遷。其所爲，視民有利則用徙。汝曷弗念我古后之聞？古君先王之聞，謂遷事。○曷，何末反。下同。承汝俾汝，惟喜康共，非汝有咎，〔三〕比于罰。今我法先王惟民之承，故承汝、使汝徙。惟與汝共喜安，非謂汝有惡徙汝，令比近於殃罰。○俾，必爾反。咎，其九反。比，毗志反，徐扶至反，注及下同。共，羣用反。令，力呈反。近，附近之近。

【疏】「承汝」至「于罰」　先王爲政，惟民之承。今我亦法先王，故承安汝，使汝徙，惟歡喜安樂，皆與汝共之，非謂汝有咎惡而徙汝，令比近於殃罰也。

予若籲懷茲新邑，亦惟汝，故以丕從厥志。言我順和懷此新邑，欲利汝衆，故大從其志而徙之。○籲，羊戍反。

【疏】「予若」至「厥志」　盤庚言我順於道理，和協汝衆，歸懷此新邑者，非直爲我王家，亦惟利汝衆，故爲此大從我本志而遷徙，不有疑也。

「今予將試以汝遷，安定厥邦。試，用。汝不憂朕心之攸困，所困不順上命。乃咸大不宣乃心，欽念以忱動予一人。汝皆大不布腹心，敬念以誠感動我，是汝不盡忠。○忱，市林反。爾惟自鞠自苦。鞠，窮也。言汝爲臣不忠，自取窮苦。○鞠，居六反。若乘舟，汝弗濟，臭厥載。言不徙之害，如舟在水中流，不渡，臭敗其所載物。○臭，徐尺售反。載，如字，又在代反。

【疏】「臭厥載」　「臭」是氣之別名。古者香氣、穢氣皆名爲臭。易云：「其臭如蘭。」謂香氣爲臭也。晉語云：「惠公改葬申生，臭徹於外。」謂穢氣爲臭也。下文覆述此意云：「無起穢以自臭。」則此臭謂穢氣也。肉敗則臭，故以「臭」爲敗。船不渡水，則敗其所載物也。

爾忱不屬，惟胥以沈，不其或稽，自怒曷瘳？〔三三〕汝忠誠不屬逮古，苟不欲徙，相與沈溺，不考之先王，禍至自怒，何瘳差乎？

○屬音燭，〔三四〕注同，馬云：「獨也。」沈，直林反。瘳，敕留反。

【疏】「爾忱」至「曷瘳」 盤庚責其臣民：汝等不用徙者，由汝忠誠不能屬逮於古賢，苟不欲徙，惟相與沈溺於衆不欲徙之言，不其有考驗於先王遷徙之事。汝既不考於古，及其禍至，乃自忿怒，何所瘳差也？

汝不謀長以思乃災，汝誕勸憂。汝不謀長久之計，思汝不徙之災，苟不欲徙，是大勸憂之道。

【疏】「汝誕勸憂」 凡人以善自勸，則善事多。若以憂自勸，則憂來衆。今不徙，則憂來衆，是自勸勵以憂愁之道。

今其有今罔後，汝何生在上？言不徙無後計，汝何得久生在人上，禍將及汝。

【疏】「今其」至「在上」 顧氏云：「責羣臣汝今日其且有今目前之小利，無後日久長之計，患禍將至，汝何得久生在民上也？」

「今予命汝一，無起穢以自臭。我一心命汝，汝違我，是自臭敗。○穢，於廢反。

【疏】「今予」至「自臭」　今我命汝，是我之一心也。汝當從我，無得起爲穢惡，以自臭敗。汝違我命，是起穢以自臭也。

恐人倚乃身，迂乃心。言汝既不欲徙，又爲他人所誤。倚，曲。迂，僻。○倚，於綺反，徐於奇反。迂音于。僻，匹亦反。

【疏】「恐人」至「乃心」　言汝心既不欲徙，旁人或更誤汝。我又恐他人倚曲汝身，迂僻汝心，使汝益不用徙也。

傳「言汝」至「迂僻」　人心不能自決，則好用非理之謀。言汝既不欲遷徙，又爲他人所誤。盤庚疑其被誤，故言此也。以物倚物者必曲，故「倚」爲「曲」也。迂是迴也。迴行必僻，故「迂」爲「僻」也。

予迓續乃命于天，予豈汝威？用奉畜汝衆。迓，迎也。言我徙欲迎續汝命于天，豈以威脅汝乎？用奉畜養汝衆。○迓，五駕反。畜，許竹反，下同。脅，虛業反。

【疏】傳「迓迎」至「汝衆」　「迓，迎」，釋詁文。不遷必將死矣，天欲遷以延命。天意向汝，我欲迎之。天斷汝命，我欲續之。我今徙者，欲迎續汝命於天，豈以威脅汝乎？遷都惟用奉養汝衆臣民耳。

「予念我先神后之勞爾先，予丕克羞爾，用懷爾然。言我亦法湯大能進勞汝，以義懷汝心，而汝違我，是汝反先人。○勞，力報反，又如字，注同。

【疏】「予念」至「爾然」 我念我先世神明之君成湯愛勞汝之先人，〔三五〕故我大能進用汝，與汝爵位，用以道義懷安汝心耳。然汝乃違我命，是汝反先人也。

傳「言我」至「先人」 易稱「神者，妙萬物而爲言」也。殷之先世神明之君，惟有湯耳，故知「神后」謂湯也。下「高后」、「先后」，與此「神后」一也。「神」者，言其通聖；「高」者，言其德尊。此神后言「先」，於高后略而不言「先」。其下直言「先后」，又略而不言「高」，從上省文也。「勞爾先」，謂愛之也。勞者，勤也。閔其勤勞而慰勞之，勞亦愛之義。故論語云：「愛之，能勿勞乎？」是勞爲愛也。追言湯勞汝先，則此所責之臣，其祖於成湯之世已在朝廷。世仕王朝而不用己命，故責之深也。

失于政，陳于兹，高后丕乃崇降罪疾，曰：『曷虐朕民？』崇，重也。今既失政，而陳久於此而不徙，湯必大重下罪疾於我，曰：何爲虐我民而不徙乎？○重，直勇反，又直恭反。汝萬民乃不生生，暨予一人猷同心。不進進謀同心徙。先后丕降與汝罪疾，曰：『曷不暨朕幼孫有比？』言非但罪我，亦將罪汝。幼孫，盤庚自謂。比，同心。故有爽德，自上其罰汝，汝罔能迪。湯有明德在天，見汝情，下罰汝，汝無能道。言無辭。

【疏】「失于」至「能迪」 盤庚以民不願遷，言神將罪汝，〔三六〕欲懼之使從己也。我所以必須徙者，我今失於政教，陳久於此，民將有害，高德之君成湯必忿我不徙，大乃重下罪疾於我，曰：何爲殘虐我民而不徙乎？ 我既欲徙，而汝與萬民乃不進進，與我一人謀計同心，則我先君成湯大下與汝罪疾，曰：何故不與我幼孫盤庚有相親比，同心徙乎？汝不與我同心，故湯有明德，從上見汝之情，其下罪罰於汝。汝實有罪，無所能道言，無辭以自解説也。

傳「崇重」至「徙乎」 「崇，重」，釋詁文。又云：「塵，久也。」孫炎曰：「陳居之久，久則生塵矣。」古者「塵」、「陳」同也，故「陳」爲久之義。

傳「不進」至「心徙」 物之生長，則必漸進，故以「生生」爲進進。王肅亦然。進進，是同心願樂之意也。此實責羣臣，而言「汝萬民」者，民心亦然，因博及之。

傳「湯有」至「無辭」 訓「爽」爲明。言其見下，故稱「明德」。詩稱「三后在天」，死者精神在天，故言下見汝。〔三七〕

「古我先后既勞乃祖、乃父，勞之共治人。〔三八〕汝共作我畜民，汝有戕，則在乃心。戕，殘也。汝共我治民，有殘人之心而不欲徙，是反父祖之行。○戕，在良反，又七良反。行，下孟反。我先后綏乃祖、乃父，乃祖、乃父乃斷棄汝，不救乃死。言我先王安汝父祖之忠，今汝不忠，汝父祖必斷絶棄汝命，不救汝死。○斷，丁緩反。

【疏】「古我」至「乃死」 又責羣臣：古我先君成湯既愛勞汝祖、汝父，與之共治民矣。汝今共爲我養民之官，是我於汝與先君同也。而汝有殘虐民之心，非我令汝如此，則在汝心自爲此惡。是汝反祖、父之行，雖汝祖、父亦不祐汝。我先君安汝祖、汝父之忠，汝祖、汝父忠於先君，必忿汝違我，乃斷絶棄汝命，不救汝死。言汝違我命，故汝祖、父亦忿，見湯罪汝，不救汝死也。

傳「勞之」至「治人」　下句責臣之身云「汝共作我畜民」，明先后勞其祖、父，是「勞之共治民」也。

傳「戕殘」至「之行」　春秋宣十八年，邾人戕鄫子。左傳云：「凡自虐其君曰弒，自外曰戕。」戕爲殘害之義，故爲殘也。先后愛勞汝祖、汝父，與共治民，汝祖、父必有愛人之心。「作」，訓「爲」也。汝今共爲我養民之官，而有殘民之心，而不用徙以避害，是汝反祖、父之行。盤庚距湯，年世多矣，臣父不及湯世，而云父者，與祖連言之耳。

茲予有亂政同位，具乃貝、玉。亂，治也。此我有治政之臣同位於父、祖，不念盡忠，但念具貝、玉而已，言其貪。○治，直吏反。盡，子忍反。**乃祖、乃父丕乃告我高后曰：**〔三九〕**『作丕刑于朕孫。』**〔四〇〕言汝父、祖見汝貪而不忠，必大乃告湯曰：作大刑于我子孫，求討不忠之罪。○告，工號反。我高后，本又作「乃祖乃父」。**迪高后丕乃崇降弗祥。**〔四一〕言汝父、祖開道湯，大重下不善以罰汝。陳忠孝之義以督之。

【疏】「茲予」至「弗祥」　又責臣云：汝祖、父非徒不救汝死，乃更請與汝罪。於此我有治政之臣，同位於其父、祖，其位與父、祖同，心與父、祖異，不念忠誠，但念具汝貝、玉而已。言其貪而不忠也。汝先祖、先父以汝如此，大乃告我高后曰：爲大刑于我子孫。以此言開道我高后，故我高后大乃下不善之殃以罰汝。成湯與汝祖、父皆欲罪汝，汝何以不從我徙乎？

傳「亂治」至「其貪」　「亂，治」，釋詁文。舍人曰：「亂，義之治也。」孫炎曰：「亂，治之理也。」大臣理國之政，此者所責之人，故言於此我有治政之臣。言其同位於父、祖，責其位同而心異也。貝者，水蟲，古人取其甲以爲貨，如今之用錢然。漢書食貨志具有其事，「貝」是行用之貨也。貝、玉是物之最貴者，責其貪財，故舉二物以言之。當時之臣不念盡忠於君，但念具貝、玉而已，言其貪也。

傳「言汝」至「之罪」　上句言成湯罪此諸臣，其祖、父不救子孫之死，此句言臣之祖、父請成湯討其子孫，以不從己，故責之益深。先祖請討，非盤庚所知，原神之意而爲之辭，以懼其子孫耳。

傳「言汝」至「督之」　訓「迪」爲「道」，言汝父、祖開道湯也。不從君爲不忠，違父祖爲不孝。父、祖開道湯下罰，欲使從君順祖，陳忠、孝之義以督勵之。

「嗚呼！今予告汝不易。凡所言皆不易之事。〔四二〕○易，以豉反，注同。永敬大恤，無胥絶遠。長敬我言，大憂行之，無相與絶遠棄廢之。○遠，于萬反，又如字，注同。汝分猷念以相從，各設中于乃心。〔四三〕羣臣當分明相與謀念，〔四四〕和以相從，各設中正于汝心。○分，扶問反，又如字，注同。乃有不吉不迪，不善不道，謂凶人。〔四五〕顛越不恭，暫遇姦宄，顛，隕；越，墜也。不恭，不奉上命。暫遇人而劫奪之，爲姦於外，爲宄於內。○隕，于敏反。暫，才淡反。我乃劓殄滅之，無遺育，無俾易種于茲新邑。劓，割；育，長也。言不吉之人當割絶滅之，無遺長其類，無使易種於此新邑。○劓，魚器反，徐吾氣反。殄，徒典反。易，如字，又以豉反，注同。長，丁丈反，下「遺長」同。往哉！生生。今予將試以汝遷，永建乃家。」自今已往，進進於善，我用以汝徙，長立汝家。卿大夫稱家。

【疏】「嗚呼」至「乃家」　盤庚以言事將畢，欲戒使入之，故嗚呼而歎之：今我告汝，皆不易之事。言其難也。事既不易，當長敬我言，大憂行之，無相絶遠棄廢之，必須存心奉行。汝羣臣臣分輩相與計謀，〔四六〕念和協以相從，各設中正于汝心，勿爲殘害之事。汝羣臣若有不善不道，隕墜禮法，不恭上命，暫逢遇人，即爲姦宄而劫奪之，我乃割絶滅之，無有遺餘生長。所以然者，欲無使易其種類於此新邑故耳。自今以往哉，汝當進進於善。今我將用以汝遷，長立汝家，使汝在位，傳諸子孫，勿得違我言也。

傳「不易之事」 此「易」讀爲難易之易。不易，言其難也。王肅云：「告汝以命之不易。」亦以「不易」爲難。鄭玄云：「我所以告汝者不變易，言必行之。」謂盤庚自道已言必不改易，與孔異。

傳「顛隕」至「於內」 釋詁云：「隕，落也。隕，墜也。」顛是從上倒下之言，〔四七〕故以「顛」爲「隕」。「越」是遺落，爲「墜」也。左傳僖九年齊桓公云「恐隕越於下」，文十八年史克云「弗敢失墜隕越」，是遺落廢失之意，故以隕墜不恭爲「不奉上命」也。「暫遇人而劫奪之」，謂逢人即劫，爲之無已。成十七年左傳曰：「亂在外爲姦，在內爲宄。」是劫奪之事，故以「劫奪」解其姦宄也。

傳「劓割」至「新邑」 五刑截鼻爲劓，故「劓」爲割也。「育，長」，釋詁文。「不吉之人當割絕滅之，無遺長其類」，謂早殺其人，不使得生子孫有此惡類也。「易種」者，即今俗語云相染易也。惡種在善人之中，則善人亦變易爲惡，故絕其惡類，「無使易種於此新邑」也。滅去惡種，乃是常法，而言于此新邑者，言已若至新都，當整齊使絜清。

傳「自今」至「稱家」 「長立汝家」，謂賜之以族，使子孫不絕，左傳所謂諸侯命氏是也。王朝大夫，天子亦命之氏，故云「立汝家」也。

盤庚下第十一

盤庚既遷，奠厥攸居，乃正厥位，定其所居，正郊、廟、朝、社之位。○奠，田薦反。朝，直遥反。綏爰有衆曰：

「無戲怠，懋建大命。安於有衆，戒無戲怠，勉立大教。今予其敷心腹腎腸，歷告爾百姓于朕志。布心腹，言輸誠於百官以告志。○腎，時忍反。腸，徐持良反。罔罪爾衆，爾無共怒，協比讒言予一人。羣臣前有此過，故禁其後。今我不罪汝，汝勿共怒我，合比凶人而妄言。○比，毗志反。讒，士咸反。

【疏】「盤庚」至「一人」　盤庚既遷至殷地，定其國都處所，乃正其郊廟朝社之位。又屬民而聚之，安慰於其所有之衆曰：汝等自今以後，無得遊戲怠惰，勉力立行教命。今我其布心腹腎腸，輸寫誠信，歷遍告汝百姓於我心志者。欲遷之日，民臣共怒盤庚，盤庚恐其怖懼，故開解之：今我無復罪汝衆人。我既不罪汝，汝無得如前共爲忿怒，協比讒言，毀惡我一人。恕其前愆，與之更始也。

傳「定其」至「之位」　訓「攸」爲「所」，「定其所居」，總謂都城之内，官府萬民之居處也。鄭玄云：「徙主於民，故先定其里宅所處，次乃正宗廟、朝廷之位。」如鄭之意，奠厥攸居者，止謂定民之居，豈先令民居使足，待其餘剩之處，然後建王宮乎？若留地以擬王宮，即是先定王居，不得爲先定民矣。孔惟言「定其所居」，知是官、民之居並定之也。禮，郊在國外，左祖右社，面朝後市。正厥位，謂正此郊、廟、朝、社之位也。

傳「安於」至「大教」　鄭玄云：「勉立我大命，使心識教令，常行之。」王肅云：「勉立大教，建性命，致之五福。」又案下句「爾無共怒」予一人，是恐其不從己命。此句宜言我有教命，汝當勉力立之。鄭說如孔旨也。

傳「布心」至「告志」　此論心所欲，言腹内之事耳。以心爲五臟之主，腹爲六腑之總，腸在腹内，腎在心下，舉腎、腸以配腹、心。詩曰：「公侯腹心。」宣十二年左傳云：「敢布腹心。」是「腹心」足以表内，「腎腸」配言之也。

古我先王，將多于前功，言以遷徙多大前人之功美。適于山，用降我凶德，嘉績于朕邦。〔四八〕徙必依山之險，無城郭之勞。下去凶惡之德，立善功于我國。○降，工巷反，徐下江反。去，羌呂反。今我民用蕩析離居，罔有定極。水泉沈溺，故蕩析離居，無安定之極，徙以爲之極。○析，先歷反，注同。

【疏】「古我」至「定極」　言古者我之先王，將欲多大於前人之功，是故徙都而適于山險之處，用下去我凶惡之德，立善功于我新國。但徙來已久，水泉沈溺，今我在此之民，用播蕩分析，離其居宅，無有安定之極，我今徙而使之得其中也。説其遷都之意，亦欲多大前人之功，定民極也。

傳「言以」至「功美」　古我先王，謂遷都者。前人，謂未遷者。前人久居舊邑，民不能相匡以生，則是居無功矣。盤庚言先王以此遷徙，故多大前人之功美。故我今遷，亦欲多前功矣。

傳「徙必」至「我國」　先王至此五邦，不能盡知其地，所都皆近山，故總稱「適于山」也。易坎卦彖云：「王公設險以守其國。」徙必依山之險，欲使下民無城郭之勞。雖則近山，不可全無城郭，言其防守易耳。徙必近山，則舊處、新居皆有山矣。而云「適于山」者，言其徙必依山，不適平地，不謂舊處無山故徙就山也。水泉鹹鹵，民居墊隘，時君不爲之徙，即是「凶惡之德」。其徙者，是「下去凶惡之德，立善功於我」新遷之國也。言「下」者，凶德在身，下而墜去之。

傳「水泉」至「之極」　民居積世，穿掘處多，則水泉盈溢，令人沈深而陷溺其處，不可安居，播蕩分析，離其居宅，無安定之極，「極」訓中也。詩云：「立我烝民，莫匪爾極。」言民賴后稷之功，莫不得其中，今爲民失中，故徙以爲之中也。

爾謂朕曷震動萬民以遷，言皆不明己本心。肆上帝將復我高祖之德，亂越我家。以從故，天將復湯德，治理於我家。○治，直吏反。朕及篤敬，恭承民命，用永地于新邑。言我當與厚敬之臣奉承民命，用長居新邑。肆予沖人非廢厥謀，弔由靈。沖，童。童人，謙也。弔，至；靈，善也。非廢，謂動謀於衆，至用其善。○弔音的，或如字。各非敢違卜，用宏茲賁。宏、賁，皆大也。君臣用謀，不敢違卜，用大此遷都大業。○賁，扶云反。

【疏】「爾謂」至「茲賁」　言我徙以爲民立中，汝等不明我心，乃謂我何故震動萬民以爲此遷。我以此遷之故，上天將復我高祖成湯之德，治理于我家。我當與厚敬之臣奉承民命，用是長居于此新邑。以此，須遷之。故我童蒙之人非敢廢其詢謀，謀于衆人。衆謀不同，至用其善者。言善謀者皆欲遷都也。又決之于龜卜，而得吉。我與汝羣臣各非敢違卜，用是必遷，光大此遷都之大業。我徙本意如此耳。

傳「以從」至「我家」　民害不從，違失湯德。以從之故，天必祐我，將使復奉湯德，令得治理于我家。言由從故天福之也。

傳「沖童」至「其善」　沖、童聲相近，皆是幼小之名。自稱童人，言己幼小無知，故爲「謙」也。「弔，至」、「靈，善」，皆釋詁文。〔四九〕禮，將有大事，必謀於衆。謀衆乃是常理，故言「非廢謂動謀於衆」，言己不自專也。衆謀必有異見，故至極用其善者。

傳「宏賁」至「大業」　宏、賁，皆大也，釋詁文。〔五〇〕樊光曰：「周禮云：『其聲大而宏。』詩云：『有賁其首。』」〔五一〕是

『宏』、『賁』皆爲大之義也。」「各」者，非一之辭，故爲「君臣用謀，不敢違卜」。洪範云：「汝則有大疑，謀及卿士，謀及卜筮。」言非敢違卜，是既謀及於衆，又決於蓍龜也。「用大此遷都」，「大」謂立嘉績以大之也。

「嗚呼！邦伯、師長、百執事之人，尚皆隱哉！國伯，二伯及州牧也。衆長，公卿也。言當庶幾相隱括，共爲善政。予其懋簡相爾，念敬我衆。簡，大；相，助也。勉大助汝，念敬我衆民。○相爾，上息亮反。朕不肩好貨，敢恭生生，鞠人謀人之保居叙欽。肩，任也。我不任貪貨之人，敢奉用進進於善者，人之窮困能謀安其居者，則我式序而敬之。○好，呼報反。任，而林反。○長，丁丈反，注同。

【疏】「嗚呼」至「叙欽」　言遷事已訖，故歎而敕之：嗚呼，國之長伯及衆官之長與百執事之人，庶幾皆相與隱括，共爲善政哉。我其勉力大助汝等爲善，汝當思念愛敬我之衆民。我不任用好貨之人，有人果敢奉用進進於善，見窮困之人，能謀此窮困之人安居者，我乃次序而敬用之。

傳「國伯」至「善政」　邦伯，邦國之伯，諸侯師長，故爲東、西二伯及九州之牧也。鄭玄注禮記云：「殷之州長曰伯，虞夏及周皆曰牧。」此殷時而言牧者，此乃鄭之所約。孔意不然，故總稱牧也。「師」訓爲「衆」，衆長，衆官之長，故爲三公、六卿也。其「百執事」，謂大夫以下諸有職事之官皆是也。此總敕衆臣，故二伯已下及執事之人皆戒之也。釋言云：「庶幾，尚也。」反覆相訓，故「尚」爲「庶幾」。庶，幸也。幾，冀也。「隱」，謂隱審也。幸冀相與隱審檢括，共爲善政，欲其同心共爲善也。「隱括」必是舊語，不知本出何書。何休公羊序云：「隱括使就繩墨焉。」

傳「簡大」至「衆民」　「簡，大」，釋詁文。又云：「相，助，勴也。」〔五二〕俱訓爲勴，是相得爲助也。盤庚欲使羣臣同心爲善，欲勉力大佐助之，使皆念敬我衆民也。

傳「肩任」至「敬之」 釋詁云：「肩，勝也。」舍人曰：「肩，强之勝也。」强能勝重，是堪任之義，故爲任也。我今不委任貪貨之人。以「恭」爲「奉」。人有向善而心不決志，故美其人能果敢「奉用進進於善者」，言其人好善不倦也。「鞠」訓爲「窮」。「鞠人」，謂窮困之人。「謀人之保居」，謂謀此窮人之安居。若見人之窮困能謀安其居，愛人而樂安存之者，「則我式序而敬之」。詩云「式序在位」，言其用次序在官位也。鄭、王皆以「鞠」爲養，言能謀養人、安其居者，我則次序而敬之。與孔不同。

今我既羞告爾于朕志，若否，罔有弗欽。已進告汝之後，順於汝心與否，當以情告我，無敢有不敬。○告，故報反。無總于貨寶，生生自庸。無總貨寶以求位，當進進皆自用功德。式敷民德，永肩一心。」用布示民，必以德義，長任一心以事君。

【疏】「今我」至「一心」 今我既進而告汝于我心志矣，其我所告順合于汝心以否，當以情告我，無得有不敬者。汝等無得總于貨寶以求官位，當進進自用功德，不當用富也。用此布示于民，必以德義，長任一心以事君，不得懷二意。以遷都既定，故殷勤以戒之。

説命上第十二

高宗夢得説，盤庚弟、小乙子，名武丁。德高可尊，故號高宗。夢得賢相，其名曰説。○説，本又作「兑」，音悦，注及下篇同。相，息亮反，下同。使百工營求諸野，得諸傅巖，使百官以所夢之形象經營求之於外野，〔五三〕得之於傅巖之谿。作説命三篇。命説爲相，使攝政。

【疏】「高宗」至「三篇」　殷之賢王有高宗者，夢得賢相，其名曰説。羣臣之内既無其人，使百官以所夢之形象經營求之於野外，得之于傅氏之巖，遂命以爲相。史叙其事，作説命三篇。

傳「盤庚」至「曰説」　世本云：「盤庚崩，弟小辛立；崩，弟小乙立；崩，子武丁立。」是武丁爲盤庚弟、小乙子也。喪服四制云：「高宗者，武丁。武丁者，殷之賢王也。」當此之時，殷衰而復興，禮廢而復起，中而高之，故謂之高宗，是德高可尊，故號高宗也。經云「爰立作相」，王呼之曰「説」，知其名曰説。

傳「使百」至「之谿」　以「工」爲官。見其求者衆多，故舉百官言之。使百官以所夢之形象，經營求於外野。皇甫謐云：「使百工寫其形象。」則謂「工」爲工巧之人，與孔異也。釋水云：「水注川曰谿。」李巡曰：「水出於山入於川曰谿。」然則谿是水流之處。「巖」是山崖之名。序稱「得諸傅巖」，傳云「得之於傅巖之谿」，以「巖」是總名，故序言之耳。

傳「命説」至「攝政」　經稱「爰立作相」，是命爲相也；「惟説命總百官」，是使攝政也。

説命 始求得而命之。

【疏】「説命」　此三篇上篇言夢説，始求得而命之；中篇説既總百官，戒王爲政；下篇王欲師説而學，説報王爲學之有益，王又厲説以伊尹之功。相對以成章，史分序以爲三篇也。

王宅憂，亮陰三祀。〔五四〕陰，默也。居憂信默，三年不言。○亮，本又作「諒」，如字，又力章反。

【疏】「王宅憂亮陰三祀」 言王居父憂，信任冢宰，默而不言，已三年矣。三年不言，自是常事，史録此句於首者，謂既免喪事，可以言而猶不言，故述此以發端也。

傳「陰默」至「不言」 「陰」者，幽闇之義。默亦闇義，故爲「默」也。易稱「君子之道，或默或語」，則默者不言之謂也。無逸傳云：「乃有信默，三年不言。」有此「信默」，則信謂信任冢宰也。

既免喪，其惟弗言。除喪猶不言政。羣臣咸諫于王曰：「嗚呼！知之曰明哲，明哲實作則。知事則爲明智，明智則能制作法則。○哲，本又作「喆」。天子惟君萬邦，百官承式。天下待令，百官仰法。王言惟作命，不言，臣下罔攸稟令。」稟，受。令，亦命也。

王庸作書以誥曰：「以台正于四方，台恐德弗類，茲故弗言。用臣下怪之，故作誥。類，善也。我正四方，恐德不善，此故不言。○誥，故報反。台音怡。恭默思道，夢帝賚予良弼，其代予言。」夢天與我輔弼良佐，將代我言政教。○賚，力代反，徐音來。乃審厥象，俾以形旁求于天下。審所夢之人，刻其形象，以四方旁求之于民間。○俾，必爾反。説築傅巖之野，惟肖。

傅氏之巖，在虞、虢之界，通道所經，有澗水壞道，常使胥靡刑人築護此道。〔五五〕説賢而隱，代胥靡築之，以供食。肖，似，似所夢之形。○肖音笑。虢，寡白反。壞音怪。供音恭。

【疏】傳「傅氏」至「之形」　傳以「傅」爲氏，此巖以「傅」爲名，明巖傍有姓傅之民，故云傅氏之巖也。尸子云：「傅巖在北海之洲。」傳言虞、虢之界，孔必有所案據而言之也。史記殷本紀云：「是時説爲胥靡，築於傅險。」晉灼漢書音義云：「胥，相也。靡，隨也。古者相隨坐，輕刑之名。」言於時築傅險，則以杵築地。傅説，賢人，必身不犯罪，而言其「説爲胥靡」，當是時代胥靡也。傳云「通道所經，有澗水壞道，常使胥靡刑人築護此道，説賢而隱，代胥靡築之以供食」，或亦有成文也。殷本紀又云：「武丁得説，舉以爲相，遂以傅險姓之，號曰傅説。」鄭云：「得諸傅巖，高宗因以『傅』命説爲氏。」案序直言夢得説，不言傅，或如馬、鄭之言。如高宗始命爲傅氏，不知舊何氏也。皇甫謐云：「高宗夢天賜賢人，胥靡之衣蒙之而來，且云：〔五六〕『我，徒也，姓傅名説。天下得我者，豈徒也哉！』武丁悟而推之曰：『傅者，相也。説者，懽説也。天下當有傅我而説民者哉。』明以夢視百官，百官皆非也。乃使百工寫其形象，求諸天下，果見築者胥靡，衣褐帶索，執役于虞虢之間傅巖之野，名説。以其得之傅巖，謂之傅説。」案謐言初夢即云姓傅名説，又言得之傅巖謂之傅説，其言自不相副。謐惟見此書，傅會爲近世之語，其言非實事也。

爰立作相，王置諸其左右，於是禮命立以爲相，使在左右。命之曰：「朝夕納誨，以輔台德。言當納諫誨直辭，以輔我德。○朝，張遥反。若金，用汝作礪。鐵須礪以成利器。○礪，力世反。若濟巨川，用汝作舟楫。渡大水待舟楫。○楫，音接，徐音集。

若歲大旱，用汝作霖雨。霖，三日雨。霖以救旱。

【疏】傳「霖三日雨」 隱九年左傳云：「凡雨，自三日已往爲霖。」

啓乃心，沃朕心。若藥，弗瞑眩，厥疾弗瘳。開汝心以沃我心。如服藥，必瞑眩極，其病乃除。欲其出切言以自警。○瞑，莫遍反。眩，玄遍反，徐又呼縣反。瞑眩，困極也。瘳，敕留反。警音景。

【疏】「啓乃」至「弗瘳」 當開汝心所有，以灌沃我心。欲令以彼所見，教己未知故也。其沃我心須切至，若服藥不使人瞑眩憒亂，〔五七〕則其疾不得瘳愈。言藥毒乃得除病，言切乃得去惑也。

傳「開汝」至「自警」 「瞑眩」者，令人憒悶之意也。方言云：「凡飲藥而毒，東齊、海岱間或謂之瞑，或謂之眩。」郭璞曰：「瞑眩，亦通語也。」然則藥之攻病，先使人瞑眩憒亂，病乃得瘳。傳言「瞑眩極」者，言悶極藥乃行也。楚語稱「衛武公作懿以自警」，懿即大雅抑詩也。切言出於傅說，據王以爲自警也。

若跣，弗視地，厥足用傷。跣必視地，足乃無害。言欲使爲己視聽。○跣，先典反，徐七顯反。爲己，上于僞反。惟暨乃僚，罔不同心，以匡乃辟。與汝並官，皆當倡率，無不同心以匡正汝君。○辟，必亦反。俾率先王，迪我高后，以康兆民。言匡正汝君，使循先王之道，蹈成湯之蹤，以安天下。嗚呼！欽予時命，其惟有終。」敬我是命，修其職使有終。

說復于王曰：「惟木從繩則正，后從諫則聖。言木以繩直，君以諫明。后克聖，臣不命其承，君能受諫，則臣不待命，其承意而諫之。疇敢不祗若王之休命？」言王如此，誰敢不敬順王之美命而諫者乎？

説命中第十三

惟説命總百官，在冢宰之任。

【疏】「惟説命總百官」　惟此傅説受王命總百官之職，謂在冢宰之任也。説以官高任重，乃進言於王，故史特摽此句，爲發言之端也。○總音摠。

乃進于王曰：「嗚呼！明王奉若天道，建邦設都。天有日、月、北斗、五星、二十八宿，皆有尊卑相正之法，言明王奉順此道，以立國設都。○宿音秀。

【疏】傳「天有」至「設都」　晉語云：「大者天地，其次君臣。」易繫辭云：「天垂象，見吉凶，聖人象之。」皆言人君法天以設官，順天以致治也。天有日月，照臨晝夜，猶王官之伯率領諸侯也；北斗環繞北極，猶卿士之周衛天子也；五星行於列宿，猶州牧之省察諸侯也；二十八宿布於四方，猶諸侯爲天子守土也。天象皆有尊卑相正之法，言明王奉順天道，「以立國設都」也。立國，謂立王國及邦國；設都，謂設帝都及諸侯國都，總言建國立家之事。

樹后王、君公，承以大夫、師長。言立君臣上下。將陳爲治之本，故先舉其始。○王，于方反。長，丁丈反。治，直吏反。下同。

【疏】「樹后」至「師長」　此又總言設官分職之事也。「樹」，立也。「后王」，謂天子也。「君公」，謂諸侯也。「承」者，奉上之名。「后王君公」，人主也。「大夫、師長」，人臣也。臣當奉行君命，故以「承」言之。周禮立官多以「師」爲名，師者衆所法，亦是長之義也。大夫已下，分職不同，每官各有其長，故以「師長」言之。三公則「君公」之内包之，卿則「大夫」之文兼之。「師長」之言，亦通有士。將陳爲治之本，故先舉其始。略言設官，故辭不詳備。爲治之本，「惟天聰明」已下皆是也。

不惟逸豫，〔五八〕惟以亂民。不使有位者逸豫民上，言立之主使治民。○豫，羊慮反。

「惟天聰明，惟聖時憲，惟臣欽若，惟民從乂。憲，法也。言聖王法天以立教，臣敬順而奉之，民以從上爲治。○從，才容反。

【疏】傳「憲法」至「爲治」　「憲，法」，釋詁文。人之聞見，在於耳目。天無形體，假人事以言之。「聰」謂無所不聞，「明」謂無所不見。惟聖人於是法天，言「聖王法天以立教」，於下無不聞見，除其所惡，納之於善，雖復運有推移，道有升降，其所施爲，未嘗不法天也。「臣敬順而奉之」，「奉」即上文「承」也。奉承君命而布之於民，「民以從上爲治」，不從上命則亂，故「從乂」也。

惟口起羞，惟甲胄起戎，甲，鎧；胄，兜鍪也。言不可輕教令、易用兵。○胄，直又反。鎧，苦代反。兜，丁侯反。鍪，莫侯反。易，以豉反。惟衣裳在笥，惟干戈省厥躬。言服不可加非其人，兵不可任非其才。○笥，息嗣反。省，息井反，一本作「眚」。

【疏】「惟口」至「厥躬」 言王者法天施化，其舉止不可不慎。惟口出令不善，以起羞辱。惟甲胄伐非其罪，以起戎兵。惟衣裳在篋笥，「不可加非其人」，觀其能足稱職，然後賜之。惟干戈在府庫，「不可任非其才」，省其身堪將帥，然後授之。上二句事相類，下二句文不同者，衣裳言「在篋笥」，干戈不言所在，干戈云「省厥躬」，衣裳不言視其人，令其互相足也。

傳「甲鎧」至「用兵」 經傳之文，無「鎧」與「兜鍪」，蓋秦漢已來始有此名，傳以今曉古也。古之甲胄皆用犀兕，未有用鐵者，而「鍪、鎧」之字皆從金，蓋後世始用鐵耳。口之出言爲教令，甲胄興師乃用之，言不可輕教令、易用兵也。「易」亦輕也。安危在出令，令之不善，則人違背之，是「起羞」也。静亂在用兵，伐之無罪，則人叛違之，是「起戎」也。

傳「言服」至「其才」 「非其人」、「非其才」，義同而互文也。周禮大宗伯以九儀之命正邦國之位：一命受職，再命受服，三命受位，四命受器，五命賜則，六命賜官，七命賜國，八命作牧，九命作伯。鄭云：「一命，始見命爲正吏，受職治職事也。列國之士一命，王之下士亦一命。再命受服，受玄冕之服。列國之大夫再命，王之中士亦再命。」然則再命已上始受衣服，未賜之時，在官之篋笥也。甲胄、干戈，俱是軍器。上言不可輕用兵，此言不可妄委人，雖文重而意異也。

王惟戒茲，允茲克明，乃罔不休。言王戒慎此四「惟」之事，信能明政，乃無不美。

「惟治亂在庶官。言所官得人則治，失人則亂。官不及私昵，惟其能。不加私昵，惟能是官。○昵，女乙反。爵罔及惡德，惟其賢。言非賢不爵。

【疏】「官不」至「其賢」 王制云：「論定然後官之，任官然後爵之。」鄭云：「官之，使之試守也。爵之，命之也。」然則治其事謂之官，受其位謂之爵，「官」、「爵」一也，所從言之異耳。「賢」謂德行，「能」謂才用。治事必用能，故官云「惟其能」。受位宜得賢，故爵云「惟其賢」。詩序云：「任賢使能。」周禮卿大夫：「三年則大比，考其德行道藝，而興賢者能者。」鄭云：「賢者，有德行者。能者，有道藝者。」是賢、能爲異耳。「私昵」，謂知其不可而用之。「惡德」，謂不知其非而任之。戒王使審求人，絶私好也。

慮善以動，動惟厥時。非善、非時不可動。有其善，喪厥善；矜其能，喪厥功。雖天子，亦必讓以得之。○喪，息浪反。

【疏】「有其」至「厥功」 人性尚謙讓而憎自取，自有其善，則人不以爲善，故實善而喪其善。自誇其能，則人不以爲能，故實能而喪其能。由其自取，故人不與之。「有其善」，即伐善也。舜美禹云：「汝惟不矜，天下莫與汝爭能；汝惟不伐，天下莫與汝爭功。」是言推而不有，故名反歸之也。

「惟事事乃其有備。有備，無患。事事，非一事。無啓寵納侮，開寵非其人，則納侮之道。

【疏】「無啓寵納侮」 君子位高益恭，小人得寵則慢。若寵小人，則必恃寵慢主。無得開小人以寵，自納此輕侮也。「開」謂君出恩以寵臣，「納」謂臣入慢以輕主。據君而言，開納以出入爲文也。

無恥過作非。恥過誤而文之，遂成大非。

【疏】傳「恥過」至「大非」 仲虺之美成湯云：「改過不吝。」明小人有過皆惜而不改。論語云：「小人之過也必文。」恥有過誤，而更以言辭文飾之，望人不覺，其非彌甚，故遂成大非也。

惟厥攸居，政事惟醇。其所居行皆如所言，則王之政事醇粹。○醇音純。粹，雖遂反。黷于祭祀，時謂弗欽。禮煩則亂，事神則難。」祭不欲數，數則黷，黷則不敬。事神禮煩，則亂而難行。高宗之祀特豐數近廟，故説因以戒之。○黷，徒木反。數，色角反。

【疏】傳「祭不」至「戒之」 「祭不欲數，數則黷，黷則不敬」，禮記祭義文也。〔五九〕此一經皆言祭祀之事，禮煩，亦謂祭祀之煩，故傳總云「事神禮煩，則亂而難行」。孔以高宗肜日祖己訓諸王「祀無豐于昵」，謂傅説此言爲彼事而發，故云「高宗之祀特豐數於近廟，故説因而戒之」。

王曰：「旨哉！説，乃言惟服。旨，美也。美其所言皆可服行。乃不良于言，予罔聞于行。」汝若不善于所言，則我無聞于所行之事。

説拜稽首曰：「非知之艱，行之惟艱。〔六〇〕言知之易，行之難，以勉高宗。王忱不艱，允協于先王成德。王心誠不以行之爲難，則信合于先王成德。○忱，市林反。惟説不言，有厥咎。」王能行善而説不言，則有其咎罪。

説命下第十四

王曰：「來，汝説。台小子舊學于甘盤，學先王之道。甘盤，殷賢臣有道德者。○台音怡。

【疏】「王曰」至「甘盤」。「舊學于甘盤」，謂爲王子時也。君奭篇周公仰陳殷之賢臣云：「在武丁，時則有若甘盤。」然則甘盤於高宗之時有大功也。上篇高宗免喪，不言即求傅説，似得説時無賢臣矣。蓋甘盤於小乙之世以爲大臣，小乙將崩，受遺輔政，高宗之初，得有大功。及高宗免喪，甘盤已死，故君奭傳曰：「高宗即位，甘盤佐之，後有傅説。」是言傅説之前有甘盤也。但下句言「既乃遯于荒野」，是學訖乃遯，非即位之初從甘盤學也。

既乃遯于荒野，入宅于河，既學而中廢業，遯居田野河洲也。其父欲使高宗知民之艱苦，故使居民間。○遯，徒頓反。

【疏】傳「既學」至「民間」　河是水名，水不可居，而云「入宅于河」，知在河之洲也。釋水云：「水中可居者曰洲。」初遯田野，後入河洲，言其徙居無常也。無逸云：「其在高宗，時舊勞于外，爰暨小人。」言其父欲使高宗知民之艱苦，故使居民間也。於時蓋未爲太子。殷道雖質，不可既爲太子，更得與民雜居。

自河徂亳，暨厥終罔顯。自河往居亳，與今其終，故遂無顯明之德。爾惟訓于朕志。言汝當教訓於我，使我志通達。若作酒醴，爾惟麴糵；酒醴須麴糵以成，亦言我須汝以成。○麴，起六反。糵，魚列反。若作和羹，爾惟鹽梅。鹽，鹹；梅，醋。羹須鹹醋以和之。○羹音庚，一音衡。鹽，余廉反。梅，亦作「楳」。醋，七故反。和，如字，又胡卧反。爾交修予，罔予棄，予惟克邁乃訓。」交，非一之義。邁，行也。言我能行汝教。

【疏】傳「交非」至「汝教」　「爾交修予」，令其交更修治己也，故以「交」爲非一之義。言交互教之，非一事之義。「邁，行」，釋詁文。〔六一〕

説曰：「王人求多聞，時惟建事，學于古訓，乃有獲。王者求多聞以立事，學于古訓乃有所得。事不師古，以克永世，匪説攸聞。事不法古訓而以能長世，非説所聞，言無是道。惟學遜志，務時敏，厥修乃來。學以順志，務是敏疾，其德之修乃來。

【疏】「惟學」至「乃來」 人志本欲求善，欲學順人本志。學能務是敏疾，則其德之修乃自來，言務之既疾，則德自來歸己也。

允懷于茲道，積于厥躬。信懷此學志，則道積於其身。惟斅、學半。念終始典于學，厥德修罔覺。斅，教也。教然後知所困，是學之半。終始常念學，則其德之修無能自覺。○斅，户孝反。

【疏】「惟斅」至「罔覺」 教人然後知困，知困必將自强。惟教人乃是學之半，言其功半於學也。於學之法，念終念始，常在於學，則其德之修漸漸進益，無能自覺其進。言日有所益，不能自知也。

監于先王成憲，其永無愆。愆，過也。視先王成法，其長無過，其惟學乎！○愆，起虔反。惟說式克欽承，旁招俊乂，列于庶位。」言王能志學，說亦用能敬承王志，廣招俊乂使列衆官。○俊，本又作「畯」。

王曰：「嗚呼，說！四海之內咸仰朕德，時乃風。風，教也。使天下皆仰我德，是汝教。○仰，如字，徐五亮反。股肱惟人，良臣惟聖。手足具乃成人，有良臣乃成聖。昔先正保衡作我先王，保衡，伊尹也。作，起；正，長也。言先世長官之臣。○正長，丁丈反，下同。

【疏】傳「保衡」至「之臣」　保衡，阿衡，俱伊尹也。君奭傳曰：「伊尹爲保衡。言天下所取安、所取平也。」鄭箋云：「阿，倚，衡，平也。伊尹，湯所依倚而取平也，故以爲官名。」又云：「太甲時曰保衡。」鄭不見古文太甲云不惠于阿衡，故爲此解，〔六二〕孔所不用。計此阿衡、保衡非常人之官名，蓋當時特以此名號伊尹也。「作」訓爲「起」，言起而助湯也。「正，長」，釋詁文。

乃曰：『予弗克俾厥后惟堯、舜，其心愧恥，若撻于市。』言伊尹不能使其君如堯、舜，則恥之，若見撻于市，故成其能。○俾，必爾反。撻，他達反。一夫不獲，則曰時予之辜。伊尹見一夫不得其所，則以爲己罪。佑我烈祖，格于皇天。言以此道左右成湯，功至大天，無能及者。爾尚明保予，罔俾阿衡專美有商！汝庶幾明安我事，則與伊尹同美。○阿，烏何反。惟后非賢不乂，惟賢非后不食。言君須賢治，賢須君食。○治，直吏反。其爾克紹乃辟于先王，永綏民。」能繼汝君於先王，長安民，則汝亦有保衡之功。○辟，必亦反。説拜稽首曰：「敢對揚天子之休命！」〔六三〕對，答也。答受美命而稱揚之。

高宗肜日第十五

高宗祭成湯，有飛雉升鼎耳而雊，耳不聽之異。雊，鳴。○雊，工豆反。祖己訓諸王，賢臣也。以道訓諫王。〔六四〕○己音紀。

作高宗肜日、高宗之訓。所以訓也，亡。○肜音融。

【疏】「高宗」至「之訓」　高宗祭其太祖成湯，於肜祭之日，有飛雉來升祭之鼎耳而雊鳴。其臣祖己以爲王有失德而致此祥，遂以道義訓王，勸王改修德政。史叙其事，作高宗肜日、高宗之訓二篇。

傳「耳不」至「雊鳴」　經言「肜日有雊雉」，不知祭何廟、鳴何處，故序言「祭成湯」、「升鼎耳」以足之。禘、祫與四時之祭，祭之明日皆爲肜祭，不知此肜是何祭之肜也。洪範五事有貌、言、視、聽、思，若貌不恭、言不從、視不明、聽不聰、思不睿，各有妖異興焉。雉乃野鳥，不應入室，今乃入宗廟之内，升鼎耳而鳴，孔以雉鳴在鼎耳，故以爲耳不聰之異也。洪範五行傳云：「視之不明，時則有羽蟲之孽；聽之不聰，時則有介蟲之孽；言之不從，時則有毛蟲之孽；貌之不恭，時則有鱗蟲之孽；思之不睿，時則有倮蟲之孽。」先儒多以此爲羽蟲之孽，非爲耳不聽也。漢書五行志劉歆以爲鼎三足，三公象也，而以耳行。野鳥居鼎耳，是小人將居公位，敗宗廟之祀也。鄭云：「鼎，三公象也，又用耳行。雉升鼎耳而鳴，象視不明，天意若云當任三公之謀以爲政。」劉、鄭雖小異，其爲羽蟲之孽則同，與孔意異。詩云：「雉之朝雊，尚求其雌。」説文云：「雊，雄雉鳴也。雷始動，雉乃鳴而雊其頸。」

傳「所以訓也亡」　名高宗之訓，所以訓高宗也。此二篇俱是祖己之言，並是訓王之事，經云「乃訓于王」。此篇亦是訓也，但所訓事異，分爲二篇。摽此爲發言之端，故以肜日爲名；下篇總諫王之事，故名之訓，終始互相明也。肆命、徂后，孔歷其名，於伊訓之下別爲之傳，此高宗之訓因序爲傳，不重出名者，此以訓王事同，因解文便作傳，不爲例也。

高宗肜日祭之明日又祭，殷曰肜，周曰繹。○繹音亦，字書作「襗」，爾雅云：「又祭也。周曰繹，商曰肜，夏曰復胙。」

【疏】傳「祭之」至「曰繹」　釋天云：「繹，又祭也。周曰繹，商曰肜。」孫炎曰：「祭之明日尋繹復祭也。形者，相尋不絶之意。」春秋宣八年：「六月辛巳，有事於太廟，壬午猶繹。」穀梁傳曰：「繹者，祭之旦日之享賓也。」是肜者，祭之明日又祭也。爾雅因繹祭而本之上世，故先周後商。此以時代先後，〔六五〕故與爾雅倒也。釋天又云：「夏曰復胙。」郭璞云：「未見所出，或無此一句。」孔傳不言「夏曰復胙」，於義非所須，或本無此事也。儀禮有司徹上大夫曰「儐尸」，與正祭同日。鄭康成注詩鳧鷖云：「祭天地、社稷、山川，五祀皆有繹祭。」〔六六〕

高宗肜日，越有雊雉。於肜日有雊雉異。祖己曰：「惟先格王，正厥事。」言至道之王遭變異，正其事而異自消。

【疏】「高宗」至「厥事」　高宗既祭成湯，肜祭之日，於是有雊鳴之雉在於鼎耳，此乃怪異之事。賢臣祖己見其事而私自言曰：「惟先世至道之王，遭遇變異，則正其事，而異自消也。」既作此言，乃進言訓王。史録其事，以爲訓王之端也。

傳「言至」至「自消」　「格」，訓「至」也。「至道之王」，謂用心至極，行合於道。遭遇變異，改修德教，正其事而異自消。大戊拱木、武丁雊雉，皆感變而懼。殷道復興，是「異自消」之驗也。至道之王當無災異，而云遭變消災者，天或有譴告使之至道，未必爲道不至而致此異。且此勸戒之辭，不可執文以害意也。此經直云「祖已曰」，不知與誰語，鄭云「謂其黨」，王肅云「言于王」。下句始言「乃訓于王」，此句未是告王之辭，私言告人，鄭説是也。

乃訓于王曰：「惟天監下民，典厥義。祖已既言，遂以道訓諫王，言天視下民，以義爲常。降年有永有不永，非天夭民，民中絶命。〔六七〕言天之下年與民，有義者長，無義者不長，非天欲夭民，民自不修義，以致絶命。○中，丁仲反，又如字。民有不若德、不聽罪，天既孚命正厥德。〔六八〕不順德，言無義。不服罪，不改修。天已信命正其德，謂有永有不永。

【疏】「乃訓」至「厥德」　祖已既私言其事，乃以道訓諫於王曰：惟天視此下民，常用其義。言以義視下，觀其爲義以否。其下年與民，有長者有不長者，言與爲義者長，不義者短。短命者非是天欲夭民，民自不修義，使中道絶其性命。但人有爲行不順德義，有過不服聽罪過而不改，乃致天罰，非天欲夭之也。天既信行賞罰之命，正其馭民之德，欲使有義者長，不義者短，王安得不行義事求長命也？

傳「言天」至「絶命」　經惟言「有永有不永」，安知由義者，以上句云「惟天監下民，典厥義」，天既以義爲常，知命之長短，莫不由義，故云「天之下年與民，有義者長，無義者不長」也。民有五常之性，謂仁、義、禮、智、信也。此獨以義爲言者，五常指體則別，理亦相通。義者，宜也，得其事宜。五常之名皆以適宜爲用，故稱「義」可以總之也。民有貴、賤、貧、富、愚、智、好、醜，不同多矣，獨以夭、壽爲言者，鄭玄云：「年命者，蠢愚之人尤愒焉，故引以諫王也。」愒，貪也。洪範「五福」以壽爲首，「六極」以短折爲先，是年壽者最是人之所貪，故祖已引此以諫王也。

傳「不順」至「不永」　傳亦顧上經，故不順德言無義也。「聽」謂聽從，故以「不聽」爲「不服罪」。言既爲罪過而不肯改修也。「天已信命正其德」，言天自信命，賞有義罰無義，此事必信也。天自正其德，福善禍淫，其德必不差也。謂民有永有不永，天隨其善惡而報之，勸王改過修德以求永也。

乃曰：『其如台。』祖已恐王未受其言，故乃復曰：天道其如我所言。○台音怡。乃復，扶又反。嗚呼！王司敬民，罔非天胤典祀，無豐于昵。」〔六九〕胤，嗣；昵，近也。歎以感王，入其言。王者主民，當敬民事，民事無非天所嗣常也。〔七〇〕祭祀有常，不當特豐於近廟，欲王因異服罪改修之。○豐，芳弓反。昵，女乙反。尸子云：「不避遠昵。」昵，近也。又乃禮反，馬云：「昵，考也，謂禰廟也。」

【疏】「嗚呼」至「于昵」　祖已恐其言不入王意，又歎而戒之：嗚呼，王者主民，當謹敬民事，民事無非天所繼嗣以爲常道者也。天以其事爲常，王當繼天行之。祀禮亦有常，無得豐厚于近廟。若特豐於近廟，是失于常道。高宗豐于近廟，欲王服罪改修也。

傳「胤嗣」至「改修之」　釋詁云：「胤、嗣，繼也。」俱訓爲繼，是「胤」得爲「嗣」，「嗣」亦繼之義也。釋詁云：「即，尼也。」孫炎曰：「即，猶今也。」尼者，近也。郭璞引尸子曰：「悦尼而來遠。」是「尼」爲「近」也。「尼」與「昵」音義同。烝民不能自治，立君以主之，是王者主民也。既與民爲主，當敬慎民事。民事無大小，無非天所嗣常也。言天意欲令繼嗣行之，所以爲常道也。「祭祀有常」，謂犧牲、粢盛、樽彝、俎豆之數，禮有常法，不當特豐於近廟，謂犧牲禮物多也。祖已知高宗豐于近廟，欲王因此雊雉之異，服罪改修以從禮耳。其異不必由豐、近而致之也。王肅亦云：「高宗豐于禰，故有雊雉升遠祖成湯廟鼎之異。」

西伯戡黎第十六

殷始咎周，咎，惡。○咎，其九反。馬云：「咎周者，爲周所咎。」周人乘黎。乘，勝也。所以見惡。○黎，力兮反，國名，尚書大傳作「耆」。祖伊恐，祖己後賢臣。奔告于受，受，紂也，音相亂。帝乙之子，嗣立，暴虐無道。○受，如字。傳云：「受，紂也，音相亂。」馬云：「受，讀曰紂。」或曰：「受婦人之言，故號曰受也。」作西伯戡黎。戡，亦勝也。○伯，亦作「柏」。戡音堪，説文作「㦰」，云：「殺也。」以此「戡」訓刺，音竹甚反。勝，詩證反。

【疏】「殷始」至「戡黎」　文王功業稍高，王兆漸著，殷之朝廷之臣始畏惡周家。所以畏惡之者，以周人伐而勝黎邑故也。殷臣祖伊見周克黎國之易，恐其終必伐殷，奔走告受，言殷將滅。史叙其事，作西伯戡黎。

傳「咎惡」，又「乘勝」至「見惡」　易繫辭云：「無咎者，善補過也。」則「咎」是過之別名。以彼過而憎惡之，故「咎」爲「惡」也。以其勝黎，「所以見惡」。釋其見惡之由，是周人勝黎之後始惡之。詩毛傳云：「乘，陵也。」乘駕是加陵之意，故「乘」爲「勝」也。鄭玄云：「紂聞文王斷虞、芮之訟，又三伐皆勝，而始畏惡之。」所言據書傳爲説。伏生書傳云：「文王受命，一年斷虞、芮之質，二年伐邘，三年伐密須，四年伐犬夷，五年伐耆，六年伐崇，七年而崩。」耆即黎也。乘黎之前始言惡周，故鄭以伐邘、伐密須、伐犬夷三伐皆勝始畏惡之。武成篇文王「誕膺大命」，「九年」乃崩，則伐國之年不得如書傳所説，未必見三伐皆勝始畏之。

傳「祖己後賢臣」　此無所出，正以同爲祖氏，知是其後。明能先覺，故知賢臣。

傳「受紂」至「無道」　經云「奔告于王」，王無謚號，故序言受以明之。此及泰誓、武成皆呼此君爲受，自外書傳皆呼爲紂，受即紂也，音相亂，故字改易耳。殷本紀云：「帝乙崩，子辛立，是爲帝辛，天下謂之紂。」鄭玄云：「紂，帝乙之少子，名辛。帝乙愛而欲立焉，號曰受德。時人傳聲，轉作紂也。史掌書，知其本，故曰受。」與孔大同。謚法云：「殘義損善曰紂。」〔七一〕殷時未有謚法，後人見其惡，爲作惡義耳。

傳「戡亦勝也」　「戡，勝」，釋詁文。〔七二〕孫炎曰：「戡，强之勝也。」

西伯戡黎近王圻之諸侯，在上黨東北。

【疏】「西伯戡黎」　鄭玄云：「西伯，周文王也。時國於岐，封爲雍州伯也。國在西，故曰西伯。」王肅云：「王者中分天下，爲二公總治之，謂之二伯，得專行征伐。文王爲西伯，黎侯無道，文王伐而勝之。」兩説不同。孔無明解，下傳云「文王率諸侯以事紂」，非獨率一州之諸侯也。論語稱「三分天下有其二，以服事殷」，謂文王也。終乃三分有二，豈獨一州牧乎？且言西伯，對東爲名，不得以國在西而稱西伯也。蓋同王肅之説。

傳「近王」至「東北」　黎國，漢之上黨郡壺關所治黎亭是也。紂都朝歌，王圻千里，黎在朝歌之西，故爲「近王圻之諸侯」也。鄭云：「入紂圻内，文王猶尚事紂，不可伐其圻内。」所言圻内，亦無文也。

西伯既戡黎，祖伊恐，奔告于王，曰：「天子，天既訖我殷命。〔七三〕文王率諸侯以事紂，内秉王心，紂不能制，今又克有黎國，迫近王圻，故知天已畢訖殷之王命。言將化爲周。○近，附近之近。圻，巨衣反。王心，于況反，下注「宜王者」同。

【疏】傳「文王」至「爲周」　襄四年左傳云：「文王率殷之叛國以事紂。」是率諸侯共事紂也。貌雖事紂，内秉王心，布德行威，有將王之意，而紂不能制，日益强大。今復克有黎國，迫近王圻，似有天助之力，故云天已畢訖殷之王命。言殷祚至此而畢，將欲化爲周也。

格人元龜，罔敢知吉。至人以人事觀殷，大龜以神靈考之，皆無知吉。

【疏】傳「至人」至「知吉」　「格」訓爲至。「至人」，謂至道之人，有所識解者也。至人以人事觀殷，大龜有神靈，逆知來物，故「大龜以神靈考之」。二者皆無知殷有吉者，言必凶也。祖伊未必問至人、親灼龜，但假之以爲言耳。

非先王不相我後人，惟王淫戲，用自絶。非先祖不助子孫，以王淫過戲怠，用自絶於先王。○不相，息亮反。故天棄我，不有康食。不虞天性，不迪率典。以紂自絶於先王，故天亦棄之。宗廟不有安食於天下，而王不度知天性命所在，而所行不蹈循常法。言多罪。○不度，待洛反。

【疏】傳「以紂」至「多罪」　禮記稱「萬物本於天，人本於祖」，則天與先王俱是人君之本。紂既自絶於先王，亦自絶於天。上經言紂自絶先王，此言天棄紂，互明紂自絶，然後天與先王棄絶之，故傳申通其意「以紂自絶先王，故天亦棄之」。「亦」者，亦先王。言先王與天俱棄之也。孝經言天子「得萬國之歡心，以事其先王」，然後「祭則鬼享之」。今紂既自絶於先王，先王「不有安食於天下」，言紂雖以天子之尊事宗廟，宗廟之神不得安食也。「而王不度知天命所在」，不知己之性命當盡也。而「所行不蹈循常法」，動皆違法，言多罪。

今我民罔弗欲喪，曰：『天曷不降威，大命不摯？』〔七四〕今王其如台。」摯，至也。民無不欲王之亡，言天何不下罪誅之，有大命宜王者何以不至。王之凶害，〔七五〕其如我所言。○摯音至，本又作「𡠗」。

【疏】傳「摯至也」至「所言」　摯、至同音，故「摯」爲「至」也。「言天何不下罪誅之」，恨其久行虐政，欲得早殺之也。「有大命宜王者何以不至」，向望大聖之君，欲令早伐紂也。王之凶禍，其如我之所言。以王不信，故審告之也。

王曰：「嗚呼！我生不有命在天？」言我生有壽命在天，民之所言，豈能害我。遂惡之辭。祖伊反曰：「嗚呼！乃罪多，參在上，乃能責命于天？反報紂也。〔七六〕言汝罪惡衆多，參列于上天，天誅罰汝，汝能「責命于天」，拒天誅乎？○參，七南反。馬云：「參字累在上。」殷之即喪，指乃功，不無戮于爾邦。」言殷之就亡，指汝功事所致，汝不得無死戮于殷國。必將滅亡，立可待。

微子第十七

殷既錯天命，錯，亂也。○錯，七各反，馬云：「廢也。」微子作誥父師、少師。告二師而去紂。○少，詩照反。〔七七〕

【疏】「殷既」至「少師」 殷紂既暴虐無道，錯亂天命，其兄微子知紂必亡，以作言誥，告父師箕子、少師比干。史叙其事，而作此篇也。名曰微子而不言「作微子」者，已言微子作誥，以可知而省文也。

傳「錯亂也」 交錯是渾亂之義，故爲「亂」也。不指言紂惡而言「錯亂天命」者，天生烝民，立君以牧之，爲君而無君道，是錯亂天命。爲惡之大，故舉此以見惡之極耳。

微子

微，圻内國名，子爵，爲紂卿士，去無道。

【疏】傳「微圻」至「無道」 微國在圻内，先儒相傳爲然。鄭玄以爲微與箕俱在圻内。孔雖不言箕，亦當在圻内也。王肅云：「微，國名，子爵，入爲王卿士。」肅意蓋以微爲圻外，故言入也。微子名啓，世家作開，避漢景帝諱也。啓與其弟仲衍，皆是紂之同母庶兄。史記稱微仲衍。衍亦稱微者，微子封微以「微」爲氏，故弟亦稱微。猶如春秋之世虞公之弟稱虞叔、祭公之弟稱祭叔。微子若非大臣，則無假憂紂，亦不必去。以此知其爲卿士也。傳云「去無道」者，以「去」見其爲卿士也。

微子若曰：「父師、少師，父師，太師三公，箕子也。少師，孤卿，比干。微子以紂距諫，知其必亡。順其事而言之。**殷其弗或亂正四方，**或，有也。言殷其不有治正四方之事，將必亡。○治，直吏反。**我祖厎遂陳于上。**言湯致遂其功，陳列于上世。**我用沈酗于酒，用亂敗厥德于下。**我紂也。沈湎酗醟，敗亂湯德于後世。○沈，徐直金反。酗，況具反，以酒爲凶曰酗。説文作「酌」，云：「酒醟。」湎，面善反。醟，音詠，説文于命反，酌酒也。**殷罔不小**

大，好草竊姦宄。草野竊盗，又爲姦宄於外內。○好，呼報反。宄音軌。卿士師師非度，凡有辜罪，乃罔恒獲。六卿典士，相師效爲非法度，皆有辜罪，無秉常得中者。○度，如字。小民方興，相爲敵讎。卿士既亂，而小人各起一方，〔七八〕共爲敵讎。言不和同。○讎，市周反。今殷其淪喪，若涉大水，其無津涯。淪，没也。言殷將没亡，如涉大水，無涯際，無所依就。殷遂喪，越至于今。言遂喪亡，於是至於今到，不待久。○淪音倫，徐力允反。喪，息浪反。涯，五皆反，又宜佳反。〔七九〕

【疏】「微子」至「于今」。微子將欲去殷，順其去事而言曰父師、少師，呼二師與之言也。今殷國其將不復有治正四方之事，言其必滅亡也。昔我祖成湯致行其道，遂其功業，陳列於上世矣。今我紂惟用沈湎酗醟於酒，用是亂敗其祖之德於下。由紂亂敗之故，今日殷人無不小大，皆好草竊姦宄。雖在朝卿士，相師師爲非法度之事。朝廷之臣皆有辜罪，乃無有一人能秉常得中者。在外小人，方方各起，相與共爲敵讎，荒亂如此。今殷其没亡，若涉大水，其無津濟涯岸，殷遂喪亡，言不復久也。此喪亡於是至于今到，必不得更久也。〔八〇〕

傳「父師」至「而言之」。以畢命之篇王呼畢公爲父師，畢公時爲太師也。周官云：「太師、太傅、太保，兹惟三公。少師、少傅、少保，曰三孤。」家語云：「比干官則少師。」少師是比干，知太師是箕子也。遍檢書傳，不見箕子之名。惟司馬彪注莊子云：「箕子名胥餘。」不知出何書也。周官以少師爲孤，此傳言「孤卿」者，孤亦卿也。考工記曰：「外有九室，九卿朝焉。」是三孤、六卿共爲九卿也。比干不言封爵，或本無爵，或有而不言也。家語云：「比干於紂之親，則諸父。」〔八一〕知比干是紂之諸父耳。箕子則無文。宋世家云：「箕子者，紂親戚也。」止言親戚，不知爲父爲兄也。鄭玄、王肅皆以箕子爲紂之諸父，服虔、杜預以爲紂之庶兄。既無正文，各以意言之耳。微子以紂距諫，知其必亡，心欲去之，故順其去事而言，呼二師以告之。

傳「或有」至「必亡」 「或」者，不定之辭。其事或當然，則是有此事，故以「或」爲「有」也。鄭玄論語注亦云：「或之言有也。」不有，言無也。天子，天下之主，所以治正四方。言殷其不有治正四方之事，言將必亡。

傳「我紂」至「後世」 嗜酒亂德，是紂之行，故知「我」，「我紂也」。人以酒亂，若沈於水，故以耽酒爲「沈」也。湎然，是齊同之意。詩云：「天不湎爾以酒。」鄭云：「天不同汝顏色，以酒是湎，謂酒變面色，湎然齊同，無復平時之容也。」説文云：「酗，醟也。」然則酗、醟一物，謂飲酒醉而發怒。經言「亂敗其德」，必有所屬。上言「我祖」，指謂成湯，知言「敗亂湯德於後世」也。「上」謂前世，故「下」爲後世也。

傳「六卿」至「中者」 「士」，訓「事」也。故卿士爲「六卿典事」。「師師」，言「相師效爲非法度」之事也。止言卿士，以貴者尚爾，見賤者皆然。故王肅云：「卿士以下，轉相師效，爲非法度之事也。」鄭云：「凡，猶皆也。」傳意亦然。以「凡」爲「皆」，言卿士以下在朝之臣，其所舉動「皆有辜罪」，無人能秉常行得中正者。

曰：「父師、少師，我其發出狂，吾家耄，遜于荒。〔八二〕 我念殷亡，發疾生狂，在家耄亂，故欲遯出于荒野。言愁悶。〇出，尺遂反。耄，字又作「旄」，莫報反，注同。遯，徒困反，徐徒頓反，一音都困反。 今爾無指告予顛隮，〔八三〕 若之何其？」 汝無指意告我殷邦顛隕隮墜，如之何其救之？〇隮，子細反，玉篇子兮反，切韻祖稽反。隕，于敏反。

【疏】「曰父師」至「何其」 微子既言紂亂，乃問身之所宜。止而復言，故別加一「曰父師、少師」，更呼而誥之也。我念殷亡之故，其心發疾生狂，吾在家心内耄亂，欲遜遯出于荒野。今汝父師、少師無指滅亡之意告我云：殷邦其隕墜，則當如之何其救之乎？恐其留己共救之也。

傳「我念」至「愁悶」　狂生于心而出於外，故傳以「出狂」爲生狂。應璩詩云「積念發狂癡」，此其事也。在家思念之深，精神益以耄亂。鄭玄云：「耄，昏亂也。」在家不堪耄亂，故欲遯出于荒野，言愁悶之至。詩云「駕言出遊，以寫我憂」，亦此意也。

傳「汝無」至「救之」　「無指意告我」者，謂無指殷亡之事告我，言殷將隕墜，欲留我救之。「顛」，謂從上而隕；「隮」，謂墜於溝壑，皆滅亡之意也。昭十三年左傳曰：「小人老而無子，知隮於溝壑矣。」王肅云：「隮，隮溝壑。」言此「隮」之義如左傳也。

父師若曰：「王子，比干不見，明心同，省文。微子，帝乙元子，故曰王子。○見，賢遍反。省，所景反。天毒降災荒殷邦，方興沈酗于酒。天生紂爲亂，是天毒下災。四方化紂沈湎，不可如何。乃罔畏畏，咈其耇長、舊有位人。言起沈湎，上不畏天災，下不畏賢人，違戾耇老之長、致仕之賢，不用其教，法紂故。○咈，扶勿反。耇，工口反。長，丁丈反，注同。今殷民乃攘竊神祇之犧牷牲用，以容將食，無災。自來而取曰攘。色純曰犧，體完曰牷，牛、羊、豕曰牲，器實曰用。盜天地宗廟牲、用，相容行食之，無災罪之者。言政亂。○攘，如羊反。因來而取曰攘。竊，馬云：「往盜曰竊。」神祇，天曰神，地曰祇。犧，許宜反。牷音全。降監殷民用乂，讎斂，召敵讎不怠。（八四）下視殷民所用治者，皆重賦傷民，斂聚怨讎之道，而又亟行暴虐，自召敵讎不懈怠。○讎，如字，下同。徐云：「鄭音疇。」馬本作「稠」，云：「數也。」斂，力檢反，馬、鄭力豔反，謂賦斂也。徐云：「鄭力劍反。」治，直吏反。亟，欺忌反，數也，又紀力反。本又作「極」，如字，至也。懈，佳賣反。罪合于一，多瘠罔詔。

言殷民上下有罪皆合於一法紂，〔八五〕故使民多瘠病，而無詔救之者。○瘠，在益反。**商今其有災，我興受其敗。**災滅在近。我起受其敗，言宗室大臣義不忍去。**商其淪喪，我罔爲臣僕，詔王子出迪。**商其沒亡，我二人無所爲臣僕，欲以死諫紂，我教王子出合於道。○臣僕，一本無「臣」字。**我舊云刻子，王子弗出，我乃顛隮。**〔八六〕刻，病也。我久知子賢，言於帝乙欲立子，帝乙不肯。病子不得立，則宜爲殷後者。子今若不出逃難，我殷家宗廟乃隕墜無主。○舊云，馬云：「言也。」刻音克，馬云：「侵刻也。」難，乃旦反。**自靖，人自獻于先王，**各自謀行其志，人人自獻達于先王以不失道。○靖，馬本作「清」，謂絜也。**我不顧行遯。**言將與紂俱死。所執各異，皆歸於仁，明君子之道，出處、默語非一途。○顧音故，徐音鼓。

【疏】「父師」至「行遯」。父師亦順其事而報微子曰：王子，今天酷毒下災，生此昏虐之君，以荒亂殷之邦國。紂既沈湎，四方化之，皆起而沈湎酗醟於酒，不可如何。小人皆自放恣，乃無所畏，上不畏天災，下不畏賢人，違戾其耇老之長與舊有爵位致仕之賢人。今殷民乃攘竊祭祀神祇之犧牷牲用，以相通容行取食之，無災罪之者。盜天地大祀之物用而不得罪，言政亂甚也。我又下視殷民所用爲治者，皆讎怨斂聚之道也。〔八七〕言重賦傷民，民以在上爲讎，重賦乃是斂讎也。既爲重賦，又急行暴虐，此所以益招民怨，是乃自召敵讎不懈怠也。上下各有罪，合於一紂之身，言紂化之使然也。故使民多瘠病，而無詔救之者。商今其有滅亡之災，我起而受其敗。商其沒亡喪滅，我無所爲人臣僕，言不可別事他人，必欲諫取死也。我教王子出奔於外，是道也。我久云子賢，言於帝乙欲立子，不肯。我乃病傷子不得立爲王，則宜終爲殷後。若王子不出，則我殷家宗廟乃隕墜無主。既勸之出，即與之別，云：各自謀行其志，人人各自獻達于先王，我不顧念行遯之事。明期與紂俱死。

傳「比干」至「王子」。諸三人而一人答，「明心同，省文」也。鄭云：「少師不答，志在必死。」然則箕子本意，豈必求生乎？身若求生，何以不去？既不顧行遯，明期於必死，但紂自不殺之耳。若比干意異箕子，則別有答，安得默而不言？孔解「心同」是也。微子，帝乙元子，微子之命有其文也。父師呼微子爲王子，則父師非王子矣。鄭、王等以爲紂之諸父，當是實也。

傳「天生」至「如何」。荒殷邦者，乃是紂也，而云「天毒降災」，故言「天生紂爲亂」，本之於天，「天毒下災也」。以微子云「若之何」，此答彼意，故言「四方化紂，沈湎不可如何」。

傳「言起」至「紂故」。文在「方興沈酗」之下，則此「無所畏」，畏者謂當時四方之民也。民所當畏，惟畏天與人耳，故知二畏者「上不畏天」，「下不畏賢人」。違戾耇長與舊有位人，即是不畏賢人，故「不用其教」。紂無所畏，此民無所畏，謂法紂故也。

傳「自來」至「政亂」。「攘、竊」同文，則攘是竊類。釋詁云：「攘，因也。」是因其「自來而取」之名攘也。說文云：「犧，宗廟牲也。」曲禮云：「天子以犧牛。」天子祭牲，必用純色，故知「色純曰犧」也。周禮牧人掌牧六牲，以供祭祀之牲。牲以「牷」爲言，必是體全具也，故「體完曰牷」。經傳多言「三牲」，知「牲」是牛、羊、豕也。以犧、牷、牲三者既爲俎實，則「用」者簠、簋之實，謂黍、稷、稻、粱，故云「器實曰用」，謂粢盛也。禮，天曰「神」，地曰「祇」。舉天、地，則人、鬼在其間矣，故總云「盗天地宗廟牲用」也。訓「將」爲「行」，「相容行食之」，謂所司「相通容」，使盗者得行盗而食之。大祭祀之物，物之重者，盗而無罪，言政亂甚也。漢魏以來，著律皆云：「敢盗郊祀宗廟之物，無多少，皆死。」爲特重故也。

傳「下視」至「懈怠」。箕子身爲三公，下觀世俗，故云「下視殷民所用治者」，謂卿士已下，是治民之官也。以紂暴虐，務稱上旨，「皆重賦傷民」。民既傷矣，則以上爲讎，泰誓所謂「虐我則讎」是也。重斂民財，乃是「聚斂怨讎之道」。既爲重斂，而又「亟行暴虐」。亟，急也。急行暴虐欲以威民，乃是「自召敵讎」。勤行虐政，是「不懈怠」也。

傳「商其」至「於道」「有災」與「淪喪」二事，而重出文者，上言「商今其有災，我興受其敗」，逆言災雖未至，至則已必受禍。此言「商其淪喪，我罔爲臣僕」，豫言殷滅之後。言已不事異姓，辭有二意，故重出其文。我「無所爲臣僕」，言不能與人爲臣僕，必「欲以死諫紂」。但箕子之諫，值紂怒不甚，故得不死耳。我教王子出合於道，保全身命，終爲殷後，使宗廟有主，享祀不絶，是合其道也。

傳「刻病」至「無主」「刻」者，傷害之義，故爲「病」也。吕氏春秋仲冬紀云：「紂之母生微子啓與仲衍，其時猶尚爲妾，改而爲妻，後生紂。紂之父欲立微子啓爲太子，太史據法而争曰：有妻之子，不可立妾之子。故立紂爲後。」於時箕子蓋謂請立啓，而帝乙不聽。今追恨其事：我久知子賢，言於帝乙，欲立子爲太子，而帝乙不肯。我病子不得立，則宜爲殷後。

傳「言將」至「一途」不肯遯以求生，言將與紂俱死也。或去或留，所執各異，皆歸於仁。孔子稱「殷有三仁焉」，是皆歸於仁也。易繫辭曰：「君子之道，或出或處，或默或語。」是非一途也。何晏云：「仁者愛人。三人行異而同稱仁者，以其俱在憂亂寧民。」

校勘記

〔一〕則亳殷即是一都　「殷」字原脱，據諸本補。

〔二〕治皆作亂其字與始不類　「治」、「始」二字原互誤，阮云：「宋本不誤。」今據改。

〔三〕耿在河北　「耿」下原有「云」字，衍，據諸本删。

〔四〕殷質以名篇　盧云：「名」下脱一「名」字，古本有。

〔五〕中上三篇　阮云：纂傳「中上」倒。

〔六〕子開甲立　「子開甲」，本紀作「弟沃甲」。下「開甲」亦作「沃甲」。

〔七〕弟祖丁　本紀作「沃甲兄祖辛之子祖丁」。

〔八〕若顛木之有由蘖　「由」，説文作「甹」。

〔九〕明知於此號爲殷也　阮本、李本、殿本「明」作「名」，屬上句，似長。

〔一〇〕先王所以去彼遷此者　「去彼」，阮本、李本、殿本作「決欲」。

〔一一〕不能從教相匡正以生　「從教」，阮本、李本、殿本作「以義」，勝。

〔一二〕由乃在位　盧云：古本「由」上有「曰」字。

〔一三〕下如字　按：此三字衍，通志堂本無。

〔一四〕無或敢伏小人之攸箴　盧云：「人」，古本作「民」。

〔一五〕下句王播告之　阮云：纂傳「之」下有「修」字。

〔一六〕聒聒馬及説文皆云拒善自用之意　按今説文「聒」字作「懖」，無「拒」字。

〔一七〕善自用之意也　阮云：「監本、毛本『善』上有『拒』字。」汪文臺云：「此監本、毛本誤增也。善自用猶好自用。王肅本之説文，釋文引説文兼馬注。後人據以補説文，皆非也。」

〔一八〕惟汝含德不惕予一人　俞樾云：「惕」，當從今文作「施」。

〔一九〕遠近謂徐促　「徐」原誤「賒」，從正字説據阮本、李本、殿本改。

〔二〇〕汝悔身何及　孫星衍曰：熹平石經「身」作「命」。

〔二一〕責其不以情告上　敦伯二六四三號唐寫本同。阮本「以情」二字作「請」，云：「閩本、葛本、監本『請』作『情』，毛本『情』上有『以』字。」

〔二二〕尚可刑戮絶之　「刑戮」，阮本作「得遏」，盧從元本亦作「得遏」。疏「尚可刑戮使絶也」同。

〔二三〕各從汝善惡而報之　「各」原作「乎」，屬上句，則傳文與經文意正相反，正字據疏文改「乎」爲「各」，今從之。

〔二四〕宜法父祖　阮本、李本「法」下有「汝」字。

〔二五〕自先王以至於我　「自」下阮本、李本有「我」字。

〔二六〕汝無侮老成人　石經本及敦伯二六四三、三六七〇「侮老」二字並倒。盧云：「古本『亡（無）』下又多一『老』字。」

今按：隸釋載熹平石經作「汝毋翕侮成人」，「成人」上亦無「老」字。

〔二七〕無弱孤有幼　「弱」，熹平石經作「流」。

〔二八〕是侮老之　敦伯二六四三作「是侮老之也」。

〔二九〕大爲教告　「告」原訛作「若」，據諸本改正。

〔三〇〕王苦民不從教　「苦」原誤「若」，據諸本改。

〔三一〕行天時也順時布政　正字云：「『也』當『謂』字之誤。」

〔三二〕非汝有咎　「咎」原誤「各」，據諸本改。

〔三三〕自怒曷瘳　「怒」，熹平石經作「怨」。

〔三四〕屬音燭　「燭」原誤「獨」，據阮本、殿本改。

〔三五〕我念我先世神明之君　「明」原作「后」，從阮説改。

〔三六〕言神將罪汝　「神」下李本、殿本有「后」字。阮云毛本有。

〔三七〕故言下見汝　「言下」原作「云同心」，從諸本改。

〔三八〕勞之共治人　盧云：古本「人」作「民」，下「殘人」同。

〔三九〕乃祖乃父　「乃父」原誤「先父」，據李本、吴本、殿本改。阮云：毛本作「乃父」。

〔四〇〕作丕刑于朕孫　石經本「孫」上有「子」字。

〔四一〕崇降弗祥　熹平石經作「興降不永」。

〔四二〕凡所言皆不易之事　盧云：古本「凡」下有「我」字。

〔四三〕汝分猷念以相從各設中于乃心　熹平石經「分」作「比」，「設中」作「翕」。

〔四四〕羣臣當分明相與謀念　敦伯三五一六、三六四三「分」下無「明」字。

〔四五〕不善不道謂凶人　「謂」原誤「爲」，據諸本改。

〔四六〕汝羣臣臣分輩相與計謀　下「臣」殿本作「常」。阮云：毛本下「臣」作「當」。

〔四七〕顛是從上倒下之言　「顛」下原有「越也」二字，衍，從正字説删。

〔四八〕嘉績于朕邦　「嘉」，熹平石經作「綏」。

〔四九〕弔至靈善皆釋詁文　按今爾雅「善也」條無「靈」字有「淑」字。

〔五〇〕宏賁皆大也釋詁文　今爾雅「大也」條「賁」作「墳」。

〔五一〕詩云有賁其首　今詩魚藻作「有頒其首」。

〔五二〕相助勴也　「勴」原作「慮」，據爾雅原文改。下同。

〔五三〕以所夢之形象經營求之於外野　「形」原作「刑」，據阮本、李本、殿本改。又阮本、李本無「營」、「外」二字。

〔五四〕亮陰三祀　「亮陰」，釋文云：「『亮』或作『涼』。」正字云：「禮記作『涼闇』，左傳作『梁陰』，漢書作『凉陰』。」

〔五五〕常使胥靡刑人築護此道　「刑」原作「形」，據阮本改。
〔五六〕且云　「且」原誤「旦」，阮云宋板作「且」，今據改。
〔五七〕使人瞑眩憒亂　「憒」原誤「憤」，從正字說改。後同。
〔五八〕不惟逸豫　「豫」，説文引作「悆」，本字。
〔五九〕數則黷黷則不敬禮記祭義文也　按今本禮記原文「黷」作「煩」。
〔六〇〕非知之艱行之惟艱　盧云：「古本『艱』並作『難』。」
〔六一〕邁行釋詁文　「詁」，當作「言」。
〔六二〕故爲此解　「爲此」二字原倒，從正字説乙正。
〔六三〕敢對揚天子之休命　石經本無「之」字。
〔六四〕以道訓諫王　「道訓」二字原倒，據下疏及正字説乙正。
〔六五〕此以時代先後　「時」原作「上」，涉前誤，從正字説改。
〔六六〕五祀皆有繹祭　「五祀」，鄭玄詩箋作「七祀」。
〔六七〕非天夭民民中絶命　正字云：「下『民』字當爲衍文。」孫星衍云：「史記『中絶』上無『民』字。」
〔六八〕天既孚命正厥德　「孚」，熹平石經作「付」，史記作「附」。
〔六九〕無豐于昵　孫星衍云：「『豐』字形近『禮』，或亦當爲『豊』也。史記作『無禮於棄道』。」
〔七〇〕民事無非天所嗣常也　俞樾云：「『常』上奪『典』字。」
〔七一〕謚法云殘義損善曰紂　按今謚法解無此文。
〔七二〕戡勝釋詁文　「戡」，今爾雅作「勘」。

〔七三〕天既訖我殷命　俞樾云：「既」當作「其」。

〔七四〕大命不摯　石經本「不」上有「胡」字。又「摯」字説文引作「藝」，敦伯二六四三同。

〔七五〕王之凶害　「害」，敦伯二六四三作「禍」，與疏合。

〔七六〕反報紂也　盧云：「報」下脱「也報」二字，古本有。

〔七七〕少詩照反　「照」原訛作「黑」，據宋無疏本、阮本、通志堂本改。

〔七八〕小人各起一方　「人」，盧云古本作「民」。

〔七九〕五皆反又宜佳反　「皆」原作「佳」，「宜」原作「五」，並據阮本、通志堂本改。

〔八〇〕必不得更久也　正字云：「待」誤「得」。

〔八一〕比干於紂之親　「於」原誤「是」，據家語原書改。

〔八二〕吾家耄遜于荒　孫星衍云：「遜」疑衍字。按孫説與傳文異。

〔八三〕今爾無指告予顛隮　「指」，段玉裁校「旨」，云：「石經以下作『指』。」「隮」，説文引作「躋」。

〔八四〕讎斂召敵讎不怠　俞樾云：「讎」，鄭讀「疇」。

〔八五〕上下有罪皆合於一法紂　敦伯二五一六、二六四三無「法」字。

〔八六〕我乃顛隮　盧云：「隮」，古本作「隕」。

〔八七〕皆讎怨斂聚之道也　「皆」上原有「民」字，衍，從盧説删。

尚書正義卷第十

周　書　○凡四十一篇，九篇亡。

泰誓上第一〔一〕

惟十有一年，武王伐殷，周自虞、芮質厥成，諸侯並附，以爲受命之年，至九年而文王卒。武王三年服畢，觀兵孟津，以卜諸侯伐紂之心。諸侯僉同，乃退以示弱。○芮，如鋭反。虞、芮，二國名。〔二〕僉，七廉反。一月戊午，師渡孟津，十三年正月二十八日，更與諸侯期而共伐紂。○孟津，地名也。作泰誓三篇。渡津乃作。

【疏】「惟十」至「三篇」　惟文王受命十有一年，武王服喪既畢，舉兵伐殷，「以卜諸侯伐紂之心」。雖諸侯僉同，乃退以示弱。至十三年，紂惡既盈，乃復往伐之。其年一月戊午之日，師渡孟津，王誓以戒衆。史叙其事，作泰誓三篇。

傳「周自」至「示弱」　武成篇云：「我文考文王誕膺天命，以撫方夏，惟九年大統未集。」則文王以九年而卒也。無逸稱文王享國五十年，則嗣位至卒非徒九年而已。知此十一年者，文王改稱元年，至九年而卒，至此年爲十一年也。詩云「虞、芮質厥成」，毛傳稱天下聞虞、芮之訟息，歸周者「四十餘國」。故知「周自虞、芮質厥成，諸侯並附，以爲受命之年」。「至九年而文王卒」，至此十一年，武王居父之喪「三年服畢」也。案周書云：「文王受命九年，惟暮春，在鎬召太子發，作文傳。」〔三〕其時猶在，但未知崩月。就如暮春即崩，武王服喪至十一年三月大祥，至四月觀兵，故今文泰誓亦云四月觀兵也。知此十一年非武王即位之年者，大戴禮云文王十五而生武王，則武王少文王十四歲也。禮記文王世子云：文王九十七而終，武王九十三而終。計其終年，文王崩時武王已八十三矣。八十四即位，至九十三而崩，適滿十年，不得以十三年伐紂。知此十一年者，據文王受命而數之。必繼文王年者，爲其卒父業故也。緯候之書言受命者，謂有黄龍、玄龜、白魚、赤雀負圖銜書，以命人主。其言起於漢哀、平之世，經典無文焉。孔時未有此說。咸有一德傳云：「所征無敵，謂之受天命。」此傳云「諸侯並附，以爲受命之年」，是孔解受命，皆以人事爲言，無瑞應也。史記亦以斷虞、芮之訟爲受命元年，但彼以文王受命七年而崩，不得與孔同耳。三年之喪，二十五月而畢，故九年文王卒，至此三年服畢。此經武王追陳前事，云「肆予小子發以爾友邦冢君觀政于商」，是十一年伐殷者，止爲「觀兵孟津，以卜諸侯伐紂之心」。言「于商」，知亦至孟津也。

傳「十三年」至「伐紂」　以「一月戊午」，乃是作誓月日。經言「十三年春大會于孟津」，又云「戊午」「次于河朔」，知此一月戊午是十三年正月戊午日，非是十一年正月也。序不別言十三年，而以一月接十一年下者，序以觀兵至而即還，略而不言月、日。誓則經有年有春，故略而不言年、春，止言「一月」，使其互相足也。戊午是二十八日，以曆推而知之。據經，亦有其驗。漢書律曆志載舊說云：「死魄，朔也。生魄，望也。」〔四〕武成篇說此伐紂之事云「惟一月壬辰旁死魄」，則壬辰近朔而非朔，是爲月二日也。二日壬辰，則此月辛卯朔矣。以次數之，知戊午是二十八日也。不言正月而言一月者，以武成經言一月，故此序同之。武成所以稱一月者，易革卦彖曰：「湯、武革命，順乎天而應乎人。」象曰：「君子以治歷明時。」然則改正治歷，必自武王始矣。武王以殷之十二月發行，正月四日殺紂。既入商郊，始改正朔，以殷之正月爲周之二月。其初發時，猶是殷之十二月，未爲周之正月。改正在後，不可追名爲正月。以其實，是周之一月，故史以一月名之。顧氏以爲古史質，或云正月，或云一月，不與春秋正月同義，或然也。易緯稱文王受命改正朔，布王號於天下。鄭玄依而用之，言文王生稱王，已改正。然天無二日，土無二王，〔五〕豈得殷紂尚在，而稱周王哉？若文王身自稱王已改正朔，則是功業成矣，武王何得云「大勳未集」，欲卒父業也？禮記大傳云：「牧之野，武王之大事也。既事而退，追王大王亶父、王季盟、文王昌。」是追爲王，何以得爲文王身稱王，已改正朔也？春秋王正月，謂周正月也。公羊傳曰：「王者孰謂？謂文王。」其意以正爲文王所改。公羊傳漢初俗儒之言，不足以取正也。春秋之「王」，自是當時之王，非改正之王。晉世有王愆期者，知其不可，注公羊，以爲春秋制文，王指孔子耳，非周昌也。文王世子稱武王對文王云：「西方有九國焉，君王其終撫諸。」呼文王爲王，是後人追爲之辭，其言未必可信，亦非實也。

傳「渡津乃作」　「孟」者，河北地名，春秋所謂「向盟」是也。於孟地置津，〔六〕謂之孟津。言師渡孟津乃作泰誓，知三篇皆渡津乃作也。然則中篇獨言「戊午」「次于河朔」者，三篇皆河北乃作，分爲三篇耳。上篇未次時作，故言十三年春。中篇既次乃作，故言「戊午」之日。下篇則明日乃作。言「時厥明」，各爲首引，故文不同耳。尚書遭秦而亡，漢初不知篇數。武帝時有太常蓼侯孔臧者，安國之從兄也。與安國書云：「時人惟聞尚書二十八篇，取象二十八宿，謂爲信然，不知其有百篇也。」然則漢初惟有二十八篇，無泰誓矣。後得僞泰誓三篇，諸儒多疑之。馬融書序曰：「泰誓後得，案其文似若淺露。又云八百諸侯不召自來，〔七〕不期同時，不謀同辭。及火復於上，至於王屋，流爲鵰，五至以穀俱來，舉火神怪，得無在子所不語中乎？」又春秋引泰誓曰：『民之所欲，天必從之。』國語引泰誓曰：『朕夢協朕卜，襲于休祥，戎商必克。』孟子引泰誓曰：『我武惟揚，侵于之疆。取彼凶殘，我伐用張，于湯有光。』孫卿引泰誓曰：『獨夫受。』禮記引泰誓曰：『予克受，非予武，惟朕文考無罪；受克予，非朕文考有罪，惟予小子無良。』今文泰誓皆無此語。吾見書傳多矣，所引泰誓而不在泰誓者甚多，弗復悉記，略舉五事以明之，亦可知矣。」王肅亦云：「泰誓近得，非其本經。」馬融惟言「後得」，不知何時得之。漢書婁敬說高祖云：「武王伐紂，不期而會盟津之上者八百諸侯。」僞泰誓有此文，不知其本出何書也。武帝時董仲舒對策云：「書曰：白魚入于王舟，有火復于王屋，流爲烏。周公曰：復哉，復哉！」今引其文，是武帝之時已得之矣。李顒集注尚書，於僞泰誓篇每引孔安國曰。計安國必不爲彼僞書作傳，不知顒何由爲此言。梁王兼而存之，言本有兩泰誓，古文泰誓，伐紂時事，聖人取爲尚書；今文泰誓，觀兵時事，别録之以爲周書。此非辭也。彼僞書三篇，上篇觀兵時事，中、下二篇，亦伐紂時事，非盡觀兵時事也。且觀兵示弱即退，復何誓之有？設有其誓，不得同以泰誓爲篇名也。

泰誓 大會以誓衆。〔八〕

【疏】傳「大會以誓衆」 經云「大會于孟津」，知名曰泰誓者，其大會以誓衆也。王肅云：「武王以大道誓衆。」肅解彼僞文，故説謬耳。湯誓指湯爲名，此不言武誓而别立名者，以武誓非一，故史推義作名泰誓，見「大會」也。牧誓舉戰地，時史意也。顧氏以爲「泰者，大之極也，猶如天子、諸侯之子曰太子，天子之卿曰太宰。此會中之大，故稱泰誓也」。

惟十有三年春，大會于孟津。三分二諸侯及諸戎狄。此周之孟春。○惟十有三年春，或作「十有一年」，後人妄看序文輒改之。

【疏】「惟十」至「孟津」 此三篇俱是孟津之上大告諸國之君，而發首異者，此見大會誓衆，故言「大會于孟津」。中篇徇師而誓，故言「以師畢會」。下篇王更徇師，故言「大巡六師」。皆史官觀事而爲作端緒耳。

傳「三分」至「孟春」 論語稱「三分天下有其二」，中篇言「羣后以師畢會」，則周之所有諸國皆集。牧誓所呼有「庸、蜀、羌、髳、微、盧、彭、濮人」，知此大會，謂三分有二之諸侯及諸戎狄皆會也。序言一月，知此春是周之孟春，謂建子之月也。知者，案三統曆以殷之十二月武王發師，至二月甲子咸劉商王紂。彼十二月，即周之正月，建子之月也。

王曰：「嗟！我友邦冢君，越我御事庶士，明聽誓：冢，大；御，治也。友諸侯，親之。稱大君，尊之。下及我治事衆士，大小無不皆明聽誓。

【疏】傳「冢大」至「聽誓」　「冢，大」，釋詁文。侍御是治理之事，故通訓「御」爲治也。同志爲「友」。天子友諸侯，親之也。牧誓傳曰：「言志同滅紂。」今總呼國君皆爲「大君」，尊之也。下及「治事衆士」，謂國君以外卿大夫及士諸掌事者。大小無不皆明聽誓，自士以上皆總戒之也。

惟天地，萬物父母。惟人，萬物之靈。生之謂父母。靈，神也。天地所生，惟人爲貴。

【疏】傳「生之」至「爲貴」　萬物皆天地生之，故謂天地爲「父母」也。老子云：「神得一以靈。」靈、神是一，故「靈」爲「神」也。禮運云：「人者，天地之心，五行之端也，食味、别聲、被色而生者也。」言人能兼此氣性，餘物則不能然。故孝經云：「天地之性，人爲貴。」此經之意，天地是萬物之父母，言天地之意欲養萬物也。人是萬物之最靈，言其尤宜長養也。紂違天地之心，而殘害人物，故言此以數之，與下句爲首引也。

亶聰明，作元后，元后作民父母。人誠聰明，則爲大君，而爲衆民父母。○亶，丁但反。

「今商王受弗敬上天，降災下民，沈湎冒色，敢行暴虐。沈湎嗜酒，冒亂女色，敢行酷暴，虐殺無辜。○湎，面善反。冒，莫報反，注同。嗜，市志反，切韻常利反。酷，苦毒反。

【疏】傳「沈湎」至「無辜」　人被酒困，若沈於水。酒變其色，湎然齊同，故「沈湎」爲嗜酒之狀。「冒」，訓貪也。「亂女色」，荒也。「酷」解經之「暴」，「殺」解經之「虐」，皆果敢爲之。案説文云：「酷，酒厚味也。」酒味之厚，必嚴烈。人之「暴虐」，與酒嚴烈同，故謂之「酷」。

罪人以族，官人以世。一人有罪，刑及父母兄弟妻子，言淫濫。官人不以賢才，而以父兄，所以政亂。

【疏】傳「一人」至「政亂」　秦政酷虐，有三族之刑，謂非止犯者之身，乃更上及其父，下及其子。經言「罪人以族」，故以三族解之。父母，前世也；兄弟及妻，當世也；子孫，後世也。一人有罪刑及三族，言「淫濫」也。古者臣有大功，乃得繼世在位。而紂之官人，「不以賢才而以父兄」，〔九〕已濫受寵，子弟頑愚，亦用不堪其職，「所以政亂」。官人以世，惟當用其子耳，而傳兼言兄者，以紂爲惡，或當因兄用弟，故以兄協句耳。

惟宫室、臺榭、陂池、侈服，以殘害于爾萬姓。土高曰臺，有木曰榭。澤障曰陂，停水曰池。侈，謂服飾過制。言匱民財力，爲奢麗。○榭，爾雅云：「有木曰榭。」本又作「謝」。陂，彼皮反。障，之亮反。匱，其魏反。

【疏】傳「土高」至「奢麗」。釋宮云：「宮謂之室，室謂之宮。」李巡曰：「所以古今通語，明實同而兩名。」〔一〇〕此傳不解宮室，義當然也。釋宮又云：「闍謂之臺，有木者謂之榭。」李巡曰：「臺，積土爲之，所以觀望也。臺上有屋謂之榭。」又云：「無室曰榭，四方而高曰臺。」孫炎曰：「榭，但有堂也。」郭璞曰：「榭，即今之堂堭也。」然則「榭」是臺上之屋，歇前無室，今之廳是也。詩云：「彼澤之陂。」毛傳云：「陂，澤障也。」障澤之水使不流溢，謂之陂，停水不流，謂之池。「侈」亦奢也，謂衣服采飾過於制度。言匱竭民之財力爲奢麗也。顧氏亦云：「華侈服飾。」二劉以爲，宮室之上而加侈服。據孔傳云「服飾過制」，即謂人之服飾，二劉之説非也。殷本紀云：「紂厚賦税以實鹿臺之錢，而盈鉅橋之粟。益牧狗馬奇物，充仞宮室，益廣沙丘苑臺，多聚野獸、飛鳥置其中。〔一一〕大聚樂戲於沙丘，以酒爲池，懸肉爲林，使男女倮相逐其間。」説紂奢侈之事，書傳多矣。

焚炙忠良，刳剔孕婦。忠良無罪焚炙之，懷子之婦刳剔視之。言暴虐。○刳，口胡反。剔，他歷反。孕，以證反，徐養證反。

【疏】傳「忠良」至「暴虐」。焚、炙，俱燒也。刳剔，謂割剥也。説文云：「刳，刲也。」今人去肉至骨，謂之剔去。是「剔」亦刲之義也。武王以此數紂之惡，必有忠良被炙，孕婦被刳，不知其姓名爲誰也。殷本紀云：「紂爲長夜之飲。時諸侯或叛，妲己以爲罰輕。紂欲重刑，乃爲熨斗，以火燒之然，使人舉，輒爛其手，不能勝。紂怒，乃更爲銅柱，以膏塗之，亦加於炭火之上，使有罪者緣之，足滑跌墜入中，紂與妲己以爲大樂，名曰炮烙之刑。」是紂焚炙之事也。後文王獻洛西之地、赤壤之田方千里，請紂除炮烙之刑，紂許之。皇甫謐作帝王世紀，亦云然。謐又云：「紂剖比干妻，以視其胎。」即引此爲「刳剔孕婦」也。

皇天震怒，命我文考肅將天威。大勳未集，言天怒紂之惡，命文王敬行天罰，功業未成而崩。肆予小子發，以爾友邦冢君觀政于商。父業未就之故，故我與諸侯觀紂政之善惡。謂十一年自孟津還時。惟受罔有悛心，乃夷居弗事上帝神祇，遺厥先宗廟弗祀。悛，改也。言紂縱惡無改心，平居無故廢天地百神宗廟之祀，慢之甚。○悛，七全反。

【疏】傳「悛改」至「之甚」　左傳稱「長惡不悛」，「悛」是退前創改之義，故爲「改」也。觀政于商，計當恐怖。〔一二〕言紂縱惡無改悔之心，平居無故不事神祇，是紂之大惡。上帝，舉其尊者，謂諸神悉皆不事，故傳言「百神」以該之。不事亦是不祀，別言「遺厥先宗廟弗祀」，遺棄祖父，言其「慢之甚」也。

犧牲粢盛，既于凶盜，凶人盡盜食之，而紂不罪。○粢音咨，黍稷曰粢。盛音成，在器曰盛。乃曰吾有民有命，罔懲其侮。紂言吾所以有兆民、有天命，故羣臣畏罪不爭，無能止其慢心。○懲，直承反。不爭，爭鬭之爭。天佑下民，作之君，作之師，言天佑助下民，爲立君以政之，爲立師以教之。○爲立，上于僞反。惟其克相上帝，寵綏四方。當能助天，寵安天下。○相，息亮反。有罪無罪，予曷敢有越厥志？越，遠也。言己志欲爲民除惡，是與否不敢遠其志。○否，方有反。

【疏】「天佑」至「厥志」　已上數紂之罪，此言伐紂之意。上天佑助下民，不欲使之遭害，故命我爲之君上，使臨政之；爲之師保，使教誨之。爲人君、爲人師者，天意如此，不可違天。我今惟其當能佑助上天，寵安四方之民，使民免於患難。今紂暴虐，無君、師之道，故今我往伐之，不知伐罪之事爲有罪也，爲無罪也。不問有罪無罪，志在必伐，我何敢有遠其本志而不伐之？

傳「言天」至「教之」　衆民不能自治，立君以治之。立君治民，乃是天意。言天佑助下民，爲立君也。治民之謂「君」，教民之謂「師」。君既治之，師又教之，故言「作之君，作之師」。師謂君與民爲師，非爲别置師也。

傳「當能」至「天下」　天愛下民，爲立君、立師者，當能佑助天意，寵安天下」。不奪民之財力，不妄非理刑殺，是助天寵愛民也。

傳「越遠」至「其志」　「越」者，踰越超遠之義，故爲「遠」也。武王伐紂，内實爲民除害，外則以臣伐君，故疑其有罪與無罪。言己志欲爲民除害，無問是之與否。「不敢遠其志」，言己本志欲伐，何敢遠本志，捨而不伐也？

同力度德，同德度義。力鈞則有德者勝，德鈞則秉義者强。揆度優劣，勝負可見。○度，徒洛反，下注同。

【疏】傳「力鈞」至「可見」　「德」者，得也，自得於心。「義」者，宜也，動合事宜。但德在於身，故言有德；義施於行，故言秉執。武王志在養民，動爲除害，有君人之明德，執利民之大義，與紂無者爲敵，〔一三〕雖未交兵，揆度優劣，勝負可見。示以必勝之道，令士衆勉力而戰也。

受有臣億萬，惟億萬心。人執異心，不和諧。○億，十萬曰億。予有臣三千，惟一心。三千一心，言同欲。商罪貫盈，天命誅之。予弗順天，厥罪惟鈞。紂之爲惡，一以貫之。惡貫已滿，天畢其命。今不誅紂，則爲逆天，與紂同罪。○貫，古亂反。

【疏】傳「紂之」至「同罪」　紂之爲惡，如物在繩索之貫，一以貫之，其惡貫已滿矣。物極則反，天下欲畢其命，故上天命我誅之。今我不誅紂，則是逆天之命，無恤民之心，是我與紂同罪矣。猶如律「故縱者與同罪」也。

予小子夙夜祗懼，受命文考，類于上帝，宜于冢土，以爾有衆厎天之罰。〔一四〕祭社曰宜。冢土，社也。言我畏天之威，告文王廟，以事類告天祭社，用汝衆致天罰於紂。○類，師祭名。冢，中勇反。厎，之履反。

【疏】傳「祭社」至「於紂」　釋天引詩云：「乃立冢土，戎醜攸行。」即云起大事、動大衆，必先有事乎社而後出，謂之宜。孫炎曰：「宜，求見福祐也。」是「祭社曰宜」。「冢」訓「大」也。「社」是土神，故冢土，社也。毛詩傳云：「冢土，大社也。」「受命文考」，是告廟以行，故爲告文王廟也。王制云：「天子將出，〔一五〕類乎上帝，宜乎社，造乎禰。」此「受命文考」，即是造乎禰也。王制以神尊卑爲次，故先言帝、社後言禰。此以廟是已親，若言家內私議，然後告天，故先言「受命文考」，而後言「類于上帝」。舜典「類于上帝」傳云：「告天及五帝。」此以事類告天，亦當如彼也。罰紂是天之意，故用汝衆致天罰於紂也。

天矜于民，民之所欲，天必從之。矜，憐也。言天除惡樹善與民同。〔一六〕○從之，上才容反。爾尚弼予一人，永清四海。穢惡除則四海長清。時哉，弗可失！」言今我伐紂，正是天人合同之時，不可違失。

泰誓中第二

惟戊午，王次于河朔。次，止也。戊午渡河而誓，既誓而止於河之北。

【疏】傳「次止」至「之北」「次」是止舍之名。穀梁傳亦云：「次，止也。」序云「一月戊午，師渡孟津」，則師以戊午日渡也。此戊午日次于河朔，則是師渡之日次止也。上篇是渡河而誓，未及止舍而先誓之。此次于河朔者，是既誓而止於河之北也。莊三年左傳例云：「凡師一宿爲舍，再宿爲信，過信爲次。」此「次」直取止舍之義，非春秋三日之例也。何則？商郊去河四百餘里，戊午渡河，甲子殺紂，相去纔六日。且是今日次訖又誓，明日誓訖即行，不容三日止于河旁也。

羣后以師畢會，諸侯盡會次也。王乃徇師而誓曰：「嗚呼！西土有衆，咸聽朕言：徇，循也。武王在西，故稱西土。○徇，似俊反。字詁云：「徇，巡也。」〔一七〕

【疏】傳「徇循」至「西土」説文云：「徇，疾也。〔一八〕循，行也。」徇是疾行之意，故以「徇」爲「循」也。下篇「大巡六師」，義亦然也。此誓總戒衆軍。武王國在西偏，此師皆從西而來，故稱「西土」。

我聞吉人爲善，惟日不足；凶人爲不善，亦惟日不足。言吉人竭日以爲善，凶人亦竭日以行惡。〔一九〕○渴，苦曷反，又苦蓋反。今商王受力行無度，行無法度。竭日不足，故曰力行。〔二〇〕播棄犂老〔二一〕，昵比罪人。鮐背之耇稱犂老。布棄不禮敬。昵近罪人，謂天下逋逃之小人。○犂，力私反，又力兮反。昵，女乙反。比，毗志反。鮐，他來反，又音怡，魚名。逋，布吴反。

【疏】傳「鮐背」至「小人」。釋詁云：「鮐背、耇老，壽也。」舍人曰：「鮐背，老人氣衰，皮膚消瘠，背若鮐魚也。」孫炎曰：「耇面凍犂，〔二二〕色似浮垢也。」然則老人背皮似鮐，面色似梨，故「鮐背之耇」稱「梨老」。傳以「播」爲「布」，布者徧也。言徧棄之，「不禮敬」也。「昵，近」，釋詁文。孫炎曰：「昵，親近也。」牧誓數紂之罪云：「四方之多罪逋逃是崇、是長，是信、是使。」知紂所親近罪人，謂天下逋逃之小人也。

淫酗肆虐，臣下化之。過酗縱虐，以酒成惡。臣下化之，言罪同。○酗，況付反。

【疏】傳「過酗」至「罪同」。「酗」是酒怒。淫、酗共文，則淫非女色，故以「淫」爲「過」，言飲酒過多也。「肆」是放縱之意。酒過則酗，縱情爲虐。以酒成此暴虐之惡，臣下化而爲之。由紂惡而臣亦惡，言君臣之罪同也。

朋家作仇，脅權相滅，無辜籲天，穢德彰聞。臣下朋黨自爲仇怨，脅上權命以相誅滅。籲，呼也。民皆呼天，告冤無辜。紂之穢德彰聞天地，言罪惡深。○脅，虚業反。籲音喻。穢，於廢反。

【疏】「朋家」至「彰聞」 小人好忿，天性之常。化紂淫酗，怨怒無已，臣下朋黨共爲一家，與前人並作仇敵，脅上權命，以相滅亡。無罪之人，怨嗟呼天。紂之穢惡之德彰聞天地，言其罪惡深也。

傳「臣下」至「惡深」 「脅上」，謂紂既昏迷，朝無綱紀，姦宄之臣脅於在下，假用在上之權命脅之，更相誅滅也。

「惟天惠民，惟辟奉天。言君天下者，當奉天以愛民。○辟，必亦反。〔一三〕有夏桀弗克若天，流毒下國，桀不能順天，流毒虐於下國萬民。言凶害。天乃佑命成湯，降黜夏命。言天助湯命，使下退桀命。惟受罪浮于桀。浮，過。

【疏】傳「浮過」 物在水上謂之浮。「浮」者，高之意，故爲「過」也。桀罪已大，紂又過之，言紂惡之甚。故下句説其過桀之狀。案夏本紀及帝王世紀云：「諸侯叛桀，關龍逢引皇圖而諫，桀殺之。伊尹諫桀，桀曰：『天之有日，如吾之有民，日亡，吾乃亡矣。』」是桀亦賊虐諫輔，謂己有天命。而云過於桀者，殷本紀云紂剖比干，觀其心。桀殺龍逢，無剖心之事。又桀惟比之於日，紂乃詐命於天。又紂有炮烙之刑，又有刳胎斮脛之事，而桀皆無之，是紂罪過於桀也。

剥喪元良，賊虐諫輔。剥，傷害也。賊，殺也。元，善之長。良善以諫輔紂，紂反殺之。○喪，息浪反。長，丁丈反。

【疏】傳「剥傷」至「殺之」　說文云：「剥，裂也。一曰：剥，割也。」裂與割，俱是傷害之義也。殺人謂之賊，故「賊」爲「殺」也。「元者善之長」，易文言文。「良」之爲「善」，書傳通訓也。元、良俱善而雙舉之者，言其剥喪善中之善，爲害大也。「以諫輔紂，紂反殺之」，即比干是也。上篇言焚炙忠良，與此經相類，而復言此者，以殺善人爲惡之大，〔二四〕故重陳之也。

謂己有天命，謂敬不足行，謂祭無益，謂暴無傷。言紂所以罪過於桀。○己音紀。厥監惟不遠，在彼夏王。其視紂罪與桀同辜，言必誅之。

【疏】傳「其視」至「誅之」　紂罪過於桀，而言「與桀同辜」者，罪不過死，合死之罪同，言必誅也。

天其以予乂民，用我治民，當除惡。朕夢協朕卜，襲于休祥，戎商必克。言我夢與卜俱合於美善，以兵誅紂，必克之占。

【疏】傳「言我」至「之占」　夢者，事之祥，人之精爽先見者也。吉凶或有其驗，聖王採而用之。我卜伐紂，得吉，夢又戰勝。禮記稱「卜筮不相襲」，襲者，重合之義。訓「戎」爲「兵」。夢、卜俱合於美，是「以兵誅紂，必克之占」也。聖人逆知來物，不假夢、卜。言此，以强軍人之意耳。史記周本紀云：〔二五〕「武王伐紂，卜龜，兆不吉，羣公皆懼，惟太公强之。太公六韜云：「卜戰，龜兆焦，筮又不吉。太公曰：枯骨朽蓍，不踰人矣。」彼言不吉者，六韜之書後人所作，史記又採用六韜。好事者妄矜太公，非實事也。

受有億兆夷人，離心離德；平人，凡人也。雖多，而執心用德不同。

【疏】傳「平人」至「不同」。昭二十四年左傳引此文，〔二六〕服虔、杜預以「夷人」爲夷狄之人。即如彼言，惟云億兆夷人，則受率其旅若林，即曾無華夏人矣。故傳訓「夷」爲「平」。「平人」爲「凡人」，言其智慮齊，識見同，人數雖多，執心用德不同。心謂謀慮，德謂用行。智識既齊，各欲申意，故心、德不同也。

予有亂臣十人，〔二七〕**同心同德。**我治理之臣雖少，而心、德同。○十人，周公旦、召公奭、太公望、畢公、榮公、太顛、閎夭、散宜生、南宫适及文母。我治，直吏反。

【疏】傳「我治」至「德同」。釋詁云：「亂，治也。」故謂我治理之臣有十人也。十人皆是上智。咸識周是殷非，故人數雖少，而心、德同，同佐武王，欲共滅紂也。論語引此云：「予有亂臣十人。」而孔子論之，有一婦人焉。則十人之内，其一是婦人。故先儒鄭玄等皆以十人爲文母，周公、太公、召公、畢公、榮公、太顛、宏夭、散宜生、南宫括也。

雖有周親，不如仁人。周，至也。言紂至親雖多，不如周家之少仁人。

【疏】傳「周至」至「仁人」。詩毛傳亦以「周」爲「至」，相傳爲此訓也。武王三分天下有其二，則紂黨不多於周。但辭有激發，旨有抑揚，欲明多惡不如少善，故「言紂至親雖多，不如周家之少仁人」也。

「天視自我民視，天聽自我民聽。言天因民以視、聽，民所惡者天誅之。○所惡，烏路反，一音如字。百姓有過，在予一人。已能無惡于民。民之有過，在我教不至。

【疏】「百姓有過在予一人」言此者，以上云民之所惡，天必誅之，已今有善，不爲民之所惡，天必佑我令教化百姓。若不教百姓，使有罪過，實在我一人之身。此「百姓」與下「百姓懍懍」，皆謂天下衆民也。

今朕必往。我武惟揚，侵于之疆，揚，舉也。言我舉武事，侵入紂郊疆伐之。○疆，居良反。取彼凶殘。我伐用張，于湯有光。桀流毒天下，湯黜其命。紂行凶殘之德，我以兵取之。伐惡之道張，設比于湯，又有光明。

【疏】「今朕」至「有光」既與天下爲任，則當爲之除害。今我必往伐紂。我之武事，惟于此舉之，侵紂之疆境，取彼爲凶殘之惡者。若得取而殺之，是我伐凶惡之事用張設矣。湯惟放逐，我能擒取，是比于湯又益有光明。

傳「揚舉」至「伐之」文王世子論舉賢之法云：「或以事舉，或以言揚。」是揚、舉義同，故「揚」爲「舉」也。於時猶在河朔，將欲行適商都，言我舉武事侵入紂之郊疆，往伐之也。春秋之例，有鐘鼓曰伐，無曰侵。此實伐也，言往侵者，侵是入之意，非如春秋之例無鐘鼓也。

勗哉，夫子！罔或無畏，寧執非敵。勗，勉也。夫子，謂將士。無敢有無畏之心，寧執非敵之志，伐之則克矣。○勗，許玉反，下同。將士，子匠反，下篇注同。

【疏】「勗哉」至「非敵」 取得紂則功多於湯，宜勉力哉，夫子將士等。呼將士令勉力也。以兵伐人，當臨事而懼，汝將士等無敢有無畏輕敵之心，寧執守似前人之强，非己能敵之志以伐之，如是乃可克矣。

傳「勗勉」至「克矣」 「勗，勉」，釋詁文。呼將士而誓之，知「夫子」是將士也。老子云：「禍莫大於輕敵。」故令將士「無敢有無畏之心」，令其必以前敵爲可畏也。論語稱：子路曰：「子行三軍，則誰與？」孔子曰：「必也，臨事而懼。」令軍士等不欲發意輕前人，「寧執非敵之志」，恐彼强多，非我能敵。執此志以伐之，則當克矣。

百姓懔懔，若崩厥角。言民畏紂之虐，危懼不安，若崩摧其角，無所容頭。○懔懔，力甚反。

【疏】傳「言民」至「容頭」 懔懔，是怖懼之意。言民畏紂之虐，危懼不安，其志懔懔然。以畜獸爲喻，民之怖懼，若似畜獸崩摧其頭角然，無所容頭。顧氏云：「常如人之欲崩其角也，言容頭無地。」隱三年穀梁傳曰：「高曰崩。」頭角之稱崩，體之高也。」

「嗚呼！乃一德一心，立定厥功，惟克永世。」汝同心立功，則能長世以安民。

泰誓下第三

時厥明，王乃大巡六師，明誓衆士。是其戊午明日，師出以律，三申令之，重難之義。衆士，百夫長已上。○令，力政反。重，直用反。長，丁丈反。已上，上音以，下時掌反。

【疏】傳「是其」至「已上」。上篇未次而誓，故略言「大會」。中篇既次乃誓，爲文稍詳，故言「以師畢會」。此篇最在其後，爲文益詳，故言「大巡六師」。巡遶周遍，大其事，故稱「大」也。師者，衆也。天子之行，通以「六師」爲言。於時諸侯盡會，其師不啻六也。「師出以律」，易師卦初六爻辭也。律，法也。行師以法，即誓敕賞勸是也。禮成於三，故爲三篇之誓，三度申重號令，爲重慎艱難之義也。孫子兵法：「三令五申之。」此誓三篇，亦爲三令之事也。牧誓王所呼者，從上而下，至百夫長而止，知此「衆士」是百夫長已上也。

王曰：「嗚呼，我西土君子！天有顯道，厥類惟彰。言天有明道，其義類惟明。言王所宜法則。

【疏】傳「言天」至「法則」。孝經云：「則天之明。」昭二十五年左傳云：「以象天明。」是治民之事，皆法天之道。天有尊卑之序，人有上下之節，三正、五常，皆在於天有其明道。此天之明道，其義類惟明。言明白可效，王者所宜法則之。將言商王不法天道，故先摽二句於前，其下乃述商王違天之事，言其罪宜誅也。

今商王受狎侮五常，荒怠弗敬，輕狎五常之教，侮慢不行，大爲怠惰，不敬天地神明。○惰，徒卧反。

【疏】傳「輕狎」至「神明」　鄭玄論語注云：「狎，慣忽之言。」慣見而忽之，意與侮同，傳因文重而分之。五常，即五典，謂父義、母慈、兄友、弟恭、子孝。五者，人之常行，法天明道爲之。輕狎五常之教，侮慢而不遵行之，是違天顯也。釋訓「荒」爲「大」，大爲怠惰。「不敬」，謂「不敬天地神明也」。上篇云「不事上帝神祇」，知此不敬天地神明也。禮云：「毋不敬。」傳舉天地以言，明每事皆不敬也。

自絶于天，結怨于民。不敬天，自絶之。酷虐民，結怨之。斮朝涉之脛，〔二八〕剖賢人之心。冬月見朝涉水者，謂其脛耐寒，斬而視之；比干忠諫，謂其心異於人，剖而觀之。酷虐之甚。○斮，側略反，又七略反。朝，陟遥反。脛，户定反。剖，普口反。耐，乃代反。

【疏】傳「冬月」至「之甚」　釋器云：「魚曰斮之。」樊光云：「斮，斫也。」説文云：「斮，斬也。」斬朝涉水之脛，必有所由。知冬月見朝涉水者，謂其脛耐寒，疑其骨髓有異，斬而視之。其事或當有所出也。殷本紀云：「微子既去，比干曰：『爲人臣者，不得不以死争。』乃强諫。紂怒曰：『吾聞聖人心有七竅。』遂剖比干，觀其心。」是紂謂比干心異於人，剖而觀之，言酷虐之甚。

作威殺戮，毒痡四海。痡，病也。言害所及遠。○痡，徐音敷，又普吴反。

【疏】傳「痛病」至「及遠」　「痛，病」，釋詁文。紂之毒害，未必遍及夷狄，而云病四海者，言害所及者遠也。

崇信姦回，放黜師保。回，邪也。姦邪之人反尊信之，可法以安者反放退之。○邪，似嗟反。屏棄典刑，囚奴正士。屏棄常法而不顧，箕子正諫而以爲囚奴。郊社不修，宗廟不享，作奇技淫巧，以悦婦人。言紂廢至尊之敬，營卑褻惡事，作過制技巧，以恣耳目之欲。○技，其綺反。褻，息列反。上帝弗順，祝降時喪。祝，斷也。天惡紂逆道，斷絕其命，故下是喪亡之誅。○喪，蘇浪反。斷，丁管反。惡，烏路反。

【疏】「郊社」至「婦人」　「不修」，謂不掃治也。「不享」，謂不祭祀也。與上篇「不事上帝神祇，遺厥先宗廟不祀」，其事一也，重言之耳。「奇技」，謂奇異技能。「淫巧」，謂過度工巧。二者大同，但技據人身，巧指器物爲異耳。

傳「祝斷」　哀十四年公羊傳云：「子路死，子曰：『天祝予。』」何休云：「祝，斷也。」是相傳訓也。

爾其孜孜，奉予一人，恭行天罰。孜孜，勤勉不怠。○孜孜，音滋。

「古人有言曰：『撫我則后，虐我則讎。』武王述古言以明義，言非惟今惡紂。獨夫受洪惟作威，乃汝世讎。言「獨夫」，失君道也。大作威，殺無辜，乃是汝累世之讎。明不可不誅。樹德務滋，除惡務本。立德務滋長，去惡務除本。言紂爲天下惡本。

肆予小子誕以爾衆士殄殲乃讎。言欲行除惡之義，絕盡紂。○殄，徒典反。殲，子廉反。爾衆士其尚迪果毅，以登乃辟。〔二九〕迪，進也。殺敵爲果，致果爲毅。登，成也，成汝君之功。○毅，牛既反。功多有厚賞，不迪有顯戮。賞以勸之，戮以威之。

【疏】傳「迪進」至「之功」 「迪，進」、「登，成」，皆釋詁文。「殺敵爲果，致果爲毅」，宣二年左傳文。「果」謂果敢，「毅」謂强決。能殺敵人，謂之爲「果」，言能果敢以除賊。致此果敢，是名爲「毅」，言能强決以立功。皆言其心不猶豫也。軍法以殺敵爲上，故勸令果毅成功也。

「嗚呼！惟我文考，若日月之照臨，光于四方，顯于西土。稱父以感衆也。言其明德充塞四方，明著岐周。惟我有周，誕受多方。言文王德大，故受衆方之國，三分天下而有其二。予克受，非予武，惟朕文考無罪。推功於父，言文王無罪於天下，故天佑之，人盡其用。受克予，非朕文考有罪，惟予小子無良。」〔三〇〕若紂克我，非我父罪，我之無善之致。

【疏】傳「若紂」至「之致」 言克受乃是文王之功，若受克予，非是文王之罪，而言非我父罪，我之無善之致者，其意言勝非我功，敗非父咎，崇孝罪己，以求衆心耳。

牧誓第四〔三一〕

武王戎車三百兩、兵車，百夫長所載。車稱兩。一車步卒七十二人，凡二萬一千人，舉全數。○戎車，音居。釋名云：「古者聲如居，所以居人也。今曰車，聲近舍，車舍也。」韋昭辯釋名云：「古皆尺遮反，從漢始有音居。」夫長，丁丈反。步卒，子忽反。○賁音奔。稱，尺證反。牧，如字，徐一音茂，說文作「坶」，云：「地名，在朝歌南七十里。」字林音母。虎賁三百人，勇士稱也。若虎賁獸，言其猛也。皆百夫長。與受戰于牧野，作牧誓。

【疏】「武王」至「牧誓」。武王以兵戎之車三百兩、虎賁之士三百人，與受戰於商郊牧地之野，將戰之時，王設言以誓衆。史叙其事，作牧誓。

傳「兵車」至「全數」。孔以虎賁三百人與戎車數同，王於誓時所呼有「百夫長」，因謂「虎賁」即是百夫之長。一人而乘一車，故云「兵車，百夫長所載」也。數車之法，一車謂之一兩。詩云：「百兩迓之。」是車稱兩也。風俗通説車有兩輪，故稱爲兩，猶屨有兩隻，亦稱爲兩。詩云「葛屨五兩」，即其類也。「一車步卒七十二人」，司馬法文也。車有七十二人，三百乘凡二萬一千人。計車有七十二人，三百乘當有二萬一千六百人。孔略六百而不言，故云「舉全數」。顧氏亦同此解。孔既用司馬法一車七十二人，又云兵車百夫長所載，又下傳以百夫長爲卒帥，是實領百人，非惟七十二人。依周禮大司馬法，天子六軍，出自六鄉，凡起徒役，無過家一人，故一鄉出一軍，鄉爲正，遂爲副。若鄉、遂不足，則徵兵于邦國。則司馬法六十四井爲甸，計有五百七十六夫，共出長轂一乘，甲士三人，步卒七十二人。至於臨敵對戰，布陳之時，則依六鄉軍法，五人爲伍，五伍爲兩，四兩爲卒，五卒爲旅，五旅爲師，五師爲軍。故左傳云「先偏後伍」，又云「廣有一卒，卒偏之兩」。非直人數如此，車數亦然。故周禮云：「乃會車之卒、伍。」鄭云：「車亦有卒、伍。」左傳「戰于繻葛」，杜注云：「車二十五乘爲偏。」是車亦爲卒伍之數也。則一車七十二人者，自計元科兵之數。科兵既至，臨時配割，其車雖在，其人分散，前配車之人，臨戰不得還屬本車，當更以虎賁甲士配車而戰。孔舉七十二人元科兵數者，欲總明三百兩人之大數。云「兵車百夫長所載」者，欲見臨敵實一車有百人。既虎賁與車數相當，又經稱百夫長，故孔爲此說。

傳「勇士」至「夫長」 周禮虎賁氏之官，其屬有虎士八百人，是虎賁爲勇士稱也。若虎之賁走逐獸，言其猛也。此虎賁必是軍内驍勇選而爲之，當時謂之虎賁。樂記云「虎賁之士説劍」，謂此也。孔意虎賁即是經之百夫長，故云皆百夫長也。

牧誓 至牧地而誓衆。〔三二〕

時甲子昧爽，是克紂之月甲子之日，二月四日。昧，冥；爽，明。早旦。○昧爽，上音妹。爽，明也。昧爽，謂早旦也。馬云：「昧，未旦也。」

【疏】傳「是克」至「早旦」 春秋主書動事，編次爲文，於法日、月、時、年皆具。其有不具，史闕耳。尚書惟記言語，直指設言之日。上篇「戊午，次于河朔」，洛誥「戊辰，王在新邑」，與此「甲子」，皆言有日無月。史意不爲編次，故不具也。是克紂之月甲子之日，是周之二月四日，以曆推而知之也。釋言云：「晦，冥也。」「昧」亦晦義，故爲「冥」也。「冥」是夜，「爽」是明，夜而未明，謂「早旦」之時，蓋鷄鳴後也。爲下「朝至」發端，「朝」即「昧爽」時也。

王朝至于商郊牧野，乃誓。紂近郊三十里地名牧。癸亥夜陳，甲子朝誓，將與紂戰。○陳，直刃反。

【疏】傳「紂近」至「紂戰」　傳言在紂近郊三十里，或當有所據也。皇甫謐云在朝歌南七十里，不知出何書也。言「至于商郊牧野」，知「牧」是郊上之地。戰在平野，故言「野」耳。詩云「于牧之野」，禮記大傳云「牧之野」。武王之大事繼牧言野，明是牧地，而鄭玄云「郊外曰野，將戰于郊，故至牧野而誓」。案經「至于商郊牧野乃誓」，豈王行已至于郊，乃復到退適野，〔三三〕誓訖而更進兵乎？何不然之甚也！武成云「癸亥夜陳，未畢而雨」，〔三四〕是癸亥夜已布陳，故甲子朝而誓衆。將與紂戰，故戒敕之。

王左杖黄鉞，右秉白旄以麾，曰：「逖矣！西土之人。」鉞，以黄金飾斧。〔三五〕左手杖鉞，示無事於誅。右手把旄，示有事於教。逖，遠也。遠矣，西土之人，勞苦之。○杖，徐直亮反。鉞音越，本又作「戉」。旄音毛。馬云：「白旄，旄牛尾。」麾，許危反。逖，他歷反。

【疏】傳「鉞以」至「苦之」　太公六韜云：「大柯斧重八斤，一名天鉞。」廣雅云：「鉞，斧也。」斧稱黄鉞，故知以黄金飾斧也。鉞以殺戮，殺戮用右手，用左手杖鉞，示無事於誅。右手把旄，示有事於教。其意言惟教軍人，不誅殺也。把旄何以白？旄用白者，取其易見也。「逖，遠」，釋詁文。〔三六〕

王曰：「嗟！我友邦冢君，同志爲友。言志同滅紂。御事司徒、司馬、司空，治事三卿，司徒主民，司馬主兵，司空主土，指誓戰者。

【疏】傳「治事」至「戰者」　孔以於時已稱王，而有六師，亦應已置六卿。今呼治事惟三卿者，司徒主民，治徒庶之政令，司馬主兵，治軍旅之誓戒；司空主土，治壘壁以營軍。是指誓戰者，故不及太宰、太宗、司寇也。〔三七〕其時六卿具否，不可得知，但據此三卿爲説耳。此御事之文，指三卿而説，是不通於亞旅已下。

亞旅、師氏，亞，次；旅，衆也。衆大夫，其位次卿。師氏，大夫官以兵守門者。

【疏】傳「亞次」至「門者」 「亞，次」，釋言文。「旅，衆」，釋詁文。此及左傳皆卿下言亞旅，知是大夫。其位次卿而數衆，故以亞次名之。謂諸是四命之大夫在軍有職事者也。師氏亦大夫，其官掌以兵守門，所掌尤重，故别言之。周禮師氏中大夫，使其屬帥四夷之隸，各以其兵服守王之門外朝，在野外則守内列。鄭玄云：「内列，蕃營之在内者也，守之如守王宫。」

千夫長、百夫長，師帥、卒帥。○帥，色類反，下同。

【疏】傳「師帥卒帥」 周禮二千五百人爲師，師帥皆中大夫。百人爲卒，卒長皆上士。孔以師雖二千五百人，舉全數亦得爲千夫長。長與帥，其義同。是千夫長亦可以稱帥，故以「千夫長」爲「師帥」，「百夫長」爲「卒帥」。王肅云「師長」、「卒長」，意與孔同，順經文而稱「長」耳。鄭玄以爲「師帥」、「旅帥」也，與孔不同。

及庸、蜀、羌、髳、微、盧、彭、濮人，八國皆蠻、夷、戎、狄屬文王者國名。羌在西蜀叟，髳、微在巴蜀，盧、彭在西北，庸、濮在江漢之南。○羌，徐起良反，説文云：「西戎牧羊人。」髳，茂侯反。濮音卜。叟，所求反，又蘇走反。

【疏】傳「八國」至「之南」九州之外四夷大名，則東夷、西戎、南蠻、北狄。其在當方，或南有戎而西有夷。此八國並非華夏，故大判言之，「皆蠻、夷、戎、狄屬文王者國名」也。此八國皆西南夷也。文王國在於西，故西南夷先屬焉。蜀大劉以蜀是蜀郡顯然可知，故孔不説。又退庸就濮解之，故以次先解羌，云羌在西蜀。叟者，漢世西南之夷。蜀名爲大，故傳據蜀而説。左思蜀都賦云：「三蜀之豪，時來時往。」是蜀都分爲三。羌在其西，故云西蜀叟。叟者蜀夷之别名。故後漢書興平元年馬騰、劉範謀誅李傕，益州牧劉焉遣叟兵五千人助之。是蜀夷有名叟者也。髳、微在巴蜀者，巴在蜀之東偏，漢之巴郡，所治江州縣也。盧、彭在西北者，在東蜀之西北也。文十六年左傳稱庸與百濮伐楚，楚遂滅庸，是庸、濮在江漢之南。

稱爾戈，比爾干，立爾矛，予其誓！」稱，舉也。戈，戟；干，楯也。○比，徐扶志、毗志二反。楯，食準反，又音允。

【疏】傳「稱舉」至「干楯」「稱，舉」，釋言文。方言：「戟，楚謂之孑，吴、揚之間謂之戈。」是戈即戟也。考工記云：「戈柲六尺有六寸，車戟常。」鄭云：「八尺曰尋，倍尋曰常。」然則戈戟長短異名，而云戈者即戟，戈、戟長短雖異，其形制則同。此云舉戈，宜舉其長者，故以戈爲戟也。方言又云：「楯，自關而東或謂之楯或謂之干，關西謂之楯。」〔三八〕是干、楯爲一也。戈短，人執以舉之，故言「稱」。楯則並以打敵，故言「比」。矛長，立之於地，故言「立」也。

王曰：「古人有言曰：『牝雞無晨。言無晨鳴之道。○牝，頻引反，徐又扶忍反。牝雞之晨，惟家之索。』索，盡也。喻婦人知外事，雌代雄鳴則家盡，婦奪夫政則國亡。○索，西各反。

【疏】傳「索盡」至「國亡」　禮記檀弓曰：「吾離羣而索居。」則索居爲散義。鄭玄云：「索，散也。」物散則盡，故「索」爲「盡」也。牝雞，雌也。爾雅飛曰雌雄，走曰牝牡。而此言牝雞者，毛詩、左傳稱「雄狐」，是亦飛、走通也。此以牝雞之鳴喻婦人知外事，故重申喻意云「雌代雄鳴則家盡，婦奪夫政則國亡」。家總貴賤爲文，言家以對國耳。將陳紂用婦言，故舉此古人之語。紂直用婦言耳，非能奪其政，舉此言者，專用其言，〔三九〕賞罰由婦，即是奪其政矣。婦人不當知政，是別外內之分，若使賢如文母，可以興助國家，則非牝雞之喻矣。

今商王受惟婦言是用，妲己惑紂，紂信用之。○妲己，丹達反，下音紀，紂妻也。

【疏】傳「妲己」至「用之」　晉語云：「殷辛伐有蘇氏，蘇氏以妲己女焉。妲己有寵，而亡殷。」殷本紀云：「紂嬖于婦人，愛妲己，惟妲己之言是從。」列女傳云：「紂好酒淫樂，不離妲己，妲己所舉言者貴之，〔四〇〕妲己所憎者誅之。爲長夜飲，妲己好之。百姓怨望，而諸侯有叛者。妲己曰：『罰輕誅薄，威不立耳。』紂乃重刑辟，爲炮烙之法，妲己乃笑。武王伐紂，斬妲己頭，懸之於小白旗上，以爲亡紂者此女也。」

昏棄厥肆祀弗答，昏，亂；肆，陳；答，當也。亂棄其所陳祭祀，不復當享鬼神。○復，扶又反。

【疏】傳「昏亂」至「鬼神」。昏闇者於事必亂，故「昏」爲「亂」也。詩云：「肆筵設席。」肆者，陳設之意，毛傳亦以「肆」爲「陳」也。對答相當之事，故「答」爲「當」也。紂身昏亂，棄其宜所陳設祭祀，不復當享鬼神，與上「郊社不修、宗廟不享」亦一也。不事神祇，惡之大者，故泰誓及此三言之。

昏棄厥遺王父母弟不迪。王父，祖之昆弟。母弟，同母弟。言棄其骨肉，不接之以道。

【疏】傳「王父」至「以道」。釋親云：「父之考爲王父。」則「王父」是祖也。紂無親祖可棄，故爲「祖之昆弟」。棄其祖之昆弟，則父之昆弟亦棄之矣。春秋之例，母弟稱「弟」。凡春秋稱「弟」，皆是母弟也。「母弟」，謂同母之弟。同母尚棄，別生者必棄矣。舉尊、親以見卑、疏也。遺，亦棄也。言紂之昏亂，棄其所遺骨肉之親，不接之以道。經先言棄祀、棄親者，鄭玄云：「誓首言此者，神怒民怨，紂王以亡也。」

乃惟四方之多罪逋逃是崇、是長，是信、是使，言紂棄其賢臣，而尊長逃亡罪人，信用之。是以爲大夫、卿士，士，事也。用爲卿大夫典政事。俾暴虐于百姓，以姦宄于商邑。使四方罪人暴虐姦宄于都邑。○俾，必爾反，使也。徐甫婢反，下同。宄音軌。

【疏】傳「使四」至「都邑」。「暴虐」，謂殺害。殺害加於人，故言「於百姓」。「姦宄」，謂劫奪。劫奪有處，故言「于商邑」。百姓亦是商邑之人，故傳總言「于都邑」也。

「今予發惟恭行天之罸。今日之事，不愆于六步、七步，乃止，齊焉。今日戰事，就敵不過六步、七步，乃止，相齊。言當旅進一心。○愆，去乾反。

【疏】傳「今日」至「一心」　戰法，布陳然後相向，故設其就敵之限，「不過六步、七步乃止」，「相齊」焉，欲其相得力也。樂記稱「進旅」、「退旅」，是「旅」爲衆也。言當衆進一心也。

「夫子，勗哉！不愆于四伐、五伐、六伐、七伐，〔四一〕乃止，齊焉。夫子，謂將士。勉勵之。伐，謂擊刺。少則四五，多則六七以爲例。○勗，許玉反。刺，七亦反。

【疏】傳「夫子」至「爲例」　此及下文三云「夫子」，此「勗哉」在下，下「勗哉」在上，此先呼其人，然後勉之。此既言然，下先令勉勵乃呼其人，各與下句爲目也。上有戈、矛，戈謂擊兵，矛謂刺兵，故云「伐」謂擊刺。此「伐」猶伐樹然也。

「勗哉，夫子！尚桓桓。〔四二〕桓桓，武貌。

【疏】傳「桓桓武貌」　釋訓云：「桓桓，威也。」詩序云：「桓，武志也。」

如虎如貔，如熊如羆，于商郊！貔，執夷，虎屬也。四獸皆猛健，欲使士衆法之，奮擊於牧野。○貔音毗。羆，彼皮反。爾雅云：「羆如熊，黄白文。」

【疏】傳「貔執夷」　釋獸云：「貔，白狐，其子豰。」舍人曰：「貔名白狐，其子名豰。」郭璞曰：「一名執夷，虎豹屬。」

弗迓克奔，〔四三〕以役西土。商衆能奔來降者，不迎擊之。如此，則所以役我西土之義。○迓，五嫁反，馬作「禦」，禁也。役，馬云：「役，爲也。」爲，于僞反。

【疏】傳「商衆」至「之義」　「迓」，訓迎也。不迎擊商衆能奔來降者，兵法不誅降也。役，謂使用也。如此不殺降人，則所以使用我西土之義，用義於彼，令彼知我有義也。王肅讀「御」爲禦，言「不禦能奔走者，如殷民欲奔走來降者，無逆之，奔走去者，亦不禦止。役，爲也。盡力以爲我西土」。與孔不同。

「勗哉，夫子！爾所弗勗，其于爾躬有戮！」臨敵所安，汝不勉，則於汝身有戮矣。

武成第五

武王伐殷，往伐歸獸，往誅紂，克定，偃武修文，歸馬牛於華山、桃林之牧地。○獸，徐始售反，本或作「嘼」，許救反。識其政事，記識殷家政教善事以爲法。作武成。武功成，文事修。

【疏】「武王」至「武成」 武王之伐殷也，往則陳兵伐紂，歸放牛馬爲獸，記識殷家美政善事而行用之。史叙其事，作武成。

傳「往誅」至「牧地」 此序於經「于征伐商」，是「往伐」也。歸馬、放牛，是「歸獸」也，故傳引經以解之。爾雅有釋獸、釋畜，畜、獸形相類也。在野自生爲獸，人家養之爲畜。歸馬放牛，不復乘用，使之自生自死若野獸然，故謂之獸。獸以野澤爲家，故言「歸」也。

傳「記識」至「爲法」 紂以昏亂而滅，前世政有善者，故訪問殷家政教，記識善事，以爲治國之法。經云「列爵惟五，分土惟三」是也。

武成

文王受命，有此武功，成於克商。

【疏】「武成」 此篇叙事多而王言少，惟辭又首尾不結，體裁異於餘篇。自「惟一月」至「受命于周」，史叙伐殷往反，及諸侯大集，爲王言發端也。自「王若曰」至「大統未集」，述祖父已來，開建王業之事也。自「予小子」至「名山大川」，言已承父祖之意，告神陳紂之罪也。自「曰惟有道」至「無作神羞」，王自陳告神之辭也。「既戊午」已下，又是史叙往伐殺紂入殷都布政之事。「無作神羞」以下，惟告神。其辭不結，文義不成，非述作之體。案左傳荀偃禱河云：「無作神羞，其官臣偃無敢復濟，惟爾有神裁之。」蒯聵禱祖云：「無作三祖羞，大命不敢請，佩玉不敢愛。」彼二者於「神羞」之下，皆更申已意。此經「無作神羞」下更無語，直是與神之言猶尚未訖。且冢君、百工初受周命，王當有以戒之，如湯誥之類。宜應說其除害與民更始，創以爲惡之禍，勸以行道之福，不得大聚百官，惟誦禱辭而已。欲征則殷勤誓衆，既克則空話禱神，聖人有作，理必不爾。竊謂「神羞」之下，更合有言，簡編斷絶，經失其本，所以辭不次耳。或初藏之日，已失其本，或壞壁得之，始有脱漏，故孔稱五十八篇以外，錯亂磨滅不可復知。明是見在諸篇，亦容脱錯。但孔此篇首尾具足，既取其文爲之作傳，恥云有所失落，不復言其事耳。

傳「文王」至「克商」。「文王受命，有此武功」，詩之文也。彼言武功，謂始伐崇耳。殷紂尚在，其功未成，成功在於克商。今武始成矣，故以「武成」名篇。以泰誓繼文王之年，故本之於文王。鄭云：「著武道至此而成。」

惟一月壬辰旁死魄，此本說始伐紂時。一月，周之正月。旁，近也。月二日近死魄。○旁，步光反。魄，普白反，說文作「霸」，匹革反，云：「月始生魄然貌。」〔四四〕旁近，附近之近。越翼日癸巳，王朝步自周，于征伐商。翼，明；步，行也。武王以正月三日行自周，往征伐商，二十八日渡孟津。厥四月哉生明，〔四五〕王來自商，至于豐。其四月。哉，始也。始生明，月三日，與死魄互言。○哉，徐音載。豐，芳弓反，文王所都也。乃偃武修文，倒載干戈，包以虎皮，示不用。行禮射，設庠序，修文教。歸馬于華山之陽，放牛于桃林之野，示天下弗服。山南曰陽。桃林，在華山東，皆非長養牛馬之地。欲使自生自死，示天下不復乘用。○華，胡化、胡瓜二反，華山在恒農。非長，丁丈反。不復，扶又反。丁未，祀于周廟，〔四六〕邦、甸、侯、衛駿奔走，執豆籩。四月丁未，祭告后稷以下、文考文王以上七世之祖。駿，大也。邦國、甸、侯、衛服諸侯皆大奔走於廟執事。○駿，荀俊反。豆，本又作「梪」。籩音邊。上，時掌反。越三日庚戌，柴望，大告武成。燔柴郊天，望祀山川。先祖後郊，自近始。○燔音煩。

【疏】「惟一」至「武成」 此歷叙伐紂往、反、祀廟、告天時日，説武功成之事也。「一月壬辰旁死魄」，謂伐紂之年周正月辛卯朔，其二日是壬辰也。「翼日癸巳，王朝步自周，于征伐商」，謂正月三日發鎬京始東行也。 其月二十八日戊午，渡河。泰誓序云「一月戊午，師渡孟津」，泰誓中篇云「惟戊午，王次于河朔」是也。二月辛酉朔，甲子殺紂。牧誓云「時甲子昧爽」「乃誓」是也。 其年閏二月庚寅朔，三月庚申朔，四月己丑朔。 厥四月哉生明，王來自商至于豐，謂四月三日月始生明，其日當是辛卯也。 丁未祀于周廟，四月十九日也。 越三日庚戌柴望，二十二日也。 正月始往伐，四月告成功，史叙其事，見其功成之次也。 漢書律曆志引武成篇云：「惟一月壬辰旁死魄，若翼日癸巳，武王乃朝步自周，于征伐紂。 越若來二月既死魄，越五日甲子，咸劉商王紂。 惟四月既旁生魄，越六日庚戌，武王燎于周廟。 翼日辛亥，祀於天位。 越五日乙卯，乃以庶國祀於周廟。」與此經不同。 彼是焚書之後有人僞爲之，漢世謂之「逸書」，其後又亡其篇。 鄭玄云：「武成，逸書，建武之際亡。」謂彼僞武成也。

傳「此本」至「死魄」 將言武成，遠本其始。 此本説始伐紂時。 一月，周之正月，是建子之月，殷十二月也。 此月辛卯朔，朔是死魄，故月二日近死魄。 魄者，形也，謂月之輪郭無光之處名魄也。 朔後明生而魄死，望後明死而魄生。 律曆志云：「死魄，朔也。 生魄，望也。」顧命云「惟四月哉生魄」，傳云：「始生魄，月十六日也。」月十六日爲始生魄，是一日爲始死魄，二日近死魄也。 顧氏解死魄，與小劉同。 大劉以三日爲始死魄，二日爲旁死魄。 旁死魄無事而記之者，與下日爲發端，猶今之將言日，必先言朔也。

傳「翼明」至「孟津」 「翼，明」，釋言文。〔四七〕釋言云：「堂上謂之行，堂下謂之步。」彼相對爲名耳。 散則可以通，故「步」爲「行」也。 周去孟津千里，以正月三日行自周，二十八日渡孟津，凡二十五日。 每日四十許里，時之宜也。詩云「于三十里」，毛傳云：「師行三十里。」蓋言其大法耳。

傳「其四」至「互言」 其四月，此伐商之四月也。 「哉，始」，釋詁文。 顧命傳以「哉生魄」爲十六日，則「哉生明」爲月初矣。以三日月光見，故傳言「始生明，月三日」也。此經無日，未必非二日也。生明、死魄，俱是月初。上云死魄，此云生明，而魄死、明生互言耳。〔四八〕

傳「倒載」至「文教」　樂記云：「武王克殷，濟河而西，車甲釁而藏之府庫，倒載干戈，包之以虎皮，天下知武王之不復用兵也。散軍而郊射，左射貍首，右射騶虞，而貫革之射息也。」是偃武修文之事，故傳引之。郊射，是禮射也。王制論四代學名云：「虞謂之庠，夏謂之序。」故言「設庠序，修文教」也。

傳「山南」至「乘用」　釋山云：「山西曰夕陽，山東曰朝陽。」李巡曰：「山西暮乃見日，故曰夕陽。山東朝乃見日，故云朝陽。」陽以見日爲名，故知山南曰陽。杜預云：「桃林之塞，今弘農華陰縣潼關是也。」是在「華山東」也。指其所往謂之「歸」，據我釋之則云「放」。「放牛」、「歸馬」，互言之耳。華山之旁，尤乏水、草，非長養牛馬之地，欲使自生自死。此是戰時牛馬，故放之以「示天下不復乘用」。易繫辭云：「服牛乘馬。」服、乘俱是「用」義，故以「服」總牛馬。

傳「四月」至「執事」　以「四月」之字隔文已多，故言「四月丁未」。此以成功設祭，明其遍告羣祖，知告后稷以下。后稷則始祖，以下容毀廟也。天子七廟，故云「文考文王以上七世之祖」，見是周廟皆祭之，故經總云周廟也。「駿，大」，釋詁文。周禮六服，侯、甸、男、采、衛、要，此略舉。「邦國」在諸侯服，故云「甸、侯、衛」，其言不次。詩頌云：「駿奔走在廟。」故云「皆大奔走於廟執事」也。

「越三日庚戌」　召誥云「越三日」者，皆從前至今爲三日。此從丁未數之，則爲四日。蓋史官不同，立文自異。或此「三」當爲「四」，由字積畫誤。〔四九〕

既生魄，庶邦冢君暨百工受命于周。〔五〇〕魄生明死，十五日之後。諸侯與百官受政命於周，明一統。○暨，其器反。

【疏】傳「魄生」至「一統」。月以望虧，望是月半。望在十六日爲多，通率在十六日者四分居三，其一在十五日耳。此言「既生魄」，故言「魄生明死，十五日之後」也。丁未祀于周廟，已是此月十九日矣。此「受命于周」，繼「生魄」言之，則受命在祀廟之前，故祀廟之時，諸侯已奔走執事，豈得未受周命，已助周祭？明其受命在祀廟前矣。史官採其時日，先言「告武成」既訖，然後却説「受命」，故文在下耳。諸侯與百官舊有未屬周者，今皆受政命于周，於此時始天下一統也。顧氏以「既生魄」謂庚戌已後，雖十六日始生魄，從十六日至晦皆爲生魄，但不知庚戌之後幾日耳。

王若曰：〔五一〕「嗚呼！羣后：順其祖業，歎美之以告諸侯。惟先王建邦啓土，謂后稷也。尊祖，故稱先王。

【疏】傳「謂后」至「先王」。此「先王」文在「公劉」之前，知謂后稷也。后稷非王，尊其祖，故稱先王。周語云：「昔我先王后稷。」〔五二〕又曰：「我先王不窋。」韋昭云：「王之先祖，故稱王。」商頌亦以契爲玄王。文、武之功起於后稷，后稷始封於邰，故言「建邦啓土」。

公劉克篤前烈。后稷曾孫，公，爵；劉，名。能厚先人之業。

【疏】傳「后稷」至「之業」。周本紀云：「后稷卒，子不窋立；卒，子鞠陶立；〔五三〕卒，子公劉立。」是公劉爲「后稷曾孫」也。本紀云公劉之後有公非、公祖之類，〔五四〕知「公」是爵。殷時未諱，故稱劉名。先公多矣，獨三人稱公，當時之意耳。本紀云：「公劉復修后稷之業，百姓懷之，多徙而歸保焉。周道之興，自此之後。」〔五五〕是能厚先人之業也。

至于大王，肇基王跡；王季其勤王家。大王修德以翦齊商人，始王業之肇跡。王季纘統其業，乃勤立王家。○大王，上音泰。肇音兆。王跡，上于況反，又如字，注「王業」、「王功」同。

【疏】傳「大王」至「王家」　詩云：「后稷之孫，實惟大王，居岐之陽，實始翦商。」是大王翦齊商人，始王業之兆跡也。周本紀云：「王季修古公之道，〔五六〕諸侯順之，是能纘統大王之業，勤立王家之基本也。」

我文考文王克成厥勳，誕膺天命，以撫方夏。言我文德之父能成其王功，大當天命，以撫綏四方中夏。大邦畏其力，小邦懷其德。言天下諸侯大者畏威，小者懷德，是文王威德之大。

【疏】「大邦」至「其德」　大邦力足拒敵，故言「畏其力」，小邦必畏矣。小邦或被棄遺，故言「懷其德」，大邦亦懷德矣。量事爲文也。

惟九年，大統未集。言諸侯歸之九年而卒，故大業未就。

【疏】傳「言諸」至「未就」　文王斷虞、芮之訟，諸侯歸之，改稱元年。至九年而卒，故云「大業未就」也。文王既未稱王，而得輒改元年者，諸侯自於其國各稱元年，是己之所稱，容或中年得改矣。汲冢竹書魏惠王有後元年，漢初文帝二元、景帝三元，此必有因於古也。伏生、司馬遷、韓嬰之徒不見此書，以爲文王受命七年而崩，故鄭玄等皆依用之。

予小子其承厥志，言承文王本意。底商之罪，〔五七〕告于皇天后土、所過名山大川，「致商之罪」，謂伐紂之時。后土，社也。名山，華岳。大川，河。○厎，之履反。

【疏】傳「致商」至「川河」。「致商之罪」，謂伐紂之時。欲將伐紂，告天乃發，故文在「所過」之上。禮，天子出征必類帝宜社。此告皇天、后土，即泰誓上篇「類于上帝，宜于冢土」，故云「后土，社也」。昭二十九年左傳稱「句龍爲后土，后土爲社」是也。僖十五年左傳云：「戴皇天而履后土。」〔五八〕彼晉大夫要秦伯，故以地神后土而言之，與此異也。自周適商路過河、華，故知所過「名山華岳，大川河」也。山川大乃有名，「名」、「大」互言之耳。周禮大祝云：「王過大山川，則用事焉。」鄭云：「用事，用祭事告行也。」

「曰：『惟有道曾孫周王發，將有大正于商。告天地山川之辭。〔五九〕大正，以兵征之也。

【疏】「曰惟有道曾孫周王發」 自稱「有道」者，聖人至公，爲民除害，以紂無道，言己有道，所以告神求助，不得飾以謙辭也。稱「曾孫」者，曲禮説諸侯自稱之辭云：「臨祭祀，內事曰孝子某侯某，外事曰曾孫某侯某。」哀二年左傳蒯聵禱祖，亦自稱曾孫，皆是言己承藉上祖奠享之意。

今商王受無道，無道德。暴殄天物，害虐烝民，暴絶天物，言逆天也。逆天害民，所以爲無道。○烝，之承反。

【疏】「暴殄」至「烝民」　「天物」語闊，人在其間。以人爲貴，故别言害民。則「天物」之言，除人外普謂天下百物，鳥獸草木，皆暴絶之。

爲天下逋逃主，萃淵藪。逋，亡也。天下罪人逃亡者，而紂爲魁主，窟聚淵府藪澤。言大姦。○萃，在醉反。藪，素口反。魁，苦回反。窟，口忽反。

【疏】傳「逋亡」至「大姦」　「逋」亦逃也，故以爲「亡」。罪人逃亡，而紂爲魁主。魁，首也。言受用逃亡者，與之爲魁首，爲主人。萃，訓聚也。言若蟲獸入窟，故云「窟聚」。水深謂之淵，藏物謂之府。史遊急就篇云：「司農、少府國之淵。」淵、府類，故言「淵府」。水鍾謂之澤，無水則名藪。藪、澤大同，故言「藪澤」。萃、淵、藪三者，各爲物室。言紂與亡人爲主，亡人歸之，若蟲之窟聚，魚歸淵府，獸集藪澤，言紂爲大姦也。據傳意，「主」字下讀爲便。昭七年左傳引此文，杜預云：「萃，集也。天下逋逃悉以紂爲淵藪，集而歸之。」與孔異也。

「予小子既獲仁人，敢祗承上帝，以遏亂略。仁人，謂太公、周、召之徒。略，路也。言誅紂。敬承天意，以絶亂路。○遏，烏末反。召，上照反，本又作「邵」。華夏蠻貊，罔不率俾恭天成命。〔六〇〕冕服采章曰「華」，大國曰「夏」。及四夷皆相率而使奉天成命。○貊，亡白反。俾，必爾反。

【疏】傳「冕服」至「成命」　冕服采章對被髮左衽，則爲有光華也。釋詁云：「夏，大也。」故大國曰夏。「華夏」，謂中國也。言「蠻貊」，則戎夷可知。王言華夏及四夷皆相率而從已，〔六一〕使「奉天成命」，欲其共伐紂也。

肆予東征，綏厥士女。此謂十一年會孟津還時。惟其士女篚厥玄黄，昭我周王。言東國士女筐篚盛其絲帛，奉迎道次。明我周王爲之除害。○篚音匪。爲之，上于僞反。天休震動，用附我大邑周。天之美應震動民心，故用依附我。○應，應對之應。惟爾有神，〔六二〕尚克相予，以濟兆民，無作神羞。』神庶幾助我，渡民危害，無爲神羞辱。○相予，上息亮反。既戊午，師逾孟津。自河至朝歌出四百里，五日而至，赴敵宜速。○逾，亦作「踰」。癸亥，陳于商郊，俟天休命。待天休命，謂夜雨止畢陳。○陳于，上直刃反，注同，徐音塵。甲子昧爽，受率其旅若林，會于牧野。旅，衆也。如林，言盛多。會逆距戰。罔有敵于我師，前徒倒戈，攻于後，以北，血流漂杵。紂衆服周仁政，無有戰心，前徒倒戈，以攻于後，以北走。血流漂舂杵，甚之言。○倒，丁考反。漂，匹妙反，徐敷妙反，又匹消反。杵，昌吕反。

【疏】「既戊午」至「我師」　自此以下，皆史辭也。其上闕絶，失其本經，故文無次第，必是王言既終，史乃更叙戰事，於文次當承「自周于征伐商」之下。此句次之，故云「既戊午」也。史官叙事，得言「罔有敵于我師」。稱「我」者，猶如自漢至今，文章之士雖民，論國事，莫不稱「我」，皆云「我大隨」。以心體國，故稱我耳，非要王言乃稱我也。

傳「自河」至「畢陳」　「出四百里」，驗地爲然。戊午明日猶誓於河朔，癸亥已「陳於商郊」，凡經五日，日行八十里。所以疾者，「赴敵宜速」也。帝王世紀云：「王軍至鮪水，紂使膠鬲候周師。見王，問曰：『西伯將焉之？』王曰：『將攻薛也。』膠鬲曰：『然願西伯無我欺！』王曰：『不子欺也，將之殷。』膠鬲曰：『何日至？』王曰：『以甲子。』子以是報矣。』〔六三〕膠鬲去而報命於紂。而雨甚，軍卒皆諫王曰：『卒病，請休之。』王曰：『吾已令膠鬲以「甲子」報其主矣。吾雨而行，所以救膠鬲之死也。』遂行，甲子，至于商郊。」然則本期甲子，故遠行也。周語云：「王以二月癸亥夜陳，未畢而雨。」是雨止畢陳也。待天休命，雨是天之美命也。韋昭云：「雨者，天地神人和同之應也。」天地氣和，乃有雨降，是雨爲和同之義也。

傳「旅衆」至「距戰」「旅，衆」，釋詁文。詩亦云「其會如林」，言盛多也。本紀云：「紂發兵七十萬人，以距武王。」紂兵雖則衆多，不得有七十萬人，是史官美其能破强敵，虚言之耳。

傳「紂衆」至「之言」「罔有敵于我師」，言紂衆雖多，皆無有敵我之心，故自攻于後，以北走。自攻其後，必殺人不多，「血流漂杵」，甚之言也。孟子云：「信書不如無書。〔六四〕吾於武成，取二三策而已。仁者無敵於天下，以至仁伐不仁，如何其血流漂杵也？」是言不實也。易繫辭云：「斷木爲杵，掘地爲臼。」是杵爲臼器也。

「一戎衣，天下大定。衣，服也。一著戎服而滅紂，言與衆同心，動有成功。○著，張略反。乃反商政，政由舊。反紂惡政，用商先王善政。

釋箕子囚，封比干墓，式商容閭。皆武王反紂政，因奴徒隸，封益其土。商容，賢人，紂所貶退。式其閭巷，以禮賢。

【疏】傳「皆武」至「禮賢」 紂囚其人，而放釋之；紂殺其身，而增封其墓；紂退其人，而式其門閭，皆是武王反紂政也。下句散其財、粟，亦是反紂，於此須有所解，因言之耳。上篇云「囚奴正士」，論語云「箕子爲之奴」，是紂囚之，又爲奴役之。周禮司厲職云：「其奴，男子入于罪隸。」鄭衆云：「爲之奴者，繫于罪隸之官。」是囚爲奴，以徒隸役之也。商容，賢人之姓名，紂所貶退，處於私室。式者，車上之横木。男子立乘，有所敬則俛而憑式，遂以式爲敬名。說文云：「閭，族居里門也。」〔六五〕武王過其閭而式之，言此内有賢人，式之，禮賢也。帝王世紀云：「商容及殷民觀周軍之入，見畢公至，殷民曰：『是吾新君也。』容曰：『非也。視其爲人，嚴乎將有急色，故君子臨事而懼。』見太公至，民曰：『是吾新君也。』容曰：『非也。視其爲人，虎據而鷹趾，當敵將衆，威怒自倍，見利即前，不顧其後，故君子臨衆，果於進退。』見周公至，民曰：『是吾新君也。』容曰：『非也。視其爲人，所忻休伏，〔六六〕志在除賊，是非天子，則周之相國也，故聖人臨衆知之。』〔六七〕見武王至，民曰：『是吾新君也。』容曰：『然。聖人爲海内討惡，見惡不怒，見善不喜，顔色相副，是以知之。』」是説商容之事也。

散鹿臺之財，發鉅橋之粟。紂所積之府、倉皆散發以賑貧民。○散，西旦反。

【疏】傳「紂所」至「貧民」。藏財爲府，藏粟爲倉，故言「紂所積之府、倉」也。名曰鹿臺、鉅橋，則其義未聞。「散」者，言其分布；「發」者，言其開出。互相見也。周本紀云：「命召公釋箕子之囚，命畢公釋百姓之囚，表商容之閭，命閎天封比干之墓，命南宫括散鹿臺之錢，發鉅橋之粟，以賑貧弱也。」然則武王親式商容之閭，又表之也。新序云鹿臺其大三里，其高千尺，則容物多矣。此言鹿臺之財，則非一物也。史記作「錢」，後世追論，以錢爲主耳。周禮有泉府之官，周語稱景王鑄大錢，是周時已名泉爲錢也。

大賚于四海，而萬姓悦服。施捨已債，〔六八〕救乏賙無，所謂「周有大賚」。天下皆悦仁服德。○賚，力代反，徐音來。已債，上音以，下側界反。賙音周，本亦作「周」。

【疏】傳「施捨」至「服德」。左傳成十八年晉悼公初立，「施捨已責」。成二年楚將起師，「已責救乏」。定五年歸粟於蔡，以賙急矜無資也。杜預以爲施恩惠，捨勞役也。已責，止逋責也。皆是恤民之事，故傳引之以證「大賚」。所謂「周有大賚」，論語文。孔安國解堯曰之篇有二帝、三王之事，「周有大賚」，正指此事，故言「所謂」也。「悦」是歡喜，「服」謂聽從。感恩則悦，見義則服，故「天下皆悦仁服德」也。帝王世紀云：「王命封墓、釋囚，又歸施鹿臺之珠玉及傾宫之女於諸侯，殷民咸喜曰：『王之於仁人也，死者猶封其墓，況生者乎？王之於賢人也，亡者猶表其閭，況存者乎？王之於財也，聚者猶散之，況其復藉之乎？王之於色也，見在者猶歸其父母，況其復徵之乎？』」是悦服之事也。

列爵惟五，即所識政事而法之，爵五等：公、侯、伯、子、男。**分土惟三。**列地封國，公、侯方百里，伯七十里，子、男五十里，爲三品。

【疏】傳「列地」至「三品」　爵五等，地三品，武王於此既從殷法，未知周公制禮亦然以否。孟子曰：「北宫錡問於孟子曰：『周之班爵禄如何？』孟子曰：『其詳不可得聞矣。嘗聞其略：天子之制，地方千里；公、侯方百里；伯七十里；子、男五十里。』」漢書地理志亦云：「周爵五等，其土三等也。公、侯百里，伯七十里，子、男五十里。」漢世儒者，多以爲然。包咸注論語云：「千乘之國，百里之國也。謂大國惟百里耳。」周禮大司徒云：「諸公之地，封疆方五百里，侯四百里，伯三百里，子二百里，男一百里。」蓋是周室既衰，諸侯相并，自以國土寬大皆違禮文，乃除去本經，妄爲説耳。鄭玄之徒以爲武王時大國百里，周公制禮，大國五百里，王制之注具矣。

建官惟賢，立官以官賢才。**位事惟能。**居位理事，必任能事。**重民五教，**所重在民及五常之教。

【疏】「重民五教」 此「重」總下五事，民與五教、食、喪、祭也。「五教」所以教民，故與「民」同句。下句食與喪、祭三者，各爲一事，相類而别，故以「惟」目之，言此皆聖王所重也。論語云：「所重民食、喪、祭。」以論語即是此事，而彼無「五教」，録論語者自略之耳。

惟食、喪、祭。民以食爲命，喪禮篤親愛，〔六九〕祭祀崇孝養，皆聖王所重。○養，羊亮反。**惇信明義，**使天下厚行信，顯忠義。**崇德報功，**有德尊以爵，有功報以禄。

垂拱而天下治。言武王所修皆是所任得人，故垂拱而天下治。○拱，居勇反。任，而鴆反。治，直吏反。

【疏】「垂拱而天下治」 説文云：「拱，斂手也。」「垂拱而天下治」，謂所任得人，人皆稱職，手無所營，下垂其拱，故美其「垂拱而天下治」也。

校勘記

〔一〕泰誓 孫星衍云：當作「大誓」。

〔二〕二國名 「二」原作「三」，據諸本改。

〔三〕惟暮春 今文傳解作「時維暮春」。「作文傳」，周書序文。

〔四〕死魄朔也生魄望也 「魄」，漢志作「霸」。按：月相詞語古文作「霸」，今文作「魄」。

〔五〕土無二王 「土」，李本、殿本作「民」，阮本作「王」，宋單疏本作「上」，皆非，此不誤。

〔六〕於孟地置津　「於」下原衍「是」字，從阮本、宋單疏本、李本删。

〔七〕又云八百諸侯不召自來　阮云：「『又』字疑當作『文』。」

〔八〕泰誓　正字云：「晁氏説之云：『古文作「大誓」，與「大誥」同，開元間衛包定今文始作「泰」。』」阮云：「字雖爲『大』，音則爲『泰』，後人遂誤爲『泰』。」

〔九〕不以賢才而以父兄　盧云：「『父兄』二字當重。」是，一屬下。

〔一〇〕所以古今通語明實同而兩名　盧云：「今郭注作『所以通古今之異語，明同實而兩名』，較順。」

〔一一〕多聚野獸飛鳥置其中　正字云：「『取』誤『聚』。」

〔一二〕計當恐怖　「計」，李本作「紂」。

〔一三〕與紂無者爲敵　按：此句疑有舛誤。

〔一四〕厎天之罰　盧云：「『厎』，古本作『致』。」

〔一五〕天子將出　正字云：「『出』下禮記有『征』字。」

〔一六〕言天除惡樹善與民同　盧云：古本「同」下有「欲也」二字。

〔一七〕徇似俊反字詁云徇巡也　「似」原訛「以」，據阮本改；「詁」原作「枯」，據諸本改。

〔一八〕説文云徇疾也　按今説文無此文，有「彴」，訓「行示也」。

〔一九〕言吉人竭日以爲善凶人亦竭日以行惡　二「竭」字宋無疏本作「渴」。阮云：「岳本作『渴』，與釋文合。」按：作「渴」非，釋文亦誤。

〔二〇〕故曰力行　盧云：古本下有「無度也」三字。

〔二一〕播棄犂老　盧云：古本「犂」作「黎」，傳同。

〔二二〕耉面凍犂　正字云：「爾雅疏作『面如凍棃』，此疑。」

〔二三〕辟必亦反　「必」原作「次」，據通志堂本改。

〔二四〕以殺善人爲惡之大　「善」原作「害」，改從殿本。阮云：「毛本作『善』。」

〔二五〕史記周本紀云　正字云：語見齊世家，作周本紀誤。

〔二六〕昭二十四年左傳引此文　原脱「引」字，從正字説補。

〔二七〕予有亂臣十人　阮云：「唐石經『臣』字旁添，石經考文提要云：『此文諸經凡四見，此與論語泰伯句同。左傳襄公二十有八年「武王有亂十人」，昭公二十有四年「余有亂十人」是也。』唐石經四見，皆無『臣』字。後人於秦誓、左傳昭公二十有四年、論語皆旁增『臣』字，襄公二十有八年復失不增。若云唐石經脱字，不應四見皆同也。經典釋文於論語明出『予有亂十人』，注云：『本或作「亂臣十人」，非是。』增『臣』字，自論語別本始也。」今按：「亂」非名詞，「有亂十人」不可通，當有「臣」字，唐石經旁增是也。

〔二八〕斮朝涉之脛　盧云：古本「斮」作「斬」。

〔二九〕其尚迪果毅以登乃辟　敦煌寶藏唐寫本「毅」作「忍」、「登」作「侵」。

〔三〇〕惟予小子無良　「良」原誤「長」，據諸本改。

〔三一〕牧誓　「牧」，敦煌寶藏唐寫本作「坶」，説文同。

〔三二〕牧誓至牧地而誓衆　按：此篇題及傳文原誤在序文「作牧誓」之下，今移正。

〔三三〕乃復到退適野　阮云：「毛本『到』作『倒』。按『倒』古通作『到』。」

〔三四〕武成云云　盧引浦鏜云：「此段出周語，以武成有癸亥陳于商郊之文，而傳引夜雨之事以解『俟天休命』，故言武成云云，非謂『癸亥夜陳，未畢而雨』爲武成文也。」

〔三五〕鉞以黄金飾斧　正字云：「『鉞』上脱『黄』字，從詩疏校。」

〔三六〕逖遠釋詁文　按：今爾雅「逖」作「逷」。

〔三七〕故不及太宰太宗司寇也　正字云：「『太宗』當『大宗』之誤，下脱『伯』字。」今按：「太宗」即大宗，「大宗」亦見逸周書嘗麥解，即大宗伯。

〔三八〕方言又云云　按今本方言上、下二「楯」作「盾」，中「楯」作「瞂」。

〔三九〕專用其言　「其」原誤「紂」，從阮本改。

〔四〇〕妲己所舉言者貴之　「舉」，阮本、李本、殿本作「與」。阮云：「『與言』乃『譽』字誤分爲二也，當據列女傳原文正之。」

〔四一〕不愆于四伐五伐六伐七伐　江聲云：「樂記注引此經作『不過四伐五伐』，曲禮疏、樂記疏引此經皆無『六伐七伐』，但史記、漢石經皆有。」

〔四二〕尚桓桓　「桓」字説文引作「狟」。

〔四三〕弗迓克奔　段玉裁云：「『迓』本作『御』，開寶中改。」阮云：「匡謬正俗引此經『迓』作『御』，又稱徐仙民音『禦』，是徐本亦作『御』。疏云王肅讀『御』爲『禦』，則孔氏所據本亦作『御』。蓋作『御』者古文，作『迓』者今文也。」釋文云「馬作『禦』」，史記同。

〔四四〕始生魄然貌　「貌」，今説文作「也」。

〔四五〕厥四月哉生明　正字云：「以下至『弗服』，蔡傳從朱子定本移入『萬姓説服』下。」

〔四六〕丁未祀于周廟　正字云：「以下至『大告武成』二十七字，蔡傳從朱子移入『受命于周』之下。」

〔四七〕翼明釋言文　「翼」，爾雅作「翌」。

〔四八〕而魄死明生互言耳　正字云：「而」字疑衍。

〔四九〕由字積畫誤　「畫」原誤「與」，從盧説改。盧云：「古『四』作『亖』，與『三』皆積畫。」

〔五〇〕既生魄……受命于周　正字云：此十四字蔡傳移入「天下弗服」之下。

〔五一〕王若曰云云　正字云：此七十五字，蔡傳移入「大告武成」之下。

〔五二〕昔我先王后稷　盧云：「宋本國語作『昔我先王世后稷』，左傳正義引同，此不引『世』字，文略。」今按：有「世」字則「后稷」泛指農官，無「世」字則爲棄之專稱。此忽略「世」字而誤解文義，非是。

〔五三〕子鞠陶立　周本紀無「陶」字。

〔五四〕周本紀云公劉之後有公非公祖之類　「公祖」，周本紀原文作「公叔祖」。

〔五五〕周道之興自此之後　「自此之後」，周本紀原文作「自此始」。

〔五六〕王季修古公之道　周本紀原文作「公季修古公遺道」。

〔五七〕底商之罪　正字云：此至「罔不率俾」七十八字，蔡傳移入「于征伐商」之下。

〔五八〕戴皇天而履后土　按：左傳原文作「君履后土而戴皇天」。

〔五九〕告天地山川之辭　「地」原誤「社」，據宋無疏本改。阮云：岳本作「地」。

〔六〇〕恭天成命　正字云：以下至「大邑周」三十四字，蔡從程子之本移入「其承厥志」下。

〔六一〕皆相率而從己　「從」原誤「充」，從正字説改。

〔六二〕惟爾有神　正字云：以下至「萬姓悦服」，蔡傳移入「罔不率俾」下。

〔六三〕子以是報矣　「子」原誤「日」，屬上，從正字説改。

〔六四〕信書不如無書　「信」上孟子原文有「盡」字。

〔六五〕說文云閭族居里門也　按：今說文無「族居」二字。

〔六六〕所忻休伏　諸本作「忻忻休休」，疑是。

〔六七〕故聖人臨衆知之　正字云：「臨衆」下脱「不惡而嚴是以」六字。

〔六八〕施捨已債　「債」，李本、殿本作「責」，古今字。

〔六九〕喪禮篤親愛　「篤」下原衍「事」字，從宋無疏本、李本、阮本删。

洪範第六

武王勝殷，殺受立武庚，不放而殺，紂自焚也。武庚，紂子，以爲王者後，一名禄父。○勝，商證反。禄父，下音甫。以箕子歸，作洪範。歸鎬京，箕子作之。○範音范。鎬，胡老反，本又作「鄗」，武王所都也。

【疏】「武王」至「洪範」　武王伐殷，既勝，殺受，立其子武庚爲殷後。以箕子歸鎬京，訪以天道，箕子爲陳天地之大法，叙述其事，作洪範。此惟當言箕子歸耳，乃言殺受立武庚者，序自相顧爲文。上武成序云「武王伐紂」，故此言「勝」之。下微子之命序云「黜殷命，殺武庚」，故此言立之。叙言此，以順上下也。

傳「不放」至「禄父」　放桀也。湯放桀，此不放而殺之者，紂自焚而死也。殷本紀云「紂兵敗。紂走，入登鹿臺，衣其寶玉衣，赴火而死，武王遂斬紂頭，懸之太白旗」是也。泰誓云「取彼凶殘」，則志在於殺也。死猶斬之，則生亦不放。傳據實而言之耳。本紀又云：「封紂子武庚禄父，以續殷祀。」是以爲王者後也。本紀武庚、禄父雙言之。伏生尚書傳云：「武王勝殷，繼公子禄父。」是一名禄父也。鄭云：「武庚字禄父。」春秋之世，有齊侯禄父、蔡侯考父、季孫行父，「父」亦是名，未必爲字，故傳言「一名禄父」。

傳「歸鎬」至「作之」　上篇云「至于豐」者，文王之廟在豐，至豐先告廟耳。時王都在鎬，知「歸」者歸鎬京也。此經文旨異於餘篇，非直問答而已，不是史官敘述，必是箕子既對武王之問，退而自撰其事，故傳特云「箕子作之」。書傳云：「武王釋箕子之囚，箕子不忍周之釋，走之朝鮮。武王聞之，因以朝鮮封之。箕子既受周之封，不得無臣禮，故於十三祀來朝。武王因其朝，而問洪範。」案此序云勝殷，以箕子歸，明既釋其囚，即以歸之，不令其走去而後來朝也。又朝鮮去周，路將萬里，聞其所在然後封之，受封乃朝，必歷年矣，不得仍在十三祀也。宋世家云：「既作洪範，武王乃封箕子於朝鮮。」得其實也。

洪範洪，大；範，法也。言天地之大法。

【疏】「洪範」　此經開源於首，覆更演説，非復一問一答之勢，必是箕子自爲之也。發首二句，自記被問之年。自「王乃言」至「彝倫攸敘」，王問之辭。自「箕子乃言」至「彝倫攸敘」，言禹得九疇之由。自「初一曰」至「威用六極」，言禹第敘九疇之次。自「一五行」已下，箕子更條説九疇之義。此條説者，當時亦以對王，更復退而修撰，定其文辭，使成典教耳。

傳「洪大」至「大法」　「洪，大」、「範，法」，皆釋詁文。

惟十有三祀，王訪于箕子。商曰祀，箕子稱祀，不忘本。此年四月歸宗周，先告武成，次問天道。**王乃言曰：「嗚呼，箕子！惟天陰騭下民，相協厥居，**騭，定也。天不言而默定下民，是助合其居，使有常生之資。○陰，默也。馬云：「覆也。」騭，之逸反，馬云：「升也。升猶舉也，舉猶生也。」

相協，上息亮反，助也。**我不知其彝倫攸敘。**言我不知天所以定民之常，道理次敘，問何由。○彝，以之反。

【疏】「惟十」至「攸敘」　此箕子陳王問己之年、被問之事。惟文王受命十有三祀，武王訪問於箕子，即陳其問辭。王乃言曰：「嗚呼，箕子，此上天不言，而默定下民，佑助諧合其安居，使有常生之資。我不知此天之定民常道，所以次敘問天意何由也。」

傳「商曰」至「天道」　「商曰祀，周曰年」，釋天文。案此周書也，泰誓稱「年」，此獨稱「祀」，故解之「箕子稱祀，不忘本」也。此篇箕子所作，箕子商人，故記傳引此篇者皆云「商書曰」，是箕子自作明矣。序言「歸作洪範」，似歸即作之。嫌在武成之前，故云「此年四月歸宗周，先告武成，次問天道」。以次在武成之後，故知先告武成也。

傳「騭定」至「之資」　傳以「騭」即質也，質訓爲成，成亦定義，故爲「定」也。言民是上天所生，形、神天之所授，故天不言而默定下民。羣生受氣流形，各有性靈心識，下民不知其然，是天默定也。「相」，助也。「協」，合也。助合其居者，言民有其心，天佑助之，令其諧合其生。出言是非、立行得失、衣食之用、動止之宜，無不稟諸上天，乃得諧合。失道則死，合道則生，言天非徒賦命於人，授以形體心識，乃復佑助諧合其居業，〔一〕使有常生之資。九疇施之於民，皆是天助之事也。此問答皆言「乃」者，以天道之大，沈吟乃問，思慮乃答。宣八年公羊傳曰：「乃，緩辭也。」〔二〕王肅以「陰騭下民」一句爲天事，「相協」以下爲民事，注云：「陰，深也。言天深定下民，與之五常之性，王者當助天和合其居。所行天之性，我不知常道倫理，所以次敘是問承天順民何所由。」與孔異也。

箕子乃言曰：「我聞在昔鯀陻洪水，汨陳其五行，陻，塞；汨，亂也。治水失道，亂陳其五行。〔三〕○鯀，工本反。

陻音因。汩，工忽反。五行，下户庚反。**帝乃震怒，不畀洪範九疇，彝倫攸斁。**畀，與。斁，敗也。天動怒鯀，不與大法九疇。疇，類也。故常道所以敗。○畀，必二反，徐甫至反，注同，與也。斁，多路反，徐同路反，敗也。**鯀則殛死，禹乃嗣興。**放鯀，至死不赦。嗣，繼也。廢父興子，堯、舜之道。○殛，紀力反，本或作「極」，音同。**天乃錫禹洪範九疇，彝倫攸敘。**天與禹洛出書。神龜負文而出，列於背，有數至于九，禹遂因而第之，以成九類，常道所以次叙。○錫，星歷反。

【疏】「箕子」至「攸叙」　箕子乃言，答王曰：我聞在昔鯀障塞洪水，治水失道，是乃亂陳其五行，而逆天道也。天帝乃動其威怒，不與鯀大法九類，天之常道所以敗也。鯀則放殛，至死不赦。禹以聖德，繼父而興，代治洪水，决道使通，天乃賜禹大法九類，天之常道所以得其次叙。此説其得九類之由也。

傳「陻塞」至「五行」　襄二十五年左傳説陳之伐鄭云：「井陻木刊。」謂塞其井，斬其木。是「陻」爲「塞」也。「汩」是亂之意，故爲「亂」也。水是五行之一，水性下流，鯀反塞之，失水之性。水失其道，〔四〕則五行皆失矣。是塞洪水爲「亂陳其五行」，言五行陳列皆亂也。大禹謨帝美禹治水之功云：「地平天成。」傳云：「水土治曰平，五行叙曰成。」水既治，五行序。是「治水失道」爲亂五行也。

傳「畀與」至「以敗」　「畀，與」，釋詁文。〔五〕「斁，敗」，相傳訓也。以禹得而鯀不得，故爲天動威怒，鯀不與大法九疇。「疇」是輩類之名，故爲「類」也。言其每事自相類者有九，九者各有一章，故漢書謂之爲「九章」。此謂九類，是天之常道。既不得九類，「故常道所以敗」也。自古以來得九疇者，惟有禹耳，未聞餘人有得之者也。若人皆得之，鯀獨不得，可言天帝怒鯀。餘人皆不得，獨言天怒鯀者，以禹由治水有功，故天賜之。鯀亦治水，而天不與，以鯀、禹俱是治水，父不得而子得之，所以彰禹之聖當於天心，故舉鯀以彰禹也。

傳「放鯀」至「之道」　傳嫌殛謂被誅殺，故辨之云「放鯀，至死不赦」也。「嗣，繼」，釋詁文。三代以還，父罪子廢，故云「廢父興子，堯、舜之道」。賞罰各從其實，爲天下之至公也。

傳「天與」至「次叙」　易繫辭云：「河出圖，洛出書，聖人則之。」九類各有文字，即是書也。而云「天乃錫禹」，知此天與禹者即是洛書也。漢書五行志劉歆以爲伏羲繫天而王，〔六〕河出圖，則而畫之，八卦是也。禹治洪水，錫洛書，法而陳之，洪範是也。先達共爲此説。龜負洛書，經無其事。中候及諸緯多説黄帝、堯、舜、禹、湯、文、武受圖書之事，皆云龍負圖，龜負書。緯候之書，不知誰作，通人討覈，謂僞起哀、平。雖復前漢之末始有此書，以前學者必相傳此説，故孔以九類是「神龜負文而出，列於背，有數」從一而至於九。禹見其文，「遂因而第之」，以成此九類法也。此九類陳而行之，常道所以得次叙也。言禹第之者，以天神言語必當簡要，不應曲有次第，丁寧若此，故以爲禹次第之。禹既第之，當有成法可傳，應人盡知之，而武王獨問箕子者，五行志云：「聖人行其道而寶其真。降及於殷，箕子在父師之位而典之。周既克殷，以箕子歸周，武王親虚己而問焉。」言箕子典其事，故武王特問之，其義或當然也。若然，大禹既得九類，常道始有次叙。未有洛書之前，常道所以不亂者，世有澆、淳，教有疏、密，三皇已前，無文亦治，何止無洛書也？但既得九類，以後聖王法而行之，從之則治，違之則亂，故此説常道「攸叙」、「攸斁」由洛書耳。

「初一曰五行；九類類一章，以五行爲始。次二曰敬用五事；五事在身，用之必敬，乃善。次三曰農用八政；農，厚也。厚用之，政乃成。○農，馬云：「食爲八政之首，故以農名之。」次四曰協用五紀；協，和也。和天時，使得正用五紀。次五曰建用皇極；皇，大；極，中也。凡立事，當用大中之道。次六曰乂用三德；治民必用剛柔正直之三德。次七曰明用稽疑；明用卜筮考疑之事。

次八曰念用庶徵，〔七〕次九曰嚮用五福，〔八〕威用六極。言天所以嚮勸人用五福，所以威沮人用六極。此已上禹所第叙。

○嚮，許亮反，一音許兩反。沮，在汝反。此已上，時掌反。禹所第叙，馬云：「從五行已下至六極，洛書文也。漢書五行志以初一已下皆洛書文也。」

【疏】「初一」至「六極」　天所賜禹大法九類者，初一曰五材氣性流行，次二曰敬用在身五種之行事，次三曰厚用接物八品之政教，次四曰和用天象五物之綱紀，次五曰立治用大爲中正之道，次六曰治民用三等之德，次七曰明用卜筮以考疑事，次八曰念用天時衆氣之應驗，次九曰嚮勸人用五福、威沮人用六極。此九類之事也。

傳「農厚」至「乃成」　鄭玄云：「農讀爲醲。」則「農」是醲意，故爲「厚」也。政施於民，善不厭深，故厚用之政乃成也。張晏、王肅皆言：「農，食之本也。食爲八政之首，故以農言之。」然則農用止爲一食，不兼八事，非上下之例，故傳不然。八政、三德，總是治民，但「政」是被物之名，「德」是在己之稱，故分爲二疇也。

傳「協和」至「五紀」　「協，和」，釋詁文。天是積氣，其狀無形，列宿四方，爲天之限。天左行，晝夜一周；日月右行，日遲月疾。周天三百六十五度有餘，日則日行一度，月則日行十三度有餘。日、月行於星辰，乃爲天之歷數。和此天時令不差錯，使行得正用五紀也。日月逆天道而行，其行又有遲疾，故須調和之。

傳「皇大」至「之道」　「皇，大」，釋詁文。〔九〕「極」之爲「中」，常訓也。凡所立事，王者所行皆是無得過與不及，「當用大中之道」也。詩云「莫匪爾極」，周禮「以爲民極」，論語「允執其中」，皆謂用大中也。

傳「言天」至「第叙」　貧、弱等六者，皆謂窮極惡事，故目之六極也。福者，人之所慕，皆嚮望之；極者，人之所惡，皆畏懼之。勸，勉也。勉之爲善。沮，止也。止其爲惡。福、極皆上天爲之，言天所以嚮望，勸勉人用五福；所以畏懼，沮止人用六極。自「初一曰」已下至此「六極」已上，皆是禹所次第而叙之。下文更條此九類而演説之，知此九者皆禹所第也。禹爲此次者，蓋以五行世所行用，是諸事之本，故「五行」爲初也；發見於人，則爲五事，故「五事」爲二也；正身而後及人，施人乃名爲政，故「八政」爲三也；施人之政，用天之道，故「五紀」爲四也；順天布政，則得大中，故「皇極」爲五也；欲求大中，隨德是任，故「三德」爲六也；政雖在德，事必有疑，故「稽疑」爲七也；行事在於政，得失應於天，故「庶徵」爲八也；天監在下，善惡必報，休咎驗於時氣，禍福加於人身，故「五福」、「六極」爲九也。「皇極」，居中者，總包上下，故傳云「大中之道」。大立其有中，謂行九疇之義是也。「福」、「極」處末者，顧氏云：「前八事俱得，五福歸之；前八事俱失，六極臻之，故福、極處末也。」發首言「初一」，其末不言「終九」者，數必以一爲始，其九非數之終，故從上言「次」，而不言「終」也。五行不言「用」者，五行，萬物之本，天地百物莫不用之，不嫌非用也。傳於「五福」、「六極」言天用者，以前並是人君所用，五福、六極受之於天，故言天用。傳言「此禹所第叙」，不知洛書本有幾字。五行志悉載此一章，乃云「凡此六十五字，皆洛書本文」。計天言簡要，必無次第之數。上傳云「禹因而第之」，則孔以第是禹之所爲，「初一曰」等二十七字，必是禹加之也。其「敬用」、「農用」等一十八字，大劉及顧氏以爲龜背先有總三十八字，小劉以爲「敬用」等亦禹所第叙。其龜文惟有二十字，並無明據，未知孰是，故兩存焉。「皇極」不言數者，以總該九疇，理兼萬事，非局數能盡故也。「稽疑」不言數者，以卜五、筮二，共成爲七，若舉卜不得兼筮，舉筮不得兼卜，且疑事既衆，不可以數總之故也。「庶徵」不言數者，以庶徵得爲五休，失爲五咎，若舉休不兼咎，舉咎不兼休，若休、咎並言，便爲十事，本是五物，不可言十也。然「五福」、「六極」所以善、惡皆言者，以沮勸在下，故丁寧明言善惡也。且庶徵雖有休咎，皆以念慮包之，福、極嚮威相反，不可一言爲目，故别爲文焉。知五福、六極非各分爲疇，所以共爲一者，蓋以龜文「福」、「極」相近一處，故禹第之總爲一疇。等行五事，所以福五而極六者，大劉以爲皇極若得，則分散總爲五福，若失，則不能爲五事之主與五事並列其咎弱，故爲六也。猶詩平王以後與諸侯並列，同爲國風焉。咎徵有五而極有六者，五行傳云：「皇之不極，厥罰常陰。」即與咎徵常雨相類，故以「常雨」包之爲五也。

「一，五行：一曰水，二曰火，三曰木，四曰金，五曰土。皆其生數。水曰潤下，火曰炎上，言其自然之常性。○炎，榮鉗反。上，時掌反，又如字，下同。木曰曲直，金曰從革，木可以揉曲直，金可以改更。○揉，如酉反。土爰稼穡。種曰稼，斂曰穡。土可以種，可以斂。潤下作鹹，水鹵所生。○鹹音咸。鹵音魯。炎上作苦，焦氣之味。曲直作酸，木實之性。從革作辛，金之氣味。〔一〇〕稼穡作甘。甘味生於百穀。五行以下，箕子所陳。

【疏】「一五行」至「作甘」　此以下箕子所演陳，禹所第。疇名於上條列，說以成之。此章所演文有三重，第一言其名次，第二言其體性，第三言其氣味。言五者性異而味別，各爲人之用。書傳云：「水、火者，百姓之所飲食也；〔一一〕金、木者，百姓之所興作也；土者，萬物之所資生也。」是爲人用五行，即五材也。襄二十七年左傳云：「天生五材，民並用之。」言五者各有材幹也。謂之「行」者，若在天，則五氣流行；在地，世所行用也。

傳「皆其生數」　易繫辭曰：「天一地二，天三地四，天五地六，天七地八，天九地十。」此即是五行生成之數。天一生水，地二生火，天三生木，地四生金，天五生土，此其生數也。如此則陽無匹，陰無偶，故地六成水，天七成火，地八成木，天九成金，地十成土。於是陰陽各有匹偶，而物得成焉，故謂之成數也。易繫辭又曰：「天數五，地數五，五位相得而各有合，此所以成變化而行鬼神。」謂此也。又數之所起，起於陰陽。陰陽往來，在於日道。十一月冬至日南極，陽來而陰往。冬，水位也。以一陽生爲水數。五月夏至日北極，陰進而陽退。夏，火位也。當以一陰生爲火數，但陰不名奇，數必以偶，故以六月二陰生爲火數也。是故易説稱乾貞於十一月子，坤貞於六月未，而皆左行，由此也。冬至以及於夏至，當爲陽來。正月爲春，木位也。三陽已生，故三爲木數。夏至以及冬至，當爲陰進。八月爲秋，金位也。四陰已生，故四爲金數。三月春之季，四季土位也。五陽已生，故五爲土數。此其生數之由也。又萬物之本，有生於無，著生於微。及其成形，亦以微著爲漸。五行先後，亦以微著爲次。五行之體，水最微，爲一；火漸著，爲二；木形實，爲三；金體固，爲四；土質大，爲五，亦是次之宜。大劉與顧氏皆以爲水、火、木、金，得土數而成，故水成數六，火成數七，木成數八，金成數九，土成數十。義亦然也。〔一二〕

傳「言其自然之常性」 易文言云：「水流濕，火就燥。」王肅曰：「水之性潤萬物而退下，火之性炎盛而升上。」是潤下、炎上，言其自然之本性。

傳「木可」至「改更」 此亦言其性也。揉曲直者，爲器有須曲直也。可改更者，可銷鑄以爲器也。木可以揉令曲直，金可以從人改更，言其可爲人用之意也。由此而觀，水則潤下，可用以灌溉；火則炎上，可用以炊爨，亦可知也。水既純陰，故潤下趣陰。火是純陽，故炎上趣陽。木、金陰陽相雜，故可曲直改更也。

傳「種曰」至「以斂」 鄭玄周禮注云：「種穀曰稼，若嫁女之有所生。」然則穡是惜也，言聚畜之可惜也。共爲治田之事，分爲種、斂二名耳。土上所爲，故爲土性。上文潤下、炎上、曲直、從革，即是水、火、木、金體有本性。其稼穡以人事爲名，非是土之本性。生物是土之本性，其稼穡非土本性也。爰，亦曰也。變「曰」言「爰」，以見此異也。六府以土、穀爲二，由其體異故也。

傳「水鹵所生」 水性本甘，久浸其地，變而爲鹵。鹵味乃鹹。説文云：「鹵，西方鹹地。東方謂之斥，西方謂之鹵。」禹貢云「海濱廣斥」，是海浸其旁地，使之鹹也。月令冬云「其味鹹，其臭朽」是也。上言「曰」者，言其本性；此言「作」者，從其發見。指其體則稱「曰」，致其類即言「作」。下五事庶徵言「曰」、「作」者，義亦然也。

傳「焦氣之味」　火性炎上，焚物則焦，焦是苦氣。月令夏云「其臭焦，其味苦」，苦爲焦味，故云「焦氣之味」也。嗅之曰氣，在口曰味。

傳「木實之性」　木生子實，其味多酸。五果之味雖殊，其爲酸一也。是木實之性然也。月令春云「其味酸，其臭羶」是也。

傳「金之氣味」　金之在火，別有腥氣，非苦非酸，其味近辛，故「辛」爲「金之氣味」。月令秋云「其味辛，其臭腥」是也。

傳「甘味生於百穀」　甘味生於百穀，穀是土之所生，故甘爲土之味也。月令中央云「其味甘，其臭香」是也。

「二，五事：一曰貌，容儀。○貌，本亦作「䫉」。二曰言，詞章。三曰視，觀正。○視，常止反，徐市止反。四曰聽，察是非。五曰思。心慮所行。○思，如字，徐息吏反，下同。貌曰恭，儼恪。○儼，魚檢反。言曰從，是則可從。視曰明，必清審。聽曰聰，必微諦。○諦，音帝。思曰睿。必通於微。○睿，悅歲反，馬云：「通也。」恭作肅，心敬。從作乂，可以治。明作哲，照了。○哲，之舌反，徐之列反，〔一三〕又之世反。聰作謀，所謀必成當。〔一四〕○當，丁浪反。睿作聖。於事無不通謂之聖。

【疏】「二五事」至「作聖」　此章所演，亦爲三重，第一言其所名，第二言其所用，第三言其所致。貌是容儀，舉身之大名也。言是口之所出，視是目之所見，聽是耳之所聞，思是心之所慮。一人之上，有此五事也。貌必須恭，言必可從，〔一五〕視必當明，聽必當聰，思必當通於微密也。此一重，即是敬用之事。貌能恭，則心肅敬也；言可從，則政必治也；視能明，則所見照晳也；聽能聰，則所謀必當也；思通微，則事無不通，乃成聖也。此一重，言其所致之事。洪範本體與人主作法，皆據人主爲說。貌總身也，口言之，目視之，耳聽之，心慮之。人主始於敬身，終通萬事。此五事，爲天下之本也。五事爲此次者，鄭云：「此數本諸陰陽，昭明人相見之次也。」五行傳曰：「貌屬木，言屬金，視屬火，聽屬水，思屬土。」五行傳，伏生之書也。孔於大戊「桑穀」之下云「七日大拱，貌不恭之罰」，高宗「雊雉」之下云「耳不聰之異」，皆書傳之文也。孔取書傳爲說，則此次之意，亦當如書傳也。木有華葉之容，故貌屬木。言之決斷，若金之斬割，故言屬金。火外光，故視屬火。水內明，故聽屬水。土安靜而萬物生，心思慮而萬事成，故思屬土。又於易東方震爲足，足所以動容貌也；西方兑爲口，口出言也；南方離爲目，目視物也；北方坎爲耳，耳聽聲也；土在內，猶思在心，亦是五屬之義也。

傳「察是非」。此五事皆有是非。論語云：「非禮勿視，非禮勿聽，非禮勿言，非禮勿動。」又引詩云：「思無邪。」故此五事，皆有是非也。此經歷言五名，名非善惡之稱，但爲之有善有惡，傳皆以是辭釋之。貌者，言其動有容儀也；言者，道其語有辭章也；視者，言其觀正不觀邪也；聽者，受人言察是非也；思者，心慮所行，使行得中也。傳於聽云「察是非」，明五者皆有是非也。所爲者，爲正不爲邪也。於視不言視邪正，於聽言察是非，亦所以互相明也。

傳「必通於微」。此一重言敬用之事。貌戒惰容，故恭爲「儼恪」。曲禮曰：「儼若思。」儼是嚴正之貌也。恪，敬也。貌當嚴正而莊敬也。言非理則人違之，故言是則可從也。視必明於善惡，故必清徹而審察也。聽當別彼是非，必微妙而審諦也。王肅云：「睿，通也。」思慮苦其不深，故必深思，使「通於微」也。此皆敬用使然，故經以善事明之。鄭玄云：「此恭、明、聰、睿行之於我身，其從，則是彼人從我。以與上下違者，我是而彼從，亦我所爲不乖倒也。」〔一六〕此據人主爲文，皆是人主之事。説命云「接下思恭」，「視遠惟明」，「聽德惟聰」，〔一七〕即此是也。

傳「於事」至「之聖」 此一重，言所致之事也。恭在貌而敬在心，人有心慢而貌恭，必當緣恭以致敬，故貌恭作心敬也。下從上則國治，故人主言必從，其國可以治也。視能清審則照了物情，故視明致照晢也。聽聰則知其是非，從其是爲謀必當，故聽聰致善謀也。睿、聖俱是通名，聖大而睿小，緣其能通微事，事無不通，因睿以作聖也。鄭玄周禮注云：「聖，通而先識也。」是言識事在於衆物之先，無所不通，以是名之爲聖。聖是智之上、通之大也。此言人主行其小而致其大，皆是人主之事也。鄭云：「皆謂其政所致也。君貌恭則臣禮肅，君言從則臣職治，君視明則臣照晢，君聽聰則臣進謀，君思睿則臣賢智。」鄭意謂此所致，皆是君致臣也。案「庶徵」之章，休徵咎徵皆肅、乂所致。若肅、乂、明、聰皆是臣事，則休咎之所致悉皆不由君矣。又聖大而睿小，若君睿而致臣聖，則臣皆上於君矣。何不然之甚乎？「晢」字王肅及漢書五行志皆云：「晢，智也。定本作晢。」則讀爲晢。

「三，八政：一曰食，勤農業。二曰貨，寶用物。三曰祀，敬鬼神以成教。四曰司空，主空土以居民。五曰司徒，主徒衆，教以禮義。六曰司寇，主姦盜，使無縱。○縱，子用反，或作「從」，音同。七曰賓，禮賓客，無不敬。八曰師。簡師，所任必良，士卒必練。○士卒，子忽反。

【疏】「三八政」至「曰師」 八政者，人主施政教於民，有八事也：一曰食，教民使勤農業也；二曰貨，教民使求資用也；三曰祀，教民使敬鬼神也；四曰司空之官，主空土以居民也；五曰司徒之官，教衆民以禮義也；六曰司寇之官，詰治民之姦盜也；七曰賓，教民以禮待賓客，相往來也；八曰師，立師防寇賊，以安保民也。八政如此次者，人不食則死，食於人最急，故食爲先也。〔二八〕有食又須衣，貨爲人之用，故貨爲二也。所以得食貨，乃是明靈祐之人，當敬事鬼神，故祀爲三也。足衣食，祭鬼神，必當有所安居，司空主居民，故司空爲四也。雖有所安居，非禮義不立，司徒教以禮義，故司徒爲五也。雖有禮義之教，而無刑殺之法，則强弱相陵，司寇主姦盗，故司寇爲六也。民不往來，則無相親之好，故賓爲七也。寇賊爲害，則民不安居，故師爲八也。此用於民緩急而爲次也。食、貨、祀、賓、師，指事爲之名。三卿舉官爲名者，三官所主事多，若以一字爲名，〔一九〕則所掌不盡，故舉官名以見義。鄭玄云：「此數本諸其職，先後之宜也。食，謂掌民食之官，若后稷者也。貨，掌金帛之官，若周禮司貨賄是也。祀，掌祭祀之官，若宗伯者也。司空，掌居民之官。司徒，掌教民之官也。司寇，掌詰盗賊之官。賓，掌諸侯朝覲之官，周禮大行人是也。師，掌軍旅之官，若司馬也。」王肅云：「賓，掌賓客之官也。」即如鄭、王之説，自可皆舉官名，何獨三事舉官也？八政主以教民，非謂公家之事。司貨賄掌公家貨賄，大行人掌王之賓客。若其事如周禮，皆掌王家之事，非復施民之政，何以謂之「政」乎？且司馬在上，司空在下，今司空在四，司馬在八，非取職之先後也。

傳「寶用物」。「貨」者，金玉布帛之總名，皆爲人用，故爲「用物」。旅獒云「不貴異物賤用物」是也。食則勤農以求之，衣則蠶績以求之，但貨非獨衣，不可指言求處，故云得而寶愛之。孝經云「謹身節用」，詩序云「儉以足用」，是寶物也。

傳「主空土以居民」。周官篇云：「司空掌邦土，居四民，時地利。司徒掌邦教，敷五典，擾兆民。司寇掌邦禁，詰姦慝，刑暴亂。」周禮司徒教以禮義，司寇無縱罪人，其文具矣。

傳「簡師」至「必練」。經言「賓」、「師」，當有賓、師之法，故傳以「禮賓客無不敬」，教民待賓客相往來也。師者，衆之通名，必當選人爲之，故傳言「簡師」，選人爲師也。「所任必良」，任良將也。「士卒必練」，「練」謂教習使知義，若練金使精也。論語「以不教民戰，是謂棄之」，是士卒必須練也。

「四，五紀：一曰歲，所以紀四時。二曰月，所以紀一月。三曰日，紀一日。四曰星、辰，二十八宿迭見以叙氣節，十二辰以紀日、月所會。○宿音秀。迭，田節反。見，賢遍反。五曰曆數，曆數節氣之度以爲曆，敬授民時。

【疏】「四五紀」至「曆數」　「五紀」者，五事爲天時之經紀也。一曰歲，從冬至以及明年冬至爲一歲，「所以紀四時」也。二曰月，從朔至晦，大月三十日、小月二十九日，「所以紀一月」也。三曰日，從夜半以至明日夜半，周十二辰爲一日，所以「紀一日」也。四曰星、辰，星謂二十八宿昏明迭見，辰謂日月別行，會於宿度。從子至於亥，〔二〇〕爲「十二辰」。星以紀節氣早晚，辰以紀日月所會處也。五曰曆數，筭日月行道所曆，計氣朔早晚之數，所以爲一歲之曆。凡此五者，皆所以紀天時，故謂之「五紀」也。五紀不言「時」者，以歲、月、氣、節正而四時亦自正，時隨月變，非曆所推，故不言「時」也。五紀爲此次者，歲統月，月統日，星、辰見於天，其曰「曆數」，總曆四者，故歲爲始，曆爲終也。

傳「二十」至「所會」　二十八宿布於四方，隨天轉運，昏明迭見。月令十二月，皆紀昏、旦所中之星。若月令孟春昏參中，旦尾中；仲春昏弧中，旦建星中；季春昏七星中，旦牽牛中；孟夏昏翼中，旦婺女中；仲夏昏亢中，旦危中；季夏昏心中，旦奎中；孟秋昏建星中，旦畢中；仲秋昏牽牛中，旦觜中；〔二一〕季秋昏虛中，旦柳中；孟冬昏危中，旦七星中；仲冬昏東壁中，旦軫中；季冬昏婁中，旦氐中；皆所以叙氣節也。氣節者，一歲三百六十五日有餘，分爲十二月，有二十四氣，一爲節氣，謂月初也；一爲中氣，謂月半也。以彼迭見之星，叙此月之節氣也。昭七年左傳晉侯問士文伯曰：「多語寡人辰而莫同，何謂辰？」〔二二〕對曰：「日、月之會是謂辰。」會者，日行遲，月行疾，俱循天度而右行，二十九日過半，月行一周天，又前及日而與日會，因謂會處爲辰。則月令孟春日在營室，仲春日在奎，季春日在胃，孟夏日在畢，仲夏日在東井，季夏日在柳，孟秋日在翼，仲秋日在角，季秋日在房，孟冬日在尾，仲冬日在斗，季冬日在婺女。十二會以爲十二辰，辰即子、丑、寅、卯之謂也。十二辰所以紀日、月之會處也。鄭以爲「星，五星也」。然五星所行，下民不以爲候，故傳不以星爲五星也。

傳「曆數」至「民時」　天以積氣無形，二十八宿分之爲限，每宿各有度數，合成三百六十五度有餘。日、月右行，循此宿度。日行一度，月行十三度有餘。二十九日過半而月一周，與日會。每於一會，謂之一月。是一歲爲十二月。仍有餘十一日，爲日行天未周，故置閏以充足。若均分天度以爲十二次，則每次三十度有餘，一次之内，有節氣、中氣次之，所管其度多，每月之所統，其日入月朔，參差不及，節氣不得在月朔，中氣不得在月半，故聖人曆數此節氣之度，使知氣所在。既得氣在之日，以爲一歲之曆，所以「敬授民時」。王肅云：「日月星辰所行，布而數之，所以紀度數。」是也。歲、月、日、星，傳皆言「紀」，曆數不言「紀」者，曆數數上四事爲紀，所紀非獨一事，故傳不得言紀。但成彼四事爲紀，故通數以爲五耳。

「五，皇極：皇建其有極，大中之道。大立其有中，謂行九疇之義。斂時五福，用敷錫厥庶民。斂是五福之道以爲教，用布與衆民使慕之。惟時厥庶民于汝極，錫汝保極。君上有五福之教，衆民於君取中，與君以安中之善。言從化。凡厥庶民無有淫朋，人無有比德，〔一三〕惟皇作極。民有安中之善，則無淫過朋黨之惡、比周之德，惟天下皆大爲中正。○比，毗志反，注同。

【疏】「五皇極」至「作極」　皇，大也。極，中也。施政教治下民，當使大得其中，無有邪僻，故演之云：大中者，人君爲民之主，當大自立其「有中」之道，以施教於民，當先敬用五事，以斂聚五福之道。用此爲教，布與衆民，使衆民慕而行之。在上能教如此，惟是其衆民皆效上所爲，無不於汝人君取其中道而行，積久漸以成性，乃更與汝人君以「安中」之道，言皆化也。若能化如是，凡其衆民無有「淫過朋黨」之行，人無有惡相阿比之德，惟皆「大爲中正」之道。言天下衆民盡得中也。

傳「大中」至「之義」　此疇以「大中」爲名，故演其大中之義。「大中之道，大立其有中」，欲使人主先自立其大中，乃以大中教民也。凡行不迂僻則謂之「中」。中庸所謂「從容中道」，論語「允執其中」，皆謂此也。九疇爲德，皆求大中，是爲善之總，故云「謂行九疇之義」。言九疇之義皆求得中，非獨此疇求大中也。此大中是人君之大行，故特叙以爲一疇耳。

傳「斂是」至「慕之」　五福生於五事，五事得中則福報之。「斂是五福之道」，指其敬用五事也。用五事得中，則各得其福，其福乃散於五處，不相集聚。若能五事皆敬，則五福集來歸之。普敬五事，則是斂聚五福之道。以此敬五事爲教，布與衆民，使衆民勸慕爲之。福在幽冥，無形可見，敬用五事，則能致之。斂是五福，正是敬用五事。不言「敬用五事以教」，而云「斂是五福以爲教」者，福是善之見者，故言福以勸民，欲其慕而行善也。「汝」者，箕子汝王也。

傳「君上」至「從化」　凡人皆有善性，善不能自成，必須人君教之，乃得爲善。君上有五福之教，以大中教民，「衆民於君取中」。「保」，訓安也。既學得中，則其心安之。君以大中教民，民以大中嚮君，是民與君皆以大中之善。君有大中，民亦有大中，言從君化也。

傳「民有」至「中正」　「民有安中之善」，非中不與爲交。安中之人，「則無淫過朋黨之惡」，無有「比周之德」。朋黨、比周，是不中者。善多惡少，則惡亦化而爲善，無復有不中之人，「惟天下皆大爲中正」矣。

「凡厥庶民有猷、有爲、有守，汝則念之。民戢有道、〔二四〕有所爲、有所執守，汝則念録叙之。不協于極，不罹于咎，皇則受之。凡民之行雖不合於中，而不罹於咎惡，皆可進用大法受之。○罹，馬力馳反，又來多反。行，下孟反。而康而色，曰：『予攸好德。』汝則錫之福。汝當安汝顔色以謙下人，人曰：我所好者德，汝則與之爵禄。○好，呼報反。下，遐嫁反。時人斯其惟皇之極。不合於中之人汝與之福，則是人此其惟大之中，言可勉進。無虐煢獨而畏高明。煢，單無兄弟也。無子曰獨。單獨者不侵虐之，寵貴者不枉法畏之。○無虐，馬本作「亡侮」。煢，岐肩反。畏，如字，徐云鄭音威。

【疏】「凡厥」至「高明」。又説用人爲官，使之大中。凡其衆民有道德、有所爲、有所執守，汝爲人君，則當念録叙之，用之爲官。若未能如此，雖不合於中，亦不罹於咎惡。此人可勉進，宜以取人大法則受取之。其受人之大法如何乎？汝當和安汝之顔色，以謙下人，彼欲仕者謂汝曰：我所好者，德也。汝則與之以福禄，隨其所能，用之爲官。是人庶幾，必自勉進。此其惟爲大中之道。又爲君者，無侵虐單獨，而畏忌高明。高明，謂貴寵之人。勿枉法畏之。如是，即爲大中矣。

傳「民戢」至「叙之」。「戢」，斂也。因上「斂是五福」，故傳以「戢」言之。戢文兼下三事。民能斂德行智，能使其身有道德，其才能有所施爲，用心有所執守。如此人者，汝「念録叙之」，宜用之爲官也。「有所爲」，謂藝能也。「有執守」，謂將善事能守而勿失，言其心正不逆邪也。

傳「凡民」至「受之」。「不合於中」，「不罹於咎」，謂未爲大善，又無惡行，是中人已上可勸勉、有方將者也，故皆可進用，以大法受之。「大法」謂用人之法。取其所長，棄瑕録用也。上文人君以「大中」教民，使天下皆爲大中，此句又令不合於中亦用之者，上文言設教耳，其實天下之大，兆民之衆，不可使皆合大中。且庶官交曠，即須任人，不可待人盡合大中然後叙用。言各有爲，不相妨害。

傳「汝當」至「爵禄」　安汝顔色以謙下人，其此不合於中之人。此人言曰我所好者德也，是有慕善之心，有方將者也。汝則與之爵禄，以長進之。上句言受之，謂始受取。此言與爵禄，謂用爲官也。

傳「不合」至「勉進」　不合於中之人，初時未合中也。汝與之爵禄，置之朝廷，見人爲善，心必慕之，則是人此其惟大中之道，爲大中之人。言可勸勉使進也。荀卿書曰：「蓬生麻中，不扶自直。白沙在泥，與之俱黑。」斯言信矣。此經或言「時人德」，鄭、王諸本皆無「德」字。此傳不以德爲義，定本無「德」，疑衍字也。

傳「煢單」至「畏之」　詩云：「獨行煢煢。」是爲單，謂無兄弟也。「無子曰獨」，王制文。「高明」與「煢獨」相對，非謂才高，知寵貴之人位望高也。不枉法畏之，即詩所謂「不畏强禦」是也。此經皆是據天子，無陵虐煢獨，而畏避高明寵貴者。顧氏亦以此經據人君。小劉以爲據人臣，謬也。

「人之有能有爲，使羞其行，而邦其昌。功能有爲之士，使進其所行，汝國其昌盛。○行，如字，徐下孟反。凡厥正人，既富方穀。凡其正直之人，既當以爵禄富之，又當以善道接之。汝弗能使有好于而家，時人斯其辜。不能使正直之人有好於國家，則是人斯其詐取罪而去。于其無好德，汝雖錫之福，其作汝用咎。於其無好德之人，汝雖與之爵禄，其爲汝用惡道以敗汝善。○爲，于僞反。

【疏】「人之」至「用咎」 此又言用臣之法。人之在位者有才能、有所爲，當褒賞之，委任使進其行，汝國其將昌盛也。凡其正直之人既以爵禄富之，又復以善道接之，使之荷恩盡力。汝若不能使正直之人有好善於汝國家，是人於此其將詐取罪而去矣。於其無好德之人，謂性行惡者汝雖與之福，賜之爵禄，但本性既惡，必爲惡行，其爲汝臣，必用惡道以敗汝善。言當任善而去惡。

傳「功能」至「昌盛」 「功能有爲之士」，謂其身有才能，所爲有成功。此謂已在朝廷任用者也。「使進其行」者，謂人之有善，若上知其有能有爲，或以言語勞來之，或以財貨賞賜之，或更任之以大位。如是，則其人喜於見知，必當行自進益，人皆漸自修進，汝國其昌盛矣。

傳「凡其」至「接之」 「凡其正直之人」，普謂臣民有正直者。爵禄所設，正直是與。已知彼人正直，必當授之以官。「既當與爵禄富之，又當以善道接之」，言其非徒與官而已，又當數加燕賜，使得其歡心也。

傳「不能」至「而去」 授之以官爵，加之以燕賜，喜於知己，荷君恩德，必進謀樹功，有好善於國家。若雖用爲官，心不委任，禮意疏薄，更無恩紀，言不聽計不用，必將奮衣而去，不肯久留。故言「不能使正直之人有好於國家，則是人斯其詐取罪而去」也。

傳「於其」至「汝善」 「無好」對「有好」，有好，謂有善也。「無好德之人」，謂彼性不好德，好惡之人也。論語曰：「未見好德如好色者。」傳記言「好德」者多矣。傳以「好德」言之，定本作「無惡」者，疑誤耳。不好德者，性行本惡，君雖與之爵禄，不能感恩行義，其爲汝臣，必「用惡道以敗汝善」也。易繫辭云：「無咎者善補過也。」咎是過之别名，故爲「惡」耳。

「無偏無陂，遵王之義。〔二五〕偏，不平。陂，不正。言當循先王之正義以治民。○陂音祕，舊本作「頗」，音普多反。〔二六〕無有作好，遵王之道；無有作惡，遵王之路。言無有亂爲私好、惡，動必循先王之道路。○好，呼報反。惡，烏路反，注同。無偏無黨，王道蕩蕩；言開闢。○闢，婢亦反。無黨無偏，王道平平。言辯治。○平平，婢緜反。治，直吏反。無反無側，王道正直。言所行無反道不正，則王道平直。會其有極，歸其有極。言會其有中而行之，則天下皆歸其有中矣。

【疏】「無偏」至「有極」。更言大中之體。爲人君者，當無偏私、無陂曲，動循先王之正義；無有亂爲私好，謬賞惡人，動循先王之正道；無有亂爲私惡，濫罰善人，動循先王之正路；無偏私、無阿黨，王家所行之道蕩蕩然開闢矣；無阿黨、無偏私，王者所立之道平平然辯治矣；所行無反道、無偏側，王家之道正直矣。所行得無偏私，皆正直者會集其有中之道而行之。若其行必得中，則天下歸其中矣。言人皆謂此人爲大中之人也。

傳「偏不」至「治民」。「不平」謂高下，「不正」謂邪僻，與下好、惡、反側，其義一也。偏頗、阿黨，是政之大患，故箕子殷勤言耳。下傳云「無有亂爲私好、惡」者，人有私好、惡，則亂於正道，故傳以「亂」言之。

傳「言會」至「中矣」。「會」，謂集會。言人之將爲行也，集會其有中之道而行之，行實得中，則天下皆歸其爲有中矣。「天下」者，大言之。論語云：「一日克己復禮，天下歸仁焉。」此意與彼同也。

「曰皇極之敷言，是彝是訓，于帝其訓。「曰」者，大其義。言以大中之道布陳言教，不失是常，則人皆是順矣。天且其順，而況於人乎？

凡厥庶民，極之敷言，是訓是行，以近天子之光。凡其衆民中心之所陳言，凡順是行之，則可以近益天子之光明。○以近，附近之近。

曰天子作民父母，以爲天下王。言天子布德惠之教，爲兆民之父母，是爲天下所歸往，不可不務。

【疏】「曰皇」至「下王」　既言有中矣，爲天下所歸，更美之曰：以大中之道布陳言教，不使失是常道，則民皆於是順矣。天且其順，而況於人乎？以此之故，大中爲天下所歸也。又大中之道至矣，何但出於天子爲貴？凡其衆民中和之心所陳之言，謂以善言聞於上者，於是順之，於是行之，悦於民而便於政，則可近益天子之光明矣。又本人君須大中者，更美大之曰：人君於天所子，〔二七〕布德惠之教，爲民之父母。以是之故，爲天下所歸往，由大中之道教使然。言人君不可不務大中矣。

「六，三德：一曰正直，能正人之曲直。二曰剛克，剛能立事。三曰柔克。和柔能治。三者皆德。平康正直，世平安，用正直治之。强弗友剛克，友，順也。世强禦不順，以剛能治之。○克，馬云：「勝也。」禦，魚呂反。治，直吏反。燮友柔克，燮，和也。世和順，以柔能治之。○燮，息協反。沈潛剛克，沈潛，謂地。雖柔，亦有剛，能出金石。高明柔克。高明，謂天。言天爲剛德，亦有柔克，不干四時。喻臣當執剛以正君，君亦當執柔以納臣。惟辟作福，惟辟作威，惟辟玉食。言惟君得專威、福，爲美食。○辟，徐補亦反。玉食，張晏注漢書云：「玉食，珍食也。」韋昭云：「諸侯備珍異之食。」臣無有作福、作威、玉食，其害于而家，凶于而國，人用側頗僻，民用僭忒。在位不敦平，〔二八〕則下民僭差。○頗，普多反。僻，匹亦反。僭，子念反。忒，他得反，馬云：「惡也。」

【疏】「六三德」至「僭忒」 此三德者，人君之德，張弛有三也。一曰正直，言能正人之曲使直；二曰剛克，言剛强而能立事；三曰柔克，言和柔而能治。既言人主有三德，又説隨時而用之。平安之世，用正直治之；强禦不順之世，用剛能治之；和順之世，用柔能治之。既言三德張弛，隨時而用，又舉天地之德，以喻君臣之交。地之德沈深而柔弱矣，而有剛，能出金石之物也；天之德高明剛强矣，而有柔，能順陰陽之氣也。以喻臣道雖柔，當執剛以正君；君道雖剛，當執柔以納臣也。既言君臣之交，剛柔遞用，更言君臣之分，貴賤有恒。惟君作福，得專賞人也；惟君作威，得專罰人也；惟君玉食，得備珍食也。爲臣無得有作福、作威、玉食，言政當一統，權不可分也。臣之有作福、作威、玉食者，其必害於汝臣之家，凶於汝君之國，言將得罪，喪家且亂邦。用在位之人，用此大臣專權之故，其行側頗僻。下民用在位頗僻之故，皆言不信而行差錯。

傳「和柔」至「皆德」 剛不恒用，有時施之，故傳言「立事」；柔則常用以治，故傳言「能治」。三德爲此次者，正直在剛、柔之間，故先言，二者先剛後柔，得其叙矣。王肅意與孔同。鄭玄以爲三德，人各有一德，謂人臣也。

傳「友順」至「治之」 釋訓云：「善兄弟爲友。」「友」是和順之名，故爲「順」也。傳云「燮，和也」，釋詁文。此三德是王者一人之德，視世而爲之，故傳三者各言「世」。世平安，雖時無逆亂，而民俗未和，其下猶有曲者，須在上以正之，故世平安用正直之德治之。世有强禦不順，非剛無以制之，故以剛能治之。世既和順，風俗又安，故以柔能治之。鄭玄以爲人臣各有一德，天子擇使之。注云：「安平之國，使中平守一之人治之，使不失舊職而已。國有不順孝敬之行者，則使剛能之人誅治之。其有中和之行者，則使柔能之人治之，差正之。」〔二九〕與孔不同。

傳「高明」至「納臣」 中庸云：「博厚配地，高明配天。」高而明者惟有天耳，知「高明」謂天也。以此高明是天，故上傳「沈潛」謂地也。文五年左傳云：「天爲剛德，猶不干時。」是言天亦有柔德，不干四時之序也。地柔而能剛，天剛而能柔，故以喻臣當執剛以正君，君當執柔以納臣也。

傳「言惟」至「美食」 於三德之下説此事者，以德則隨時而用，位則不可假人。故言尊卑之分，君臣之紀，不可使臣專威福，奪君權也。衣亦不得僭君，而獨言食者，人之所資，食最爲重，故舉言重也。王肅云：「辟，君也。不言王者，關諸侯也。諸侯於國，得專賞罰。」其義或當然也。

傳「在位」至「僭差」 此經福、威與食，於君每事言「辟」，於臣則併文而略之也。「作福、作威」，謂秉國之權，勇略震主者也。「人用側頗僻」者，謂在位小臣，見彼大臣威福由己，由此之故，小臣皆附下罔上，爲此側頗僻也。下民見此在位小臣秉心僻側，用此之故，下民皆不信，恒爲此僭差也。言在位由大臣，下民由在位，故皆言「用」也。傳不解「家」，王肅云：「大夫稱家，言秉權之臣必滅家，復害其國也。」

「七，稽疑：擇建立卜筮人，龜曰卜，蓍曰筮。考正疑事，當選擇知卜筮人而建立之。○蓍音尸。乃命卜筮，建立其人，命以其職。曰雨、曰霽、龜兆形有似雨者，有似雨止者。○霽，子細反。曰蒙、蒙，陰闇。○蒙，武工反，徐亡鉤反。曰驛、〔三〇〕氣落驛不連屬。○驛音亦，注同。屬音燭。曰克、兆相交錯。五者，卜兆之常法。曰貞、曰悔，內卦曰貞，外卦曰悔。凡七。卜筮之數。卜五，占用二，衍忒。立時人作卜筮。三人占，則從二人之言。立是知卜筮人，使爲卜筮之事。夏、殷、周卜筮各異，三法並卜，從二人之言。善鈞從衆。卜、筮各三人。○占用二，馬云：「占，筮也。」衍，以淺反。汝則有大疑，謀及乃心，謀及卿士，謀及庶人，〔三一〕謀及卜筮。將舉事而汝則有大疑，先盡汝心以謀慮之，次及卿士、衆民，然後卜筮以決之。汝則從、龜從、筮從、卿士從、庶民從，是之謂大同。人心和順，龜筮從之，是謂大同於吉。身其康强，子孫其逢吉。動不違衆，故後世遇吉。○逢，馬云：「逢，大也。」汝則從、龜從、筮從，卿士逆、庶民逆，吉。三從二逆，中吉，亦可舉事。卿士從、龜從、筮從，汝則逆、庶民逆，吉。君臣不同，決之卜筮，亦中吉。庶民從、龜從、筮從，汝則逆、卿士逆，吉。民與上異心，亦卜筮以決之。汝則從、龜從，筮逆、卿士逆、庶民逆，作内吉，作外凶。二從三逆，龜、筮相違，故可以祭祀、冠、婚，不可以出師征伐。○冠，官喚反。龜、筮共違于人，皆逆。用静吉，用作凶。安以守常則吉，動則凶。

【疏】「七稽疑」至「之言」　「稽疑」者，言王者考正疑事，當選擇知卜筮者而建立之，以爲卜筮人，謂立爲卜人、筮人之官也。既立其官，乃命以卜筮之職，云：卜兆有五：曰雨兆，如雨下也；曰霽兆，如雨止也；曰雺兆，氣蒙闇也；曰圛兆，氣落驛不連屬也；曰克兆，相交也。筮卦有二重二體，乃成一卦。「曰貞」，謂内卦也；「曰悔」，謂外卦也。卜筮兆卦，其法有七事。其卜兆用五，雨、霽、蒙、驛、克也。其筮占用二，貞與悔也。卜筮皆就此七者推衍其變，立是知卜筮人，使作卜筮之官。其卜筮，必用三代之法，三人占之，若其所占不同，而其善鈞者，則從二人之言。言以此法考正疑事也。

傳「龜曰」至「立之」　「龜曰卜，蓍曰筮」，曲禮文也。考正疑事，當選擇知卜筮人而建立之。建，亦立也。復言之耳。鄭、王皆以建、立爲二，言將考疑事，選擇可立者，立爲卜人、筮人。

傳「兆相」至「常法」　此上五者，灼龜爲兆，其璺坼形狀有五種，是卜兆之常法也。説文云：「霽，雨止也。」「霽」似雨止，則「雨」似雨下。鄭玄曰：「霽如雨止者，雲在上也。」雺聲近蒙，詩云：「零雨其濛。」〔三二〕則濛是闇之義，故以「雺」爲兆。「蒙」是陰闇也。圛，即驛也，故以爲兆「氣落驛不連屬」。落驛，希疏之意也。雨、霽既相對，則蒙、驛亦相對，故「驛」爲落驛氣不連屬，則「雺」爲氣連蒙闇也。王肅云：「圛，霍驛消滅如雲陰。〔三三〕雺，天氣下，地不應，闇冥也。」其意如孔言。鄭玄以「圛」爲明，言色澤光明也；「雺」者，氣澤鬱鬱冥冥也。自以明、闇相對，異於孔也。克，謂「兆相交錯」。王肅云：「兆相侵入。」蓋兆爲二坼，其坼相交也。鄭玄云：「克者，如雨氣色相侵入。」卜筮之事，體用難明，故先儒各以意説，未知孰得其本。今之用龜，其兆横者爲土，立者爲木，斜向徑者爲金，背徑者爲火，因兆而紐曲者爲水。〔三四〕不知與此五者同異如何。此五兆不言一曰、二曰者，灼龜所遇，無先後也。

傳「内卦」至「曰悔」　僖十五年左傳云：秦伯伐晉，卜徒父筮之，其卦遇蠱。蠱卦巽下艮上。説卦云：巽爲風，艮爲山。其占云：「蠱之貞，風也。其悔，山也。」是内卦爲貞，外卦爲悔也。筮法爻從下起，故以下體爲内，上體爲外。下體爲本，因而重之，故以下卦爲貞。貞，正也，言下體是其正。鄭玄云：「悔之言晦。晦，猶終也。」晦是月之終，故以爲終。言上體是其終也。下體言正，以見上體不正；上體言終，以見下體爲始；二名互相明也。

傳「立是」至「三人」　此經「卜五占用二衍忒」，孔不爲傳，鄭玄云：「卜五占用，謂雨、霽、蒙、驛、克也。二衍忒，謂貞、悔也。」斷「用」從上句。「二衍忒」者，指謂筮事。王肅云：「卜五者，筮短龜長，故卜多而筮少。占用二者，以貞、悔占六爻。衍忒者，當推衍其爻義，以極其意。」卜五占二，其義當如王解。其「衍忒」，宜總謂卜筮皆當衍其義，極其變，非獨筮衍而卜否也。傳言「立是知卜筮人，使爲卜筮之事」者，言經之此文覆述上句「立卜筮人」也。言「三人占」，是占此卜筮法當有三人。周禮「太卜掌三兆之法，一曰玉兆，二曰瓦兆，三曰原兆」；「掌三易之法，一曰連山，二曰歸藏，三曰周易」。杜子春以爲「玉兆，帝顓頊之兆；瓦兆，帝堯之兆」。又云「連山，虙犧；歸藏，黄帝」。三兆、三易，皆非夏、殷，而孔意必以三代夏、殷、周法者，以周禮指言一曰、二曰，不辯時代之名。案考工記云：「夏曰世室，殷曰重屋，周曰明堂。」又禮記郊特牲云：「夏收，殷冔，周冕。」〔三五〕皆以夏、殷、周三代相因，明三易亦夏、殷、周相因之法。子春之言，孔所不取。鄭玄易贊亦云：「夏曰連山，殷曰歸藏。」與孔同也。所言三兆、三易，必是三代異法，故傳以爲「夏、殷、周卜筮各異」。三代異法，三法並卜，法有一人，故三人也。「從二人之言」者，一人爲善既鈞，故從衆也。若三人之内賢智不等，雖少，從賢不從衆也。「善鈞從衆」，成六年左傳文。既言三法並卜，嫌筮不然，故又云卜筮各三人也。經惟言三占從二，何知不一法而三占，而知三法並用者，金縢云：「乃卜三龜，一習吉。」儀禮士喪，卜葬占者三人，貴賤俱用三龜。知卜筮並用三代法也。

傳「將舉」至「決之」　非有所舉，則自不卜，故云「將舉事」，事有疑，則當卜筮。人君先盡己心以謀慮之，次及卿士、衆民。人謀猶不能定，然後問卜筮以決之，故先言「乃心」，後言「卜筮」也。鄭玄云：「卿士，六卿掌事者。」然則「謀及卿士」，以卿爲首耳，其大夫及士亦在焉。以下惟言「庶人」，明大夫及士寄卿文以見之矣。周禮：小司寇「掌外朝之政，以致萬民而詢焉。一曰詢國危，二曰詢國遷，三曰詢立君」。是有大疑而詢衆也。又曰：「小司寇以叙進而問焉。」是謀及之也。大疑者不要是彼三詢，其謀及則同也。謀及庶人，必是大事。若小事，不必詢於萬民，或謀及庶人在官者耳。小司寇又曰：「以三刺斷庶民獄訟之中，一曰訊羣臣，二曰訊羣吏，三曰訊萬民。」彼羣臣、羣吏分而爲二，此惟言卿士者，彼將斷獄，令衆議然後行刑，故臣與民爲三，其人主待衆議而決之。此則人主自疑，故以人主爲一，又總羣臣爲一也。

傳「人心」至「於吉」　人主與卿士、庶民皆從，是「人心和順」也。此必臣民皆從，乃問卜筮。而進龜筮於上者，尊神物，故先言之。不在「汝則」之上者，卜當有主，故以人爲先。下三事亦然。改「卜」言「龜」者，卜是請問之意，吉凶龜占兆告於人，故改言龜也。「筮」則本是蓍名，故不須改也。

傳「動不」至「遇吉」　物貴和同，故「大同」之吉延及於後。宣三年左傳稱「成王定鼎」，「卜世三十，卜年七百」，是後世遇吉。

傳「三從」至「舉事」　此與下二事皆是三從二逆，除龜、筮以外，有「汝」與卿士、庶民。分三者各爲一從二逆，嫌其貴賤有異，從逆或殊，故三者各以有一從爲主，見其爲吉同也。方論得吉以從者爲主，故次言「卿士從」，下言「庶民從」也。以從爲主，故退「汝則」於下。傳解其意，卿士從者，「君臣不同」也；庶民從者，「民與上異心」也。解臣民與君異心，得其筮之意也。不言四從一逆者，吉可知，不假言之也。四從之內，雖龜、筮相違，亦爲吉，以其從者多也。若三從之內龜、筮相違，雖不如龜、筮俱從，猶勝下龜、筮相違，二從三逆。必知然者，以下傳云二從三逆，龜、筮相違，既計從之多少，明從多則吉。故杜預云：「龜、筮同卿士之數者，是龜、筮雖靈，不至越於人也。」上言庶人，又言庶民者，嫌庶人惟指在官者，變「人」言「民」，見其同也。民人之賤，得與卿士敵者，貴者雖貴，未必謀慮長，故通以「民」爲一，令與君臣等也。

傳「民與」至「決之」　天子聖人，庶民愚賤，得爲識見同者，但聖人生知，不假卜筮，垂教作訓，晦跡同凡。且庶民既衆，以衆情可否，亦得上敵於聖人。〔三六〕老子云「聖人無常心，以百姓心爲心」是也。

傳「二從」至「征伐」　此二從三逆爲小吉，故猶可舉事。「內」，謂國內，故可以祭祀、冠、婚。「外」，謂境外，故不可以出師征伐。征伐事大，此非大吉故也。此經「龜從筮逆」，其「筮從龜逆」爲吉亦同，故傳言「龜、筮相違」，見龜、筮之智等也。若龜、筮智等，而僖四年左傳云「筮短龜長」者，於時晉獻公欲以驪姬爲夫人，卜既不吉，而更令筮之。神靈不以實告，筮而得吉，必欲用之。卜人欲令公捨筮從卜，故曰筮短龜長，非是龜實長也。易繫辭云：「蓍之德圓而神，卦之德方以智。神以知來，智以藏往。」然則知來藏往，是爲極妙，雖龜之長，無以加此。聖人演筮爲易，所知豈是短乎？明彼長短之説，乃是有爲言耳。此二從三逆，以汝與龜爲二從耳。卿士、庶民課有一從，亦是二從，凶吉亦同，故不復設文，同可知也。若然，汝卿士、庶民皆逆，龜、筮並從，則亦是二從三逆。而經無文者，若君與臣民皆逆，本自不問卜矣，何有龜從筮從之理也？前三從之內，龜、筮既從，君與卿士、庶民各有一從，以配龜、筮，凡有三條。若惟君與卿士從，配龜爲一條，或君與庶民從，配龜又爲一條，或卿士、庶民從，配龜又爲一條，凡有三條。若筮從龜逆，其事亦然。二從三逆，君配龜從爲一條，於經已具。卿士配龜從爲二條，庶民配龜從爲三條。若筮從龜逆，以人配筮，其事亦同。案周禮筮人：「國之大事，先筮而後卜。」鄭玄云：「於筮之凶則止。」何有筮逆龜從，及龜筮俱違者。崔靈恩以爲筮用三代之占，若三占之俱凶，〔三七〕則止不卜。即鄭注周禮「筮凶則止」是也。若三占二逆一從，凶猶不決，雖有筮逆，猶得更卜，故此有筮逆龜從之事。或筮凶則止而不卜，乃是鄭玄之意，非是周禮經文，未必孔之所取。曲禮云：「卜、筮不相襲。」鄭云：「卜不吉則又筮，筮不吉則又卜，是謂瀆龜筴。」〔三八〕周禮太卜「小事筮，大事卜」。應筮而又用卜，應卜而又用筮，及國之大事，先筮後卜，不吉之後，更作卜筮。如此之等，是爲相襲，皆據吉凶分明，不可重爲卜筮。若吉凶未決，於事尚疑者，則得更爲卜筮。僖二十五年晉侯卜納王，得阪泉之兆，曰：「吾不堪也。」公曰：「筮之。」〔三九〕遇大有之睽。又哀九年晉趙鞅卜救鄭，遇水適火，又筮之，遇泰之需之類是也。周禮既先筮後卜，而春秋時先卜後筮者，不能依禮故也。

「八，庶徵：曰雨、曰暘、曰燠、曰寒、曰風、曰時。雨以潤物，暘以乾物，暖以長物，寒以成物，風以動物。五者各以其時，所以爲衆驗。○暘音陽。乾音干。暖，乃管反。長，丁丈反。五者來備，各以其叙，庶草蕃廡。言五者備至，各以次序，則衆草蕃滋廡豐也。○蕃音煩。廡，無甫反，徐莫柱反。一極備，凶；一極無，凶。一者備極過甚則凶，一者極無不至亦凶，謂不時失叙。

【疏】「庶徵」庶，衆也。徵，驗也。王者用九疇爲大中，行「稽疑」以上爲善政，則衆驗有美惡，以爲人主。自「曰雨」至

「一極無凶」，總言五氣之驗，有美有惡；曰休徵，叙美行之驗；曰咎徵，叙惡行之驗。自「曰王省」至「家用平康」，言政善致美也；「日月歲時」至「家用不寧」，言政惡致咎也。「庶民惟星」以下，言人君當以常度齊正下民。

「曰雨」至「無凶」　將説其驗，先立其名。五者行於天地之間，人、物所以得生成也。其名曰雨，所以潤萬物也；曰暘，所以乾萬物也；曰燠，所以長萬物也；曰寒，所以成萬物也；曰風，所以動萬物也。此是五氣之名。曰時，言五者各以時來，所以爲衆事之驗也。更述時與不時之事：五者於是來皆備足，須風則風來，須雨則雨來，其來各以次序，則衆草木蕃滋而豐茂矣。謂來以時也。若不以時，五者之内一者備極過甚，則凶；一者極無不至，亦凶。雨多則澇，雨少則旱，是備極亦凶，極無亦凶。其餘四者亦然。

傳「雨以」至「衆驗」　易説卦云：「風以散之，雨以潤之，日以烜之。」日，暘也。烜，乾也。是「雨以潤物，暘以乾物，風以動物」也。易繫辭云：「寒往則暑來，暑往則寒來。寒暑相推，而歲成焉。」是言天氣有寒、有暑，暑長物而寒成物也。釋言云：「燠，暖也。」舍人曰：「燠，温暖也。」是燠、暖爲一，故傳以暖言之。不言暑而言燠者，燠是熱之始，暑是熱之極，涼是冷之始，寒是冷之極，長物舉其始，成物舉其極，理宜然也。五者各以其時而至，所以爲衆事之驗也。所以言「時」者，謂當至則來，當止則去，無常時也。冬寒、夏燠雖有定時，或夏須漸寒，冬當漸熱，雨足則思暘，暘久則思雨，草木春則待風而長，秋則待風而落，皆是無定時也。不言一曰、二曰者，爲其來無先後也，依五事所致爲次。下云休徵、咎徵，雨若、風若，是其致之次也。昭元年左傳云：「天有六氣，陰、陽、風、雨、晦、明也。」以彼六氣校此五氣，雨、暘、風文與彼同；彼言晦、明，此言寒、燠，則晦是寒也，明是燠也。惟彼陰於此無所當耳。五行傳説五事致此五氣云：「貌之不恭，是謂不肅，厥罰恒雨，惟金沴木。言之不從，是謂不乂，厥罰恒暘，惟木沴金。視之不明，是謂不哲，厥罰恒燠，惟水沴火。聽之不聰，是謂不謀，厥罰恒寒，惟火沴水。思之不睿，是謂不聖，厥罰恒風，惟木、金、水、火沴土。」如彼五行傳言，是雨屬木，暘屬金，燠屬火，寒屬水，風屬土。鄭云：「雨，木氣也。春始施生，故木氣爲雨。暘，金氣也。秋物成而堅，故金氣爲暘。燠，火氣也。寒，水氣也。風，土氣也。凡氣非風不行，猶金、木、水、火非土不處，故土氣爲風。」是用五行傳爲説。孔意亦當然也。六氣有陰，五事休咎，皆不致陰。五行傳又曰：「皇之不極，厥罰常陰。」是陰氣不由五事，别自屬皇極也。蓋立用大中，則陰順時爲休；大之不中，陰恒若爲咎也。

傳「言五」至「廡豐也」　五氣所以生成萬物，正可時來時去，不可常無常有，故言「五者備至，各以次序」，須至則來，須止則去，則「衆草百物蕃滋廡豐也」。釋詁云：〔四〇〕「廡、豐，茂也。」〔四一〕草蕃廡，言草滋多而茂盛也。下言「百穀用成」，此言衆草蕃廡者，舉草茂盛，則穀成必矣。舉輕以明重也。

傳「一者」至「失叙」　此謂不以時來，其至無次序也。「一者備極過甚則凶」，謂來而不去也。「一者極無不至亦凶」，謂去而不來也。即下云「恒雨若」、「恒風若」之類是也。有、無相形，〔四二〕去、來正反。恒雨則無暘，恒寒則無燠。恒雨亦凶，無暘亦凶；恒寒亦凶，無燠亦凶，謂至不待時，失次序也。如此，則草不茂，穀不成也。

曰休徵：叙美行之驗。○美行，下孟反。曰肅，時雨若；君行敬，則時雨順之。曰乂，時暘若；君行政治，〔四三〕則時暘順之。○治，直吏反，下「政治」、「治其職」皆同。曰哲，時燠若；君能照哲，則時暖順之。○哲，之設反，徐音制，又音哲。曰謀，時寒若；君能謀，則時寒順之。曰聖，時風若。君能通理，則時風順之。曰咎徵：叙惡行之驗。○咎，其九反。曰狂，恒雨若；君行狂妄，則常雨順之。曰僭，恒暘若；君行僭差，則常暘順之。曰豫，恒燠若；君行逸豫，則常暖順之。○豫，羊庶反，徐又音舒。曰急，恒寒若；君行急，則常寒順之。曰蒙，恒風若。

君行蒙闇，則常風順之。

【疏】曰「休徵」至「風若」　既言五者次序，覆述次序之事：曰美行致以時之驗，何者是也？　曰人君行敬，則雨以時而順之；曰人君政治，則暘以時而順之；曰人君照哲，則燠以時而順之；曰人君謀當，則寒以時而順之；曰人君通聖，則風以時而順之。　此則致上文「各以其次叙，庶草蕃廡」也。

曰「咎徵」至「風若」　上既言失次序，覆述失次序之事：曰惡行致備極之驗，何者是也？　曰君行狂妄，則常雨順之；曰君行僭差，則常暘順之；曰君行逸豫，則常暖順之；曰君行急躁，則常寒順之；曰君行蒙闇，則常風順之。此即致上文「一極備凶、一極無凶」也。

傳「君行」至「順之」　此休、咎皆言「若」者，其所致者皆順其所行，故言「若」也。易文言云：「雲從龍，風從虎。水流濕，火就燥。」是物各以類相應，故知天氣順人所行，以示其驗也。其咎反於休者，人君行不敬則狂妄，故「狂」對「肅」也；政不治則僭差，故「僭」對「乂」也；明不照物則行自逸豫，故「豫」對「哲」也；心無謀慮則行必急躁，故「急」對「謀」也；性不通曉則行必蒙闇，故「蒙」對「聖」也。　鄭玄以「狂」爲倨慢，以對「不敬」，故爲慢也。　鄭、王本「豫」作「舒」，鄭云「舉，遲也」，王肅云「舒，惰也」，以對「照哲」，故爲遲惰。　鄭云：「急促，自用也。」以「謀」者用人之言，故「急」爲自用己也。　鄭云：「蒙，見冒亂也。」王肅云：「蒙，瞽蒙。」以聖是通達，故蒙爲瞽蒙。　所見冒亂，言其不曉事，與聖反也。　與孔各小異耳。

曰王省惟歲，王所省職，兼所總羣吏，如歲兼四時。○省，悉井反。卿士惟月，卿士各有所掌，如月之有別。○別，方列反。師尹惟日。衆正官之吏分治其職，如日之有歲月。

歲、月、日、時無易，各順常。**百穀用成，乂用明，**歲、月、日、時無易則百穀成，君臣無易則政治明。**俊民用章，家用平康。**賢臣顯用，國家平寧。**日、月、歲、時既易，**是三者已易，喻君臣易職。**百穀用不成，乂用昏不明，俊民用微，家用不寧。**君失其柄權，臣擅命，治闇賢隱，國家亂。

【疏】「曰王省」至「不寧」　既陳五事之休咎，又言皇極之得失。與上異端，更復言曰：王之省職，兼總羣吏，惟如歲也；卿士分居列位，惟如月也；衆正官之長各治其職，惟如日也。此王也、卿士也、師尹也，掌事猶歲、月、日者，言皆無改易。君秉君道，臣行臣事，則百穀用此而成，歲豐稔也。其治用是而明，世安泰也。俊民用此而章，在官位也。國家用此而平安，風俗和也。若王也、卿士也、師尹也，掌事猶如日、月、歲者，是已變易，君失其柄權，臣各專恣，百穀用此而不成，歲飢饉也。其治用此昏闇而不明，政事亂也。俊民用此而卑微，皆隱遁也。國家用此而不安泰，時世亂也。此是皇極所致，得中則致善，不中則致惡。歲、月、日無易，是得中也；既易，是不中也。所致善惡，乃大於庶徵，故於此敘之也。

傳「王所」至「四時」　下云「庶民惟星」，以「星」喻民，知此「歲、月、日」者，皆以喻職事也。於王言「省」，則卿士、師尹亦爲省也。王之所省，職無不兼，所總羣吏，如歲兼四時。下句惟有「月、日」，羣臣無喻「時」者，但時以統月，故傳以「四時」言之，言其兼下月日也。

傳「衆正」至「歲月」　師，衆也。尹，正也。「衆正官之吏」，謂卿士之下有正官、大夫，與其同類之官爲長。周禮大司樂爲樂官之長，大卜爲卜官之長，此之類也。此等分治其職，屬王、屬卿，如日之有歲、月，言其有繫屬也。詩稱「赫赫師尹」，乃謂三公之官。此以師尹爲「正官之吏」，謂大夫者，以此「師尹」之文在「卿士」之下，卑於卿士，知是大夫。與小官爲長，亦是衆官之長，故師尹之名同耳。鄭云：「所以承休徵、咎徵言之者，休、咎五事，得失之應，其所致尚微，故大陳君臣之象，成皇極之事。其道得，則其美應如此；其道失，則敗德如彼，非徒風、雨、寒、燠而已。」是也。

庶民惟星。星有好風，星有好雨。星，民象，故衆民惟若星。箕星好風，畢星好雨，〔四四〕亦民所好。○好，呼報反。日、月之行，則有冬有夏。日、月之行，冬夏各有常度。君臣政治，小大各有常法。月之從星，則以風雨。月經於箕則多風，離於畢則多雨。政教失常，以從民欲，亦所以亂。

【疏】「庶民」至「風雨」 既言大中治民，不可改易，又言民各有心，須齊正之。言庶民之性，惟若星然。「星有好風，星有好雨」，以喻民有好善，亦有好惡。「日月之行，則有冬有夏」，言日月之行，冬夏各有常道，喻君臣爲政，小大各有常法。若日月失其常道，則天氣從而改焉。月之行度失道，從星所好，以致風雨，喻人君政教失常，從民所欲，則致國亂。故當立用大中，以齊正之，不得從民欲也。

傳「星民」至「所好」 星之在天，猶民之在地。星爲民象，以其象民，故因以星喻，故衆民惟若星也。直言「星有好風」，不知何星，故云「箕星好風」也。「畢星好雨」，亦如民有所好也。不言畢星好雨，具於下傳。

傳「日月」至「常法」 日月之行，四時皆有常法。變冬夏爲南北之極，故舉以言之。日月之行，冬夏各有常度，喻人君爲政，小大各有常法。張衡、蔡邕、王蕃等説渾天者，皆云：周天三百六十五度四分度之一。天體圓如彈丸，北高南下，北極出地上三十六度，南極入地下三十六度。南極去北極，直徑一百二十二度弱。其依天體隆曲，南極去北極一百八十二度强。正當天之中央，南北二極中等之處，謂之赤道，去南北極各九十一度。春分日行赤道，從此漸北。夏至赤道之北二十四度，去北極六十七度，去南極一百一十五度，日行黑道。從夏至日以後，日漸南，至秋分還行赤道，與春分同。冬至行赤道之南二十四度，去南極六十七度，去北極一百一十五度。其日之行處，謂之黄道。又有月行之道，與日道相近，交絡而過，半在日道之裏，半在日道之表。其當交，則兩道相合交。去極遠處，兩道相去六度。此其日月行道之大略也。王肅云：「日月行有常度，君臣禮有常法，以齊其民。」

傳「月經」至「以亂」　詩云：「月離于畢，俾滂沲矣。」是離畢則多雨，其文見於經。經箕則多風，傳記無其事。鄭玄引春秋緯云：「月離於箕則風揚沙。」作緯在孔君之後，以前必有此説，孔依用之也。月行雖有常度，時或失道從星。經箕多風，離畢多雨，此天象之自然，以「箕」爲簸揚之器，「畢」亦捕魚之物故耳。鄭以爲：「箕星好風者，箕，東方木宿；風，中央土氣。木克土，爲妻，從妻所好，故好風也。畢星好雨者，畢，西方金宿；雨，東方木氣。金克木，爲妻，從妻所好，故好雨也。」推此，則南宫好暘，北宫好燠，中宫四季好寒，以各尚妻之所好故也。未知孔意同否。顧氏所解，亦同於鄭。言「從星」者，謂不應從而從，以致此風雨，故喻政教失常，以從民欲，亦所以亂也。上云「日、月之行」，此句惟言「月」者，鄭云：「不言日者，日之從星，不可見故也。」

「九，五福：一曰壽，百二十年。二曰富，財豐備。三曰康寧，無疾病。四曰攸好德，所好者德福之道。五曰考終命。各成其短長之命以自終，不橫夭。○橫，華孟反，又如字。六極：一曰凶短折，動不遇吉。〔四五〕短，未六十。折，未三十。言辛苦。○凶，馬云：「終也。」折，時設反，一音之舌反。二曰疾，常抱疾苦。三曰憂，多所憂。四曰貧，困於財。五曰惡，醜陋。六曰弱。」尫劣。○尫，烏黄反。

【疏】「九五福」至「曰弱」　「五福」者，謂人蒙福祐有五事也。一曰壽，年得長也。二曰富，家豐財貨也。三曰康寧，無疾病也。四曰攸好德，性所好者美德也。五曰考終命，成終長短之命，不橫夭也。「六極」，謂窮極惡事有六。一曰凶短折，遇凶而橫夭性命也。二曰疾，常抱疾病。三曰憂，常多憂愁。四曰貧，困乏於財。五曰惡，貌狀醜陋。六曰弱，志力尫劣也。五福、六極，天實得爲之，而歷言此者，以人生於世，有此福、極，爲善致福，爲惡致極，勸人君使行善也。五福、六極如此次者，鄭云：「此數本諸其尤者。福是人之所欲，以尤欲者爲先；極是人之所惡，以尤所不欲者爲先。以下，緣人意輕重爲次耳。」

傳「百二十年」人之大期，百年爲限。世有長壽云百二十年者，故傳以最長者言之，未必有正文也。

傳「所好」至「之道」人所嗜好，稟諸上天；性之所好，不能自已。好善者，或當知善是善。好惡者，不知惡之爲惡，謂惡是善，故好之無厭，任其所好。從而觀之，所好者德，是福之道也。好德者，天使之然，故爲福也。鄭云：「民皆好有德也。」王肅云：「言人君所好者，道德爲福。」洪範以人君爲主，上之所爲，下必從之，人君好德，故民亦好德，事相通也。

傳「各成」至「橫夭」成十三年左傳云：「民受天地之中以生，所謂命也。能者養以之福，〔四六〕不能者敗以取禍。」是言命之短長雖有定分，未必能遂其性，不致夭枉。故各成其短長之命以自終，不橫夭者亦爲福也。

傳「動不」至「辛苦」「動不遇吉」者，解「凶」也。傳以「壽」爲百二十年，短者半之，爲未六十；折又半，爲未三十。「辛苦」者，味也。辛苦之味入口，猶困厄之事在身，故謂殃厄勞役之事爲辛苦也。鄭玄以爲凶、短、折皆是夭枉之名，未齔曰凶，未冠曰短，未婚曰折。漢書五行志云：「傷人曰凶，禽獸曰短，草木曰折，一曰凶夭是也。兄喪弟曰短，父喪子曰折。」並與孔不同。

傳「尫劣」尫、劣並是弱事，爲筋力弱，亦爲志氣弱。鄭玄云：「愚懦不毅曰弱。」言其志氣弱也。五行傳有「致極」之文，無致福之事，鄭玄依書傳云：「凶短折，思不睿之罰；疾，視不明之罰；憂，言不從之罰；貧，聽不聰之罰；

惡，貌不恭之罰；弱，皇不極之罰。反此而云：王者思睿則致壽，聽聰則致富，視明則致康寧，言從則致攸好德，貌恭則致考終命。所以然者，不但行運，氣性相感。以義言之，以思睿則無擁，神安而保命，故壽；若蒙則不通，殤神天性，所以短折也。聽聰則謀當所求而會，故致富；違而失計，故貧也。視明照了，性得而安寧；不明，以擾神而疾也。言從由於德，故好者德也；不從而無德，所以憂耳。貌恭則容儼，形美而成性，以終其命；容毀，故致惡也。不能爲大中，故所以弱也。」此亦孔所不同焉。此「福」「極」之文，雖主於君，亦兼於下，故有貧、富、惡、弱之等也。

武王既勝殷，邦諸侯，班宗彝，賦宗廟彝器酒罇賜諸侯。○班，本又作「般」，音同。**作分器。**言諸侯尊卑各有分也，亡。○分器，上扶問反，注同。

【疏】「武王」至「分器」　武王既已勝殷，制邦國，以封有功者爲諸侯。既封爲國君，乃班賦宗廟彝器以賜之。於時有言誥戒敕，史叙其事，作分器之篇。

傳「賦宗」至「諸侯」　序云「邦諸侯」者，立邦國，封人爲諸侯也。樂記云「封有功者爲諸侯」，詩賚序云「大封於廟」，謂此時也。釋言云：「班，賦也。」周禮有「司尊彝」之官，鄭云：「彝，亦尊也。鬱鬯曰彝。彝，法也。言爲尊之法也。」〔四七〕然則盛鬯者爲彝，盛酒者爲尊，皆祭宗廟之酒器也。分宗廟彝器酒尊以賦諸侯，既封乃賜之也。

傳「言諸」至「也亡」　篇名分器，知其篇言諸侯尊卑各有分也。昭十二年左傳楚靈王云：「昔我先王熊繹，與呂伋、王孫牟、燮父、禽父並事康王，四國皆有分，我獨無。」十五年傳曰：「諸侯之封也，皆受明器於王室。」杜預云：「謂明德之分器也。」是諸侯各有分也。亡。

校勘記

〔一〕乃復佑助諧合其居業　「復」原作「得」，涉上「乃得」誤，據阮本、李本、殿本改。

〔二〕公羊傳曰乃緩辭也　按公羊傳原文作「乃者何？難也」。

〔三〕亂陳其五行　阮云：史記集解句首有「是」字。

〔四〕水失其道　阮云：纂傳「道」作「性」。

〔五〕畀與釋詁文　爾雅原文「與」作「予」，借字。

〔六〕劉歆以爲伏羲繫天而王　正字云：「繼」誤「繫」。

〔七〕念用庶徵　于鬯云：「念」當作「驗」。

〔八〕嚮用五福　孫星衍云：「嚮」俗字，當作「饗」。

〔九〕皇大釋詁文　按今爾雅無此文。

〔一〇〕金之氣味　阮本、殿本無「味」字。

〔一一〕百姓之所飲食也　「所」原誤「求」，從阮說改。阮云：「元本作『所』，與岳本合，『求』字誤也。」

〔一二〕義亦然也　阮云：「纂傳『亦』作『或』。」

〔一三〕之列反　「之」原誤「丁」，據通志堂本改。

〔一四〕所謀必成當　「當」，殿本作「審」。阮云：「史記集解作『審』。」今按：作「當」與釋文合，「當」謂允當、恰當。

〔一五〕言必可從　「必」原誤「乃」，從正字及阮說改。

〔一六〕不乖倒也　阮云：毛本「倒」作「剌」。

〔一七〕説命云云　按：此太甲文，作「説命」，非。

〔一八〕故食爲先也　「食」原誤「教」，從正字及阮説改。

〔一九〕若以一字爲名　「一」字原刻闕，據李本、阮本補。

〔二〇〕子至於亥　「亥」原誤「丑」，從正字説改。

〔二一〕旦觜中　「觜」下月令原文有「觿」字。

〔二二〕何謂辰　「辰」原誤「也」，據殿本改。阮云：監本作「長」，毛本「也」下有「辰」。

〔二三〕人無有比德　于鬯云：此「人」字似無義，意以爲衍文可也。

〔二四〕民戢有道　阮引岳珂九經三傳沿革例云：「『戢』字止是一『或』字，傳寫誤爲『戢』。」今按：作「或」是。

〔二五〕無偏無陂遵王之義　正字引顧炎武云：「『陂』本作『頗』，唐明皇改爲『陂』，蓋不知古人之讀『義』爲『俄』。王應麟云：『宣和三年，詔洪範復舊文爲「頗」，然監本猶未改正。』」孫星衍云：「釋文舊本作『頗』，漢石經亦作『頗』，呂氏春秋貴公篇引作『頗』。」

〔二六〕陂音祕云云　正字云：此條釋文蓋開寶中校定釋文所增入者。

〔二七〕人君於天所子　正字云：疑「爲天之子」誤。

〔二八〕在位不敦平　阮云：史記集解「敦」作「端」，與疏合。

〔二九〕則使柔能之人治之差正之　此句正字疑。今按：「差正之」三字當係疏中小注，補釋上句。

〔三〇〕曰蒙曰驛　段玉裁云：「蒙」、「驛」，本作「雺」、「圛」，開寶中改作「蒙」、「驛」。

〔三一〕謀及庶人　「人」，漢石經作「民」。

〔三二〕詩云零雨其濛　「濛」，李本作「蒙」。阮云：「毛本作『蒙』。」下「濛」同。又按：今詩作「蒙」。

〔三三〕消滅　正字云：「滅」誤「減」。

〔三四〕因兆而紐曲者爲水　「紐」原訛「細」，據殿本改。阮云：宋板作「紐」。

〔三五〕夏收殷哻周冕　禮記原文作「周弁殷冔夏收」。

〔三六〕亦得上敵於聖人　「人」原誤「故」，屬下句，今據李本、殿本改。阮云：「宋本『故』作『人』，屬上讀。」

〔三七〕若三占之俱凶　李本、殿本、阮本「俱」下有「主」字。

〔三八〕是謂瀆龜筴　「筴」原作「筮」，孫詒讓云：「『筮』當從曲禮作『筴』（古「策」字）。」今從改。

〔三九〕公曰筮之　按此「筮之」與上「吾不堪也」皆晉侯語，「公」字不必有。

〔四〇〕釋詁云　「云」原作「文」，從正字説改。

〔四一〕廡豐茂也　爾雅原文作「蕪茂豐也」。

〔四二〕有無相形　「形」原作「刑」，從阮説改。

〔四三〕君行政治　阮云：史記集解無「行」字，與疏合。

〔四四〕畢星好雨　正字云：「按疏云『不言畢星好雨，具于下傳』，此有者，當是後人增入。」

〔四五〕動不遇吉　盧云：古本句上有「凶」字。

〔四六〕能者養以之福　「以之」二字原倒。正字云：「『之以』當作『以之』。」盧云：「『養以之福』見漢書五行志，杜預注左傳亦云：『養威儀以致福。』」今按：作「以之福」是，與下句「以取禍」協，故乙。

〔四七〕言爲尊之法也　「也」原誤「正」，據殿本改。

旅獒第七

西旅獻獒，西戎遠國貢大犬。○獒，五羔反，馬作「豪」，云：「酋豪也。」〔一〕太保作旅獒。召公陳戒。○召公，上時照反，後召公皆仿此。

【疏】「西旅」至「旅獒」　西方之戎有國名旅者，遣獻其大犬，其名曰「獒」，於是太保召公因陳戒。史叙其事，作旅獒。

傳「西戎」至「大犬」　西旅，西方夷名。西方曰「戎」，克商之後乃來，知是西戎遠國也。「獒」是犬名，故云「貢大犬」。

傳「召公陳戒」　成王時召公爲太保，知此時太保亦召公也。釋詁云：「旅，陳也。」故云召公陳戒。上「旅」是國名，此「旅」訓爲陳，二「旅」字同而義異。鄭云：「獒讀曰豪。西戎無君名，强大有政者爲酋豪，〔二〕國人遣其酋豪來獻見於周。」良由不見古文，妄爲此説。〔三〕

旅獒因獒而陳道義。

惟克商，遂通道于九夷、八蠻。西夷慕化貢其方賄。九、八，言非一。皆通道路，無遠不服。○賄，呼罪反。西旅底貢厥獒，西戎之長致貢其獒。犬高四尺曰獒，以大爲異。○厎，之履反。長，丁丈反。太保乃作旅獒，用訓于王。陳貢獒之義，以訓諫王。

【疏】「惟克」至「于王」　惟武王既克商，華夏既定，遂開通道路於九夷、八蠻。於是有西戎旅國致貢其大犬名獒，太保召公乃作此篇，陳貢獒之義，用訓諫於王。

傳「四夷」至「不服」　曲禮云：「其在東夷、西戎、南蠻、北狄。」經舉「夷」、「蠻」，則戎、狄可知。四夷慕化，貢其方賄，言所貢非獨旅也。四夷各自爲國，無大小統領，「九」、「八」，言非一也。釋地云：〔四〕「九夷、八狄、七戎、六蠻，謂之四海。」又云：「八蠻在南方，六戎在西方，五狄在北方。」上下二文，三方數目不同。明堂位稱九夷、八蠻、六戎、五狄，與爾雅上文不同。周禮職方氏「掌四夷、八蠻、七閩、九貉、五戎、六狄之人」，〔五〕鄭衆云：「四、八、七、九、五、六，周之所服國數也。」遍檢經傳，四夷之數參差不同。先儒舊解，此爾雅殷制，明堂位及職方，並爾雅下文云八蠻在南，六戎在西，五狄在北，皆爲周制，義或當然。明堂位言六戎、五狄，職方言五戎、六狄，趙商以此問鄭，鄭答云：「戎狄但有其國數，其名難得而知。」是鄭亦不能定解。言「克商遂通道」，是王家遣使通道也。魯語引此事，韋昭云：「通道，譯使懷柔之。」是王家遣使通彼，彼聞命來獻也。言其通夷、蠻而有戎貢，是四夷皆通道路，無所不服。

傳「西戎」至「爲異」　「西戎之長」，謂旅國之君。「致貢其獒」，或遣使貢之，不必自來也。「犬高四尺曰獒」，釋畜文。左傳晉靈公有犬謂之獒。旅國以大爲異，故貢之也。

曰：「嗚呼！明王慎德，四夷咸賓。言明王慎德以懷遠，故四夷皆賓服。無有遠邇，畢獻方物，惟服、食、器用。天下萬國無有遠近，盡貢其方土所生之物，惟可以供服、食、器用者，言不爲耳目華侈。○供音恭。爲，于僞反。侈，昌氏反，又式氏反。王乃昭德之致于異姓之邦，無替厥服。德之所致，謂遠夷之貢。以分賜異姓諸侯，使無廢其職。分寶玉于伯叔之國，時庸展親。以寶玉分同姓之國，是用誠信其親親之道。

【疏】「曰嗚呼」至「展親」　「嗚呼」，歎而言也。自古明聖之王，慎其德教以柔遠人，四夷皆來賓服，無有遠之與近，盡貢其方土所生之物。其所獻者，惟可以供其服食器用而已，不爲耳目華侈、供玩好之用也。明王既得所貢，乃明其德之所致，分賜於彼異姓之國，明己德致遠，賜異姓之國，令使無廢其服職事也。分寶玉於同姓伯叔之國，見己無所愛惜，是用誠信其親親之道也。

傳「天下」至「華侈」　以言「無有遠近」，是華、夷總統之辭。釋詁云：「畢，盡也。」故云天下萬國無有遠之與近，盡貢其方土所生之物。「惟可以供服食器用」者，玄纁、絺紵，供服也；橘柚、菁茅，供食也；羽毛、齒革、瑶琨、篠簜，供器用也。下言「不役耳目」，故知言「不爲耳目華侈」也。周禮大行人云：「九州之外謂之蕃國，世壹見，各以其所貴寶爲贄。」鄭玄云：「所貴寶見經傳者，〔六〕犬戎獻白狼、白鹿是也。餘外則周書王會備焉。」案王會篇諸方致貢，無所不有，此言惟服、食、器用者，遠方所貢雖不充於器用，實亦受之，召公深戒武王，故言此耳。

傳「德之」至「其職」　明王有德，四夷乃貢。是「德之所致，謂遠夷之貢」也。「昭德之致」，正謂賜異姓諸侯，令其見此遠物服德畏威，無廢其貢獻常職也。魯語稱武王時「肅慎氏來貢楛矢、石砮，長尺有咫。先王欲昭令德之致遠，以示後人，使永監焉，故銘其楛曰『肅慎氏貢矢』，〔七〕以分大姬，配虞胡公而封諸陳。古者分異姓以遠方之貢，使無忘服也，故分陳以肅慎氏之矢」。是分異姓之事。禮有異姓、庶姓，異姓，王之甥舅；庶姓，與王無親。其分庶姓，亦當以遠方之貢矣。

傳「以寶」至「之道」　「寶玉」亦是萬國所貢，但不必是遠方所貢耳。以寶玉分同姓之國，示己不愛惜，共諸侯有之，是用誠信其親親之道也。言用寶以表誠心，使彼知王親愛之也。定四年左傳稱分魯公以夏后氏之璜，是以寶玉分同姓也。異姓疏，慮其廢職，故賜以遠方之物，攝彼心。同姓親，嫌王無恩，賜以寶玉貴物，表王心。此亦互相見也。

「人不易物，惟德其物。言物貴由人，有德則物貴，無德則物賤，所貴在於德。○易，羊隻反。德盛不狎侮。盛德必自敬，何狎易侮慢之有？○易，以豉反。○盡，津忍反，下同。狎侮君子，罔以盡人心；以虛受人，則人盡其心矣。狎侮小人，罔以盡其力。以悅使民，民忘其勞，則力盡矣。

【疏】「人不」至「其力」　既言分物賜人，因說貴不在物，言有德無德之王，俱是以物賜人，所賜之物一也，不改易其物。惟有德者賜人，其此賜者是物。若無德者賜人，則此物不是物矣。恐人主恃己賜人，不自修德。言此者，戒人主使修德也。又說修德之事：德盛者常自敬身，不爲輕狎侮慢之事。狎侮君子，則無以盡人心，君子被君侮慢，不肯盡心矣。狎侮小人，則無以盡其力，小人被君侮慢，不復肯盡力矣。君子不盡心，小人不盡力，則國家之事敗矣。

傳「言物」至「於德」　有德不濫賞，賞必加於賢人，得者則以爲榮，故有德則物貴也。無德則濫賞，賞或加於小人，賢者得之，反以爲恥，故無德則物賤也。所貴不在於物，乃在於德。

傳「以虛」至「心矣」　「以虛受人」，易咸卦象辭也。人主以己爲虛，受用人言，執謙以下人，則人皆盡其心矣。

傳「以悦」至「盡矣」 詩序云：「悦以使民，民忘其死。」故云「以悦使民，民忘其勞」。在上撫悦之，則人皆盡其力矣。此「君子」謂臣，「小人」謂民。太甲曰「接下思恭」，不可狎侮臣也。論語云「使民如承大祭」，不可狎侮民也。襄九年左傳云：「君子勞心，小人勞力。」故别言之。

「不役耳目，百度惟貞。言不以聲色自役，則百度正。玩人喪德，玩物喪志。以人爲戲弄則喪其德，以器物爲戲弄則喪其志。○玩，五貫反。喪，息浪反。志以道寧，言以道接。在心爲志，發氣爲言，皆以道爲本，故君子勤道。不作無益害有益，功乃成；不貴異物賤用物，民乃足。遊觀爲無益，奇巧爲異物。言明王之道，以德義爲益，器用爲貴，所以化治生民。〔八〕○觀，官喚反。犬馬非其土性不畜，非此土所生不畜，以不習其用。○畜，許竹反。珍禽奇獸不育于國。皆非所用，有損害故。不寶遠物，則遠人格；不侵奪其利，則來服矣。所寶惟賢，則邇人安。寶賢任能則近人安，近人安則遠人安矣。

【疏】「不役」至「道接」 既言不可狎侮，又言不可縱恣。不以聲色使役耳目，則百事之度皆惟正矣。〔九〕以聲色自娱，必玩弄人、物。既玩弄人者，喪其德也；玩弄物者，喪其志也。人、物既不可玩，則當以道自處，志當以道而寧身，言當以道而接物。依道而行，則志自得而言自當。

傳「言不」至「度正」 昭元年左傳子產論晉侯之疾云：「茲心不爽，昏亂百度。」杜預云：「百度，百事之節也。」此言志既不營聲色，百事皆自用心，則皆得正也。

傳「以人」至「其志」 喪德、喪志，其義一也。玩人爲重，以德言之；玩物爲輕，以志言之。終是志荒而德喪耳。

傳「在心」至「勤道」 「在心爲志」，詩序文也。「在心爲志」，謂心動有所向也。「發氣爲言」，「言」於志所趣也。志是未發，言是已發，相接而成，本末之異耳。志、言並皆用道，但志未發，故以道寧；志不依道，則不得寧耳。言是已發，故以道接；言不以道，則不可接物。志、言皆以道爲本，故君子須「勤道」也。

傳「遊觀」至「生民」 遊觀徒費時日，故爲無益。「無益」多矣，非徒「遊觀」而已。奇巧，世所希有，故爲異物。「異物」多矣，非徒「奇巧」而已。諸是妄作，皆爲無益；諸是世所希，皆爲異物。異物、無益不可遍舉，舉此二者，以明此類皆是也。「不作」，是初造之辭，爲作有所害，故以爲無益。「不貴」，是愛好之語，有貴必有賤，故以「異物」對「用物」。雖經言「用物」，傳言「器用」可矣。經言「有益」，有益不知所謂，故傳以德義是人之本，故「德義」爲有益。諸是益身之物，皆是有益，亦舉重爲言。經之戒人主，人主如此，所以化世俗，生養下民也。此言「生民」，宣十二年左傳云「分謗生民」，皆謂生活民也。下云「生民保厥居」，與孝經云「生民之本盡矣」，言民生於世謂之生民，與此傳異也。俗本云「弗賤」，衍「弗」字也。

傳「非此」至「其用」 此篇爲戒，止爲此句。以西旅之獒非中國之犬，不用令王愛好之，故言此也。僖十五年左傳言晉侯乘鄭馬，及戰，陷於濘。是非此土所生，不習其用也。犬不習用，傳記無文。

傳「寶賢」至「安矣」 詩序云「任賢使能，周室中興」，故傳以「任能」配「寶賢」言之。論語云「舉直錯諸枉則民服」，故「寶賢任能則近人安」。嫌安近不及遠，故云「近人安則遠人安矣」。楚語云：「王孫圉聘於晉，定公饗之。趙簡子鳴玉以相問於王孫圉曰：『楚之白珩，猶在乎？』對曰：『然。』簡子曰：『其爲寶也，幾何矣？』曰：『未嘗爲寶。楚之所寶者，曰觀射父及左史倚相，此楚國之寶也。若夫白珩，先王之所玩，何寶之焉？』」是謂「寶賢」也。

「嗚呼，夙夜罔或不勤！言當早起夜寐，常勤於德。不矜細行，終累大德。輕忽小物，積害毀大，故君子慎其微。○行，下孟反。累，劣僞反。爲山九仞，功虧一簣。八尺曰仞。喻向成也。未成一簣，猶不爲山，故曰功虧一簣。是以聖人乾乾日昃，慎終如始。○仞音刃，字又作「刃」，七尺曰仞，一云八尺曰仞。虧，曲爲反。簣，其貴反。向，許亮反。乾乾，其連反。昃音側。允迪茲，生民保厥居，惟乃世王。」言其能信蹈行此誡，則生人安其居，〔一〇〕天子乃世世王天下。武王雖聖，猶設此誡，況非聖人，可以無誡乎？其不免於過，則亦宜矣。○世王，如字，又于況反，注同。

【疏】「嗚呼」至「世王」 所誡已終，故歎以結之。嗚呼，爲人君者當早起夜寐，無有不勤於德。言當勤行德也。若不矜惜細行，作隨宜小過，終必損累大德矣。譬如爲山，已高九仞，其功虧損在於一簣。惟少一簣而止，猶尚不成山，以喻樹德行政，小有不終，德政則不成矣。必當慎終如始，以成德政。王者信能蹈行此誡，生民皆安其居處，惟天子乃世世王天下也。

傳「輕忽」至「其微」 「矜」是憐惜之意，故以不惜細行爲輕忽小物。謂上狎侮君子，小人愛玩犬馬禽獸之類，是小事也。積小害毀大德，故君子慎其微。易繫辭曰：「小人以小善爲無益，而不爲也；以小惡爲無傷，而不去也。故惡積而不可掩，罪大而不可解。」是故君子當慎微也。

傳「八尺」至「如始」 周禮匠人有畎、遂、溝、洫，皆廣、深等，而澮云「廣二尋深二仞」，則澮亦廣、深等，仞與尋同，故知八尺曰仞。王肅聖證論及注家語，皆云「八尺曰仞」，與孔義同。鄭玄云：「七尺曰仞。」與孔意異。論語云：「譬如爲山，未成一簣。」鄭云：「簣，盛土器。」「爲山九仞，欲成山，以喻爲善向成也。未成一簣猶不爲山，故曰爲山「功虧一簣」。古語云：「行百里者半於九十。」言末路之艱難也。是以聖人乾乾不息，至於日昃，不敢自暇，恐末路之失同於一簣，故「慎終如始」也。「乾乾」，易乾卦文。「日昃」，無逸篇文。

傳「言其」至「宜矣」　此總結上文。信蹈行此誡，行此以上言也。言君主於治民，故先云「生民安其居」，天子乃得「世世王天下」也。傳以庸君多自用己，不受人言，叙經意而申之云：武王雖聖，召公猶設此誡，況非聖人，可以無誡乎？身既非聖，又無善誡，其不免於過，則亦宜其然矣。

巢伯來朝，殷之諸侯，伯爵也，南方遠國，武王克商，慕義來朝。○巢，仕交反，徐吕交反。朝，直遥反。芮伯作旅巢命。芮伯，周同姓，圻内之國，爲卿大夫。陳威德以命巢。亡。○芮，如鋭反。圻音祈。

【疏】「巢伯」至「巢命」　巢伯，國爵之君，南方遠國也。以武王克商，乃慕義來朝。王之卿大夫有芮伯者，陳王威德以命巢君。史叙其事，作旅巢命之篇。

傳「殷之」至「來朝」　武王克商，即來受周之王命，知是殷之諸侯。伯，是爵也。仲虺之誥云「成湯放桀于南巢」，或此巢是也，故先儒相傳皆以爲南方之國。今聞武王克商，慕義而來朝也。鄭玄以爲南方世一見者，孔以夷狄之爵不過子。此君伯爵，夷夏未明，故直言「遠國」也。

傳「芮伯」至「巢亡」　世本云：「芮伯，姬姓。」是周同姓也。杜預云：「芮，馮翊臨晉縣芮鄉是也。」知是「圻内之國」者，芮伯在朝作命，必是王臣，不得其官，故卿與大夫並言之。旅，訓爲陳，陳王威德以命巢。

金縢第八

武王有疾，周公作金縢。爲請命之書，藏之於匱，緘之以金，不欲人開之。〔一〕○武王有疾，馬本作「有疾不豫」。縢，徒登反。緘，工咸反。

【疏】「武王」至「金縢」 武王有疾，周公作策書告神，請代武王死。事畢，納書於金縢之匱，遂作金縢。凡序言「作」者，謂作此篇也。案經周公策命之書自納金縢之匱，及爲流言所謗，成王悟而開之，史敘其事，乃作此篇，非周公作也。序以經具，故略言之。

傳「爲請」至「開之」 經云「金縢之匱」，則「金縢」是匱之名也。詩述韔弓之事云：「竹閉緄縢。」毛傳云：「緄，繩；縢，約也。」此傳言「緘之以金」，則訓「縢」爲緘。王、鄭皆云：「縢，束也。」又鄭喪大記注云：「齊人謂棺束爲緘。」家語稱周廟之内，有金人叁，緘其口。則「縢」是束縛之義。「藏之於匱，緘之以金」，若今釘鍱之，不欲人開也。鄭云：「凡藏祕書，藏之於匱，必以金緘其表。」是祕密之書，皆藏於匱，非周公始造此匱，獨藏此書也。

「金縢」 發首至「王季、文王」，史敘將告神之事也。「史乃策祝」至「屏璧與珪」，告神之辭也。自「乃卜」至「乃瘳」，言卜吉，告王差之事也。自「武王既喪」已下，敘周公被流言，東征、還反之事也。此篇敘事多而言語少，若使周公不遭流言，則請命之事遂無人知。爲成王開書，周公得反。史官美大其事，故敘之以爲此篇。〔二〕

金縢 遂以所藏爲篇名。

既克商二年，王有疾，弗豫。〔三〕伐紂明年，武王有疾，不悅豫。○豫，本又作「忬」。 二公曰：「我其爲王穆卜！」周公曰：「未可以戚我先王。」穆，敬；戚，近也。召公、太公言王疾，當敬卜吉凶，周公言未可以死近我先王，相順之辭。○爲，于僞反。戚，千歷反。公乃自以爲功，周公乃自以請命爲己事。爲三壇，同墠。因太王、王季、文王請命於天，故爲三壇。壇，築土。墠，除地。大除地於中，爲三壇。○壇，徒丹反，築土也。馬云：「土堂。」墠音善。爲壇于南方，北面，周公立焉。立壇上，對三王。植璧秉珪，乃告太王、王季、文王。璧以禮神。植，置也。置於三王之坐。周公秉桓珪以爲贄。告，謂祝辭。○植，時織反，徐音置。贄音至。祝，如字，或之又反，下同。

【疏】「既克」至「文王」　既克商二年，即伐紂之明年也。王有疾病不悦豫，召公與太公二公同辭而言曰：我其爲王敬卜吉凶，問王疾病當瘳否。周公曰：王今有疾，未可以死近我先王，故當須卜也。周公既爲此言，公乃自以請命之事爲己事，除地爲墠，墠内築壇，爲三壇同墠。又爲一壇於南方，北面，周公立壇上焉。置璧於三王之坐，公自執珪，乃告太王、王季、文王，告此三王之神也。

傳「伐紂」至「悦豫」　武王以文王受命十三年伐紂，既殺紂即當稱元年。克紂稱元年，知此二年是伐紂之明年也。王肅亦云「克殷明年」。顧命云：「王有疾，不懌。」懌，悦也。故「不豫」爲不悦豫也。何休因此爲例，云：「天子曰不豫，諸侯曰負兹，大夫曰犬馬，士曰負薪。」

傳「穆敬」至「之辭」　釋訓云：「穆穆，敬也。」「戚」是親近之義，故爲「近」也。武王時三公惟周、召與太公耳，知二公是召公、太公也。言王疾恐死，當敬卜吉凶。周公言武王既定天下，當成就周道，未可以死近我先王。死則神與先王相近，故言近先王。若生則人神道隔，是爲遠也。二公恐王死，欲爲之卜，周公言王未可以死，是「相順之辭」也。鄭云：「戚，憂也。」周公既内知武王有九齡之命，又有文王曰『吾與爾三之期』，今必瘳，不以此終，故止二公之卜云：未可以憂怖我先王。」如鄭此言，周公知王不死，先王豈不知乎，而慮先王憂也？

傳「周公」至「己事」「功」，訓事也。周公雖許二公之卜，仍恐王疾不瘳，不復與二公謀之，乃自以請命爲己之事，獨請代武王死也。所以周公自請爲己事者，周公位居冢宰，地則近親，脱或卜之不善，不可使外人知悉，亦不可苟讓，故自以爲功也。

傳「因太」至「三壇」 請命，請之於天，而告三王者，以三王精神已在天矣，故因太王、王季、文王以請命於天。三王每王一壇，故爲三壇。壇是築土，墠是除地。大除其地，於中爲三壇。周公爲壇於南方，亦當在此墠内，但其處小别，故下别言之。周公北面，則三壇南面可知，但不知以何方爲上耳。鄭玄云：「時爲壇墠於豐，壇墠之處猶存焉。」

傳「立壇」至「三王」 禮，授坐不立，授立不坐，欲其高下均也。神位在壇，故周公立壇上，對三王也。

傳「璧以」至「祝辭」 周禮大宗伯云：「以蒼璧禮天。」詩説禱旱云：「圭璧既卒。」是璧以禮神，不知其何色也。鄭云：「植，古置字。」故爲「置」也。言置璧於三王之坐也。周禮云：「公執桓圭。」知周公秉桓圭，又置以爲贄也。「告謂祝辭」，下文是其辭也。

史乃册祝曰：「惟爾元孫某，遘厲虐疾。史爲册書祝辭也。元孫，武王。某，名。臣諱君，故曰某。厲，危。虐，暴也。○遘，工豆反，遇也。**若爾三王，是有丕子之責于天，以旦代某之身。**太子之責，謂疾不可救於天，則當以旦代之。死生有命，不可請代，聖人叙臣子之心，以垂世教。○丕，普悲反，馬同，徐甫眉反，鄭音不。**予仁若考能，**〔一四〕**多材多藝，能事鬼神。**我周公仁能順父，〔一五〕又多材多藝，能事鬼神。言可以代武王之意。乃元孫不若旦多材多藝，不能事鬼神，乃命于帝庭，敷佑四方。〔一六〕汝元孫受命於天庭爲天子，布其德教，以佑助四方。言不可以死。用能定爾子孫于下地，四方之民罔不祗畏。言武王用受命帝庭之故，能定先人子孫，於天下四方之民，無不敬畏。嗚呼！無墜天之降寶命，我先王亦永有依歸！歎惜武王，言不救則墜天之寶命，救之則先王長有依歸。今我即命于元龜，就受三王之命於大龜，卜知吉凶。爾之許我，我其以璧與珪歸俟爾命；許，謂疾瘳。待命，當以事神。○瘳，敕留反，下同。爾不許我，我乃屏璧與珪。」不許，謂不愈也。屏，藏也。言不得事神。

【疏】「史乃」至「與珪」　史乃爲策書，執以祝之曰：惟爾元孫某，某即發也。遇得危暴重疾，今恐其死。若爾三王，是有太子之責於天，謂負天太子責，必須一子死者，請以旦代發之身，令旦死而發生。又告神以代之狀：我仁能順父，又旦多材力，多伎藝，又能善事鬼神。汝元孫不如旦多材多藝，又不能事鬼神，言取發不如取旦也。然人各有能，發雖不能事鬼神，則有人君之用，乃受命於天帝之庭，能布其德教，以佑助四方之民，用能安定汝三王子孫在於下地，四方之民無不敬而畏之。以此之故，不可使死。嗚呼，發之可惜如此，神明當救助之，無得隕墜天之所下寶命。天下寶命，謂使爲天子，若武王死，是隕墜之也。若不墜命，則我先王亦永有依歸，爲宗廟之主，神得歸之。我與三王人、神道隔，許我以否不可知，今我就受三王之命於彼大龜，卜其吉凶，吉則許我，凶則不許我。爾之許我，使卜得吉兆，旦死而發生，我其以璧與珪歸家，待汝神命。我死，當以珪璧事神。爾不許我，使卜兆不吉，發死而旦生，我乃屏去璧之與珪，言不得事神，當藏珪璧也。

傳「史爲」至「虐暴」　告神之言，書之於策，「祝」是讀書告神之名，故云「史爲策書祝辭」，史讀此策書以祝告神也。武王，是太王之曾孫也。尊統於上，繼之於祖，謂「元孫」，是長孫也。「某」者，武王之名。本告神云「元孫發」，臣諱君，故曰「某」也。易乾卦云：「夕惕若厲。」「厲」爲「危」也。「虐」，訓爲「暴」。言性命危而疾暴重也。泰誓、牧誓皆不諱發，而此獨諱之。孔惟言「臣諱君」，不解諱之意。鄭玄云：「諱之者，由成王讀之也。」意雖不明，當謂成王開匱得書，王自讀之，至此字口改爲「某」。史官録爲此篇，因遂成王所讀，故諱之。上篇泰誓、牧誓王自稱者，令入史制爲此典，故不須諱之。

傳「太子」至「世教」　責，讀如左傳「施捨已責」之責，責謂負人物也。「太子之責於天」，言負天一太子。謂必須死，疾不可救於天。必須一子死，則當以旦代之。死生有命，不可請代，今請代者，聖人叙臣子之心，以垂世教耳，非謂可代得也。鄭玄弟子趙商問玄曰：「若武王未終，疾固當瘳，信命之終，雖請不得，自古已來，何患不爲？」玄答曰：「君父疾病方困，忠臣孝子不忍嘿爾視其歔欷，歸其命於天，中心惻然，欲爲之請命。周公達於此禮，著在尚書。若君父之病，不爲請命，豈忠孝之志也？」然則命有定分，非可代死，周公爲此者，自申臣子之心，非謂死實可代。自古不廢，亦有其人，但不見爾，未必周公獨爲之。鄭玄云：「丕，讀曰不。愛子孫曰子。元孫遇疾，若汝不救，是將有不愛子孫之過，爲天所責，欲使爲之請命也。」與孔讀異。

傳「我周」至「之意」　告神稱「予」，知周公自稱我也。「考」是父也，故仁能順父。〔一七〕上云「元孫」，對祖生稱。此言「順父」，從親爲始。祖爲王考，曾祖爲皇考，考、父可以通之，傳舉親而言「父」耳。既能順父，又多材多藝，能事鬼神，言己可以代武王之意。上言「丕子之責於天」，則是天欲取武王，非父祖取之。此言己能順父祖，善事鬼神者，假令天意取之，其神必共父祖同處，言己是父祖所欲，欲令請之於天也。

傳「汝元」至「以死」　以王者存亡，大運在天，有德於民，天之所與，是「受命天庭」也。以人況天，故言「在庭」，非王實至天庭受天命也。既受天命以爲天子，布其德教，以佑助四方之民，當於天心，有功於民，言不可以死也。

乃卜三龜，一習吉。習，因也。以三王之龜卜，一相因而吉。**啓籥見書，乃并是吉。**三兆既同吉，開籥見占兆書，乃亦并是吉。○籥，予若反，徐以略反，馬云："藏卜兆書管。"乃并，必政反。**公曰："體，王其罔害。**公視兆曰：如此兆體，王其無害。言必愈。**予小子新命于三王，惟永終是圖。**周公言我小子新受三王之命，武王惟長終是謀周之道。**茲攸俟，能念予一人。"**言武王愈，此所以待，能念我天子事，成周道。**公歸，乃納册于金縢之匱中，王翼日乃瘳。**從壇歸。翼，明。瘳，差也。○差，初賣反。

【疏】「乃卜」至「乃瘳」　祝告已畢，即於壇所乃卜其吉凶。用三王之龜卜，一皆相因而吉。觀兆已知其吉，猶尚未見占書，占書在於藏內。啓藏以籥，見其占書，亦與兆體乃并是吉。公視兆曰：觀此兆體，王身其無患害也。我小子新受命於三王，謂卜得吉也。我武王當惟長終是謀周之道。此卜吉之愈者，上天所以須待武王，能念我一人天子之事，成其周道故也。公自壇歸，乃納策於金縢之匱中，王明日乃病瘳。

傳「習因」至「而吉」　「習」則襲也。襲是重衣之名，因前而重之，故以「習」爲因也。雖三龜並卜，卜有先後，後者因前，故云「因」也。周禮太卜「掌三兆之法，一曰玉兆，二曰瓦兆，三曰原兆」。三兆各別，必三代法也。洪範卜筮之法，三人占，則從二人之言，是必三代之法並用之矣。故知「三龜」，三王之龜。龜形無異代之別，但卜法既別，各用一龜，謂之「三王之龜」耳。每龜一人占之，其後君與大夫等總占三代之龜，定其吉凶。未見占書已知吉者，卜有大體見兆之吉凶，〔一八〕麤觀可識，故知吉也。

傳「三兆」至「是吉」　鄭玄云：「籥，開藏之管也。」開兆書藏之室以管，乃復見三龜占書亦合於是吉。王肅亦云：「籥，開藏占兆書管也。」然則占兆別在於藏。太卜「三兆」之下云：「其經兆之體皆百有二十，其頌皆千有二百。」占兆之書，則彼頌是也。略觀三兆既已同吉，開藏以籥見彼占兆之書，乃亦並是吉，言其兆、頌符，同爲大吉也。

傳「公視」至「必愈」　「如此兆體」，指卜之所得兆也。周禮占人云：「凡卜筮，君占體，大夫占色，史占墨，卜人占坼。」鄭玄云：「體，兆象也。色，兆氣也。墨，兆廣也。坼，兆璺也。尊者視兆象而已，卑者以次詳其餘也。周公卜武王，占之曰：『體，王其無害。』」鄭意此言「體」者，即彼君占體也。但周公令卜汲汲欲王之愈，必當親視灼龜，躬省兆繇，〔一九〕不惟占體而已。但鄭以君占體與此文同，故引以爲證耳。

傳「言武」至「周道」　此原三王之意也。言武王得愈者，此謂卜吉武王之愈，言天與三王一一須待武王，「能念我天子事，成周道」。若死，則不復得念天子之事，周道必不成也。禮，天子自稱曰「予一人」，故以「一人」言天子也。

傳「從壇」至「瘳差也」　壇所即卜，故從壇歸也。「翼，明」，釋言文。〔二〇〕「瘳」訓「差」，亦爲愈，病除之名也。藏此書者，此既告神，即是國家舊事，其書不可捐棄，又不可示諸世人，故藏於金縢之匱耳。

武王既喪，管叔及其羣弟乃流言於國，〔二一〕武王死，周公攝政，其弟管叔及蔡叔、霍叔乃放言於國，以誣周公，以惑成王。○喪，蘇浪反。曰：「公將不利于孺子。」三叔以周公大聖，有次立之勢，遂生流言。孺，稚也。稚子，成王。○孺，如樹反。周公乃告二公曰：「我之弗辟，我無以告我先王。」辟，法也。告召公、太公言：我不以法法三叔，則我無以成周道告我先王。○辟，扶亦反，治也。說文作「壁」，云：「必亦反，法也。」馬、鄭音避，謂避居東都。周公居東二年，則罪人斯得。周公既告二公，遂東征之。二年之中，罪人此得。于後，公乃爲詩以貽王，名之曰鴟鴞。王亦未敢誚公。成王信流言而疑周公，故周公既誅三監而作詩，解所以宜誅之意，以遺王。王猶未悟，故欲讓公而未敢。○貽，羊支反。名，如字，徐亡政反。鴟，尺夷反。鴞，于嬌反。〔二二〕誚，在笑反。以遺，唯季反。

【疏】「武王」至「誚公」　周公於成王之世，爲管、蔡所誣。王開金縢之書，方始明公本意，卒得成就周道，天下太平。史官美大其事，述爲此篇，故追言「請命」於前，乃說「流言」於後。自此以下，說周公身事。武王既喪，成王幼弱，周公攝王之政，專決萬機，管叔及其羣弟蔡叔、霍叔，乃流放其言於國中曰：「公將不利於孺子。」言欲篡王位，爲不利。周公乃告二公曰：「我之不以法法此三叔，則我無以成就周道，告我先王。」既言此，遂東征之。周公居東二年，則罪人於此皆得，謂獲三叔及諸叛逆者。罪人既得訖，成王猶尚疑公，公於此既得罪人之後，爲詩遺王，名之曰鴟鴞，〔二三〕言三叔不可不誅之意。王心雖疑，亦未敢責誚公，言王意欲責而未敢也。

傳「武王」至「成王」　武王既死，成王幼弱，故周公攝政。攝政者，雖以成王爲主，政令自公出，不復關成王也。蔡仲之命云：「羣叔流言，乃致辟管叔于商，囚蔡叔于郭鄰，降霍叔于庶人。」則知「羣弟」是蔡叔、霍叔也。周語云：「獸三爲羣。」則滿三乃稱羣。蔡、霍二人，而言羣者，並管，故稱「羣」也。傳既言周公攝政，乃云其弟管叔，蓋以管叔爲周公之弟。孟子曰：「周公，弟也；管叔，兄也。」史記亦以管叔爲周公之兄。孔似不用孟子之說。或可孔以「其弟」謂武王之弟，與史記亦不違也。「流言」者，宣布其言，使人聞知，若水流然。流，即放也。乃放言於國，以誣周公，以惑成王。「王亦未敢誚公」，是王心惑也。鄭玄云：「流『公將不利於孺子』之言於京師，於時管、蔡在東，蓋遣人流傳此言於民間也。」

傳「三叔」至「成王」　殷法多兄亡弟立，「三叔以周公大聖」，又是武王之弟，「有次立之勢」，今復秉國之權，恐其因即簒奪，「遂生流言」，不識大聖之度，謂其實有異心，非是故誣之也。但啓商共叛，爲罪重耳。

傳「辟，法也」。釋詁文。

傳「周公」至「此得」。詩東山之篇，歌此事也。序云「東征」，知「居東」者，遂東往征也。雖征而不戰，故言「居東」也。東山詩曰：「自我不見，於今三年。」序云「三年而歸」，〔二四〕此言「二年」者，詩言初去及來，凡經三年，此直數居東之年，除其去年，故二年也。罪人既多，必前後得之，故云「二年之中，罪人此得」。惟言居東，不知居在何處。王肅云：「東，洛邑也。管、蔡與商、奄共叛，故東征鎮撫之。案驗其事，二年之間，罪人皆得。」

傳「成王」至「未敢」。成王信流言而疑周公，管、蔡既誅，王疑益甚，故周公既誅三監而作詩，解所以宜誅之意。其詩云：「鴟鴞鴟鴞，既取我子，無毁我室。」毛傳云：「無能毁我室者，攻堅之故也。寧亡二子，不可以毁我周室，言宜誅之意也。釋言云：「貽，遺也。」以詩遺王，王猶未悟，故欲讓公而未敢。政在周公，故畏威未敢也。鄭玄以爲「武王崩，周公爲冢宰，三年服終，將欲攝政，管、蔡流言，即避居東都。成王多殺公之屬黨，公作鴟鴞之詩，救其屬臣，〔二五〕請勿奪其官位土地。及遭風雷之異，啓金縢之書，迎公來反，反乃居攝。後方始東征管、蔡。」解此一篇及鴟鴞之詩，皆與孔異。

秋，大熟未獲，天大雷電以風。〔二六〕二年秋也。蒙，恒風若。雷以威之，故有風雷之異。○獲，户郭反。禾盡偃，大木斯拔，邦人大恐。風災所及，邦人皆大恐。○拔，皮八反。王與大夫盡弁，以啓金縢之書，皮弁，質服以應天。○弁，皮彦反，徐扶變反。應，應對之應。乃得周公所自以爲功，代武王之説。所藏請命册書本。○説，如字，徐音始鋭反。二公及王乃問諸史與百執事，二公倡王啓之，故先見書。史、百執事，皆從周公請命。〔二七〕〇倡，昌亮反。從，才用反，又如字。對曰：「信。噫！公命我勿敢言。」史、百執事言信有此事，周公使我勿道，今言之，則負周公。噫，恨辭。〇噫，於其反，馬本作「懿」，猶億也。王執書以泣，曰：「其勿穆卜！本欲敬卜吉凶，今天意可知，故止之。昔公勤勞王家，惟予沖人弗及知。言己幼童，不及知周公昔日忠勤。〇沖，直忠反。今天動威，以彰周公之德。發雷風之威，以明周公之聖德。惟朕小子其新逆，我國家禮亦宜之。」周公以成王未寤，〔二八〕故留東未還。改過自新，〔二九〕遣使者迎之，亦國家禮有德之宜。〇新逆，馬本作「親迎」。使，所吏反。王出郊，天乃雨，反風，禾則盡起。郊以玉幣謝天，天即反風起禾，明郊之是。〇築音竹，本亦作「筑」，謂築其根。馬云：「築，拾也。」二公命邦人：凡大木所偃，盡起而築之。歲則大熟。木有偃拔，起而立之，築有其根，桑果無虧，百穀豐熟。周公之德，此已上、大誥後，因武王喪並見之。〇並見，賢遍反。

【疏】「秋大」至「大熟」　爲詩遺王之後，其秋大熟，未及收獲，天大雷電，又隨之以風，禾盡偃仆，大木於此而拔。風災所及，邦人大恐。王見此變，與大夫盡皮弁，以開金縢之書。案省故事，求變異所由，乃得周公所自以爲功，請代武王之説。二公及王問於本從公之人史與百執事，問審然以否，對曰：「信。」言有此事也。乃爲不平之聲：噫！公命我勿敢言。王執書以泣曰：「其勿敬卜吉凶。」言天之意已可知也。昔公勤勞王家，惟我幼童之人不及見知，今天動雷電之威，以彰明周公之德，惟朕小子其改過自新，遣人往迎之。我國家褒崇有德之禮，亦宜行之。王於是出郊而祭，以謝天。天乃雨，反風，禾則盡起。二公命邦人凡大木所偃仆者，盡扶起而築之。禾木無虧，歲則大熟，言周公之所感致若此也。

傳「二年」至「之異」 上文「居東二年」，未有別年之事，知即是二年秋也。嫌別年，故辨之。洪範咎徵云：「蒙，恒風若。」以成王蒙闇，故常風順之。風是闇徵，而有雷者，以威怒之，故以示天之威怒，有雷風之異。

傳「風災」至「大恐」 言「邦人」，則風災惟在周邦，不及寬遠。故云「風災所及，邦人皆大恐」，言獨畿内恐也。

傳「皮弁質服以應天」 「皮弁」象古，故爲「質服」。祭天尚質，故服以應天也。周禮司服云：「王祀昊天上帝，則服大裘而冕，無旒。」〔三○〕乃是冕之質者。〔三一〕是事天宜質服，故服之以應天變也。周禮「視朝則皮弁」，服皮弁是視朝服。每日常服，而言「質」者，皮弁白布衣，素積裳，故爲質也。鄭玄以爲爵弁。必爵弁者，承天變降服，亦如國家未道焉。

傳「二公」至「請命」 二公與王若同而問，當言「王及二公」，今言「二公及王」，則是二公先問，知二公倡王啓之，故先見書。鄭云：「開金縢之書者，省察變異所由故事也。」以金縢匱内有先王故事，疑其遭遇災變，必有消伏之術，故倡王啓之。史爲公造策書，而百執事給使令，皆從周公請命者。

傳「史百」至「恨辭」 「周公使我勿道」此事者，公以臣子之情，忠心欲代王死，非是規求名譽，不用使人知之。且武王瘳而周公不死，恐人以公爲詐，故令知者勿言。今被問而言之，是違負周公也。「噫」者，心不平之聲，故爲「恨辭」。

傳「周公」至「之宜」 公之東征，止爲伐罪，罪人既得，公即當還。以成王未寤，恐與公不和，故留東未還，待王之察己也。「新」迎者，「改過自新，遣使者迎之」。詩九罭之篇是迎之事也。「亦國家禮有德之宜」，言尊崇有德，宜用厚禮。詩稱「衮衣」「籩豆」，是國家禮也。

傳「郊以」至「之是」 祭天於南郊，故謂之「郊」，郊是祭天之處也。「王出郊」者，出城至郊，爲壇告天也。周禮大宗伯云：「以蒼璧禮天，牲、幣如其器之色。」〔三〕是祭天有玉有幣。今言「郊」者，以玉幣祭天，告天以謝過也。王謝天，「天即反風起禾」，明王郊之是也。鄭玄引易傳云：「陽感天，不旋日。」陽，謂天子也。天子行善以感天，不迴旋經日，故郊之是得反風也。

傳「木有」至「見之」　上文「禾偃木拔」，拔必亦偃，故云「木有偃拔，起而立之，築有其根，桑果無虧，百穀豐熟」。鄭、王皆云：「築，拾也。禾爲大木所偃者，起其木拾下禾，無所亡失。」意太曲碎，當非經旨。案序「將東征，作大誥」，此上「居東二年」以來，皆是大誥後事，而編於大誥之前者，因武王喪並見之。

大誥第九

武王崩，三監及淮夷叛，三監，管、蔡、商，淮夷，徐、奄之屬，皆叛周。○監，古懺反，視也。周公相成王，將黜殷，作大誥。相，謂攝政。黜，絶也。將以誅叛者之義大誥天下。○相成王，上息亮反，注同。誥，本亦作「𢍆」。

【疏】「武王」至「大誥」　武王既崩，管叔、蔡叔與紂子武庚三人監殷民者，又及淮夷共叛。周公相成王，攝王政，將欲東征，黜退殷君武庚之命，以誅叛之義大誥天下，史叙其事，作大誥。

傳「三監」至「叛周」　知三監是管、蔡、商者，以序上下相顧爲文，此言「三監及淮夷叛」，總舉諸叛之人也，下云「成王既黜殷命，殺武庚，命微子啓代殷後」，又言「成王既伐管叔、蔡叔，以殷餘民邦康叔」，此序言「三監」叛，將征之，下篇之序歷言伐得三人，足知下文管叔、蔡叔、武庚即此「三監」之謂，知三監是管、蔡、商也。漢書地理志云：「周既滅殷，分其畿内爲三國，詩風邶、鄘、衛是也。邶以封紂子武庚；鄘，管叔尹之；衛，蔡叔尹之，以監殷民，謂之三監。」先儒多同此説，惟鄭玄以三監爲管、蔡、霍，獨爲異耳。謂之「監」者，當以殷之畿内被紂化日久，未可以建諸侯，且使三人監此殷民，未是封建之也。三人雖有其分，互相監領，不必獨主一方也。史記衛世家云：「武王克殷，封紂子武庚爲諸侯，奉其先祀。爲武庚未集，恐有賊心，乃令其弟管叔、蔡叔傅相之。」是言輔相武庚共監殷人，故稱監也。序惟言淮夷叛，傳言淮夷，徐、奄之屬，共叛周者，以下序文云「成王東伐淮夷，遂踐奄，作成王政」；又云「成王既黜殷命，滅淮夷，作周官」；又云「魯公伯禽宅曲阜，徐、夷並興，作費誓」。彼三序者一時之事，皆在周公歸政之後也。多方篇數此諸國之罪云：「至于再，至于三。」得不以武王初崩已叛，成王即政又叛，謂此爲再三也。以此知淮夷叛者，徐、奄之屬皆叛也。

傳「相謂」至「天下」　君奭序云：「召公爲保，周公爲師，相成王爲左右。」於時成王爲天子，自知政事，二公爲臣，輔助之。此言相成王者，有異於彼，故辨之。「相」，謂攝政。攝政者，教由公出，不復關自成王耳。仍以成王爲主，故稱成王。鄭玄云：「黜，貶退也。」黜實退名，但此「黜」乃殺其身，絶其爵，故以「黜」爲「絶」也。周公此行普伐諸叛，獨言黜殷命者，定四年左傳云：「管、蔡啓商，惎間王室。」則此叛武庚爲主，且顧微子之序，故特言「黜殷命」也。「以誅叛者之義大誥天下」，經皆是也。

大誥 陳大道以誥天下，遂以名篇。

【疏】「大誥」　此陳伐叛之義以大誥天下，而兵凶戰危，非衆所欲，故言煩重。其自「殷勤多止」而更端，故數言「王曰」，大意皆是陳説武庚之罪。自言己之不能，言己當繼父祖之功，須去叛逆之賊。人心既從，卜之又吉，往伐無有不克。勸人勉力用心。此時武王初崩，屬有此亂，周公以臣代君，天下未察其志，親弟猶尚致惑，何況疏賤者乎？周公慮其有向背之意，故殷勤告之。陳壽云：「皋陶之謨略而雅，周公之誥煩而悉，何則？皋陶與舜、禹共談，周公與羣下矢誓也。」其意或亦然乎！但君奭、康誥，乃與召公、康叔語也，其辭亦甚委悉，抑亦當時設言，自好煩復也。管、蔡導武庚爲亂，此篇略於管、蔡者，猶難以伐弟爲言，故專説武庚罪耳。

王若曰：「猷大誥爾多邦，越爾御事：周公稱成王命，順大道以告天下衆國，及於御治事者，盡及之。○猷音由，道也。邦，馬本作「大誥繇爾多邦」。盡，津忍反。弗弔，天降割于我家不少，言周道不至，故天下凶害於我家不少。謂三監、淮夷並作難。○弔音的，又如字。割，馬本作「害」。不少，馬讀「弗少延」爲句。難，乃旦反。延洪惟我幼沖人，凶害延大，惟累我幼童人成王。言其不可不誅之意。○累，劣僞反。嗣無疆大歷服，〔三三〕弗造哲迪民康，言子孫承繼祖考無窮大數，服行其政，而不能爲智道以安人，〔三四〕故使叛。先自責。矧曰其有能格知天命？安人且猶不能，況其有能至知天命者乎？○矧，失忍反。已！予惟小子，若涉淵水，予惟往求朕攸濟。已，發端歎辭也。我惟小子，承先人之業，如涉淵水，往求我所以濟渡。言祇懼。敷賁，敷前人受命，兹不忘大功。前人，文、武也。我求濟渡，在布行大道，在布陳文、武受命，在此不忘大功。言任重。○賁，扶云反，徐音憤。予不敢閉于天降威用。〔三五〕天下威用，謂誅惡也。言我不敢閉絶天所下威用而不行。將欲伐四國。寧王遺我大寶龜，紹天明，即命。」安天下之王，謂文王也。遺我大寶龜，疑則卜之，以繼天明，就其命而行之。言卜不可違。○遺，唯季反。

【疏】「王若」至「即命」　周公雖攝王政，其號令大事，則假成王爲辭。言王順大道而爲言曰：我今以大道誥汝天下衆國，及於衆治事之臣：以我周道不至，故上天下其凶害于我家不少。言叛逆者多。此害延長寬大，惟累我幼童人。成王自言害及己也。我之致此凶害，以我爲子孫，承繼無疆界之大數，服行其政，不能爲智道令民安，故使之叛。自責也。安民猶且不能，況曰其能至於知天之大命者乎？言己不能知天意也。復歎而言：已乎！我惟小子，承先人之業，如涉淵水，惟往求我所以濟渡。言己恐懼之甚。我所求濟者，惟在布行大道，布陳前人文王、武王受命之事，在我此身不忘大功。既不忘大功，當誅叛逆，〔三六〕由此我不敢絶天之所下威用而不行之。言必將伐四國也。寧天下之王，謂文王也。文王遺我大寶龜，疑則就而卜之，以繼天明命令，我就受其命。言已就龜卜其伐之吉凶，已得吉也。

傳「周公」至「及之」　序云「相成王」，則「王若曰」者，稱成王之言，〔三七〕故言「周公稱成王命」，實非王意。成王爾時信流言，疑周公，豈命公伐管、蔡乎？「猷」，訓「道」也，故云「順大道以告天下衆國」也。鄭、王本「猷」在「誥」下。漢書王莽攝位，東郡太守翟義叛莽，莽依此作大誥，其書亦「道」在「誥」下。此本「猷」在「大」上，言以道誥衆國，於文爲便。但此經云「猷大」，傳云「大道」，古人之語多倒，猶詩稱「中谷」，谷中也。「多邦」之下，云「於爾御事」，是於諸國治事者盡及之也。鄭玄云：「王，周公也。周公居攝，命大事則權稱王。」惟名與器不可假人，周公自稱爲王，則是不爲臣矣。大聖作則，豈爲是乎？

傳「凶害」至「之意」　釋詁云：「延，長也。」「洪，大也。」此害長大，敗亂國家。經言「惟我幼沖人」，謂損累之，故傳加「累」字。累我童人，言其不可不誅之意。鄭、王皆以「延」上屬爲句，言害不少，乃延長之。王肅又以「惟」爲「念」，向下爲義，大念我幼童子與繼文、武無窮之道。

傳「言子」至「自責」　「嗣」，訓「繼」也。言子孫承繼祖疆境界，則是無窮大數長遠。「卜世三十，卜年七百」，是長遠也。

傳「安人」至「者乎」　民近而天遠，以易而況難。天子必當至靈，至靈乃知天命。言己猶不能安民，明其不知天命，自責而謙。

傳「前人」至「任重」　成王前人，故爲文、武也。以涉水爲喻，言求濟者，在於「布行大道」，行天子之政也。文、武有大功德，故受天命，又當「布陳文、武受命」所行之事也。陳行天子之政，又陳文、武所行之事，在此「不忘大功」。大功，太平之功也。言己所任至重，不得不奉天道行誅伐也。

傳「天下」至「四國」　王者征伐刑獄，象天震曜殺戮，則征伐者，天之所威用，謂「誅惡」是也。天有此道，王者用之。用之則開，不用則閉。「言我不敢閉絶天之所下威用，而不行」之。既不敢不行，故將伐四國。

傳「安天」至「可違」　紂爲昏虐，天下不安，言文王能安之。安天下之王，謂文王也。「遺我大寶龜」者，天子寶藏神龜，「疑則卜之」，繼天明道，「就其命而行之」。言卜吉則當行，不可違卜也。所以大寶龜能得「繼天明」者，以天道玄遠，龜是神靈，能傳天意，以示吉凶，故疑則卜之，以繼天明道。鄭玄云：「時既卜乃後出誥，故先云然。」

曰：「有大艱于西土，西土人亦不静越兹蠢。曰，語更端也。四國作大難於京師，西土人亦不安於此蠢動。○蠢，尺允反。難，乃旦反，下同，又如字。殷小腆，誕敢紀其叙。言殷後小腆腆之禄父，大敢紀其王業，欲復之。○腆，他典反。馬云：「至也。」誕，大旦反。禄父，下音甫，後同。天降威，知我國有疵、天下威，謂三叔流言。故禄父知我周國有疵病。○疵，在斯反，馬云：「瑕也。」民不康，曰：『予復。』反鄙我周邦。禄父言我殷當復，欺惑東國人，令不安，反鄙易我周家。道其罪無狀。○令，力呈反。鄙易，以豉反，下「其易」同。今蠢。今翼日，民獻有十夫予翼，以于敉寧武圖功。〔三八〕今天下蠢動，今之明日，四國人賢者有十夫來翼佐我周，〔三九〕用撫安武事，謀立其功。言人事先應。○敉，亡婢反。先應，應對之應。我有大事，休；朕卜并吉。大事，戎事也。人謀既從，卜又并吉，所以爲美。○并，必政反，注及篇末同。

【疏】「曰有」至「并吉」 上言爲害不少，陳欲征之意，未說武庚之罪，更復發端言之曰：今四國叛逆，有大艱於西土。言作亂於東，與京師爲難也。西土之人，爲此亦不得安静。於此人情皆蠢蠢然動，殷後小國腆腆然之禄父，大敢紀其王業之次叙，而欲興復之。禄父所以敢然者，上天下威於三叔，以其流言，欲下威誅之。禄父知我周國有此疵病，而欺惑東國人，令人不安。禄父謂人曰「我殷復望得更爲天子」，反鄙易我周國。今天下蠢動，今之明日，四國民之賢者有十夫，不從叛逆，其來爲我翼佐，我周於是用撫安武事，謀立其功。明禄父舉事不當，得賢者叛來投我，爲我謀用，是人事先應如此，則我有兵戎大事征伐，必休美矣。人謀既從，我卜又并吉，是其休也。言往必克敵。安民之意，告衆使知也。

傳「曰語」至「蠢動」 周公丁寧其事，止而復言，别加一「曰」，語更端也。下言「王曰」，此不言「王」，史詳略耳。四國作逆於東，京師以爲大艱，故言「作大難於京師」。「西土人亦不安」，亦如東方，見其亂不安也。釋詁云：「蠢，動也。」鄭云：「周民亦不定，其心騷動，言以兵應之。」當時京師無與應者，鄭言妄耳。

傳「言殷」至「復之」 殷本天子之國，武庚比之爲小，故言「小」。「腆腆」，是小貌也。鄭玄云：「腆，謂小國也。」王肅云：「腆，主也。殷小主，謂禄父也。」「大敢紀其王業」，經紀王業，望復之也。

傳「天下」至「疵病」 王肅云：「天降威者，謂三叔流言，當誅伐之。」言誅三叔，是「天下威」也。釋詁云：「疵，病也。」鄭、王皆云：「知我國有疵病之瑕。」

傳「禄父」至「無狀」　禄父以父罪，滅殷身亦當死，幸得繼其先祀，宜荷天恩，反鄙薄輕易我周家。言其不識恩養，「道其罪無狀」也。漢代正有「無狀」之語，〔四〇〕蓋言其罪大，無可形狀也。近代已來遭重喪，答人書云「無狀招禍」，是古人之遺語也。

傳「今天」至「先應」　武庚既叛，聞者皆驚，故「今天下蠢動」，謂聞叛之日也。「今之明日」，聞叛之明日。以「獻」爲賢，四國民内，賢者十夫，「來翼佐我周」。十人史無姓名，直是在彼逆地，有先見之明，知彼必敗，棄而歸周。周公喜其來降，舉以告衆，謂之爲賢，未必是大賢也。「用撫安武事，謀立其功」，用此十夫爲之。將欲伐叛而賢者即來，「言人事先應」也。

傳「大事」至「爲美」　成十三年左傳云：「國之大事，在祀與戎。」今論伐叛，知「大事，戎事也」。十夫來翼，「人謀既從，卜又并吉，所以爲美」。「美」即經之「休」也。既言其休，乃説我卜并吉，以成此「休」之意。鄭玄云：「卜并吉者，謂三龜皆從也。」王肅云：「何以言美？以三龜一習吉，是言并吉，證其休也。」與孔異矣。

「肆予告我友邦君，越尹氏、庶士、御事，以美，故告我友國諸侯，及於正官尹氏卿大夫、衆士御治事者。言謀及之。曰：予得吉卜，予惟以爾庶邦于伐殷逋播臣。用汝衆國往伐殷逋亡之臣，謂禄父。○逋，布吾反。爾庶邦君越庶士、御事，罔不反曰艱大。汝衆國上下，無不反曰：征伐四國爲大難。叙其情以戒之。民不靜，亦惟在王宮、邦君室。言四國不安，亦在天子、諸侯教化之過。自責不能綏近以及遠。越予小子考翼。不可征，王害，不違卜。於我小子先卜，敬成周道。若謂今四國不可征，則王室有害，〔四二〕故宜從卜。

【疏】「肆予告」至「違卜」 以人從卜吉爲美之故，故我告汝友邦國之君，及於尹氏、卿大夫、衆士治事者曰：我得吉卜，我惟與汝衆國往伐殷逋亡播蕩之臣。謂伐禄父也。汝國君及於衆治事者，無不反我之意，相與言曰：「伐此四國，爲難甚大。」言其不欲征也。汝不欲伐罪，我之由四國之民不安而叛者，亦惟在我天子王宫，與邦君之室教化之過使之然。以此令汝難征，過事在我。雖然，於我小子，先考疑而卜之，欲敬成周道。若謂四國難大不可征，則於王室有害。不可違卜，宜從卜往征也。

傳「以美」至「及之」 「肆」，訓「故」也。承上「休」之下，以其東征必美之故，我告友國君以下共謀之。「尹氏」，即顧命云「百尹」是也。尹，正也。諸官之正，謂卿大夫。故傳言「及於正官尹氏卿大夫」。「尹氏」，即官也，總呼大夫爲官氏也。上文「大誥爾多邦越爾御」，無「尹氏」「庶士」；下文「爾庶邦君越庶士御事」，亦無「尹氏」，惟此及下文施義二者詳其文，餘略之，從可知也。

傳「用汝」至「禄父」 「逋」，逃也。「播」，謂播蕩，逃亡之意。禄父，殷君，謂之爲殷。今日叛逆，是背周逃亡，故云「用汝衆國往伐」彼殷君於我周家逋逃亡叛之臣，「謂禄父」也。

傳「汝衆」至「戒之」 王以卜吉之故，將以諸國伐殷，且彼諸國之情必有不欲伐者，無不反我之意，相與言曰：「征伐四國，爲大難。」言其情必如此，「叙其情以戒之」，使勿然也。鄭云：「汝國君及下羣臣不與我同志者，無不反我之意，云三監叛，其爲難大。」是言「反」者，謂反上意。「反」是上意，則知「曰」者，相與言也。

傳「言四」至「及遠」 自責惟當言天子教化之過，而并言諸侯者，化從天子布於諸侯，道之不行，亦邦君之咎，見庶邦亦有過，故并言之。教化之過在於君身，而云「王宫、邦君室」者，宫室是行化之處，故指以言之。

傳「於我」至「從卜」。「翼」，訓「敬」也。於我小子先自考卜，欲成周道，汝庶邦御事等「若謂今四國不可征」，則周道不成，於「王室有害」，「故宜從卜」。「小子先卜」，當謂初即位時卜，其欲成周道也。不可「違卜」，謂上「朕卜并吉」也。言欲征卜吉，當從卜征之。

「肆予沖人永思艱曰：嗚呼！允蠢鰥寡，哀哉！故我童人成王長思此難而歎曰：信蠢動天下，使無妻無夫者受其害，可哀哉。○鰥，故頑反。予造天役遺大，投艱于朕身。我周家爲天下役事，遺我甚大，投此艱難於我身。言不得已。○造，爲也。馬云：「遺也。」越予沖人不卬自恤，義爾邦君越爾多士、尹氏、御事，言征四國，於我童人不惟自憂而已，乃欲施義於汝衆國君臣上下至御治事者。○卬，五剛反。綏予曰：無毖于恤，不可不成乃寧考圖功。汝衆國君臣，當安勉我曰：無勞於憂，不可不成汝寧祖聖考文、武所謀之功。責其以善言助之。○毖音祕。

【疏】「肆予沖」至「圖功」　以汝等有難征之意，故我童子成王長思此難而歎曰：嗚呼，四國今叛，信蠢動天下，使鰥寡受害，尤可哀哉。我周家爲天下役事，而遺我甚大，乃投此艱難於我身。此難須平，不可以已。今征四國，於我童人不惟自憂而已，乃欲施義於汝衆國君、於汝多士、尹氏治士之人。如此爲汝計，汝君臣當安勉我曰：無勞於征伐之憂，我諸侯當往共征四國，汝王不可不成汝寧祖聖考所謀之功。宜出此善言以助我，何謂違我不欲征也？〔四二〕

傳「我周」至「得已」　爲天子者，當役己以養天下，故「我周家爲天下役事」，總言周家當救天下。此事「遺我」，故爲「甚大」。以大役遺我，以爲甚大。而又投擲此艱難之事於我身，謂當己之時有四國叛逆。言己職當靜亂，不得以已也。

傳「言征」至「事者」　卬，我；恤，憂也。四國叛逆，害及衆國，君得靜亂，則爲大美。「言征四國，於我童人不惟自憂而已，乃欲施義於汝衆國君臣」，言難除則義施也。

傳「汝衆」至「助之」　綏，安也。毖，勞也。言我既施義於汝，汝衆國君臣言得我之力，當安慰勉勸我曰：「無勞於憂。」令我無憂四國，衆國自來征之。經言「寧」，即文王；「考」，即武王，故言「寧祖聖考」也。王以衆國反己，乃復設爲此言，責其無善言助己。

「已！予惟小子，不敢替上帝命。不敢廢天命，言卜吉當必征之。天休于寧王興我小邦周，寧王惟卜用，克綏受茲命。言天美文王興周者，以文王惟卜之用，故能安受此天命。明卜宜用。今天其相民，矧亦惟卜用？人獻十夫，（四三）是天助民，況亦用卜乎？吉可知矣。亦，亦文王。○相，息亮反。嗚呼！天明畏，弼我丕丕基。」歎天之明德可畏，輔成我大大之基業。言卜不可違也。○畏，如字，徐音威。

【疏】「已予」至「丕基」（四四）　既敘衆國之情，告以必征之意：已乎，我惟小子，不敢廢上帝之命。卜吉不征，是廢天命。從卜而興，乃有故事。天休美於安天下之文王，興我小國周者，以安民之王惟卜是用。以此之故，安受此上天之命。明卜宜用之。今天助民矣，十夫佐周，是天助也。人事既驗，況亦如文王，惟卜之用吉可知矣。嗚呼而歎，天之明德可畏也，輔成我周家大大之基業。卜既得吉，不可違也。

傳「人獻」至「文王」　天之助民，乃是常道，而云「民獻十夫是天助民」者，下云「亦惟十人迪知上帝命」，故以「民獻十夫」爲天助民也。

王曰：「爾惟舊人，爾丕克遠省，爾知寧王若勤哉。特命久老之人，知文王故事者，大能遠省識古事，汝知文王若彼之勤勞哉。目所親見，法之又明。〇省，悉井反。天閟毖我成功所，〔四五〕予不敢不極卒寧王圖事，閟，慎也。言天慎勞我周家成功所在，我不敢不極盡文王所謀之事，謂致太平。〇閟音祕。肆予大化誘我友邦君。我欲極盡文王所謀，故大化天下，道我友國諸侯。天棐忱辭，其考我民，言我周家有大化誠辭，爲天所輔，其成我民矣。〇棐，徐音匪，又芳鬼反。忱，市林反。予曷其不于前寧人圖功攸終？我何其不於前文王安人之道，謀立其功所終乎？天亦惟用勤毖我民，若有疾，天亦勞慎我民欲安之，如人有疾，欲已去之。予曷敢不于前寧人攸受休畢？」天欲安民，我何敢不於前文王所受美命終畢之？

【疏】「王曰爾」至「休畢」　既述文王之事，王又命於衆曰：汝惟久老之人，汝大能遠省識古事，汝知寧王若此之勤勞哉。以老人目所親見，必知之也。以文王勤勞如此，故天命慎勞來我周家，當至成功所在。天意既然，我不敢不極盡文王所謀之事。文王謀致太平，我欲盡行之。我欲盡文王所謀，故我大爲教化，勸誘我所友國君共伐叛逆。天既輔助我周家有大化誠辭，其必成就我之衆民。天意既如此矣，我何其不於前文王安民之道，謀立其功之處所而終竟之乎？天亦惟勞慎我民，若人有疾病而欲已去之。天意於民如此之急，我何敢不於前安人文王所受美命終畢之乎？以須終畢之故，故當誅除逆亂，安養下民，使之致太平。

傳「閟慎」至「太平」「閟，慎」，釋詁文。〔四六〕「天慎勞我周家」者，美其德當天心，慎惜又勞來勸勉之，使至成功所在，在於致太平也。天意欲使之然，我爲文王子孫，敢不極盡文王所謀之事？文王本謀，謂致太平。

傳「言我」至「民矣」釋詁云：「棐，輔也。忱，誠也。」文承大化之下，知「輔誠辭」者，言周家有大化誠辭，爲天所輔。其成我民，必爲民除害，使得成也。

傳「天亦」至「去之」「亦」者，亦「同」之義也。君民共爲一體，天慎勞使成功，亦當勤勞民使安寧，故言「亦」也。如疾欲已去之，言天急於民至甚也。

傳「天欲」至「畢之」上云「卒寧王國事」，又云「圖功攸終」，此云「攸受休畢」，畢，終也。三者文辭略同，義不甚異，大意惟言當終文王之業，須征逆亂之賊。周公重兵慎戰，丁寧以勸民耳。

王曰：「若昔，朕其逝。朕言艱，日思。順古道，我其往東征矣。我所言國家之難備矣，日思念之。〇日思，上人實反。之難，乃旦反。下「爲難」同。若考作室，既厎法，厥子乃弗肯堂，矧肯構？以作室喻治政也。父已致法，子乃不肯爲堂基，況肯構立屋乎？不爲其易，則難者可知。〇厎，之履反。構，古候反。治，直吏反。厥父菑，厥子乃弗肯播，矧肯穫？又以農喻。其父已菑耕其田，其子乃不肯播種，況肯收穫乎？〇菑，側其反，草也。田一歲曰菑。穫，户郭反。厥考翼，其肯曰『予有後弗棄基』？其父敬事創業，而子不能繼成其功，其肯言我有後，不棄我基業乎？今不征，是棄之。肆予曷敢不越卬敉寧王大命？作室農人猶惡棄基，故我何敢不於今日撫循文王大命，以征逆乎？○惡，烏路反。若兄考，乃有友伐厥子，民養其勸弗救。若兄弟父子之家，乃有朋友來伐其子，民養其勸心不救者，以子惡故。以比四國將誅而無救者，〔四七〕罪大故。

【疏】「王曰若」至「弗救」　子孫成父祖之業，古道當然。王又言曰：今順古昔之道，我其往東征矣。我所言國家之難備矣，日日思念之。乃以作室爲喻：若父作室，營建基址，既致法矣，其子乃不肯爲之堂，況肯構架成之乎？又以治田爲喻：其父菑耕其田，殺其草，已堪下種矣，其子乃不肯布種，況肯收穫乎？其此作室治田之父，乃是敬事之人，見其子如此，其肯言曰「我有後，不棄我基業乎」？必不肯爲此言也。我若不終文、武之謀，則文、武之神亦如此耳，其肯道我不棄基業乎？作室農人猶惡棄其基業，故我何敢不於我身今日撫循安人之文王大命，以征討叛逆乎？我今東征，無往不克。若凡人兄及父與子弟爲家長者，乃有朋友來伐其子，則民皆養其勸伐之心不救之，何則？以子惡故也。以喻伐四國，雖親如父兄，亦無救之者，以君惡故也。言罪大不可不誅。無救，所以必克也。顧氏以上「不卬自恤」傳云「不惟自憂」，遂皆以「卬」爲「惟」，但「卬」之爲「惟」，非是正訓。觀孔意，亦不以「卬」爲「惟」義也。〔四八〕

傳「又以」至「穫乎」　上言「作室」，此言治田，其取喻一也。上言「若考作室既厎法」，此類上文，當云「若父爲農既耕田」，從上省文耳。「菑」，謂殺草。故治田一歲曰菑，言其始殺草也。「播」，謂布種，后稷播殖百穀是也。定本云「矧弗肯構」、「矧弗肯穫」，皆有「弗」字。檢孔傳所解，「弗」爲衍字。

傳「其父」至「棄之」　治田、作室，爲喻既同，故以此經結上二事。鄭、王本於「矧肯構」下亦有此一經，然取喻既同，不應重出。蓋先儒見下有而上無，謂其脱而妄增之。

傳「若兄」至「大故」　此經大意，言兄不救弟，父不救子。　發首「兄、考」備文，「伐厥子」不言弟，互相發見，傳言「兄弟父子之家」以足之。「民養其勸」，「民」謂父兄爲家長者也。　養其心，不退止也。

王曰：「嗚呼，肆哉！爾庶邦君越爾御事，歎今伐四國必克之，故以告諸侯及臣下御治事者。爽邦由哲，〔四九〕亦惟十人迪知上帝命。言其故。〔五〇〕有明國事、用智道十人蹈知天命，謂「人獻十夫」來佐周。越天棐忱，爾時罔敢易法，於天輔誠，汝天下是知無敢易天法，況今天下罪於周，使四國叛乎？矧今天降戾于周邦？惟大艱人誕鄰胥伐于厥室，爾亦不知天命不易。惟大爲難之人，謂三叔也。大近相伐於其室家，謂叛逆也。若不早誅，汝天下亦不知天命之不易也。○易，以豉反。

【疏】「王曰嗚呼」至「不易」　既言四國無救之者，王曰又言：歎今伐四國必克之，故告汝衆國君及於汝治事之臣。所以知必克者，故有明國事、用智道者亦惟有十人，此人皆蹈知上天之命。　謂民獻十夫，來佐周家。　此人既來，克之必也。　於我天輔誠信之，故汝天下是知無敢變易天法者。　若易法無信，則上天不輔，故無敢易法也，況今天下罪於周國，使四國叛逆。　惟大爲難之人，謂三叔等。　大近相伐於其室家，自欲拔本塞源，反害周室，是其爲易天法也。彼變易天法，若不早誅之，汝天下亦不知天命之不可變易也。

傳「言其」至「佐周」　此言其必克之故也。〔五一〕爽，明也。　由，用也。「有明國事、用智道」，言其有賢德也。「蹈天」者，識天命而履行之。　此言「十人」，謂上文「民獻十夫」來佐周家者。　此是賢人。　賢人既來，彼無所與，是必克之効也。〔五二〕王肅云：「我未伐而知民弗救者，以民十夫用知天命故也。」

傳「於天」至「叛乎」　「於天輔誠」，言天之所輔，必是誠信。汝天下於是觀之，始知無敢變易天法。若易天法，則天不輔之，況今天下罪於周，使四國叛乎？以小況大，易法猶尚不可，況叛逆乎？

傳「惟大」至「不易也」　以下句言相伐於其室家，室家自相伐，知「惟大爲難之人」謂三叔也。「大近相伐於其室家」者，三叔爲周室至親，而舉兵作亂，是室家自相伐。爲叛逆之罪，是變易天法之極，若汝諸國不肯誅之，是汝天下亦不知天命之不可變易也。王肅云：「惟大爲難之人，謂管、蔡也。大近相伐於其室家，明不可不誅也。管、蔡犯天誅，而汝不欲伐，則亦不知天命之不易也。」

予永念曰：天惟喪殷，若穡夫，予曷敢不終朕畝？稼穡之夫除草養苗，我長念天亡殷惡主，亦猶是矣，我何敢不順天終竟我壟畝乎？言當滅殷。○壟，力勇反。天亦惟休于前寧人，予曷其極卜敢弗于從？天亦惟美于文王受命，我何其極卜法敢不於從，言必從也。率寧人有指疆土，矧今卜并吉？循文王所有指意以安疆土，則善矣，況今卜并吉乎？言不可不從。肆朕誕以爾東征。

天命不僭，卜陳惟若兹。」以卜吉之故，大以汝衆東征四國。天命不僭差，卜兆陳列惟若此吉，必克之，不可不勉。○僭，子念反。

【疏】「予永」至「若兹」　所以必當誅四國者，我長思念之曰：天惟喪亡殷國者，若稼穡之夫，務去草也。天意既然，我何敢不終我壟畝也？言穢草盡須除去，殷餘皆當殄滅也。天亦惟美於前寧人文王，我何其極文王卜法，敢不於是從乎？言必從之也。我循彼寧人所有旨意以安疆土，不待卜筮便即東征，已自善矣，況今卜東征而龜并吉？以吉之故，我大以爾東征四國。天命必不僭差，卜兆陳列惟若此吉，不可不從卜，不可不勉力也。

傳「天亦」至「必從也」 天亦惟美於文王受命，言文王德當天心，天每事美之，故得受天命。是文王之德大美也。文王用卜能受天命，今於我何其窮極文王卜法，敢不從乎？ 言必從文王卜也。

傳「循文王」至「不從」 文王之旨意，欲令天下疆土皆得其宜，有叛逆者，自然須平定之。我直循彼文王所有旨意伐叛，則已善矣，不必須卜筮也，況今卜并吉乎？ 言不可不從也。王肅云：「順文王安人之道有旨意，盡天下疆土使皆得其所，不必須卜筮也，況今卜三龜皆吉，明不可不從也。」

傳「以卜」至「不勉」 「天命不僭」者，天意去惡、與善，其事必不僭差。言我善而彼惡也。卜兆陳列惟若此吉，言往必克之，不可不勉力也。

微子之命第十

成王既黜殷命，殺武庚，（一名禄父。）命微子啓代殷後，（啓知紂必亡而奔周，命爲宋公，爲湯後。）作微子之命。（封命之書。）

【疏】「成王」至「之命」 成王既黜殷君之命，殺武庚，乃命微子啓代武庚爲殷後，爲書命之。史叙其事，作微子之命。「黜殷命」，謂絶其爵也。「殺武庚」，謂誅其身也。

傳「啓知」至「湯後」 啓知紂必亡，告父師、少師而遁於荒野，微子作誥，〔五三〕是其事也。武王既克紂，微子乃歸之，非去紂即奔周也。傳言得封之由，故言其奔周耳。僖六年左傳云：「許僖公見楚子，面縛銜璧，大夫衰絰，士輿櫬。楚子問諸逢伯，對曰：『昔武王克殷，微子啓如是，武王親釋其縛，受其璧而祓之，焚其櫬，禮而命之，使復其所。』史記宋世家云：「武王克殷，微子啓乃持其祭器造於軍門，肉袒面縛，左牽羊，右把茅，膝行而前，以告。武王乃釋微子，復其位如故。」是言微子克殷始歸周也。馬遷之書，辭多錯謬。面縛，縛手於後，故口銜其璧，又安得左牽羊、右把茅也？要言歸周之事，是其實耳。樂記云：「武王克殷，既下車，投殷之後於宋。」則傳言「復其位」者，以其自縛爲囚，釋之使從本爵，復其卿大夫之位，及下車，即封於宋。以其終爲殷後，故樂記云投殷之後爾，時未爲殷之後也。微子初封於宋，不知何爵，此時因舊宋命之爲公，令爲湯後，使祀湯耳，不繼紂也。

微子之命 稱其本爵以名篇。

【疏】「微子之命」　令寫命書之辭以爲此篇。君陳、君牙、冏命，皆此類也。

王若曰：「猷殷王元子，微子，帝乙元子，故順道本而稱之。惟稽古，崇德象賢。惟考古典，有尊德象賢之義。言今法之。統承先王，修其禮、物，言二王之後各修其典禮、正朔、服色，與時王並通三統。○正朔，上音政。作賓于王家，與國咸休，永世無窮。爲時王賓客，與時皆美，長世無竟。嗚呼！乃祖成湯，克齊聖廣淵，言汝祖成湯能齊德聖達，廣大深遠，澤流後世。皇天眷佑，誕受厥命。大天眷顧湯，佑助之，大受其命，謂天命。撫民以寬，除其邪虐。撫民以寬政，放桀邪虐，湯之德。功加于時，德垂後裔。言湯立功加於當時，德澤垂及後世。裔，末也。○裔，以制反。爾惟踐修厥猷，舊有令聞。汝微子。言能踐湯德，久有善譽昭聞遠近。○令聞，如字，又音問。恪慎克孝，肅恭神、人。予嘉乃德，曰篤不忘。言微子敬慎能孝，嚴恭神、人，故我善汝德，謂厚不可忘。○篤，本又作「竺」，東谷反。

【疏】「王若曰猷殷王元子」 王順道而言曰：今以大道告汝殷王首子，告之以下辭也。曰猷，如大誥言以道誥之。

傳「微子」至「稱之」 呂氏春秋仲冬紀云：「紂之母生微子啓與仲衍，尚爲妾。已而爲妻，後生紂。紂父欲立啓爲太子，太史據法而争之曰：『有妻之子，不可立妾之子。』故紂爲後。」鄭云：「微子啓，紂同母庶兄也。」若，順也。猷，道也。以其本是元子，故順道本而稱之。釋詁云：「元、首，始也。」易曰：「元者，善之長也。」

傳「言二」至「三統」 郊特牲云：「天子存二代之後，猶尊賢也。尊賢不過二代。」書傳云：「王者存二王之後，與己爲三，所以通三統，立三正。周人以日至爲正，殷人以日至後三十日爲正，夏人以日至後六十日爲正。天有三統，土有三王。三王者，所以統天下也。」禮運云：「杞之郊也，禹也；宋之郊也，契也。」是二王後得郊祭天，以其祖配之。鄭云：「所存二王後者，命使郊天，以天子禮祭其始祖受命之王，自行其正朔服色。」此謂通天三統，是立二王後之義也。此命首言「稽古」，則立先代之後，自古而有此法，不知從何代然也。孔意自夏以上，不必改正。縱使正朔不改，典禮服色，自當異也。

「曰篤不忘」 僖十二年左傳王命管仲之辭曰：「謂督不忘。」則「曰」亦「謂」義。孔訓「篤」爲厚，故傳云「謂厚不可忘」。杜預以「督」爲正，亦謂正而不可忘也。〔五四〕

「上帝時歆，下民祗協，庸建爾于上公，尹兹東夏。孝恭之人，祭祀則神歆享，施令則人敬和。用是，封立汝於上公之位，正此東方華夏之國。宋在京師東。○歆，許今反。欽哉！往敷乃訓，慎乃服命，率由典常，以蕃王室。敬哉，敬其爲君之德，往臨人，布汝教訓，慎汝祖服命數，循用舊典無失其常，以蕃屏周室。戒之。○蕃，方元反，本亦作藩。

【疏】「慎乃服命」　傳言「慎汝祖服命數」，謂祭湯廟得用天子之禮，服其殷之本服，命則上公九命。當慎之，無使乖禮制也。

弘乃烈祖，律乃有民，永綏厥位，毗予一人。大汝烈祖成湯之道，以法度齊汝所有之人，〔五五〕則長安其位，以輔我一人。言上下同榮慶。○毗，房脂反。世世享德，萬邦作式，言微子累世享德，不忝厥祖，雖同公侯，而特爲萬國法式。俾我有周無斁。汝世世享德，則使我有周好汝無厭。○俾，必爾反。斁音亦。好，呼報反。厭，於豔反。嗚呼，往哉！惟休，無替朕命！」歎其德，遣往之國，言當惟爲美政，無廢我命。

唐叔得禾，異畝同穎，唐叔，成王母弟。食邑内得異禾也。畝，壟；穎，穗也。禾各生一壟，而合爲一穗。○穎，役領反。穗，似醉反，本亦作「蓫」。〔五六〕獻諸天子，拔而貢之。王命唐叔歸周公于東，異畝同穎，天下和同之象，周公之德所致。周公東征未還，故命唐叔以禾歸周公。唐叔後封晉。作歸禾。亡。

【疏】「唐叔」至「歸禾」　成王母弟唐叔，於其食邑之内得禾，下異畝壟，上同穎穗，以其有異，拔而貢於天子，以爲周公德所感致。於時周公東征未反，王命唐叔歸周公於東。命有言辭，史叙其事，作歸禾之篇。

傳「唐叔」至「一穗」 昭十五年左傳云：「叔父唐叔，成王之母弟。」指言唐叔得禾，知其所食邑内得異禾也。唐叔食邑，書傳無文。詩述后稷種禾，於「實秀」之下乃言「實穎」。毛傳云：「穎垂，言穗重而垂。」〔五七〕是穎爲穗也。禾各生一壟而合爲一穗，言其異也。書傳云：「成王之時，有三苗貫桑葉而生，同爲一穗，其大盈車，長幾充箱，民得而上諸成王。」下傳云「拔而貢之」，若是盈車之穗，不可手拔而貢。孔不用書傳爲説也。

傳「異畝」至「封晉」 禾者，和也。異畝同穎，是天下和同之象。成王以爲周公德所感致。於時周公東征未還，故命唐叔以禾歸周公於東也。歸禾年月，史傳無文，不知在啓金縢之先後也。王啓金縢，正當禾熟之月，若是前年得之，於時王疑未解，必不肯歸周公，當是啓金縢之後，喜得東土和平，而有此應，故以歸周公也。唐叔後封於晉，經史多矣，傳言此者，欲見此時未封，知在邑内得之。昭元年左傳稱「成王滅唐，而封太叔焉」，所滅之唐，即晉國是也。然則得禾之時，未封於唐，從後稱之，爲唐叔耳。

周公既得命禾，旅天子之命，已得唐叔之禾，遂陳成王歸禾之命而推美成王，善則稱君。作嘉禾。天下和同，政之善者，故周公作書以「嘉禾」名篇，〔五八〕告天下。亡。

【疏】「周公」至「嘉禾」 周公既得王所命禾，乃陳天子歸禾之命，爲文辭，稱此禾之善，推美於成王。史叙其事，作嘉禾之篇。

傳「已得」至「稱君」 鄭云：「受王歸己禾之命，與其禾，以爲既得命禾，謂復得禾。」義當然矣。成王歸禾之命，必歸美周公，周公陳歸禾之命，又推美成王，是「善則稱君」之義也。「善則稱君」，坊記文也。

傳「天下」至「下亡」 「嘉」，訓善也。言此禾之善，故以「善禾」名篇。陳天子之命，故當布告天下。此以「善禾」爲書之篇名，後世同穎之禾遂名爲「嘉禾」，由此也。二篇東征未還時事，微子受命，應在此篇後。篇在前者，蓋先封微子，後布此書故也。

校勘記

〔一〕馬作豪云酋豪也　「云」字原在「馬」下，從盧説移。

〔二〕强大有政者爲酋豪　「酋」原誤「遒」，據殿本改。下同。

〔三〕疏「西旅」至「妄爲此説」　按：此疏原誤在下篇名「旅獒」傳下，今移正。

〔四〕釋地云　孫詒讓云：釋地下三句據李巡本，今郭本無之。

〔五〕五戎六狄之人　按：周禮原文下有「民」字，此避諱而省。

〔六〕所寶貴見經傳者　正字云：鄭注無「經」字。

〔七〕故銘其楛曰肅慎氏貢矢　「楛」，國語原文作「栝」，此當誤。正字云：「貢」上脱「之」字。

〔八〕所以化治生民　「治」原誤「俗」，從李本、殿本、阮本改。

〔九〕則百事之度皆惟正矣　「惟皆」二字原倒，據李本、殿本乙。

〔一〇〕則生人安其居　盧云：「人」，古本作「民」。

〔一一〕不欲人開之　阮云：史記集解作「不欲人開也」，與疏合。

〔一二〕「疏武王」至「以爲此篇」　原誤在篇名「金縢」傳下，今移正。

〔一三〕弗豫　阮云：陸氏曰「豫」本又作「忬」，按説文引作「弗悆」，釋文别本「忬」，蓋即「悆」字也。

〔一四〕予仁若考能　孫星衍云：「考」，當爲「巧」，史記作「巧能」。

〔一五〕我周公仁能順父　盧云：「周公」下古本有「也」字。

〔一六〕敷佑四方　俞樾云：「敷」，通作「溥」，遍也。「佑」，當作「右」，讀爲「有」。

〔一七〕故仁能順父　正字云：「『故』下疑脱『云』字。」是也。

〔一八〕見兆之吉凶　正字云：「『是』誤『見』，從經傳通解校。」

〔一九〕躬省兆繇　正字云：「『繇』誤作『繇役』字。」

〔二〇〕翼明釋言文　爾雅「翼」作「翌」。

〔二一〕乃流言於國　阮云：「葛本『於』作『于』，下『於孺子』同。按語助之『於』尚書皆作『于』，惟堯典『於變時雍』、此篇『爲壇於南方』及此兩句、酒誥『人無於水監當於民監』各本並作『於』，薛氏古文訓亦然。蓋傳寫舛錯，初無義例。葛本獨於此兩句仍作『于』，又葛本之誤也。」

〔二二〕鴞于嬌反　「于」，宋無疏本作「吁」。

〔二三〕名之曰鴟鴞　「鴟鴞」二字舊重，衍一，從正字説删。

〔二四〕序云三年而歸　「序」原誤「又」，從正字説改。

〔二五〕敕其屬臣　「敕」原誤「救」，據殿本及阮見「宋板」改。

〔二六〕天大雷電以風　孫星衍云：「電」，當作「雨」，史記、論衡、漢書注引並作「雷雨」。

〔二七〕皆從周公請命　阮云：「命」下古本、史記集解俱有「者」字。

〔二八〕周公以成王未寤　阮云：毛本「寤」作「悟」。

〔二九〕改過自新　阮云：史記正義句首有「成王」二字。

〔三〇〕則服大裘而冕無旒　「無」上周禮原文有「皮弁」二字。

〔三一〕乃是冕之質者　浙字云：「冕」當「服」字之誤。

〔三二〕牲幣如其器之色　「如」，周禮原文作「放」。

〔三三〕「弗弔」至「大歷服」　按：此段當讀「弗弔天降割于我家」句、「不少延」句、「洪惟我幼沖人嗣無疆大歷服」句，孔讀非。

〔三四〕以安人　盧云：古本「人」作「民」。下同。

〔三五〕予不敢閉于天降威用　浙字云：王安石於此句以「用」字屬下句，朱子從之。

〔三六〕當誅叛逆　「當」，殿本作「將」。阮云：毛本作「將」。

〔三七〕稱成王之言　「稱」上原空一字，按文義似不缺，疑初誤衍一字而後挖去，今從李本、殿本删。

〔三八〕以于敉寧武圖功　盧云：「敉」，古本作「撫」。

〔三九〕四國人賢者　盧云：古本「人」作「民」。

〔四〇〕漢代正有無狀之語　「正」原誤「止」，從盧説改。

〔四一〕則王室有害　盧云：古本「則」下有「於」字。

〔四二〕何謂違我不欲征也　浙字云：「謂」疑「爲」字誤。

〔四三〕人獻十夫　盧云：古本「人」作「民」。

〔四四〕「已予」至「不基」　按：此及下「傳『人獻』至『文王』」之疏文舊在後「予曷敢」句傳下。

〔四五〕天閟毖我成功所　錢大昕云：「據孔傳及莽誥云『天閟勞我成功所』，知此『毖』乃『勞』字之譌。」阮云：「當作『毖勤』，『勤』訓爲『勞』。」

〔四六〕 闕慎釋詁文　按：爾雅「闕」作「毖」。

〔四七〕 以比四國將誅而無救者　「比」原誤「此」，從正字説改。

〔四八〕 亦不以卬爲惟義也　「不以」原倒，阮云：「閩本、監本、毛本『以不』倒。」今據正。

〔四九〕 爽邦由哲　盧云：古本「由」作「用」。

〔五〇〕 言其故　盧云：古本「故」下有「也」字。

〔五一〕 此言其必克之故也　「言」字原脱，據殿本及盧校補。

〔五二〕 是必克之効也　正字云：「『効』當作『效』。」按：殿本作「效」。

〔五三〕 微子作誥　「誥」原作「告」，從殿本改。阮云：「毛本作『誥』，是也。」

〔五四〕 亦謂正而不可忘也　「亦」原作「可」，涉上「不可」誤，從正字説改。

〔五五〕 以法度齊汝所有之人　盧云：「人」，古本作「民」。

〔五六〕 本亦作遂　「遂」，殿本、通志堂本作「檖」，異體。

〔五七〕 穎垂言穗重而垂也　正字云：「穎垂」下疑脱「穎也」，「而」下脱「穎」字。

〔五八〕 以嘉禾名篇　「嘉」原誤「善」，據宋無疏本、李本改。

康誥第十一

成王既伐管叔、蔡叔，滅三監。以殷餘民封康叔，〔一〕以三監之民國康叔爲衛侯。周公懲其數叛，故使賢母弟主之。○數叛，上所角反。叛，亦作「畔」。作康誥、酒誥、梓材。○梓音子。

【疏】「成王」至「梓材」〔二〕 既伐叛人三監之管叔、蔡叔等，以殷餘民國康叔爲衛侯，周公以王命戒之，作康誥、酒誥、梓材三篇之書也。其酒誥、梓材，亦戒康叔，但因事而分之。然康誥戒以德刑，又以化紂嗜酒，故次以酒誥。卒若梓人之治材爲器，爲善政以結之。

傳「以三」至「主之」 此序亦與上相顧爲首引，初言「三監叛」，又言「黜殷命」，此云「既伐管叔、蔡叔」。言「以殷餘民」，圻内之餘民，故云「以三監之民國康叔爲衛侯」。然古字「邦」、「封」同，故漢有上邦、下邦縣，「邦」字如「封」字。此亦云「邦康叔」，若分器序云「邦諸侯」，故云「國康叔」。並以三監之地封之者，周公懲其數叛，故使賢母弟主之。此始一叛，而云「數叛」者，以六州之衆悉來歸周，殷之頑民叛逆天命，至今又叛，據周言之，故云「數叛」。故多方云：「爾乃不大宅天命，爾乃屑播天命。」以不從天命，故云「叛」也。古者大國不過百里。周禮上公五百里，〔三〕侯四百里，孟軻有所不信。費誓注云「伯禽率七百里之内附庸諸侯」，則魯猶非七百里之封。而康叔封千里者，康叔時爲方伯，殷之圻内諸侯並屬之，故得總言「三監」。且其實地不方平，計亦不能大於魯也。故左傳云：「宋、衛，吾匹也。」又曰：「寡君未嘗後衛君。」且言千里，亦大率言之耳。何者？邢在襄國，河内即東圻之限，故以賜諸侯。西山，即有黎潞，河濟之西，以曹地約有千里也。以此，鄭云：「初封於衛，至子孫而並邶、鄘也。」其地理志邶、鄘之民皆遷，分衛民於邶、鄘，故異國而同風，所以詩分爲三。孔與同否，未明也。既三年滅三監，七年始封康叔，則於其間更遣人鎮守，自不知名號耳。

康誥

命康叔之誥。康，圻内國名。叔，封字。○圻，具依反。

【疏】傳「命康叔」至「封字」　以定四年左傳祝佗云「命以康誥」，故以爲「命康叔之誥」。知「康，圻内國名」者，以管、蔡、郕、霍皆國名，則康亦國名，而在圻内焉。王亦然。惟鄭玄以「康」爲謚號，以史記世家云「生康伯」故也。則孔以康伯爲號謚，而康叔之「康」猶爲國，而號謚不見耳。

惟三月哉生魄，〔四〕周公攝政七年三月。始生魄，月十六日，明消而魄生。○魄，字又作「𩲸」，普白反，馬云：「𩲸，朏也，謂月三日始生兆朏，名曰魄。」周公初基，作新大邑于東國洛，四方民大和會。初造基，建作王城大都邑於東國洛汭，居天下土中，四方之民大和悅而集會。○汭，如銳反。侯、甸、男邦，采、衛百工，播民和見，士于周，此五服諸侯，服五百里。侯服去王城千里，甸服千五百里，男服去王城二千里，采服二千五百里，衛服三千里，與禹貢異制。五服之百官播率其民，和悅並見，即事于周。○和見，賢遍反。周公咸勤，乃洪大誥治。周公皆勞勉五服之人，遂乃因大封命，大誥以治道。○乃洪大誥治，直吏反，注及下「其治民」、

「安治」、「用安治」同，「一本作「周公迺洪大誥治」。皆勞，力報反。

【疏】「惟三」至「誥治」　言惟以周公攝政七年之三月，始明死而生魄，月十六日己未，於時周公初造基址，作新大邑於東國洛水之汭，四方之民大和悦而集會。言政治也。此所集之民，即侯、甸、男、采、衛五服。百官播率其民，和悦並見，即事於周之東國，而周公皆慰勞勸勉之，乃因大封命，以康叔爲衛侯，大誥以治道。

傳「周公」至「魄生」　知周公攝政七年之三月者，以洛誥即七年反政，而言新邑營及獻卜之事，與召誥參同，俱爲七年。此亦言作新邑，又同召誥，故知七年三月也。若然，書傳云：「四年建衛侯而封康叔，五年營成洛邑，六年制禮作樂。」〔五〕明堂位云：「昔者周公朝諸侯于明堂之位，即云頒度量而天下大服。」又云「六年制禮作樂」，是六年已有明堂在洛邑，而朝諸侯。言六年已作洛邑，而有明堂者，禮記後儒所録，書傳伏生所造，皆孔所不用。始生魄，月十六日戊午，社於新邑之明日。魄與明反，故云「明消而魄生」。

傳「初造」至「會集」　所以初基東國洛者，以天下土中故也。其召誥與大司徒文之所出。釋言云：「集，會也。」以主治民，故民服悦，而見太平也。「初基」者，謂初始營建基址，作此新邑。此史總序言之。鄭以爲此時未作新邑，而以「基」爲謀，大不辭矣。

傳「此五」至「于周」　「男」下獨有「邦」，以五服「男」居其中，故舉中則五服皆有「邦」可知。言「邦」，見其國君焉。以大司馬職、大行人，故知五服服五百里。禹貢五服通王畿，此在畿外，去王城五百里，故每畿計之，至衛服三千里，言與禹貢異制也。通王畿，與不通爲異。以此計畿之均，故須土中。若然，黄帝與帝嚳居偃師，餘非土中者，自由當時之宜，實在土中，因得而美善之也。不見要服者，鄭云：「以遠於役事，而恒闕焉。」君行必有臣從，即卿大夫及士見，亦主其勞，故云五服之内，百官播率其民，和悦即事。以土功勞事，民之所苦也，而此和悦，見太平也。

而書傳云：「示之以力役，其且猶至，況導之以禮樂乎？」是也。

傳「周公」至「治道」 太保以戊申至七日庚戌，已云庶殷攻位於洛汭，則庶殷先與之期於前至也。周公以十二日乙卯朝至於洛，則達觀於新邑營。此日當勉其民，此因命而並言之。序云邦康叔，洪，大也，爲大封命，大誥康叔以治道也。鄭玄以「洪」爲代，言周公代成王誥。何故代誥而反？誥王呼之曰「孟侯」，爲不辭矣。

王若曰：「孟侯，朕其弟小子封：周公稱成王命，順康叔之德，命爲孟侯。孟，長也。五侯之長，謂方伯，使康叔爲之。言王使我命其弟封。封，康叔名。稱「小子」，明當受教訓。○孟長，丁丈反。下同。惟乃丕顯考文王，克明德慎罰，惟汝大明父文王，能顯用俊德，慎去刑罰，以爲教首。○慎去，羌呂反，下「欲去」、「去疾」同。不敢侮鰥寡，庸庸、祗祗、威威，顯民，惠恤窮民，不慢鰥夫寡婦，用可用，敬可敬，刑可刑，明此道以示民。用肇造我區夏，越我一二邦以修。用此明德慎罰之道，始爲政於我區域諸夏，故於我一二邦皆以修治。我西土惟時怙，冒聞于上帝，帝休，我西土岐周惟是怙恃文王之道，故其政教冒被四表，上聞於天，天美其治。○怙音户。冒，莫報反，覆也。聞，如字，徐又音問。天乃大命文王殪戎殷，誕受厥命。天美文王，乃大命之殺兵殷，大受其王命，謂三分天下有其二，以授武王。○殪，於計反。越厥邦、厥民，惟時敘。於其國、於其民，惟是次叙，皆文王教。乃寡兄勖，肆汝小子封在兹東土。」汝寡有之兄武王勉行文王之道，故汝小子封得在此東土爲諸侯。○勖，許玉反。

【疏】「王若」至「東土」 言周公稱成王命，順康叔之德而言曰：命汝爲孟侯，王又使我教命其弟小子封。其所教命者，惟汝大明德之父文王，能顯用俊德，慎去刑罰，以爲教首。故惠恤窮民，不悔慢鰥夫寡婦，況貴强乎？其明德用可用、敬可敬，其慎罰威可威者，顯此道以示民用此道，故始爲政於我區域諸夏，由是，於我一二諸國皆以修治也。上政既修，我西土惟是怙恃文王之道，故其政教冒被四表，聞於上天，天美其治道。以此，上天乃大命文王以誅殺之道，用兵除惡於殷，〔六〕大受其王命，三分天下而有其二也。其所受二分者，於其國、於其民，惟是皆有次叙，以文王之教故也。汝寡有之兄武王，勉行文王之道，故受命克殷。今汝小子封，故得在此東土爲諸侯。是文王之道，明德慎罰。既用受命，武王無所復加，以爲勉行，所以汝必法之。

傳「周公」至「教訓」　以「曰」者，爲命辭，故曰「周公稱成王命，順康叔之德，命爲孟侯」。「孟，長也。五侯之長，謂方伯。」使康叔爲之長者，即州牧也。「五侯之長」，五等諸侯之長也。而左傳云：「五侯九伯，汝實征之。」彼謂上公之伯，故征九伯。而此五侯，當州牧之五侯，與彼不同。王制有連、屬、率、伯也。孔以五侯亦方伯，則四方者皆可爲方伯，而此「方伯」自是州牧也。康叔以母弟令德，受大國封命，固非率及連、屬也。虞、夏及周既有牧，又離騷云「伯昌作牧」，殷亦有牧伯，四代皆通也，非如鄭玄云「殷之州長曰伯」。以稱「小子」爲幼弱，故「明當受教訓」，故云「使我命其弟」爲親親，而使我用戒故也。此指命康叔爲之，而鄭以總告諸侯，依略説以太子十八爲孟侯，而呼成王。既禮制無文，義理駢曲，豈周公自許天子以王爲孟侯？皆不可信也。

傳「惟汝」至「教首」　以近而可法，不過子之法父，故舉文王也。法者不過除惡行善，故云「明德慎罰」也。

傳「惠恤」至「示民」　「用可用，敬可敬」，即明德也。「用可用」，謂小德小官；「敬可敬」，謂大德大官；「刑可刑」，謂慎罰也。

傳「天美」至「武王」　「天美文王，乃大命之殺兵殷」者，殪，殺也；戎，兵也。用誅殺之道，以兵患殷。文王以伐殷事未卒，而言殺兵殷者，謂三分有二，爲滅殷之資也。

王曰：「嗚呼！封，汝念哉！念我所以告汝之言。今民將在祇遹乃文考，〔七〕紹聞衣德言，〔八〕今治民將在敬循汝文德之父，繼其所聞，服行其德言以爲政教。○遹音聿，又音述，馬云：「述也。」衣，如字，徐於既反。往敷求于殷先哲王，用保乂民。汝往之國，當布求殷先智王之道，用安治民。汝丕遠惟商耇成人，宅心知訓。汝當大遠求商家耇老成人之道，常以居心，則知訓民。○耇音狗。別求聞由古先哲王，用康保民，又當別求所聞父兄用古先智王之道，用其安者以安民。弘于天，若德裕，乃身不廢，在王命。」大于天，爲順德，則不見廢，常在王命。

【疏】「王曰嗚呼封汝」至「王命」　既言文王「明德慎罰」之訓，〔九〕武王尚行之，汝既得爲君，方別陳明德之事，故稱王命而言曰：嗚呼，封，汝常念我所以告汝之言哉。今治民所行，將在敬循汝文德之父，繼其所聞者，服行其德。言以爲政教。汝往之國，當分布求於殷先智王之道，用安治民，不但法其先君，汝又當須大遠求商家耇老成人之道，居之於心，即知訓民矣。其外又更當別求所聞父兄用古先智王之道，用其安者以安民，即古虞、夏之道也。人事既然，又闡大於天之道，而爲順德，又加之寬容，則汝身不見廢，常在王命。

傳「今治」至「政教」　「繼其所聞，服行其德言」者，謂文王先有所聞善事，今令康叔繼續其文王所聞善事，被服而施行其德言，「以爲政教」也。

傳「汝當」至「訓民」　上云「敷求殷先哲王」，謂求殷之賢君。此言「求商家耇老成人」，謂求殷之賢臣。「大遠」者，備遍求之。

傳「又當」至「安民」　以父兄乃所居殷外，故云「別求」。上只言「遹乃文考」，並言兄者，以上云「寡兄勗」，則以文、武道同，言文可以兼武，故並言「父兄」也。「古先哲王」，鄭云「虞、夏也」，孔亦當然。以上代與今事遠，不可以同，故言「用其安者」。

傳「大于」至「王命」　以天道人用而光大之，故因云「大」也。其文王及殷古先哲王與天，其道不異。以前後聖跡雖殊，同天不二也。以康叔亞聖大賢治殷餘惡，故使之用天道「爲順德」也。

王曰：「嗚呼，小子封！恫瘝乃身，〔一〇〕敬哉！恫，痛；瘝，病。治民務除惡政，當如痛病在汝身，欲去之，敬行我言。○恫音通，又敕動反。瘝，古頑反。天畏棐忱，民情大可見，小人難保。天德可畏，以其輔誠。人情大可見，〔一一〕以小人難安。○棐音匪，又芳鬼反。忱，市林反。往盡乃心，無康好逸豫，乃其乂民。往當盡汝心爲政，無自安好逸豫寬身，其乃治民。○盡，徐子忍反。好，呼報反。我聞曰：『怨不在大，亦不在小。惠不惠，懋不懋。』不在大，起於小。〔一二〕不在小，小至於大。言怨不可爲，故當使不順者順，不勉者勉。○懋音茂。已！汝惟小子，乃服惟弘王，應保殷民。已乎，汝惟小子，乃當服行德政，惟弘大王道，上以應天，下以安我所受殷之民衆。○應，應對之應，注同，徐於甑反。亦惟助王宅天命，作新民。」弘王道安殷民，亦所以惟助王者居順天命，爲民日新之教。

【疏】「王曰嗚呼小」至「新民」　此明行天人之德者，〔一三〕其要在於治民，故言王曰：嗚呼，小子封，治民爲善而除惡政，當如痛病在汝身，欲去之，敬行我言哉。所以去惡政者，以天德可畏。所以可畏者，〔一四〕「以其輔誠」故也。以民情大率可見，所以可見者，「以小人難安」也。安之既難，其往治之「當盡汝心爲政」，「無自安好逸豫」而寬縱，乃其可以治民。我聞古遺言曰：人之怨不在事大，或由小事而起。雖由小事而起，亦不恒在事小。因小至大，是爲民所怨，事不可爲。當使施順，令不順者順；勉力勸行，令不勉者勉，則其怨小大都消。令汝消怨者，已乎！汝惟小子，乃當服行政德，惟弘大王道，上以應天，下以安我所受殷民。不但汝身所當行此，亦惟助王者居順天命，爲民日新之教。

傳「恫痛」至「我言」　恫聲類於痛，故「恫」爲「痛」也。「瘝，病」，釋詁文。〔一五〕以「痛病在汝身」，以述治民，故務除惡政如己病也。戒之而言「敬」，故知「敬行我言」也。鄭玄云：「刑罰及己爲痛病。」其義不及去惡若己病也。

傳「天德」至「難安」　「人情」所以「大可見」者，以「小人難安」爲可見，故須安之。

傳「不在」至「者勉」　以致怨恐，謂由大惡，故云「不在大，起於小」，言怨由小事起。「不在小」者，謂爲怨不恒在小，言其初小漸至於大怨。故使不順者順，不勉者勉，其怨自消也。

傳「弘王」至「之教」　「亦所以惟助王者」，言非直康叔身行有益，亦惟助王者居順天命。「爲民日新之教」，謂漸致太平，政教日日益新也。

王曰：「嗚呼！封，敬明乃罰。數而敕之，凡行刑罰，汝必敬明之，欲其重慎。人有小罪，非眚，乃惟終，自作不典，〔一六〕式爾，小罪非過失，乃惟終自行之，自爲不常，用犯汝。○眚，所領反，本亦作「省」。有厥罪小，乃不可不殺。乃有大罪，非終，乃惟眚災，〔一七〕適爾，既道極厥辜，時乃不可殺。」汝盡聽訟之理，以極其罪，是人所犯，亦不可殺，當以罰宥論之。○宥，于救反。

【疏】「王曰嗚呼封敬」至「可殺」　以上既言「明德」之理，故此又云「慎罰」之義，而王言曰：嗚呼封，又當敬明汝所行刑罰，須明其犯意。人有小罪，非過誤爲之，乃惟終身自爲不常之行，用犯汝。如此者，有其罪小，乃不可不殺，以故犯而不可赦。若人乃有大罪，非終行之，乃惟過誤爲之，以此，故汝當盡斷獄之道，〔一八〕以窮極其罪，是人所犯，乃不可以殺，當以罰宥論之，以誤故也。即原心定罪，斷獄之本，所以須「敬明」之也。

王曰：「嗚呼！封，有叙，時乃大明服，歎政教有次叙，是乃治理大明，則民服。惟民其勑懋和。民既服化，乃其自勑，正勉爲和。若有疾，惟民其畢弃咎。〔一九〕化惡爲善，如欲去疾。治之以理，則惟民其盡弃惡修善矣。○咎，其九反。若保赤子，惟民其康乂。愛養人如安孩兒赤子，不失其欲，惟民其皆安治。○孩，亥才反。非汝封刑人殺人，言得刑殺罪人。無或刑人殺人。無以得刑殺人而有安刑殺非辜者。非汝封又曰劓、刵人，〔二〇〕劓，截鼻。刵，截耳，刑之輕者。亦言所得行。○劓，魚器反。刵，如志反。無或劓、刵人。」所以舉輕以戒，爲人輕行之。

【疏】「王曰嗚呼封有」至「刵人」　以刑者政之助，不得已即用之，非情好殺害，故又本於政，不可以濫刑，而王言曰：嗚呼封，欲正刑之本要，而汝政教有次叙，是乃治理大明，則民服。惟民既服從化，其自勑正勉力而平和。然政之化惡爲善，若有病而欲去之。治之以理，則惟民其盡棄惡而修善。言愛養人若母之安赤子，惟民爲善，其皆安治。爲政保民之如此，不可行以淫刑，豈非汝封得刑人殺人乎？言得刑殺。不可以得，故而有濫刑人殺人無辜也。非汝封又曰劓、刵人，無以得，故而有所濫劓、刵人之無罪者也。

傳「化惡」至「修善矣」　人之有疾，治之以理則疾去。人之有惡，化之以道則惡除。

傳「愛養」至「安治」　既去惡，乃須愛養之。爲善人爲上養，則化所行，〔一二〕故言「其皆安治」。子生赤色，故言「赤子」。

傳「劓截」至「得行」　以國君，故得專刑殺於國中，而不可濫其刑，即墨、劓、剕、宫也。劓在五刑爲截鼻。而有刵者，周官五刑所無。而呂刑亦云「劓刵」。易噬嗑上九云：「何校滅耳。」鄭玄以臣從君坐之刑。孔意然否，未明。要有刵而不在五刑之類。言「又曰」者，周公述康叔豈非汝封又自言曰得劓、刵人，此「又曰」者，述康叔之又曰。

王曰：「外事，汝陳時臬，司師兹殷，罰有倫。」言外土諸侯奉王事，汝當布陳是法，司牧其衆，及此殷家，刑罰有倫理者兼用之。○臬，魚列反。又曰：「要囚，服念五六日至于旬、時，丕蔽要囚。」要囚，謂察其要辭以斷獄。既得其辭，服膺思念五六日至於十日，至於三月，乃大斷之。言必反覆思念，重刑之至也。○要，於宵反。蔽，必世反。斷，丁亂反，下及篇末同。覆，芳服反。

【疏】「王曰外事」至「要囚」　言不濫刑，不但國内，而王言曰：若外土諸侯奉王事以至汝，汝當布陳是刑法，以「司牧其衆，及此殷家」，「刑罰有倫理者兼用之」。周公又重言曰：既用刑法要察囚情，得其要辭，以斷其獄，當須「服膺思念」之五日六日，次至於十日，遠至於三月一時，乃大斷囚之要辭。言必反覆。重之如此，乃得無濫故耳。

傳「言外」至「用之」　外土以獄事上於州牧之官，爲奉王事，汝當用刑書爲布陳是刑法，爲「司牧其衆」，故受而聽之。既衛居殷墟，又周承於殷後，刑書相因，故兼用其有理者。謂當時刑書或無正條，而殷有故事，可兼用，若今律無條，求故事之比也。「臬」爲準限之義，故爲「法」也。

傳「要囚」至「之至也」　言「要囚」，明取要辭於囚。以思訖事定，故言「乃大斷之」。多至三月，故云「反覆思念，重刑之至」。顧氏云：「又曰者，周公重言之也。」

王曰：「汝陳時臬事，罰蔽殷彝。陳是法事，其刑罰斷獄用殷家常法，謂典刑故事。○彝，以支反，下同。用其義刑義殺，勿庸以次汝封。義，宜也。用舊法典刑宜於時世者以刑殺，勿用以就汝封之心所安。乃汝盡遜，曰：時叙。惟曰：未有遜事。乃使汝所行盡順，曰是有次叙，惟當自謂未有順事。君子將興，自以爲不足。已！汝惟小子，未其有若汝封之心。朕心朕德，惟乃知。已乎，他人未其有若汝封之心。言汝心最善。我心我德，惟汝所知。欲其明成王所以命己之款心。○款，苦管反。

【疏】「王曰汝」至「乃知」　此又申上既「要囚」、「思念」，定其大斷若爲，而王言曰：汝當陳是刑書之法以行事。其刑法斷獄，用殷家所行常法故事。其陳法、殷彝，皆用其合宜者以刑殺，勿用以就汝封意之所安而自行也。以用心不如依法故耳。言汝不但依法，乃使汝所行盡順，曰：是有次叙。猶當自惟曰：未有順事。其有餘若不足故耳。必期汝於大幸。〔一二〕已乎，汝惟小子耳，而他人未其有若汝封之心。言汝心最善。汝心既善，我心我德惟汝所悉知也。〔一三〕

傳「陳是」至「故事」　「陳是法事」，即上「汝陳時臬事」。「罰蔽殷彝」，即上「殷罰有倫」。上據有初思念得失，此據臨時行事也。

傳「已乎」至「款心」　此言「我」，我王也。以王命，故言王爲「我」，以康叔爲「已」。若汝不善，我王家心德汝所不知，則我不順命汝款曲之心。只由汝最善，我王心德汝所徧知，故我王命汝以款曲之心。述康叔爲言，故云「已」，欲令康叔明識此意也。

凡民自得罪，寇、攘、姦、宄，殺、越人于貨，凡民用得罪，爲寇盜、攘竊、姦宄、殺人、顛越人，於是以取貨利。○攘，如羊反。宄音軌。暋不畏死，罔弗憝。」暋，强也。自强爲惡，而不畏死，人無不惡之者。言當消絶之。○暋音敏。憝，徒對反，徐徒猥反。强，其丈反。無不惡，烏路反，下「所大惡」、「疾惡」、「亦惡」並音同。

【疏】「凡民」至「弗憝」　言人所慎刑者，以凡民所用得罪者，寇盜、攘竊於外姦內宄，而殺害及顛越於人，以取貨利也。自强爲之而不畏死，此爲人無不惡之者。以此，須刑絶之，故當慎刑罰耳。

傳「凡民」至「貨利」　自，用也。言所用得罪者，由寇攘也，而爲之於外內，既有劫竊，其劫竊皆有殺有傷。越人，謂不死而傷。皆爲之而取貨利故也。

傳「暋强」至「絶之」　暋，强也。於盤庚已訓，而此重詳之，以由此得罪，當須絶之。

王曰：「封，元惡大憝，矧惟不孝、不友？大惡之人猶爲人所大惡，況不善父母、不友兄弟者乎？言人之罪惡，莫大於不孝、不友。子弗祗服厥父事，大傷厥考心。爲人子不能敬身服行父道，而怠忽其業，大傷其父心，是不孝。于父不能字厥子，乃疾厥子。於爲人父，不能字愛其子，乃疾惡其子，是不慈。于弟弗念天顯，乃弗克恭厥兄。於爲人弟，不念天之明道，乃不能恭事其兄，是不恭。兄亦不念鞠子哀，大不友于弟。爲人兄，〔二四〕亦不念稚子之可哀，大不篤友于弟，是不友。○鞠，居六反。惟弔茲，不于我政人得罪？惟人至此不孝、不慈、弗友、不恭，不於我執政之人得罪乎？道教不至所致。○弔音的。天惟與我民彝，大泯亂，天與我民五常，使父義、母慈、兄友、弟恭、子孝，而廢棄不行，是大滅亂天道。○泯，徐武軫反。曰：乃其速由文王作罰，刑茲無赦。言當速用文王所作違教之罰，刑此亂五常者，無得赦。

【疏】「王曰封元」至「無赦」　以是所用得其罪，不但寇盜，王命而言曰：封，非於骨肉之人爲大惡，猶尚爲人所大惡之，況惟不孝父母，不友兄弟者乎？其罪莫大於不孝也。何者？爲人之子，不能敬身服行其父事，而「怠忽其業，大傷其父心」，是不孝也。於爲人父，「不能字愛其子，乃疾惡其子」，是不慈也。於爲人弟，不能「念天之明道」，故乃「不能恭事其兄」，是不恭也。爲人兄，亦不能「念稚子之可哀」哉，大不友愛於弟，是不友也。惟人所行以至此不孝、不友者，豈不由我執政之人「道教不至」，以得此罪乎？既人罪由不教而致，〔二五〕天惟與我民以五常之性，使有恭、孝。廢棄不行，是大滅亂天道也。以由我滅亂，曰：乃其疾用「文王所作違教之罰」，「刑此亂五常者」，不可赦放也。

傳「大惡」至「不友」　言將有作姦宄大惡，猶爲人所大惡，況不孝父母，不善兄弟者乎？孝經云「五刑之屬三千，而罪莫大於不孝」是也。釋親云：「善父母爲孝，善兄弟爲友。」〔二六〕下文不言「母」，母同於父。父子尊卑而異等，故「孝」名上不通於下。其兄弟雖有長幼而同倫，故共「友」名也。

傳「爲人」至「不孝」　「考」亦通生、死，即此文及酒誥是也。下曲禮云「死曰考」，是對例耳。人子以述成父事爲孝。「怠忽其業」，即「其肯曰我有後，不棄基」，故爲大傷父心，即是上不孝也。則子不述父事，〔二七〕當輕於盜殺，況以爲甚者？此聖人緣心立法，人莫不緣身本於父母也。自親以及物，天然之理。故孝經曰：「不愛其親而愛他人者，謂之悖德；不敬其親而敬他人者，謂之悖禮。以順則逆，民無則焉。不在於善，而皆在於凶德。」是也。以此言賊殺他人，罪小於骨肉相乖阻。但於他人言其極者，於親言其小者，小則有不和詈争，鬬訟相傷者也。於親小則傷心，大乃逆命，毆罵殺害，互相發起而可知也。

傳「於爲」至「不慈」　上文不言不慈，意以「不孝」爲總焉。父當言「義」，而云「不慈」者，以父母於子並爲慈，因有愛敬多少而分之。〔二八〕言父義、母慈，而由慈以義，故雖義，言「不慈」，且見「父」兼母耳。

傳「於爲」至「不恭」　善兄弟曰「友」。此言「不恭」者，友，思念之辭。兄、弟同倫，故俱言「友」。雖同倫而有長幼，其心友而貌恭，故因兄、弟而分「友」文爲二，而言「恭」也。五教，即左傳文十八年史克言也。於此言「天之明道」者，父子天性，不嫌非天明，故於兄弟言之。因上先言「不孝」，先言子於父，故此「不友」先言弟於兄，若舉中以見上下，故此言天明，見五教皆是。即孝經云「則天之明」，左傳云「爲父子、兄弟、姻媾，以象天明」。是於天理常然，爲天明白之道。

傳「爲人」至「不友」　言「亦」者，以兄、弟同等，而相亦所謂。周書云「父子兄弟，罪不相及」，即此文也。不孝罪子，非及於父之輩，理所當然。而周官「鄰保以比伍相及」，而趙商疑而發問，鄭答云：「周禮太平制此，爲居殷亂而言，斯不然矣。康誥所云以骨肉之親，得相容隱。故左傳云：『父子兄弟，罪不相及。』周禮所云，據疏人相督率之法，故相連獲罪。故今之律令，大功已上，得相容隱，鄰保罪有相及。」是也。

「不率大戛，矧惟外庶子訓人？戛，常也。凡民不循大常之教，猶刑之無赦，況在外掌衆子之官，主訓民者而親犯乎？○戛，簡八反。惟厥正人，越小臣諸節。惟其正官之人於小臣諸有符節之吏，及外庶子，〔二九〕其有不循大常者，則亦在無赦之科。乃別播敷，造民大譽，弗念弗庸，瘝厥君。時乃引惡，惟朕憝。汝今往之國，當分別播布德教，以立民大善之譽。若不念我言，不用我法者，病其君道，是汝長惡，惟我亦惡汝。○乃別，彼列反，注同。汝長，丁丈反，下同。已！汝乃其速由茲義率殺，亦惟君惟長。汝乃其速用此典刑宜於時世者，循理以刑殺，則亦惟君長之正道。不能厥家人，越厥小臣、外正，惟威惟虐，大放王命，乃非德用乂。爲人君長而不能治其家人之道，則於其小臣外正官之吏並爲威、虐，大放棄王命，乃由非德用治之故。汝亦罔不克敬典，乃由裕民，〔三〇〕惟文王之敬忌。常事人之所輕，故戒以無不能敬常。汝用寬民之道，當惟念文王之所敬忌而法之。○忌，其記反。乃裕民曰：『我惟有及。』則予一人以懌。」汝行寬民之政曰：我惟有及於古。則我一人以此悅懌汝德。○懌音亦。

【疏】「不率」至「以懌」　言滅五常之害當除。凡民不循大道五常之教猶刑之，況在外土掌庶子之官，主於訓民？惟其正官之人，及於小臣諸有符節者，並爲教首，其心不循大常，豈可赦也？以人之須有五常，汝今往之國，乃當分別播布德教，以立民大善之譽。若不念我言，不用我法，即病其爲君之道，是汝長爲惡矣。以此，惟我亦惡汝也。已乎，既惡不可爲，汝乃其疾用此典刑宜於時世者，循理以刑殺亂常者，則亦惟爲人君、惟爲人長之正道。既爲人君長，不能治其五教，施於家人之道，則於其卑小臣、外土正官之吏，惟爲威暴，惟爲酷虐，大放棄王命矣。如是，乃由汝非以道德用治之故。由此，汝亦無得不能敬其常事。汝用寬民之道，當思惟念用文王之所敬畏而法之。汝以此行寬民之政，曰我願惟有及於古，則我一人天子以此悅懌汝德矣，汝惟宜勤之。

傳「戛常」至「犯乎」　「戛」，猶楷也。言爲楷模之常，故「戛」爲「常」也。述上凡民自得罪，故言「凡民不循大常之教也猶刑之」。即上云「刑茲無赦」故也。亦愚以況智，故言「況在外掌衆子之官、主訓民者而親犯乎」。即周官云「諸子」、文王世子云「庶子」也。以致教諸子，故爲訓人。周禮諸子之官亦是王朝之臣，言「在外」者，對父子兄弟爲外。惟舉庶子之官者，以其教訓公卿子弟最爲急故也。鄭玄以「訓人」爲師長，亦各一家之道也。

傳「惟其」至「之科」　「正官之人」，若周官三百六十職正官之首。「於小臣諸有符節」者，謂正人之下，非長官之身，下至符吏諸有符節。爲教人之故，故言「有符節」者，非要行道之符節。若爲官行文書而有符，今之印章也。〔三二〕以上況之，故言「不循大常，亦在無赦之科」矣。在軍者有旌節，亦得爲有符節耳。

傳「汝今」至「惡汝」　言「分別播布德教」，謂分遣卿大夫，爲之教民使善而已。有善譽，是立民以「大善之譽」。

傳「汝乃」至「正道」　此用宜於時以刑殺上不循五常之道者。其「君」、「長」，對則大夫爲長，散則人君爲長。君而居之，是君亦與長爲一。孝經對例，以「長」爲大夫耳。

傳「爲人」至「之故」　以五常父、母、兄、弟、子，即「家人之道」。易有家人卦，亦與此同也。不行五教，爲不能治家人之道。家人不治，則君不明。君既不明，則不察下。故「則於其小臣、外正官之吏，並爲威虐，大放棄王命」，「非德用治」，是不明爲「非德」也。

傳「常事」至「法之」　「常事」，常所行之事也。人見尋常不爲異，故輕之，而以爲戒。文王所「敬忌」，即敬德忌刑。鄭云：「祇祇威威是也。」

傳「汝行」至「汝德」　寬則得衆，故五教在寬。上既言「乃由裕民」，此又疊之。汝行寬民之政曰：「我惟有及於古。」即古賢諸侯。汝惡我則惡之，汝善我則愛之。以此，我一人悦懌汝德也。

王曰：「封，爽惟民迪吉康。明惟治民之道而善安之。我時其惟殷先哲王德，用康乂民，作求。我是其惟殷先智王之德，用安治民，爲求等。○爲求，上于僞反。矧今民罔迪不適。不迪，則罔政在厥邦。」治民乃欲求等殷先智王，況今民無道不之。言從教也。不以道訓之，則無善政在其國。

【疏】「王曰封爽」至「厥邦」　既言德刑事終，而總言之。我所以令汝明德慎罰以施政者，王命所以言曰：封，爲人君，當明惟爲治民之道而善安之，故我以是須汝善安民。故我其惟念殷先智聖王之德，用安治民，爲求而等之。我於民未治之時，尚求等殷先智王，況今民無道不之而易化。汝若不以道訓之，則無善政在其國，所以須安民以德刑也。

傳「明惟」至「安之」　以慎德刑爲明治民之道，教之五常爲「善」，富而不擾爲「安」也。鄭以「迪」爲下讀，各爲一通也。

傳「治民」至「其國」　以己喻康叔，言我未治之時，乃欲求等殷先智王以致太平者，況今民無道不之。言易從教。不以正道訓民，民則不知道，故無善政在其國，爲無吉康也。

王曰：「封，予惟不可不監，告汝德之説于罰之行。我惟不可不監視古義，告汝施德之説于罰之所行。欲其勤德慎刑。○之説，如字，徐始鋭反。今惟民不静，未戾厥心，迪屢未同。假令今天下民不安，未定其心於周，教道屢數而未和同。設事之言。○假令，力呈反。

數，所角反。爽惟天其罰殛我，〔三二〕我其不怨。明惟天，其以民不安罰誅我，我其不怨天。汝不治，我罰汝，〔三三〕汝亦不可怨我。○殛，紀力反。惟厥罪無在大，亦無在多，矧曰其尚顯聞于天？」民之不安，雖小邑少民，猶有罰誅。不在多、大，況曰不慎罰明聞於天者乎？言罪大。

【疏】「王曰封予」至「于天」　以汝須善政在國，令我民安，當爲政以慎德刑爲教，故王又命之曰：封，我惟不可不視古義，告汝施德之說於罰之所行，欲其勤德慎刑也。假令惟天下民不安，未定其心於周，教道屢數而未和同，明惟天其以民不安，其罰誅我，我其不怨於天。則汝不治，是其罪，我罰汝，汝亦不可怨我。我以民之不安，惟其罰之，無在大邑，無在多民。以少猶誅罰，況曰爲君不慎德刑，其上明聞於天，是爲罪大，不可赦。

傳「我惟」至「慎刑」　以敷求殷先哲王及別求古先哲王，爲己視古義也。德由說而罰須行，故「德」之言「說」，而「罰」言「行」也。以事終而結上，故云「德」、「刑」也。

傳「假令」至「之言」　天下不安爲總說。所以不安，猶「未定其心於周」、「道屢數而未和同」也。〔三四〕時已大和會，故言「假令」，設不和同事言耳。

傳「明惟」至「怨我」　顧氏云：「明惟天」者，言天明察在上，見「民不安」，乃以刑罰誅戮於我。

傳「民之」至「罪大」　此總德刑而直云「不慎罰」者，政以德爲主，不嫌不明，政失由於濫刑，故舉罰以言之。下言「無作怨」，以失罰爲罪大。

王曰：「嗚呼！封，敬哉！無作怨，勿用非謀、非彝。言當修己以敬，無爲可怨之事，勿用非善謀、非常法。

蔽時忱，丕則敏德，斷行是誠道，大法敏德。信則人任焉，敏則有功。用康乃心，顧乃德，遠乃猷。用是誠道安汝心，顧省汝德，無令有非；遠汝謀，思爲長久。裕乃以民寧，不汝瑕殄。」行寬政，乃以民安，則我不汝罪過，不絕亡汝。

【疏】「王曰嗚呼封」至「暇殄」 以罰不可失，故王命言曰：嗚呼，封，當修己以敬哉，無爲可怨之事，勿用非善謀、非常法，而以決斷行是誠信之道，大當法爲機敏之德，用是信敏安汝心，顧省汝德，廣遠汝謀。能行寬政，乃以民安，則我不於汝罪過而絕亡汝。

傳「斷行」至「有功」 以誠在於心，故決斷行之，亦心誠而行敏，爲見事之速。事有善而須德法，故云「大法敏德」也。正以此二者，以「信則人任焉，敏則有功」故也。論語文。

傳「用是」至「長久」 上文有「忱」有「敏」，此惟云「用是誠道」不云「敏」者，「敏」在「誠」下，亦用之可知。

王曰：「嗚呼！肆汝小子封，惟命不于常。以民安則不絕亡汝，故當念天命之不於常，汝行善則得之，行惡則失之。汝念哉，無我殄！無絕棄我言而不念。享明乃服命，享有國土，當明汝所服行之命，令使可則。高乃聽，用康乂民。」高汝聽，聽先王道德之言，以安治民。

【疏】「王曰嗚呼肆」至「乂民」 與上相首引，王命言曰：嗚呼，以民安則不汝絕亡之故，汝小子封當念天命之不於常也。汝行善則得之，行惡則失之。汝念此無常哉，無絕棄我言而不念。若享有國土，當明汝服行之教令使可法，高大汝所聽，用先王道德之言，以安治民也。

傳「享有」至「可則」　以不瑕殄，即「享有國土」也。「服行之命」，謂德刑也。

王若曰：「往哉，封。勿替敬典。汝往之國，勿廢所宜敬之常法。聽朕告，〔三五〕汝乃以殷民世享。」順從我所告之言，即汝乃以殷民世世享國，福流後世。

【疏】「王若」至「世享」　以須高聽治民，故王命順其德，而言曰：汝往之國哉，封乎。勿廢所宜敬之常法，即聽用我誥是也。汝如此，則汝乃得以殷民世世享國而言不絕。〔三六〕國祚短長，由德也。又言「王若曰」者，一篇終始言之，明於中亦有「若」也。

酒誥第十二

酒誥康叔監殷民，殷民化紂嗜酒，故以戒酒誥。○嗜，市志反。

【疏】傳「康叔」至「酒誥」　以梓材云「若兹監」，故云「康叔監殷民」也。鄭以爲連屬之，「監」則爲牧而言。然康叔時實爲牧，而所戒爲居殷墟化紂餘民，不主於牧。下篇云「監」，監亦指爲君言之也。明「監」即國君監一國，故此言「監殷民」，不言監一州，若大宰之建牧立監也。

王若曰：「明大命于妹邦。周公以成王命誥康叔，順其事而言之，欲令明施大教命於妹國。妹，地名，紂所都朝歌以北是。〇王若，馬本作「成王若曰」，注云：「言『成王』者，未聞也，俗儒以爲成王骨節始成，故曰『成王』。或曰：以成王爲少成二聖之功，生號曰成王，没因爲謚。衛、賈以爲戒成康叔以慎酒，成就人之道也，故曰成。此三者，吾無取焉。吾以爲後録書者加之，未敢專從，故曰未聞也。」妹邦，馬云：「妹邦，即牧養之地。」欲令，力呈反。下「始令」、「勿令」同。乃穆考文王，肇國在西土。父昭子穆，文王第稱穆。將言始國於西土，西土，岐周之政。〇文王第稱穆，周自后稷而封爲始祖。后稷生不窋爲昭，鞠陶爲穆；公劉爲昭，慶節爲穆；黄僕爲昭，〔三七〕羌弗爲穆；〔三八〕毁揄爲昭，〔三九〕公非爲穆；高圉爲昭，亞圉爲穆；諸盩爲昭，〔四〇〕大王爲穆；王季爲昭，文王爲穆。故左傳宫之奇云：「大伯、虞仲，大王之昭也；虢仲、虢叔，王季之穆也。」又富辰云：「管、蔡已下十六國，文之昭也。」昭，一音韶。窋音竹律反。揄音投。盩音張流反。大並音太。厥誥毖庶邦庶士越少正、御事，朝夕曰：祀兹酒。〔四一〕文王其所告慎衆國衆士於少正官、御治事吏，朝夕敕之，惟祭祀而用此酒，不常飲。〇毖音祕。少正，上詩照反。惟天降命，肇我民，惟元祀。惟天下教命，始令我民知作酒者，惟爲祭祀。〇爲祭，上于僞反。下同。天降威，我民用大亂喪德，亦罔非酒惟行。〔四二〕天下威罰，使民亂德，亦無非以酒爲行者，言酒本爲祭祀，亦爲亂行。〇惟行，下孟反，注及下注「之行」同。越小、大邦用喪，亦罔非酒惟辜。於小大之國所用喪亡，亦無不以酒爲罪也。

【疏】「王若」至「惟辜」　周公以王命誥康叔順其事，而言曰：汝當明施大教命於妹國，而戒之以酒。所以須戒酒者，以汝父於廟次穆考文王，始國在西土岐周爲政也，其誥慎所職衆國衆士於少正官、御治事吏，朝夕敕之曰：惟祭祀而用此酒，不常爲飲也。所以不常爲飲者，以惟天之下教命，始令我民知作酒者，惟爲大祭祀，故以酒爲祭，不主飲。故天下威罰於我民，用使之大爲亂，以喪其德，亦無非以酒爲行而用之。故於小、大之國用使之喪亡，亦無非以酒爲罪。以此，衆士少正皆須戒酒也。〔四三〕是文王以酒爲重戒，汝不可不法也。

傳「周公」至「北是」　此爲下之目，故言「明施大教命於妹國」。此妹與沬，〔四四〕一也。故沬爲地名，紂所都朝歌以北。但妹爲朝歌之所居也，〔四五〕朝歌近妹邑之南，故云「以北是」。詩又云「沬之東矣」，「沬之鄉矣」，即東與北爲鄉也。妹屬鄘，紂所都在妹，又在北與東，是地不方平，偏在鄘多故也。馬、鄭、王本以文涉三家，而有「成」字。鄭玄云：「成王，言成道之王。〔四六〕三家云王年長，骨節成立，皆爲妄也。」

傳「父昭」至「之政」　以「穆」連「考」，故以昭穆言之。文王廟次爲穆，以周自后稷以至文王十五世。案世本云：「后稷生不窋，爲昭；不窋生鞠陶，爲穆；鞠陶生公劉，爲昭；公劉生慶節，爲穆；慶節生皇僕，爲昭；皇僕生羌弗，爲穆；羌弗生毁榆，爲昭；毁榆生公飛，〔四七〕爲穆；公飛生高圉，爲昭；高圉生亞圉，爲穆；亞圉生組紺，〔四八〕爲昭；組紺生大王亶父，爲穆；亶父生季歷，爲昭；季歷生文王，爲穆。」據世次偶爲穆也。左傳曰：「大伯、虞仲，大王之昭。」言大王爲穆而子爲昭。又曰：「虢仲、虢叔，王季之穆。」亦王季爲昭而子爲穆，與文王同穆也。又管、蔡、郕、霍等十六國亦曰文王之昭，則以文王爲穆，其子與武王爲昭。又曰：「邘、晉、應、韓，武之穆。」以繼武王爲昭也。「將言始國在西土，西土岐周之政」者，據今本先，故言始，謂初始爲政。然則居豐前故云「西土」，欲將言道文王「誥毖庶邦」以下之政，故先本之云「肇國在西土」。

傳「文王」至「常飲」　告敕使之敬慎，故曰「告慎」。其「衆國」，即衆多國君。「衆士」，朝臣也。既總呼爲士，則卿大夫俱在內。少正御治事，以其卑賤，更別目之。「朝夕敕之」，丁寧慎之至也。

傳「惟天」至「祭祀」　世本云：「儀狄造酒，夏禹之臣。」又云：「杜康造酒。」則人自意所爲。言「天下教命」者，以天非人，不因人爲者，亦天之所使，故凡造立皆云本之天。「元祀」者，言酒惟用於大祭祀，見戒酒之深也。顧氏云：「元，大也。」洛誥「稱秩元祀」，孔以爲舉秩大祀。大劉以「元」爲始，誤也。

傳「天下」至「亂行」　民自飲酒致亂，以被威罰。言「天下威」者，亦如上言天之「下教命」，令民作酒也。爲亂而罪，天理當然，故曰「天討有罪，五刑五用哉」。俗本云「不爲亂行」，定本云「亦爲亂行」，俗本誤也。

傳「於小」至「爲罪也」　「小、大之國」，謂諸侯之國有小、大也。上言「民用大亂」，指其身爲罪；此言「邦用喪」，言其邦國喪滅。上文總謂貴賤之人，此則專指諸侯之身故也。惟行用酒，惟罪身得罪，亦互相通也。

「文王誥教小子、有正、有事無彝酒。小子，民之子孫也。正官治事，謂下羣吏。教之皆無常飲酒。越庶國飲惟祀，德將無醉。〔四九〕於所治衆國，飲酒惟當因祭祀，以德自將，無令至醉。惟曰我民迪小子惟土物愛，〔五〇〕厥心臧。文王化我民教道子孫，惟土地所生之物皆愛惜之，則其心善。聰聽祖考之彝訓，越小大德，小子惟一。言子孫皆聰聽父祖之常教，於小大之人皆念德，則子孫惟專一。

【疏】「文王」至「惟一」　前文王戒酒，以爲所供當重飲之，則有滅亡之害，此更戒之，令以德自將，不可常飲，故又云文王誥教其民之小子，與正官之下有職事之人，謂羣吏，汝等無得常飲酒也。於所治衆國之君臣民衆等，言飲酒惟當因祭祀，以德自將，無令至醉。又自申文王之教小子者，不但身自教之，又化民使自教其子弟。惟教其民曰：惟我民等，當教道子孫小子，令土地所生之物皆愛惜之，則其心善矣。以愛物則不爲酒而損耗故也。既父祖稟文王之教以化其子孫，而子孫能聰審聽用祖考之常訓，言愛物以戒酒也。不但民之小子爲然，其於小大德之士大夫等，亦皆能念行文王之德以教其子孫，故子孫亦聰聽之。小子惟皆專一而戒其酒。其民及在位不問貴賤，子孫皆化，則至成長爲德可知也。

傳「小子」至「飲酒」　知「小子」謂「民之子孫」者，以下文云「我民迪小子」，又云「奔走事厥考、厥長」，故知「小子」謂民之子孫也。知「有正、有事」非士大夫，而云「正官治事謂下羣吏」者，以文與「小子」相連，故知是正官下治事之羣吏。

傳「於所」至「至醉」　以述上文內外雙舉，此爲小子及民與士大夫，可知其外宜有國君，故下云指戒康叔爲國之事。故總言衆國惟於祭祀得飲酒，猶「以德自將，無令至醉」。大傳因此言宗室將有事，族人皆入侍，得有醉與不醉而出與不出之事，而「以德自將，無令至醉」，亦一隅之驗。文王爲諸侯而云「衆國」者，文王爲西伯，又三分有二諸侯，故得戒衆國也。

傳「文王」至「心善」　以「惟曰」爲教辭，故言文王化我民愛惜土物而不損耗，則不嗜酒，故心善。

「妹土嗣爾股肱，純其藝黍、稷，奔走事厥考、厥長，今往，當使妹土之人繼汝股肱之教，爲純一之行。其當勤種黍、稷，奔走事其父兄。○厥長，丁丈反，下注「長官」、「諸侯之長」同。肇牽車牛，遠服賈，用孝養厥父母。農功既畢，始牽車牛，載其所有，求易所無，遠行賈賣，用其所得珍異，孝養其父母。○賈音古。養，羊亮反。厥父母慶，自洗，腆致用酒。其父母善子之行，子乃自絜，厚致用酒養也。○洗，先典反，馬云：「盡也。」腆，他典反。

庶士有正越庶伯、君子，其爾典聽朕教。衆伯君子、長官、大夫統衆士有正者，其汝常聽我教，勿違犯。爾大克羞耇，惟君，爾乃飲食醉飽。汝大能進老成人之道，則爲君矣。如此，汝乃飲食醉飽之道。先戒羣吏以聽教，次戒康叔以君義。丕惟曰：爾克永觀省，作稽中德。我大惟教汝曰：汝能長觀省古道，爲考中正之德，則君道成矣。○省，悉井反。爾尚克羞饋祀，爾乃自介用逸。能考中德，則汝庶幾能進饋祀於祖考矣。能進饋祀，則汝乃能自大用逸之道。○饋，其位反。茲乃允惟王正事之臣，汝能以進老成人爲醉飽，考中德爲用逸，則此乃信任王者正事之大臣。○信任音壬。茲亦惟天若元德，永不忘在王家。」言此非但正事之臣，亦惟天順其大德而佑之，長不見志在王家。

【疏】「妹土」至「王家」　既上言文王之教，今指戒康叔之身，實如汝當法文王斷酒之法，故今往當使妹土之人繼爾股肱之教，爲純一之行。其當勤於耕種黍稷，奔馳趨走，供事其父與兄。其農功既畢，始牽車牛，遠行賈賣，用其所得珍異，孝養其父母。父母以子如此，善子之行，子乃自洗絜謹敬，厚致用酒以養。此亦小子土物愛也。又謂汝衆士有正之人，及於衆伯君子、長官大夫統衆士有正者，其汝亦常聽用我斷酒之教，勿違犯也。汝康叔大能進行老成人之道，則惟可爲君矣。如此，汝乃爲飲食醉飽之道。由須進行老成人，故我大惟教汝曰：汝能長觀省古道，所爲考行中正之德，即是進行老成人，惟堪爲君。能考中德，則汝庶幾能進饋祀於祖考矣。以能進饋祀，人神所助，則汝乃能自大用逸之道。如此用逸，則乃信惟王正事之大臣。不但正事大臣如此，亦惟天順其大德而佑助之，長不見遺忘在王家矣，可不務乎？

傳「今往」至「父兄」　以妹土爲所封之都，故言「今往」。「繼汝股肱之教」者，君爲元首，臣作股肱，君倡臣行，施由股肱，故言繼其教也。言「奔走」者，顧氏云：「勤種黍稷，奔馳趨走也。」

傳「農功」至「父母」　若當農功，則有所廢，故知既畢乃行，故云「始牽車牛」，即牽將大車，載有易無，遠求盈利。所得珍異而本不損，故可孝養其父母，亦愛土物之義也。

傳「其父」至「酒養也」　以人父母欲家生之富者，若非盈利，雖得其養，有喪家資，則父母所不善。今勤商得利，富而得養，所以善子之行也。

傳「衆伯」至「違犯」　「衆伯君子」統衆士有正者，經云「庶士有正者」。戒其慎酒，從卑至尊，故先教子孫，乃及庶士衆伯君子。

傳「汝大」至「君義」　釋詁云：「羞，進也。」既以慎酒立教，是大能進行老成人之道，是惟可爲人君矣。以人君若治不得所，民事可憂，雖得酒食，不能醉飽。若能進德，民事可平，故爲飲食可醉飽之道。以羣臣言，聽教即爲臣義，不過慎酒進德。次戒康叔以君義，亦有聽教，明爲互矣。

傳「我大」至「成矣」　以言「曰」，故以爲教辭，即教以「大克羞耇」。長省古道，是老成人之德。考其中正，是能大進行，可以惟爲君，故云「則君道成矣」。

傳「能考」至「之道」　以聖人爲能饗帝，孝子爲能饗親，考德爲君，則人治之已成。民事可以祭神，故考中德能進饋祀於祖考。人愛神助，可以無爲，故大用逸之道，即上云「飲食醉飽之道」也。鄭以爲助祭於君，亦非其義勢也。以下云「兹亦惟天據人事」，〔五一〕是惟王正事大臣本天理，故天順其大德，不見忘在於王家，反覆相成之勢也。

王曰：「封，我西土棐徂邦君、御事、小子尚克用文王教，不腆于酒，我文王在西土，輔訓往日國君及御治事者、下民子孫，皆庶幾能用上教，不厚於酒，言不常飲。故我至于今克受殷之命。」以不厚於酒，故我周家至於今能受殷之王命。〔五二〕

【疏】「王曰封我西」至「之命」。於此乃總言不可不用文王愼酒之教。王命之曰：封，我文王本在西土，以道輔訓往日國君，及治事之臣大夫士與其民之小子，其此等皆庶幾能用文王教而不厚於酒，故我周家至於今能受殷之王命。以此故，不可不用其教以斷酒。

傳「我文」至「常飲」。「棐」，輔也。「徂」，往也。以事已過，故言「往日」。恐嗜酒不成其德，故以斷酒輔成之。其「御事」，謂國君之下衆臣也。「不厚於酒」，即「無彝酒」也，故云「不常飲」。總述上也。

王曰：「封，我聞惟曰：在昔殷先哲王迪畏天，顯小民，聞之於古。殷先智王，謂湯。蹈道畏天，明著小民。經德秉哲。自成湯咸至于帝乙，成王畏相。能常德持智。從湯至帝乙，中間之王猶保成其王道，畏敬輔相之臣，不敢爲非。○畏相，息亮反，下同。惟御事厥棐有恭，不敢自暇自逸，惟殷御治事之臣，其輔佐畏相之君，有恭敬之德，不敢自寬暇自逸豫。○暇，遐嫁反。矧曰其敢崇飲？崇，聚也。自暇自逸猶不敢，況敢聚會飲酒乎？明無也。越在外服，侯、甸、男、衞、邦伯；於在外國，侯服、甸服、男服、衞服。國伯，諸侯之長。言皆化湯畏相之德。越在内服，百僚庶尹、惟亞、惟服、宗工，於在内服，治事百官衆正，及次大夫，服事尊官，亦不自逸。越百姓、里居，於百官族姓，及卿大夫致仕居田里者。罔敢湎于酒。不惟不敢，亦不暇。自外服至里居，皆無敢沈湎於酒。非徒不敢，志在助君敬法，亦不暇飲酒。○湎，面善反。惟助成王德顯，越尹人祗辟。所以不暇飲酒，惟助其君成王道，明其德。於正人之道，必正身敬法。其身正，不令而行。○祗辟，扶亦反。

【疏】「王曰封我聞」至「祗辟」　以周受於殷，文王之前，殷代也，今又衛居殷地，故舉殷代以酒興亡得失而爲戒。王命之曰：封，我聞於古，所聞惟曰殷之先代智道之王成湯於上蹈道以畏天威，於下明著加於小民，即能常德持智，以爲政教。自成湯之後皆然，以至於帝乙，猶保成其王道，畏敬輔相之臣。其君既然，惟殷御治事之臣其輔相於君，有恭敬之德，不敢自寬暇，自逸豫，況曰其敢聚會羣飲酒乎？於是在外之服侯、甸、男、衛、國君之長，於是在内之服治事百官衆正，惟次大夫，惟服事尊官，於百官族姓及致仕在田里而居者，皆無敢沈湎於酒。不惟不敢，亦自不暇飲。所以不暇者，惟以助其君成其王道，令德顯明，又於正人之道，必正身敬法，正身以化下，不令而行，故不暇飲。是亦可以爲法也。

傳「聞之」至「小民」　言「聞之於古」，是事明衆見也。下言「自成湯」，知此別道湯事也。王者上承天下恤民，皆由蹈行於道，畏天之罰己故也。又以道教民，故明德著小民。

傳「能常」至「爲非」　德在於身，智在於心，故能常德持智，即上「迪畏天，顯小民」，爲自湯後皆爾。

傳「惟殷」至「逸豫」　此事當公卿，故下別云「越在内服百僚庶尹」也。爲君畏相，故輔之。若寬暇與逸豫，則不恭敬，故不敢爲也。

傳「崇聚」至「明無也」　釋詁云：「崇，充也。」充實則集聚，故「崇」爲「聚」也。飲必待暇逸。猶尚不敢暇逸，故言「況敢聚集飲酒乎」，明無也。

傳「於在」至「之德」　以公卿與國爲體，承君共事，故先言之。然後見廣，故自外及内。舉四者以總六服，又因衛爲蕃衛，故不言采也。「國」謂國君，「伯」言長。連屬卒牧，皆是見遍在外爲君，故言「化湯畏相之德」。

傳「於在」至「自逸」　畿外有服數，畿内無服數，故爲服治事也。言「百官衆正」，爲總之文，但百官衆正除六卿，亦有大夫及士，士亦有官首而爲政者。「惟亞」，傳云「次大夫」者，謂雖爲大夫，不爲官首者。亞次官首，故云亞。舉大夫尊者爲言，其實士亦爲亞次之官。必知「惟亞」兼士者，以此經文上下，更無別見士之文，故知兼之。「惟服宗工」，總上「百僚庶尹」及「惟亞」言。服治職事，尊官之故，亦不自逸。惟亞等雖不爲官首，亦助上服治政事。或可非官首者，服事在上之尊官，亦不自逸。

傳「於百」至「里者」　每言「於」者，繼上君與御事爲「於」。此不言「在」，從上内服故也。「百官族姓」，謂其每官之族姓，而與「里居」爲總，故云「卿大夫致仕居田里者」也。

傳「自外」至「飲酒」　自外服至里居，皆「無敢沈湎」，亦上御事云「亦不暇」。不暇則不逸，可知「助君敬法」。逆探下經也。○酣，户甘反。樂音洛。

「我聞亦惟曰：在今後嗣王酣身，嗣王，紂也。酣樂其身，不憂政事。厥命罔顯于民，祇保越怨，不易。言紂暴虐，施其政令於民，無顯明之德。所敬所安，皆在於怨，不可變易。○不易，如字，馬以豉反。誕惟厥縱淫泆于非彝，用燕喪威儀，民罔不衋傷心。紂大惟其縱淫泆於非常，用燕安喪其威儀，民無不盡然痛傷其心。○縱，子用反。注同。泆音溢，又作「逸」，亦作「佚」。衋，許力反。惟荒腆于酒，不惟自息乃逸。言紂大厚於酒，晝夜不念自息乃過差。○差，初佳反，又初賣反。厥心疾很，不克畏死。紂疾很其心，不能畏死，言無忌憚。○很，胡懇反。辜在商邑，越殷國滅無罹。紂聚罪人在都邑而任之，於殷國滅亡無憂懼。弗惟德馨香祀登聞于天，〔五三〕誕惟民怨。紂不念發聞其德，使祀見享升聞於天，大行淫虐，惟爲民所怨咎。庶羣自酒，〔五四〕腥聞在上，故天降喪于殷，罔愛于殷，惟逸。紂衆羣臣用酒沈荒，腥穢聞在上天，故天下喪亡于殷，無愛于殷，惟以紂奢逸故。○腥聞音問。天非虐，惟民自速辜。」言凡爲天所亡，天非虐民，惟民行惡自召罪。

【疏】「我聞」至「速辜」　既言帝乙以上慎酒以存，故又言紂嗜酒而滅。我聞亦惟曰：殷之在今帝乙後嗣之謂紂王，酣樂其身，不憂於政事，施其政令，無顯明之德於民。所敬所安，皆在於怨，不可變易。大惟其縱淫泆於非常，用燕安之故，喪其威儀。民見之，無不盡然痛傷其心也。皆由惟大愛厚於酒，晝夜不念自止息，乃過逸其內心，疾害很戾，不能畏死。聚罪人在商邑而任之，於殷國滅亡無憂懼也。不念發聞其德令之馨香，使祀見享升聞於天，大惟行其淫虐，爲民下所怨。紂衆羣臣集聚用酒荒淫，腥穢聞在上天，故天下喪亡于殷，無愛念于殷，惟以紂奢逸故。非天虐殷以滅之，惟紂爲人自召此罪故也。

傳「言紂」至「變易」　「施其政令於民，無顯明之德」，言所施者皆是闇亂之政也。紂意謂之爲善，所敬之所安之者及其施行，皆是害民之事，爲民所怨。紂之爲惡，執心堅固，「不可變易」也。

傳「紂大」至「其心」　「誕」訓爲「大」。言「紂大惟其縱淫泆於非常」之事。

傳「紂衆」至「逸故」　「紂衆羣臣用酒沈荒」，「用」者，解經之「自」。定本作「自」，俗本多誤爲「嗜」。

傳「言凡」至「召罪」　此言「惟人」，謂紂也。今變言「人」者，見雖非紂亦然。

王曰：「封，予不惟若兹多誥。我不惟若此多誥汝，我親行之。古人有言曰：『人無于水監，〔五五〕當于民監。』古賢聖有言：人無于水監，當于民監。視水見己形，視民行事見吉凶。○監，工陷反，下及注同。今惟殷墜厥命，我其可不大監，撫于時？今惟殷紂無道，墜失天命，我其可不大視此爲戒，撫安天下于是？

【疏】「王曰封予」至「于時」　既陳殷之戒酒與嗜酒，以致興亡之異，故誥之王命，言曰：封，我不惟若此徒多出言以誥汝而已，我自戒酒，已親行之，汝可法之也。所以親行者，古人有言曰：「人無于水監，當于民監。」以水監但見己形，以民監知成敗故也，以須民監之故。今殷紂無道，墜失其天命，我其可不大視以爲戒，撫安天下於今時也？

「予惟曰：汝劼毖殷獻臣，劼，固也。我惟告汝曰：汝當固慎殷之善臣信用之。○劼，苦八反。侯、甸、男、衛，矧太史友、內史友？侯、甸、男、衛之國當慎接之，況太史、內史掌國典法，所賓友乎？越獻臣百宗工，矧惟爾事，服休服采？於善臣百尊官不可不慎，況汝身事服行美道，服事治民乎？矧惟若疇圻父，薄違農父？圻父，司馬。農父，司徒。身事且宜敬慎，況所順疇咨之司馬乎？況能迫迴萬民之司徒乎？言任大。○圻，巨依反。父音甫。薄，蒲各反，徐又扶各反。違，如字，徐音回，馬云：「違，行也。」若保宏父定辟，矧汝剛制于酒？宏，大也。宏父，司空。當順安之。司馬、司徒、司空，列國諸侯三卿慎擇其人而任之，則君道定，況汝剛斷于酒乎？○宏，大也。辟，必亦反。斷，丁亂反。

【疏】「予惟」至「于酒」　殷之存亡，既可以爲監若是，故我惟告汝曰：汝當堅固愛慎殷之善臣，及侯、甸、男、衛之君，則在外尚然，況已下太史所賓友、内史所賓友，於善臣百尊官，而不固慎乎？此之卑官猶尚固慎，況惟汝之身事所服行美道，服行美事治民，〔五六〕而可不固慎乎？於己身事猶當固慎，況惟所敬順疇咨之圻父、能迫迴萬民之農父、所順所安之宏父？此等大臣能得固慎，則可定其爲君之道。固慎大臣雖非急要，尚能使君道得定，況汝又能剛斷于酒乎？善所莫大，不可加也。

傳「劼固」至「用之」「劼，固」，釋詁文。將欲斷酒爲重，故節文以相況。「毖」訓爲「慎」，言誠堅固謹慎，皆敬而擇任之。其文通於下，皆固慎。

傳「侯甸」至「賓友乎」太史掌國六典，依周禮，治典、教典、禮典、政典、刑典、事典也。内史，掌八柄之法者，爵、禄、廢、置、殺、生、與、奪。此太史、内史，即康叔之國大夫。知者，以下圻父、農父、宏父是諸侯之三卿，明太史、内史非王朝之官。所賓友者，敬也。

傳「於善」至「民乎」「於善臣」，即上經服獻臣也。「百尊官」，即上侯、甸、男、衛、太史、内史也。「服行美道，服事治民」，即上「汝」之「身事」。知「服事」是治民者，民惟邦本，諸侯治民爲事故也。鄭玄以「服休」爲燕息之近臣，「服采」爲朝祭之近臣，非孔意也。

傳「圻父」至「任大」司馬主圻封，故云「圻父」。「父」者，尊之辭。以司徒教民五土之藝，故言「農父」也。以司馬征伐在乎閫外所專，故隨順而疇咨之，言君所順疇也。迫近迴繞於萬民，言近民事也。二者皆任大。

傳「宏大」至「酒乎」「宏，大」，釋詁文。以司空亦君所順所安和之，故言「當順安之」。諸侯之三卿，以上有司馬、司徒，故知「宏父」是司空。言「大父」者，以營造爲廣大國家之父，因節文而分之，乃總之言司馬、司徒、司空。列國三卿令慎擇其人而任之，則君道定，況剛斷于酒乎？爲甚之義也。其「定辟」總上、自「劼毖服獻臣」已下，獨言三卿者，因文相況而接之，其實總上也。三卿不次者，以司馬征伐，爲重；次以政教安萬民，司徒爲重。司空直指譬造，故在下也。司徒言於「萬民」爲「迫迴」者，事務爲主故也。司徒不言「若」者，互相明，皆爲治民而君所順也。

「厥或誥曰羣飲，汝勿佚。其有誥汝曰民羣聚飲酒，不用上命，則汝收捕之，勿令失也。○佚音逸。盡執拘以歸于周，予其殺。盡執拘羣飲酒者以歸於京師，我其擇罪重者而殺之。○盡，子忍反。又惟殷之迪諸臣，惟工乃湎于酒，勿庸殺之。又惟殷家蹈惡俗諸臣，惟衆官化紂日久，乃沈湎於酒，勿用法殺之。○惡俗，上烏各反。姑惟教之，有斯明享。以其漸染惡俗，故必三申法令，且惟教之，則汝有此明訓以享國。○三申，上息暫反，又如字。乃不用我教辭，惟我一人弗恤，弗蠲乃事，時同于殺。」汝若忽怠不用我教辭，惟我一人不憂汝，乃不絜汝政事，是汝同於見殺之罪。

【疏】「厥或」至「于殺」　以爲政莫重於斷酒，故其有人誥汝曰「民今飲酒，相與羣聚」，是不用上命，則汝收捕之，勿令失矣。盡執拘以歸於周之京師，我其擇罪重而殺之也。又惟殷之蹈惡俗諸臣，惟其衆官化紂日久，乃沈湎於酒，勿用法殺之。以漸染惡俗，故三申法令，且惟教之，則汝有此明訓，可以享國。汝若不用我教辭，惟我一人天子不憂汝，不絜汝政事，是汝同於見殺之罪，不可不慎。

傳「盡執」至「殺之」　言「周」，故爲「京師」。但飲有稀數，罪有大小，不可一皆盡殺，故知「擇罪重者殺之」。

傳「又惟」至「殺之」　言「諸臣」，謂尊者及其下列職衆官。不可用法殺之，明法有張弛。此由殷之諸臣漸染紂之惡俗日久，故不可即殺。其衛國之民，先非紂之舊臣，乃羣聚飲酒，恐增長昏亂，故擇罪重者殺之。據意不同，故殺否有異。

傳「以其」至「享國」　禮成於三，故必三申法令。〔五七〕「有此明訓」，總上之辭，故得「享國」。

傳「汝若」至「之罪」　汝不用我教辭，則不足憂念，故惟我一人不憂汝，不絜汝之政事。事惟穢惡，不復教之，使潔靜也。

王曰：「封，汝典聽朕毖，汝當常聽念我所慎而篤行之。勿辯乃司民湎于酒。」辯，使也。勿使汝主民之吏湎於酒，言當正身以帥民。

【疏】「王曰封汝」至「于酒」　以戒酒事終，故結之。王命言曰：封，汝當常聽念我所使汝慎者，篤而行之，勿使汝主民之吏若宰人者沈湎於酒，當正身以帥民。

梓材第十三

梓材告康叔以爲政之道，亦如梓人治材。○梓，音子，本亦作「杍」。馬云：「古作『梓』字。」治木器曰梓，治土器曰陶，治金器曰冶。

【疏】傳「告康」至「治材」 此取下言「若作梓材，既勤樸斲」，故云「爲政之道」，「如梓人治材」。此古「杍」字，今文作「梓」。梓，木名，木之善者，治之宜精，因以爲木之工匠之名。下有「稽田」、「作室」、乃言「梓材」三種。獨用「梓材」者，雖三者同喻，田在於外，室總於家，猶非指事之器，故取「梓材」以爲功也。因戒德刑與酒事終，言治人似治器而結之故也。

王曰：「封，〔五八〕以厥庶民暨厥臣達大家，言當用其衆人之賢者，與其小臣之良者，以通達卿大夫及都家之政於國。○暨，其器反。以厥臣達王，惟邦君。汝當信用其臣，以通王教於民。言通民事於國，通王教於民，惟乃國君之道。汝若恒，越曰：『我有師師。』汝惟君道，使順常，於是曰：「我有典常之師可師法。」司徒、司馬、司空、尹旅曰：『予罔厲殺人。』言國之三卿、正官、衆大夫皆順典常，而曰：「我無厲虐殺人之事。」如此則善矣。亦厥君，先敬勞，肆徂厥敬勞。亦其爲君之道，當先敬勞民，故汝往治民，必敬勞來之。○敬勞，下音力報反，下同。來，力代反。肆往，姦宄、殺人、歷人，宥。以民當敬勞之故，汝往之國，又當詳察姦宄之人及殺人賊、所過歷之人，有所寬宥，亦所以敬勞之。○宄音軌。肆亦見厥君事，戕敗人，宥。聽訟折獄，當務從寬恕，故往治民，亦當見其爲君之事，察民以過誤殘敗人者，當寬宥之。○見，如字，徐賢遍反。戕，徐在羊反，又七良反，馬云：「殘也。」折獄，上之舌反。

【疏】「王曰」至「人宥」 王曰：封，汝爲政，當用其衆人之賢者，與其小臣之良者，以通達卿大夫及都家等大家之政於國。然後汝當信用其臣，以通達王教於民，惟乃可爲國君之道。汝爲君道，故當使上下順常，於是曰「我有典常之師可師法」。是君之順典常也。其下司徒、司馬、司空國之三卿，及正官衆大夫，亦皆順典常，而曰「我無虐厲殺人之事」。是使臣之順常也。如此，君臣皆能順常，則爲善矣。爲君之道，非但順常，亦須敬勞之，故云亦其爲君之道，當先敬心以愛勞民，故汝往治民，必敬勞之。又以民須敬勞之，故汝往之國，詳察其姦宄及殺人之人，二者所過歷之人，原情不知，有所寬宥。以斷獄務從寬，故汝往治，亦當見其爲君之事。而民有過誤殘敗人者，當寬宥之，此亦爲敬勞之也。

傳「言當」至「於國」「以」，用也。「暨」，與也。言用，通「厥臣」可用。明此皆賢與良也。「厥臣」文在「大家」之上，故知小臣也。言用之者，既用其言以爲政，又用其人以爲輔。本之得大家所用統之，即君所遣也。以大夫稱家，對士庶有家而非大，故云「大家」。卿大夫，在朝者。都家，亦卿大夫所得邑也。又公邑而大夫所治，亦是也。周禮有都家之官，鄭云：「都，謂王子弟所封，及公卿所食邑。〔五九〕家，謂大夫所食采地。」〔六〇〕傳以「大家」言之，總包大臣，故言「卿大夫及都家之政」。卿大夫之政，謂在朝所掌者。都家之政，謂采邑所有政事。二者並當通達之於國，故連言之。

傳「汝當」至「之道」 言「汝當信用臣」，即信用卿大夫及都家自然大家也。〔六一〕傳用小臣與庶人，故得「通王教於民」也。人君上承於王，下治民事，故交通其政，「惟乃國君之道」而已。鄭以於邑言「達大家」，於國言「達王與邦君」，「王」爲二王之後，即亂名實也。

傳「汝惟」至「師法」 即上民事，王教通於國人，是順常也，故總上「惟邦君」，言「汝惟君道使順常」也。典常可師，即順常也。

傳「言國」至「善矣」 此連上蒙「若恒」之文，故云「國之三卿、正官、衆大夫皆順典常」也。不言士，從可知也。此曰「予罔厲殺人」，所謂令康叔之語，但在臣下，宜爲此也。以上令下行，行之在臣，故云「我無厲虐殺人之事」，互明君及臣皆師法而無虐。

傳「亦其」至「來之」　「亦其爲君之道」者，爲邦君之道，非直順常，亦須敬勞，故往必敬勞。即論語云「先之勞之」是也。

傳「以民」至「勞之」　上文無罪敬勞，此惟就有罪者，原情免宥，亦敬勞也。其實「姦宄」不殺人者，「殺人」亦是姦宄，但重言而别其文。姦宄及殺人，二者並是賊害，自當合罪，不可寬宥。其所過歷之人，情所不知，故詳察寬宥，以爲敬勞之。

傳「聽訟」至「宥之」　以君者立於無過之地，使物不失其所，故宥罪原情，當見其爲君之事。與上「厥君」終始相承。〔六二〕於「姦」上言「肆往」，此亦以罪事往可知也。言「宥」，明情亦可原，故知「過誤殘敗人」也。

「王啓監，厥亂爲民，言王者開置監官，其治爲民，不可不勉。○監，工暫反，劉工銜反，下同。爲民，上于僞反，注同。治，直吏反。曰：『無胥戕，無胥虐。』至于敬寡，至于屬婦，〔六三〕合由以容。當教民無得相殘傷、相虐殺，至於敬養寡弱，至於存恤妾婦，和合其教，用大道以容之，無令見冤枉。○屬婦，上音蜀，妾之事妻也。令，力呈反，篇末同。冤，紆元反，一本作「以冤」。王其效邦君越御事，厥命曷以。王者其效實國君，及於御治事者，知其教命所施何用，不可不勤。引養引恬，自古王若兹監，罔攸辟。能長養民，長安民，用古王道如此監，無所復罪，當務之。○恬，田兼反。辟，扶亦反。

【疏】「王啓」至「攸辟」　周公云：所以敬勞者，以王者開置監官，其治主爲於民故也。以此，當教民曰：無得相殘傷，無得相虐殺，而爲重害也。何但不可爲重害，民之相於，當至於敬養寡弱，至於存恤屬婦，合和其教，用大道以相容，無使至冤枉。所以如此者，以王者其當效實國君，及於御治事者，惟須知其教命所施何用，知其善惡，故不可不勤也。所效實若能長養民，長安民，用古昔明王之道而治之。如此爲監，無所復罪，汝當務之。

傳「當教」至「冤枉」　以言「曰」，故知當教民也。「殘」謂不死，「虐」甚則殺，故二文也。經言「屬婦」，傳言「妾婦」者，以妾屬於人，故名屬婦。此經「屬婦」與「寡弱」爲例，則非闔嫡婦也。何者？妻子是家中之貴者，不至冤枉故也。

傳「王者」至「不勤」　以君臣共國事，故併效御治事而知其所施，則下不得爲非，即是王使存省侯伯監治是也，故不可不勤。

「惟曰：若稽田，既勤敷菑，惟其陳修，爲厥疆畎。言爲君監民，惟若農夫之考田，已勞力布發之，惟其陳列修治，爲其疆畔畎壟，然後功成，以喻教化。○菑，側其反。畎，工犬反。若作室家，既勤垣墉，惟其塗塈茨。（六四）如人爲室家，已勤立垣牆，惟其當塗塈茨蓋之。○垣音袁。墉音庸。馬云：「卑曰垣，高曰墉。」塈，徐許氣反，説文云：「仰塗也。」廣雅云：「塗也。」馬云：「塈色。」一音故愛反。茨，徐在私反。若作梓材，既勤樸斲，惟其塗丹雘。爲政之術，如梓人治材爲器，已勞力樸治斲削，惟其當塗以漆、丹以朱而後成，以言教化亦須禮義然後治。○樸，普角反，馬云：「未成器也。」斲，丁角反。雘，枉略反，徐烏郭反，馬云：「善丹也。」説文云：「讀與靃同也。」又一郭反，字林音同。

【疏】「惟曰」至「丹雘」　既言王者所以效實國君爲政之事，故此言國君爲政之喻、惟爲監之事曰：若農人之考田也，已勞力遍布，菑而耕發其田，又須惟其陳列修治，爲疆畔畎壟，以至收穫，然後功成。又若人爲室家，已勤力立其垣墉，又當惟其塗而塈飾茨蓋之，功乃成也。又若梓人治材爲器，已勞力樸治斲削其材，惟其當塗而丹漆以朱雘，而後成。以喻人君爲政之道，亦勞心施政，除民之疾，又當惟其飾以禮義，使之行善，然後洽。

傳「爲政」至「後洽」 此三者事别而喻同也。先遠而類，疏者乃漸。漸以事近，而功者次之。皆言既勤於初，乃言修治於末。明爲政孜孜，因前基而修使善。垣、墉一也，皆詳而復言之。室、器皆云其事終，而考田止言「疆畎」，不云刈穫者，田以一種，但陳修終至收成，故開其初，與下二文互也。二文皆言「斁」，即古塗字，明其終而塗飾之。其室言「塗墍」，「墍」亦塗也，總是以物塗之。「茨」，謂蓋覆也。器言「塗丹雘」，塗、丹皆飾物之名，謂塗、丹以朱、雘。雘是彩色之名，有青色者，有朱色者，故鄭玄引山海經云：「青丘之山，多有青雘。」此經知是朱者，與「丹」連文故也。

「今王惟曰：先王既勤用明德，懷爲夾。言文、武已勤用明德，懷遠爲近，汝治國當法之。○夾音協，近也。庶邦享作，兄弟方來，亦既用明德。衆國朝享於王，又親仁善鄰，爲兄弟之國方方皆來賓服，亦已奉用先王之明德。○朝享，上直遥反。后式典集，庶邦丕享。君天下能用常法，則和集衆國，大來朝享。皇天既付中國民，越厥疆土，于先王肆。〔六五〕大天已付周家治中國民矣，能遠拓其界壤，則於先王之道遂大。○付，如字，馬本作「附」。拓音託。王惟德用和懌，先後迷民，用懌先王受命。今王惟用德和悦，先後天下迷愚之民。先後，謂教訓。所以悦先王受命之義。○懌音亦，字又作「斁」，下同。先，悉薦反，注同。已！若兹監，惟曰欲至于萬年惟王，爲監所行，已如此所陳法，則我周家惟欲使至於萬年承奉王室。○監，古陷反。爲，于威反。子子孫孫永保民。」又欲令其子孫累世長居國以安民。

【疏】「今王」至「保民」　此戒康叔已滿三篇，其事將終，須有總結。因其政術，言法於明王，上下相承，資以成治，故稱今者王命惟告汝曰：先王文、武在於前世，已自勤用明德，招懷遠人，使來以爲親近也。以明德懷柔之，故衆國朝享於王，又相親善爲兄弟之國方方皆來賓服，亦已化上，奉用先王之明德矣。是先王行明德，下亦行明德，以從之而可法也。先王既然，凡爲君以君天下者，亦如先王。用常法則和集衆國，使之大來朝享，亦須同先王用明德也。君天下者，當如此。今大天已付周家治九州之中國民矣，周家之王若能爲政用明德以懷萬國，遠拓其疆界土壤，則先王之道遂更光大。以此，今王須大先王之政，惟明德之大道而用之，以此和悅而先後其天下迷愚之民，使之政治用此。所以悅先王受命，使之遂大之義故也。是明德不可不務，故我周王今亦行之。汝爲人臣，可以不法乎？當法王家，勤用明德治國也。汝若能法我王家而用明德，是爲善不可加，因歎云：已乎，如此爲監，則我周家惟曰欲汝至於萬年，惟以承奉王室，令其子子孫孫累世長居國以安民。

傳「言文」至「法之」　言「先王」，知謂文、武也。「夾」者，是人左右而夾之，故言近也。

傳「衆國」至「明德」　享施於王，而兄弟爲相於之辭，明彼此皆和協。「親仁善鄰」，左傳文。以先王用明德，欲下之所行今亦奉用，爲亦先王耳。

傳「大天」至「遂大」　「肆」，遂也。申遂，故爲大。「越」，遠也。使天下賓服，故遠拓界壤以益先王，故爲「遂大」也。

傳「今王」至「之義」　言「用德」，亦是明德也。「先後」，若詩云「予曰有先後」，謂於民心先未悟而啓之，已悟於後化成之，故謂「教訓」也。先王本欲子孫成其事，今化天下使善，是「悅先王受命」。其和悅先王，即遠拓疆土，悅其受命，即遂大也。

校勘記

〔一〕以殷餘民封康叔　正字云：「『邦』誤『封』，從疏校。」今按：作「邦」是，傳文「國」字正釋「邦」。

〔二〕疏成王至梓材　按：此段疏原誤在下「康誥」傳下，今移正。

〔三〕周禮上公五百里　正字云：「諸」誤「上」。

〔四〕「惟三月哉生魄」至下「乃洪大誥治」　考證引蘇軾曰：「此洛誥之文，當在『周公拜手稽首』上。」

〔五〕六年制禮作樂　「六」，李本、殿本、阮本作「七」。阮云：「宋板作『七』，當作『六』。」

〔六〕用兵除惡於殷　「惡」，李本、殿本、阮本作「害」。

〔七〕今民將在祇遹乃文考　盧云：「古本『今』下有『治』字。」今按：有「治」與傳合。

〔八〕紹聞衣德言　俞樾云：「衣」疑「[illegible]」（古「旅」字）之誤。

〔九〕既言文王明德慎罰之訓　「訓」，阮本作「調」，云：「岳本『調』作『訓』，『調』形近之譌。」

〔一〇〕王曰嗚呼小子封恫瘝乃身　阮云：「案後漢書和帝紀永元八年詔曰『朕寤寐恫矜』，注：『尚書曰：「恫矜乃身。」孔安國注曰：「恫，痛也。矜，病也。言如痛病在身，欲除之也。」』『矜』音古頑反。蓋章懷所見孔氏尚書作『矜』，可證『瘝』爲『矜』之俗字矣。」

〔一一〕人情大可見　盧云：古本、纂傳「人」作「民」。

〔一二〕不在大起於小　盧云：「古本重『大』字。」是。

〔一三〕此明行天人之德者　「此」原誤「所」，「明」下原衍「而云」二字，據正字説訂正。

〔一四〕所以可畏者　「所以可畏」四字原脱，從盧説據官本補。

〔一五〕瘝病釋詁文　正字云：爾雅「瘝」作「鰥」。

〔一六〕自作不典　俞樾云：「典」當讀爲「腆」。

〔一七〕乃惟眚災　俞樾云：「潛夫論述數篇引作『乃惟眚哉』，當從之。」

〔一八〕故汝當盡斷獄之道　「汝」字原脱，據李本、殿本、阮本補。

〔一九〕惟民其畢弃咎　「弃」，諸本作「棄」。傳同。

〔二〇〕非汝封又曰劓刵人　正字引朱子曰：「『又曰』二字當在『非汝封』上。」俞樾云：「『又』當讀爲『有』。」今按：俞説近是。

〔二一〕爲善人爲上養則化所行　正字云：「所」疑「斯」字誤。

〔二二〕必期汝於大幸　正字云：此六字於文不屬，疑誤衍。

〔二三〕惟汝所悉知也　「悉」原誤「委」，據李本、殿本改。阮云：「毛本作『悉』，是。」

〔二四〕爲人兄　盧云：古本上有「於」字。

〔二五〕既人罪由不教而致　「不」字原脱，據殿本補。

〔二六〕釋親云云　按：文在今釋訓，此誤。

〔二七〕則子不述父事　正字云：「則」疑衍字。

〔二八〕因有愛敬多少而分之　「因」下原衍「父」字，從正字説删。

〔二九〕及外庶子　阮云：此四字於本節經意無當，疏亦無釋，疑衍文。

〔三〇〕乃由裕民　「裕」原誤「裕」，從正字説據石經本改。下並同。

〔三一〕今之印章也　「章」原誤「者」，從正字説改。

〔三二〕爽惟天其罰殛我　盧云：古本「殛」下有「於」字。

〔三三〕我罰汝　盧云：古本「罰」下有「誅」字。

〔三四〕道屢數而未和同也　盧云：「道」上脱「故教」二字。

〔三五〕聽朕告　「告」，石經本作「誥」。

〔三六〕而言不絶　正字云：「言」字當在「絶」字下，屬下句。

〔三七〕黄僕　「黄」，宋無疏本、阮本、通志堂本作「皇」，與史記合。

〔三八〕羌弗　「羌」，殿本、通志堂本作「差」，與史記合。疏同。

〔三九〕毁揄　「揄」，阮本、通志堂本作「揄」，史記作「隃」。

〔四〇〕諸盩　史記作「公叔祖類」。

〔四一〕朝夕曰祀兹酒　于鬯云：「祀兹酒」與下文「祀」字殊嫌復犯，此「祀」蓋誤爲「已」。

〔四二〕亦罔非酒惟行　俞樾云：「行」當作「衍」，字之誤也。

〔四三〕以此衆士　「士」原誤「事」，從正字説改。

〔四四〕此妹與沬　考證云：「沬」上脱「鄘風桑中之」五字，「沬」下脱「鄉」字。

〔四五〕但妹爲朝歌之所居也　考證云：「『朝歌』及『居』字併誤。」盧云：「『居』疑『屬』。」今按：「居」猶「處」、「在」，疑不誤。

〔四六〕言成道之王　「言」上原「所」字，從正字説删。

〔四七〕公飛　「飛」，殿本作「非」，與史記合。下同。

〔四八〕組紺　阮引陳浩云：「組」應作「祖」。下同。

〔四九〕越庶國飲惟祀德將無醉　俞樾云：「祀」亦「已」之假借。

〔五〇〕惟曰我民迪小子　盧云：「古本『曰』下有『化』字。」今按：依傳當有「化」字。

〔五一〕以下云茲亦惟天據人事　「云」原作「然」，「茲」原訛「並」，從正字及阮説改。

〔五二〕能受殷之王命　「『之王』二字原倒。」據盧引「古本」正。

〔五三〕弗惟德馨香祀登聞于天　俞樾云：「祀」亦「巳」之假借。

〔五四〕庶羣自酒　阮云：「正義曰：『自酒』，定本作『自』，俗本多誤爲『嗜』。」今按：作「嗜」是，「自」借爲「嗜」。

〔五五〕人無于水監　盧云：「監」古本作「鑒」。下同。

〔五六〕況惟汝之身事所服行美道服行美事治民　「道」字原在「美事」下，從阮校移。

〔五七〕故必三申法令　「令」原誤「人」，據義正。

〔五八〕王曰封　俞樾云：「康誥之首『惟三月』至『洪大誥治』四十八字，當在梓材之首。蔡傳因蘇氏説移洛誥之前，又涉康誥、酒誥之文而誤衍『封』字也。」

〔五九〕及公卿所食邑　正字云：鄭注作「三公采邑」。

〔六〇〕家謂大夫所食采地　正字云：鄭注「大夫」上有「卿」字。

〔六一〕及都家自然大家也　考證云：「自然」二字疑衍。

〔六二〕與上厥君終始相承　「終始」二字原倒，據阮校所引毛本乙。

〔六三〕至于屬婦　「屬婦」，説文引作「嫋婦」。

〔六四〕惟其塗塈茨　俞樾云：「『塗』，據正義本是『斁』字。」阮云：「衛包所改。」下同。

〔六五〕越厥疆土于先王肆　考證云：「古讀如此，朱子謂『肆』字當屬下句，蔡從之。」

召誥第十四

成王在豐，欲宅洛邑，武王克商，遷九鼎於洛邑，欲以爲都，故成王居焉。使召公先相宅，相所居而卜之，遂以陳戒。○召，時照反。相宅，上息亮反。下注同。作召誥。

【疏】「成王」至「召誥」　成王於時在豐，欲居洛邑以爲王都，使召公先往相其所居之地，因卜而營之，王與周公從後而往。召公於庶殷大作之，時乃以王命取幣以賜周公，因告王宜以夏、殷興亡爲戒，史叙其事，作召誥。

傳「武王」至「居焉」　桓二年左傳云：「昔武王克商，遷九鼎於洛邑。」服虔注云：「今河南有鼎中觀。」云「九鼎」者，案宣三年左傳王孫滿云：「昔夏之方有德也，貢金九牧，鑄鼎象物。」然則九牧貢金爲鼎，故稱九鼎，其實一鼎。案戰國策顔率説齊王云：「昔武王克商，遷九鼎，鼎用九萬人。」則以爲其鼎有九。但游説之辭，事多虚誕，不可信用。然鼎之上備載九州山川異物，亦又可疑。未知孰是，故兩解之。

傳「相所」至「陳戒」　孔以序言「相宅」，於經意不盡，故爲傳以助成之。召公相所居而卜之，及其經營大作，遂以陳戒。史録陳戒爲篇，其意不在相宅。序以經具，故略之耳。言先相宅者，明於時周公攝政居洛邑，是周公之意，周公使召公先行，故言先，以見周公自後往也。

召誥召公以成王新即政，因相宅以作誥。

【疏】傳「召公」至「作誥」　武王既崩，周公即攝王政，至此已積七年，將歸政成王，故經營洛邑，待此邑成，使王即政。召公以成王將新即政，恐王不順周公之意，或將惰於政事，故因相宅以作誥也。作誥之時，王未即政。周公作洛誥，爲反政於成王；召公陳戒，爲即政後事，故傳言「新即政」也。

惟二月既望，周公攝政七年二月十五日，日月相望，因紀之。越六日乙未，王朝步自周，則至于豐。於已望後六日，二十一日，成王朝行從鎬京則至於豐，以遷都之事告文王廟。告文王，則告武王可知，以祖見考。○鎬，(一)胡老反。見，賢遍反，下「不見」同。惟太保先周公相宅。太保，三公官名，召公也。召公於周公前相視洛居，周公後往。○先周公，上悉薦反，又如字。越若來三月，惟丙午朏，越三日戊申，太保朝至于洛，卜宅。朏，明也，月三日明生之名。於順來三月丙午朏，於朏三日，三月五日，召公早朝至於洛邑，相卜所居。○朏，芳尾反，又普没反，徐又芳憒反。(二)厥既得卜，則經營。其已得吉卜，則經營規度城郭、郊廟、朝市之位處。○規度，待洛反。朝，直遥反。位處，昌慮反。越三日庚戌，太保乃以庶殷攻位于洛汭。越五日甲寅，位成。於戊申三日庚戌，以衆殷之民治都邑之位於洛水北，今河南城也。於庚戌五日，所治之位皆成。言衆殷本其所由來。○汭，如鋭反。

【疏】「惟二月」至「位成」　惟周公攝政七年二月十六日，其日爲庚寅，既日月相望矣。於已望後六日乙未，爲二月二十一日。王以此日之朝行自周之鎬京，則至於豐，以遷都之事告文王之廟。此日王惟命太保召公先周公往洛水之旁相視所居之處，太保即行。其月小，二十九日癸卯晦，於二月之後順來三月，惟三日丙午朏，而月生明。於朏三日戊申，即三月五日，太保乃以此朝旦至於洛，即卜宅。其已得吉卜，則經營之，規度其城郭、郊廟、朝市之位處。於戊申三日庚戌，爲三月七日，太保乃以衆所受於殷之民，治都邑之位於洛水之汭，謂洛水北也。於庚戌五日，爲三月十一日甲寅，而所治之位皆成矣。

傳「周公」至「紀之」 洛誥云：「周公誕保文、武受命，惟七年。」洛誥是攝政七年事也。洛誥周公云「予惟乙卯朝至於洛師」，此篇云「乙卯周公朝至於洛」，正是一事，知此二月是周公攝政七年之二月也。望者於月之半，月當日衝，日光照月，光圓滿，面鄉相當，猶人之相望，故名望也。治曆者必先正朔望，〔三〕故史官因紀之。將言望後之事，必以望紀之。將言朏後之事，則以朏紀之。猶今人將言日，必先言朔也。望之在月十六日爲多。大率十六日者四分之三，十五日者四分之一耳。此年入戊午蔀五十六歲，二月小，乙亥朔。孔云十五日即爲望，是己丑爲望。言「已望」者，謂庚寅十六日也。且孔云「望」與「生魄」、「死魄」，皆舉大略而言之，不必恰依曆數。又算術前月大者後月二日月見，可十五日望也。顧氏亦云：「十五日望，日月正相望也。」

傳「於已」至「見考」 於已望後六日，是爲二十一日也。步，行也。此云王「朝行」，下太保與周公言「朝至」者，君子舉事貴早朝，故皆言「朝」也。宗周者，爲天下所宗。止，謂王都也。武王已都於鎬，故知宗周是鎬京也。文王居豐，武王未遷之時於豐立文王之廟，遷都而廟不毀，故成王居鎬京則至於豐，以遷都之事告文王廟也。大事告祖，必告於考。此經不言告武王，以告文王則告武王可知，以告祖見考也。告廟當先祖後考，此必於豐告文王，於鎬京告武王也。

傳「朏明」至「所居」 説文云：「朏，月未盛之明。」故爲明也。周書月令云：「三日粤朏。」「朏」字從月、出，是入月三日明生之名也。「於順來」者，於二月之後，依順而來，次三月也。二月乙未而發豐，歷三月丙午朏，又於朏三日，是三月五日。凡發豐至洛，爲十四日也。召公早朝至於洛邑，相卜所居，當以至洛之日即卜也。

傳「其已」至「位處」　「經營」者，考工記所云「匠人營國，方九里，左祖右社，面朝後市」是也。下有丁巳「郊」，故知規度城郭、郊廟、朝市之位處也。匠人不言郊，以不在國内也。匠人王城方九里，如典命文。又以公城方九里，天子城十二里。鄭玄兩説，孔無明解，未知從何文也。「郊」者，司馬法百里爲郊。鄭注周禮云：「近郊五十里。」禮記祭天於南郊，祭地於北郊，皆謂近郊也。其「廟」，案小宗伯云：「建國之神位，右社稷，左宗廟。」鄭注朝士職云：「庫門内之左右。」其「朝」者，鄭云：「外朝一，在庫門之外、臯門之内，是詢衆庶之朝。内朝二者，其一在路門外，王每日所視，謂之治朝；其一在路門内，路寢之朝，王每日視訖，退適路寢，謂之燕朝，或與宗人圖私事。」顧氏云：「市處王城之北。朝爲陽，故在南；市爲陰，故處北。」今案周禮内宰職「佐后立市」。然則后既主陰，故立市也。

傳「於戊」至「由來」　於戊申後三日庚戌，爲三月七日也。水内曰汭。蓋以人南面望水則北爲内，故洛汭爲洛水之北。鄭云：「隈，曲中也。」漢書地理志河南郡治在洛陽縣，河南城別爲河南縣治。都邑之位於洛北，今於漢河南城是也。「所治之位皆成」，布置處所定也，治位乃是周人而言。「衆殷」者，本其所由來，言本是殷民，今來爲我周家役也。莊二十九年左傳發例云：「凡土功，水昏正而栽，日至而畢。」此以周之三月農時役衆者，彼言尋常土功，此則遷都事大，不可拘以常制也。

若翼日乙卯，周公朝至于洛，周公順位成之明日，而朝至於洛汭。則達觀于新邑營。周公通達觀新邑所營，言周遍。

越三日丁巳，用牲于郊，牛二。於乙卯三日用牲，告立郊位於天，以后稷配，故二牛。后稷貶於天，有羊豕。羊豕不見，可知。越翼日戊午，乃社于新邑，牛一、羊一、豕一。告立社、稷之位，用太牢也。共工氏子曰句龍，能平水土，祀以爲社；周祖后稷能殖百穀，祀以爲稷，社、稷共牢。○共音恭。句，故侯反。

越七日甲子，周公乃朝用書命庶殷侯、甸、男邦伯。於戊午七日甲子，是時諸侯皆會，故周公乃昧爽以賦功屬役，書命衆殷侯、甸、男服之邦伯，使就功。邦伯，方伯，即州牧也。○屬音燭。厥既命殷庶，庶殷丕作。其已命殷衆，衆殷之民大作，言勸事。太保乃以庶邦冢君出取幣，乃復入，諸侯公卿並觀於王，王與周公俱至。文不見王，無事。召公與諸侯出取幣，欲因大會顯周公。○復，扶又反。錫周公曰：「拜手稽首，〔四〕旅王若公！召公以幣入，稱成王命賜周公曰：「敢拜手稽首，陳王所宜順周公之事。」

【疏】「若翼」至「若公」 順位成之明日乙卯，三月十二日也。周公以此朝旦至於洛，則通達而徧觀於新邑所經營，其位處皆無所改易。於乙卯三日丁巳，三月十四日也。用牲於郊，告立祭天之位，牛二，天與后稷所配，各用一牛。於丁巳明日戊午，乃祭社於新邑，用太牢，牛一、羊一、豕一。於戊午七日甲子，二十一日也。周公乃以此朝旦，用策書命衆殷在侯、甸、男服之内諸國之長，謂命州牧，使告諸國就功作。其已命殷衆，衆殷皆歡樂勸事而大作矣。〔五〕太保召公乃以衆國大君諸侯出取幣，乃復入稱成王命以賜周公曰：「我敢拜手稽首，以戒王，陳說王所宜順周公之事。」

傳「周公」至「洛汭」 周公以順位成之明日而朝至，則是三月十二日也。其到洛汭在召公之後七日，不知初發鎬京以何日也。成王蓋與周公俱來。鄭云：「史不書王往者，王於相宅無事也。」

傳「於乙」至「可知」 知此「用牲」是告立郊位於天者，此郊與社於攻位之時已經營之，今非常祭之月，而特用牲祭天，知是郊位既定，告天使知，而今後常以此處祭天也。禮，郊用特牲，不應用二牛，以后稷配，故二牛也。郊特牲及公羊傳皆云：「養牲必養二，帝牛不吉，以爲稷牛。」言用彼爲稷牛者，以之祭帝，其稷牛隨時取用，不在滌養。是帝、稷各用牛一，故二牛也。先儒皆云：天神尊，祭天明用犢，貴誠之義。稷是人神，祭用太牢，貶於天神，法有羊、豕，因天用牛，遂云牛二。舉其大者，從天言之，羊、豕不見，可知也。詩頌我將祀文王於明堂云：「惟羊惟牛。」又月令云：「以太牢祠於高禖。」皆據配者有羊、豕也。

傳「告立」至「共牢」 經有社無稷，稷是社類，知其同告之。告立社、稷之位，其祭用太牢，故牛、羊、豕各一也。句龍能平水土，祀以爲社；后稷能殖百穀，祀以爲稷。左傳、魯語、祭法皆有此文。漢世儒者，說社、稷有二。左氏說社、稷，惟句龍、后稷人神而已，是孔之所用。孝經說社爲土神，稷爲穀神，句龍、后稷，配食者，是鄭之所從。而武成篇云「告於皇天、后土」，孔以「后土」爲地。言「后土，社也」者，以泰誓云「類于上帝，宜于冢土」，故以后土爲社也。小劉云：「后土與皇天相對。」以后土爲地。若然，左傳云句龍爲后土，豈句龍爲地乎？社亦名后土，地名后土，名同而義異也。社、稷共牢，經無明說。郊特牲云：「社、稷，太牢二神。」共言太牢，故傳言社、稷共牢也。此經上句言「於郊」，此不言「於社」；此言「社於新邑」，上句不言「郊於新邑」；上句言「用牲」，此言牛、羊、豕，不言「用」；「告天」，不言「告地」；「告社」，不言「告稷」：皆互相足，從省文也。洛誥云「王在新邑烝祭」，「王入太室祼」，則洛邑亦立宗廟，此不云「告廟」，亦從省文也。

傳「於戊」至「牧也」 康誥云「周公初基作新大邑於東國洛，四方民大和會，侯、甸、男邦，采、衛百工，播民和見，士於周」，與此一事也，故知是時諸侯皆會，故周公乃昧爽以賦功屬役，書命衆殷在侯、甸、男服之邦伯，使就築作功也。康誥五服，此惟三服者，立文有詳略耳。昭三十二年，晉合諸侯城成周。左傳稱命役書於諸侯「屬役賦丈」，〔六〕此傳言「賦功屬役」，其意出於彼也。「賦功」，謂賦斂諸侯之功，科其人夫多少。「屬役」，謂付屬役之處，使知得地之尺丈也。「邦伯」，諸國之長，故爲方伯、州牧。王制云：「千里之外設方伯。」方伯即州牧也。周公命州牧，使州牧各命其所部。

傳「諸侯」至「周公」 上云周公「朝用書命庶殷」者，周公自命之，其事不由王也。庶殷既以大作，諸侯、公卿乃併覲於王，其時蓋有行宫。王在位而諸侯、公卿併覲之，既入見王，乃出取幣。初不言入，而經言出者，下云「乃復入」，則上以入可知，從省文也。下賜周公言「旅王若公」，明此出入是覲王之事，而經文不見王至，故傳辯之「王與周公俱至」。自此已上，於王無事，故不見也。正以經文不見王至，知與周公俱至也。周公居攝功成，將歸政於成王，召公與諸侯出取幣，欲因大會顯周公之功。既成將令，王自知政，因賜周公，遂以戒王，故出取幣，復入以待王命。其幣蓋玄纁、束帛也。鄭玄云：「所賜之幣，蓋璋以皮及寶玉、大弓。」此時所賜，案鄭注周禮云：「璋以皮，二王之後享后所用。」寧當以賜臣也？寶玉、大弓，魯公之分，伯禽封魯乃可賜之，不得以此時賜周公也。

傳「召公」至「之事」。「太保以庶邦冢君出取幣」者，以上太保之意，非王命。幣既入，即云「賜周公」者，下言召公不得賜周公，知召公既以幣入，乃「稱成王命」以賜周公。於時政在周公，成王未得賜周公也。但召公見周公功成，作邑將反王政，欲尊王而顯周公，故稱成王之命以賜周公。鄭玄云：「召公見衆殷之民大作，周公德隆功成，有反政之期，而欲顯之，因大戒天下，故與諸侯出取幣，使戒成王立於位，以其命賜周公。」王肅云：「爲戒成王，錫周公。」是也。曰「拜手稽首」者，召公自言己與冢君等敢拜手稽首，陳王所宜順周公之事。宜順之事，自此以下皆是也。

「誥告庶殷，越自乃御事：召公指戒成王，而以衆殷諸侯於自乃御治事，爲辭謙也。諸侯在，故託焉。嗚呼！皇天上帝，改厥元子茲大國殷之命，歎皇天改其大子此大國殷之命，〔七〕言紂雖爲天所大子，無道猶改之，言不可不慎。惟王受命，無疆惟休，亦無疆惟恤。所以戒成王天改殷命，惟王受之，乃無窮惟美，亦無窮惟當憂之。嗚呼！曷其奈何弗敬？何其奈何不憂敬之，欲其行敬。

【疏】「誥告」至「弗敬」　召公所陳戒王「宜順周公之事」云：我爲言誥，以告汝庶殷之諸侯，下自汝御事，欲令君臣皆聽之。其實指以戒王，諸侯皆在，託以爲言也。乃曰：嗚呼，有皇天上帝，改去其大子所受者，即此大國殷之王命也。以其無道，故改命有德。惟王受得此命，乃無窮惟美，亦無窮惟當憂之。既憂之無窮，嗚呼，何其奈何不敬乎？欲其長行敬也。「告庶殷」者，告諸侯也。「庶殷」，通尊卑之辭，故民與諸侯同云庶殷，皆謂所受於殷之衆也。

傳「歎皇」至「不慎」　釋詁云：「皇，君也。」天、地尊之大，故皇天、后土皆以君言之也。「改其大子」，謂改天子之位與他姓。即「此大國殷之命」，謂紂也。言紂雖爲天所大子，無道猶改之，不可不慎也。以託戒諸侯，故言天子。雖大猶改之，況已下乎？　釋詁云：「元，首也。」首是體之大，故傳言「大子」。鄭云：「言首子者，凡人皆云天之子，天子爲之首耳。」

「天既遐終大邦殷之命，茲殷多先哲王在天。言天已遠終殷命，此殷多先智王精神在天，不能救者，以紂不行敬故。越厥後王、後民，茲服厥命。於其後王、後民，謂先智王之後繼世君臣。此服其命，言不忝。厥終智藏瘝在。其終，後王之終，謂紂也。賢智隱藏，瘝病者在位，言無良臣。○瘝，工頑反。夫知保抱攜持厥婦子，以哀籲天，徂厥亡，出執。言困於虐政。夫知保抱其子，攜持其妻，以哀號呼天，告寃無辜，往其逃亡，出見執殺。無地自容，所以窮。○夫、知，並如字，注同。籲音喻，呼也。號，户高反。嗚呼！天亦哀于四方民，其眷命用懋。民哀呼天，天亦哀之。其顧視天下有德者，命用勉敬者爲民主。

【疏】「天既」至「用懋」 更述改殷之事。天既遠終大國殷之王命矣，此殷多有先智之王精神在天，不能救紂，以紂不行敬故也。於其智王之後人，謂繼世之君及其時之人，〔八〕皆服行其君之命。由其亦能行敬，故得不忝其先祖。其此後王之終，謂紂之時。賢智者隱藏，瘝病者在位，言其時無良臣。多行無禮暴虐，於時之民困於虐政，夫知保抱攜持其婦子，以哀號呼天，告寃枉無辜，往其逃亡，出見執殺，言無地自容，以窮困也。〔九〕天亦哀矜於四方之民，其眷顧天下，選擇賢聖，命用勉力行敬者以爲民主，故王今得之也。

傳「言天」至「敬故」 天既遠終殷命，言其去而不復反也。説天終殷之命，而言智王在天者，言先智王雖精神在天，而不能救紂者，以紂不行敬故也。戒王使行敬。

傳「於其」至「不忝」 「先智王之後繼世君臣」，謂智王之後，紂已前能守位不失者。經言「後王、後民」，傳言「君臣」者，見「民」内有臣。民於此皆服行君之命，言不忝辱父祖也。

傳「其終」至「良臣」 既言「後王」，又復言「其終」，知是「後王之終」謂紂也。以瘝從病類，故言「瘝病」也。鄭、王皆以「瘝」爲病。小人在位，殘暴在下，故以病言之。

傳「言困」至「以窮」 言困於虐政，抱子攜妻，欲去之。夫，猶人人，言天下盡然也。保，訓安也。王肅云：「匹夫知欲安其室，抱其子、攜其妻以悲呼天也。」

王其疾敬德，相古先民有夏。言王當疾行敬德，視古先民有夏之王，以爲法戒之。天迪從子保，面稽天若，〔一〇〕今時既墜厥命。夏禹能敬德，天道從而子安之，禹亦面考天心而順之。今是桀棄禹之道，天已墜其王命。今相有殷，次復觀有殷。天迪格保，面稽天若，言天道所以至於保安湯者，亦如禹。今時既墜厥命。墜其王命。今沖子嗣，則無遺壽耇。

曰其稽我古人之德，矧曰其有能稽謀自天？沖子成王其考童子。言成王少嗣位治政，無遺棄老成人之言，欲其法之。○少，詩照反。行古人之德則善矣，况曰其能考謀從天道乎？言至善。

【疏】「王其」至「自天」　既言皇天眷顧，命用勉敬者爲人主，故戒王，言其疾行敬德，視古先民有夏之君，取大禹以爲法戒。禹以能敬之故，天道從而子安之。禹能面考天心而順以行敬，今是桀棄禹之道，已墜失其王命矣。更復視有殷之君，取成湯以爲法戒。湯以能敬之故，天亦從而子安之。天道所以至於保安湯者，亦以湯面考天心而順以行敬也。今是紂棄湯之道，已墜失其王命矣。夏、殷二代能敬則得之，不敬則失之。今童子爲王，嗣位治政，則無遺棄壽考成人，宜用老成人之言，法古人爲治。曰王其考行古人之德，則已善矣，况曰其有能考行所謀，以從順天道乎？若能從順天道，則與禹、湯同功，言其善不可加也。

傳「夏禹」至「王命」　勸王「疾行敬德」，乃言天道安夏，知夏禹能行敬德，天道從而子安之。天既子愛禹，禹亦順天心。鄭云：「面，猶迴向也。」則「面」爲向義。禹亦志意向天，考天心而順安之，言能同於天心也。禹興夏而桀滅之，知天道子保者是禹也。既墜厥命者，是桀也。今桀廢禹之道，已墜失其王命矣。

傳「言天」至「如禹」　此說二代興亡，其意同也。於禹言「從而子安之」，則天於湯亦子安之，故於湯因上略文，直言「格保」。格，至也。言至於保安湯者，亦如禹也。

傳「童子」至「法之」　「嗣位治政」，謂周公歸政之後。此時王未莅政，而言「今沖子嗣」者，召公此戒，戒其即政之後故也。「壽」謂長命，「耇」是老稱。無遺棄長命之老人，欲其取老人之言而法效之。老人之言，即下云「古人之德」也。

「嗚呼！有王雖小，元子哉。其丕能諴于小民，今休。召公歎曰：有成王雖少，而大爲天所子，其大能和於小民，成今之美。勉之。○諴音咸。王不敢後用，顧畏于民碞。王爲政，當不敢後能用之士，必任之爲先。碞，僭也。又當顧畏於下民僭差禮義。能此二者，則德化立，美道成。○碞，五咸反，徐又音吟。

【疏】「嗚呼」至「民碞」召公歎以戒王：嗚呼！今所有之王惟今雖復少小，而大爲天所子愛哉。言任大也。若其大能和同於天下小民，則成今之美，以勉之。故王當不敢後其能用之士，必任以爲先，又當顧念畏於下民僭差禮義。能此二者，則德化立，美道成矣。

傳「王爲」至「道成」王者爲政，任賢使能，有能有用，宜先任之，故王者爲政，「當不敢後」其「能用之士」，「必任之爲先」也。「碞」，即巖也，參差不齊之意，故爲「僭」也。既任能人，復憂下民，故「又當顧畏於下民僭差禮義」，畏其僭差，當治之使合禮義也。「能此二者，則德化立，美道成。」美道成，即「今休」是也。

王來紹上帝，自服于土中。言王今來居洛邑，繼天爲治，躬自服行教化於地勢正中。○治，直吏反，下「爲治」、「致治」皆同。旦曰：『其作大邑，其自時配皇天。稱周公言其爲大邑於土中。其用是大邑，配上天而爲治。毖祀于上下，其自時中乂。』爲治當慎祀于天地，則其用是土中大致治。王厥有成命治民，今休。用是土中致治，則王其有天之成命治民，今獲太平之美。

【疏】「王來」至「今休」　周公之作洛邑，將以反政於王，故召公述其遷洛之意。今王來居洛邑，繼上天爲治，躬自服行教化於土地正中之處，故周公旦言曰：其作大邑於土中，其令成王用是大邑配上天而爲治。爲治之道，當事神訓民，謹慎祭祀上下神祇，其用是土中大致治也。既能治，則王其有天之成命治理下民，今獲太平之美矣。

傳「言王」至「正中」　傳言躬自服行，則不訓用也。〔一一〕鄭、王皆以「自」爲用。

傳「稱周」至「爲治」　王肅云：「旦，周公名也。禮，君前臣名，故稱周公之言爲旦曰。」王者爲天所子，代天治民，天有其意，天子繼天使成，謂之「紹上帝」也。天子設法，其理合於天道，是爲「配皇天」也。天子將欲配天，必宜治居土中，故稱周公之言，其爲大邑於土之中。其當令此成王用是大邑行化，配上天而爲治也。説周公之意，然戒成王使順公也。周禮大司徒云：「以土圭之法測土深，正日影，以求地中。日南，則影短多暑；日北，則影長多寒；日東，則影夕多風；日西，則影朝多陰；日至之影，尺有五寸，謂之地中，天地之所合也，四時之所交也，風雨之所會也，陰陽之所和也。然則百物阜安，乃建王國焉。」馬融云：「王國，東都王城，今河南縣是也。」

傳「爲治」至「致治」　祭法云：「有天下者祭百神，天地爲大。」「上下」，即天地也，故爲治當慎禮於天地。舉天地，則百神之祀皆慎之也。能事神訓民，則其用是土中大致治也。

傳「用是」至「之美」　「用是土中致治」，當於天心，則王其有天之成命，降福與之，使多歷年歲治民，今獲太平之美。自「旦曰」至此，述周公之意也。

王先服殷御事，比介于我有周御事，〔一二〕召公既述周公所言，又自陳己意以終其戒，言當先服治殷家御事之臣，使比近於我有周治事之臣，必和協乃可一。○比，毗志反，徐扶志反。近，附近之近。**節性惟日其邁。**和比殷、周之臣，時節其性，令不失中，則道化惟日其行。○令不，上力呈反。**王敬作所不可不敬德。**敬爲所不可不敬之德，則下敬奉其命矣。

【疏】「王先」至「敬德」 召公既述周公所言，又自陳己意戒王：今爲政先服治殷家御治事之臣，使之比近於我有周治事之臣，令新舊和協，政乃可一。和比殷、周之臣，時節其性命，令不失其中，則王之道化，惟日其行矣。王當敬爲所不可不敬之德，其德爲下所敬，則下敬奉其上命，則化必行矣。化在下者常苦命之不行，〔一三〕故以此爲戒。

傳「召公」至「可一」 自「今休」以上，文義相連，知皆是稱周公言也。此一句意異於上，知是召公自陳己意，以終其戒。殷家治事之臣，謂殷朝舊人，常被殷家任使者也。周家治事之臣，謂西土新來翼贊周家初基者也。周臣恃功，或加陵殷士；〔一四〕殷人失勢，或疏忌周臣，新舊不和，政必乖戾，故召公戒王當先治殷臣，使比近周臣，必和協，政乃可一也。不使周臣比殷而令殷臣比周臣者，周臣奉周之法，當使殷臣從之，故治殷臣使比周臣也。

傳「和比」至「其行」 文承「比周」之下，故知和比殷、周之臣。人各有性，嗜好不同，各恣所欲，必或反道，故以禮義時節其性命，示之限分，令不失中，皆得中道，則各奉王化，故王之道化「惟日其行」，言日日當行之，日益遠也。顧氏云：「和協殷、周新舊之臣，制其性命，勿使怠慢也。」

傳「敬爲」至「命矣」 聖王爲政，當使易從而難犯，故令行如流水，民從如順風。若使設難從之教，爲易犯之令，雖迫以嚴刑，而終不用命，故爲其德不可敬也。王必敬爲此「不可不敬之德」，則下民無不敬奉其命矣。民奉其王命，是化行也。

「我不可不監于有夏，亦不可不監于有殷。〔一五〕言王當視夏、殷，法其歷年，戒其不長。我不敢知曰有夏服天命，惟有歷年；以能敬德，故多歷年數。我不敢獨知，亦王所知。我不敢知曰不其延，惟不敬厥德，乃早墜厥命。言桀不謀長久，惟以不敬其德，故乃早墜失其王命，亦王所知。我不敢知曰有殷受天命，惟有歷年；夏言服，殷言受，明受而服行之，互相兼也。殷之賢王，猶夏之賢王，所以歷年，亦王所知。我不敢知曰不其延，惟不敬厥德，乃早墜厥命。紂早墜其命，猶桀不敬其德，亦王所知。今王嗣受厥命，我亦惟茲二國命，嗣若功。其，夏、殷也。繼受其王命，亦惟當以此夏、殷長短之命爲監戒，繼順其功德者而法則之。

【疏】「我不」至「若功」　言王所以須慎敬所爲，不可不敬之德者，以我不可不監視于有夏，亦不可不監視于有殷。皆有歷年，長與不長，由敬與不敬故也。王當法其歷年，戒其不長。更説宜監之意。我不敢獨知，亦王所知，曰有夏之君服行天命，以敬德之故，惟有多歷年數。謂桀父已前也。其末亦我不敢獨知，亦王所知，曰有夏桀不其長久，惟不敬其德，乃早墜失其王命。是爲敬者長，不敬者短，所以我不可不監夏也。我不敢獨知，亦王所知，曰有殷之君受天命，以敬德之故，惟有多歷年數。謂紂父已前也。其末亦我不敢獨知，亦王所知，曰殷紂不其長久，惟不敬其德，乃早墜失其王命。亦是爲敬者長，不敬者短，所以我不可不監殷也。夏、殷短長既如此矣，今王繼受其命，我亦惟當用此二國夏、殷長短之命以爲監戒，繼順其功德者而法則之。勸王爲敬也。

傳「言王」至「不長」　「相」、「監」俱訓爲視，上言相有夏、相有殷，今復重言監有夏、監有殷者，上言順天則興，棄命則滅，此言敬則歷年，不敬則短，故重言視夏、殷，欲令王法其歷年，戒其不長故也。

傳「以能」至「所知」　下云不敬厥德乃早墜厥命，知其以能敬德者故多歷年數也。上言相夏、相殷，皆云「天迪從子保，面稽天若」，言上天以道安人，人主考天順之。非創業之君不能如是，故傳以禹、湯當之。此言敬德、歷年，則繼體賢君亦能如此，所言「歷年」，非獨禹、湯而已。下傳云「殷之賢王猶夏之賢王」，則此多歷年數者，夏則桀前之賢王，殷則紂前之賢王，不失位者皆是也。召公此誥指以告王，故知言「我不敢獨知」者，其意言亦是王所知也。王說亦然。

「王乃初服。嗚呼！若生子，罔不在厥初生，自貽哲命。言王新即政，始服行教化，當如子之初生，習爲善則善矣。自遺智命，無不在其初生。爲政之道，亦猶是也。○遺，唯季反。今天其命哲、命吉凶、命歷年，今天制此三命，惟人所修。修敬德，則有智，則常吉，則歷年；爲不敬德，則愚、凶、不長。雖說之，其實在人。[一六]知今我初服，宅新邑，肆惟王其疾敬德。天已知我王今初服政，居新邑洛都，故惟王其當疾行敬德。王其德之用，祈天永命。言王當其德之用，求天長命以歷年。其惟王勿以小民淫用非彝，勿用小民過用非常，欲其重民秉常。亦敢殄戮，用乂民。亦當果敢絕刑戮之道，用治民。戒以慎罰。若有功，其惟王位，在德元，順行禹、湯所有成功，則其惟王居位，在德之首。小民乃惟刑用于天下，越王顯。王在德元，則小民乃惟用法於天下，言治政於王亦有光明。

【疏】「王乃」至「王顯」　既言當法則賢王，又戒王爲政之要。王乃初始即政，服行教化。嗚呼，王行教化，當如初生之子。子之善惡，無不在其初生。若習行善道，此乃自遺智命。智命，謂身有賢智，命由己來，是自遺也。爲政之道，亦猶是矣。爲政初則能善，天必遺王多福，使王有智，則常吉，歷年長久也。今天觀人所爲以授之命，其命者智與愚也，〔一七〕其命吉與凶也，其命歷年與不長也。若能敬德，則有智、常吉，歷年長久也。若不敬德，則愚凶不長也。天已知我王今初始服政，居此新邑，觀王善惡，欲授之命，故惟王其當疾行敬德。王其德之用，言爲行當用德，則能求天長命以歷年也。其惟王勿妄役小人，過用非常之事，亦當果敢絶刑戮之道，以治下民。順行禹、湯所有成功，則惟王居天子之位，在德行之首矣。王能如是，小民乃惟法則於王行，用王德於天下。如是，則於王道亦有光明也。

傳「言王」至「猶是也」　以此新即政始行教化，比子之初生，始欲學習爲善，則善矣。若能爲善，天必授之以賢智之命。是此賢智之命，由己行善而來，是「自遺智命」也。初習爲惡，則惡矣。若其爲惡，天必授之以頑愚之命，亦是自遺愚命也。方欲勸王慕善，故惟舉智命。而不言愚命者，愚智由學習而至，是無不在其初生。此「初生」謂年長以解習學，非初始生也。爲政之道亦猶是，爲善政得福，爲惡政得禍，亦如初生之子習善惡也。

傳「今天」至「在人」　命由天授，遠舉天心，故言「今」。天制此三命，有哲當有愚，有歷年當有不長。文不備者，以吉、凶相反，言「命吉凶」，則「哲」對愚，「歷年」對不長可知矣。天制此三命，善惡由人，惟人所修習也。此篇所云惟勸修敬德，故云修敬德則有智，則常吉，則歷年；爲不敬德，則愚、凶、不長也。愚智、夭壽之外而別言吉凶，於凡人則康强爲吉，病患爲凶；於王者則太平爲吉，禍亂爲凶。三者雖以託天説之，其實行之在人。人行之有善、惡，天隨以善、惡授之耳。此是立教誘人之辭，不可以賢智夭枉爲難也。

傳「言王」至「歷年」　「其德之用」，言爲行當用德。用德，與「疾敬德」爲一事也，故上傳云「王其當疾行敬德」，則此文是也。

傳「勿用」至「秉常」 勿用小民非常役，用爲非常之義，戒王當使民以時，莫爲非常勞役，「欲其重民秉常」也。

傳「亦當」至「慎罰」 聖人作法，以刑止刑，以殺止殺。若真犯罪之人，〔一八〕亦當果敢致罪之，以此絶刑戮之道。用治民，謂獄事無疑，決斷得理，則果敢爲絶刑戮之道。若其獄情疑惑枉濫者，多是爲不能果敢絶刑殺之道也。上戒王以「明德」，此戒王以「慎罰」，故言「亦」也。

傳「順行」至「之首」 「若有功」，必順前世有功者也。上文所云相夏、相殷，謂禹、湯之功，故知此順行禹、湯所有成功。能順禹、湯之功，則惟王居位在德之首。禹、湯爲有德之首，故王亦爲首。

傳「王在」至「光明」 詩稱「民之秉彝，好是懿德」，故「王在德元」，則小民乃惟法則於王，行王政於天下。王之爲政民盡行之，是言治政於王道有光明也。

「上下勤恤，其曰我受天命，丕若有夏歷年，式勿替有殷歷年。言當君臣勤憂敬德曰：我受天命，大順有夏之多歷年，勿用廢有殷歷年，庶幾兼之。欲王以小民受天永命。」我欲王用小民受天長命，言常有民。拜手稽首，曰：「予小臣敢以王之讎民百君子，拜手，首至手；稽首，首至地。盡禮致敬，以入其言。言我小臣，謙辭，敢以王之匹民百君子治民者，非一人。言民在下，自上匹之。○讎，字或作「酬」。越友民保受王威命明德。言與匹民百君子於友愛民者，共安受王之威命明德奉行之。王末有成命，王亦顯。臣下安受王命，則王終有天成命，於王亦昭著。我非敢勤，惟恭奉幣，用供王能祈天永命。」言我非敢獨勤而已，惟恭敬奉其幣帛，用供待王能求天長命。將以慶王多福，必上下勤恤，乃與小民受天永命。○奉幣，上如字，又芳孔反。供音恭，徐紀用反，注「供待」同。

【疏】「上下」至「永命」　上既勸王敬德，又言臣當助君，言君臣上下勤憂敬德。所以勤者，其言曰：我周家既受天命，當大順有夏之多歷年歲，用勿廢有殷之多歷年歲。夏、殷勤行敬德，故多歷年長久。我君臣亦當行敬德，庶幾兼之。如此者，我欲令王用小民受天長命，言愛下民則歷年多也。召公既言此，乃拜手稽首，盡禮致敬，欲王納用其言。既拜而又曰：我小臣敢以王之匹配於民衆百君子、於友愛民者，共安受王之威命明德，敬奉行之，是上下勤恤也。〔一九〕臣下安受王命，則王終有天之成命，於王亦爲昭著也。我非敢獨勤而已，衆百君子皆然。言我與衆百君子惟恭敬奉其幣帛，用供待王能求天長命，將以此慶王受天多福也。

傳「言當」至「兼之」　王者不獨治，必當以臣助之。上句惟指勸王，故此又言臣助君。「上下」，謂君臣，故言「當君臣共勤憂敬德」，不獨使王勤也。我周王承夏、殷之後，〔二〇〕受天明命，欲其年過二代。既言大順有夏歷年，又言勿廢有殷歷年，庶幾兼彼二代歷年。長久勤行敬德，即是大順、勿廢也。

傳「拜手」至「匹之」　拜手，頭至手；稽首，頭至地。謂既爲拜，當頭至手，又申頭以至地，故拜手、稽首重言之。諸言「拜手稽首」者，義皆然也，就此文詳而解之。周禮太祝辨九拜，一曰稽首，施之於極尊。召公爲此拜者，恐王忽而不聽，盡禮致敬，以入其言於王。此「拜手稽首」一句，史録其事，非召公語也。召公設言未盡，爲此拜乃更言。鄭云：「拜手稽首者，召公既拜，興曰『我小臣』以下，言召公拜訖而復言也。」王肅云：「我小臣，召公自謂是小臣，爲召公之謙辭。」「讎」，訓爲匹。「敢以王之匹民百君子」，「百」者，舉其成數，言治民者非一人。鄭玄云：「王之諸侯與羣吏，是非一人也。」嫌「匹」爲齊等，故云「民在下，自上匹之」。

傳「言我」至「永命」　「我非敢勤」，召公自道，言我非敢獨勤而已。「必上下勤恤」，言與衆百君子皆勤也。禮，執贄必用幣帛。惟恭敬奉其幣帛，用供待王能求天長命。將以執贄慶王多福，王能愛養小民，即是求天長命，待王能愛小民，即欲慶之。

洛誥第十五

召公既相宅，周公往營成周，使來告卜，召公先相宅，卜之，周公自後至經營作之，遣使以所卜吉兆逆告成王。○相，息亮反，注及下同。使來，上所吏反，注「遣使」同。作洛誥。

【疏】「召公」至「洛誥」　序自上下相顧爲文，上篇序云「召公先相宅」，此承其下，故云「召公既相宅」。召公以三月戊申相宅而卜，周公自後而往，以乙卯日至，經營成周之邑，周公即遣使人來告成王以召公所卜之吉兆。及周公將欲歸政於成王，乃陳本營洛邑之事以告成王，王因請教誨之言，周公與王更相報答。史叙其事，作洛誥。史録此篇，録周公與王相對之言，以爲後法，非獨相宅告卜而已。但周公因致政，本説往前告卜，經文既具，故序略其事，直舉其發言之端耳。

傳「召公」至「成王」　上篇云：「三月戊申，太保朝至于洛，卜宅。厥既得卜，則經營。」是召公先相宅即卜之。又云：「乙卯周公朝至于洛，則達觀于新邑營。」是周公自後至經營作之。召公相洛邑亦相成周，周公營成周亦營洛邑，各舉其一，互以相明。卜者，召公卜也。周公既至洛邑，案行所營之處，遣使以所卜吉兆逆告成王也。案上篇傳云「王與周公俱至」，何得周公至洛逆告王者？王與周公雖相與俱行，欲至洛之時，必周公先到行處所，故得逆告也。顧氏云：「周公既至洛邑，乃遣以所卜吉兆來告於王。」是也。經稱成王言「公既定宅，伻來，來視予卜休恒吉」，是以得吉兆告成王也。上篇召公以戊申至，周公乙卯至，周公在召公後七日也。至洛較七日，其發鎬京或亦較七日。

洛誥

既成洛邑，將致政成王，告以居洛之義。

【疏】傳「既成」至「之義」　周公攝政七年三月，經營洛邑，既成洛邑，又歸向西都。其年冬，將致政成王，告以居洛之義，故名之曰洛誥，言以居洛之事告王也。篇末乃云「戊辰，王在新邑」，明「戊辰」已上皆是西都時所誥也。

周公拜手稽首，曰：「朕復子明辟。周公盡禮致敬，言我復還明君之政於子。子，成王。年二十成人，故必歸政而退老。○辟，必亦反。王如弗敢及天基命定命，如，往也。言王往日幼少，不敢及如天始命周家安定天下之命，故已攝。○少，詩照反。予乃胤保，大相東土，其基作民明辟。我乃繼文、武安天下之道，大相洛邑，其始爲民明君之治。○治，直吏反。

【疏】「周公」至「明辟」　周公將反歸政，陳成王將居其位，周公拜手稽首，盡禮致敬於王。既拜，乃興而言曰：我今復還子明君之政，言王往日幼少，其志意未成，不敢及知天之始命我周家安定天下之命，故我攝王之位，代王爲治，我乃繼文王、武王安定天下之道。以此，故大視東土洛邑之居，其始欲王居之，爲民明君之治。言欲爲民明君，必當治於土中，故爲王營洛邑也。

傳「周公」至「退老」 周公還政而已，明闇在於人君，而云「復還明君之政」者，其意欲令王明，故稱「復子明辟」也。正以此年還政者，以成王年已二十，成人，故必歸政而退老也。傳說成王之年，惟此而已。王肅於金縢篇末云：「武王年九十三而已，冬十一月崩。其明年稱元年，周公攝政，遭流言，作大誥而東征。二年，克殷，殺管叔。三年，歸，制禮作樂。出入四年，六年而成。七年，營洛邑，作康誥、召誥、洛誥，致政成王。」然則武王崩時，成王年已十三矣。周公攝政七年，成王適滿二十。孔於此言成王年二十，則其義如王肅也。又家語云：「武王崩時，成王年十三。」是孔之所據也。

傳「如往」至「已攝」 「如，往」，釋詁文。「及」，訓與也。言王往日幼少，志意未成，不敢與知上天始命我周家安定天下之命，故已攝也。天命周家安定天下者，必令天下太平，乃爲安定。成王幼少，未能使之安定，故不敢與知之，周公所以攝也。

傳「我乃」至「之治」 「胤」，訓繼也。文王受命，武王伐紂，意在安定天下。天下未得安定，故周公言我乃繼續文、武安定天下之道，大相洛邑之地。其處可行教化，始營此都，爲民明君之政治。言欲爲民明君，其意當在此。

予惟乙卯，朝至于洛師。致政在冬，本其春來至洛衆。說始卜定都之意。我卜河朔黎水，我乃卜澗水東、瀍水西，惟洛食。我使人卜河北黎水上，不吉；又卜澗、瀍之間，南近洛，吉。今河南城也。卜必先墨畫龜，然後灼之，兆順食墨。○河朔，朔，北也。瀍，直連反。南近，附近之近。我又卜瀍水東，亦惟洛食。伻來以圖，及獻卜。今洛陽也。將定下都遷殷頑民，故并卜之。遣使以所卜地圖及獻所卜吉兆，來告成王。○伻，普耕反，徐敷耕反，又甫耕反，〔二〕下同。

【疏】「予惟」至「獻卜」　周公追述立東都之事：我惟以七年三月乙卯之日，朝至於洛邑衆作之處，經營此都。其未往之前，我使人卜河北黎水之上，不得吉兆。乃卜澗水東、瀍水西，惟近洛，而其兆得吉，依規食墨。我亦使人卜瀍水東，亦惟近洛，其兆亦吉，依規食墨。我以乙卯至洛，我即使人來以所卜地圖及獻所卜吉兆於王。言卜吉立此都，王宜居之爲治也。

傳「致政」至「之意」　下文總結周公攝政之事云在十有二月，是致政在冬也。在冬發言，嫌此事是冬，故辨之云「本其春來至洛衆」，追説始卜定都之意也。周公至洛之時，庶殷已集於洛邑，故云「至于洛師」。

傳「我使」至「食墨」　嫌周公自卜，故云「我使人」，謂使召公也。案上篇召公至洛，其日即卜，而得「卜河朔黎水」者，以地合龜，非就地内。此言所卜三處，皆一時事也。「黎水」之下不言吉凶者，「我乃」是改卜之辭，明其不吉乃改，故知卜河北黎水之上不吉也。武王定鼎於郟鄏，已有遷都之意，而先卜黎水上者，以帝王所都，不常厥邑，夏、殷皆在河北，所以博求吉地，故令先卜河北，不吉，乃卜河南也。其卜澗、瀍之間，南近洛，吉。今河南城也，基趾仍在，可驗而知。所卜黎水之上，其處不可知矣。凡卜之者，必先以墨畫龜，要坼依此墨，然後灼之，求其兆，順食此墨畫之處，故云「惟洛食」。顧氏云：「先卜河北黎水者，近於紂都，爲其懷土重遷，故先卜近以悦之。」用鄭康成之説，義或然也。

傳「今洛」至「成王」　洛陽即成周，敬王自王城遷而都之，春秋昭三十二年「城成周」是也。周公慮此頑民未從周化，故既營洛邑，將定下都，以遷殷之頑民，故命召公即併卜之。周公既至，即遣使以所卜地圖，及獻所卜吉兆來告於成王，言已重其事。併獻卜兆者，使王觀兆，知其審吉也。

王拜手稽首，曰：「公不敢不敬天之休，來相宅，其作周匹休。成王尊敬周公，答其拜手稽首，而受其言。述而美之，言公不敢不敬天之美，來相宅，其作周以配天之美。**公既定宅，伻來，來視予卜休恒吉，我二人共貞，**言公前已定宅，遣使來，來視我以所卜之美、常吉之居，我與公共正其美。○貞，正也。馬云：「當也。」**公其以予萬億年敬天之休。」**公其當用我萬億年敬天之美。十千爲萬，十萬爲億。言久遠。**拜手稽首誨言。**成王盡禮致敬於周公，求教誨之言。○盡，子忍反。

【疏】「王拜手」至「誨言」　成王尊敬周公，故亦盡禮致敬，拜手稽首，乃受公之語，述公之美曰：不敢不敬天之美，來至洛相宅，其意欲作周家配天之美故也。公既定洛邑，即使人來告，亦來視我以所卜之美、常吉之居，我當與公二人共正其美。公定此宅，其當用我萬億年敬天之美故也。王既言此，又拜手稽首於周公，求教誨之言。

傳「成王」至「之美」　拜手稽首，施於極敬。哀十七年左傳云：「非天子，寡君無所稽首。」諸侯小事大尚不稽首，況於臣乎？成王尊敬周公，故答其拜手稽首而受其言，又述而美之。天命文、武使王天下，是天之美事，言公不敢不敬天之美，來相洛邑之宅。

傳「言公」至「其美」　周公追述往前遣使獻卜，故成王復述公言，言公前已定宅，遣使來，來視我所卜之吉兆、常吉之居。自言前已知其卜，既有此美，我當與公二人共正其美，意欲留公輔己，共公正此美事。「來來」重文者，上「來」言使來，下「來」爲視我卜也。鄭云：「伻來來者，使二人也。」與孔意異。

傳「公其」至「久遠」　言居洛爲治，可以永久。公意其當用我使萬億年敬天之美，言公欲令己祚胤久遠，美公意之深也。王制云：「方百里者，爲方十里者百。爲田九十億畝，方里者萬。」則是爲田九百萬畝。今記乃云「九十億畝」，是名十萬爲億也。楚語云：「百姓、千品、萬官、億醜。」每數相十，是古十萬曰億。今之筭術，乃萬萬爲億也。

傳「成王」至「之言」　此一段史官所録，非王言也。王求教誨之言，必有求教誨之辭。史略取其意，故直云「誨言」。爲求誨言而拜，故言「成王盡禮致敬於周公，求教誨之言」也。

周公曰：「王肇稱殷禮，祀于新邑，咸秩無文。言王當始舉殷家祭祀，以禮典祀於新邑。皆次秩不在禮文者而祀之。予齊百工，伻從王于周，予惟曰庶有事。我整齊百官，使從王於周，行其禮典，我惟曰庶幾有善政事。今王即命曰：記功，宗以功，作元祀。今王就行王命於洛邑曰：當記人之功，尊人亦當用功大小爲序，有大功則列大祀。〔二二〕謂功施於民者。○曰記，上音越，一音人實反。惟命曰：汝受命篤，弼丕，視功載，乃汝其悉自教工。〔二三〕惟天命我周邦，汝受天命厚矣，當輔大天命，視羣臣有功者記載之，乃汝新即政，其當盡自教衆官躬化之。孺子其朋！孺子其朋！其往。〔二四〕少子慎其朋黨，少子慎其朋黨，戒其自今已往。無若火始燄燄，厥攸灼叙，弗其絶。言朋黨敗俗，所宜禁絶，無令若火始然，燄燄尚微，其所及灼然有次序，不其絶。事從微至著，防之宜以初。○燄燄音豔。叙絶句，馬讀「叙」字屬下。無令，力呈反。厥若彝，及撫事，如予，惟以在周工。〔二五〕其順常道，及撫國事，如我所爲，惟用在周之百官。往新邑，伻嚮即有僚，明作有功，惇大成裕，汝永有辭。」往行政化於新邑，當使臣下各嚮就有官，明爲有功，厚大成寬裕之德，則汝長有歎譽之辭於後世。○嚮，徐許亮反，注同。惇，都昆反。

【疏】「周公」至「有辭」　王求教誨之言，公乃誨之。周公曰：王居此洛邑，當始舉殷家祭祀以爲禮典，祀於洛之新邑，皆次秩在禮，無文法應祀者，亦次秩而祀之。我雖致政，爲王整齊百官，使從王於周，行其禮典。若能如此，我惟曰庶幾有善政事。今王就行王命於洛邑曰：王當記人之功，尊人亦當用功大小爲次序，有大功者則列爲大祀。又申述所以祀神記臣功者，政事由臣而立，惟天命我周邦之故，曰汝受天命厚矣，當輔大天命，故須視羣臣有功者記載之。君知臣功，則臣皆盡力。欲令羣臣盡力，宜於初即教之。乃汝新始即政，其當盡自教誨衆官。令王躬自化之，使之立功。又以朋黨害政，尤宜禁絶，故丁寧戒之。少子慎其朋黨，少子慎其朋黨，戒其自今已往，令常慎此朋黨之事。若欲絶止，禁其未犯，無令若火始然，燄燄尚微，火既然燄，其火所及，將灼然有次序矣，不其復可絶也。汝成王其當順此常道，及撫循國事，如我攝政所爲，惟當用我此事，〔二六〕在周之百官，則當畏服，各立功矣。汝當以此往行政化於新邑，當使臣下百官各嚮就有官，明爲有功，厚大成寬裕之德，則汝長有歎譽之辭於後世。此周公誨王之言也。

傳「言王」至「祀之」　於時制禮已訖，而云「殷禮」者，此「殷禮」即周公所制禮也。雖有損益，以其從殷而來，故稱殷禮。猶上篇云「庶殷」，本其所由來。孔於上傳已具，故於此不言。必知「殷禮」即周禮者，以此云「祀於新邑」，即下文「烝祭歲」也。既用騂牛，明用周禮。云「始」者，謂於新邑始爲此祭。顧氏云：「舉行殷家舊祭祀，用周之常法。」言周禮即殷家之舊禮也。鄭玄云：「王者未制禮樂，恒用先王之禮樂。」是言伐紂以來，皆用殷之禮樂，非始成王用之也。周公制禮樂既成，不使成王即用周禮，仍令用殷禮者，欲待明年即政，告神受職，然後班行周禮。班訖，始得用周禮，故告神且用殷禮也。孔義或然，故復存之。神數多而禮文少，應祭之神，名有不在禮文者，故令皆次秩，不在禮文而應祀者皆舉而祀之。

傳「我整」至「政事」　時成王未有留公之意，公以成王初始即政，自慮百官不齊，故雖即致政，猶欲整齊百官，使從王於周，謂從至新邑，行其典禮。周公以成王賢君，今復成長，故言「我惟曰庶幾有善政事」，言己私爲此言，冀王爲政善也。

傳「今王」至「民者」　記臣功者，是人主之事，故言「今王就行王命於洛邑」。謂正位爲王，臨察臣下，知其有功以否。恐王輕忽此事，故曰「當記人之功」。更言「曰」者，所以致殷勤也。尊人必當用功大小爲次序，令功大者居上位，功小者處下位也。有大功則列爲大祀，謂有殊功堪載祀典者。祭法云：「聖王之制祭祀也，法施於民則祀之，以死勤事則祀之，以勞定國則祀之，能禦大災則祀之，能捍大患則祀之，是爲大祀。」謂功施於民者也。或時立其祀配享廟庭，〔二七〕亦是也。

傳「惟天」至「化之」　「惟天命我周邦」，謂天命我文、武，故及汝成王復受天命爲天子，是天之恩德深厚矣。天以厚德被汝，汝「當輔大天命」，任賢使能，行合天意，是輔大天也。汝當輔大天命，故宜「視羣臣有功者記載之」，覆上「記功，宗以功」言之也。欲令羣臣有功，必須躬自教化之在於初始，故言「乃汝新即政，其當盡自教衆官」。欲令王「躬化之」者，正己之身，使羣臣法之，非謂以辭化之也。言「盡自教」者，政有大小，恐王輕大略小，令王盡自親化之。言「惟命曰」，亦是致殷勤。「乃」者，緩辭也。義異上句，故言「乃」耳。王肅云：「此其盡自教百官，謂正身以先之。」

傳「少子」至「已往」　鄭云：「孺子，幼少之稱，謂成王也。」此上皆云「王」，〔二八〕此句特言「少子」者，以明朋黨敗俗，爲害尤大，恐年少所忽，故特言「孺子」也。朋黨，謂臣相朋黨。「慎其朋黨」，令禁絶之。「戒其自今已往」，謂從即政以後，常以此事爲戒也。

傳「言朋」至「以初」　「無令若火始然」，以喻無令朋黨始發，若火既然，初雖「燄燄尚微」，其火「所及灼然有次序」，不其復可絶也。以喻朋黨若起，漸漸益大，羣黨既成，不可復禁止也。「事從微至著，防之宜以初」，謂朋黨未發之前，防之使不發。

傳「其順」至「百官」　考古依法，爲「順常道」。號令治民，爲「撫國事」。周公大聖，動成軌則。「如我所爲」，謂如攝政之時事所施爲也。惟當用我所爲在周之百官，令其行周公之道，法於百官也。

傳「往行」至「後世」　此時在西都戒王，故云「往行政化於新邑」。「當使臣下各嚮就」所有之官，令其各守其職，思不出其位，自當陳力就列，「明爲有功」。在官者當以褊小急躁爲累，故令臣下「厚大成寬裕之德」。臣下既賢，君必明聖，「則汝長有歎譽之辭於後世」矣。今周頌所歌，即歎譽成王之辭也。

公曰：「已！汝惟沖子，惟終。〔三九〕已乎，汝惟童子，嗣父祖之位，惟當終其美業。汝其敬識百辟享，亦識其有不享。享多儀，儀不及物，惟曰不享。奉上謂之享。言汝爲王，其當敬識百君諸侯之奉上者，亦識其有違上者。奉上之道多威儀，威儀不及禮物，惟曰不奉上。惟不役志于享，凡民惟曰不享，惟事其爽侮。言人君惟不役志於奉上，則凡人化之，惟曰不奉上矣。如此，則惟政事其差錯侮慢，不可治理。

【疏】「公曰」至「爽侮」　周公復誨王曰：嗚呼，前言已如是矣，更復教誨汝：惟童子嗣父祖之位，惟當終其美業。天子居百官諸侯之上，須知臣下恭之與慢。奉上謂之享。汝爲天子，其當恭敬記識百君諸侯奉上者，亦當記識其有不奉上者。奉上之道多威儀，威儀不及禮物，則人惟曰不奉上之道矣。所以須記之者，百官諸侯爲下民之君，惟爲政教，不肯役用其志於此奉上之事，則凡民化之，亦惟曰不奉上矣。百官不奉天子，民復不奉百官，上下不相畏敬，惟政事其皆差錯侮慢，不可治理矣。故天子須知百官奉上與否也。

傳「已乎」至「美業」　周公止而復言，故更言「公曰」。「已乎」者，道前言已如是矣，爲後言發端也。「童子」者，言其年幼而任重。嗣父祖之位，當終其美業，能致太平，是「終」之也。

傳「奉上」至「奉上」　「享」訓獻，是奉上之辭，故奉上謂之享。百官諸侯上事天子，凡所恭承，皆是奉上，非獨朝覲貢獻乃爲奉上。鄭玄專以「朝聘」說之，理未盡也。言汝爲王，當敬識百官諸侯之奉上者，亦識其有違上者，察其恭承王命如法以否。奉上、違上，皆須記之。奉上者，當以禮接之；違上者，當以刑威之，所謂賞慶刑威。爲君之道、奉上之道，其事非一，故云「多威儀」。威儀既多，皆須合禮。其「威儀不及禮物，惟曰不奉上」矣。謂旁人觀之，亦言其不奉上也。鄭云：「朝聘之禮至大，其禮之儀不及物，謂所貢篚多而威儀簡也。」威儀既簡，亦是「不享」也。

「乃惟孺子，頒朕不暇，聽朕教汝于棐民彝。我爲政常若不暇，汝惟小子，當分取我之不暇而行之，聽我教汝於輔民之常而用之。○頒，音班，徐甫云反，馬云：「猶也。」〔三〇〕棐音匪，又芳鬼反。汝乃是不蘉，乃時惟不永哉！汝乃是不勉爲政，汝是惟不可長哉。欲其必勉爲可長。○蘉，徐莫剛反，又武剛反，馬云：「勉也。」篤叙乃正父，罔不若予，不敢廢乃命。厚次序汝正父之道而行之，無不順我所爲，則天下不敢棄汝命，常奉之。汝往敬哉！茲予其明農哉！彼裕我民，無遠用戾。」汝往居新邑敬行教化哉。如此，我其退老，明教農人以義哉。彼天下被寬裕之政，則我民無遠用來，言皆來。○被寬，上皮寄反，又彼美反。

【疏】「乃惟」至「用戾」　又曰已居攝之時，爲政常若不暇，汝惟小子，當分取我之不暇而施行之，又聽我教汝於輔民之常而用之。汝乃於是事不勉力爲政，則汝是惟不可長久哉。必須勉力爲之，乃可長久。此所言皆是汝父所行，汝欲勉之，但厚次序。汝正父之道而行之，無不順我所爲，則天下不敢廢棄汝命，必常奉而行之。汝往居新邑敬行教化哉。如此，我其退老，明教農人以義哉。汝若能使彼天下之民被寬裕之政，則我天下之民無問遠近者，悉皆用來歸汝矣。

傳「我爲」至「用之」「爲政常若不暇」，謂居攝時也。聖人爲政，務在和人，雖復治致太平，猶恨意之不盡，故謙言己所不暇。若言猶有美事未得施者然，故戒之：成王，汝惟小子，當分取我之不暇而行之，言己所不暇行者，欲令成王勉行之。鄭玄云：「成王之才，周公倍之猶未。而言分者，誘掖之言也。」生民之爲業，雖復志有經營，不能獨自成就，須王者設教以輔助之。「聽我教汝輔民之常法而用之」，謂用善政以安民。說文云：「頒，分也。」

傳「汝乃」至「可長」成王言公其以予萬億年，言欲以長久也，故周公於此戒之：汝乃於是不勉力爲政，汝惟不可長哉。欲其必勉力勤行政教，爲可長久之道，然後可至萬億年耳。「蘉」之爲「勉」，相傳訓也。鄭、王皆以爲「勉」。

傳「厚次」至「奉之」「正父」，謂武王。言其德正，故稱正父。「厚次序汝正父之道而行之」，令其爲武王之政也。武王、周公，俱是大聖，「無不順我所爲」，又令法周公之道。既言法武王，又法周公，「則天下不敢棄汝命」，常奉行之。

傳「汝往」至「皆來」歸其王政，令汝往居新邑，敬行教化哉。公既歸政，則身當無事。如此，我其退老於州里，明教農人以義哉。又令成王行「寬裕之政」，以治下民。民被寬裕之政，則我天下之民，無問遠近者用來歸王，言遠處皆來也。上文使之「惇大成裕」，故此言裕政來民，結上事也。伏生書傳稱：禮，致仕之臣教於州里。大夫爲父師，士爲少師。朝夕坐於門塾而教出入之子弟，是教農人以義也。

王若曰：「公，明保予沖子。成王順周公意請留之自輔，言公當明安我童子，不可去。〔三一〕公稱丕顯德，以予小子揚文、武烈。言公當留舉大明德，用我小子褒揚文、武之業而奉順天。○褒，薄謀反，切韻博毛反。奉答天命，和恒四方民，居師。又當奉當天命以和常四方之民，居處其衆。惇宗將禮，稱秩元祀，咸秩無文。厚尊大禮，舉秩大祀，皆次秩無禮文而宜在祀典者。凡此，待公而行。惟公德明光于上下，勤施于四方。言公明德光於天地，勤政施於四海，萬邦四夷服仰公德而化之。旁作穆穆，迓衡，不迷文、武勤教。四方旁來爲敬敬之道，以迎太平之政，不迷惑於文、武所勤之教，言化洽。○旁，步光反。迓，五嫁反，馬、鄭、王皆音魚據反。予沖子夙夜毖祀。」言政化由公而立，我童子徒早起夜寐，慎其祭祀而已，無所能。○毖音祕。

【疏】「王若」至「毖祀」　王以周公將退，因誨之而請留公。王順周公之意而言曰：公當留住，而明安我童子，不可去也。其所以不可去者，當舉行大明之德，用使我小子褒揚文、武之業而奉當天命，以和常四方之民，居處其衆故也。其「厚尊大禮」，謂舉秩大祀，皆次秩禮所無文者而皆祀之。凡此，皆待公而行，非我能也。更述居攝時事：惟公明德光於天地，勤政施於四方，使四方旁來爲敬敬之道，以迎太平之政，下民皆不復迷惑於文、武所勤之教。言公化洽使如此也。今若留輔我童子，惟當早起夜寐，慎其祭祀而已。言政化由公而立，我無所能也。

傳「成王」至「去之」　成王以周公誨己，爲善順周公之意，示己欲行善政，而請留之自輔。王以公若捨我而去，則己政闇而治危，故云公當明安我童子，不可去也。

傳「言公」至「順天」　文、武受命，功德盛隆，成王自量己身不能繼業，言「公當留舉大明德」以佐助我。「用我小子褒揚文、武之業而奉順天」者，下句「奉答天命」是也。孔分經爲傳，故探取下句以申之。

傳「又當」至「其衆」　天命周家，欲令民治，故「又當奉當天命，以和常四方之民，居處其衆」也。「奉當」者，尊天意使允當天心，和協民心，使常行善也。「居處其衆」，使之安土樂業也。

傳「厚尊」至「而行」　釋詁云：「將，大也。」「厚尊大禮」，謂祭祀之禮。祭統云：「禮有五經，莫重於祭。」是祭禮最尊大。公誨成王，令「肇稱殷禮，祀于新邑，咸秩無文」，欲答公誨己之事，還述公辭，「舉秩大祀，皆次秩無禮文而宜在祀典者」，其祀事非我所爲，凡此皆待公而行者也。言公不可捨我以去也。

傳「言公」至「化之」　此與下經，皆追述居攝時事。堯典訓「光」爲「充」，此「光」亦爲「充」也。言公之明德充滿天地，即堯典「格于上下」。勤政施於四方，即堯典「光被四表」也。意言「萬邦四夷」，皆「服仰公德而化之」。上言待公乃行之，此言公有是德，言其將來，説其已然，所以深美公也。

傳「四方」至「化洽」　上言施化在公，此言民化公德，「四方旁來爲敬敬之道」，民皆敬嚮公。「以迎太平之政」，言「迎」者，公政從上而下，民皆自下迎之，言其慕化速也。文、武勤行教化，欲以教訓利民。民蒙公化，識文、武之心，不復迷惑文、武所勤之教，言公居攝之時，政化已洽於民也。

傳「言政」至「所能」　此述留公之意，陳自今已後之事。言公若留住，「政化由公而立，我童子徒早起夜寐，慎其祭祀而已」，於政事「無所能」。欲惟典祭祀，以政事委公。襄二十六年左傳云：衛獻公使與甯喜言曰：「苟得反國，政由甯氏，祭則寡人。」亦猶是也。

王曰：「公功棐迪篤，罔不若時。」公之功輔道我已厚矣，天下無不順而是公之功。

【疏】「王曰公功」至「若時」　王又重述前言，還説居攝時事也。曰「公之功輔道我已厚矣」，天下無有「不順而是公之功」者，公所以須留也。

傳「公之」至「之功」　王意言公之居攝，天下若爲非，則可捨我而去；公之居攝，「天下無不順，而是公之功」，不可捨我去。

王曰：「公，予小子其退，即辟于周，命公後。我小子退坐之後，便就君于周，命立公後，公當留佐我。四方迪亂，未定于宗禮，亦未克敉公功。〔三二〕言四方雖道治，猶未定於尊禮。禮未彰，是亦未能撫順公之大功。明不可以去。○敉，亡婢反。治，直吏反，下同。迪將其後，監我士師工，公留教道將助我其今已後之政，監篤我政事衆官。委任之言。○監我，上工銜反，注同。誕保文、武受民，亂爲四輔。」大安文、武所受之民，治之爲我四維之輔。明當依倚公。

【疏】「王曰公予」至「四輔」　王呼周公曰：我小子其退此坐，就爲君于周。謂順公之言，行天子之政於洛邑也。至洛邑，當命公後，立公之世子爲國君，公當留輔我也。公之攝政，四方雖已道治理，猶自未能定於尊禮，是亦未能撫順公之大功，公當待其定大禮，順公之大功，此時未可去也。公當留教道，將助我其今已後之政，監篤我政事衆官，以此大安文、武所受之民而治之，爲我四維之輔助。明已當依倚公也。

傳「我小」至「佐我」　「退」者，退朝也。周公於時令成王坐王位而以政歸之，成王順周公言，受其政也。言我小子退坐之後，便就君位于周，周謂洛邑。許其從公言，適洛邑而行新政也。古者臣有大功，必封爲國君。今周公將欲退老，故命立公後，使公子伯禽爲國君，公當留佐我。王肅云：「成王前春亦俱至洛邑，是顧無事。〔三三〕既會而還宗周，周公往營成周，還來致政成王也。」

傳「言四」至「以去」 王意恐公意以四方既定，不須更留，故謂公云：四方雖已道治，而猶未能定於尊大之禮。言其禮樂未能彰明也。禮既未彰，是天下之民亦未能撫安順行公之大功，公當待其禮法明、公功順，乃可去耳。明今不可以去。

傳「大安」至「倚公」 文、武受人之於天下，〔三四〕今「大安文、武所受之民」，助我治之，「爲我四維之輔」，明己當依倚公也。「維」者，爲之綱紀，猶如用繩維持之。文王世子云：「設四輔。」謂設衆官爲四方輔助。周公一人，事無不統，故一人爲四輔。管子云：「四維不張，國乃滅亡。」傳取管子之意，故言「四維之輔」也。

王曰：「公定，予往已。公功肅，將祗歡。公留以安定我，我從公言，往至洛邑已矣，公功以進大，天下咸敬樂公功。○樂公，上音洛。**公無困哉！我惟無斁其康事。**〔三五〕**公勿替刑，四方其世享。」**公必留，勿去以困我哉。我惟無厭其安天下事。公勿去以廢法，則四方其世世享公之德。○無斁，音亦。厭，于艷反。〔三六〕

【疏】「王曰公定」至「世享」 王又呼公：公留以安定我，我從公言，往至洛邑已矣。公功已進且大矣，天下皆樂公之功，敬而歡樂。公必留，無去以困我哉。公留助我，我惟無猒其安天下之事。公勿去以廢法，則四方之民其世世享公之德矣。

傳「公留」至「公功」 讀文以「公定」爲句。王稱「定」者，言定己也。故傳言「公留以安定我」。「我」字傳加之。「我從公言」，是經之「予」也。「往至洛邑已矣」，言己順從公命，受歸政也。公功已進大，天下咸敬樂公之功，亦謂居攝時也。釋詁云：「肅，進也。」

傳「公必」至「之德」　王言己才智淺短，公去則困，故請公無去以困我哉。我意欲致太平，惟無猒倦其安天下之事，是以留公。公勿去以廢治國之法，則天下四方之民蒙公之恩，「其世世享公之德」。「享」謂荷負之。

周公拜手稽首，曰：「王命予來，承保乃文祖受命民，拜而後言，許成王留。言王命我來，承安汝文德之祖文王所受命之民，是所以不得去。越乃光烈考武王弘，朕恭。於汝大業之父武王，大使我恭奉其道。敘成王留己意。孺子來相宅，其大惇典殷獻民，少子今所以來相宅於洛邑，其大厚行典常於殷賢人。亂爲四方新辟，作周恭先。言當治理天下，新其政化，爲四方之新君，爲周家見恭敬之王，後世所推先也。曰其自時中乂，萬邦咸休，惟王有成績。曰其當用是土中爲治，使萬國皆被美德，如此，惟王乃有成功。予旦以多子越御事，篤前人成烈，答其師，作周孚先。我旦以衆卿大夫於御治事之臣，厚率行先王成業，當其衆心，爲周家立信者之所推先。

【疏】「周公」至「孚先」　周公拜手稽首，盡禮致敬，許王之留，乃興而爲言曰：王今命我來居臣位，承安汝文德之祖文王所受命之民，今我繼文祖大業，我所以不得去也。又於汝大業之父武王，大使我恭奉其道。王意以此留我，其事甚大，我所以爲王留也。公呼成王云：少子今所以來相宅於洛邑者，欲其大厚行常道於殷賢人。王當治理天下，新其政，化爲四方之新君，爲周家後世見恭敬之王所推先也。重誨王曰：其當用是土中爲治，使萬國皆被美德。

如此，惟王乃有成功也。公自稱名曰：若王居洛邑，則我旦以多衆君子、卿大夫等，及於御治事之臣，厚率行前人先王成業，使當其衆心，爲周家後世人臣立信者之所推先。言我留輔王，使君臣皆爲後世所推先，期於上下俱顯也。

傳「拜而」至「得去」　拜是從命之事，故云「拜而後言」，許成王留也。以退爲去，以留爲來，故言「王命我來」，來居臣位爲太師也。「承安汝文德之祖文王所受命之民」，天命文王使爲民主，天以民命文王，故民是文王所受命之民。「承安」者，承文王之意安定此民。言王之留己，乃爲此事。其事既大，「是所以不得去」也。

傳「於汝」至「己意」　於汝成王大功業之父武王，王意「大使我恭奉其道」，敘成王留己之意也。王於文王、武王皆欲令周公奉其道安其民，其意一也，周公分言之耳。承安其文王之民、恭奉其武王之道，互相通也。

傳「少子」至「賢人」　「少子」者，呼成王之辭。言我「今所以來相宅於洛邑」者，欲令王居洛，「其大厚行典常於殷賢人」，而據洛爲政，故言「來」。訓「典」爲常，故連言「典常」，言其行常道也。周受於殷，故繼之。於殷人有賢性，故稱「賢人」。

傳「言當」至「推先也」　易稱「日新之謂盛德」。雖舊有美政，令王更復新之，「言當治理天下，新其政化，爲四方之新君」，與後人爲軌訓。「爲周家見恭敬之王，後世所推先也」，謂周家後世子孫有德之王，被人恭敬推先，已戒成王，使爲善政，令後王崇重之。

傳「曰其」至「成功」　重以誨王，成其上事，故言「曰」以起之。

傳「我旦」至「推先」　「旦」是周公之名，故自稱「我旦」也。「子」者，有德之稱。大夫皆稱子，故以「多子」爲衆卿大夫。同欲令成王行善政，爲後世賢王所推先。公與羣臣盡誠節，爲後世賢臣所推先，故欲以衆卿大夫及於御治事之臣，深厚率行先王之業，使當其人衆之心，爲周家後世賢臣「立信者之所推先」也。傳於此不言「後世」，從上省文也。於君言「見恭敬」，於臣言「立信」者，以君尊，言人敬；臣卑，言自立信，因其所宜以設文也。

「考朕昭子刑，乃單文祖德，伻來毖殷，乃命寧。〔三七〕我所成明子法，乃盡文祖之德，謂典禮也。所以居土中，是文、武使己來慎教殷民，乃見命而安之。○單音丹，馬丁但反，信也。予以秬鬯二卣曰：明禋，拜手稽首休享。周公攝政七年致太平，以黑黍酒二器，明絜致敬，告文、武以美享。既告而致政，成王留之，本說之。〔三八〕○秬音巨。鬯，敕亮反，香酒也。卣，由手反，又音由，中尊也。禋音因。予不敢宿，則禋于文王、武王。言我見天下太平，則絜告文、武，不經宿。惠篤敘，無有遘自疾，萬年厭于乃德，殷乃引考。汝爲政當順典常，厚行之，使有次序，無有遇用患疾之道者，則天下萬年厭於汝德，殷乃長成爲周。○遘，工豆反。厭，于豔反，注同。馬云：「厭，飫也。」徐於廉反。王伻殷乃承敘，萬年其永觀朕子，懷德。」王使殷民上下相承有次序，則萬年之道，民其長觀我子孫，而歸其德矣。勉使終之。

【疏】「考朕」至「懷德」。周公又説制禮授王，使王奉之。我所成明子之法，乃盡是汝文祖之德，言用文王之道制禮，其事大，不可輕也。又言所以須善治殷獻民者，文、武使己來居土中，慎教殷民，乃是見命於文、武而安之故也。制典當待太平，我以時既太平，即以秬黍鬯酒盛於二卣鐏內，我言曰：當以此酒須明絜，致敬於文、武，我則拜手稽首，告文、武以美享。告云今太平，即速告廟，我不敢經宿，則禋告文王、武王以致太平之事。汝王爲政，當順典常，厚行之使有次序，則諸爲政者無云有遇用患疾之道苦毒下民，則天下萬年猒飽於汝王之德，殷乃長成爲周。王使殷民上下相承有次序，則萬年之道，下民其長觀我子孫，而歸其德矣。勸王使終之，皆是誨王之言也。

傳「我所」至「安之」　典禮治國，事資聖人，前聖後聖，其終一揆，故言所欲成明子之法，乃盡是汝祖文王之德也。「子」斥成王，言用文王之道制爲典法，以明成王行之爲明君也。特舉文祖，不言武王，下句並告文、武，兼用武王可知。又述居洛邑之意：「所以居土中」者，「是文、武使己來」居此地，周公非自言己意也。〔三九〕文、武令我營此洛邑，欲使居土中，「慎教殷民」，乃是見命於文、武而安殷民也。顧氏云：「文、武使我來慎教殷民，我今受文、武之命，以安民也。」

傳「周公」至「説之」　康誥之作，事在七年，云「四方民大和會」，和會即太平之驗。是「周公攝政七年致太平」也。秬釋草云：「秬，黑黍。」釋器云：「卣，中罇也。」〔四〇〕以黑黍爲酒，煮鬱金之草，築而和之，使芬香調暢，謂之秬鬯。鬯酒二器明絜致敬，告文王、武王以美享，謂以太平之美事享祭也。國語稱「精意以享謂之禋」，釋詁云：「禋，敬也。」是「明禋」爲「明絜致敬」也。太平是王之美事，故太平告廟，是以「美享」祭也。公既告太平，而致政成王，成王留之，故本而説之此事者，欲令成王重其事厚行之。周禮鬱鬯之酒，實之於彝，此言在卣者，詩大雅江漢及文侯之命皆言「秬鬯一卣，告於文人」，則未祭實之於卣，祭時實之於彝。彼一卣，此二卣者，此一告文王、一告武王，彼王賜臣，使告其太祖，故惟一卣耳。此經「卣」下言「曰」者，説本盛酒於罇，乃爲此辭，故言「曰」也。

傳「言我」至「經宿」　此申述上「明禋」之事，「言我見天下太平，則絜告文、武」，不敢經宿，示虔恭之意也。此三月營洛邑，民已和會，則三月之時已太平矣。既告而致政，則告在歲末。而云「不經宿」者，蓋周公營洛邑，至冬始成，得還鎬京，即告文、武，〔四一〕是爲不經宿也。且太平非一日之事，公云「不經宿」者，示虔恭之意耳，未必旦見太平，即此日告也。鄭玄以「文祖」爲明堂，曰：「明禋者，六典成祭於明堂，告五帝、太皞之屬也。既告明堂，則復禋於文、武之廟，告成洛邑。」

傳「汝爲」至「爲周」　釋言云：「惠，順也。」此經述上「惇典」，故言「汝爲政當順典常，厚行之使有次序」。釋詁云：

「遘，遇也。」患疾之道，謂虐政使人患疾之。厚行典常使有次序，則百官、諸侯，凡爲政者皆無有遇用患疾之政，以害下民，則經歷萬年，猒飽於汝德，則殷國乃長成爲周。

傳「王使」至「終之」　上言天下民萬年猒飽王德，此教爲王德，使萬年令民猒飽王德也。能使殷民上下有次序，則王德堪至萬年之道。王之子孫常行不怠，〔四二〕則民其長觀我子孫，知其有德，而歸其德矣。此則長成爲周，勸勉王使終之。

戊辰，〔四三〕**王在新邑，**成王既受周公誥，遂就居洛邑，以十二月戊辰晦到。○王在新邑，孔、馬絶句。**烝祭歲，文王騂牛一、武王騂牛一。王命作册逸祝册，惟告周公其後。**明月夏之仲冬，始於新邑烝祭，故曰烝祭歲。古者襃德賞功，必於祭日，示不專也。特加文、武各一牛，告白尊周公，〔四四〕立其後爲魯侯。○烝，之承反。鄭讀「王在新邑烝」。騂，息營反。祝，之又反，一音之六反。**王賓，殺禋，咸格。王入太室，祼。**王賓異周公，殺牲，精意以享文、武，皆至其廟親告也。太室，清廟。祼鬯告神。○王賓，絶句。殺禋，絶句。一讀連「咸格」絶句。太室，馬云：「廟中之夾室。」祼，官喚反。**王命周公後，作册逸誥。**王爲册書，使史逸誥伯禽封命之書。皆同在烝祭日，周公拜前，魯公拜後。**在十有二月，惟周公誕保文、武受命，惟七年。**言周公攝政，盡此十二月，大安文、武受命之事惟七年，天下太平。自「戊辰」以下，史所終述。○「誕保文武受命」絶句，馬同。惟七年，攝政七年，〔四五〕天下太平。馬同。鄭云：「文王、武王受命及周公居攝皆七年。」

【疏】「戊辰」至「七年」　自此以下，史終述之。周公歸政，成王既受言誥之，〔四六〕王即東行赴洛邑。其年十二月晦，戊辰日，王在新邑。後月是夏之仲冬，爲冬節。烝祭其月節，是周之歲首，特異常祭，加文王騂牛一、武王騂牛一。

王命有司作策書，乃使史官名逸者祝讀此策，惟告文、武之神，言周公有功，宜立其後爲國君也。其時王尊異周公以爲賓，殺牲享祭文王、武王，皆親至其廟。王入廟之太室，行祼鬯之禮，言其尊異周公，而禮敬深也。於此祭時王命周公後，令作策書，使逸讀此策辭以告伯禽，言封之於魯，命爲周公後也。又總述之，在十有二月，惟周公大安文、武受命之事，於此時惟攝政七年矣。

傳「成王」至「晦到」　周公誥成王令居洛邑爲治，王既受周公之誥，遂東行就居洛邑，以十二月戊辰晦日到洛。指言「戊辰王在新邑」，知其晦日始到者，此歲入戊午蔀五十六年，三月云「丙午朏」，以算術計之，三月甲辰朔，大；四月甲戌朔，小；五月癸卯朔，大；六月癸酉朔，小；七月壬寅朔，大；八月壬申朔，小；九月辛丑朔，大；又有閏九月，辛未朔，小；十月庚子朔，大；十一月庚午朔，小；十二月己亥朔，大。計十二月三十日戊辰晦，到洛也。

傳「明月」至「魯侯」　下云「在十有二月」者，周之十二月，建亥之月也。戊辰是其晦日，故明日即是「夏之仲冬」，建子之月也。言「明月」者，此烝祭非朔日，故言月也。自作新邑已來，未嘗於此祭祀。此歲始於新邑烝祭，故曰「烝祭歲」也。周禮大司馬「仲冬教大閱，遂以享烝」是也。王者冬祭，必用仲月。此是周之歲首，故言「歲」耳。王既「戊辰晦到」，又須戒日致齊，不得以朔日即祭之。祭統云：「古者明君，爵有德而禄有功，必賜爵禄於太廟，示不敢專也。」故云「古者褒德賞功，必於祭日，示不專也」。因封之，特設祭烝之禮，宗廟用太牢。此文、武皆言牛一，知於太牢之外特加一牛，告白文、武之神，言爲尊周公，立其後爲魯侯。魯頌所云「王曰叔父，建爾元子，俾侯于魯」，是此時也。「王命作策」者，命有司作策書也。讀策告神謂之「祝」。「逸祝策」者，使史逸讀策書也。鄭玄以「烝祭」上屬。「歲文王騂牛一」者，歲是成王元年正月朔日，特告文、武封周公也。案周頌烈文序云：「成王即政，諸侯助祭。」鄭箋云：「新王即政，必以朝享之禮祭於祖考，告嗣位也。」則鄭意以朝享之後，特以二牛告文、武，〔四七〕封周公之後，與孔義不同。

傳「王賓」至「告神」　「王賓，異周公」者，王尊周公爲賓，異於其臣。王肅云：「成王尊周公，不敢臣之，以爲賓，故封其子。」是也。周語云：「精意以享謂之禋。」既殺二牲，精誠其意，以享祭文、武。「咸」，皆也。「格」，至也。皆至其廟，言王重其事，親告之也。「太室」，室之大者，故爲「清廟」。廟有五室，中央曰太室。王肅云：「太室，清廟中央之室。」清廟，神之所在，故王入太室，祼獻鬯酒，以告神也。祼者，灌也。王以圭瓚酌鬱鬯之酒以獻尸，尸受祭而灌於地，因奠不飲，謂之祼。郊特牲云：「既灌，然後迎牲。」則殺在祼後。此經先言「殺」後言「祼」者，殺者咸格，表王敬公之意，非行事之次也。其云「王入太室祼」，乃是祭時行事耳。周人尚臭，祭禮以祼爲重，故言王祼。其封伯禽，乃是祭之將末，非祼時也。祭統賜臣爵禄之法云：「祭之日，一獻，君降立于阼階之南，南嚮，所命者北面，史由君右執策命之。」鄭云：「一獻，一酳尸也。」禮酳尸，尸獻而祭畢。是祭末乃命之。以祼爲重，故特言之。

傳「王爲」至「拜後」　「王爲策書」，亦命有司爲之也。上云「作策」，作告神之策。此言「作策」，誥伯禽之策。祭於神謂之祝，於人謂之誥，故云「使史逸誥伯禽封命之書」。封康叔謂之康誥，此命伯禽，當云伯禽之誥。定四年左傳云「命以伯禽」，即史逸所讀之策也。上言「逸祝策」，此誥下不言「策」者，「祝」是讀書之名，故上云「祝策」；此「誥」是誥伯禽使知，雖復讀書以誥之，不得言「誥策」也。上告周公其後，已言告神封周公，嫌此逸誥以他日告之，故云皆同在烝祭日。以祭統言「一獻」命之，知此亦祭日也。文十三年公羊傳曰：「封魯公以爲周公也，周公拜乎前，魯公拜乎後，曰：生以養周公，死以爲周公主。」

傳「言周」至「終述」　自「戊辰」已上，周公與成王相對語，未有致政年月，故史於此總結之。自「戊辰」已下，非是王與周公之辭，故辨之云「史所終述」也。

〔一〕鎬 黄焯云：舊鈔本作「鄗」。

〔二〕徐又芳憒反 「憒」，原訛作「憤」。黄焯云：「景宋本作『憒』，恐非。」今從阮本、通志堂本改。

〔三〕必先正朔望 「朔望」二字原倒，從阮説據纂傳乙。

〔四〕拜手稽首 盧云：「古本拜上有『敎』字，考文以爲古『敢』字，案正義似亦有。」今按：依傳亦當有。

〔五〕衆殷皆歡樂勸事而大作矣 「歡」原誤「勸」，據殿本改。阮本作「勸樂勸事」，阮校云：「宋板『勸樂』作『勸樂』，閩本『勸』並作『勸』，毛本上『勸』改『歡』，下『勸』改『勸』，所改是也。」今不從。

〔六〕屬役賦丈 「丈」原訛作「文」，今從左傳昭公三十二年原文訂正。

〔七〕天改其大子 「大」原誤「太」，從李本、殿本、阮本改，下及疏内同。

〔八〕及其時之人 「及」原誤「乃」，從李本、殿本、阮本改。

〔九〕以窮困也 李本、殿本、阮本「窮困」二字倒。

〔一〇〕面稽天若 盧云：「古本『面』上有『禹』字。」阮云：「有『禹』與傳合。」

〔一一〕則不訓用也 「用」原作「自」，涉上下文誤，今改正。

〔一二〕比介于我有周御事 盧云：「古本『介』作『迩』，即『邇』字。考傳文『比介』解『比近』，恐經文作『比邇』爲是。」今按：「介」當是「尒」字之訛，「尒」與「迩」、「邇」通，故傳訓近。

〔一三〕常苦命之不行 「苦」原誤「若」，從盧説改。

〔一四〕或加陵殷士 「殷士」原缺，據諸本補。阮云：「宋板無『殷士』二字，非。」按：「或加陵殷士」與下「或疏忌周臣」相對，阮説是也。

〔一五〕我不可不監于有夏亦不可不監于有殷　阮云：「古本下『監』作『鑒』。」今按：二「監」字並宜作「鑒」，然二字古通，不必改。

〔一六〕雖說之其實在人　阮云：「岳本『之』下有『於天』二字。沿革例云：『(成都)石經作「雖說之於天」。』」

〔一七〕其命者智與愚也　「者」，殿本作「有」。阮云：岳本「者」作「有」，是也。

〔一八〕若真犯罪之人　「真」原訛「直」，據李本、殿本改。

〔一九〕是上下勤恤也　李本、殿本、阮本無「下」字，非。

〔二〇〕我周王承夏殷之後　正字云：「家」誤「王」。

〔二一〕伻又甫耕反　黃焯云：段玉裁依葉鈔校「甫」作「補」。

〔二二〕有大功則列大祀　盧云：古本「列」下有「爲」字。

〔二三〕悉自教工　段玉裁云：「唐石經原刻作『教百工』，後摩去重刻删『百』字。」

〔二四〕其往　考證引金履祥曰：「後漢書引此文作『慎其往』。」盧云：「古本上有『慎』字。」今按：依傳似當有。

〔二五〕惟以在周工　考證云：「古讀如此。蔡傳連下『往新邑』爲句。」

〔二六〕惟當用我此事　正字云：「『所爲』誤『此事』。」

〔二七〕或時立其祀配享廟庭　「庭」，阮本作「廷」。

〔二八〕此上皆云王　「王」上原有「成」字，衍，從盧說删。

〔二九〕惟終　俞樾云：「當作『惟崇』。」說與孔異。

〔三〇〕馬云猶也　段玉裁云：「『猶』下脱一字，不知何字耳。」盧云：「以徐音求之，或是『分』字。」

〔三一〕不可去　「去」下原有「之」字，據敦伯二七四八删。阮云：「據疏似無『之』字。」

〔三三〕亦未克敉公功　盧云：古本「敉」作「撫」。
〔三三〕是顧無事　阮云：「是」，疑當作「自」。
〔三四〕文武受人之於天下　「人」，李本、殿本、阮本作「民」。又正字云：「之於天下」，當「受之於天」誤。
〔三五〕我惟無斁其康事　「康」原作「惠」，據諸本及傳義改。
〔三六〕猷于艷反　「猷」，宋無疏本、阮本作「厭」。
〔三七〕乃命寧　考證云：「古讀如此。蔡傳連下『予』字爲句。」孫詒讓云：「『寧予』當連讀，『寧』猶言安也。」
〔三八〕本説之　阮云：「岳本作『故本而説之』。沿革例曰：『本説之』三字不可曉，依疏云『故本而説之』意始明。」
〔三九〕周公非自言已意也　「非」字原在「已意」上，從正字説移。
〔四〇〕卣中罇也　「罇」，爾雅作「尊」。
〔四一〕即告文武　「告」字原脱，據阮校所引宋本補。
〔四二〕常行不怠　「常」字原誤「當」，從正字説改。
〔四三〕戊辰　于鬯云：此至「惟七年」凡六十九字，蓋是錯簡，當在上文「予惟曰庶有事」之下。
〔四四〕告白尊周公　「白」原誤「曰」，從正字及盧説據「古本」改。
〔四五〕攝政七年　宋無疏本、阮本、殿本「攝政」上有「周公」二字，義明。
〔四六〕成王既受言誥之　正字云：「言」、「之」二字誤衍，從續通解校。
〔四七〕特以二牛告文武　「牛」原誤「年」，據宋無疏本、李本、殿本、阮本改。阮云：「宋板『牛』作『年』，是也。」今按：阮説非。

多士第十六

成周既成，洛陽下都。遷殷頑民，殷大夫、士心不則德義之經，故徙近王都教誨之。○不則，如字，或作「測」，非。徙近，附近之近。周公以王命誥，稱成王命告令之。作多士。所告者即衆士，故以名篇。

【疏】「成周」至「多士」　成周之邑既成，乃遷殷之頑民，令居此邑。「頑民」，謂殷之大夫士從武庚叛者，以其無知，謂之頑民。民性安土重遷，或有怨恨，周公以成王之命誥此衆士，言其須遷之意。史叙其事，作多士。

傳「洛陽下都」　周之成周，於漢爲洛陽也。洛邑爲王都，故謂此爲下都。遷殷頑民，以成周道，故名此邑爲成周。

傳「殷大」至「誨之」　經云「商王士」、「殷遺多士」，皆非民。序謂之「頑民」，〔一〕知是殷之大夫、士也。經止云「士」，而知有大夫者，以經云「迪簡在王庭，有服在百僚」，其意言將任爲王官以爲大臣，不惟告士而已，故知有大夫也。「士」者，在官之總號，故言士也。「心不則德義之經」，僖二十四年左傳文，引之以解稱「頑民」之意。經云「移爾遐逖，比事臣我宗多遜」，是言徙近王都教誨之也。漢書地理志及賈逵注左傳，皆以爲遷邶、鄘之民於成周，分衛民爲三國。計三國俱是從叛，何以獨遷邶、鄘？邶、鄘在殷畿，三分有二，其民衆矣，非一邑能容。民謂之爲士，其名不類，故孔意不然。

多士

惟三月，周公初于新邑洛，用告商王士。周公致政明年三月，始於新邑洛用王命告商王之衆士。

【疏】「惟三月」至「王士」　惟成王即政之明年三月，周公初始於所造新邑之洛，用成王之命告商王之衆士。言周公親至成周，告新來者。

傳「周公」至「衆士」　以洛誥之文，成周與洛邑同時成也。王以周公攝政七年十二月來至新邑，明年即政。此篇繼王居洛之後，故知是致政明年之三月也。成周南臨洛水，故云「新邑洛」。周公既以致政在王都，故「新邑」，成周。以成王之命，告商王之衆士。鄭云：「成王元年三月，周公自王城初往成周之邑，用成王命告殷之衆士，以撫安之。」是也。

王若曰：「爾殷遺多士，順其事稱以告殷遺餘衆士。所順在下。弗弔旻天，大降喪于殷。稱天以愍下，言愍道至者。殷道不至，故旻天下喪亡於殷。○弔音的。旻天，上閔巾反。仁覆愍下謂之旻。馬云：「秋曰旻天，秋殺氣也。」方言：「降喪，故稱旻天也。」愍，眉隕反。喪，息浪反。我有周佑命，將天明威，言我有周受天佑助之命，故得奉天明威。致王罰，敕殷命，終于帝。天命周致王者之誅罰，正黜殷命，終周于帝王。肆爾多士，非我小國敢弋殷命，天佑我，故汝衆士臣服我。弋，取也。非我敢取殷王命，乃天命。○弋，徐音翼，馬本作「翼」，義同。惟天不畀允罔固亂，弼我，我其敢求位？惟天不與信無堅固治者，故輔佑我，我其敢求天位乎？○畀，必利反，下同。治，直吏反。惟帝不畀，惟我下民秉爲，惟天明畏。惟天不與紂，惟我周家下民秉心爲我，皆是天明德可畏之效。○秉爲，于僞反。明畏，如字，一音威。

【疏】「王若」至「明畏」 周公以王命順其事，而呼之曰：汝殷家遺餘之衆士，汝殷家道教不至，旻天以殷道不至之故，天下喪亡於殷，將欲滅殷。我有周受天佑助之命，奉天明白之威，致王者之誅罰，正黜殷命，終我周家於帝王之事。謂使我周家代殷爲天子也。天既助我周王，故汝衆士來爲我臣。由天助我，我得爲之，非我小國敢取殷之王命以爲己有，此乃天與我。惟天不與信無堅固於治者，以是故輔弼我。若其不然，我其敢妄求天子之位乎？言此位天自與我，非我求而得之。惟天不與紂，故惟我周家下民秉心爲我，故我得之，惟天明德可畏之效也。亦既得、喪由天，汝等不得不服。以殷士未服，故以天命喻之。

傳「順其」至「在下」 順其殷亡之事，稱王命以告之。從紂之臣，或有身已死者，遺餘在者遷於成周，故告殷遺餘衆士所順在下。下文皆是順之辭。

傳「稱天」至「於殷」 此經先言「弗弔」，謂「殷道不至」也。「不至」者，上不至天，事天不以道；下不至民，撫民不以理也。天有多名，獨言「旻天」者，旻，愍也，稱天以愍下。言天之所愍，愍道至者也。殷道不至，故旻天下喪亡於殷。言將覆滅之。

傳「天命」至「帝王」 「天命周致王者之誅罰」，謂奉上天之命殺無道之主。此乃王者之事，故爲王者之誅罰。「敕」，訓正也。「正黜殷命」，謂殺去虐紂，使周受其終事，是「終周於帝王」。「終」，猶舜受堯終，言殷祚終而歸於周。

傳「天佑」至「天命」 「肆」，訓故也。直云「故爾多士」，辭無所結，此經大意，敘其去殷事周，知其故爾衆士，言其臣服我。「弋」，射也。射而取之，故「弋」爲「取」也。鄭玄、王肅本「弋」作「翼」。王亦云：「翼，取也。」鄭云：「翼，猶驅也。非我周敢驅取汝殷之王命。」雖訓爲「驅」，亦爲「取」義。周本殷之諸侯，故周公自稱小國。

「我聞曰：上帝引逸。有夏不適逸，則惟帝降格。言上天欲民長逸樂，有夏桀爲政不之逸樂，故天下至戒，以譴告之。○逸樂音洛，下同。譴，棄戰反。嚮于時夏，弗克庸帝，大淫泆有辭。天下至戒，是嚮於時夏，不背棄桀，不能用天戒，大爲過逸之行，有惡辭聞於世。○嚮，許亮反。于時夏，絕句。馬以「時」字絕句。泆音逸，又作「佾」，注同。馬本作「屑」，云：「過也。」不背音佩。之行，下孟反。惟時天罔念聞，厥惟廢元命，降致罰。惟是桀惡有辭，故天無所念聞，言不佑。其惟廢其大命，下致天罰。乃命爾先祖成湯革夏，俊民甸四方。天命湯更代夏，用其賢人治四方。○甸，徒遍反。

【疏】「我聞」至「四方」。既言天之效驗去惡與善，更追説往事，比而喻之。我聞人有言曰：上天之情，欲民長得逸樂。而有夏王桀逆天害民，不得使民之適逸樂。以此，則惟上天下災異至戒以譴告之，欲使夏王桀覺悟，改惡爲善。而夏桀不能用天之明戒改悔己惡，而反大爲過逸之行，致有惡辭以聞於世。惟是是天歸嚮於是夏家，不背棄之。而桀有惡辭，故天無復愛念，無復聽聞。言天不復助桀。其惟廢其大命，欲絕夏祚也。下致天罰，欲誅桀身也。乃命汝先祖成湯，使之改革夏命，用其賢俊之人，以治四方之國。舉桀滅湯興以譬之。

傳「言上」至「告之」。襄十四年左傳稱：「天之愛民甚矣。」又曰：「天生民而立之君，使司牧之。」是言上天欲民長得逸樂，故立君養之，使之「長逸樂」也。夏桀爲政割剝夏邑，使民不得之適逸樂，故上天下此至戒以譴告之。

「降」，下；「格」，至也。直言「下至」，明是天下至戒。天所下戒，惟下災異以譴告人主，使之見災而懼，改修德政耳。古書亡失，桀之災異，未得盡聞。

傳「惟是」至「天罰」　桀惡流毒於民，乃「有惡辭聞於世」。惡既有辭，是惡已成矣。惟是桀惡有辭，「故天無所念聞」，言天不愛念，不聽聞，是其全棄之，不佑助也。棄而不佑，則當更求賢主。「其惟廢大命」，欲奪其王位也。「下致天罰」，欲殺其凶身也。廢大命，知「降致」是下罰也。

「自成湯至于帝乙，[二]罔不明德恤祀。自帝乙已上，無不顯用有德，憂念齊敬，奉其祭祀。言能保宗廟社稷。○已上，時掌反。齊敬，上側皆反。亦惟天丕建保乂有殷，殷王亦罔敢失帝，罔不配天其澤。湯既革夏，亦惟天大立安治於殷。殷家諸王，皆能憂念祭祀，無敢失天道者，故無不配天，布其德澤。在今後嗣王，誕罔顯于天，矧曰其有聽念于先王勤家？後嗣王紂，大無明於天道，行昏虐，天且忽之，況曰其有聽念先祖，勤勞國家之事乎？誕淫厥泆，罔顧于天，顯民祗。言紂大過其過，無顧於天，無能明人爲敬，暴亂甚。惟時，上帝不保，降若茲大喪。惟是紂惡，天不安之，故下若此大喪亡之誅。○喪，息浪反。惟天不畀不明厥德，凡四方小大邦喪，罔非有辭于罰。」惟天不與不明其德者，故凡四方小大國喪滅，無非有辭於天所罰，言皆有闇亂之辭。

【疏】「自成」至「于罰」　既言命湯革夏，又説後世皆賢，至紂始惡，天乃滅之。自成湯至於帝乙，無不顯用有德，憂念祭祀。後世亦賢，非獨成湯以用其行合天意，亦惟天大立安治有殷，殷家諸王皆能明德憂祀，亦無敢失天道者，無不皆配天而布其德澤，以此得天下，久爲民主。在今後嗣王紂，大無明於天道，敢行昏虐之政於天，天猶且忽之，況曰其有聽念先王父祖，勤勞國家之事乎？乃復大淫過其泆，無所顧於上天，無能明民爲敬，以此反於先王，違逆天道。惟是，上天不安紂之所爲，下若此大喪亡之誅，惟天不與不明其德之人故也。天不與惡，豈獨紂乎？凡四方諸侯，小大邦國，其喪滅者無非皆有惡辭，是以致至於天罰。汝紂以惡而見滅，汝何以不服我也？

傳「自帝」至「社稷」　下篇説中宗、高宗、祖甲三王以外，其後立王，生則逸豫，亦罔或能壽。如彼文，則帝乙以上，非無僻王。而此言「無不顯用有德」，「憂念」祭祀者，立文之法，辭有抑揚，方説紂之不善，盛言前世皆賢正以守位不失，故得美而言之。憂念祭祀者，惟有齊肅恭敬，故言「憂念齊敬，奉其祭祀」。言能保宗廟社稷，爲天下之主，以見紂不恭敬故喪亡之。

傳「湯既」至「德澤」　帝乙已上諸王，所以長處天位者，皆由湯之聖德延及後人。「湯既革夏，亦惟天大立安治於殷」者，謂天安治之，故殷家得治理也。「殷家諸王」自成湯之後，「皆能憂念祭祀，無敢失天道者」，故得常處王位，「無不配天」，「布其德澤」於民。爲天之子，是「配天」也。號令於民，是「布德」也。

傳「言紂」至「亂甚」　「淫」、「泆」俱訓爲過。「言紂大過其逸過，無顧於天」，言其縱心爲惡，不畏天也。「無能明民爲敬」，言其多行虐政，不憂民也。不畏於天，不愛於民，言其「暴亂甚」也。此經「顧於天」與「顯民祗」，共蒙上「罔」文，故傳再言「無」也。

傳「惟天」至「之辭」　能明其德，天乃與之。「惟天不與不明其德者」，紂不明其德，故天喪之。因即廣言天意，凡四方小大邦國，謂諸侯有土之君，其爲天所喪滅者，無非皆有惡辭聞於天，乃爲上天所罰。言被天罰者，皆有闇亂之辭。上天不罰無辜，紂有闇亂之辭，故天滅之耳。天既滅不明其德，我有明德，爲天所立，汝等殷士安得不服我乎？以其心仍不服，故以天道責之。

王若曰：「爾殷多士，今惟我周王丕靈承帝事，周王，文、武也。大神奉天事，言明德恤祀。有命曰：『割殷，告敕于帝。』天有命，命周割絶殷命，告正於天。謂既克紂，柴於牧野告天，不頓兵傷士。惟我事不貳適，惟爾王家我適。言天下事已之我周矣，不貳之他，惟汝殷王家已之我，不復有變。○不復，扶又反。予其曰惟爾洪無度。我不爾動，自乃邑。我其曰惟汝大無法度，謂紂無道。我不先動誅汝，亂從汝邑起，言自召禍。予亦念天即于殷大戾，肆不正。」我亦念天就於殷大罪而加誅者，故以紂不能正身念法。

【疏】「王若」至「不正」　周公又稱王順而言曰：汝殷衆士，今惟我周家文、武二王，大神能奉天事，故天有命命我周王曰：當割絶殷命，告正於天。我受天命已滅殷告天，惟我天下之事不有二處之適。言己之適周，不更適他也。惟汝殷王家事，亦於我之適不復變改。又追説初伐紂之事：我其爲汝言曰：惟汝殷紂大無法度，故當宜誅絶之。伐紂之時，我不先於汝動自往誅汝，其亂從汝邑先起，汝紂自召禍耳。我亦念天所以就於殷致大罪者，故以紂不能正身念法故也。

傳「周王」至「恤祀」　文王受命，武王伐紂，故知「周王」兼文、武也。「大神奉天事」，謂以天爲神，而勤奉事之。勞身敬神，言亦如湯「明德恤祀」也。

傳「天有」至「傷士」　以周王奉天之故，故天有命命我周，使割絶殷命，告正於天。謂武成之篇所云既克紂，柴於牧野告天，不頓兵傷士是也。前敵即服，故無頓兵傷士。師以正行，故爲「告正」。武成正告功成。功成無害，即是不「頓」、「傷」也。「頓兵」者，昭十五年左傳文。頓，折也。

傳「我亦」至「念法」　言「我亦念天」者，以紂雖無法度，若使天不命我，我亦不往誅紂。以紂既爲大惡，上天命我，我亦念天所遺。我就殷加大罪者何故？以紂不能正身念法也。

王曰：「猷告爾多士：予惟時其遷居西爾。以道告汝衆士，我惟汝未達德義，是以徙居西汝於洛邑，教誨汝。非我一人奉德不康寧，時惟天命。我徙汝，非我天子奉德不能使民安之，〔三〕是惟天命宜然。無違！朕不敢有後，無我怨。汝無違命，我亦不敢有後誅，汝無怨我。惟爾知惟殷先人有册有典，殷革夏命。言汝所親知殷先世有册書典籍，説殷改夏王命之意。今爾又曰夏迪簡在王庭，有服在百僚。簡，大也。今汝又曰夏之衆士蹈道者，大在殷王庭，有服職在百官。言見任用。予一人惟聽用德，肆予敢求爾于天邑商。言我周亦法殷家，惟聽用有德，故我敢求汝於天邑商，將任用之。予惟率肆矜爾，非予罪，時惟天命。」惟我循殷故事，憐愍汝，故徙教汝，非我罪咎，是惟天命。

【疏】「王曰猷」至「天命」　又言曰：我以道告汝衆士，我惟是以汝未達德義之故，其今徙居西汝，置於洛邑，以教誨汝。我之徙汝，非我一人奉行德義不能使民安而安之，是惟天命宜然。汝無違我，我亦不敢更有後誅罰，汝等無於我見怨。汝既來遷，當爲善事。惟汝所親知，惟汝殷先人往世有策書有典籍，説殷改夏王命之意，汝當案省知之。汝知先人之故事，今汝又有言曰：夏之諸臣蹈道者，大在殷王之庭，有服行職事在於百官。言其見任用，恐我不任汝。我一人惟聽用有德者，〔四〕故我敢求汝有德之人於彼天邑商都，欲取賢而任用之。我惟循殷故事，憐愍汝，故徙教汝。此徙非我有罪，是惟天命當然。聖人動合天心，故每事惟託天命也。

傳「以道」至「誨汝」　「猷」，訓道也。故云「以道告汝衆士」。上言「惟是」，不言其故，故傳辨之。「惟是」者，「未達德義」也。遷使居西，正欲教以德義。「是以從居西汝」，置於洛邑近於京師，教誨汝也。從殷適洛，南行而西迴，故爲居西也。

傳「汝無」至「怨我」　周既伐紂，又誅武庚，殷士懼更有誅，疑其欲違上命，故設此言以戒之。知無違朕者，謂戒之使「汝無違命」也。汝能用命，我亦不敢有後誅。必無後誅，汝無怨我也。

傳「言我」至「用之」　夏人「簡在王庭」，爲其有德見用。言我「亦法殷家，惟聽用有德」。汝但有德，我必任用，故我往前敢求汝有德之人於天邑商都，「將任用之」也。鄭玄云：「言天邑商者，亦本天之所建。」王肅云：「言商今爲我之天邑。」二者其言雖異，皆以「天邑商」爲殷之舊都。言未遷之時，當求往遷，〔五〕後有德，任用之必矣。

傳「惟我」至「天命」　「循殷故事」，此「故」解經中「肆」字，謂殷用夏人，我亦用殷人。「憐愍汝，故從之教汝」，此「故」解義之言，非經中「肆」。遷汝來西者，非我罪咎，是惟天命也。

王曰：「多士，昔朕來自奄，予大降爾四國民命。昔我來從奄，謂先誅三監後伐奄、淮夷。民命，謂君也。大下汝民命，謂誅四國君。我乃明致天罰，移爾遐逖，比事臣我宗，多遜。」四國君叛逆，我下其命，乃所以明致天罰。今移徙汝於洛邑，使汝遠於惡俗，比近臣我宗周，多爲順道。○逖，他歷反。比事，上毗志反，注同。遠，于萬反。

【疏】「王曰多士」至「多遜」　王復言曰：衆士，昔我來從奄國，大黜下汝管、蔡、商、奄四國民命。民之性命，死生在君，誅殺其君，是下民命。由四國叛逆，我乃明白致行天罰。汝等遺餘，當教之爲善，故移徙汝居於遠，令汝遠於惡俗，比近服事，臣我宗周，多爲順道。冀汝相教爲善，永不爲惡也。

傳「昔我」至「國君」　金縢之篇説周公東征，言「居東二年，罪人斯得」，則「昔我來從奄」者，謂攝政三年時也。於時王不親行，而王言「我來自奄」者，周公以王命誅四國，周公師還，亦是王來還也。一舉而誅四國，獨言「來自奄」者，謂先誅三監，後伐奄與淮夷，奄誅在後，誅奄即來，故言來自奄也。民以君爲命，故「民命」謂君也。「大下汝民命」，謂誅四國君。王肅云：「君爲民命，爲君不能順民意，故誅之也。」

傳「四國」至「順道」　天之所罰，罰有罪也。四國之君有叛逆之罪，我下其命，乃所以明致天罰，言非苟爲之也。「遐、逖」，俱訓爲遠。「今移徙汝於洛邑」，令去本鄉遠也。「使汝遠於惡俗」，令去惡俗遠也。比近京師，臣我周家，使汝從我善化，「多爲順道」，所以救汝之性命也。

王曰：「告爾殷多士：今予惟不爾殺，予惟時命有申。所以徙汝，是我不欲殺汝，故惟是教命申戒之。今朕作大邑于茲洛，予惟四方罔攸賓，今我作此洛邑，以待四方，無有遠近，無所賓外。○攸賓，如字，徐音殯，馬云：「却也。」亦惟爾多士攸服，奔走臣我，多遜。非但待四方，亦惟汝衆士所當服行，奔走臣我，多爲順事。爾乃尚有爾土，爾乃尚寧幹止。汝多爲順事，乃庶幾還有汝本土，乃庶幾安汝故事止居，以反所生誘之。爾克敬，天惟畀矜爾；汝能敬行順事，則爲天所與，爲天所憐。爾不克敬，爾不啻不有爾土，予亦致天之罰于爾躬。汝不能敬順，其罰深重，不但不得還本土而已，我亦致天罰於汝身，言刑殺。○不啻，始豉反。徐本作

「商」，〔六〕音同，下篇倣此。今爾惟時宅爾邑，繼爾居，爾厥有幹、有年于茲洛。今汝惟是敬順居汝邑，繼汝所當居爲，則汝其有安事、有豐年於此洛邑。言由洛修善，得還本土，有幹、有年。爾小子乃興，從爾遷。」汝能敬，則子孫乃起，從汝化而遷善。

【疏】「王曰告」至「爾遷」　王又言曰：告汝殷之多士，所以遠徙汝者，今我惟不欲於汝刑殺，我惟是教命有所申戒由此也。今我作大邑於此洛，非但爲我，惟以待四方無所賓外，亦惟爲汝衆士所當服行臣事我宗周，多爲順事故也。汝若多爲順事，汝乃庶幾還有汝本土，乃庶幾安汝故事止居，可不勉之也？汝能敬行順事，天惟與汝憐汝，況於人乎？汝若不能敬行順事，則汝不啻不得還汝本土，我亦致天之罰於汝身。今汝惟是敬順居汝所受新邑，繼汝舊日所居爲，我當聽汝還歸本鄉，有幹事，有豐年，乃由於此洛邑行善也。汝能敬順，則汝之小子與孫等乃起，從汝化而遷善矣。

傳「今汝」至「有年」　殷士遠離本鄉，新來此邑，或當居不安，爲棄舊業，故戒之。今汝惟是敬順居汝新所受邑，繼汝舊日所當居爲，謂繼其本土之事業也。但能如此，得還本土，「其有安事、有豐年」也。「有幹、有年」，謂歸本土有幹、年，而言「於洛」者，言由在洛修善，得還本土，有幹、有年也。王肅云：「汝其有安事、有長久年於此洛邑。」王解於文甚便，但孔上句爲云「爾乃尚有爾本土」，是誘引之辭，故「止」爲得還本土有幹、有年也。

王曰：「又曰時予，乃或言，〔七〕爾攸居。」言汝衆士當是我，勿非我也。我乃有教誨之言，則汝所當居行。

【疏】「王曰又」至「攸居」　王之所云，又復稱曰：汝當是我，勿非我也。我乃有教誨之言，則汝所當居行之。

傳「言汝」至「居行」　王以誨之已終，故戒之云：汝當是我勿非我。既不非我，我乃有教誨汝之言，則汝所當居行。

令其居於心而行用之。鄭玄論語注云：「『或』之言有。」此亦「或」爲有也。凡言「王曰」，皆是史官録辭，非王語也。今史録稱王之言曰，以前事未終，故言「又曰」也。

無逸第十七〔八〕

周公作無逸。中人之性好逸豫，故戒以無逸。○好，呼報反。

【疏】傳「中人」至「無逸」 上智不肯爲非，下愚戒之無益，故中人之性可上可下，不能勉强多好逸豫，故周公作書以戒之，使無逸。此雖指戒成王以爲人之大法，成王以聖賢輔之，當在中人以上，其實本性亦中人耳。

無逸成王即政，恐其逸豫，故以所戒名篇。

【疏】傳「成王」至「名篇」 篇之次第，以先後爲序。多士、君奭，皆是成王即位之初，知此篇是成王始初即政，周公恐其逸豫，故戒之使無逸，即以所戒名篇也。

周公曰：「嗚呼！君子所其無逸。歎美君子之道所在念德，其無逸豫。君子且猶然，況王者乎？先知稼穡之艱難，乃逸，則知小人之依。稼穡，農夫之艱難事。先知之，乃謀逸豫，則知小人之所依怙。〔九〕○怙音户。相小人，厥父母勤勞稼穡，厥子乃不知稼穡之艱難，視小人不孝者，其父母躬勤艱難，而子乃不知其勞。○相，息亮反。乃逸乃諺，既誕。〔一〇〕否，則侮厥父母曰：『昔之人，無聞知。』」小人之子既不知父母之勞，乃爲逸豫遊戲，乃叛諺不恭，已欺誕父母。不欺，則輕侮其父母曰：古老之人，無所聞知。○諺，五旦反。〔一一〕

【疏】「周公」至「聞知」　周公歎美君子之道以戒王曰：嗚呼，君子之人，所在其無逸豫。君子必先知農人稼穡之艱難，然後乃謀爲逸豫。如是，則知小人之所依怙也。視彼小人不孝者，其父母勤勞稼穡，其子乃不知稼穡之艱難，乃爲逸豫遊戲，乃叛諺不恭，既爲欺誕父母矣。不欺，則又侮慢其父母曰：昔之人，無所聞知。小人與君子如此相反，王宜知其事也。

傳「歎美」至「者乎」　周公意重其事，故歎而爲言。鄭云：「嗚呼者，將戒成王，欲求以深感動之。」是欲深感成王，故歎美君子之道。「君子」者，言其可以君正上位，子愛下民，有德則稱之，不限貴賤。君子之人念德不息，故所在念德，其無逸豫也。「君子且猶然，而況王者乎」，言王者日有萬幾，彌復不可逸豫。鄭云：「君子，止謂在官長者所猶處也。君子處位爲政，其無自逸豫也。」

傳「稼穡」至「依怙」　民之性命，在於穀食。田作雖苦，不得不爲。寒耕熱耘，沾體塗足，是稼穡爲農夫艱難之事。在上位者先知稼穡之艱難，乃可謀其逸豫。使家給人足，乃得思慮不勞，是爲「謀逸豫」也。能知稼穡之艱難，「則知小人之所依怙」，言小人依怙此稼穡之事，不可不勤勞也。上句言君子當無逸，此言「乃謀逸豫」者，君子之事，勞心與形，盤於遊畋，形之逸也；無爲而治，心之逸也。君子無形逸，而有心逸。既知稼穡之艱難，可以謀心逸也。

傳「視小人」至「其勞」　視小人不孝者，其父母勤苦艱難，勞於稼穡，成於生業，致富以遺之，而其子謂己自然得之，乃不知其父母勤勞。

傳「小人」至「聞知」　上言「視小人」之身，此言「小人之子」者，「小人」謂無知之人，亦是賤者之稱。躬爲稼穡，是賤者之事，故言「小人之子」，謂賤者之子，即上所視之「小人」也。此子既不知父母之勞，謂己自然得富，恃其家富，乃爲逸豫遊戲，乃爲叛諺不恭，已是欺誕父母矣。若不欺誕，則輕侮其父母曰：古老之人，無所聞知。言其罪之深也。論語曰：「由也諺。」〔一二〕諺則叛諺，欺誕不恭之貌。「昔」，訓久也。自今而道遠久，故爲古老之人。詩云：「召彼故老。」

周公曰：「嗚呼！我聞曰：昔在殷王中宗，大戊也。殷家中世尊其德，故稱宗。〔一三〕嚴恭寅，畏天命，自度。言大戊嚴恪恭敬，畏天命，用法度。○嚴，如字，又魚檢反，注同，馬作「儼」。〔一四〕治民祗懼，〔一五〕不敢荒寧。爲政敬身畏懼，不敢荒怠自安。○治，直吏反。肆中宗之享國，七十有五年。以敬畏之故，得壽考之福。

【疏】「周公」至「五年」　既言君子不逸，小人反之，更舉前代之王，以夭壽爲戒。周公曰：嗚呼，我所聞曰：昔在殷王中宗，威儀嚴恪，貌恭心敬，畏天命，用法度，治民敬身畏懼，不敢荒怠自安，故中宗之享有殷國七十有五年。言不逸之故，而得歷年長也。

傳「大戊」至「稱宗」　中宗，廟號。大戊，王名。商自成湯已後，政教漸衰，至此王而中興之。王者祖有功，宗有德。「殷家中世尊其德」，其廟不毁，故稱中宗。

傳「言大」至「法度」　祭義云「嚴威儼恪」，故引「恪」配「嚴」。鄭玄云：「恭在貌，敬在心。」然則「嚴」是威，「恭」是貌，「敬」是心。三者各異，故累言之。

「其在高宗，時舊勞于外，爰暨小人。武丁，其父小乙，使之久居民間，勞是稼穡，與小人出入同事。作其即位，乃或亮陰，三年不言。武丁起其即王位，則小乙死，乃有信默，三年不言。言孝行著。○孝行，下孟反。其惟不言，言乃雍，不敢荒寧。在喪則其惟不言，喪畢發言，則天下和。亦法中宗，不敢荒怠自安。嘉靖殷邦，至于小大，無時或怨。善謀殷國，至于小大之政，人無是有怨者，言無非。肆高宗之享國，五十有九年。〔一六〕高宗爲政，小大無怨，故亦享國永年。

【疏】「其在」至「九年」　其殷王高宗，父在之時久勞於外，於時與小人同其事。後爲太子，起其即王之位，乃有信默，三年不言。在喪其惟不言，喪畢發言，言得其道，乃天下大和，不敢荒怠自安，善謀殷國，至於小大之政，莫不得所。其時之人，無是有怨恨之者。故高宗之享殷國，五十有九年。亦言不逸得長壽也。

傳「武丁其」至「同事」　「舊」，久也。在即位之前，而言久勞於外，知是其父小乙，使之久居民間。「勞」是稼穡，與小人出入，同爲農役小人之艱難事也。太子使與小人同勞，此乃非常之事，不可以非常怪之。於時蓋未爲太子也。殷道雖質，不可既爲太子，更得與小人雜居也。

傳「武丁起」至「行著」　以上言久勞於外，爲父在時事，故言「起其即王位」，則小乙死也。亮，信也。陰，默也。三年不言，以舊無功。而今有，故言「乃有」。說此事者，言其孝行著也。禮記喪服四制引書云：「高宗諒闇，三年不言，善之也。王者莫不行此禮，何以獨善之也？曰：高宗者武丁，武丁者殷之賢王也。繼世即位，而慈良於喪。當此之時，殷衰而復興，禮廢而復起，故載之於書中而高之，故謂之高宗。三年之喪，君不言也。」是說此經「不言」之意也。

傳「在喪」至「自安」　鄭玄云：「其不言之時，時有所言，則羣臣皆和諧。」鄭玄意謂此「言乃雍」者，在三年之内時有所言也。孔意則爲出言在三年之外，故云「在喪則其惟不言，喪畢發言，則天下大和」。知者，說命云：「王宅憂，亮陰三祀。既免喪，其惟不言。」除喪猶尚不言，在喪必無言矣，故知「喪畢」乃「發言」也。高宗不敢荒寧，與中宗正同，故云「亦法中宗，不敢荒怠自安」。殷家之王皆是明主，所爲善事計應略同，但古文辭有差異，傳因其文同，故言「法中宗」也。

傳「善謀」至「無非」　釋詁云：「嘉，善也。」「靖，謀也。」善謀殷國，謀爲政教，故至於小大之政皆允人意，人無是有怨高宗者。言其政無非也。鄭云：「小大，謂萬人，上及羣臣。言人臣小大皆無怨王也。」

「其在祖甲，不義惟王，舊爲小人。湯孫太甲，爲王不義，久爲小人之行，伊尹放之桐。〔一七〕作其即位，爰知小人之依。能保惠于庶民，不敢侮鰥寡。在桐三年，思集用光，起就王位，於是知小人之所依。依仁政，故能安順於衆民，不敢侮慢惸獨。○惸，求營反，字又作「煢」。肆祖甲之享國，三十有三年。太甲亦以知小人之依，故得久年。此以德優劣、立年多少爲先後，故祖甲在下。殷家亦祖其功，故稱「祖」。

【疏】「其在」至「三年」　其在殷王祖甲，初遭祖喪，所言行不義，惟亦爲王，久爲小人之行，伊尹廢諸桐，起其即王之位，於是知小人之所依。依於仁政，乃能安順於衆民，不敢侮鰥寡惸獨，故祖甲之享有殷國三十有三年。亦言不逸得長壽也。

傳「湯孫」至「之桐」　以文在高宗之下，世次顛倒，故特辨之，此祖甲是「湯孫太甲」也。「爲王不義」，謂湯初崩，「久爲小人之行」，故伊尹放之於桐。言其廢而復興，爲下「作其即位」起本也。王肅亦以祖甲爲太甲。鄭玄云：「祖甲，武丁子帝甲也。有兄祖庚賢，武丁欲廢兄立弟，祖甲以此爲不義，逃於人間，故云久爲小人。」案殷本紀云：「武丁崩，子祖庚立；祖庚崩，弟祖甲立，是爲帝甲。淫亂，殷道復衰。」國語説殷事云：「帝甲亂之，七代而殞。」則帝甲是淫亂之主，起亡殷之源，寧當與二宗齊名，舉之以戒無逸？武丁賢王，祖庚復賢。以武丁之明，無容廢長立少。祖庚之賢，誰所傳説？武丁廢子，事出何書？妄造此語，是負武丁而誣祖甲也。

傳「在桐」至「惸獨」　在桐「三年」，太甲序文。「思集用光」，詩大雅文。彼「集」作「輯」，輯，和也。彼鄭言：「公劉之遷豳，思在和其民人，用光大其道。」此傳之意，蓋言太甲之在桐也，思得安集其身，用光顯王政，故起即王位，「於是知小人之依」。依於仁政，故能施仁政，教「安順於衆民，不敢侮慢惸獨」。「鰥寡」之類尤可憐愍，故特言之。

傳「太甲」至「稱祖」　傳於中宗云「以敬畏之故，得壽考之福」，高宗之爲政，小大無怨，「故亦享國永年」。於此云「太甲亦以知小人之依，故得久年」，各順其文而爲之説。其言行善而得長壽，經意三王同也。以其世次顛倒，故解之云：「此以德優劣、立年多少爲先後。」故祖甲在太戊、武丁之下。諸書皆言「太甲」，此言「祖甲」者，「殷家亦祖其功」，故稱之祖甲。與二宗爲類，惟見此篇。必言「祖其功」，亦未知其然。殷之先君有祖乙、祖辛、祖丁，稱「祖」多矣，或可號之爲祖，未必祖其功而存其廟也。

「自時厥後立王，生則逸。從是三王各承其後而立者，生則逸豫無度。生則逸，不知稼穡之艱難，言與小人之子同其敝。**不聞小人之勞，惟耽樂之從。**過樂謂之耽。惟樂之從，〔一八〕言荒淫。○耽，丁南反，注下同。樂音洛，注下同。**自時厥後，亦罔或克壽。**以耽樂之故，從是其後，亦無有能壽考。**或十年，或七八年，或五六年，或四三年。」**高者十年，下者三年。言逸樂之損壽。

【疏】「自時」至「三年」　從是三王其後所立之王，生則逸豫，不知稼穡之艱難，不聞小人之勞苦，惟耽樂之事則從而爲之，故從是其後諸王，無有能壽考者。或十年，或七八年，或五六年，或四三年。「言逸樂之損壽」，故舉以戒成王也。

周公曰：「嗚呼！厥亦惟我周太王、王季，克自抑畏。太王，周公曾祖。王季即祖。言皆能以義自抑，畏敬天命。將説文王，故本其父、祖。**文王卑服，即康功、田功。**文王節儉，卑其衣服，以就其安人之功，以就田功，以知稼穡之艱難。○卑，如字，馬本作「俾」，使也。**徽柔懿恭，懷保小民，惠鮮鰥寡。**〔一九〕以美道和民，故民懷之。以美政恭民，故民安之。又加惠鮮乏鰥寡之人。○鮮，息淺反，注同。**自朝至于日中昃，不遑暇食，用咸和萬民。**從朝至日昳，不暇食，思慮政事，用皆和萬民。○昃音側，本亦作「仄」。昳，田節反。**文王不敢盤于遊田，以庶邦惟正之供。**〔二〇〕文王不敢樂於遊逸田獵，以衆國所取法則，當以正道供待之故。○供音恭。**文王受命惟中身，厥享國五十年。」**文王九十七而終。中身即位，時年四十七。言「中身」，舉全數。

【疏】「周公」至「十年」　殷之三王既如此矣，周公又言曰：嗚呼，其惟我周家太王、王季，能以義自抑而畏敬天命，故王迹從此起也。文王又卑薄衣服，以就其安人之功與治田之功，以美道柔和其民，以美政恭待其民。以此，民歸之。以美政恭民之故，故小民安之。又加恩惠於鮮乏鰥寡之人。其行之也，自朝旦至於日中及昃，尚不遑暇食，用善政以諧和萬民故也。〔二〕文王專心於政，不敢逸樂於遊戲畋獵，以己爲衆國所取法，惟當正身行己，以供待之。由是，文王受命，嗣位爲君，惟於中身受之，其享國五十年，亦以不逸得長壽也。

傳「太王」至「父祖」　「太王，周公曾祖；王季即祖」也，此乃經傳明文，而須詳言之者，此二王之下，辭無所結，陳此不爲無逸，周公將説文王，故本其父、祖，是以傳詳言也。解其言此之意，「以義自抑」者，言其非無此心，以義自抑而不爲耳。

傳「文王」至「艱難」　文王卑其衣服，以就「安人之功」，言儉於身而厚於人也。立君，所以牧人。「安人之功」，諸有美政皆是也。就安人之内，田功最急，故特云「田功」，以示「知稼穡之艱難」也。

傳「以美」至「之人」　「徽」、「懿」，皆訓爲美。「徽柔懿恭」，此是施人之事。以此柔恭懷安小民，故傳分而配之。「徽柔」配「懷」，「以美道和民，故民懷之」；「懿恭」配「保」，「以美政恭民，故民安之」。「徽」、「懿」，言其美而已，不知何所美也。人君施於民，惟有道與政耳，故傳以「美道」、「美政」言之。「政」與「道」，亦互相通也。少乏鰥寡，尤是可憐，故别言「加惠」於「鮮乏鰥寡之人」也。

傳「從朝」至「萬民」　昭五年左傳云：「日上其中，食日爲二，旦日爲三。」則人之常食，在日中之前，謂辰時也。易豐卦彖曰：「日中則昃。」謂過中而斜昃也。「昃」亦名「昳」，言日蹉跌而下，謂未時也。故日之十位，食時爲辰，日昳爲未。言文王勤於政事，從朝不食，或至於日中，或至於日昃，猶不暇食，故經「中」、「昃」並言之。傳舉晚時，故惟言「昳」。「遑」，亦「暇」也。重言之者，古人自有復語，猶云「艱難」也。所以不暇食者，爲「思慮政事，用皆和萬民」。政事雖多，皆是爲民，故言「咸」，「咸」訓皆也。

傳「文王」至「之故」　釋詁云：「盤，樂也。」「遊」謂遊逸，「田」謂畋獵。二者不同，故並云「遊逸田獵」。以衆國皆於文王所取其法，則文王當以正義供待之故也。言文王思爲政道以待衆國，故不敢樂於遊田。文王世爲西伯，故當爲衆國所取法則。禮有田獵，而不敢者，順時蒐狩，不爲取樂，故不敢非時畋獵以爲樂耳。

傳「文王」至「全數」　「文王年九十七而終」，禮記文王世子文也。於九十七内減享國五十年，是未立之前有四十七。在禮，諸侯踰年即位。此據代父之年，故爲即位時年四十七也。計九十七年半折以爲中身，則四十七時於身非中。言「中身」者，舉全數而稱之也。經言「受命」者，鄭玄云：「受殷王嗣位之命。」然殷之末世，政教已衰，諸侯嗣位，何必皆待王命？受先君之命亦可也。王肅云：「文王受命，嗣位爲君。」不言受王命也。

周公曰：「嗚呼！繼自今嗣王，繼從今已往嗣世之王，皆戒之。則其無淫于觀、于逸、于遊、于田，以萬民惟正之供。〔一三〕所以無敢過於觀、遊、逸豫、田獵者，用萬民當惟正身以供待之故。無皇曰『今日耽樂』，乃非民攸訓，非天攸若，時人丕則有愆。無敢自暇曰：惟今日樂，後日止。夫耽樂者，乃非所以教民，非所以順天，是人則大有過矣。○愆，起虔反。夫音扶。無若殷王受之迷亂，酗于酒德哉！」以酒爲凶謂之酗。言紂心迷政亂，以酗酒爲德，戒嗣王無如之。○酗，況付反。

【疏】「周公」至「德哉」　周公又言而歎曰：嗚呼，繼此後世，自今以後嗣位之王，則其無得過於觀望、過於逸豫、過於遊戲、過於田獵。所以不得然者，以萬民聽王者之教命，王當正己身以供待之也。以身供待萬民，必當早夜恪勤，無敢自閑暇曰「今日且樂，後日乃止」。此爲耽樂者，非民之所以教訓也，非天之所以敬順也。若是之人，則有大愆過矣。王當自勤政事，莫如殷王受之迷亂國政，酗醟於酒德哉。殷紂藉酒爲凶，以酒爲德，由是喪亡殷國。王當以紂爲戒，無得如之。

傳「繼從」至「戒之」　先言「繼」者，謂繼此後人，即從今以後嗣世之王也。周公思及長遠，後王盡皆戒之，非獨成王也。

傳「所以」至「之故」　傳意訓「淫」爲「過」。鄭玄云：「淫，放恣也。淫者，侵淫不止。」〔二三〕其言雖殊，皆是過之義也。言「觀」，爲非時而行，〔二四〕違禮觀物，如春秋隱公如棠觀魚、莊公如齊觀社。穀梁傳曰：「常事曰視，非常曰觀。」此言「無淫于觀」，禁其非常觀也。「逸」謂逸豫，「遊」謂遊蕩，「田」謂畋獵。四者皆異，故每事言「于」。「以」，訓用也。用萬民皆聽王命，王者惟當正身待之，故不得淫于觀、逸、遊、田也。

傳「無敢」至「過矣」　「無敢自暇」，謂事不寬不暇，而以爲原王之意而爲辭，故言曰耽以爲樂。「惟今日樂」而「後日止」，惟言今日樂，明知後日止也。夫「耽樂」者，乃「非所以教民」，教民當恪勤也；「非所以順天」，順天當肅恭也。是此耽樂之人，則大有愆過矣。戒王不得如此也。

傳「以酒」至「如之」　「酗」從酉，以凶爲聲，是「酗」爲凶酒之名，故以酒爲凶謂之酗，酗是飲酒而益凶也。言紂心迷亂，「以酗酒爲德」，飲酒爲政。心以凶酒爲己德，紂以此亡殷，戒嗣王無如之。

周公曰：「嗚呼！我聞曰：古之人，猶胥訓告、胥保惠、胥教誨，歎古之君臣雖君明臣良，猶相道告、相安順、相教誨以義方。民無或胥譸張爲幻。〔二五〕譸張，誑也。君臣以道相正，故下民無有相欺誑幻惑也。○譸，竹求反，馬本作「輈」，爾雅及詩作「侜」，同。侜張，譸也。幻音患。譸，九況反。

此厥不聽，人乃訓之，乃變亂先王之正刑，〔二六〕至于小大。此其不聽中正之君，人乃教之以非法，乃變亂先王之正法，至于小大，無不變亂。言已有以致之。民否則厥心違怨，否則厥口詛祝。」以君變亂正法，故民否則其心違怨，否則其口詛祝。言皆患其上。○詛，側助反。祝，之又反。

【疏】「周公」至「詛祝」　周公言而歎曰：我聞人之言曰：古之人雖君明臣良，猶尚相訓告以善道，相安順以美政，相教誨以義方。君臣相正如此，故於時之民順從上教，無有相譸欺爲幻惑者。此其不聽中正之君，人乃教訓之以非法之事，乃從其言變亂先王之正法，至於小大之事，無不皆變亂之。君既變亂如此，其時之民疾苦，否則其心違上怨上，否則其口詛祝上。言人患之無已。舉此以戒成王，使之君臣相與養下民也。

傳「歎古」至「義方」　此章二事，善惡相反。下句「不聽人」者是愚闇之君，知此言「古之人」者是賢明之君。「相」是兩人相與，故知兼有「臣良」，更相教告。隱三年左傳石碏曰：「臣聞愛子，教之以義方。」故知「相教誨以義方」也。則知「相訓告」者，「告之以善道」也；「相保惠」者，「相安順以美政」也。

傳「譸張」至「惑也」　「譸張，誑也」，釋訓文。〔二七〕孫炎曰：「眩惑誑欺人也。」民之從上，若影之隨形。君臣以道相正，故下民無有相欺誑。「幻惑」者，「幻」即眩也，「惑」，亂之名。漢書稱「西域有幻人」是也。

傳「此其」至「致之」　上言善事，此説惡事。如「此其不聽」者，〔二八〕是「不聽中正之君」也。既不聽中正，則好聽邪佞，知此「乃訓之」者，是邪佞之人訓之也。邪佞之人，必反正道，故言「人乃教之以非法」，闇君即受用之。「變亂先王之正法，至於小大無不變亂」，言皆變亂正法盡也。闇君所任同己，由己之闇致此佞人，言此闇君己身有以致之也。上「君明臣良」，由君明而有良臣，亦是己有致之。上言「胥」，此不言者，君任佞臣，國亡滅矣，不待相教爲惡，故不言「胥」也。

傳「以君」至「其上」　君既「變亂正法」，必將困苦下民。民不堪命，忿恨必起，故民忿君乃有二事。否則「心違怨」，否則「口詛祝」，言皆患上而爲此也。「違怨」，謂違其命而怨其身。「詛祝」，謂告神明令加殃咎也。以言告神謂之祝，請神加殃謂之詛。襄十七年左傳曰：「宋國區區，而有詛有祝。」詩曰：「侯詛侯祝。」是詛、祝意小異耳。

周公曰：「嗚呼！自殷王中宗及高宗及祖甲及我周文王，茲四人迪哲。言此四人皆蹈智明德以臨下。厥或告之曰『小人怨汝詈汝』，則皇自敬德。其有告之言小人怨、詈汝者，則大自敬德，增修善政。○詈，力智反。厥愆，曰『朕之愆』。允若時，不啻不敢含怒。其人有過，則曰我過；百姓有過，在予一人。信如是怨、詈，則四王不啻不敢含怒以罪之。言常和悅。

【疏】「周公」至「含怒」　既言明君闇君善惡相反，更述二者之行。周公言而歎曰：嗚呼，自殷王中宗及高宗及祖甲及我周文王，比四人者皆蹈明智之道，以臨下民。其有告之曰：小人怨恨汝，罵詈汝。既聞此言，則大自敬德，更增修善政。其民有過，則曰是我之過。民信有如是怨、詈，則不啻不敢含怒以罪彼人，乃欲得數聞此言，以自改悔。言寬弘之若是。

傳「其有」至「善政」　釋詁云：「皇，大也。」故傳言「大」。「自敬德」者，謂「增修善政」也。鄭玄以「皇」爲暇，言寬暇自敬。王肅本「皇」作「況」，況滋益用敬德也。

傳「其人」至「和悅」　或告之曰「小人怨汝、詈汝」，其言有虛有實，其言若虛，則民之愆也。民有愆過，則曰「我過」，不責彼爲虛言。而引過歸己者，湯所云「百姓有過，在予一人」。故若信有如是怨詈，小人聞之，則含怒以罪彼人。此「四王即不啻不敢含怒以罪」彼人，乃自願聞其愆，言其顔色「常和悦」也。鄭玄云：「不但不敢含怒，乃欲屢聞之，以知己政得失之源也。」

此厥不聽，人乃或譸張爲幻，曰『小人怨汝詈汝』，則信之。此其不聽中正之君，有人誑惑之，言小人怨憾詛詈汝，則信受之。○憾，胡暗反。則若時，不永念厥辟，不寬綽厥心。則如是信讒者，不長念其爲君之道，不寬緩其心。言含怒。亂罰無罪，殺無辜，怨有同，是叢于厥身。信讒含怒，罰殺無罪，則天下同怨讎之，叢聚於其身。○叢，才工反。

【疏】「此厥」至「厥身」　此其不聽中正之人，乃有欺誑爲幻惑以告之曰：「小人怨汝詈汝。」不原其本情，則信受之。則如是信讒者，不長念其爲君之道，不審虛實，不能寬緩其心，而徑即含怒於人，是亂其正法，罰無罪，殺無辜。罰、殺欲以止怨，乃令人怨益甚。天下之民有同怨君，令怨惡聚於其身。言褊急使民之怨若是，教成王勿學此也。

傳「則如」至「含怒」　君人者察獄必審其虛實，然後加罪。「不長念其爲君之道」，謂不審察虛實也。「不寬緩其心」，言徑即含怒也。王肅讀「辟」爲辟。扶亦反。不長念其刑辟，不當加無罪也。

周公曰：「嗚呼！嗣王其監于茲。」視此亂罰之禍以爲戒。

校勘記

〔一〕序謂之頑民　「序」原作「事」，從段玉裁校改。

〔二〕自成湯至于帝乙　孫星衍云：「『帝乙』當作『祖乙』。」

〔三〕不能使民安之　阮云：「古本作『不能使民安安之也』。」今按：敦伯二七四八「安」字亦重。

〔四〕聽用有德者　「德」下原衍「之」字，從盧校刪。

〔五〕當求往遷　正字云：「『當』疑『尚』字誤。」

〔六〕啇徐本作商　「商」，阮本、通志堂本作「翅」。黄焯云：「景宋本作『商』，是也。『商』爲『啇』之隸變，古『翅』、『啇』通用。」

〔七〕乃或言　阮云：「唐石經『或』下本有『誨』字，後磨改。」今按：依傳當有「誨」字，敦伯二七四八亦有。

〔八〕無逸　「無」，漢石經作「毋」。

〔九〕則知小人之所依怙　盧云：古本「人」作「民」。

〔一〇〕乃逸乃諺既誕　漢石經作「乃劮乃憲既延」，下「否」作「不」。俞樾云：當從漢石經作「延」、「不」。

〔一一〕諺五旦反　「五旦反」，宋無疏本作「音彥」，阮本作「魚戰反」，殿本、通志堂本作「魚變反」。黄焯云：「宋本、景宋本作『五旦反』。」段玉裁云：「韻書諺無『五旦』之音，蓋唐初經文作『喭』，故音五旦反。」今按：廣韻「喭」五旰切，音岸。段説是也。

〔一二〕論語曰由也諺　「諺」，正字云：論語作「喭」。

〔一三〕故稱宗　盧云：古本「宗」上有「中」字。

〔一四〕馬作「儼」。按：漢石經作「儼」。

〔一五〕治民祗懼　「治」，漢石經作「以」。

〔一六〕高宗之享國五十有九年　「五十有九年」，漢石經作「百年」。考證引王應麟曰：「漢杜欽亦曰：『高宗享百年之壽。』」

〔一七〕伊尹放之桐　阮云：「史記集解『桐』下有『宫』字。」

〔一八〕惟樂之從　盧云：「『惟』下脱『耽』字，古本有。」

〔一九〕惠鮮鰥寡　「鮮」，漢石經作「于」。

〔二〇〕以庶邦惟正之供　阮云：「後漢書郅惲傳引作『以萬人惟政之共』。」

〔二一〕用善政以諧和萬民故也　阮云：「『諧』疑當作『皆』。」

〔二二〕則其無淫于觀于逸于遊于田以萬民惟正之供　盧云：「漢石經作『其毋淫于酒毋劮于遊田惟正之共』。今所傳者失『毋淫于酒』四字。」孫星衍云：「漢書谷永傳引亦有『毋淫于酒』。」

〔二三〕侵淫不止　正字云：「『侵』當作『浸』。」

〔二四〕爲非時而行　正字云：「『爲』疑『謂』字誤。」

〔二五〕無或胥譸張爲幻　孫星衍云：「説文引書、爾雅郭注引書俱無『胥』字。」

〔二六〕此厥不聽人乃訓之乃變亂先王之正刑　漢石經作「厥不聖人乃訓變亂正刑」。

〔二七〕譸張誑也釋訓文　按：今爾雅作「侜張」。

〔二八〕如此其不聽者　正字云：「『如』疑衍字。」

君奭第十八

召公爲保，周公爲師，相成王，爲左右。召公不説，周公作君奭。尊之曰君。奭，名。同姓也。陳古以告之，故以名篇。○爲保，太保也。爲師，太師也。馬云：「保氏、師氏，皆大夫官。」相，息亮反。左右，馬云：「分陝爲二伯，東爲左，西爲右。」不説音悦。奭，始亦反。召公名。

【疏】「召公」至「君奭」 成王即政之初，召公爲保，周公爲師，輔相成王，爲左右大臣。召公以周公嘗攝王政，今復在臣位，其意不説，周公陳已意以告召公。史叙其事，作君奭之篇也。周官篇云：「立太師、太傅、太保，兹惟三公。」則此爲保、爲師，亦爲三公官也。此實太師、太保，而不言「太」者，意在師法保安王身，言其實爲左右爾，不爲舉其官名，故不言「太」也。經傳皆言武王之時太公爲太師，此言周公爲師，蓋太公薨，命周公代之。於時太傅蓋畢公爲之，於此無事，不須見也。三公之次，先「師」後「保」，此序先言「保」者，篇之所作，主爲召公不説，故先言召公，不以官位爲次也。案經周公之言皆説已留在王朝之意，則召公不説周公之留也。故鄭、王皆云：「周公既攝王政，不宜復列於臣職，故不説。」然則召公大賢，豈不知周公留意？而不説者，以周公留在臣職，當時人皆怪之，故欲開道周公之言，以解世人之惑。召公疑之，作君奭，非不知也。史記燕世家云：「成王既幼，周公攝政，當因踐阼，召公疑之，作君奭。」此篇是致政之後，言留輔成王之意，其文甚明，馬遷妄爲説爾。鄭玄不見周官之篇，言此「師」、「保」爲周禮師氏、保氏大夫之職。言賢聖兼此官，亦謬矣。

傳「尊之」至「名篇」　周公呼爲君奭，是周公尊之曰「君」也。「奭」是其名，「君」非名也。僖二十四年左傳富辰言文王之子一十六國，無名奭者，則召公必非文王之子。燕世家云：「召公奭與周同姓姬氏。」譙周曰：「周之支族。」譙周考校古史，不能知其所出。皇甫謐云：「原公名豐，是其一也。」是爲文王之子一十六國。然文王之子，本無定數，併原、豐爲一，當召公於中，以爲十六，謬矣。此篇多言先世有大臣輔政，是陳古道以告之。呼君奭以告之，故以君奭名篇。

君奭

周公若曰：「君奭，順古道，呼其名而告之。弗弔天降喪于殷，殷既墜厥命，我有周既受。言殷道不至，故天下喪亡於殷。殷已墜失其王命，我有周道至已受之。○弔音的。我不敢知曰：厥基永孚于休，若天棐忱。廢興之跡，亦君所知，言殷家其始長信於美道，順天輔誠，所以國也。○棐音匪，又芳鬼反。忱，市林反。我亦不敢知曰：其終出于不祥。言殷紂其終墜厥命，以出於不善之故，亦君所知。○其終，終，馬本作「崇」，云：「充也。」

【疏】「周公」至「不祥」　周公留在王朝，召公不說。周公爲師，順古道而呼曰：君奭，殷道以不至之故，故天下喪亡於殷。殷既墜失其王命，我有周已受之矣。今雖受命，貴在能終。若不能終，與殷無異，故視殷以爲監戒。我不敢獨知殷家其初始之時能長信於美道，〔一〕能安順於上天之道，輔其誠信，所以有國，此亦君之所知。我亦不敢獨知曰殷紂其終墜失其王命，由出於不善之故，亦君所知也。

傳「廢興」至「以國也」　孔以召誥云「我不敢知」者，其意召公言我不敢獨知，亦王所知，則此言「我不敢知」，亦是周公言我不敢獨知，是君奭所知，故以此及下句爲説，殷之興亡，言與君奭同知。舉其殷興亡爲戒。鄭玄亦然也。

「嗚呼，君已！曰：時我，我亦不敢寧于上帝命。〔二〕歎而言曰：君已，當是我之留，我亦不敢安于上天之命，故不敢不留。○君已音以。弗永遠念天威，越我民罔尤違。〔三〕言君不長遠念天之威，而勤化於我民，使無過違之闕。惟人在我後嗣子孫，大弗克恭上下，遏佚前人光，在家不知。惟衆人共存在我後嗣子孫。若大不能恭承天地，絶失先王光大之道，我老在家，則不得知。○遏，於葛反，徐音謁絶反。佚音逸。天命不易，天難諶。乃其墜命，弗克經歷。天命不易，天難信。無德者乃其墜失王命，不能經久歷遠，不可不慎。○不易，以豉反，注同。諶，氏壬反。嗣前人，恭明德，在今予小子旦。繼先王之大業，恭奉其明德，正在今我小子旦。言異於餘臣。非克有正，迪惟前人光，施于我沖子。」我留非能有改正，但欲蹈行先王光大之道，施政于我童子。童子，成王。

【疏】「嗚呼」至「沖子」　周公又歎而呼召公曰：嗚呼，君已。「已」，辭也。既歎乃復言曰：君當是我之留，勿非我也。我亦不敢安於上天之命，故不敢不留。君何不長遠念天之威罰？禍福難量，當勤教於我下民，使無尤過違法之闕。惟今天下衆人，共誠心存在我後嗣子孫，觀其政之善惡。若此嗣王大不能恭承上天下地，絶失先王光大之道，令使衆人失望。我若退老在家，則不能得知，何得不留輔王也？天命不易，言甚難也。天難信，惡則去之，不常在一家，是難信也。天子若不稱天意，乃墜失其王命，不能經久歷遠，其事可不慎乎？繼嗣前人先王之大業，恭奉其明德也，正在今我小子旦。周公自言己身當恭奉其先王之明德，留輔佐王。非能有所改正，但欲蹈行先王光大之道，施政於我童子。童子謂成王。意欲奉行先王之事，以教成王也。

傳「歎而」至「不留」 歎而言曰：嗚呼，君已。「已」是引聲之辭。既呼君奭，歎而引聲，乃復言曰：君當是我之留。以其意不說，故令是我而勿非我。「我不敢安於上天之命」，孔意當謂天既命周，我當成就周道，故不敢不留。

又曰：「天不可信。我道惟寧王德延。無德去之，是天不可信，故我以道惟安寧王之德，謀欲延久。○我道，馬本作「我迪」。去之，上如字，又起呂反。天不庸釋于文王受命。」言天不用令釋廢于文王所受命，故我留佐成王。

【疏】「又曰」至「受命」 周公又言曰：天不可信。無德則去之，是其不可信也。天難信之，故恐其去我周家，故我以道惟安行寧王之德，謀欲延長之。我原上天之意，不用令廢於文王所受命，若嗣王失德，則還廢之，故我當留佐成王也。

傳「無德」至「延久」 此經言「又曰」，傳不明解。鄭云：「人又云。」則鄭玄以此「又曰」爲周公稱人之言也。王肅云：「重言天不可信，明己之留蓋畏其天命。」則肅意以周公重言，故稱「又曰」。孔雖不解，當與王肅意同。言「寧王」者，即文王也。鄭、王亦同。

公曰：「君奭，我聞在昔成湯既受命，已放桀，受命爲天子。時則有若伊尹，格于皇天；尹摯佐湯，〔四〕功至大天，謂致太平。○尹摯音至。在太甲，時則有若保衡；太甲繼湯，時則有如此伊尹爲保衡。言天下所取安，所取平。在太戊，太甲之孫。時則有若伊陟、臣扈，格于上帝，巫咸乂王家；伊陟、臣扈率伊尹之職，使其君不隕祖業，故至天之功不隕。巫咸治王家，言不及二臣。〇隕，于敏反。在祖乙，時則有若巫賢；祖乙，殷家亦祖其功。時賢臣有如此巫賢。賢，咸子，巫氏。在武丁，時則有若甘盤。高宗即位，甘盤佐之，後有傅說。〇傅說音悅。

【疏】「公曰君奭」至「甘盤」 言「時則有若」者，言當其時有如此人也。指謂如此伊尹、甘盤，非謂別有如此人也。以湯是殷之始王，故言「在昔」。既受命，見其爲天子也。以下在太甲、在武丁，亦言其爲天子之時有如此臣也。成湯未爲天子，已得伊尹，言「既受命」者，以功格皇天在受命之後，故言既受命也。「皇天」之與「上帝」，俱是天也，變其文爾。其功至於天帝，謂「致太平」而天下和之也。保衡、伊尹，一人也，異時而別號。伊尹之下已言「格于皇天」，保衡之下不言「格于皇天」，從可知也。伊陟、臣扈言「格于上帝」，則其時亦「致太平」，故與伊尹文異而事同。巫咸、巫賢、甘盤蓋功劣於彼三人，故無「格天」之言。

傳「尹摯」至「太平」 伊尹名摯，諸子傳記多有其文。功至大天，猶堯「格于上下」，知其謂致太平也。

傳「太甲」至「取平」 據太甲之篇及諸子傳記，太甲大臣惟有伊尹，知即保衡也。説命云：「昔先正保衡，作我先王，佑我烈祖，格于皇天。」商頌那祀成湯稱爲烈祖，烈祖，湯之號。言保衡佐湯，明保衡即是伊尹也。詩稱「實維阿衡，實左右商王」。鄭玄云：「阿，倚；衡，平也。伊尹，湯所依倚而取平。至太甲，改曰保衡，保，安也。言天下所取安、所取平，此皆三公之官當時爲之號也。」孔以太甲云「嗣王不惠於阿衡」，則太甲亦曰阿衡，與鄭異也。

傳「太甲之孫」 史記殷本紀云：「太甲崩，子沃丁立；崩，弟大庚立；崩，子小甲立；崩，弟雍己立；崩，弟大戊立。」是大戊爲太甲之孫、大庚之子。三代表云小甲、「大庚弟」；雍己、大戊，又是「小甲弟」，則大戊亦是沃丁弟、太甲子。本紀、世表俱出馬遷，必有一誤。孔於咸乂序傳云：「大戊，沃丁弟之子。」是大戊爲太甲之孫也。

傳「伊陟」至「二臣」　伊尹「格于皇天」，此伊陟、臣扈云「格于上帝」，其事既同，知此二臣能率循伊尹之職，輔佐其君，使其君不隕祖業，故至天之功亦不隤墜也。夏社序云：「湯既勝夏，欲遷其社，不可，作夏社、疑至、臣扈。」則湯初有臣扈，已爲大臣矣，不得至今仍在，與伊尹之子同時立功。蓋二人名同，或兩字一誤也。案春秋范武子光輔五君，或臣扈事湯而又事大戊也。「格于上帝」之下，乃言「巫咸乂王家」，則巫咸亦是賢臣，俱能紹治王家之事而已。其功不得至天，言不及彼二臣。

傳「祖乙」至「巫氏」　殷本紀云：「中宗崩，子仲丁立；崩，弟外壬立；崩，弟河亶甲立；崩，子祖乙立。」則祖乙是大戊之孫也。孔以其人稱祖，故云殷家亦祖其功。賢是咸子，相傳云然。父子俱稱爲「巫」，知「巫」爲氏也。

傳「高宗」至「傳說」　說命篇高宗云：「台小子舊學于甘盤，既乃遯於荒野。」高宗未立之前已有甘盤，免喪不言，乃求傳說，明其即位之初有甘盤佐之。甘盤卒後有傳說，計傳說當有大功。此惟數六人，不言傳說者，周公意所不言，未知其故。

「率惟茲，有陳，保乂有殷，故殷禮陟配天，多歷年所。言伊尹至甘盤六臣佐其君，循惟此道，有陳列之功，以安治有殷，故殷禮能升配天，享國久長，多歷年所。○安治，直吏反，下同。天惟純佑命，則商實百姓。〔五〕殷禮配天，惟天大佑助其王命，使商家百姓豐實，皆知禮節。

【疏】「率惟」至「百姓」　此伊尹、甘盤六臣等輔佐其君，率循此爲臣之道，有陳列之功，以安治有殷，故殷有安上治民之禮升配上天，享國多，歷年之次所。天惟大佑助其爲王之命，則使商家富實百姓，爲令使商之百姓家給人足，皆知禮節也。

傳「言伊」至「年所」「率」，訓循也。説賢臣佐君云「循惟此道」，當謂循此爲臣之道，盡忠竭力，以輔其君。故有陳列於世，「以安治有殷」，使殷王得安治民。故殷得此安上治民之禮，能升配上天。天在人上，故謂之「升」。爲天之子，是「配天」也。享國久長，多歷年所。

傳「殷禮」至「禮節」殷能以禮配天，故天降福。天惟大佑助其王命，風雨以時，年穀豐稔，使商家百姓豐實，家給人足。管子曰：「衣食足，知榮辱；倉廩實，知禮節。」

「王人罔不秉德，明恤小臣，屏侯甸，〔六〕自湯至武丁，其王人無不持德立業，明憂其小臣，使得其人，以爲蕃屏侯、甸之服。小臣且憂得人，則大臣可知。〇屏，賓領反。矧咸奔走惟茲，惟德稱，用乂厥辟？王猶秉德憂臣，況臣下得不皆奔走惟王此事，惟有德者舉，用治其君事？〇辟，必亦反。故一人有事于四方，〔七〕若卜筮，罔不是孚。」一人，天子也。君臣務德，故有事于四方，而天下化服如卜筮，無不是而信之。

【疏】「王人」至「是孚」「王人」，謂與人爲王。言此上所説成湯、太甲、大戊、祖乙、武丁，皆王人也。無不持德立業，明憂小臣，雖則小臣，亦憂，使得其賢人，以蕃屏侯、甸之服。王恐臣之不賢，尚以爲憂，況在臣下，得不皆勤勞奔走，惟憂王此求賢之事，惟求有德者舉之，用治其君之事乎？君臣共求其有德，所在職事皆治。天子一人有事於四方，天下咸化而服，如有卜筮之驗，無不是而信之。賢臣助君，致使大治，我留不去，亦當如此也。

傳「自湯」至「可知」王肅云：「王人，猶君人也。」「無不持德立業」，謂持人君之德，立王者之事業。人君之德，在官賢人。官得其人，則事業立，故傳以「立業」配「持德」。明憂「小臣」之不賢，憂欲「使得其人，以爲蕃屏侯、甸之服」也。「小臣且憂得人」，則大臣憂之可知。侯、甸尚思得其人，朝廷思之必矣。王肅云：「小臣，臣之微者。舉小以明大也。」

傳「王猶」至「君事」　君之所重，莫重於求賢；官之所急，莫急於得人。故此章所陳，惟言君憂得人，臣能舉賢。以王之尊，猶尚「秉德憂臣」，況其臣下，得不皆奔走惟王此求賢之事，惟有德者必舉之置於官位，用治其君事也？

傳「一人」至「信之」　禮天子自稱「曰予一人」，故爲「天子」也。君臣務求有德，衆官得其人，從上至下，遞相師法，職無大小，莫不治理，故天子「有事于四方」，發號出令，「而天下化服」，譬如「卜筮，無不是而信之」。事既有驗，言如是則人皆信之。

公曰：「君奭，天壽平格，保乂有殷，有殷嗣，天滅威。言天壽有平至之君，故安治有殷。有殷嗣子紂不能平至，天滅亡加之以威。今汝永念，則有固命。厥亂，明我新造邦。」今汝長念平至者安治，反是者滅亡。以爲法戒，則有堅固王命。其治理，足以明我新成國矣。

【疏】「公曰君奭天」至「造邦」　周公呼召公曰：「君奭，皇天賦命，壽此有平至之君。言有德者必壽考也。殷之先王有平至之德，故能安治有殷。言故得安治也。有殷嗣子紂不能平至，故天滅亡而加之以威。今汝奭當長念天道平至者安治，不平至者滅亡。以此爲法戒，則有堅固王命，其治理足以明我新成國矣。

傳「言天」至「以威」　「格」，訓至也。「平」，謂政教均平。「至」，謂道有所至。上言「不弔」，謂道有不至者。此言「格」，謂道至者。「天壽有平至之君」，有平至之德，則天與之長壽，如中宗、高宗之屬是也。〔八〕由其君有平至之德，故能「安治有殷」，言有殷國安而民治也。「有殷嗣子紂」，其德「不能平至」，國不安民不治，故「天滅亡」之而

「加之以威」也。孔傳之意，此經專説君之善惡，其言不及臣也。王肅以爲兼言君臣，注云：「殷君臣之有德，故安治有殷。言是者不可不法殷家有良臣也。」鄭注以爲專言臣事，「格」謂至於天也，與孔不同。

傳「今汝」至「國矣」　上句言善者興而惡者亡，此句令其長安治，及念明道。念上二者，故言「今汝長念平至者」而「安治」，「反是者滅亡」。念此「以爲法戒，則有堅固王命」，王族必不傾壞。若能如此，其治理足以光明我新成國矣。周自武王伐紂至此，年歲未多，對殷而言，故爲「新國」。傳意言不及臣，周公説此事者，蓋言興滅由人，我欲輔王使爲平至之君。

公曰：「君奭，在昔上帝，割申勸寧王之德，〔九〕其集大命于厥躬。在昔上天，割制其義，重勸文王之德，故能成其大命于其身。謂勸德以受命。○重勸，上直用反。惟文王尚克修和我有夏，亦惟有若虢叔，有若閎夭，文王庶幾能修政化以和我所有諸夏，亦惟賢臣之助爲治，有如此虢、閎。閎，氏。〔一〇〕虢，國；叔，字，文王弟。夭，名。○虢，寡白反，徐公伯反。閎音宏。夭，于表反，徐于驕反。有若散宜生，有若泰顛，有若南宮括。」散、泰、南宮皆氏，宜生、顛、括皆名。凡五臣，佐文王，爲胥附、奔走、先後、禦侮之任。○散宜，上素但反。顛，丁田反，又音田。南宮括，工活反。南宮，氏；括，名也。馬本作「南君」。胥附，毛詩作「疏附」，傳曰：「率下親上曰疏附。」鄭箋云：「疏附，使疏者親也。」奔走，奔，又作「本」；走，又作「奏」，音同。詩傳云：「喻德宣譽曰奔奏。」鄭箋云：「奔走，使人歸趣。」先後，上悉薦反，下户豆反。毛詩傳云：「相導前後曰先後。」禦侮，詩傳云：「武臣折衝曰禦侮。」

【疏】「公曰君奭」至「宮括」　公呼召公曰：君奭，在昔上天，斷割其義，重勸文王之德，以文王有德，勸勉使之成功，故文王能成大命於其身。言文王能順天之意，勤德以受命。

傳「在昔」至「受命」　文王去此未久，但欲遠本天意，故云「在昔上天」，作久遠言之。「割制」，謂切割絶斷之意，故云「割制其義」。「重勸文王之德」者，文王既已有德，上天佑助，而重勸勉。文王順天之意，「故其能成大命於其身」，正謂勤行德義以受天命。

傳「文王」至「天名」　文王未定天下，庶幾能修政化，以和我所有諸夏，謂三分有二屬己之諸國也。僖五年左傳云：「虢仲、虢叔，王季之穆也。」是虢叔爲文王之弟也。虢，國名；叔，字。凡言人之名氏，皆上氏下名，故閎、散、泰、南宮皆氏，夭、宜生、顛、括皆名也。

傳「散泰」至「之任」　詩綿之卒章稱文王有疏附、先後、奔奏、禦侮之臣，毛傳云：「率下親上曰疏附，相導前後曰先後，喻德宣譽曰奔奏，武臣折衝曰禦侮。」鄭箋云：「疏附，使疏者親也。奔奏，使人歸趨之。」詩言文王有此四種之臣，經歷言五臣之名，故知五臣佐文王爲此任也。此四事者，五臣共爲此任，非一臣當一事也。鄭云：「不及呂望者，太師教文王以大德，周公謙，不可以自比。」〔一一〕

又曰：「無能往來。茲迪彝教文王蔑德，降于國人。有五賢臣，猶曰其少，無所能往來。而五人以此道法，教文王以精微之德，下政令於國人。言雖聖人，亦須良佐。○蔑，徐亡結反。〔一二〕亦惟純佑秉德，迪知天威，乃惟時昭文王。文王亦如殷家，惟天所大佑。文王亦秉德，蹈知天威。乃惟是五人，明文王之德。迪見冒聞于上帝，惟時受有殷命哉。言能明文王德，蹈行顯見，覆冒下民，彰聞上天，惟是故受有殷之王命。○迪見，賢遍反，注同。冒，莫報反，下同。馬作「勗」，勉也。聞于，上音問，或如字。

【疏】「又曰」至「命哉」　文王既有賢臣五人，又復言曰：我之賢臣猶少，無所能往來。五人以此道法教文王，以微蔑精妙之德下政令於國人。德政既善，爲天所佑，文王亦如殷家，惟爲天所大佑。文王亦秉德，蹈知天威。文王得如此者，乃惟是五人明文王之德使然也。五人能明文王德，使蹈行顯見，覆冒下民，聞於上天。惟是之故，得受有殷王之命哉。言文王之聖，猶須良佐，我所以留輔成王。

傳「有五」至「良佐」　「無能往來」一句，周公假爲文王之辭，言文王有五賢臣，猶恨其少，又復言曰：我臣既少，於事無能往來。謂去還理事，未能周悉，言其好賢之深，不知厭足也。「迪」，道；「彝」，法也。「蔑」，小也；小謂精微也。而五人以此道法，教文王以精微之德。用此精微之德下教令於國人，言雖聖人，亦須良佐，以見成王須輔佐之甚也。鄭玄亦云：「蔑，小也。」

「武王惟茲四人，尚迪有禄。文王没，武王立，惟此四人庶幾輔相武王，蹈有天禄。虢叔先死，故曰四人。○輔相，息亮反。後暨武王，誕將天威，咸劉厥敵。言此四人後與武王皆殺其敵，謂誅紂。惟茲四人昭武王，惟冒，丕單稱德。惟此四人明武王之德，使布冒天下，大盡舉行其德。

【疏】「武王」至「稱德」　文王既没，武王次立武功。初立，惟此四人庶幾輔相武王，蹈有天下之禄。其後四人與武王大行天之威罰，皆與共殺其强敵，謂共誅紂也。武王之有天下，惟此四人明武王之德，惟武王布德覆冒天下。此四人大盡舉行武王之德，言武王亦得良臣之力。

傳「文王」至「四人」　文王受命九年而崩，十三年方始殺紂。文王没，武王立。謂武王初立之時，惟此四人而已。

庶幾輔相武王，蹈有天祿。初立則有此志，故下句言後與武王殺紂也。虢叔先死，故曰「四人」。以是文王之弟，其年應長，故言「先死」也。鄭玄疑不知誰死，注云：「至武王時，虢叔等有死者，餘四人也。」

傳「惟此」至「其德」　「單」，盡；「稱」，舉也。使武王之德「布冒天下」，是此四人之力，言此四人大盡舉行武王之德也。

「今在予小子旦，若游大川。予往暨汝奭其濟小子，同未在位，誕無我責。我新還政，今任重在我小子旦，不能同於四人，若游大川。我往與汝奭其共濟渡成王，同於未在位即政時，汝大無非責我留。收罔勗不及，耇造德不降，我則鳴鳥不聞，矧曰其有能格？」今與汝留輔成王，欲收教無自勉、不及道義者，立此化，而老成德不降意爲之，我周則鳴鳳不得聞，況曰其有能格于皇天乎？○造，才老反，一音七到反。鳴鳥，馬云：「鳴鳥，謂鳳皇也。」本或作「鳴鳳」者非。

【疏】「今在」至「能格」　周公言我新還政成王，今任之重者，其在我小子之身也。我不能同於四人，輔文、武使有大功德，但苟求救溺而已。譬如游於大川，我往與汝奭其共濟渡小子成王，用心輔弼，同於成王未在位之時。恐其未能嗣先人明德，我當與汝輔之，汝大無非責我之留也。我留與汝輔王者，欲收教無自勉力不及道義者。我今欲立此化，而老成德之人不降意爲之，我周家則鳴鳳之鳥尚不得聞知，況曰其有能格於皇天者乎？

傳「我新」至「我留」　周公既以還政，則是捨重任矣，而猶言「今任重在我小子旦」者，周公既攝王政，又須傳授得人，若其不能負荷，仍是周公之負。以嗣子劣弱，故言「今任重猶在我小子旦」也。彼四人者能翼贊初基，佐成王業，我不能同於四人望有大功，惟求救溺而已。詩云「泳之游之」，左傳稱「闟敖游涌而逸」，則游者，入水浮渡之名。譬若成王在於大川，「我往與汝奭」其同「共濟渡成王」。若云從此向川，故言「往」也。無自勉力、不及道義者當教之勉力，使其及道義也。我欲成立此化，而老成德之人不肯降意爲之，我周家則鳴鳳尚不得聞知，況曰其有能如伊尹之輩，使其功格於皇天乎？言太平不可冀也。經言「耇造德不降」者，周公以己年老，應退而留，因即博言己類，言己若退，則老成德者悉皆退，自逸樂，不肯降意爲之，政無所成，祥瑞不至，我周家則鳴鳳不得聞。則鳳是難聞之鳥，必爲靈瑞之物，故以「鳴鳥」爲鳴鳳。孔子稱「鳳鳥不至」，是鳳鳥難聞也。詩大雅卷阿之篇歌成王之德，其九章曰：「鳳皇鳴矣，于彼高岡。」鄭云：「因時鳳皇至，故以喻焉。」[一三]則成王之時鳳皇至也。大雅正經之作，多在周公攝政之後，成王即位之初。則周公言此之時，已鳳皇至，見太平矣。而復言此者，恐其不復能然，故戒之。此經之意，言功格上天，難於致鳳，故以鳴鳳況之。格天，案禮器云：「升中于天而鳳皇降，龜龍假。」升中，謂功成告天也。如彼記文，似功至于天，鳳皇乃降。此以鳴鳳易致，況格天之難者乎！記以龍鳳有形，是可見之物，故以鳳降龍至爲成功之驗，非言成功告天，然後此物始至也。

傳「今與」至「天乎」 王朝之臣，有不勉力者。今與汝留輔成王者，正欲收斂教誨。

公曰：「嗚呼！君，肆其監于兹，我受命無疆惟休，亦大惟艱。以朝臣無能立功至天，故其當視於此。我周受命無窮惟美，亦大惟艱難，不可輕忽，謂之易治。○以朝，直遥反。之易，以豉反。告君：乃猷裕，我不以後人迷。」告君汝謀寬饒之道，我留與汝輔王，不用後人迷惑，故欲教之。

【疏】「公曰嗚呼」至「人迷」 周公歎而呼召公曰：嗚呼，君，我以朝臣無能立功至天之故，故君其當視於此。謂視此朝臣無能立功之事。我周家受天之命無有境界惟美，亦大惟艱難，不可輕忽，謂之易治。我今告君：汝當謀寬饒之道，以治下民，使其事可法。我不用使後世人迷惑，故欲教之也。

傳「告君」至「教之」　「猷」，訓爲謀。「告君汝謀寬饒之道」，故當以寬饒爲法。「我留與汝輔王」，不用使後人迷惑怪之。無法則迷惑，故欲與汝作法以教之。鄭云：「召公不説，似隘急，故令謀於寬裕也。」

公曰：「前人敷乃心，乃悉命汝，作汝民極。前人，文、武。布其乃心爲法度，乃悉以命汝矣，爲汝民立中正矣。○爲汝民，上于僞反。曰：汝明勖偶王，在亶乘茲大命，汝以前人法度明勉，配王，在於誠信行此大命而已。○亶，丁但反。惟文王德，丕承無疆之恤。」惟文王聖德，爲之子孫，無忝厥祖，大承無窮之憂。

【疏】「公曰前」至「之恤」　周公又言曰：前人文、武布其乃心制法度，乃悉命汝爲民立中正之道矣。治民之法，已成就也。戒召公：汝當以前人之法度明自勉力，配此成王，在於誠信行此大命而已。言已有舊法，易可遵行也。惟文王聖德，造始周邦，爲其子孫，欲令無忝厥祖，大承無窮之憂，故我與汝不可不輔。

傳「前人」至「正矣」　「乃」，緩辭，不訓爲「汝」。

傳「汝以」至「而已」　「勖」，勉也。「偶」，配也。「亶」，信也。汝當以前人法度明自勉力，配成王，在於誠信行大命而已。言其不復須勞心。傳以「乘」爲「行」，蓋以乘車必行，故訓「乘」爲行。

公曰：「君，告汝朕允。告汝以我之誠信。保奭，其汝克敬以予監于殷喪大否，呼其官而名之，勑使能敬以我言視於殷喪亡大否。言其大，不可不戒。○喪，息浪反。否，方九反。**肆念我天威，予不允，惟若茲誥，予惟曰襄我二人。**以殷喪大，故當念我天德可畏，言命無常。我不信，惟若此誥，我惟曰當因我文、武之道而行之。**汝有合哉！言曰在時二人，天休滋至，惟時二人弗戡。**言汝行事，動當有所合哉。發言常在是文、武，則天美周家日益至矣。惟是文、武不勝受言多福。○戡音堪。不勝音升。**其汝克敬德，明我俊民在讓，後人于丕時。**〔一四〕其汝能敬行德，明我賢人在禮讓，則後代將於此道大且是。

【疏】「公曰君告」至「丕時」。周公呼召公曰：君，我今告汝以我之誠信。又呼其官而名之：太保奭，其汝必須能敬以我之言視於殷之喪亡，殷之喪亡，其事甚大，不可不戒慎。以殷喪大之故，當念我天德可畏。言天命無常，無德則去之，甚可畏。我不信，惟若此誥而已。我惟言曰：當因我文、武二人之道而行之。汝所行事舉動，必當有所合哉，當與文王、武王合也。汝所發言常在是文王、武王二人，則天美我周家日日滋益至矣。其善既多，惟在是文、武二人不能勝受之矣。其汝能敬行德，明我賢俊之人在於禮讓，則後人於此道大且是也。

傳「言汝」至「多福」。「動當有所合哉」，舉動皆合文、武也。「發言常在是文、武」，言非文、武道則不言。

「嗚呼！篤棐時二人，〔一五〕**我式克至于今日休。**言我厚輔是文、武之道而行之，我用能至于今日其政美。**我咸成文王功于不怠，丕冒海隅出日，罔不率俾。」**今我周家皆成文王功于不懈怠，則德教大覆冒海隅日所出之地，無不循化而使之。○俾，必耳反。懈，佳賣反。

【疏】「嗚呼」至「率俾」　周公言而歎曰：嗚呼，我厚輔是二人之道而行之，我用能至於今日其政美。言今日政美，由是文、武之道。我周家若能皆成文王之功，於事常不懈怠，則德教大覆四海之隅，至於日出之處，其民無不循我化，可臣使也。戒召公與朝臣皆當法文王之功。

公曰：「君，予不惠若兹多誥，予惟用閔于天越民。」我不順若此多誥而已，欲使汝念躬行之。閔，勉也。我惟用勉於天道，加於民。

【疏】「公曰君予」至「越民」　公呼召公曰：君，我不徒惟順如此之事多誥而已，欲使汝躬親行之。我惟用勉力自强於天道，行化於民。顧氏云：「我亦自用勉勸，躬行於天道，加益於民人也。」

公曰：「嗚呼！君，惟乃知民德，亦罔不能厥初，惟其終。惟汝所知民德，亦無不能其初，鮮能有終。惟其終，則惟君子。戒召公以慎終。○鮮，息淺反。祗若兹，往敬用治。」當敬順我此言，自今以往，敬用治民職事。

【疏】「公曰嗚」至「用治」　周公歎而呼召公曰：嗚呼，君，惟汝知民之德行，亦無有不能其初，惟鮮能其終。言行之雖易，終之實難。恐召公不能終行善政，故戒之以慎終。汝當以敬順我此言，自今以往，宜敬用此治民職事。戒之使行善不懈怠也。

傳「惟汝」至「慎終」　詩云：「靡不有初，鮮克有終。」是凡民之德，無不能其初，少能有終者。凡民皆如是，有終則惟君子。蓋召公至此已説，恐其不能終善，故戒召公以慎終也。鄭云：「召公是時意説，周公恐其復不説，故依違託言民德以剴切之。」

蔡仲之命第十九

蔡叔既没，以罪放而卒。**王命蔡仲踐諸侯位，**成王也。〔一六〕父卒命子，罪不相及。**作蔡仲之命。**册書命之。

【疏】「蔡叔」至「之命」　蔡叔與管叔流言於國，謗毁周公，周公囚之郭鄰，至死不赦。蔡叔既没，成王命蔡叔之子蔡仲踐諸侯之位，封爲國君，以策書命之。史敍其事，故作蔡仲之命。

傳「成王」至「相及」　編書以世先後爲次，此篇在成王書内，知王命蔡仲是成王命之也。蔡叔之没，不知何年，其命蔡仲，未必初卒即命。以其繼父命子，故繫之蔡叔之後也。蔡叔有罪而命蔡仲者，父卒命子，罪不相及也。昭二十年左傳曰：「父子兄弟，罪不相及。」其言「罪不相及」，謂蔡仲不坐父爾。若父有大罪，罪當絶滅，正可别封他國，不得仍取蔡名，以蔡叔爲始祖也。蔡叔身尚不死，明其罪輕。不立管叔之後者，蓋罪重無子，或有而不賢故也。

蔡仲之命蔡，國名；仲，字，因以名篇。

惟周公位冢宰，正百工，百官總己以聽冢宰。謂武王崩時。羣叔流言，乃致辟管叔于商；因蔡叔于郭鄰，以車七乘；致法，謂誅殺。因，謂制其出入。郭鄰，中國之外地名。從車七乘，言少。管、蔡，國名。○辟，婢亦反。徐扶亦反。七乘，繩證反。從車，上才用反。降霍叔于庶人，三年不齒。罪輕，故退爲衆人，三年之後乃齒録，封爲霍侯，子孫爲晉所滅。蔡仲克庸祇德，周公以爲卿士。蔡仲能用敬德，稱其賢也。明王之法，誅父用子，言至公。周公，圻内諸侯，二卿治事。叔卒，乃命諸王邦之蔡。叔之所封，圻内之蔡。仲之所封，淮、汝之間。圻内之蔡名已滅，故取其名以名新國，欲其戒之。○圻，巨依反，下同。

【疏】「惟周」至「之蔡」　惟周公於武王崩後，其位爲冢宰之卿，正百官之治，攝王政，治天下。於時管、蔡、霍等羣叔流言於國，謗毁周公，周公乃以王命致法殺管叔於商，就殷都殺之；囚蔡叔，遷之於郭鄰之地，惟與之從車七乘；降黜霍叔於庶人，若今除名爲民，三年之内，不得與兄弟年齒相次。蔡叔之子蔡仲能用敬德，周公爲畿内諸侯，得立二卿，以蔡仲爲己之卿士。周公善其爲人，及蔡叔既卒，乃將蔡仲命之於王，國之於蔡，爲諸侯也。

傳「致法」至「國名」　周禮有「掌囚」之官，鄭云：「囚，拘也，主拘繫。」當刑殺者拘繫之，是爲「制其出入」，不得輒行。郭鄰，中國之外地名，蓋相傳爲然，不知在何方。舜典云「流宥五刑」，謂流之遠地，任其自生。此則徙之郭鄰而又囚之。管蔡世家云：「封叔鮮於管，封叔度於蔡。」是「管、蔡」爲「國名」。杜預云：「管在滎陽京縣東北。」

傳「罪輕」至「所滅」　言「羣叔流言」，則霍叔亦流言也。而知其「罪輕」者，以其不死不遷，直降黜而已，明其罪輕也。霍叔不監殷民，周公惟伐管、蔡，不言伐霍叔，於時霍叔蓋在京邑，聞管、蔡之語，流傳其言，謂其實然不與朝廷同心，故退之。世家云：「武王已克商平天下，封功臣昆弟，封叔處於霍。」則武王已封之矣。後黜爲庶人，奪其爵禄。三年之後，乃更齒録，蓋復其舊封，封爲霍侯。春秋閔元年，晉侯滅霍。既子孫得爲國君，爲晉所滅，知三年之後復得封也。世家惟云封霍，不云其爵，傳言霍侯，或當有所據而知之。

傳「蔡仲」至「治事」。周禮冢宰「以八則治都鄙」，馬融云：「距王城四百里至五百里，謂之都鄙。鄙，邊邑也，以封王之子弟在畿内者。」冢宰又云：「乃施則于都鄙而建其長，立其兩。」馬、鄭皆云：「立卿兩人。」是畿内諸侯立二卿。定四年左傳説此事云：「周公舉之，以爲己卿士。」是爲周公圻内之卿士也。世家云：「周公舉胡以爲魯卿士，魯國治。於是周公言於成王，復封之於蔡。」案魯世家云：「成王封周公於魯，周公不就封，留佐成王。」則周公身不就封，安得使胡爲卿士？馬遷説之謬爾。

傳「叔之」至「戒之」。仲之所封淮、汝之間，左傳有文。叔之所封圻内之蔡，其事不知所出也。世本云：〔一七〕「蔡叔居上蔡。」宋仲子云：「胡徙居新蔡。」杜預云：「武王封叔度於汝南上蔡，至平侯徙新蔡，昭侯徙居九江下蔡。」檢其地，上蔡、新蔡皆屬汝南郡，去京師太遠，叔若封於上蔡，不得在圻内也。孔言叔封圻内，或當有以知之。但圻内蔡地，不知所在爾。

王若曰：「小子胡，言小子，明當受教訓。胡，仲名。惟爾率德改行，克慎厥猷，言汝循祖之德，改父之行，能慎其道。歎其賢。○改行，下孟反。肆予命爾侯于東土。以汝率德改行之故，故我命汝爲諸侯於東土。往即乃封，敬哉！往就汝所封之國，當修己以敬哉。○封，如字，徐音甫用反。爾尚蓋前人之愆，惟忠惟孝。汝當庶幾修德，掩蓋前人之過。子能蓋父，〔一八〕所以爲惟忠惟孝。爾乃邁跡自身，克勤無怠，以垂憲乃後。汝乃行善跡，用汝身使可蹤跡而法循之，能勤無懈怠，以垂法子孫，世世稱頌，乃當我意。率乃祖文王之彝訓，無若爾考之違王命。言當循文、武之常教，[一九]以父違命爲世戒。皇天無親，惟德是輔；民心無常，惟惠之懷。天之於人，無有親疏，惟有德者則輔佑之。民心於上，無有常主，惟愛己者則歸之。爲善不同，同歸于治；爲惡不同，同歸于亂。言人爲善爲惡，各有百端，未必正同，而治亂所歸不殊，宜慎其微。○治，直吏反。爾其戒哉！慎厥初，惟厥終，終以不困。不惟厥終，終以困窮。汝其戒治亂之機哉，作事云爲必慎其初，念其終，則終用不困窮。懋乃攸績，睦乃四鄰，以蕃王室，以和兄弟。勉汝所立之功，親汝四鄰之國，以蕃屏王室，以和協同姓之邦，諸侯之道。○懋音茂。蕃，方元反，注同。康濟小民，率自中，無作聰明亂舊章。汝爲政，當安小民之居，成小民之業，循用大中之道，無敢爲小聰明，作異辯以變亂舊典文章。詳乃視聽，罔以側言改厥度，則予一人汝嘉。詳審汝視聽，非禮義勿視聽，無以邪巧之言易其常度，必斷之以義，則我一人善汝矣。○厥度，如字，注同。斷，丁亂反。王曰：「嗚呼！小子胡，汝往哉！無荒棄朕命。」歎而勑之，欲其念戒。小子胡，汝往之國哉，無廢棄我命。欲其終身奉行，後世遵則。

【疏】「侯于東土」　此使之爲諸侯於東土爾，不知何爵也。世家云：「蔡仲卒，子蔡伯荒立；卒，子宮侯立。」自此已下，遂皆稱「侯」，則蔡仲初封即爲侯也。蔡伯荒者，自稱其字，「伯」非爵也。

傳「汝當」至「惟孝」　忠施於君，孝施於父。子能蓋父，惟得爲孝。而亦得爲忠者，父以不忠獲罪，若能改父之行，蓋父之愆，是爲忠臣也。

成王東伐淮夷，遂踐奄，成王即政，淮夷、奄國又叛，王親征之，遂滅奄而徙之，以其數反覆。○踐，似淺反，馬同。大傳云：「藉也。」數，色角反。覆，芳服反。作成王政。爲平淮夷徙奄之政令，亡。○政，如字，馬本作「征」，云：「正。」

【疏】「成王東」至「王政」　周公攝政之初，奄與淮夷從管、蔡作亂，周公征而定之。成王即政之初，淮夷與奄又叛，成王親往征之。成王東伐淮夷，遂踐滅奄國。以其數叛，徙奄民，作誥命之辭，言平淮夷徙奄之政令。史叙其事，作成王政之篇。「成」，訓平也。言平此叛逆之民，以爲王者政令，故以「成王政」爲篇名。

傳「成王」至「反覆」　洛誥之篇言周公歸政成王。多士已下，皆是成王即政初事。編篇以先後爲次，此篇在成王書内，知是成王即政，淮夷、奄國又叛，王親征之。又案洛誥成王即政，始封伯禽，伯禽既爲魯侯，乃居曲阜。費誓序稱「魯侯伯禽宅曲阜，淮夷、徐戎並興」，魯侯征之，「作費誓」。彼言淮夷並興，即此伐淮夷。王伐淮夷、魯伐徐戎，是同時伐，明是成王即政之年復重叛也。鄭玄謂此伐淮夷與踐奄是攝政三年伐管、蔡時事，其編篇於此，即云未聞。費誓之篇言淮夷之叛，則是重叛明矣。多方之篇責殷臣云：〔二〇〕「我惟時其戰要囚之，至於再，至於三。」若武王伐紂之後惟攝政三年之一叛，正可「至於再」爾，安得「至於三」乎？故知是成王即政又叛也。鄭玄讀「踐」爲翦。翦，滅也。孔不破字，蓋以踐其國即是踐滅之事，故孔以「踐」爲滅也。下篇序云：「成王既踐奄，將遷其君。」是滅其奄而徙之，以其數反覆故也。

成王既踐奄，將遷其君于蒲姑，已滅奄而徙其君及人臣之惡者於蒲姑。蒲姑，齊地，近中國，教化之。○蒲，如字，徐又扶各反，馬本作「薄」。近中，附近之近。

周公告召公，作將蒲姑。言將徙奄新立之君於蒲姑，告召公，使此册書告令之。〔二一〕亡。

【疏】「成王既」至「將蒲姑」〔二二〕　成王既踐滅奄國，將遷其君於蒲姑之地，周公告召公，使作策書，言將遷其君於蒲姑之地。史叙其事，作將蒲姑之篇。

傳「已滅」至「化之」　昭二十年左傳晏子云：「古人居此地者，〔二三〕有蒲姑氏。」杜預云：「樂安博昌縣北，有蒲姑城。」是蒲姑爲齊地也。周公遷殷頑民於成周，近京師，教化之，知今遷奄君臣於蒲姑，爲「近中國，教化之」。必如此言，則奄去中國遠於蒲姑。杜預云：「奄闕，不知所在。」鄭云：「奄蓋在淮夷之地。」〔二四〕亦未能詳。成王先伐淮夷，遂滅奄，奄似遠於淮夷也。

傳「言將」至「之亡」　禮，天子不滅國，諸侯有罪，則殺其君而擇立次賢者。故知所徙者，言將徙奄新立之君於蒲姑也。上言「周公告召公」，其篇既亡，不知告以何事，孔以意卜之，「告召公，使爲此策書告令之」，不能知其必然否也。

多方第二十

成王歸自奄，伐奄歸。**在宗周誥庶邦，**誥以禍福。〔二五〕**作多方。**

【疏】「成王」至「多方」〔二六〕　成王歸自伐奄，在於宗周鎬京。諸侯以王征還，皆來朝集。周公稱王命，以禍福咸告天下諸侯國。史叙其事，作多方。

多方 衆方天下諸侯。

【疏】傳「衆方天下諸侯」　自武王伐紂及成王即政，新封建者甚少，天下諸侯多是殷之舊國，其心未服周家，由是奄君重叛。今因滅奄新歸，故告「天下諸侯」以興亡之戒，欲令其無二心也。語雖普告天下，意在殷之舊國，篇末亦告殷之多士，獨言「諸侯」者，舉其尊者，以其篇主告殷之諸侯故也。

惟五月丁亥，王來自奄，至于宗周。周公歸政之明年，淮夷、奄又叛，魯征淮夷，作費誓；王親征奄，滅其國，五月還至鎬京。○費誓，〔二七〕上音祕。鎬，胡老反。

【疏】傳「周公」至「鎬京」　以洛誥言歸政之事，多士之篇次之，多士是歸政明年之事，故知此篇亦歸政明年之事。事猶不明，故取費誓爲證。以成王政之序言成王東伐淮夷，費誓之篇言淮夷、徐戎並興，俱言淮夷，明是一事，故言魯征淮夷作費誓，王親征奄滅其國，〔二八〕以明二者爲一時之事也。上序言「成王伐淮夷」，而此傳言「魯征淮夷」者，當時淮夷、徐戎並起爲亂，魯與二國相近，發意欲並征二國，故以二國誓衆，但成王恐魯不能獨平二國，故復親往征之，所以成王政之序與費誓之經並言淮夷，爲此故也。傳言「五月還至鎬京」，明此宗周即鎬京也。禮記祭統衛孔悝之鼎銘云：「即宫于宗周。」彼宗周謂洛邑也，是洛邑亦名宗周。知此是鎬京者，成王以周公歸政之時暫至洛邑，還歸處西都，鎬京是王常居，知至于宗周，至鎬京也。且此與周官同時事也，周官序云「還歸在豐」，經云「歸于宗周」，豐、鎬相近，即此宗周是鎬京也。

周公曰：「王若曰：猷告爾四國多方，周公以王命順天道告四方。稱周公，以別王自告。○別，彼列反。惟爾殷侯尹民，我惟大降爾命，爾罔不知。殷之諸侯正民者，我大下汝命，謂誅紂也。言天下無不知紂暴虐以取亡。

【疏】「周公」至「不知」　周公以成王之意告衆方之諸侯曰：我王順大道以告汝四方之國多方諸侯，惟爾殷之諸侯正民者，我武王大下汝天下民命，誅殺虐紂，汝諸侯天下之民，無有不知紂以暴虐取亡。欲令其思念之。

傳「周公」至「自告」　成王新始即政，周公留而輔之，周公以王命告令諸侯，所告實非王言，故加「周公曰」於「王若曰」之上，以明周公宣成王之意也。「猷」，道也，周公以王命順大道告四方也。既言「四國」，又言「多方」，見四方國多也。不直言「王曰」，稱周公以別王自告也。王肅云：「周公攝政，稱成王命以告。及還政，稱『王曰』嫌自成王辭，故加周公以明之。」然多士之篇「王若曰」之上不加「周公曰」者，以彼上句云周公初于新邑洛用告，知是周公故也。

傳「殷之」至「取亡」　諸侯爲民之主，民所取正，故謂之「正民」。民以君爲命，死生在君。天下之命，在於一人紂。言我大黜下汝之民命，正謂武王誅紂也。「言天下無不知紂以暴虐取亡」，欲使思念之，令其心棄殷而慕周也。

「洪惟圖天之命，弗永寅念于祀，惟帝降格于夏。大惟爲王謀天之命，不長敬念于祭祀，謂夏桀。惟天下至戒於夏，以譴告之，謂災異。○譴，棄戰反。有夏誕厥逸，不肯慼言于民，有夏桀不畏天戒而大其逸豫，不肯憂言於民，無憂民之言。乃大淫昏，不克終日勸于帝之迪，言桀乃大爲過昏之行，不能終日勸於天之道。乃爾攸聞。言桀之惡乃汝所聞。○迪，徒歷反，馬本作「攸」，云：「所也。」之行，下孟反。

【疏】「洪惟」至「攸聞」 以諸侯心未服周，故舉夏、殷爲戒。此章皆説桀亡湯興之事，言夏桀大惟居天子之位，謀上天之命，而不能長敬念于祭祀，惟天下至戒於夏桀，謂下災異以譴告之，冀其見災而懼，改修政德。而有夏桀不畏天命，乃大其逸豫，不肯憂言於民，惟乃自樂其身，無憂民之言。夏桀乃復大爲淫昏之行，不能終竟一日勉於天之道，言不能一日行天道也。桀之此惡，乃是汝之所聞，言不虛也。

傳「大惟」至「災異」 上天之命，去惡與善，凡爲民主皆當謀之，恐天捨己而去，常須敬念祭祀。天所譴告，謂下災異。天不言，故下災異以譴告，責人主冀自修政也。

「厥圖帝之命，不克開于民之麗，桀其謀天之命，不能開於民所施政教。麗，施也。言昏昧。○麗，力馳反。乃大降罰，崇亂有夏，因甲于内亂。桀乃大下罰於民，〔二九〕重亂有夏，言殘虐。外不憂民，内不勤德，因甲於二亂之内。言昏甚。○重亂，上直用反，又直龍反。不克靈承于旅，罔丕惟進之恭，洪舒于民。言桀不能善奉於人衆，無大惟進恭德，而大舒惰於治民。亦惟有夏之民叨懫，日欽劓割夏邑。桀洪舒於民，故亦惟有夏之民貪叨忿懫而逆命。於是桀日尊敬其能劓割夏邑者，謂殘賊之臣。〔三〇〕○懫，勑二反，説文之二反。〔三一〕劓，魚器反。

【疏】「厥圖」至「夏邑」　又言桀惡。桀其謀天之命，不能開發於民之所施政教，正謂不能開發善政以施於民。桀乃大下罪罰於民，重亂有夏之國，外不憂民，内不勤德，因復甲於二者之内，爲亂之行。桀不能以善道奉承於衆民，無大惟進之恭德，而大舒惰於民，言桀不能進行恭德而舒惰於治民。桀既舒惰於民，故亦惟有夏之民貪饕忿懫而違逆桀命。於是桀日尊敬殘賊之臣能劓割夏邑者，任用之使威服下民也。

傳「桀乃」至「昏甚」　釋詁云：「崇，重也。」桀既爲惡政，無以悛改，乃復大下罪罰於民，重亂有夏之國，言其殘虐大也。「夾」聲近甲，古人甲與夾通用。夾於二事之内而爲亂行，故傳以二事充之。外不憂民，内不勤德，桀身夾於二亂之内，言其昏闇甚也。鄭、王皆以甲爲狎，王云：「狎習災異，於内外爲禍亂。」鄭云：「習爲鳥獸之行，於内爲淫亂。」與孔異也。

傳「言桀」至「治民」　民當奉主，而責桀不能善奉於民衆者，君之奉民，謂設美政於民也。以善奉民，當敬以循之，不敢懈惰。桀乃無大惟進於恭德，而大舒緩懈惰於治民，令民益困而政益亂也。

傳「桀洪」至「賊臣」　禮記云：「言悖而出，亦悖而入。」桀既不憂於民，故民亦違逆桀命，爲貪饕忿懫之行。文十八年左傳云：「縉雲氏有不才子，貪於飲食，冒於貨賄，天下之民謂之饕餮。」説者皆言貪財爲饕，貪食爲餮。饕即叨也。叨餮，謂貪財、貪食也。忿懫，言忿怒違理也。民既如此，桀無如之何，惟日尊敬其能劓割夏邑者，謂性能殘賊者，任用之。

「天惟時求民主，乃大降顯休命于成湯，天惟是桀惡，故更求民主以代之，大下明美之命於成湯，使王天下。刑殄有夏。命湯刑絶有夏。惟天不畀純，惟天不與桀，亦已大。○殄，亭徧反。不畀，必二反。乃惟以爾多方之義民，不克永于多享。天所以不與桀，以其乃惟用汝多方之義民爲臣，而不能長久多享國故。惟夏之恭多士，大不克明保享于民，惟桀之所謂恭人衆士，大不能明安享於民。言亂主所任，任同己者。乃胥惟虐于民，至于百爲，大不克開。桀之衆士乃相與惟暴虐於民，至於百端所爲。言虐非一。大不能開民以善，言與桀合志。

【疏】「天惟」至「克開」 天惟桀惡之故，更求民主以代之，天乃大下明美之命於成湯，使之代桀王天下，乃命湯施刑罰絶有夏。惟天不與夏桀，亦已大矣。天所不與之者，〔三〕乃惟此桀用汝多方之義民爲臣，而不能長久於多享國故也。義民，實賢人也。夏桀不用惟夏桀之所謂恭人衆士者，大不能用明道安存享於衆民，乃相與惟行暴虐於民，至於百端所爲。言虐無所不作。大不能開民以善，其臣與桀同惡，夏家所以滅亡也。

傳「惟桀」至「己者」 惟桀之所謂恭人衆士，實非恭人。亂主所好，好用同己者，以其同己，謂之爲恭人。實非善人，故不能明享於民。杜預訓「享」爲受，受國者，謂受而有之。此言不能「安享於民」，謂不能安存享受於民衆也。

「乃惟成湯，克以爾多方簡代夏，作民主。乃惟成湯能用汝衆方之賢，大代夏政，爲天下民主。慎厥麗，乃勸。厥民刑，用勸。湯慎其施政於民，民乃勸善。其人雖刑，亦用勸善。言政刑清。以至于帝乙，罔不明德慎罰，亦克用勸。言自湯至于帝乙，皆能成其王道，畏慎輔相，無不明有德，慎去刑罰，亦能用勸善。○輔相，息亮反。慎去，羌呂反。要囚，殄戮多罪，亦克用勸；

開釋無辜，亦克用勸。帝乙已上要察囚情，絶戮衆罪，亦能用勸善；開放無罪之人必無枉縱，亦能用勸善。○要，一遥反，又一妙反，注同。已上，時掌反。今至于爾辟，弗克以爾多方享天之命。今至于汝君，謂紂。不能用汝衆方享天之命，故誅滅之。○辟，必亦反。

【疏】「乃惟」至「之命」　桀殘虐於民，乃惟成湯能用汝衆方之賢人，大代夏桀，作天下民主。湯既爲民主，慎其所施政教於民，民乃勸勉爲善。其民雖被刑殺，亦用勸勉爲善。非徒湯聖，後世亦賢。自湯至於帝乙，皆能成其王道，無不顯用有德，畏慎刑罰，亦能用勸勉爲善。要察囚情，絶戮衆罪，亦能用勸勉爲善；開放無罪，亦能用勸勉爲善。今至於汝君紂，反先王之道，不能用汝多方之民享有上天之命，由此，故被誅滅。汝等宜當知之，不當更令如殷也。

傳「乃惟」至「民主」　「大代夏」者，言天位之重，湯能代之，謂之「大代夏」也。王肅云：「以大道代夏爲民主。」

傳「湯慎」至「刑清」　「慎厥麗」者，總謂施政教爾。但下句言「刑用勸」，勸用刑，則厥麗之言有賞，賞謂賞用勸也。但所施政教，其事既多，非徒刑賞而已。舉事得中，民皆勸也。政無失，刑無濫，民以是勸善，言政刑清。

傳「帝乙」至「勸善」　將欲斷罪，必受其要辭，察其虚實，故言「要囚」也。「殄戮多罪」，罪者不濫。「開釋無罪」者，不枉殺人，不縱有罪。亦是「政刑清」，故能用勸善也。

「嗚呼！王若曰：誥告爾多方，非天庸釋有夏，歎而順其事以告汝衆方，非天用釋棄桀，桀縱惡自棄，故誅放。非天庸釋有殷，乃惟爾辟以爾多方大淫圖天之命，屑有辭。非天用棄有殷，乃惟汝君紂用汝衆方大爲過惡者共謀天之命，惡事盡有辭説布在天下，故見誅滅。

【疏】「嗚呼」至「有辭」 周公先自歎而復稱王命云：王順其事而言曰，以言告人謂之誥，我告汝衆方諸侯，非天用廢有夏，夏桀縱惡自棄也；非天用廢有殷，殷紂縱惡自棄也。又指説紂惡：乃惟汝君殷紂用汝衆方之民大爲過惡者，共此惡人謀天之命。其惡事，盡有辭説布在天下。以此，故見誅滅。

「乃惟有夏圖厥政不集于享，天降時喪，有邦間之。更説桀也。言桀謀其政不成于享，故天下是喪亡以禍之，使天下有國聖人代之。言有國，明皇天無親，佑有德。○間之，間厠之間。

【疏】「乃惟」至「間之」 更説桀亡之由，乃惟有夏桀謀其政，不能成於享國，所謀皆是惡事，故天下是喪亡以禍之，使有國聖人來代之。言皇天無親，惟佑有德，故以聖君代闇主也。湯是夏之諸侯，故云有國。

「乃惟爾商後王逸厥逸，〔三三〕後王紂逸豫其過。逸，言縱恣無度。圖厥政不蠲烝，天惟降時喪。紂謀其政不絜進於善，故天惟下是喪亡，謂誅滅。○不蠲，吉玄反，馬云：「明也。」一音圭。烝，絶句，之承反，馬云：「升也。」惟聖罔念作狂，惟狂克念作聖。惟聖人無念於善則爲狂人，惟狂人能念於善則爲聖人。言桀、紂非實狂愚，以不念善，故滅亡。天惟五年須暇之子孫，〔三四〕誕作民主，罔可念聽。天以湯故，五年須暇湯之子孫，冀其改悔，而紂大爲民主，肆行無道，事無可念，言無可聽。武王服喪三年，還師二年。

【疏】「乃惟」至「念聽」 更説紂亡之由：乃惟汝商之後王紂逸豫其過，縱恣無度。紂謀其爲政，不能絜進於善，惟行惡事。天惟下是喪亡，以禍之。惟聖人無念於善，則爲狂人；惟狂人能念於善，則爲聖人。紂雖狂愚，冀其念善也。計紂爲惡，早應誅滅，天惟以成湯之故，故積五年須待閑暇湯之子孫。縱緩多年，冀其改悔。而紂大爲民主，肆行無道，事無可念，言無可聽，由是，天始改意，故誅滅之。

傳「惟聖」至「滅亡」 「聖」者，上智之名；「狂」者，下愚之稱。孔子曰：「惟上智與下愚不移。」是聖必不可爲狂，狂必不能爲聖，此事決矣。而此言「惟聖人無念於善則爲狂人，惟狂人能念於善則爲聖人」者，方言天須暇於紂，冀其改悔，説有此理爾，不言此事是實也。謂之爲「聖」，寧肯無念於善？已名爲「狂」，豈能念善？中人念與不念，其實少有所移，欲見念善有益，故舉狂、聖，極善惡者言之。

傳「天以」至「二年」 湯是創業聖主，理當祚胤長遠，計紂未死五年之前，已合喪滅，但紂是湯之子孫，天以湯聖人之故，故五年須待閑暇湯之子孫，冀其改悔能念善道。而紂大爲民主，肆行無道，所爲皆惡，事無可念者，言皆惡，言無可聽者，由是天始滅之。「五年」者，以武王討紂，初立即應伐之，故從武王初立之年數至伐紂，爲五年。文王受命九年而崩，其年武王嗣立，服喪三年，未得征伐。十一年服闋，乃觀兵於孟津。十三年，方始殺紂。從九年至十三年，是五年也。然服喪三年，還師二年，乃事理宜然，而云「以湯故須暇之」者，以殷紂惡盈，久合誅滅，逢文王崩，未暇行師，兼之示弱，凡經五載，聖人因言之以爲法教爾。其實非天不知紂狂，望其後改悔，亦非曲念湯德，延此歲年也。

「天惟求爾多方大動以威，開厥顧天。天惟求汝衆方之賢者，大動紂以威，開其能顧天可以代者。惟爾多方罔堪顧之，惟汝衆方之中無堪顧天之道者，惟我周王善奉於衆。惟我周王靈承于旅，言以仁政得人心。克堪用德，惟典神天。言周文、武能堪用德，惟可以主神天之祀，任天王。〔三五〕○任音壬。天惟式教我用休，簡畀殷命，尹爾多方。天以我用德之故，惟用教我用美道代殷，大與我殷之王命，以正汝衆方之諸侯。○畀，並至反。

【疏】「天惟」至「多方」 天以紂惡之故，將選人代之，惟求賢人於汝衆方，大動紂以威，謂誅去紂也。開其有德能顧天之者，〔三六〕欲以代紂，惟汝衆方之君悉皆無德，無堪使天顧之，惟我周王善奉於衆，能以仁政得人心。文、武能堪用德，惟可以主神天之祀，任作天子也。天惟以我用德之故，故教我使用美道，大與我殷王之命，命我代殷爲王，正汝衆方諸侯。言天授我以此位也。

傳「天惟」至「代者」 「天惟求汝衆方之賢」，言欲選賢以爲天子也。「大動紂以威」，謂誅殺紂也。天意復「開其能顧天可以代者」，欲使代之。「顧」，謂迴視。有聖德者天迴視之。詩所謂「乃眷西顧，此惟與宅」，與彼「顧」同，言天顧文王而與之居，即此意也。但謂天顧此人，人亦顧天，此云「開厥顧天」，謂人顧天也。下云「罔堪顧之」，謂天顧人也。言多方人皆無德，不堪使天顧之。傳以「顧」事通於彼，故皆以天言之。

傳「天以」至「諸侯」 周以能行美道，乃得天顧。復言天用教我美道者，人之美惡，何事非天？由爲美道，爲天所顧，以美歸功於天，言教我用美道，故得當天意也。

「今我曷敢多誥？我惟大降爾四國民命，今我何敢多誥汝而已，我惟大下汝四國民命，謂誅管、蔡、商、奄之君。爾曷不忱裕之于爾多方？汝何不以誠信行寬裕之道於汝衆方，欲其戒四國崇和協。爾曷不夾介乂我周王享天之命？夾，近也。汝何不近大見治於我周王，以享天之命，而爲不安乎？○夾，音協。注同。今爾尚宅爾宅，畋爾田，爾曷不惠王熙天之命？今汝殷之諸侯皆尚得居汝常居，臣民皆尚得畋汝故田，汝何不順從王政，廣天之命，而自懷疑乎？爾乃迪屢不靜，爾心未愛。汝所蹈行數爲不安，汝心未愛我周故。○數，色角反。爾乃不大宅天命，爾乃屑播天命，汝乃不大居安天命，是汝乃盡播棄天命。爾乃自作不典圖忱于正。汝未愛我周，播棄天命，是汝乃自爲不常謀信于正道。我惟時其教告之，我惟時其戰要囚之，我惟汝如是不謀信于正道，故其教告之，謂訊以文誥。其戰要囚之，謂討其倡亂，執其朋黨。○要，一遥反。訊音信。倡音唱。至于再，至于三。再，謂三監、淮夷叛時。三，謂成王即政又叛。言迪屢不靜之事。〔三七〕乃有不用我降爾命，我乃其大罰殛之。〔三八〕我教告、戰要囚汝已至再三，汝其有不用我命，我乃大下誅汝君，乃其大罰誅之。○殛，紀力反，本又作「極」。非我有周秉德不康寧，乃惟爾自速辜。非我有周執德不安寧自誅汝，乃惟汝自召罪以取誅。

【疏】「今我」至「速辜」。今我何敢多以言誥告於汝衆而已，我惟大下黜汝管、蔡、商、奄四國之君也。「民命」，謂民以君爲命，謂誅殺四國之君也。我已殺汝四國君矣，汝何不以誠信之心行寬裕之道於汝衆方諸侯？欲令懲創四國，務崇和協。言汝衆方諸侯何不崇和協，相親近，大顯見治道於我周王，以享受上天之命，而執心不安乎？今爾殷之諸侯尚得居汝常居，臣民尚得畋汝故田，其安樂如此，汝何得不順從王政，以廣大天之命，而自懷疑乎？汝乃復所蹈行者，數爲不安，時或叛逆，是汝心未愛我周家故也。汝乃不大居安天命，是汝乃欲盡播棄天命。汝不愛我周家，播棄天命，是汝乃自爲此不常謀信於正道，言其心不常謀正道，故爲背違之心。我惟汝如是不謀信於正道之故，其以言辭教告之。我惟汝如是不誠信於正道之故，其用戰伐、要察、囚繫之。由汝數爲不信，故我教告汝，戰伐要囚汝至於再，至於三。我教告汝、戰伐要囚汝已至再三，如今而後乃復有不用我命者，我乃其大罰誅之，言我更將殺汝也。非我有周執德不安，數設誅罰，乃惟汝自召罪也。此章反覆殷勤者，恐其更有叛逆，故丁寧戒之。

傳「今我」至「之君」　今我何敢多爲言誥而已，實殺其君，非徒口告。管、蔡、商、奄皆爲叛逆受誅，故今因奄重叛而追説前事，言下「四國民命」。王肅以「四國」爲四方之國，言從今以後，四方之國苟有此罪，則必誅之。謂戒其將來之事，與孔不同。

傳「夾近」至「安乎」　「夾」其旁，旁是近義，故爲「近」也。諸國疏遠周室，不肯以治爲功，故責之。顧氏云：「汝衆方諸侯何不常和協相親近，大顯見治道於我周王，以享上天之命，而今何以不自安乎？」

傳「今汝」至「疑乎」　主遷於上，臣易於下，計汝諸侯之國，應隨殷降黜。今汝殷之諸侯皆尚得居汝常居，臣民畋汝故田，田宅不易，安樂如此，汝何不順從我周王之政，以廣上天之命，使天多佑汝？何故畏我周家，自懷疑乎？諸侯有國，故云「居汝常居」。臣民重田，故云「畋汝故田」。治田謂之畋，猶捕魚謂之漁。今人以營田求食謂之「畋食」，即此「畋爾田」之義也。〔三九〕

傳「汝未」至「正道」　事君無二，臣之道。爲人臣者，常宜信之。汝未愛我周家，播棄天命，汝數爲叛逆，是汝乃自爲此不常謀信於正道。

傳「我惟」至「朋黨」　「教告」與「戰要囚」連文，則告以文辭，是將戰之時。「教告」，謂伐紂之事。昭十三年説戰法云：「告之以文辭，董之以武師。」是將戰之時，於法當有文辭告前敵也。「我惟汝如是不謀信於正道，故其教告之」，謂訊以文辭。訊，告也。告以文辭，數其罪也。「其戰要囚之」，謂戰敗其師，執取其人，受其要辭而囚之，謂討其倡亂之人，囚執其朋黨也。此雖總言戰事，但下有至於再三，明此指伐紂也。

傳「再謂」至「之事」　以伐紂爲一，故「再」謂攝政之初，三監與淮夷叛時也。「三」謂成王即政又叛也，言上「迪屢不静」之事。

「王曰：嗚呼！猷告爾有方多士暨殷多士，王歎而以道告汝衆方與殷多士。今爾奔走臣我，監五祀，「監」，謂成周之監，此指謂所遷頑民。殷衆士今汝奔走來徙臣我，我監五年，〔四〇〕無過則得還本土。越惟有胥伯小大多正，爾罔不克臬。於惟有相長事小大衆正官之人，汝無不能用法。欲其皆用法。○臬，魚列反，馬本作「劓」。相長，丁丈反。自作不和，爾惟和哉！爾室不睦，爾惟和哉！爾邑克明，爾惟克勤乃事。小大多正自爲不和，汝有方多士當和之哉！汝親近室家不睦，汝亦當和之哉！汝邑中能明是，汝惟能勤汝職事。爾尚不忌于凶德，亦則以穆穆在乃位。汝庶幾不自忌入於凶德，亦則用敬敬常在汝位。克閲于乃邑謀介，爾乃自時洛邑，尚永力畋爾田。汝能使我閲具于汝邑，而以汝所謀爲大，則汝乃用是洛邑，庶幾長力畋汝田矣。言雖遷徙，而以修善得反邑里。○閲音悦。天惟畀矜爾，我有周惟其大介賚爾，〔四一〕汝能修善，天惟與汝憐汝，我有周惟其大大賜汝。言受多福之祚。迪簡在王庭，尚爾事，有服在大僚。非但受憐賜，又乃蹈大道在王庭，庶幾修汝事，有所服行在大官。

【疏】「王曰嗚呼猷」至「大僚」 王言而歎曰：嗚呼，我以道告汝在此所有四方之多士，謂四方之諸侯及與殷之衆士，謂頑民遷成周者。因告四方諸侯，遂告成周之人，遍使諸侯知之。此章皆告成周之人辭也。今汝成周之人奔走勤事，臣我周之監成周者，五年無罪過，則聽汝還本土。於惟有相長事，謂小大衆正官之人，汝無有不能用法，欲其皆用法也。小大衆正官之人自爲不和，汝衆官等自當和之哉！汝等親近室家不相和親，汝亦當和之哉！汝邑内之人若能明於和睦之道，汝惟能勤於汝之職事。言是其教之使然。汝能庶幾不自相怨忌入於凶德。若能不入於凶德，亦則用敬敬之道常在汝之職位，不黜退也。汝若能善相教誨，使我簡閱於汝邑，善汝之事，以汝所謀爲大，則汝乃用是洛邑，庶幾得反本土，長得勤畋汝故田。汝能修善，天惟與汝憐汝，我有周惟其大賞賜汝，汝非但受賞而已，其有蹈大道者，得在王庭被任用，庶幾汝事有所服行在於大官。恐其心未服，故丁寧勸誘之。

傳「王歎」至「多士」 言有方多士與殷多士，則此二者非一人也。有方多士，當謂於時所有四方之諸侯也。與殷多士，當謂遷於成周頑民之衆士也。下云「以臣我監者」，謂成周之監，明此殷多士也。

傳「監謂」至「本土」 下云「自時洛邑」，此所戒成周之人，故知監謂成周之監，此指謂所遷頑民，殷家衆士也。五年再閏，天道有成，故期以五年，無過則得還本土。以民性重遷，設期以誘之。

傳「於惟」至「用法」 「胥」，相也。「伯」，長也。顧氏以相長事即小大衆正官之人也。

傳「汝庶」至「汝位」 和順爲善德，怨惡爲凶德。「忌」，謂自怨忌上。言自作不和，是怨忌也。釋訓云：「穆穆，敬也。」此戒小大正官之人，故云敬敬常在汝位。

傳「汝能」至「邑里」 「閱」，謂簡閱其事，觀其具足以否，故言「閱具於汝邑」。「介」，大也。以汝所謀爲大，善其治理，聽還本國也。是由在洛邑修善，得反其邑里。王肅云：「其無成，雖五年亦不得反也。」

「王曰：嗚呼，多士！爾不克勸忱我命，爾亦則惟不克享，凡民惟曰不享。王歎而言曰：衆士，汝不能勸信我命，汝亦則惟不能享天祚矣，凡民亦惟曰不享於汝祚矣。爾乃惟逸惟頗，大遠王命，則惟爾多方探天之威，我則致天之罰，離逖爾土。」若爾乃爲逸豫頗僻，大棄王命，則惟汝衆方取天之威，我則致行天罰，離遠汝土，將遠徙之。○頗，破多反。探，吐南反。僻，匹亦反。

【疏】「王曰嗚呼」至「爾土」　王言而歎曰：嗚呼，成周之衆士，汝若不能勸勉，信用我之教命，汝則惟不能多受天福祚矣，凡民惟曰不享於汝祚矣。汝乃惟爲逸豫，惟爲頗僻，大遠棄王命，則惟汝衆方自取天之威刑，我則致天之罰於汝身，將遠徙之，使離遠汝之本土。

傳「王歎」至「祚矣」　勸信我命，勸勉而信順之，凡民亦惟曰不享於汝祚矣，言民亦不願汝之子孫長久矣。

傳「若爾」至「徙之」　成周一邑之士，不得謂之多方，此蓋意在成周遷者，兼告四方諸國使知，亦如康誥王誥康叔並使諸侯知之。離遠汝土，更遠徙之。鄭云：「分離奪汝土也。」與孔異也。

王曰：「我不惟多誥，我惟祇告爾命。」我不惟多誥汝而已，我惟敬告汝吉凶之命。

又曰：「時惟爾初不克敬于和，則無我怨。」又誥汝：是惟汝初不能敬于和道，故誅汝，汝無我怨。解所以再三加誅之意。

【疏】「王曰我」至「我怨」 王曰：我今告戒汝者，不惟多爲言誥汝而已，惟敬告汝吉凶之命。從我則吉，違我則凶，汝命吉凶在此言也。王又謂汝所以再三被誅者，是惟汝初不能敬于和道，故致此爾。汝自取之，則無於我有怨。

傳「又誥」至「之意」 「又誥」者，更言王意，又謂汝曰也。以上王誥已終，又起別端，故更稱王又復言「曰」。以序云「成王在豐誥庶邦」，則此篇是王親告之辭，直稱「王曰」者是也。其有周公稱「王告」者，則上云「周公曰王若曰」是也，又云「嗚呼王若曰」是也。顧氏云：「又曰者，是王又復言曰也。」

校勘記

〔一〕我不敢獨知 盧云：「『知』下脱『曰』字。」

〔二〕嗚呼君已句，曰時我句，我亦不敢寧于上帝命句 考證曰：「古讀如此。林之奇以『君已曰時我』爲句，蔡忱從之。李光地曰：『已，止也。君已者，呼召公而止之。』」

〔三〕越我民罔尤違 阮云：蔡傳本「越」作「曰」。

〔四〕尹摯佐湯 盧云：古本「尹」作「伊」，與史記燕世家集解所引合。

〔五〕則商實百姓 考證云：「蔡以『商實』爲句，『百姓』連下爲句。」孫詒讓云：「『實』與『是』通，當讀『則商實百姓王人』句。」按：孫讀是。

〔六〕王人罔不秉德句，明恤小臣屏侯甸句 考證云：「蔡以『王人罔不秉德明恤』爲句，『小臣屏侯甸』爲句。」

〔七〕故一人有事于四方　孫星衍云：「文選四子講德論引書云『迪一人使四方』，或今文作『迪』。」

〔八〕如中宗高宗之屬是也　「如」原作「知」，上有「即」（李本、殿本、阮本作「則」）字，「屬」下原有「身」字。阮云：「盧文弨、浦鏜並云：『則』、『身』二字俱衍，『知』當作『如』。」今從删訂。

〔九〕在昔上帝割申勸寧王之德　考證引李光地曰：「緇衣引君奭曰：『在昔上帝周由觀文王之德』，蓋數字皆以相似而誤也。」

〔一〇〕閎氏　阮云：「纂傳此二字在下『天名』下。」

〔一一〕不可以自比　正字云：「『可』疑衍字。」

〔一二〕蔑徐亡結反　「亡」原訛作「云」，形近所致。廣韻：「蔑，莫結切。」亡古音同芒、忙，莫、亡雙聲。

〔一三〕故以喻焉　「故」原誤「固」，從李本、殿本改。阮云：「毛本作『故』。」

〔一四〕明我俊民在讓後人于不時　考證云：「蔡以『明我俊民』爲句，『在讓後人于不時』爲句。」

〔一五〕嗚呼篤棐時二人　盧云：「古本上有『公曰』二字。」今按：敦伯二七四八亦有。

〔一六〕成王也　考證云：「上脱『王』字。」

〔一七〕世本云　「本」，原作「家」。盧云：「『家』譌，史記集解作『本』。」阮云：「疏下文引宋仲子云云，宋仲子乃注世本者也。」今據改。

〔一八〕子能蓋父　盧云：「下脱『惡』字，古本有。是也。」

〔一九〕言當循文武之常教　盧云：「『武』，古本作『王』。是也。」

〔二〇〕責殷臣　「責」原誤「貴」，據諸本改。

〔二一〕使此册書告令之　「此」，李本、殿本、阮本作「作」。盧云：「『作』，古本作『爲』，又有『此』字。」今按：古本是也，敦斯六二五九亦作「爲此」，此脱「爲」字。

〔二二〕至將蒲姑　「將」原作「作」，據阮引毛本改。

〔二三〕古人居此地者　阮云：「纂傳「人」作「之」。」

〔二四〕鄭云奄蓋在淮夷之地　考證云：「周本紀注引鄭云：『奄國在淮夷之北。』此『地』字訛。」

〔二五〕誥以禍福　盧云：古本「誥」作「告」。

〔二六〕成王至多方　「多方」原作「宗周」，據李本、殿本、阮本及疏文改。

〔二七〕費誓　黄焯云：「段玉裁云『粊』開寶中改爲『費』。案舊鈔本及英倫藏本並作『粊』，可爲段説之旁證。」

〔二八〕王親征奄　「征」下原有「之」字，從阮説删。

〔二九〕桀乃大下罰於民　盧云：「下」下古本有「誅」字。

〔三〇〕謂殘賊之臣　「之」字原無，從盧校據古本增。

〔三一〕懫説文之二反　段玉裁云：「『懫』字唯見大學，鄭注尚書本作『墊』，與説文引同。衛包謂『懫』、『墊』爲古今字，遂改爲『懫』。開寶中又改釋文大字爲『懫』。」

〔三二〕天所不與之者　阮云：「所」下疑有「以」字。

〔三三〕逸厥逸　盧云：「古本作『逸厥倫』，後文『爾乃惟逸』、『惟頗逸』，亦本作『逸』，後改從今本。」

〔三四〕天惟五年須暇之子孫　孫星衍云：「詩武疏引此作『湯之子孫』，多『湯』字。鄭本『暇』作『夏』。」今按：依傳、疏，當有「湯」字。「夏」字疑亦正。

〔三五〕任天王　阮云：「疏云『任作天子也』，則『王』當作『子』。」

〔三六〕開其有德能顧天之者　正字云：「『之』下當脱『道』字。」阮云：「宋板作『之道』，是也。」

〔三七〕言迪屢不静之事　盧云：古本「言」下有「其」字。

〔三八〕我乃其大罰殛之　盧云：「古本作『極』。」黄焯云：「舊鈔本作『極』。」阮云：「作『極』是也。」

〔三九〕即此畋爾田之義也　「爾」原誤「亦」，從正字説改正。

〔四〇〕今汝奔走來徙臣我我監五年　殿本上「我」作「服」。盧云：「『臣』下『服』字衍。考文云：『古文無。』宋本、正德、嘉靖三本『我』字誤重，後强改上『我』作『服』。」今按：改「服」固非，然「我」字並非誤重，上「我」下當斷，盧説非是。

〔四一〕我有周惟其大介賚爾　俞樾云：「『大介』，當『夰』字誤分，大也。」

尚書正義卷第十七

立政第二十一

周公作立政。周公既致政成王，恐其怠忽，故以君臣立政爲戒。

立政言用臣當共立政，故以名篇。

周公若曰：「拜手稽首告：嗣天子王矣。」順古道盡禮致敬告成王，言嗣天子今以爲王矣，〔一〕不可不慎。○盡禮，上津忍反。下同。用咸戒于王曰：「王左右常伯、常任、準人、綴衣、虎賁。」周公用王所立政之事皆戒於王曰：常所長事、常所委任，謂三公六卿；準人，平法，謂士官；綴衣，掌衣服；虎賁，以武力事王：皆左右近臣，宜得其人。○任，而鴆反。〔二〕準，之允反。綴，徐丁衛反，又丁劣反。賁，音奔。所長，丁丈反。除篇末文注「以長」音直良反，餘並同。周公曰：「嗚呼，休茲！知恤，鮮哉！」歎此五者立政之本，知憂得其人者少。○鮮，息淺反。

【疏】「周公」至「鮮哉」　王之大事，在於任賢使能。成王初始即政，猶尚幼少，周公恐其怠忽政事，任非其人，故告以用臣之法。周公順古道而告王曰：我敢拜手稽首告，嗣世天子成王，今已爲王矣。王者當立善政，其事不可不慎。周公既爲此言，乃用王所立政之事皆戒於王曰：王之親近左右，常所長事，謂三公也，常所委任，謂六卿也；平法之人，謂獄官也；綴衣之人，謂掌衣服者也；虎賁，以武力事王者：此等皆近王左右，最須得人。周公既歷言此官，復言而歎曰：嗚呼，美哉！此五等之官，立政之本也。知憂此官，宜得賢人者少也。

傳「順古」至「不慎」　周公既拜手稽首而後發言，還自言「拜手稽首」，示已重其事。欲令受其言，故「盡禮致敬」以告王也。召誥云「拜手稽首旅王若公」，亦是召公自言己「拜手稽首」，與此同也。成王嗣世而立，故呼成王爲「嗣天子」。周公攝政之時，成王未親王事。此時既已歸政於成王，故言「今以爲王矣，不可不慎」也。王肅以爲於時周公會羣臣共戒成王，其言曰「拜手稽首」者，是周公讚羣臣之辭。

傳「周公」至「其人」　此以「立政」名篇，知「用咸戒」者，是周公「用王所立政之事皆戒於王」也。三公，臣之尊者，知「常所長事」謂三公也。六卿分掌國事，王之所任，知「常所委任」謂六卿也。「準」，訓平也。「平法」之人，謂「士官」也。士，察也。察獄之官，用法必當均平，故謂獄官爲「準人」。周禮司寇之長在「常任」之内，此「士官」當謂士師也。衣服必連綴著之，此歷言官人，知「綴衣」是掌衣服者。此言親近大臣，必非造衣裳者。周禮太僕下大夫，「掌正王之服位，出入王之大命」。此掌衣服者，當是太僕之官也。周禮虎賁氏下大夫，言其若虎賁獸，是以武力事王者。此皆左右近臣，宜得其人。言其急於餘官得其人者，文官得其文人，武官得其武人。違才易務，皆爲非其人也。

傳「歎此」至「者少」　此五官皆親近王，故「歎此五者，立政之本」也。「休」，美也。王肅云：「此五官美哉。」是「休兹」爲美此五官也。歎其官之美，美官不可不委賢人用之，故歎之。「知憂得其人者少」，下句惟言禹、湯、文、武官得其人，是知憂得人者少也。

「古之人迪，惟有夏，乃有室大競，籲俊尊上帝。古之人道，惟有夏禹之時，乃有卿大夫室家大强，猶乃招呼賢俊，與共尊事上天。○籲音喻。迪知忱恂于九德之行，禹之臣蹈知誠信於九德之行，謂賢智大臣。九德，皋陶所謀。○忱，市林反。恂音荀。之行，如字，徐下孟反。乃敢告教厥后曰：拜手稽首后矣。曰：宅乃事，宅乃牧，宅乃準，茲惟后矣。知九德之臣，乃敢告教其君以立政。君矣，亦猶「王矣」。宅，居也。居汝事，六卿掌事者。牧，牧民，九州之伯。居内外之官及平法者皆得其人，則此惟君矣。謀面，用丕訓德，〔三〕則乃宅人。茲乃三宅無義民。謀所面見之事無疑，則能用大順德，乃能居賢人于衆官。若此，則乃能三居無義民，大罪宥之四裔，次九州之外，次中國之外。桀德惟乃弗作，往任是惟暴德，罔後。桀之爲德惟乃不爲其先王之法，往所委任，是惟暴德之人，故絶世無後。

【疏】「古之」至「罔後」。既言「知憂得人者少」，乃遠述上世之事。此言禹與桀也。古之人能用此求賢之道者，惟有夏禹之時，乃有羣臣卿大夫皆是賢人，室家大强，猶尚招呼賢俊之人，與共立於朝，尊事上天。禹之臣蹈知誠信於九德之行者，乃敢告教其君曰：我敢拜手稽首，君今已爲君矣，不可不慎也。戒其君，即告曰：居汝掌事之六卿，居汝牧民之州伯，居汝平法之獄官，使此三者皆得其人，則此惟爲君矣。言不得賢人，不成爲君也。禹能謀所面見之事，無所疑惑，用大明順之德，則乃能居賢人於官。賢人在官，職事修理，乃能三處居無義之民。善人在朝，惡人黜遠，其國乃爲治矣。及夏末年，桀乃爲天子。桀之爲德，惟乃不爲其先王之法，往所委任，是惟暴德之人。以此，故絶世無後。得賢人則興，任小人則滅，是須官賢人以立政也。

傳「古之」至「上天」。經言「古之人迪」，傳言「古之人道」，當說古之求賢人之道也。王肅云：「古之人道，惟有夏之大禹爲天子也。」其意言古人之道説有此事。孔意似不然也。孔以大夫稱家，「室」猶家也。「籲」，訓呼也。招呼者乃是臣下之事，故以爲夏禹之時乃有卿大夫「室家大强」，猶乃「招呼」在外賢俊，與之「共立於朝，尊事上天」也。言君既求賢臣之助，言天子事天，臣成君事，故言共尊事上天。

傳「禹之」至「所謀」　九德之行非一人能備，言禹之臣「蹈知」九德之行，極言其賢智大臣也。禹時伯益之輩乃可以當此經典之文，更無九德之事。惟有皋陶謀九德，故言「九德，皋陶所謀者」，即「寬而栗、柔而立、願而恭、亂而敬、擾而毅、直而温、簡而廉、剛而塞、强而義」是也。

傳「知九」至「君矣」　進言戒君，非大賢不可，故知九德之臣乃敢「告教其君以立政」也。「君矣」，亦猶言「王矣」。言已爲君矣，不可不慎也。「君」、「王」一也，變文以相避爾。「宅」，訓居也。「居汝事」，須得賢人，六卿各掌其事者也。「居汝牧」，九州之伯主養民，亦須得賢人養其民也。居汝準，士官主理刑法，亦須賢人平其獄也。六卿掌内，州牧掌外，内外之官及平法，三事皆得其人，則此惟爲君矣。言羣官失職，則不成爲君也。上句周公戒王，歷言五官，其内無州牧。此惟言三官，加州牧者，俱是逐急言之，其有詳略爾。曲禮云：「九州之長曰牧。」王制云：「千里之外設方伯」，「八州八伯」。然則「牧」、「伯」一也。伯者，言一州之長；牧者，言牧養下民。牧、伯俱得言之，故孔以「伯」解牧。鄭玄云：「殷之州牧曰伯，〔四〕虞、夏及周曰牧。」與孔不同。

傳「謀所」至「之外」　凡人爲主，皆欲臣賢。但大佞似忠，賢不可别。欲知其遠，先驗於近。但禹能「謀所面見之事」，善官賢人。既得其官，分别善惡，無所疑惑，仁賢必用，邪佞必退，然後舉直錯諸枉，則爲「能用大順德」。如是，「乃能居賢人於衆官」。賢人既得居官，則能分别善惡，無義之民，必獲大罪，量其輕重，斥之遠地，乃能三處居此無義。罪人三居者，「大罪宥之四裔，次九州之外，次中國之外」。「四裔」者，四海之表，最遠者也。「次九州之外」者，四海之内，要服之外。「次中國之外」者，謂罪人所居之國外也。猶若衛人居於晉，去本國千里。故孔注舜典云：「次千里之外。」是也。鄭云：「三處者，自九州之外，至於四海，三分其地，遠近若周之夷、鎮、蕃也。」與孔不同。

「亦越成湯陟，丕釐上帝之耿命。桀之昏亂，亦於成湯之道得升，大賜上天之光命，王天下。○釐，力之反。耿，工迥反，徐公穎反，又公永反，下同。王天，上往況反，下「王有」同。乃用三有宅，克即宅。曰三有俊，克即俊，湯乃用三有居惡人之法，能使就其居，言服罪。又曰能用剛、柔、正直三德之俊，能就其俊事，言明德。嚴惟丕式，克用三宅、三俊。言湯所以能嚴威惟可大法象者，以能用三居、三德之法。其在商邑，用協于厥邑。其在四方，用丕式見德。湯在商邑用三宅、三俊之道，和其邑。其在四方，用是大法，見其聖德。言遠近化。○見德，上賢遍反，下注同。

【疏】「亦越」至「見德」。不有所廢，則無以興。桀之滅亡夏家，乃以開道湯德。此言湯之能用人也。桀之昏亂，亦於成湯之道得升聞於天，大賜受上天之光命，得王有天下。湯既爲王，乃用三有居惡人之法，能使各就其居處。言皆服其罪也。又曰：用三德之俊人，能使各就其俊事。言皆明其德也。湯所以能嚴威，惟可大法象者，以其能用三居、三俊之法故也。成湯其在商邑，用此三居、三俊之道，和於其邑。其在四方，用是斷罪任賢之大法，見其聖德於民。言遠近皆從化也。

傳「桀之」至「天下」。「成湯之道得升」，謂從下而升於天，故天賜之以光命，使之得王天下，爲天子也。「釐，賜」，「耿，光」，皆釋詁文。

傳「湯乃」至「明德」。皋陶謨「九德」，即洪範之「三德」細分以爲九爾。以此知「三俊」即是洪範所言剛克、柔克、正直三德之俊也。「能就其俊事言明德」者，用以俊人居官，顯明其德也。上句言「則乃宅人，茲乃三宅無義民」，先言用賢後言去惡。此經先言「三有宅」後言「曰三有俊」者，用賢去惡，俱是立政之本。上句先説夏禹言得賢然後去惡，見其須賢之切。及説成湯、文、武，先言去惡後言用賢，又見惡宜速去。或先或後，所以互相見爾。

「嗚呼！其在受德，暋惟羞刑，暴德之人同于厥邦，受德，紂字。帝乙愛焉，爲作善字，而反大惡。自强惟進用刑，與暴德之人同于其國，並爲威虐。○受德，紂字。馬云「受所爲德也」。暋，眉謹反。徐亡巾反，一音閔。爲作，上于僞反，下爲之同。自强，其丈反。乃惟庶習逸德之人同于厥政。乃惟衆習爲過德之人同于其政，言不任賢。帝欽罰之，乃伻我有夏式商受命，奄甸萬姓。天以紂惡，故敬罰之，乃使我周家王有華夏，得用商所受天命，同治萬姓。言皇天無親，佑有德。○伻，普耕反，徐敷耕反，又甫耕反。

【疏】「嗚呼」至「萬姓」　既言湯以用賢而興，又説紂之失人而滅。周公又歎曰：嗚呼，其在殷王受德，本性大惡，自强惟進用刑罰，與暴德之人同治其國，並爲威虐。乃惟衆習爲過德之人，與之同共於其政。由其任同惡之人，故上天敬誅罰之，乃使我周家王有華夏，用商所受天命，同治天下萬姓。言周能用賢，天親有德，故得爲天子。

傳「受德」至「威虐」　泰誓三篇惟單言受，而此云受德者，則「德」本配「受」，共爲一人，故知「受德」是紂字也。既「受」之與「德」共爲紂字，而經或言受或言受德者，呼之有單復爾。其人實爲大惡，「德」字乃爲善名，非是時人呼有德，知是帝乙愛焉，爲作善字，望其爲善，而反爲大惡，以其行反其字，明非時人呼也。釋詁云：「暋，强也。」「暋」即昏也，故訓爲「强」。言紂自强爲惡，惟進用刑罰。身既進用刑罰，則愛好暴虐之人，故爲與之同於其國，言並爲威虐。

傳「乃惟」至「任賢」　「暴德」，言以暴虐爲德。「逸德」，言以過惡爲德。「習」效爲之「衆」者，言其所任多也。紂任「衆爲過德之人」，「與之同於其政」，言其不任賢也。與「暴德」同於其國，與「惡德」同於其政，其事一也，異言之爾。牧誓所云「四方之多罪逋逃是信是使」，「是以爲大夫卿士，俾暴虐於百姓，以姦宄於商邑」，是其事也。

傳「天以」至「有德」　言天知其惡熟詳審下罰，故言「敬罰」也。商本受天命，周亦受天命，故言「用商所受天命，同治萬姓」。釋言云：「弇，同也。」同爲天子，治萬姓，與商同也。此經之意，言周家有德，皇天親有德也。王肅云：「敬罰者，謂須暇五年。」

亦越文王、武王，克知三有宅心，灼見三有俊心，〔五〕紂之不善，亦於文、武之道大行，以能知三有居惡人之心，灼然見三有賢俊之心。以敬事上帝，立民長伯。言文、武知三宅、三俊，故能以敬事上天，立民正長。謂郊祀天，建諸侯。

【疏】「亦越」至「長伯」　既言上天去惡與善，滅殷興周，即説文王、武王能用求賢審官之事。桀惡所以興成湯，紂惡所以開文、武。言紂之不善，亦於文王、武王使得其道大行，能知居三有惡人之心，居之皆得其所，言服其罪也。灼然見三有賢俊之心，用之皆得其人，言明其德也。文、武知此三宅、三俊，故能敬事上天，稱天心也。立民正長，合民心也。

傳「紂之」至「之心」　桀之昏亂開成湯，紂之不善開文、武，其事同也。於成湯言能受「上天」之「命」，於文、武云能「敬事上帝」，前聖後聖，爲行必同，交錯爲文，所以互相見爾。文王受命，武王伐紂，二聖共成王道，故文、武並言之。猶詩序云「文、武以天保已上治内，采薇已下治外」，文、武並言，與此同也。文王之時未定天下，所立之官，亦未具足，下經所言「立政任人」已下，「三亳阪尹」已上，其所舉官屬，多是文、武時事，〔六〕以見二聖同道，父作之，子述之，言其相成爾，故「以能知三有居惡人之心，灼然見三有賢俊之心」。言文王之聖，心能揆度，知惡人真惡，須屏黜之；知賢人實賢，須舉用之。故去惡進賢，皆得其所。賢人難識，故特言「灼然」，言其知之審也。

傳「言文」至「諸侯」　上天之道，與善去惡。三宅、三俊，行合天心。「言文、武知三宅、三俊」，故能「敬事」上帝。「伯」，亦長也，故言「立民正長」。天子祭天，知「敬事上帝」謂「郊祀天」也。天子建國，知「立民長伯」謂「建諸侯」也。以下句「立政任人」已下，歷言朝廷之臣與蠻夷衆君，知此「立民長伯」主謂諸侯。詩周頌維清述文王之德言「肇禋」，大雅皇矣美文王之伐言「是類」，類、禋皆是祭天之名，是文王已祀天矣。文王未得封建諸侯，其建諸侯，惟武王時爾。

「立政，任人、準夫、牧作三事。文、武亦法禹、湯以立政，常任、準人及牧治爲天、地、人之三事。虎賁、綴衣、趣馬小尹，趣馬，掌馬之官。言此三者雖小官長，必慎擇其人。○趣，七口反。左右攜僕、百司庶府，雖左右攜持器物之僕，及百官有司主券契藏吏，亦皆擇人。○券音勸。契，苦計反。藏，才浪反。大都小伯、藝人表臣、百司，小臣猶皆慎擇其人，況大都邑之小長、以道藝爲表幹之臣，及百官有司之職，可以非其任乎？太史、尹伯、庶常吉士，太史，下大夫，掌邦六典之貳。尹伯，長官大夫。及衆掌常事之善士，皆得其人。司徒、司馬、司空、亞旅，此有三卿及次卿衆大夫，則是文、武未伐紂時。舉夷微、盧烝，三亳、阪尹。蠻夷微、盧之衆帥，及亳人之歸文王者三所，爲之立監，及阪地之尹長，皆用賢。○阪音反。

【疏】「立政」至「阪尹」。言文、武亦法禹、湯審官，以立美政。任人，謂六卿；準夫者，平法之人，謂理獄官也；牧者，九州之牧，治爲天、地、人之三事。自「虎賁」已下，歷舉官名，言此官皆須得其人。不以官之尊卑爲次，蓋以從近而至遠。虎賁、綴衣、趣馬三者官雖小，須慎擇其人。乃至左右攜持器物之僕，及百官有司之下，至衆府藏之吏，亦須擇其人。既言近王小官，及遠官大考。小官猶須擇人，況乎大都邑之小長，與有道藝之人爲表幹之臣，及百官有司之職，可以非其任乎？以近臣況遠臣，以小官況大官。既以近、小況遠、大，又舉官之次而掌事要者，若太史下大夫、長官大夫，及衆掌常事之善士，皆須得其人。更舉官之大者，司徒、司馬、司空之卿，及次卿之衆大夫，皆須得其人。既略言內外之官，又更遠及夷狄蠻夷微、盧之衆帥，與三處亳民之監，及阪地之尹長，皆須用賢人。言文、武於此諸官，皆求賢人爲之也。

傳「文武」至「三事」。前聖後聖，其道皆同，未必相放法也。後人法前，自是常事，因其上説禹、湯立政，故言「文、武亦法禹、湯以立政」也。「任人」，則前經所云「常任六卿」也。「準夫」，則「準人」也。「牧」者，前云「宅乃牧」也。前文有「常伯、綴衣、虎賁」，不言「牧」，此不言「常伯、綴衣、虎賁」而言「牧」者，以前文先舉朝臣，故不言「牧」；前已備文，故此不言「常伯」。其綴衣、虎賁而言「牧」者，以下文自詳，故此惟舉內外要官者言之，故內官舉任人、準夫，外官舉牧，故下云「繼自今我立政、立事、準人、牧夫，我其克灼知厥若」。又云「自古商人亦越我周文王，立政、立事、牧夫、準人則克宅之，克由繹之，茲乃俾乂」，皆據內外要重官以言之。「夫」，即人也。立官所以事天地，治人民，爲此三事而已，故以三事謂「天、地、人」也。王肅云：「文王所以立政，任人，常任也；準夫，準人也；牧者，諸侯之長也。」與孔意同。

傳「趣馬」至「其人」。周禮趣馬爲校人屬官，馬一十二匹，立趣馬一人，掌贊王良馬，而齊其飲食。是掌馬之小官也。綴衣，是太僕也。虎賁、太僕，皆下大夫也。比三公、六卿，亦爲小尹之官。雖文止三官，亦包通在下之屬官。

三官之下，小官多矣。趣馬，即下士。其馬一匹，有圉師一人。是趣馬之下，猶有小官也。

傳「雖左」至「擇人」　諸官有所務業，從王左右。攜持器物之僕，謂寺人内小臣等也。百司庶府，謂百官有司之下，主券契府藏之吏，謂其下賤人，非百官有司之身也。言此等亦皆擇人。

傳「小臣」至「任乎」　「小臣猶皆擇人，況大都邑之小長」，謂公卿都邑之内，大夫士及邑宰之屬。以身有道藝，爲民之表的楨幹之臣。其都邑之内屬官，謂之小長。周禮太宰職云：「乃施則于都鄙，而建其長，立其兩，設其伍，陳其殷。」「兩」謂兩卿，「長」謂公卿，〔七〕「伍」謂大夫，「殷」謂衆士是也。

傳「太史」至「其人」　周禮「太史下大夫二人」，「掌建邦之六典」。又太宰職亦云「掌建邦之六典」。太史，副貳。太宰掌其正，太史掌其貳。六典，謂治典、教典、禮典、政典、刑典、事典，六卿所掌者也。掌邦六典之貳，其所掌事重，故特言之。「尹伯」，長官大夫。周禮每官各有長，若太史爲史官之長，大司樂爲樂官之長，如此類皆是也。及衆掌常事之善士，謂士爲長官者。其大夫及士不爲長官者，則前云百司也。居官必須善人，此是總舉衆官，故特言吉士。

傳「此有」至「法則」　周公攝政之時，制禮作樂，其作立政之篇，必在制禮之後。周禮六卿，而此有三卿及次卿衆大夫，則是副卿之大夫，有若周禮小宰之類是也。此文、武未伐紂之時也。遠舉文、武之初，以爲法則爾。泰誓下篇云「王乃大巡六師」，「六師」則六軍也。軍將皆命卿，即伐紂之時已立六卿矣。牧誓亦云「司徒、司馬、司空」，舉之三卿者，〔八〕彼傳已解之云「指誓戰者」也。

傳「蠻夷」至「用賢」　牧誓所云有「微、盧、彭、濮人」，此舉「夷微、盧」，以見彭、濮之等諸夷也。「烝」，訓衆也。此篇所言，皆立官之事。此經惟「阪」下言「尹」，則夷微已下以一「尹」總之，故傳言「蠻夷微、盧之衆帥，及亳民之歸文王者三所，爲之立監，及阪地之尹長」。故言「帥」、言「監」，亦是言爲之立長，義出經文「尹」也。亳是湯之舊都，此言三亳，必是亳民分爲三處。此篇説立官之意，明是分爲三亳，必是三所各爲立監也。亳人之歸文王，〔九〕經傳未有其事。文王既未伐紂，亳民不應歸之。鄭、王所説，皆與孔同。言「亳民歸文王」者，蓋以此章雜陳文王、武王時事，其言以文王爲主，故先儒因言亳民歸文王爾。即如此意，三亳爲已歸周，必是武王時也。及「阪地之尹長」，傳言其山阪之地立長爾，不知其指斥何處也。鄭玄以三亳、阪尹者共爲一事，云：「湯舊都之民服文王者分爲三邑，其長居險，故言阪尹，蓋東成皐、南轘轅、西降谷也。」皇甫謐以爲「三亳，三處之地皆名爲亳。蒙爲北亳，穀熟爲南亳，偃師爲西亳」。古書亡滅，既無要證，未知誰得旨矣。

「文王惟克厥宅心，乃克立茲常事，司牧人以克俊有德。文王惟其能居心，遠惡舉善，乃能立此常事，司牧人用能俊有德者。○遠惡，上于萬反。文王罔攸兼于庶言、庶獄、庶慎，惟有司之牧夫。文王無所兼知於毁譽衆言及衆刑獄、衆當所慎之事，及惟慎擇有司牧夫而已，勞于求才，逸於任賢。○譽音餘，又如字。是訓用違，〔一〇〕庶獄、庶慎，文王罔敢知于茲。是萬民順法用違法，衆獄衆慎之事，文王一無敢自知於此，委任賢能而已。

【疏】「文王」至「于茲」　上既總言文、武，此又分而説之。文王惟能其居心遠惡舉善，乃能立此常事。其主養人之官，用能俊有德者。既任用俊人，每事委之，文王無所兼知於衆人之言，或毁或譽，文王皆不知也。衆獄斷罪得失，文王亦不得知也。衆所當慎之事，文王亦不得知也。惟慎擇在朝有司、在外牧養民之夫。是時萬民或順於法，或用違法，衆刑獄、衆所慎之事，文王一皆無敢自知，於此惟委任賢能而已。

傳「文王」至「德者」　上言文王能知三宅、三俊，知此言「能居心」者，以遠惡舉善居其心也。既遠惡舉善，乃能立此常事，用賢養民，是人君之常事也。

傳「文王」至「任賢」　下云「是訓用違」，即是在上庶言也。「是訓」則稱譽之事，「用違」則毁損之事，但分析言之爾。

「亦越武王，率惟敉功，不敢替厥義德。亦於武王，循惟文王撫安天下之功，不敢廢其義德。奉遵父道。○敉，亡婢反。惟謀從容德，以並受此丕丕基。武王循惟謀從文王寬容之德，故君臣以並受此大大之基業，傳之子孫。○傳之，上直專反。

【疏】「亦越」至「丕基」　亦於武王遵循父道，所循惟文王撫安天下之功，不敢廢其文王義德。言奉行遵父道也。又言武王所遵循者，惟謀從文王寬容之德，故武王君臣能並受此大大之基業，謂受命爲天子，傳之子孫。

傳「武王」至「子孫」　以言「並受」，則非獨王身，故以爲君臣並受此大大之基業。謀從寬容之德，是與臣謀。及基業成就，則君臣共有，故言並受。且王爲天子，臣爲諸侯，皆受基業，各傳子孫，是亦爲並受也。

「嗚呼，孺子王矣！歎稚子今以爲王矣，（一二）不可不勤法祖考之德。繼自今，我其立政、立事、準人、牧夫，我其克灼知厥若，丕乃俾亂。繼用今已往，我其立政大臣、立事小臣，及準人、牧夫，我其能灼然知其順者，則大乃使治之。言知臣下之勤勞，然後莫不盡心力。○俾，必爾反，下同。相我受民，和我庶獄、庶慎，時則勿有間之。能治我所受天民，和平我衆獄、衆慎之事，如是則勿同。治，直吏反，下同。

有以代之。言不可復變。○相我，上如字，馬息亮反，下「勱相」同。〔一二〕間，間厠之間。可復，扶又反。自一話一言，我則末惟成德之彥，以乂我受民。言政當用一善。善在一言而已，欲其口無擇言。如此，我則終惟有成德之美，以治我所受之民。○話，户快反。

【疏】「嗚呼孺子」至「受民」。周公既歷説禹、湯、文、武，乃復指戒成王，嗚呼而歎：孺子今已爲王矣。既正位爲王，事不可不慎。繼續從今已往，我王其與立政，謂大臣也；其與立事，謂小臣也；平法之人及養民之夫，此等諸臣，我王其能察之灼然，知其順於事者，則大乃使之治理。言知其能有勤勞，各盡心力，然後用此賢臣治我所受天民，和平我衆獄訟，及衆當所慎之事。必能如是，則勿復有以代之。言其法不可復變也。政從君出，爲人主，用是一善之言。善在一言而已，勿以惡言亂之。王能如是，我王則終惟有成德之美，以治我所受天民矣。

傳「繼用」至「心力」。自此已下，四言「繼自今」者。凡人靡不有初，鮮克有終。恐王不能終之，戒成王，使繼續從今已往常用賢也。「自」訓爲從，亦訓爲用。此傳言「用今已往」，下傳言「從今已往」，其意同也。政、事相對則政大事小，故以「立政」爲大臣，「立事」爲小臣。及「準人、牧夫」，略舉四者以總諸臣，戒王任此人也。其能灼然知其能順於事者，則大乃使治。顧氏云：「君能知臣下順於事，則臣感君恩，大乃治理，言各盡心力也。」

傳「能治」至「復變」。「相」，訓助也。助君所以治民事，故「相」爲「治」。天命王者，使之治民，則天與王者此民，故言能治我所受天民也。能治下民，理衆獄、衆慎之事，使得其所，則爲政之大要。能如此，則勿有以代之。言此法盡善，不可復變易也。或據臣身，既能如此，不可以餘人代之也。

傳「言政」至「之民」。釋詁云：「自，用也。〔一三〕話，言也。」舍人曰：「話，政之善言也。」孫炎曰：「話，善之言也。」〔一四〕然則「話」之與「言」，是一物也。「自一話」者，言人君爲政，當用純一善言。又云「一言」者，純一善，在於一言而已，謂發號施令，當須純一，不得差貳，欲令其口無可擇之言也。顧氏云：「人君爲政之道，當須用一善而已，爲善之法，惟在一言也。「末」，訓爲終。「彦」，訓爲美。王能出言皆善，口無可擇，如此，我王則終惟有成德之美，以治我所受天民矣。釋訓云：「美士爲彦。」故「彦」爲美。

「嗚呼！予旦已受人之徽言，〔一五〕咸告孺子王矣。歎所受賢聖説禹、湯之美言，皆以告稚子王矣。○稚，直吏反，本亦作「稺」。繼自今文子文孫，其勿誤于庶獄、庶慎，惟正是乂之。文子文孫，文王之子孫。從今以往，惟以正是之道治衆獄、衆慎，其勿誤。自古商人亦越我周文王，立政、立事、牧夫、準人，則克宅之，克由繹之，兹乃俾乂。言用古商湯，亦於我周文王立政、立事，用賢人之法能居之於心，能用陳之，此乃使天下治。○繹音亦。

【疏】「嗚呼予」至「俾乂」。「旦」者，周公名也。周公又歎曰：嗚呼，我旦已受賢聖人説禹、湯之美言，皆以告孺子王矣，王宜依行之。繼續從今以往，文王之子孫，其勿得過誤於衆獄訟、衆所慎之事，惟當用是正是之道治之。用古商人成湯，亦於我周家文王，其立政、立事、牧夫、準人，此等諸官，皆用賢人之法，則能居之於心，能用陳之於位。明識賢人，用之爲官，此乃使天下大治。戒成王使法之。

傳「言用」至「下治」。上陳禹、湯、文、武，此覆上文，惟言湯與文王者，言有詳略，無别意也。「能居之於心」，謂心知其賢也。「能用陳之」，謂陳列於位，用之以爲官也。王肅曰：「則能居之在位，能用陳其才力。如此，故能使天下治也。」

「國則罔有立政用憸人，不訓于德，是罔顯在厥世。商、周賢聖之國，則無有立政用憸利之人者。憸人不順於德，是使其君無顯名在其世。○憸，息廉反，徐七漸反，本又作「恖」，同。憸利之人，馬云：「憸利，佞人也。」繼自今立政，其勿以憸人，其惟吉士，用勱相我國家。立政之臣，惟以吉士，用勉治我國家。○勱音邁。

【疏】「國則」至「國家」　既言湯與文王用賢大治，又言其不宜用小人。商、周聖賢之國，無有立政用憸利小人者。此憸利之人不順於德，若其用之，是使其君無顯名在其世也。王當繼續從今已往，立其善政，其勿用憸利之人，其惟任用善士，使勉力治我國家，教王使用善士，勿使小人也。

「今文子文孫，孺子王矣，告文王之子孫，言稚子以即政爲王矣，所以厚戒。其勿誤于庶獄，惟有司之牧夫。獨言衆獄、有司，欲其重刑，慎官人。其克詰爾戎兵，以陟禹之跡。其當能治汝戎服兵器，威、懷並設，以升禹治水之舊跡。○詰，起一反，馬云：「實也。」方行天下，至于海表，罔有不服。方四方海表蠻夷戎狄，無有不服化者。以覲文王之耿光，〔一六〕以揚武王之大烈。能使四夷賓服，所以見祖之光明，揚父之大業。嗚呼！繼自今後王立政，其惟克用常人。」其惟能用賢才爲常人，不可以天官有所私。

【疏】「今文」至「常人」　今告汝文王之子、文王之孫，孺子今已即政爲王矣，我所以須厚戒之。王其勿誤於衆治獄之官，當須慎刑也。惟有司之牧夫，有司主養民者，宜得賢也。治獄之吏、養民之官若任得其人，使其能治汝戎服兵器，以此升行禹之舊跡，四方而行至於天下，至於四海之表，無有不服王之化者，以顯見文王之光明，以播揚武王之大業。言任得賢臣，則光揚父祖。周公又歎曰：嗚呼，繼續從今已往，後世之王立行善政，其惟能用常人，必使常得賢人，不可任非其才。此雖指戒成王，〔一七〕乃是國之常法，因以戒後王，言此法可常行也。

傳「獨言」至「官人」　上有「庶慎」、「立政、立事、牧夫、準人」，此獨言「庶獄」與「有司之牧夫」者，言庶獄欲其重刑，言有司、牧夫欲其慎官人也。

傳「其當」至「舊跡」　立官所以牧養下民，戒備不虞，故以「詰爾戎兵」爲言也。戎亦兵也，以其並言「戎兵」，故傳以爲「戎服兵器」。「威、懷並設，以升禹治水之舊跡」，遠行必登山，故以「陟」言之。如舜之「陟方」，意亦然。

傳「方四」至「化者」　「方行天下」，言無所不至，故以「方」爲「四方」。釋地云：「九夷、八狄、七戎、六蠻，謂之四海。」知「海表」謂夷狄戎蠻，無有不服化者，即詩小雅云蓼蕭「澤及四海」是也。

傳「其惟」至「所私」　官須常得賢人，故惟賢是用，用賢是常。常則非賢不可。人主或知其不賢，以私受用之，代天爲官，故言「不可以天官有所私」。

周公若曰：「太史，順其事並告太史。司寇蘇公式敬爾由獄，以長我王國。忿生，爲武王司寇，封蘇國。能用法敬汝所用之獄，以長施行於我王國。言主獄當求蘇公之比。〇之比，必二反，又如字。茲式有慎，以列用中罰。此法有所慎行，必以其列用中罰，不輕不重。蘇公所行，太史掌六典，有廢置官人之制，故告之。〇慎行，如字。

【疏】「周公」至「中罰」 周公順其事而言曰：「太史。」以其太史掌廢置官人，故呼而告之。「昔日司寇蘇公既能用法，汝太史當敬汝所用之獄，以長施行於我王國。」欲使太史選主獄之官，當求蘇公之比也。此刑獄之法有所慎行，必以其體式列用中常之罰，不輕不重，當如蘇公所行也。

傳「忿生」至「之比」 成十一年左傳云：「昔周克商，使諸侯撫封，蘇忿生以温，爲司寇。」是忿生爲武王司寇，封蘇國也。蘇是國名，所都之地其邑名温，故傳言「以温」也。特舉蘇公治獄官以告太史，知其言主獄之官，當求蘇公之比類也。

傳「此法」至「告之」 治獄必有定法，此定法有所慎行。周禮大司寇云：「刑新國用輕典，刑平國用中典，刑亂國用重典。」輕重各有體式行列。周公言然之時，是法爲平國，故必以其列用中罰，使不輕不重。美蘇公治獄，使列用中罰，明中罰不輕不重，是蘇公所行也。周禮太宰以八柄詔王，馭羣臣爵禄、廢置、生殺、與奪之法。太史亦掌邦之六典，以副貳太宰，是太史有廢置官人之制，故特呼而告之也。

周官第二十二

成王既黜殷命、滅淮夷，黜殷在周公東征時，滅淮夷在成王即政後，事相因，故連言之。還歸在豐，作周官。成王雖作洛邑，猶還西周。○還音旋，徐音全。

【疏】「成王」至「周官」 成王於周公攝政之時既黜殷命，及其即政之後，滅淮夷，於是天下大定。自滅淮夷還歸在豐，號令羣臣，言周家設官分職用人之法。史叙其事，作周官。

傳「黜殷」至「言之」　據金縢之經、大誥之序，知黜殷命在周公攝政三年東征之時也。據成王政之序、費誓之經，知滅淮夷在成王即政之後也。淮夷於攝政之時，與武庚同叛。成王既滅淮夷，天下始定。淮夷本因武庚而叛，黜殷命與滅淮夷其事相因，故雖則異年，而連言之，以見天下既定，乃作周官故也。下經言「四征弗庭」，是黜滅之事也。「罔不承德」，是安寧之狀也。序顧經文，故追言「黜殷命」以接「滅淮夷」，見征伐乃安定之意也。

傳「成王」至「西周」　以洛誥之文言「王在新邑」，今復云「在豐」，故解之也。史記周本紀云：「太史公曰：學者皆稱周伐紂居洛邑，綜其實，不然。武王營之，成王使召公卜居九鼎焉，而周復都豐、鎬。」是言成王雖作洛邑，猶還西周之事也。多方云：「王來自奄，至於宗周。」宗周即鎬京也。於彼不解，至此始爲傳者，宗周雖是鎬京，文無豐、鎬之字，故就此解之。武王既以遷鎬京，今王復在豐者，豐、鎬相近，舊都不毁，豐有文王之廟，大事就豐宣之故也。

周官

言周家設官分職用人之法。

【疏】傳「言周」至「之法」　周禮每官言人之員數及職所掌，立其定法，授與成王。成王即政之初，即有淮夷叛逆，未暇得以立官之意號令羣臣。今既滅淮夷，天下清泰，故以周家設官分職用人之法以詔羣臣，使知立官之大旨也。「設官分職」，周禮序官之文，言設置羣官，分其職掌。經言立三公、六卿，是設官也。各言所掌，是分職也。各舉其官之所掌，示以才堪，乃得居之，是説用人之法。

惟周王撫萬邦，巡侯、甸，即政撫萬國，巡行天下侯服、甸服。○巡行，下孟反。四征弗庭，綏厥兆民，四面征討諸侯之不直者，所以安其兆民。十億曰兆，言多。**六服羣辟，罔不承德，歸于宗周，董正治官。**六服諸侯奉承周德，言協服還歸於豐，督正治理職司之百官。○辟，必亦反。治，直吏反，下至「家宰」經注同。

【疏】「惟周」至「治官」 惟周之王者，布政教，撫安萬國，巡行天下侯服、甸服，四面征討諸侯之不直者，所以安其海內兆民。六服之內，羣衆諸侯之君，無有不奉承周王之德者，自滅淮夷而歸於宗周豐邑，乃督正治理職司之百官。叙王發言之端也。

傳「即政」至「甸服」 檢成王政之序與費誓之經，知成王即政之年，奄與淮夷又叛。叛即往伐，今始還歸。多方云「五月丁亥，王來自奄，至於宗周」，與此「滅淮夷」而「還歸在豐」爲一事也。年初始叛，五月即歸，其間未得巡守於四方也，而此言「撫萬國，巡行天下」，其實止得撫巡向淮夷之道所過之諸侯爾，未是用四仲之月大巡守也。以撫諸侯巡守是天子之大事，因即大言之爾。周之法制，無萬國也。惟伐淮夷，非四征也。言「萬國四征」，亦是大言之爾。六服而惟言「侯、甸」者，二服去圻最近，舉近以言之，言王巡省遍六服也。

傳「四面」至「言多」 「四征」，從京師而四面征也。釋詁云：「庭，直也。綏，安也。」諸侯不直，謂叛逆王命，侵削下民。故四面征討諸侯之不直者，所以安其兆民。楚語云：「十日、百姓、千品、萬官、億醜、兆民。」每數相十，知十億曰兆。稱「兆」，言其多也。

傳「六服」至「百官」 周禮九服，此惟言六者，夷、鎮、蕃三服在九州之外夷狄之地，王者之於夷狄，羈縻而已，不可同於華夏，故惟舉「六服」。「諸侯奉承周德」，言協服也。序云「還歸在豐」，知宗周即豐也。周爲天下所宗，王都所在，皆得稱之，故豐、鎬與洛邑皆名宗周。釋詁云：「董、督，正也。」是「董」得爲督。「督正治理職司之百官」，下戒敕，是「董正」也。

王曰：「若昔大猷，制治于未亂，保邦于未危。言當順古大道，制治安國，必於未亂未危之前，思患預防之。

【疏】「王曰」至「未危」。「治」謂政教，「邦」謂國家。治有失則「亂」，邦不安則「危」。〔一八〕恐其亂，則預爲之制；慮其危，則謀之使安。制其治於未亂之前，安其國於未危之前，張官設府，使分職明察，任賢委能，令事務順理。如是，則政治而國安矣。摽此二句於前，以示立官之意。必於未亂未危之前爲之者，思患而預防之。「思患而預防之」，易既濟卦象辭也。

曰唐、虞稽古，建官惟百，內有百揆、四岳，外有州牧、侯伯，道堯、舜考古，以建百官，內置百揆、四岳，象天之有五行；外置州牧十二，及五國之長，上下相維，外內咸治。言有法。○之長，丁丈反，下「官長」、「助長」、「君長」同。庶政惟和，萬國咸寧。官職有序，故衆政惟和，萬國皆安，所以爲至治。夏、商官倍，亦克用乂。禹、湯建官二百，亦能用治，言不及唐、虞之清要。明王立政，不惟其官，惟其人。言聖帝明王立政修教，不惟多其官，惟在得其人。

【疏】「曰唐」至「其人」。既言須立官之意，乃追逆前代之法。止而復言，故更加一「曰」。唐堯、虞舜者行古道立官，惟數止一百也。「內有百揆、四岳」者，百揆揆度百事，爲羣官之首，立一人也；四岳內典四時之政，外主方岳之事，立四人也。「外有州牧侯伯」，使一州之長、侯伯五國之長各監其所部之國。外內置官各有所掌，衆政惟以協和，萬邦所以皆安也。夏禹、商湯立官，倍多於唐、虞，雖不及唐、虞之清簡，亦能用以爲治。明王立其政教，不惟多其官，惟在得其人。言自古制法，皆明開官司，求賢以處之也。

傳「道堯」至「有法」百人無主，不散則亂，有父則有君也。君不獨治，必須輔佐，有君則有臣也。易序卦云：「有父子然後有君臣。」則君臣之興，次父子之後。人民之始，則當有之，未知其所由來也。雖遠舉唐、虞，復考古也。說命曰：「明王奉若天道，建邦設都。」則王者立官，皆象天爲之，故「內置百揆、四岳，象天之有五行」也。五行佐天，羣臣佐主，以此爲象天爾。不必其數有五，乃象五行，故以百揆、四岳爲五行之象。左傳說少昊立五鳩氏，顓頊已來立五行之官，其數亦有五，故置於五行矣。舜典云：「肇十有二州。」此說虞事，知置州牧十二也。「侯伯」，謂諸侯之長。益稷篇禹言治水時事云：「外薄四海，咸建五長。」知「侯伯」是五國之長也。成王說此事者，言堯、舜所制，「上下相維，內外咸治」，言有法也。此言「建官惟百」，「夏、商官倍」，則唐、虞一百，夏、商二百。禮記明堂位云「有虞氏官五十，夏后氏官百」者，禮記是後世之言，不與經典合也。

「今予小子祗勤于德，夙夜不逮。今我小子敬勤於德，雖夙夜匪懈，不能及古人。言自有極。○不逮，音代，一音大計反。懈，佳賣反。仰惟前代時若，訓迪厥官。言仰惟先代之法是順，順蹈其所建官而則之。不敢自同堯、舜之官，準擬夏、殷而蹈之。立太師、太傅、太保，茲惟三公。論道經邦，燮理陰陽。師，天子所師法。傅，傅相天子。保，保安天子於德義者。此惟三公之任，佐王論道，以經緯國事，和理陰陽。言有德乃堪之。○燮，素協反。傅相，息亮反。官不必備，惟其人。三公之官不必備員，惟其人有德乃處之。○處，昌慮反。少師、少傅、少保，曰三孤。此三官名曰三孤。孤，特也。言卑於公，尊於卿，特置此三者。○少，詩照反，下同。貳公弘化，寅亮天地，弼予一人。副貳三公，弘大道化，敬信天地之教，以輔我一人之治。冢宰掌邦治，統百官，均四海。天官卿稱太宰，主國政治，統理百官，均平四海之内邦國。言任大。司徒掌邦教，敷五典，擾兆民。地官卿司徒，主國教化，布五常之教，以安和天下衆民，使小大協睦。○擾，而小反，徐音饒。宗伯掌邦禮，治神、人，和上、下。春官卿，宗廟官長，主國禮，治天地、神祇、人鬼之事，及國之吉、凶、軍、賓、嘉五禮，〔一九〕以和上下尊卑等列。司馬掌邦政，統六師，平邦國。夏官卿，主戎馬之事，掌國征伐，統正六軍，平治王邦四方之亂者。司寇掌邦禁，詰姦慝，刑暴亂。秋官卿，主寇賊法禁，治姦惡，刑强暴作亂者。夏司馬討惡助長物，〔二〇〕秋司寇刑姦順時殺。○慝，吐得反。司空掌邦土，居四民，時地利。冬官卿，主國空土，以居民士、農、工、商四人，〔二一〕使順天時，分地利，授之土。能吐生百穀，故曰「土」。六卿分職，各率其屬，以倡九牧，阜成兆民。六卿各率其屬官大夫、士，治其所分之職，以倡道九州牧伯爲政，大成兆民之性命。皆能其官，則政治。○倡，尺亮反，下同。阜音負。治，直吏反。

【疏】「今予」至「厥官」。王言今我小子敬勤於德，雖早夜不懈怠，猶不能及於唐、虞。仰惟先代夏、商之法是順，順蹈其前代建官而法則之。言不敢同堯、舜之官，準擬行夏、殷之官爾。「若」與「訓」，俱訓爲順也。

傳「師天」至「堪之」。三公俱是教道天子、輔相天子，緣其事而爲之名。三公皆當運致天子，使歸於德義。傳於「保」下言「保安天子於德義」，總上三者，言皆然也。禮記文王世子云：「師也者，教之以事，而喻諸德者也。保也者，慎其身以輔翼之，而歸諸道者也。」道、德別掌者，内得於心，出行於道，道、德不甚相遠，因其並釋師、保，故分配之爾。於「公」云「燮理陰陽」，於「孤」云「寅亮天地」，「和理」、「敬信」，義亦同爾。以孤副貳三公，故其事所掌不異。

傳「天官」至「任大」　此經言六卿所掌之事，撮引周禮爲之總目，或據禮文，或取禮意，雖言有小異，義皆不殊。周禮云：「乃立天官冢宰，使帥其屬而掌邦治，治官之屬，太宰卿一人。」馬融云：「冢，大也。宰，治也。大治者，兼萬事之名也。」鄭玄云：「變冢言大，進退異名也。百官總焉，則謂之冢，列職於王，則稱大。冢者，大之上也。山頂曰冢。」是解「冢」、「大」異名之意。大宰職云：「三曰禮典，以統百官。」馬融云：「統，本也。百官是宗伯之事也。」〔一二〕此「統百官」在「冢宰」之下，當以冢尊，故命統治百官爲冢宰之事。治官、禮官，俱得統之也。禮云「以佐王均邦國」，此言「均四海」，故傳辨之「均平四海之内邦國」，與孔意不異。

傳「地官」至「協睦」　周禮云：「乃立地官司徒，使帥其屬而掌邦教，以佐王安擾邦國。」大宰職云：「二曰教典，以擾萬民。」鄭玄云：「擾，亦安也。言饒衍之。」傳亦以「擾」爲安。「五典」，即「五教」也。「布五常之教」，以「安和」天下之人民，使「小大協睦」也。舜典云：「契爲司徒，敬敷五教。」周禮司徒掌十有二教，「一曰以祀禮教敬，則民不苟；二曰以陽禮教讓，則民不争；三曰以陰禮教親，則民不怨；四曰以樂禮教和，則民不乖；五曰以儀辨等，則民不越；六曰以俗教安，則民不愉；〔一三〕七曰以刑教中，則民不暴；八曰以誓教恤，則民不怠；九曰以度教節，則民知足；十曰以世事教能，則民不失職；十有一曰以賢制爵，則民慎德；十有二曰以庸制禄，則民興功。」鄭玄云：「有虞氏五，而周十有二焉。」然則十有二細分五教爲之。五教可以常行，謂之五典。五典，謂父義、母慈、兄友、弟恭、子孝也。

傳「春官」至「等列」　周禮云「乃立春官宗伯，使帥其屬而掌邦禮，以佐王和邦國」宗廟也。伯，長也。宗廟官之長，故名其官爲宗伯。其職云「掌建邦之天神、人鬼、地祇之禮」，又主吉、凶、賓、軍、嘉之五禮。吉禮之别有十二，凶禮之别有五，賓禮之别有八，軍禮之别有五，嘉禮之别有六，總有三十六禮，皆在宗伯職掌之文，文煩不可具載。大宰職云：「三曰禮典，以和邦國，以諧萬民。」其職又有「以玉作六瑞，以等邦國，以禽作六贄，以等諸臣」，是「以和上下尊卑等列」也。

傳「夏官」至「亂者」　周禮云：「乃立夏官司馬，使帥其屬而掌邦政，以佐王平邦國。」其職主戎馬之事，有掌征伐，統正六軍，平治王邦四方國之亂者。天子六軍，軍，師之通名也。案其職「掌九伐之法，馮弱犯寡則眚之，賊賢害民則伐之，暴内陵外則壇之，野荒民散則削之，負固不服則侵之，賊殺其親則正之，放弑其君則殘之，犯令陵政則杜之，外内亂鳥獸行則滅之」。

傳「秋官」至「時殺」　周禮云：「乃立秋官司寇，使帥其屬而掌邦禁，以佐王刑邦國。」其職云「刑邦國，詰四方」。馬融云：「詰，猶窮也，窮四方之姦也。」孔以「詰」爲治，是主寇賊法禁，治姦慝之人，刑殺其强暴作亂者。夏官主征伐，秋官主刑殺，征伐亦殺人，而官屬異時者，夏司馬討惡，助夏時之長物；秋司寇刑姦，順秋時之殺物也。周禮云「掌邦刑」，此云「掌邦禁」者，避下「刑暴亂」之文，故云「掌邦禁」。

傳「冬官」至「曰土」　周禮冬官亡。小宰職云：「六曰冬官，掌邦事。」又云：「六曰事職，以富邦國，以養萬民。」馬融云：「事職掌百工器用，耒耜弓車之屬。」與此主土、居民全不相當。冬官既亡，不知其本。禮記王制記司空之事云：「量地以制邑，度地以居民。」足明冬官本有主土、居民之事也。齊語云：「管仲制法，令士、農、工、商四民不雜。」即此居民「使順天時，分地利，授之土」也。土，則地利爲之名。以其「吐生百穀，故曰土」也。周禮云「事」，此云「土」者，爲下有「居四民」，故云「土以居民」，爲急故也。

「六年，五服一朝。五服，侯、甸、男、采、衛。六年一朝會京師。○一朝，直遥反。又六年，王乃時巡，考制度于四岳。周制十二年一巡守，春東、夏南、秋西、冬北，故曰時巡。考正制度禮法于四岳之下，如虞帝巡守然。○巡守音狩，下同，本亦作「狩」。諸侯各朝于方岳，大明黜

陟。」觀四方諸侯，各朝于方岳之下，大明考績黜陟之法。〔一四〕

【疏】「六年」至「黜陟」 此篇説六卿職掌，皆與周禮符同，則「六年，五服一朝」亦應是周禮之法，而周禮無此法也。周禮大行人云：「侯服歲一見，其貢祀物；甸服二歲一見，其貢嬪物；男服三歲一見，其貢器物；采服四歲一見，其貢服物；衛服五歲一見，其貢材物；要服六歲一見，其貢貨物。」先儒説周禮者，皆云「見」謂來朝也。必如所言，則周之諸侯各以服數來朝，無六年一朝之事。昭十三年左傳叔向云：「明王之制，使諸侯歲聘以志業，間朝以講禮，再朝而會以示威，再會而盟以顯昭明。自古已來，未之或失也。存亡之道，恒由是興。」説左傳者，以爲三年一朝，六年一會，十二年而盟事。與周禮不同。謂之前代明王之法，先儒未嘗措意，不知異之所由。計彼六年一會，與此六年五服一朝，事相當也。再會而盟，與此十二年王乃時巡，諸侯各朝於方岳亦相當也。叔向盛陳此法，以懼齊人，使盟。若周無此禮，叔向妄説，齊人當以辭拒之，何所畏懼而敬以從命乎？且云自古以來未之或失，則當時猶尚行之，不得爲前代之法脅當時之人明矣。時周有此法，禮文不具爾。大行人所云見者皆言貢物，或可因貢而見，何必見者皆是君自朝乎？遣使貢物，亦應可矣。大宗伯云：「時見曰會，殷見曰同。」時見、殷見，不云年限，時見曰會，何必不是再朝而會乎？殷見曰同，何必不是再會而盟乎？周公制禮，若無此法，豈成王謬言，叔向妄説也？計六年大集，應六服俱來，而此文惟言五服，孔以五服爲侯、甸、男、采、衛，蓋以要服路遠，外逼四夷，不必常能及期，故寛言之而不數也。

傳「周制」至「守然」 周禮大行人云：「十有二歲，王巡守殷國。」是周制十二年一巡守也。如舜典所云，春東、夏南、秋西、冬北，以四時巡行，故云時巡。考正制度禮法于四岳之下，如虞帝巡守然，據舜典「同律度量衡」已下皆是也。

王曰：「嗚呼！凡我有官君子，欽乃攸司，慎乃出令。令出惟行，弗惟反。「有官君子」，大夫已上。歎而戒之，使敬汝所司，慎汝出令，從政之本。令出必惟行之，不惟反改。若二三其令，亂之道。○已上，時掌反。以公滅私，民其允懷。從政以公平滅私情，則民其信歸之。學古入官，議事以制，政乃不迷。言當先學古訓，然後入官治政。凡制事必以古義議度終始，政乃不迷錯。○議度，待洛反。其爾典常作之師，無以利口亂厥官。其汝爲政，當以舊典常故事爲師法，無以利口辯佞亂其官。

【疏】「王曰」至「厥官」　王言而歎曰：「嗚呼，凡我有官之君子」，謂「大夫已上」有職事者，「汝等皆敬汝所主之職事，慎汝所出之號令。令出於口，惟即行之，不惟反之而不用，是去而後反也。〔二五〕爲政之法，以公平之心滅己之私欲，則見下民其信汝而歸汝矣。學古之典訓，然後入官治政。論議時事，必以古之制度。如此，則政教乃不迷錯矣。其汝爲政，當以舊典常故事作師法，無以利口辯佞亂其官。」教之以居官爲政之法也。

傳「有官」至「之道」　教之出令，使之號令在下，則是尊官，故知「有官君子」是「大夫已上」也，下云「三事暨大夫」是也。安危在於出令，故慎汝出令，是從政之本也。令既出口，必須行之。令而不行，是去而更反，故謂之「反」也。不惟反者令其必行之，勿使反也。若前令不行，而倒反別出後令以改前令，二三其政，則在下不知所從，是亂之道也。

傳「言當」至「迷錯」　襄三十一年左傳子產云：「我聞學而後入政，未聞以政學者也。」言將欲入政，先學古之訓典，觀古之成敗，擇善而從之，然後可以入官治政矣。凡欲制斷當今之事，必以古之義理議論量度其終始，合於古義然後行之，則其爲之政教乃不迷錯也。

「蓄疑敗謀，怠忽荒政。不學牆面，莅事惟煩。積疑不決，必敗其謀。怠惰忽略，必亂其政。人而不學，其猶正牆面而立，臨政事必煩。○蓄，敕六反。莅音利，又音類。戒爾卿士，功崇惟志，業廣惟勤。惟克果斷，乃罔後艱。此戒凡有官位，但言卿士，舉其掌事者。功高由志，業廣由勤。惟能果斷行事，乃無後難。言多疑必致患。○斷，丁亂反，下注同。

【疏】「蓄疑」至「後艱」　又戒羣臣，使彊於割斷，勤於職事。蓄積疑惑，不能彊斷，則必敗其謀慮。怠惰忽略，不能恪勤，則荒廢政事。人而不學，如面向牆，無所覩見。以此臨事，則惟煩亂，不能治理。戒汝卿之有事者：〔二六〕功之高者，惟志意彊正；業之大者，惟勤力在公。惟能果敢決斷，乃無有後日艱難。言多疑必將致後患矣。申說蓄疑敗謀也。

「位不期驕，祿不期侈。貴不與驕期而驕自至，富不與侈期而侈自來。驕、侈以行己，所以速亡。恭儉惟德，無載爾僞。言當恭儉，惟以立德，無行姦僞。作德，心逸日休；作僞，心勞日拙。爲德，直道而行於心，逸豫而名日美；爲僞，飾巧百端於心，勞苦而事日拙，不可爲。〔二七〕居寵思危，罔不惟畏。弗畏，入畏。言雖居貴寵，當思危懼，無所不畏。若乃不畏，則入可畏之刑。推賢讓能，庶官乃和。不和，政厖。賢能相讓，俊乂在官，所以和諧。厖，亂也。○厖，武江反。舉能其官，惟爾之能。稱匪其人，惟爾不任。」所舉能修其官，惟亦汝之功能。舉非其人，亦惟汝之不勝其任。○勝音升。

王曰：「嗚呼，三事暨大夫！敬爾有官，亂爾有政。歎而勑之，公卿已下，各敬居汝所有之官，治汝所有之職。以佑乃辟，永康兆民，萬邦惟無斁。」言當敬治官政，以助汝君長安天下兆民，則天下萬國惟乃無厭我周德。○斁音亦。長安，上直良反。厭，於艷反。

【疏】傳「爲德」至「可爲」 爲德者自得於己直道而行，無所經營於心，逸豫功成，則譽顯而名益美也。爲僞者行違其方，枉道求進，思念欺巧於心，勞苦詐窮，則道屈而事日益拙也。以此，故僞不可爲。申説無載爾僞也。

成王既伐東夷，肅慎來賀，海東諸夷，駒麗、扶餘、馯貊之屬。武王克商，皆通道焉。成王即政而叛，王伐而服之，故肅慎氏來賀。○肅慎，馬本作「息慎」，云：「北夷也。」駒，俱付反，又如字。麗，力支反。馯，户旦反，地理志音寒。貊，孟白反，説文作「貉，北方豸種」。孔子曰：『貉之言貊，貊，惡也。』」王俾榮伯作賄肅慎之命。榮，國名，同姓諸侯，爲卿大夫。王使之爲命書，以幣賄賜肅慎之夷，亡。○俾，必爾反，馬本作「辨」。

【疏】「成王」至「之命」 成王即政之初，東夷背叛。成王既伐而服之，東北遠夷其國有名肅慎氏者，以王戰勝，遠來朝賀。王賜以財賄，使榮國之伯爲策書，以命肅慎之夷，嘉其慶賀，慰其勞苦之意。史叙其事，作賄肅慎之命，名篇也。

傳「海東」至「來賀」 成王伐淮夷滅徐、奄，指言其國之名。此傳言「東夷」，非徒淮水之上夷也，故以爲「海東諸夷，駒麗、扶餘、馯貊之屬」，此皆於孔君之時有此名也。周禮職方氏四夷之名「八蠻、九貉」，鄭玄云：「北方曰貉。」又云：「東北夷也。」漢書有高駒麗、扶餘、韓，無此馯，馯即彼韓也，音同而字異爾。多方云「王來自奄」，奄在後滅，言滅奄即來，必非滅奄之後更伐東夷。夷在海東，路遠，又不得先伐遠夷後來滅奄。此云成王既伐東夷，不知何時伐之。魯語云：「武王克商，遂通道於九夷、八蠻，於是肅慎氏來賀，貢楛矢。」〔二八〕則武王之時，東夷服也。成王即政，奄與淮夷近者尚叛，明知遠夷亦叛。蓋成王親伐淮夷而滅之，又使偏師伐東夷而服之。君統臣功，故言「王伐」，不是成王親自伐也。肅慎之於中國，又遠於所伐諸夷，見諸夷既服，故懼而來賀也。

傳「榮國」至「夷亡」　晉語云：「文王諏於蔡原，訪於辛尹，重之以周、召、畢、榮。」於文王之時名次畢公之下，〔二九〕則是大臣也。未知此時榮伯是彼榮公以否，或是其子孫也。同姓諸侯，相傳爲然。注國語者亦云：「榮，周同姓。」不知時爲何官，故並云卿大夫。王使榮伯，明使之有所作。史録其篇，名爲賄肅慎之命，明是王使之爲命書，以幣賜肅慎氏之夷也。

周公在豐，致政老歸。**將没，欲葬成周。**己所營作，示終始念之。**公薨，成王葬于畢，**不敢臣周公，故使近文、武之墓。○使近，附近之近。**告周公，作亳姑。**周公徙奄君於亳姑，因告柩以葬畢之義，並及奄君已定亳姑，言所遷之功成。亡。○柩，其久反。

【疏】「周公」至「亳姑」　周公既致政於王，歸在豐邑，將没，遺言欲得葬於成周，以成周是己所管，示己終始念之，故欲葬焉。及公薨，成王葬於畢，以文、武之墓在畢，示己不敢臣周公，使近文、武之墓。王以葬畢之義告周公之柩，又周公徙奄君於亳姑，因言亳姑功成。史敘其事，作亳姑之篇。　案帝王世紀云：「文、武葬於畢，畢在杜南。」晉書地道記亦云：「畢在杜南，與畢陌別，俱在長安西北。」

傳「致政老歸」　周公既還政成王，成王又留爲太師。今言周公在豐，則是去離王朝，又致太師之政，告老歸於豐，如伊尹之告歸也。成王封伯禽於魯，以爲周公後。公老不歸魯而在豐者，文十三年公羊傳云：「周公曷爲不之魯？欲天下之一乎周也。」何休云：「周公，聖人，德至重，功至大，東征則西國怨，西征則東國怨。嫌之魯恐天下迴心趣向之，故封伯禽，命使遥供養。死則奔喪爲主，所以一天下之心於周室。」是言周公不歸魯之意也。歸豐者，蓋以先王之都，欲近其宗廟故也。

傳「周公」至「成亡」　序説葬周公之事，其篇乃名亳姑，篇名與序不相允會。其篇既亡，不知所道，故傳原其意而爲之説。上篇將遷亳姑，序言「成王既踐奄，將遷其君於亳姑」者，是周公之意。今告周公之柩以葬畢之義，乃用亳姑爲篇名，必是告葬之時，並言及奄君已定於亳姑，言周公所遷之功成，故以名篇也。

君陳第二十三

周公既没，命君陳分正東郊成周，成王重周公所營，故命君陳分居，正東郊成周之邑里官司。作君陳。作書命之。○君陳，鄭注禮記云，周公之子。

君陳臣名也，因以名篇。

【疏】「周公」至「君陳」　周公遷殷頑民於成周，頑民既遷，周公親自監之。周公既没，成王命其臣名君陳代周公監之，分别居處，正此東郊成周之邑，以策書命之。史録其事，作策書爲君陳篇名。

傳「成王」至「官司」　成周，周之下都。監成周者，正是一邑宰爾，而特命君陳，大其事者，成王重周公所營，猶恐殷民有不服之者，故命君陳分居正東郊成周之邑里官司也。以畢命之序言「分居」，知此「分」亦爲分居。分別殷民善惡所居，即畢命所云「旌别淑慝，表厥宅里」是也。言「東郊」者，鄭玄云：「天子之國，五十里爲近郊。」今河南洛陽相去則然，是言成周之邑爲周之東郊也。

王若曰：「君陳，惟爾令德孝恭。言其有令德，善事父母，行己以恭。惟孝，友于兄弟，〔三〇〕克施有政，言善父母者必友于兄弟，能施有政令。命汝尹兹東郊，敬哉！正此東郊，監殷頑民教訓之。○監，工銜反。昔周公師保萬民，民懷其德，往慎乃司，兹率厥常。言周公師安天下之民，民歸其德。今往承其業，當慎汝所主，此循其常法而教訓之。懋昭周公之訓，惟民其乂。勉明周公之教，惟民其治。○懋音茂。治，直吏反，下注「政治」同。

【疏】傳「臣名」至「名篇」　孔直云「臣名」，則非周公子也。鄭玄注中庸云「君陳蓋周公子」者，〔三一〕以經云「周公既没，命君陳」，猶若「蔡叔既没，命蔡仲」故也。孔未必然矣。

傳「言其」至「以恭」　「令德」，在身之大名。「孝」是事親之稱，「恭」是身之所行。言其善事父母，行己以恭也。釋訓云：「善父母爲孝，善兄弟爲友。」

傳「言善」至「政令」　父母，尊之極；兄弟，親之甚。緣其施孝於極尊，乃能施友於甚親。言善事父母者，必友于兄弟。推此親親之心，以至於疏遠，每事以仁恕行之，故能施有政令也。

「我聞曰：至治，馨香感于神明。黍稷非馨，明德惟馨。所聞上古聖賢之言，政治之至者，芬芳馨氣動於神明。所謂芬芳非黍稷之氣，乃明德之馨。勵之以德。爾尚式時周公之猷訓，惟日孜孜，無敢逸豫。汝庶幾用是周公之道教殷民，惟當日孜孜勤行之，無敢自寬暇逸豫。○孜孜音茲。

【疏】「我聞」至「逸豫」　我聞人之言曰：有至美治之善者，乃有馨香之氣感動於神明。所言馨香感神者，黍稷飲食之氣非馨香也，明德之所遠及，乃惟爲馨香爾。勉勵君陳，使爲德也。欲必爲明德，惟法周公。汝當庶幾用是周公之道，惟當每日孜孜勤法行之，無敢自寬暇逸豫。教使勤於事也。

「凡人未見聖，若不克見；既見聖，亦不克由聖。此言凡人有初無終，未見聖道，如不能得見；已見聖道，亦不能用之，所以無成。爾其戒哉！爾惟風，下民惟草。汝戒勿爲凡人之行。民從上教而變，猶草應風而偃，不可不慎。○之行，下孟反，下「德行」同。應，應對之應。圖厥政，莫或不艱，有廢有興。謀其政，無有不先慮其難，有所廢，有所起。出入自爾師虞，庶言同，則繹。出納之事，當用汝衆言度之，衆言同，則陳而布之。禁其專。○繹音亦。度之，上待洛反。爾有嘉謀嘉猷，則入告爾后于內，爾乃順之于外。汝有善謀善道，則入告汝君於內，汝乃順行之於外。曰：斯謀斯猷，惟我后之德。此善謀此善道，惟我君之德。善則稱君，人臣之義。嗚呼！臣人咸若時，惟良顯哉！」歎而美之曰：臣於人者皆順此道，是惟良臣，則君顯明於世。

王曰：「君陳，爾惟弘周公丕訓，無依勢作威，無倚法以削。汝爲政，當闡大周公之大訓，無乘勢位作威人上，無倚法制以行刻削之政。寬而有制，從容以和。寬不失制，動不失和，德教之治。○從，七容反。殷民在辟，予曰辟，爾惟勿辟；予曰宥，爾惟勿宥，惟厥中。殷人有罪在刑法者，我曰刑之，汝勿刑；我曰赦宥，汝勿宥，惟其當以中正平理斷之。○辟，扶亦反，下同。中，如字，或丁仲反。斷，丁亂反。有弗若于汝政，弗化于汝訓，辟以止辟，乃辟。有不順於汝政，不變於汝教，刑之而懲止犯刑者，乃刑之。狃于姦宄，敗常亂俗，三細不宥。習於姦宄凶惡，毁敗五常之道以亂風俗之教，罪雖小，三犯不赦，所以絶惡源。○狃，女九反。

【疏】「王曰」至「不宥」。王呼之曰：君陳，汝今爲政，當弘大周公之大訓。周公既有大訓，汝當遵而行之，使其法更寬大。汝奉周公之訓，無得依恃形勢以作威於人，無得倚附法制以行刻削百姓。必當寬容而有法制，使疏而不漏。從容以和協於物，莫爲褊急。此成周殷民有犯事在於刑法，未斷決者，我告汝曰刑罰之，汝惟勿得刑罰之；我告汝曰赦宥之，汝惟勿得赦宥之，惟其以中正平法斷決之，不得從上意也。其有不順於汝之政令，不化於汝之訓教，其罪既大，當行刑中。〔三二〕刑罰一人，可以止息後犯者，故云犯刑者乃刑之。如其罪或輕細，罰不當理，雖刑勿息，故不可輒刑。若有人習於姦宄凶惡，敗五常之道，亂風俗之教，三犯其事者，事雖細小，勿得宥之，以其知而故犯，當殺之以絶惡源也。

傳「汝爲」至「之政」。君陳之智，必不及周公，而令闡大周公訓者，遵行其法，使廣被於民，即是闡揚而大之，非遺君陳爲法使大於周公法也。凡在人上，位貴於人，勢足可畏者，多乘是形勢以作威刑於人，倚附公法以行刻削之政，故禁之也。

傳「寬不」至「之治」　寬不失制，則經寬而有制；動不失和，則經從容以和。言動謂從容也。

傳「習於」至「惡源」　釋言云：「狃，復也。」孫炎曰：「狃忲，前復爲也。」〔三三〕古言「狃忲」是慣習之義，故以「習」解「狃」。習於姦宄凶惡，言爲之不知止也。「敗常亂俗」，有大有小。罪雖小者，三犯不赦，恐其滋大，所以絶惡源也。此謂所犯小事，言「三」者，「再」猶可赦爾。

「爾無忿疾于頑，無求備于一夫。人有頑嚚不喻，汝當訓之，無忿怒疾之。使人當器之，無責備于一夫。必有忍，其乃有濟；有容，德乃大。爲人君長，必有所含忍，其乃有所成；有所包容，德乃爲大。欲其忍恥藏垢。○君長，誅丈反。垢，工口反。〔三四〕別，彼列反。簡厥修，亦簡其或不修；簡別其德行修者，亦別其有不修者。善以勸能，惡以沮否。○沮，在汝反。否，方九反，又音鄙。進厥良，以率其或不良。進顯其賢良者，以率勉其有不良者使爲善。

【疏】「爾無」至「不良」　民者，冥也，當以漸教之，故戒君陳民有不知道者，汝無忿怒疾惡，頑嚚之民，當以漸教訓之。無求備於一人，當取其所能。在爲人君長，〔三五〕必有所含忍，其事乃有所成；有所寬容，其德乃能大。欲其寬大不褊隘也。汝之爲政，須知民之善惡，簡別其德行修者，亦簡別其有不修德行者。進顯其賢良，以率勵其不良者，欲令其化惡使爲善也。

惟民生厚，因物有遷。言人自然之性敦厚，因所見所習之物，有遷變之道，故必慎所以示之。違上所命，從厥攸好。人之於上，不從其令，從其所好，故人主不可不慎所好。○好，呼報反。爾克敬，典在德，時乃罔不變，允升于大猷。汝治人能敬，常在道德，是乃無不變化其政教，則信升于大道。惟予一人，膺受多福。汝能升大道，則惟我一人亦當受其多福，無凶危。其爾之休，終有辭于永世。」非但我受多福而已，其汝之美名，亦終見稱誦於長世。言没而不朽。○長世，上如字。朽，許久反。

【疏】「惟民」至「永世」。曰：惟民初生自然之性，皆敦厚矣，因見所習之物本性乃有遷變爲惡，皆由習效使然。人之情性，好違上所命，命之不必從也；從其君所好，君之所好，民必從之。在上者不可不慎所好也。汝之治民能敬，當從終常，在於道德教之。汝以道德教之，是民乃無不變化。民皆變從汝化，則信升於大道矣。汝能如此，惟我一人亦當受其多福，無凶危矣。其汝之美名，亦終有稱誦之美辭於長世矣。

校勘記

〔一〕今以爲王矣　「以」，宋無疏本、李本、殿本、阮本作「已」，正。後疏同。

〔二〕而鴆反　「鴆」原誤「鳩」，據諸本改。

〔三〕謀面用丕訓德　按：漢石經「謀」上有「亂」字。

〔四〕殷之州牧曰伯　正字云：「牧」，「長」之誤。

〔五〕三有俊心　孫星衍云：「熹平石經『俊』作『會』。」

〔六〕多是文武時事　盧云：「『文武』，當是『文王』。」

〔七〕兩謂兩卿，長謂公卿　阮云：「『纂傳』二句倒，是也。」

〔八〕舉之三卿者　正字云：「『之』字疑衍文。」

〔九〕亳人之歸文王　「人」，殿本作「民」。阮云：「疏上下文俱作『亳民』，此『人』字亦當是『民』之誤。」

〔一〇〕是訓用違　考證云：「蔡連上『維有司之牧夫』爲句。」今按：蔡讀是也。

〔一一〕今以爲王矣　「以」，殿本作「已」。

〔一二〕下勱相同　「勱」，原誤「勸」，據宋無疏本、阮本、通志堂本及經文改。

〔一三〕釋詁云自用也　案今爾雅無此文。

〔一四〕孫炎曰話善之言也　正字云：「『善』下脱『人』字。」

〔一五〕旦已受人之徽言　漢石經作「旦以前人之徽言」。

〔一六〕以覲文王之耿光　「耿」，漢石經作「鮮」。

〔一七〕此雖指戒成王　正字云：「『指』字疑。」阮云：「毛本作『有戒』。」

〔一八〕邦不安則危　「邦」原誤「家」，從正字説改。

〔一九〕吉凶軍賓嘉　宋無疏本「軍賓」二字倒，是也。阮云：「『纂傳』二字倒，疏同。」

〔二〇〕夏司馬討惡助長物　阮云：「『夏』下脱『官』字。」今按：下言「秋司寇」，則此亦不必有「官」字，阮説非。

〔二一〕士農工商四人　盧云：「古本『人』作『民』。」是亦唐人諱改。

〔二二〕百官是宗伯之事也　正字云：「『百官』上疑脱『統』字。」

〔二三〕則民不愉　「愉」，阮本作「偷」。按阮本周禮原文作「愉」，阮云：「唐石經、宋本、余本、岳本、嘉靖本皆作『愉』，注疏本或改作『偷』，俗字也。」

〔二四〕大明考績黜陟之法　按：宋無疏本下出釋文：「黜，丑律反，貶下也。」

〔二五〕是去而後反也　阮云：宋板「後」作「復」。

〔二六〕戒汝卿之有事者　盧云：宋本「之」作「士」。

〔二七〕不可爲　盧云：「『爲』下脱『之』字，古本、宋本皆有。」

〔二八〕魯語云云　按：國語原文無「遂」、「來賀」三字。

〔二九〕於文王之時名次畢公之下　按：「於」上當脱一「榮」字。

〔三〇〕惟孝友于兄弟　盧云：「古本『孝』下有『于孝』二字。考文云：『足利所藏古本論語及皇侃疏皆作「惟孝于孝」。』」今按：依傳，當無「于孝」二字。

〔三一〕鄭玄注中庸云云　正字云：「此見坊記注，作中庸誤。」

〔三二〕當行刑中　正字云：「中」疑「罰」字誤。

〔三三〕狃忕前復爲也　正字云：「『前』下脱『事』字，從爾雅疏校。」

〔三四〕垢工口反　按：「工口反」三字原爲墨釘，從阮本、殿本、通志堂本補。

〔三五〕在爲人君長　「在」，盧正「任」。

顧命第二十四

成王將崩，命召公、畢公二公爲二伯，中分天下而治之。○而治，直吏反。率諸侯相康王，作顧命。臨終之命曰顧命。○相，息亮反。顧，工戶反。命，臨終之命曰顧命。馬云：「成王將崩，顧念康王，命召公、畢公率諸侯輔相之。」

【疏】「成王」至「顧命」　成王病困將崩，召集羣臣，以言命太保召公、太師畢公，使率領天下諸侯輔相康王。史敘其事，作顧命。

傳「二公」至「治之」　禮記曲禮下云：「九州之長曰牧，五官之長曰伯，是職方。」鄭玄云：「職，主也。謂爲三公者是伯，分主東、西者也。」周禮大宗伯云：「八命作牧，九命作伯。」鄭云：「謂上公有功德者，加命爲二伯。」此禮文皆伯尊於牧，牧主一州，明伯是中分天下者也。禮言職方，是各主一方也。此二伯，即以三公爲之。隱五年公羊傳云：「諸公者何？天子三公。天子三公者何？天子之相也。天子之相何以三？自陝而東者，周公主之；自陝而西者，召公主之；一相處乎內。」是言三公爲二伯也。公羊傳，漢世之書。陝縣者，漢之弘農郡所治。其地居二京之中，故以爲二伯分掌之界。周公所分，亦當然也。公羊傳所言周、召分主，謂成王即位之初。此時周公已薨，故畢公代之。周官篇三公之次：太師、太傅、太保。太保最在下。此篇以召公爲先者，三公命數尊卑同也，王就其中委任賢者，任之重者則在前耳。

傳「臨終」至「顧命」　說文云：「顧，還視也。」鄭玄云：「迴首曰顧。」「顧」是將去之意，此言「臨終之命曰顧命」，言臨將死去，迴顧而爲語也。

顧命　實命羣臣，叙以要言。

惟四月哉生魄，王不懌。成王崩年之四月。月始生魄，月十六日。王有疾，故不懌悦。○懌音亦。馬本作「不釋」，云：「不釋，疾不解也。」**甲子，乃洮頮水。**[一]**相被冕服，憑玉几。**王將發大命，[二]臨羣臣，必齋戒沐浴。今疾病，故但洮盥頮面。扶相者被以冠冕，加朝服，憑玉几以出命。○洮，他刀反，徐音逃。馬云：「洮，洮髮也。」頮音悔，說文作「沬」，云：「古文作頮。」馬云：「頮，頮面也。」被，皮義反，徐扶僞反。注同。憑，皮冰反。下同。說文作「凭」，云：「依倚也。」字林同，父冰反。齋，側皆反。盥，音灌。朝，直遥反。**乃同召太保奭、芮伯、彤伯、畢公、衛侯、毛公、**同召六卿下至御治事。[三]太保、畢、毛稱公，則三公矣。此先後六卿次第：冢宰第一，召公領之；司徒第二，芮伯爲之；宗伯第三，彤伯爲之；司馬第四，畢公領之；司寇第五，衛侯爲之；司空第六，毛公領之。召、芮、彤、畢、衛、毛，皆國名，入爲天子公卿。○奭音釋。芮，如鋭反。彤，徒冬反。**師氏、虎臣、百尹、御事。**師氏，大夫官。虎臣，虎賁氏。百尹，百官之長。及諸御治事者。○賁音奔。之長，丁丈反。

【疏】「顧命」至「御事」　發首至「百尹御事」，叙王以病召臣，爲發言之端。自「王曰」至「冒貢于非幾」，是顧命之辭也。「茲既受命」至「立于側階」，言命後王崩，欲宣王命，布陳儀衛之事也。自「王麻冕」已下，叙康王受命之事。

傳「實命」至「要言」　王之所命，實普命羣臣，序以要約爲言，直云「命召公、畢公」。傳不於上「召公、畢公」之下，而解於「顧命」之下言之者，以上欲指明二公中分天下之事，非是總語，故命不得言之。顧命是總命羣臣，非但召、畢而已，故於此解也。

傳「成王」至「悅懌」　成王崩年，經典不載。漢書律曆志云：「成王即位三十年，四月庚戌朔，十五日甲子哉生魄。」即引此顧命之文。以爲成王即位三十年而崩，此是劉歆說也。孔以甲子爲十六日，則不得與歆同矣。鄭玄云：「此成王二十八年。」傳惟言成王崩年，未知成王即位幾年崩也。志又云：「死魄，朔也。生魄，望也。」明死魄生，從望爲始，故始生魄爲月十六日，即是望之日也。釋詁云：「懌，樂也。」有疾，故不悅懌。下云「病日臻，既彌留」，則成王遇疾已多日矣。於「哉生魄」下始言「王不懌」者，甲子是發命之日，爲「洮頮」張本耳。

傳「王將」至「出命」　凡有敬事，皆當絜清。王將發大命、臨羣臣，必齋戒沐浴。今以病疾之故，不能沐浴，故但「洮頮」而已。禮洗手謂之「盥」，洗面謂之「靧」。內則云：「子事父母，『面垢，燂潘請靧』。」「頮」是洗面，知「洮」爲盥手。言「水」，謂洮、盥俱用水。「扶相」王者，以冕服加王。鄭玄云：「相者，正王服位之臣，謂太僕。」或當然也。被以冠冕，以冕服被王首也。「加朝服」，以服加王身也。謂以衮冕朝諸侯之服加王身也。鄭以爲「玄冕」。知不然者，以顧命羣臣，大發大命，以文、武之業傳社稷之重，不應惟服玄冕而已。覲禮王服「衮冕」，而有「玉几」。此既「憑玉几」，明服衮冕也。周禮司几筵云：「凡大朝覲，王位設黼扆，扆前南向，設左右玉几。」是王見羣臣，當憑玉几以出命。

傳「同召」至「公卿」　下及「御事」，蒙此「同召」之文，故云「同召六卿，下及御事」也。以王病甚，故同時俱召之。太保是三公官名，畢、毛又亦稱公，知此三人是三公也。三人是三公，而與侯、伯相次，知六者是六卿。衛侯爲司寇，而位第五，知此先後是六卿次第也。以三公尊，故特言公，其餘三卿舉其本爵，見其以國君入爲卿也。天子三公，皆以卿爲之，不復別置其人。高官兼攝下司者，漢世以來謂之爲領，故言「召公領之」、「毛公領之」。定四年左傳云康叔爲司寇，知此六人依周禮次第爲六卿也。王肅云：「彤，姒姓之國。其餘五國，姬姓。畢、毛，文王庶子。衛侯，康叔所封，武王母弟。」依世本、史記爲説也。

傳「師氏」至「事者」　周禮「師氏，中大夫」，「掌以美詔王」，居虎門之左，司王朝得失之事，帥其屬守王之門。重其所掌，故與虎臣並於百尹之上特言之。「尹」訓正也，故「百尹」爲百官之長。「諸御治事」，謂諸掌事者，蓋大夫皆被召也。王肅云：「治事，蓋羣士也。」

王曰：「嗚呼！疾大漸，惟幾！自歎其疾大進篤，惟危殆。○幾，音機，徐音畿，下同。病日臻，既彌留，恐不獲誓言嗣，兹予審訓命汝。病日至，言困甚。已久留，言無瘳。恐不得結信出言，嗣續我志，以此，故我詳審教命汝。○瘳，敕留反。昔君文王、武王宣重光，奠麗陳教，則肄。言昔先君文、武布其重光累聖之德，定天命，施陳教，則勤勞。○重光，上直龍反，馬云：「日月星也。太極上元十一月朔旦冬至，日月如疊璧，五星如連珠，故曰重光。」麗，力馳反。肄，徐以至反，又以制反。肄不違，用克達殷集大命。文、武定命陳教雖勞，而不違道，故能通殷爲周，成其大命。在後之侗，〔四〕敬迓天威，嗣守文、武大訓，無敢昏逾。在文、武後之侗稚，成王自斥。〔五〕敬迎天之威命，言奉順。繼守文、武大教，無敢昏亂逾越，言戰慄畏懼。○侗，徐音同，又敕動反。馬本作「詷」，云：「共也。」斥，昌亦反。今天降疾殆，弗興弗悟。今天下疾我身甚危殆，不起不悟，言必死。爾尚明時朕言，汝當庶幾明是我言，勿忽略。用敬保元子釗弘濟于艱難。用奉我言敬安太子釗。釗，康王名。大渡於艱難，勤德政。○釗，姜遼反，又音昭，徐之肴反。柔遠能邇，安勸小大庶邦。言當和遠又能和近，安小大衆國，勸使爲善。思夫人自亂于威儀，爾無以釗冒貢于非幾！」羣臣皆宜思夫人，夫人自治正於威儀，有威可畏，有儀可象，然後足以率人。汝無以釗冒進於非危之事。○夫人，如字，注同。冒，亡報反，一音墨，馬、鄭、王作「勖」。貢，如字，馬、鄭、王作「贛」，音敕用反，馬云：「陷也。」

【疏】「王曰」至「非幾」　王召羣臣既集，乃言而歎曰：嗚呼，我疾大進益重，惟危殆矣。病日日益至，言病困已甚。病既久留於我身，恐一旦暴死，不得結誓出言語，以繼續我志。以此，故我今詳審教訓，命誥汝等。昔先君文王、武王，布其重光累聖之德，安定天命，施陳教誨，則勤勞矣。文、武定命，陳教雖勞，而不違於道，用能通殷爲周，成其大命，代殷爲主。至文、武後之侗稚，成王自謂己也。言己常敬迎天之威命，終當奉順天道，繼守文、武大教，無敢昏亂逾越，言常戰慄畏懼，恐墜文、武之業。今天降疾於我身，甚危殆矣，不能更起，不復覺悟，言己必死，汝等庶幾明是我言，勿忽略之，用我之語，敬安太子釗，大渡於艱難。言當安和遠人，又須能和近人，當爲善政，遠近俱安之。又當安勸小大衆國，於彼小大衆國皆安之勸之，安之使國得安存，勸之使相勸爲善。汝羣臣等思夫人，夫人衆國各自治正於威儀，有威有儀，然後可以率人。無威無儀，則民不從命。戒使慎威儀也。汝無以釗冒進於非事危事，欲令戒其不爲惡也。

傳「病日」至「命汝」　「病日至」者，言日日益至，遍於身體，困甚也。「已久留」者，言病來多日，無瘳愈也。恐死「不得結信出言，嗣續我志」。志欲有言，若不能言，則不得續志。此及今能言，〔六〕故我詳審出言，教命汝。言已詳審，欲其敬聽之。

傳「今天」至「忽略」　孔讀「殆」上屬爲句。今天下疾我身，甚危殆也。「不起」，言身不能起；「不悟」，言心不能覺悟。病者形弱神亂，不起，不悟，言必死也。

兹既受命還，此羣臣已受顧命，各還本位。出綴衣于庭。越翼日乙丑，王崩。綴衣，幄帳。羣臣既退，徹出幄帳於庭。王寢於北墉下，〔七〕東首，反初生。於其明日，王崩。○出，如字，徐尺遂反。綴，丁衛反，下同。王崩，馬本作「成王崩」，注云：「安民立政曰成。」幄，於角反，下同。墉音容，本亦作「牖」。首，手又反。太保命仲桓、南宮毛，冢宰攝政，故命二臣。桓、毛，名。俾爰齊侯呂伋，以二干戈、虎賁百人，逆子釗于南門之外，臣子皆侍左右，將正太子之尊，故出於路寢門外，使桓、毛二臣各執干戈，於齊侯呂伋索虎賁百人，更新逆門外，所以殊之。伋爲天子虎賁氏。○俾，必爾反。伋，居及反，齊侯名，太公子。延入翼室，恤宅宗。明室路寢，延之使居憂，爲天下宗主。丁卯，命作册度。三日命史爲册書法度，傳顧命於康王。○度，舊音杜洛反，恐誤。注云「作册書法度」，音宜如字。傳，直專反。

【疏】「兹既」至「宅宗」　此羣臣既受王命，還復本位，出連綴之衣，王所坐幄帳，置之於庭。於其明日乙丑，王崩矣。太保召公命仲桓、南宮毛，使此二人於齊侯呂伋之所，以二干戈桓、毛各執其一，又取虎賁之士百人，迎太子釗於南門之外。逆此太子，使入於路寢明室，令太子在室當喪憂居，爲天下宗主，正其將王之位，以繫羣臣之心也。

傳「此羣」至「本位」　周禮：「射人掌國之三公、孤、卿大夫之位，三公北面，孤東面，卿大夫西面。」鄭玄云：「不言士者，此與諸侯之賓射，士不與也。凡朝、燕及射，臣見於君之禮同。」鄭知然者，以周禮司士掌治朝之位，與射人同，是天子之朝位與射禮位同。案燕禮小臣納卿大夫，卿大夫皆北面，公命爾卿東方西面，爾大夫少進，皆北面。

大射禮其位亦然。是諸侯燕位與射位同，故云「朝、燕及射，臣見於君之禮同」。但天子臣多，故三公北面、孤東面、卿大夫西面。諸侯臣少，故卿西面、大夫北面，其士與天子同，皆門内西方東面。其入門當立定位，如此，及王呼與言，必各自前進。「已受顧命，退還本位」者，謂還本治事之位，故孔下傳云：朝臣就次，謂退王庭而還治事之處。

傳「綴衣」至「王崩」　「綴衣」者，連綴衣物。出之於庭，則是從内而出。下云「狄設黼扆、綴衣」，則綴衣是黼扆之類。黼扆是王坐立之處，知綴衣是施張於王坐之上，故以爲幄帳也。周禮：「幕人掌帷、幕、幄、帟、綬之事。」鄭玄云：「在旁曰帷，在上曰幕。帷、幕皆以布爲之。四合象宫室曰幄，王所居之帳也。帟，王在幕若幄中，〔八〕坐上承塵也。幄、帟皆以繒爲之。」然則幄帳是黼扆之上所張之物。此言「出綴衣於庭」，則亦併出黼扆，故下句云象王平生之時，更復設之。王發顧命，在此黼扆幄帳之坐。命訖，乃復反於寢處。以王病重，不復能臨此坐，故徹出幄帳於庭，將欲爲死備也。傳更解徹去幄帳之意，以王病困，寢不在此。喪大記云：「疾病，君、大夫徹懸，士去琴瑟，寢東首，於北墉下，廢牀。」鄭玄云：「廢，去也。人始生在地，去牀，庶其生氣反也。」記言君、大夫、士，則尊卑皆然，故知此時王亦「寢於北墉下，東首，反初生」也。

傳「臣子」至「賁氏」　天子初崩，太子必在其側。解其迎於門外之意，於時臣子皆侍左右，將正太子之尊，故使太子出於路寢門外，更迎入，所以殊之也。經言「以二干戈」，文在齊侯呂伋下，似就齊侯取干戈。傳言使桓、毛二臣各執干戈，於齊侯呂伋索虎賁，則是執干戈就齊侯，傳似反於經者，於時新遭大禍，内外嚴戒，桓、毛二人必是武臣宿衛，先執干戈，太保就命，使之就干戈以往，〔九〕傳達其意，故移「干戈」之文於齊侯之上，傳言是實也。經言「於齊侯呂伋」，下言「以二干戈、虎賁百人」者，指說迎太子之時有此備衛耳，非言二人干戈亦是齊侯授也。周禮虎賁氏下大夫，其屬有「虎士八百人」，知伋爲天子虎賁氏，故就伋取虎賁也。

傳「明室」至「宗主」　釋言云：「翼，明也。」〔一〇〕喪大記云：「君夫人卒於路寢。」以諸侯薨於路寢，知天子亦崩於路寢。今延太子入室，必延入喪所，知翼室是明室，謂路寢也。路寢之大者，故以「明」言之。延之使憂居喪主，爲天下宗主也。

傳「三日」至「康王」　周禮內史掌策命，故命內史爲策書也。經不言命史，史是常職，不假言之。王之將崩，雖口有遺命，未作策書，故於此日作之。既作策書，因作受策法度。下云「曰皇后憑玉几」，宣成王言，是策書也。將受命時升階即位，及傳命已後，康王答命，受同祭饗，皆是法度。

越七日癸酉，伯相命士須材，

邦伯爲相，則召公。於丁卯七日癸酉，召公命士致材木，須待以供喪用。○伯相，息亮反。供音恭。

狄設黼扆、綴衣。

狄，下士。扆，屏風，畫爲斧文，置戶牖間。復設幄帳，象平生所爲。○黼音甫，徐音補。扆，於豈反。屏，步經反。畫，胡卦反。牖音酉。復，扶又反。

【疏】「越七日癸酉」　自此以下，至「立于側階」，惟命士須材，是擬供喪用，其餘皆是將欲傳命布設之事。四坐，王之所處者；器物，國之所寶者；車輅，王之所乘者。陳之，所以華國，且以示重顧命。其執兵器立於門內堂階者，所以備不虞，亦爲國家之威儀也。

傳「邦伯」至「喪用」　成王既崩，事皆聽於冢宰，自非召公，無由發命，知「伯相」即召公也。王肅云：「召公爲二伯，相王室，故曰伯相。」上言「太保命仲桓」，此改言「伯相」者，於此所命事多，非是國相，不得大命諸侯，故改言伯相，以見政皆在焉。於丁卯七日癸酉，則王乙丑崩，於今已九日矣。於九日始傳顧命，不知其所由也。鄭玄云：「癸酉，蓋大斂之明日也。」鄭以大夫已上殯斂皆以死之來日數，天子七日而殯，於死日爲八日，故以癸酉爲殯之明日。孔不爲傳，不必如鄭說也。「須」，訓待也。今所命者皆爲喪事，知「命士須材」者，召公命士致材木，須待以供喪用，謂椁與明器，是喪之雜用也。案士喪禮將葬筮宅之後，始作椁及明器，此既殯即須材木者，以天子禮大，當須預營之。故禮記云：「虞人致百祀之木，可爲棺椁者斬之。」是與士禮不同。顧氏亦云：「命士供葬椁之材。」

傳「狄下」至「所爲」　禮記祭統云：「狄者，樂吏之至賤者也。」是賤官有名爲狄者，故以「狄」爲「下士」。喪大記復魄之禮云：「狄人設階。」是喪事使狄，與此同也。釋宮云：「牖戶之間謂之扆。」李巡曰：「謂牖之東、戶之西爲扆。」郭璞曰：「窗東戶西也。」禮云斧扆者，以其所在處名之。」郭璞又云：「禮有斧扆，形如屏風，畫爲斧文，置於扆地，因名爲扆。」是先儒相傳「黼扆」者，屏風畫爲斧文，在於戶牖之間。考工記云：「畫繢之事，白與黑謂之黼。」是用白、黑畫屏風，置之於扆地，故名此物爲黼扆。上文言「出綴衣於庭」，此復設黼扆、帷幄帳者，象王平生時所爲也。經於四坐之上言「設黼扆、綴衣」，則四坐皆設之。此經所云「狄設」，亦是伯相命狄吏設之，不言「命」者，上云「命士」，此蒙「命」文。設四坐及陳寶玉、兵器與輅車，各有所司，皆是相命，不言所命之人，從上省文也。

牖間南嚮，敷重篾席，〔一一〕**黼純，華玉仍几。**篾，桃枝竹。白、黑雜繒緣之。華，彩色。華玉以飾憑几。仍，因也，因生時几不改作。此見羣臣覲諸侯之坐。○嚮，許亮反。篾，眠結反，馬云：「纖蒻。」純，之允反，又之閏反，下同。緣，悅絹反，本或作「純」。**西序東嚮，敷重厎席，綴純，文貝仍几。**東西廂謂之序。厎，蒻苹。綴，雜彩。有文之貝飾几。此旦夕聽事之坐。○厎，之履反，馬云：「青蒲也。」蒻音弱。苹音平。**東序西嚮，敷重豐席，畫純，彫玉仍几。**豐，莞。彩色爲畫。彫，刻鏤。此養國老、饗羣臣之坐。○豐，芳弓反。莞音官，又音關。鏤，來豆反。**西夾南嚮，敷重筍席，玄紛純，漆仍几。**西廂夾室之前。筍，蒻竹。玄紛，黑綬。此親屬私宴之坐，故席、几質飾。○夾，工洽反，徐音頰，注同。筍，息允反，馬云：「箁箬也。」徐云：「竹子，可爲席，〔一二〕于貧反。」紛，孚云反。漆音七，徐七利反。綬音受。**越**

玉五重，陳寶。於東西序坐北，列玉五重，又陳先王所寶之器物。○越玉，馬云：「越地所獻玉也。」五重，直容反。赤刀、大訓、弘璧、琬琰在西序，寶刀赤刃削。大訓，虞書典、謨。大璧、琬琰之珪爲二重。○琬，紆晚反。琰，以冊反。削音笑。大玉、夷玉、天球、河圖在東序，三玉爲三重。夷，常也。球，雍州所貢。河圖，八卦。伏犧氏王天下，〔一三〕龍馬出河，遂則其文以畫八卦，謂之河圖，及典、謨，皆歷代傳寶之。○夷玉，馬云：「東夷之美玉。」說文：「夷玉，即珣玗琪。」天球音求，馬云：「玉磬。」雍，於用反，本亦作「邕」。胤之舞衣、大貝、鼖鼓在西房，胤國所爲舞者之衣，皆中法。大貝如車渠，鼖鼓長八尺，商、周傳寶之。西房，西夾坐東。○鼖，扶云反，注同。中法，上丁仲反。車渠，上尺遮反。車渠，車輞也。〔一四〕兑之戈、和之弓、垂之竹矢在東房。兑、和，古之巧人。垂，舜共工。所爲皆中法，故亦傳寶之。東房，東廂夾室。大輅在賓階面，綴輅在阼階面，大輅，玉。綴輅，金。面，前。皆南向。○兑，徒外反。共音恭。阼，才故反。南向，許亮反。先輅在左塾之前，次輅在右塾之前。先輅，象。次輅，木。金、玉、象皆以飾車，木則無飾。皆在路寢門內左右塾前，北面。凡所陳列皆象成王生時華國之事，所以重顧命。○塾音孰，一音育。〔一五〕重，直用反。

【疏】「牖間」至「漆仍几」　牖，謂窗也。間者，窗東戶西，戶牖之間也。周禮司几筵云：「凡大朝覲、大饗射，凡封國命諸侯，王位設黼扆，扆前南向設莞筵紛純，加繅席畫純，加次席黼純，左右玉几。」彼所設者，即此坐也。又云：「戶牖之間謂之扆。」彼言「扆前」，此言「牖間」，即一坐也。彼言「次席黼純」，此言「篾席黼純」，亦一物也。周禮天子之席三重，諸侯之席再重，則此四坐所言「敷重席」者，其席皆敷三重。舉其上席而言重，知其下更有席也。此牖間之坐，即是周禮扆前之坐。篾席之下二重，其次是繅席畫純，其下是莞筵紛純也。此一坐有周禮可據，知其下二席必然。下文三坐禮無其事，以扆前一坐敷三種之席，知下三坐必非一種之席，敷三重，但不知其下二重是何席耳。周禮天子左右几，諸侯惟右几。此言「仍几」，則四坐皆左右几也。鄭玄云：「左右有几，優至尊也。」

傳「篾桃」至「之坐」 此「篾席」與周禮「次席」一也，鄭注彼云：「次席，桃枝席，有次列成文。」鄭玄不見孔傳，亦言是桃枝席，則此席用桃枝之竹，必相傳有舊說也。鄭注此下則云：「篾，析竹之次青者。」王肅云：「篾席，纖蒻苹席。」並不知其所據也。考工記云：「白與黑謂之黼。」釋器云：「緣謂之純。」知「黼純」是白黑雜繒緣之。蓋以白繒、黑繒錯雜彩以緣之。鄭玄注周禮云：「斧謂之黼。其繡白、黑彩也，以絳帛爲質。」其意以白、黑之線縫刺爲黼文以緣席，其事或當然也。「華」是彩之別名，故以爲彩色，用華玉以飾憑几也。鄭玄云：「華玉，五色玉也。」「仍，因也」，釋詁文。周禮云：「凡吉事變几，凶事仍几。」禮之於几，有變、有仍，故特言仍几，以見因生時几，不改作也。此見羣臣、覲諸侯之坐，周禮之文知之。又覲禮天子待諸侯，設斧扆於户牖之間，左右几，天子衮冕負斧扆。彼在廟，此在寢爲異，其牖間之坐則同。

傳「東西」至「之坐」 「東西廂謂之序」，釋宫文。〔一六〕孫炎曰：「堂東西牆所以別序内外也。」禮注謂「蒲席」爲蒻苹，孔以「底席」爲蒻苹，當謂「蒲」爲蒲蒻之席也。史游急就篇云「蒲蒻藺席」，蒲蒻，謂此也。王肅云：「底席，青蒲席也。」鄭玄云：「底，致也，篾纖致席也。」鄭謂此「底席」亦竹席也。凡此重席，非有明文可據，各自以意說耳。「綴」者，連綴諸色。席必以彩爲緣，故以「綴」爲雜彩也。「貝」者，水蟲，取其甲以飾器物。釋魚於「貝」之下云：「餘蚳，黃白文。餘泉，白黃文。」李巡曰：「貝甲以黃爲質，白爲文彩，名爲餘蚳。貝甲以白爲質，黃爲文彩，名爲餘泉。」「有文之貝飾几」，謂用此餘蚳、餘泉之貝飾几也。此旦夕聽事之坐，鄭、王亦以爲然。牖間是見羣臣、覲諸侯之坐，見於周禮。其東序西嚮，「養國老、饗羣臣之坐」者，案燕禮云「坐於阼階上，西嚮」，則養國老及饗與燕禮同。其西序之坐，在燕饗坐前，以其旦夕聽事，重於燕飲，故西序爲旦夕聽事之坐。夾室之坐，在燕饗坐後。又夾室是隱映之處，又親屬輕於燕饗，故夾室爲親屬私宴之坐。案朝士職掌治朝之位，王南面，此西序東嚮者，以此諸坐並陳，避牖間南嚮覲諸侯之坐故也。王肅説四坐，皆與孔同。

傳「豐莞」至「之坐」　釋草云：「莞，苻蘺。」郭璞曰：「今西方人呼蒲爲莞，用之爲席也。」又云：「蓽，鼠莞。」樊光曰：「詩云下莞上簟。」郭璞曰：「似莞而纖細，今蜀中所出莞席是也。」王肅亦云：「豐席，莞。」鄭玄云：「豐席，刮凍竹席。」考工記云：「畫繢之事雜五色。」是「彩色爲畫」。蓋以五彩色畫帛以爲緣。鄭玄云：「似雲氣畫之爲緣。」釋器云：「玉謂之彫，金謂之鏤，木謂之刻。」是彫爲刻鏤之類，故以「刻鏤」解「彫」。蓋雜以金玉，刻鏤爲飾也。

傳「西廂」至「質飾」　下傳云：「西房，西夾坐東。東房，東廂夾室。」然則「房」與「夾室」實同而異名。天子之室有左右房，房即室也。以其夾中央夾之太室，〔一七〕故謂之夾室。此坐在西廂夾室之前，故繫夾室言之。釋草云：「筍，竹萌。」孫炎曰：「竹初萌生謂之筍。」是「筍」爲「蒻竹」，取筍竹之皮以爲席也。「紛」，則組之小別。鄭玄周禮注云：「紛，如綬，有文而狹者也。」然則紛、綬一物，小大異名，故傳以「玄紛」爲「黑綬」。鄭於此注云：「以玄組爲之緣。」周禮大宗伯云：「以飲食之禮，親宗族兄弟。」鄭玄云：「親者使之相親。人君有食宗族飲酒之禮，所以親之也。」文王世子云：「族食世降一等。」是天子有與「親屬私宴」之事。以骨肉情親，不事華麗，「故席、几質飾」也。

傳「於東」至「器物」　此經爲下總目，下復分別言之。「越」，訓「於」也。於者，於其處所。上云「西序東嚮」、「東序西嚮」，則序旁已有王之坐矣。下句陳王復云「在西序」、「在東序」者，明於東西序坐北也。「序」者，牆之別名。其牆南北長，坐北猶有序牆，故言「在西序」、「在東序」也。西序二重、東序三重，二序共爲列玉五重。又陳先王所寶之器物。河圖、大訓、貝、鼓、戈、弓，皆是先王之寶器也。

傳「寶刀」至「二重」　上言「陳寶」，非寶則不得陳之，故知「赤刀」爲寶刀也。謂之「赤刀」者，其刀必有赤處。刀一名削，故名「赤刃削」也。禮記少儀記執物授人之儀云：「刀授穎，削授拊。」鄭玄云：「避用時也。穎，鐶也。拊，謂把也。」然則刀施鐶，削用把，削似小於刀，相對爲異，散文則通，故傳以「赤刀」爲「赤刃削」。吴録稱吴人嚴白虎聚衆反，遣弟興詣孫策，〔一八〕策引白削斫席，〔一九〕興體動曰：「我見刃爲然。」然則赤刃爲赤削，白刃爲白削，是削爲刀之別名明矣。周禮考工記云：「築氏爲削，合六而成規。」鄭注云：「曲刃刀也。」又云：「赤刀者，武王誅紂時刀，赤爲飾，周正色。」不知其言何所出也。「大訓，虞書典、謨」，王肅亦以爲然。鄭云：「大訓，謂禮法，先王德教。」皆是以意言耳。「弘」，訓大也。大璧、琬琰之圭爲二重，則琬、琰共爲一重。周禮典瑞云：「琬圭以治德，琰圭以易行。」則琬、琰別玉。而共爲重者，蓋以其玉形、質同，故不別爲重也。考工記琬圭、琰圭皆九寸，鄭玄云：「大璧、大琬、大琰，皆度尺二寸者。」孔既不分爲二重，亦不知何所據也。

傳「三玉」至「寶之」　「三玉爲三重」，與上共爲五重也。「夷，常」，釋詁文。〔二〇〕禹貢雍州所貢「球、琳、琅玕」，知「球」是雍州所貢也。常玉、天球，傳不解常、天之義，未審孔意如何。王肅云：「夷玉，東夷之美玉。天球，玉磬也。」亦不解稱天之意。鄭玄云：「大玉，華山之球也。夷玉，東方之珣玗琪也。〔二一〕天球，雍州所貢之玉，色如天者。皆璞，未見琢治，故不以禮器名之。」釋地云：「東方之美者，有醫無閭之珣玗琪焉。」東方實有此玉，鄭以「夷玉」爲彼玉，未知經意爲然否。「河圖，八卦」，是「伏犧氏王天下，龍馬出河」，遂「則其文以畫八卦」，謂之河圖，當孔之時必有書爲此說也。漢書五行志劉歆以爲伏犧氏繼天而王，受河圖，則而畫之，八卦是也。劉歆亦如孔說，是必有書明矣。易繫辭云：「古者包犧氏之王天下也，〔二二〕仰則觀象於天，俯則觀法於地，觀鳥獸之文與地之宜，近取諸身，遠取諸物，於是始作八卦。」都不言法河圖也。而此傳言河圖者，蓋易理寬弘，無所不法，直如繫辭之言，所法已自多矣，亦何妨更法河圖也？且繫辭又云：「河出圖，洛出書，聖人則之。」若八卦不則河圖，餘復何所則也？王肅亦云：「河圖，八卦也。」璧、玉，人之所貴，是爲可寶之物。八卦、典、謨，非金玉之類，嫌其非寶，故云河圖及典、謨皆歷代傳寶之。此西序、東序各陳四物，皆是臨時處置，未必別有他義。下二房各有二物，亦應無別意也。

傳「胤國」至「坐東」　以夏有胤侯，知胤是國名也。胤是前代之國，舞衣至今猶在，明其所爲中法，故常寶之，亦不知舞者之衣是何衣也。「大貝」，必大於餘貝。伏生書傳云：「散宜生之江淮，取大貝，如大車之渠。」是言大小如車渠也。考工記謂車罔爲渠。大小如車罔，其貝形曲如車罔，故比之也。考工記云：「鼓長八尺，謂之鼖鼓。」釋樂云：「大鼓謂之鼖。」此鼓必有所異。周興至此未久，當是先代之器，故云「商、周傳寶之」。西序，即是西夾。西夾之前，已有南向坐矣，西序亦陳之寶，〔二三〕近在此坐之西。知此「在西房」者，在「西夾坐東」也。

傳「兑和」至「夾室」　戈、弓、竹矢，巧人所作。垂是巧人，知「兑、和」亦「古之巧人」也。「垂」，舜「共工」，舜典文。若不中法，即不足可寶，知「所爲皆中法」，故亦傳寶之。垂是舜之共工，竹矢蓋舜時之物。其兑、和之所作，則不知寶來幾何世也，故皆言「傳寶之」耳。東夾室無坐，故直言東廂夾室，陳於夾室之前也。案鄭注周禮，宗廟、路寢制如明堂。明堂則五室，此「路寢」得有東房、西房者，鄭志張逸以此問鄭，鄭答云：「成王崩在鎬京，鎬京宫室因文、武更不改作，故同諸侯之制有左右房也。」孔無明説，或與鄭異。路寢之制，不必同明堂也。

傳「大輅」至「南向」　周禮巾車掌王之五輅。玉輅、金輅、象輅、革輅、木輅，是爲五輅也。此經所陳四輅，必是周禮五輅之四。大輅，輅之最大，故知大輅，玉輅也。綴輅繫綴於下，必是玉輅之次，故爲金輅也。「面前」者，據人在堂上，面向南方，知面前「皆南向」，謂轅向南也。地道尊右，故玉輅在西，金輅在東。

傳「先輅」至「顧命」　此經四輅兩兩相配，上言大輅、綴輅，此言先輅、次輅，二者各自以前後爲文。五輅金即次象，故言「先輅象」。其木輅在象輅之下，故云「次輅木」也。又解四輅之名，「金、玉、象皆以飾車」，三者以飾爲之名，木則無飾，故指木爲名耳。鄭玄周禮注云：「革輅，鞔之以革而漆之。木輅不鞔以革，漆之而已。」以直漆其木，故以木爲名。木輅之上猶有革輅，不以次輅爲革輅者，禮五輅而此四輅，於五之内必將少一，蓋以革輅是兵戎之用，於此不必陳之，故不云革輅，而以木輅爲次。馬融、王肅皆云：「不陳戎輅者，兵事非常，故不陳之。」孔意或當然也。鄭玄以綴、次是從後之言，二者皆爲副貳之車，先輅是金輅也，綴輅是玉輅之貳，次輅是金輅之貳。不陳象輅、革輅、木輅者，主於朝祀而已。未知孔、鄭誰得經旨。成王殯在路寢，下云「二人執惠立于畢門之内」，畢門是路寢之門，知此陳設車輅「皆在路寢門内」也。釋宫云：「門側之堂謂之塾。」孫炎曰：「夾門堂也。」塾則陳車，必以轅向堂，故知「左右塾前」皆「北面」也。「左塾」者，謂門内之西；「右塾」者，門内之東，故以北面言之爲左右。所陳坐位、器物，皆以西爲上，由王殯在西序故也。其執兵宿衛之人，則先東而後西者，以王在東，宿衛敬新王故也。顧氏云：「先輅在左塾之前，在寢門内之西，北面對玉輅。次輅在右塾之前，在寢門内之東，對金輅也。」凡所陳列，自「狄設黼扆」已下至此，「皆象成王生時華國之事，所以重顧命」也。鄭玄亦云：「陳寶者，方有大事以華國也。」周禮典路云：「若有大祭祀，則出路。大喪、大賓客亦如之。」是大喪出輅，爲常禮也。

二人雀弁，執惠，立于畢門之内。士衛殯，與在廟同，故雀韋弁。惠，三隅矛。路寢門一名畢門。○弁，皮彦反，徐扶變反。四人綦弁，執戈上刃，夾兩階戺。綦，文鹿子皮弁，亦士。堂廉曰戺，上所立處。○綦音其，馬本作「騏」，云：「青黑色。」夾，徐工洽反。戺音俟，徐音士。〔二四〕廉，力占反，棱也。一人冕，執劉，立于東堂；一人冕，執鉞，立于西堂。冕，皆大夫也。劉，鉞屬。立於東西廂之前堂。○鉞音越，説文云：「大斧也。」〔二五〕一人冕，執戣，立于東垂；一人冕，執瞿，立于西垂。戣、瞿皆戟屬。立于東、西下之階上。○戣音逵。瞿，其俱反，徐音懼。一人冕，執鋭，立于側階。鋭，矛屬也。側階，北下立階上。○鋭，以税反。〔二六〕

【疏】「二人」至「側階」　禮，大夫服冕，士服弁也。此所執者，凡有七兵，立於畢門之內，及夾兩階立堂下者，服雀弁、綦弁者，皆士也。以其去殯遠，故使士爲之。其在堂上服冕者，皆大夫也。以其去殯近，皆使大夫爲之。先門，次階，次堂，從外向內而叙之也。次東西垂，次側階，又從近向遠而叙之也。在門者守門兩厢各一人，〔二七〕故二人。在階者兩厢各二人，故四人。禮記明堂位三公在中階之前。考工記夏后氏世室九階。鄭玄云：「南面三，三面各二。」鄭玄又云：「宗廟及路寢，制如明堂。」則路寢南面，亦當有三階矣。此惟四人夾兩階，不守中階者，路寢制如明堂，惟鄭玄之説耳。路寢三階，書亦未有明文，〔二八〕縱有中階，中階無人升降，不須以兵衛之。

傳「士衛」至「畢門」　士入廟助祭，乃服雀弁。於此服雀弁者，士衛王殯，與在廟同，故雀韋弁也。鄭玄云：「赤黑曰雀，言如雀頭色也。雀弁制如冕，黑色，但無藻耳。」然則雀弁所用，當與冕同。阮諶三禮圖云：「雀弁，以三十升布爲之。」此傳言雀韋弁者，蓋以周禮司服云「凡兵事韋弁服」。此人執兵，宜以韋爲之，異於祭服，故言雀韋弁。下云「綦弁」，孔言鹿子皮爲弁，然則下言「冕執兵」者，不可以「韋」爲冕，未知孔意如何。天子五門，臯、庫、雉、應、路也。下云王出在應門之內，出畢門始至應門之內，知畢門即是路寢之門，一名畢門也。此經所陳七種之兵，惟戈經傳多言之，考工記有其形制，其餘皆無文。傳惟言「惠，三隅矛」、「鋭，亦矛也」、「戣、瞿皆戟屬」，不知何所據也。「劉，鉞屬」者，以劉與鉞相對，故言「屬」以似之而別，又不知何以爲異。古今兵器，名異體殊，此等形制，皆不可得而知也。鄭玄云：「惠，狀蓋斜刃，宜芟刈。戈，即今之句孑戟。劉，蓋今鑱斧。〔二九〕鉞，大斧。戣、瞿，蓋今三鋒矛。鋭，矛屬。凡此七兵，或施矜，或著柄。周禮戈長六尺六寸，其餘未聞長短之數。」王肅惟云：「皆兵器之名也。」

傳「綦文」至「立處」　鄭玄云：「青黑曰綦。」王肅云：「綦，赤黑色。」孔以爲「綦，文鹿子皮弁」。各以意言，無正文也。大夫則服冕，此服弁，知亦士也。「堂廉曰戺」，相傳爲然。廉者，稜也。所立在堂下，近於堂稜。

傳「冕皆」至「前堂」　周禮司服云：「大夫之服，自玄冕而下。」知服冕者皆大夫也。鄭玄云：「序内半以前曰堂。」謂序内簷下，自室壁至於堂廉中半以前，總名爲堂。此立於東堂、西堂者，當在東、西廂近階而立，以備升階之人也。

傳「戣瞿」至「階上」　釋詁云：「疆、界、邊、衛、圉，垂也。」則垂是遠外之名。此經所言冕則在堂上，弁則在堂下。此二人服冕，知在堂上也。堂上而言東垂、西垂，知在堂上之遠地。堂之遠地，當於序外。東廂、西廂必有階上堂，知此立於東、西堂之階上也。

傳「鋭矛」至「階上」　鄭、王皆以「側階」爲東下階也。然立於東垂者已在東下階上，何由此人復共並立？故傳以爲「北下」「階上」，謂堂北階。北階則惟堂北一階而已。「側」，猶特也。

王麻冕黼裳，由賓階隮。王及羣臣皆吉服，用西階升，不敢當主。○隮，子西反，徐子詣反。卿士、邦君麻冕蟻裳，〔三〇〕入即位，公卿大夫及諸侯皆同服，亦廟中之禮。蟻，裳名，色玄。○蟻，魚綺反。太保、太史、太宗，皆麻冕彤裳。執事各異裳。彤，纁也。太宗，上宗，即宗伯也。太保承介圭，上宗奉同、瑁，由阼階隮。大圭尺二寸，天子守之，故奉以奠康王所位。同，爵名。瑁，所以冒諸侯圭，以齊瑞信，方四寸，邪刻之。用阼階升，由便不嫌。○瑁，莫報反。太史秉書，由賓階隮，御王册命。太史持册書顧命進康王，故同階。

【疏】「王麻」至「册命」　此將傳顧命，布設位次，即上所作法度也。凡諸行禮，皆賤者先至。〔三一〕此必卿士、邦君即位既定，〔三二〕然後王始升階。但以君臣之序，先言王服。因服之下，即言升階，從省文。卿士、邦君無所執事，故直言「即位」而已。太保、太史、太宗皆執事之人，故别言衣服。各有所職，不得即言升階，故别言所執，各從升階爲文次也。卿士，王臣，故先於邦君。太史乃是太宗之屬，而先於太宗者，太史之職掌册書，此禮主以爲册命，太史所掌事重，故先言之。

傳「王及」至「當主」　禮，績麻三十升以爲冕，故稱「麻冕」。傳嫌麻非吉服，故言「王及羣臣皆吉服」也。王麻冕者，蓋衮冕也。周禮司服「享先王則衮冕」，此禮授王册命，進洒祭玉，且衮是王之上服，於此正王之尊，明其服必衮冕也。其卿士、邦君，當各以命服，服即助祭之冕矣。「衮」，鄭玄周禮注云：「衮之衣五章，裳四章。」則衮衣之裳，非獨有黼。言「黼裳」者，以裳之章色黼黻有文，故特取爲文。詩采菽之篇言王賜諸侯云：「玄衮及黼。」以黼有文，故特言之。鄭玄於此注云：「黼裳者，冕服有文者也。」是言貴文，故稱之。禮，君升阼階。此用西階升者，以未受顧命，不敢當主也。

傳「公卿」至「色玄」　「卿士」，卿之有事者。公則卿兼之。此行大禮，大夫亦與焉。略舉「卿士」爲文，公與大夫必在，故傳言「公卿大夫及諸侯皆同服」，言同服吉服。此亦廟中之禮也。言其如助祭，各服其冕服也。禮無「蟻裳」，今云「蟻」者，裳之名也。蟻者，蚍蜉蟲也。此蟲色黑，知蟻裳色玄。以色玄如蟻，故以蟻名之。禮祭服皆玄衣纁裳，此獨云「玄裳」者，卿士邦君於此無事，不可全與祭同，改其裳，以示變於常也。太保、太史有所主者，則純如祭服，暫從吉也。「入即位」者，鄭玄云：「卿西面，諸侯北面。」鄭玄惟據經「卿士、邦君」言之，其公亦北面，孤東面也。

傳「執事」至「宗伯」　此三官者皆執事，俱彤裳，而言各異裳者，各自異於卿士、邦君也。彤，赤也。禮，祭服纁裳。纁是赤色之淺者，故以「彤」爲「纁」，言是常祭服也。「太宗」與下文「上宗」一人，即宗伯之卿也。

傳「大圭」至「不嫌」　考工記玉人云：「鎮圭尺有二寸，天子守之。」鎮圭，圭之大者，「介」訓大也，故知是彼鎮圭。

天子之所守，故奉之「以奠康王所位」，以明正位爲天子也。禮又有「大圭」，長三尺，知「介圭」非彼三尺圭者，典瑞云：「王搢大圭、執鎮圭以朝日。」玉人云：「大圭長三尺，天子服之。」彼搢於紳帶，是天子之笏，不是天子所守，故知非彼三尺之大圭也。「上宗奉同瑁」，則下文云天子「受同瑁」，太保必奠於位。其奉介圭，下文不言受介圭者，以同、瑁并在手中，故不得執之，太保必奠於其位，但文不見耳。禮於奠爵無名「同」者，但下文祭酢皆用同奉酒，知「同」是酒爵之名也。玉人云：「天子執冒四寸，以朝諸侯。」鄭玄注云：「名玉曰冒者，言德能覆蓋天下也。四寸者，方以尊接卑，以小爲貴。禮，天子所以執瑁者，諸侯即位，天子賜之以命圭，圭頭邪鋭。其瑁當下邪刻之，其刻闊狹長短如圭頭。諸侯來朝，執圭以授天子，天子以冒之刻處冒彼圭頭，若大小相當，則是本所賜，其或不同，則圭是僞作，知諸侯信與不信，故天子執瑁，「所以冒諸侯」之圭，以齊瑞信，猶今之合符然。經傳惟言圭之長短，不言闊狹，瑁方四寸，容彼圭頭，則圭頭之闊無四寸也。天子以一瑁冒天下之圭，則公、侯、伯之圭闊狹等也。此瑁惟冒圭耳，不得冒璧。璧亦稱瑞，不知所以齊信，未得而聞之也。「阼階」者，東階也。謂之「阼」者，鄭玄士冠禮注云：「阼，猶酢也，東階所以答酢賓客。」是其義也。禮，凶事設洗於西階西南，吉事設洗於東階東南。此太保、上宗皆行吉事，盥洗在東，故用阼階升。由便以卑，不嫌爲主人也。鄭玄云：「上宗，猶太宗。」變其文者，宗伯之長。大宗伯一人，與小宗伯二人，凡三人。使其上二人也，一人奉同，一人奉瑁。傳無明解，當同於鄭也。

傳「太史」至「同階」　訓「御」爲「進」。太史持策書顧命欲以進王，故與王同升西階。鄭玄云：「御，猶嚮也。」王此時正立賓階上少東，太史東面於殯，西南而讀策書，以命王嗣位之事。孔雖以御爲進，其意當如鄭言。不言王面北，可知也。篇以顧命爲名，指上文爲言。顧命策書，稟王之意爲言，亦是顧命之事，故傳言「策書顧命」。

曰：「皇后憑玉几，道揚末命，命汝嗣訓，册命之辭。大君成王言憑玉几，所道稱揚終命，所以感動康王，命汝繼嗣其道。言任重，因以託戒。○憑，皮冰反。臨君周邦，率循大卞，用是道臨君周國，率羣臣循大法。○下，皮彥反，徐扶變反。燮和天下，用答揚文、武之光訓。」言用和道和天下，用對揚聖祖文、武之大教。叙成王意。王再拜，興，答曰：「眇眇予末小子，其能而亂四方，以敬忌天威？」言微微我淺末小子，其能如父祖治四方，以敬忌天威德乎？謙辭，託不能。○眇眇，彌小反。

【疏】「曰皇」至「光訓」　此即丁卯命作之册書也。誥康王曰：大君成王病困之時，憑玉几所道稱揚將終之教命，命汝繼嗣其道，代爲民主，用是道以臨君周邦，率羣臣循大法，用和道和天下，用對揚聖祖文、武之大教。叙成王之意，言成王命汝如此也。

傳「册命」至「託戒」　言憑玉几所道，以示不憑玉几則不能言，所以感動康王，令其哀而聽之，不敢忽也。以「訓」爲「道」，命汝繼嗣其道，繼父道爲天下之主。言所任者重，因以託戒也。

傳「用是」至「大法」　「卞」之爲法，無正訓也。告以爲法之道，令率羣臣循之，明所循者法也，故以「大卞」爲大法。王肅亦同也。

乃受同、瑁，王三宿，三祭，三咤。王受瑁爲主，受同以祭。禮成於三，故酌者實三爵於王。王三進爵，三祭酒，三奠爵，告已受羣臣所傳顧命。○咤，陟嫁反，字亦作「宅」，又音妬，徐又音託，又豬夜反。說文作「詫」，丁故反，奠爵也。馬本作「詫」，與說文音義同。上宗曰：「饗！」祭必受福。讚王曰：饗福酒。太保受同，降，受王所饗同，下堂反於篚。盥以異同，秉璋以酢，太保以盥手洗異同，實酒，秉璋以酢祭。半圭曰璋，臣所奉。王已祭，太保又祭。報祭曰酢。○酢，才各反。授宗人同，拜。王答拜。宗人，小宗伯，佐太宗者。太宗供王，宗人供太保。拜白已傳顧命，故授宗人同，拜。王答拜，尊所受命。○供王音恭。太保受同，祭，嚌，太保既拜而祭，既祭受福。嚌至齒，則王亦至齒。王言饗，太保言嚌，互相備。○嚌，才細反。互音護。宅授宗人同，拜。王答拜。太保居其所，授宗人同，拜白戒王以事畢。王答拜，敬所白。○宅，如字，馬同，徐殆故反。太保降，收。太保下堂，王下可知。有司於此盡收徹。○徹，丑列反，徐直列反。

【疏】「乃受」至「降收」　王受册命之時，立於西階上少東，北面。太史於柩西南，東面讀策書。讀册既訖，王再拜。上宗於王西南，北面，奉同、瑁以授王。王一手受同，一手受瑁。王又以瑁授宗人。王乃執同就樽，於兩楹之間酌酒，乃於殯東西面立。三進於神坐前，祭神如前祭。凡前祭酒酹地而奠爵，訖，復位再拜。王又於樽所別以同酌酒，祭神如前，復三祭，故云「三宿，三祭，三咤」，然後酌福酒以授王。上宗讚王曰：饗福酒。王再拜受酒，跪而祭，先嚌至齒，興，再拜。太保受同，降自東階，反於篚，又盥以異同，執璋升自東階，適樽所酌酒。至殯東，西面報祭之。欲祭之時授宗人同，拜白王柩云：已傳顧命。訖，王則答拜，拜柩，尊所受命。太保乃於宗人處受同祭柩，如王禮，但一祭而已。祭訖，乃受福祝，酌同以授太保。宗人讚太保曰：饗福酒。太保再拜受同，亦祭先而嚌至齒，興，再拜訖，於所居位授宗人同。太保更拜，白柩以事畢。王又答拜，拜柩，敬所白。王與太保降階而下堂，有司於是收徹器物。

傳「王受」至「顧命」　天子執瑁，故「受瑁爲主」。「同」是酒器，故「受同以祭」。鄭玄云：「王既對神，則一手受同，一手受瑁。然既受之後，王受同而祭，則瑁以授人。」禮成於三酌者，實三爵於王，當是實三爵而續送，三祭各用一同，非一同而三反也。釋詁云：「肅，進也。」「宿」即肅也，故以宿爵而續送。祭各用一同爲一進，「三宿」，謂「三進爵」，從立處而三進至神所也。「三祭酒」，三酹酒於神坐也。每一酹酒則一奠爵，「三奠爵」於地也。爲此祭者，告神言已已受羣臣所傳顧命，白神使知也。經典無此「咤」字，「咤」爲「奠爵」，傳記無文。正以既祭必當奠爵，既言三祭，知「三咤」爲「三奠爵」也。王肅亦以「咤」爲奠爵。鄭玄云：「徐行前曰肅，却行曰咤。王徐行前三祭，又三却復本位。」與孔異也。

傳「祭必」至「福酒」　禮於祭末必飲神之酒，受神之福。其大祭則有受嘏之福。禮特牲少牢主人受嘏福，是受神之福也。其告祭小祀，則不得備儀，直飲酒而已。此非大祭，故於王三奠爵訖，上宗次同酌酒進王，讚王曰：「饗福酒也。」王取同嚌之，乃以同授太保也。

傳「受王」至「於篚」　上宗讚王以饗福酒也，即云「太保受同」，明是受王所饗同也。祭祀飲酒之禮，爵未用皆實於篚，既飲，皆反於篚。知此「下堂反於篚」也。

傳「太保」至「曰酢」　祭祀以變爲敬，不可即用王同，故太保以「盥手」更「洗異同」，「實酒」於同中，乃「秉璋以酢祭」於王。祭後更復報祭，猶如正祭大禮之亞獻也。周禮典瑞云：「四圭有邸以祀天，兩圭有邸以祀地，圭、璧以祀日、月，璋、邸射以祀山、川。」從上而下，遞減其半，知「半圭曰璋」。祭統云：「君執圭瓚，太宗執璋瓚。」謂亞獻用璋瓚。此非正祭，亦是亞獻之類，故亦執璋。若助祭，公、侯、伯、子、男自得執圭、璧也。「秉璋以酢」，是報祭之事。王已祭，太保又報祭也。「酢」，訓報也，故報祭曰酢。飲酒之禮稱獻酢者，亦是報之義也。

傳「宗人」至「受命」　「上宗」爲大宗伯，知「宗人」爲小宗伯也。太保所以拜者，白成王言已已傳顧命訖也。將欲拜，故先授宗人同。「拜」者自爲拜神，不拜康王，但白神言已傳顧命之事。先告王已受顧命，「王答拜」者，尊所受之命，亦告神使知，故答拜也。王既祭，則奠同於地。太保不敢奠於地，故以同授宗人，然後拜也。太保既酢祭而拜，則王之奠爵，每奠必拜。於王祭不言拜者，祭酒必拜，乃是常禮。於王不言拜，於太保言拜者，足以見王拜也。

傳「太保」至「相備」　「太保受同」者，謂太保既拜之後，於宗人邊受前所授之同，而進以祭神。既祭神之後，遂更受福酒，嚌以至齒。禮之通例，啐入口是嚌。至於齒，示飲而實不飲也。太保報王之祭，事與王祭禮同，而史録其事，二文不等，故傳辨其意，於太保言「嚌至齒」，則王饗福酒亦嚌至齒也。於王言上宗曰「饗」，則太保亦應有宗人曰「饗」，二文不同，互見以相備。

傳「太保」至「所白」「宅」，訓居也。太保居其所，於受福酒之處足不移。爲將拜，故授宗人同。祭祀既畢而更拜者，白成王以事畢也。既拜白成王以傳顧命事畢，則王受顧命亦畢。王答拜，敬所白也。

諸侯出廟門，俟。言諸侯，則卿士已下亦可知。殯之所處，故曰廟。〔三三〕皆待王後命。○處，昌呂反。

【疏】「諸侯出廟門俟」廟門，謂路寢門也。出門待王後命，即作後篇。後篇云「二伯率諸侯入應門」，則諸侯之出應門之外，非出廟門而已。以其在廟行事，事畢出於廟門，不言出廟門即止也。

康王之誥第二十五

康王既尸天子，尸，主也，主天子之正號。〔三四〕○康王既尸天子，馬本此句上更有「成王崩」三字。遂誥諸侯，作康王之誥。既受顧命，羣臣陳戒，遂報誥之。因事曰遂。

【疏】「康王之誥」〔三五〕康王既受顧命，主天子之位，羣臣進戒於王，王遂報誥諸侯。史叙其事，作康王之誥。

康王之誥

求諸侯之見匡弼。

【疏】伏生以此篇合於顧命，共爲一篇。後人知其不可，分而爲二。馬、鄭、王本此篇自「高祖寡命」已上内於顧命之篇，「王若曰」以下始爲康王之誥。諸侯告王，王報誥諸侯，而使告、報異篇，失其義也。

王出在應門之内，出畢門，立應門内之中庭，南面。太保率西方諸侯入應門左，畢公率東方諸侯入應門右，二公爲二伯，各率其所掌諸侯，隨其方爲位，皆北面。皆布乘黄朱。諸侯皆陳四黄馬朱鬣，以爲庭實。○乘，繩證反。鬣，力輒反。賓稱奉圭兼幣，曰：「一二臣衛，敢執壤奠。」賓，諸侯也。舉奉圭兼幣之辭，言一二，見非一也。爲蕃衛，故曰臣衛。來朝而遇國喪，遂因見新王，敢執壤地所出而奠贄也。○壤，如丈反。見，賢遍反，下同。蕃，方袁反。朝，直遥反。喪，息浪反。贄音至。皆再拜稽首。王義嗣德，答拜。諸侯拜送幣而首至地，盡禮也。康王以義繼先人明德，答其拜，受其幣。

【疏】「王出」至「答拜」　此叙諸侯見新王之事。王出畢門，在應門之内，立於中庭。太保召公爲西伯，率西方諸侯入應門左，立於門内之西廂也。太師畢公爲東伯，率東方諸侯入應門右，立於門内之東廂也。諸侯皆布陳一乘四匹之黄馬朱鬣，以爲見新王之庭實。諸侯爲王之賓，共使一人少前，進舉奉圭兼幣之辭。言曰：一二天子之臣，在外爲蕃衛者，敢執土壤所有，奠之於庭。既爲此言，乃皆再拜稽首，用盡禮致敬，以正王爲天子也。康王先爲太子，以義嗣先人明德，不以在喪爲嫌。答諸侯之拜，以示受其圭幣，與之爲主也。

傳「出畢」至「南面」　出在門內，不言王坐，諸侯既拜，王即答拜，復不言興，知立庭中南面也。

傳「二公」至「北面」　二公率領諸侯，知其爲二伯。各率其所掌諸侯，曲禮所謂「職方」者，此之義也。王肅云：「畢公代周公爲東伯，故率東方諸侯。」然則畢公是太師也。當「太師」之名，在「太保」之上。此先言「太保」者，於時太保領冢宰相王室，任重，故先言西方。若使東伯任重，亦當先言東方。北面以東爲右，西爲左。入左入右，隨其方爲位。嫌東西相向，故云「皆北面」。將拜王，明北面也。

傳「諸侯」至「庭實」　諸侯朝見天子，必獻國之所有，以表忠敬之心。故諸侯皆陳四黄馬朱鬣以爲庭實，言實之於王庭也。四馬曰乘，言「乘黄」，正是馬色黄矣。「黄」下言「朱」，「朱」非馬色。定十年左傳云：「宋公子地有白馬四，公嬖向魋，魋欲之，公取而朱其尾、鬣以與之。」是古人貴朱鬣，知「朱」者朱其尾、鬣也。於時諸侯，其數必衆。衆國皆陳四馬，則非王庭所容。諸侯各有所獻，必當少陳之也。案周禮小行人云：「合六幣：圭以馬，璋以皮，璧以帛，琮以錦，琥以繡，璜以黼。此六物者，以和諸侯之好。〔三六〕」鄭玄云：「六幣，所以享也。五等諸侯，享天子用璧，享后用琮。用圭、璋者，二王之後也。」如鄭彼言，則諸侯之享天子，惟二王之後用馬。此云皆陳馬者，下云「奉圭兼幣」，幣即馬是也。圭是文馬之物。〔三七〕鄭云：「此幣圭以馬，蓋舉王者之後以言耳。諸侯當璧以帛，亦有庭實。」然則此陳馬者，是二王之後享王物也。獨取此物，以總表諸侯之意，故云諸侯皆陳馬也。圭亦享王之物，下言奉圭，此不陳圭者，圭奉以文命，不陳之也。案覲禮諸侯享天子馬卓上，〔三八〕九馬隨之。此用乘黄者，因喪禮而行朝，故略之。

傳「賓諸」至「奠贄也」　天子於諸侯，有不純臣之義，故以諸侯爲「賓」。「稱」，訓舉也。舉「奉圭兼幣」之辭，以圭幣奉王而爲之作辭。辭出一人之口，而言「一二」者，見諸侯同爲此意，意非一人也。鄭玄云：「釋辭者一人，其餘奠幣拜者，稽首而已。」是也。言「衛」者，諸侯之在四方，皆爲天子蕃衛，故曰「臣衛」。此時成王始崩，即得有諸侯在京師者，「來朝而遇國喪，遂因見新王」也。諸侯享天子，其物甚衆，非徒圭、馬而已。皆是土地所有，故云「敢執壤地所出而奠贄」也。然舉奉圭兼幣，乃是享禮。凡享禮，則每一國事畢，乃更餘國復入其朝，則侯氏總入。故鄭玄注曲禮云：「春受贄於朝，受享於廟。」是朝與享別。此既諸侯總入，而得有庭實享禮者，以新朝嗣王，因行享禮。故鄭注云：「朝兼享禮也，與常禮不同。」

傳「諸侯」至「其幣」　周禮太祝辨九拜，一曰稽首，施之於極尊，故爲「盡禮」也。「義嗣德」三字，史原王答拜之意也。康王先是太子，以義繼先人明德，今爲天子，無所嫌，故答其拜，受其幣，自許與諸侯爲主也。

太保暨芮伯咸進，相揖，皆再拜稽首，冢宰與司徒皆共羣臣諸侯，並進陳戒。不言諸侯，以內見外。曰：「敢敬告天子，皇天改大邦殷之命，大天改大國殷之王命，謂誅紂也。惟周文、武誕受羑若，克恤西土，言文、武大受天道而順之，能憂我西土之民，本其所起。○羑，羊久反，馬云：「道也。」惟新陟王，畢協賞罰，戡定厥功，用敷遺後人休。惟周家新升王位，當盡和天下賞罰，能定其功，用布遺後人之美。言施及子孫無窮。○戡音堪。遺，唯季反，注及下同。盡，子忍反。施，以豉反。今王敬之哉！敬天道，務崇先人之美。張皇六師，無壞我高祖寡命。」言當張大六師之衆，無壞我高德之祖寡有之教命。○壞音怪。

【疏】「太保」至「寡命」 太保召公與司徒芮伯皆共諸侯並進，相顧而揖，乃並再拜稽首，起而言曰：敢告天子，大天改大國殷之王命，誅殺殷紂，惟周家文王、武王大受天道而順之，能憂我西土之民，以此王有天下。惟我周家新升王位，當盡和天下賞罰，戡定其爲王之功，用布遺後人之美，將使施及子孫，無有窮盡之期。今王新即王位，其敬之哉！當張大我之六師，令國常强盛，無令傾壞我高祖寡有之命。戒王使繼先王之業也。

傳「冢宰」至「見外」 召公爲冢宰，芮伯爲司徒，司徒位次冢宰，故言太保與芮伯咸進。芮伯已下，共告羣臣諸侯並皆進也。「相揖」者，揖之使俱進也。太保揖羣臣，羣臣又報揖太保，故言「相揖」。動足然後相揖，故「相揖」之文在「咸進」之下。

傳「言文」至「所起」 「羑」聲近「猷」，故訓之爲「道」。王肅云：「羑，道也。」文、武所憂，非憂西土而已，特言能憂「西土之民」，本其初起於西土故也。

傳「言當」至「教命」 「皇」，訓大也。國之大事，在於强兵，故令「張大六師之衆」。「高德之祖」，謂文王也。王肅云：「美文王少有及之，故曰寡有也。」

王若曰：「庶邦侯、甸、男、衛，順其戒而告之。不言羣臣，以外見内。○甸男衛，馬本從此已下爲康王之誥，又云：「與顧命差異，叙歐陽、大小夏侯同爲顧命。」

惟予一人釗報誥：報其戒。昔君文、武丕，平富，不務咎。言先君文、武道大，政化平美，不務咎惡。底至齊信，用昭明于天下。致行至中信之道，用顯明於天下，言聖德洽。○厎之履反。至齊信，馬讀「厎至齊」絶句。則亦有熊羆之士、不二心之臣，保乂王家。言文、武既聖，則亦有勇猛如熊羆之士、忠一不二心之臣，共安治王家。○熊音雄。羆，彼皮反。用端命于上帝，皇天用訓厥道，付畀四方。君聖臣良，用受端直之命於上天，大天用順其道，付與四方之國，王天下。○畀，必利反，徐甫至反。王天，上于況反。乃命建侯樹屏，在我後之人。言文、武仍施政令，立諸侯，樹以爲蕃屏。〔三九〕傳王業在我後之人，謂子孫。○傳，直專反。今予一二伯父，尚胥暨顧，綏爾先公之臣，服于先王。天子稱同姓諸侯曰伯父。言今我一二伯父庶幾相與顧念文、武之道，安汝先公之臣，〔四〇〕服於先王而法循之。雖爾身在外，乃心罔不在王室，言雖汝身在外土爲諸侯，汝心常當忠篤，無不在王室。熊羆之士勵朝臣，此督諸侯。○督，丁木反。用奉恤厥若，無遺鞠子羞。」當各用心奉憂其所行順道，無自荒怠，遺我稚子之羞辱。稚子，康王自謂也。○鞠，居六反。

【疏】「王若」至「子羞」　羣臣諸侯既進戒王，王順其戒，呼而告之曰：衆邦在侯、甸、男、衛諸服內之國君，惟我一人釗報誥卿士、羣公，昔先君文王、武王其道甚大，政化平美，專以美道教化，不務咎惡於人，致行至美，中正誠信之道用是顯明於天下，言聖道博洽也。文、武既聖，時臣亦賢，則亦有如熊如羆之勇士、不二心之忠臣，共安治王家。以君聖臣良之故，用能受端直之命於上天，大天用順其道，付與四方之國，使文、武受此諸國王有天下，言文、武得賢臣之力也。文、武以得臣力之故，乃施政命，〔四一〕封立賢臣爲諸侯者，樹之以爲蕃屏。今屏衛在我後之人。先王所立諸侯，即今諸侯之祖，故舉先世之事以告今之諸侯。今我一二伯父庶幾相與顧念文、武之道，安汝先公之用臣，服於先王之道而法循之，亦當以忠誠輔我天子。雖汝身在外土爲國君，汝心常當無有不在王室，當各用心奉憂其所行順道，無自荒怠，以遺我稚子之羞辱。稚子，康王自謂。戒令匡弼己也。

傳「順其」至「見內」　羣臣戒王使勤，王又戒之使輔己，是順其事而告之也。上文太保、芮伯進言不言諸侯，以內見外；此王告庶邦不言朝臣，以外見内，欲令互相備也。周制六服，此惟四服，不言采、要者，略舉其事，猶武成云「甸、侯、衛駿奔走」，亦略舉之矣。

「予一人釗」 禮，天子自稱予一人，不言名。此王自稱名者，新即王位，謙也。

傳「言先」至「咎惡」 孔以「富」爲「美」，故云政化平美。「不務咎惡於人」，言哀矜下民，不用刑罰。王肅云：「文、武道大，天下以平，萬民以富。」是也。

傳「致行」至「德洽」 孔以「齊」爲「中」，致行中正誠信之道。王肅云：「立大中之道也。」

傳「天子」至「循之」 觀禮言天子呼諸侯之禮云：「同姓大國，則曰伯父；其異姓，則曰伯舅。同姓小邦，則曰叔父；其異姓，則曰叔舅。」計此時諸侯多矣，獨云「伯父」，舉同姓大國言之也。諸侯先公，以臣道服於先王，其事有法，故令安汝先公之用臣，服於先王以臣之道，而法循之。

傳「言雖」至「諸侯」 王之此誥，並告羣臣、諸侯，但互相發見，其言不備。言先王有熊羆之士，勵朝臣，使用力如先世之臣也。此言汝身在外土，心念王室，督諸侯使然。

羣公既皆聽命，相揖趨出。已聽誥命，趨出罷退，諸侯歸國，朝臣就次。**王釋冕，反喪服。**脱去黼冕，反服喪服，居倚廬。○脱去，羌呂反。

【疏】「羣公」至「喪服」 羣公，總謂朝臣與諸侯也。鄭玄云：「羣公，主爲諸侯與王之三公，諸臣亦在焉。」王釋冕反喪服，朝臣、諸侯亦反喪服。禮喪服篇臣爲君、諸侯爲天子皆斬衰。

畢命第二十六

康王命作册畢，〔四二〕命爲册書以命畢公。〔四三〕分居里，成周郊，〔四四〕分别民之居里，異其善惡，成定東周郊境，使有保護。○别，彼列反。

作畢命。康王命史官作册書命畢公，使畢公分别民之居里，令善惡有異，於成周之邑成定東周之郊境。

【疏】「康王」至「畢命」　史叙其事，作畢命。

傳「命爲」至「畢公」　周禮内史云：「凡命諸侯及孤卿大夫，則策命之。」此云「命作册」者，命内史爲册書以命畢公，故云以册命畢公。

傳「分别」至「保護」　殷之頑民遷居此邑，歷世化之，已得純善，恐其變改，故更命畢公分别民之居里，異其善惡，即經所云「旌别淑慝，表厥宅里，彰善癉惡，樹之風聲」，「殊厥井疆，俾克畏慕」，皆是也。「分」者，令其善惡分别，使惡者慕善，非分别其處，使之異居也。此邑本名成周，欲以成就周道。民不純善，則是未成，故命畢公教之。「成定東周郊境」，即經「申畫郊圻，慎固封守」，是其「使有保護」。

畢命言畢公見命之書。

惟十有二年，六月庚午朏，康王即位十二年六月三日庚午。○朏，普忽反，徐芳尾反，又芳憒反。越三日壬申，王朝步自宗周，至于豐，於朏三日壬申，王朝行自宗周至于豐。宗周，鎬京。豐，文王所都。○王朝，陟遥反。鎬，户老反。以成周之衆，命畢公保釐東郊。用成周之民衆命畢公，使安理治正成周東郊，令得所。○釐，力之反。治正，上直吏反。一本作「治政」，則依字讀。令得，上力呈反。

【疏】「惟十」至「東郊」　惟康王即位十有二年六月三日庚午，月光朏然而明也。於朏後三日壬申，王早朝行從宗周鎬京至於豐邑，就文王之廟，以成周之民衆命太師畢公，使安理東郊之民，令得其所。

傳「康王」至「庚午」　漢初不得此篇，有僞作其書以代之者。漢書律曆志云：「康王十二年六月戊辰朔，三日庚午。故畢命豐刑曰：惟十有二年六月庚午朏，王命作策書豐刑。」〔四五〕此僞作者傳聞舊語，得其年月，不得以下之辭，妄言作豐刑耳，亦不知豐刑之言何所道也。鄭玄云：「今其逸篇有册命霍侯之事，不與此序相應，〔四六〕非也。」鄭玄所見，又似異於豐刑，皆妄作也。説文云：「朏，月未盛之明也。」此日未有事而記此「庚午朏」者，爲下言「壬申」張本，猶如記朔望與生魄、死魄然也。

王若曰：「嗚呼，父師！惟文王、武王敷大德于天下，用克受殷命。王順其事，歎告畢公，代周公爲大師，爲東伯，命之代君陳。言文、武布大德於天下，故天佑之，用能受殷之王命。○大師，上音泰。惟周公左右先王，綏定厥家，言周公助先王安定其家。毖殷頑民，遷于洛邑，密邇王室，式化厥訓。慎殷頑民，恐其叛亂，故徙於洛邑，密近王室，用化其教。○毖音祕。密近，如字，又附近之近。既歷三紀，世變風移，四方無虞，予一人以寧。言殷民遷周，已經三紀，世代民易，頑者漸化，四方無可度之事，我天子用安矣。十二年曰紀。父子曰世。○度，徒洛反，舊作待路反。**道有升降，政由俗革，不臧厥臧，民罔攸勸。**天道有上下交接之義，政教有用俗改更之理，民之俗善，以善養之，俗有不善，以法御之。若乃不善其善，則民無所勸慕。○有上，時掌反。更，古行反。**惟公懋德，克勤小物，弼亮四世，正色率下，罔不祗師言。**言公勉行德，能勤小物，輔佐文、武、成、康，四世爲公卿，正色率下，下人無不敬仰師法。○懋音茂。**嘉績多于先王，予小子垂拱仰成。**公之善功多大先人之美，我小子爲王，垂拱仰公成理，〔四七〕言其上顯父兄，下施子孫。○拱，九勇反。仰，如字，徐五亮反。

【疏】「王若」至「仰成」。康王順其事歎而呼畢公曰：嗚呼，父師！惟文王、武王布大德於天下，用此能受殷之王命，代殷爲天子。惟周公佐助先王，安定其家，慎彼殷之頑民，恐其或有叛逆，故遷於洛邑，令之比近王室，用使化其教訓。自爾已來，既歷三紀，人世既變，風俗亦移，四方無可度之事，我天子一人用是而得安寧。但天道有上下交接之義，政教有用俗改更之理，今日雖善，或變爲惡。若不善其善，則民無所勸慕，更須選賢教之，舉善勸之。宜此任者，莫先於公，惟公勉力行德，能勤小事，輔佐四世，正色率下，無有不敬仰師法公言者。公之善功多於先王，我小子垂衣拱手，仰公成理。將欲任之，故盛稱其德也。

傳「王順」至「王命」。畢公代周公爲太師，故王呼爲父師。率東方諸侯，是爲東伯也。蓋君陳卒，命之使代君陳也。

傳「言周」至「其家」。釋詁云：「左、右，助也。」言周公助先王安定其家。伐殷之時，周公已有其功，復能遷殷頑民，言其功之多也。

傳「言殷」至「曰世」。周公以攝政七年營成周，成王元年遷殷頑民。成王在位之年雖未知其實，當在三十左右。

至今應三十六年，是殷民遷周，已歷三紀。十二年者，天之大數。歲星、太歲皆十二年而一周天，故「十二年曰紀」。父子易人爲世。大禹謨云：「賞延于世。」謂緣父及子也。

傳「天道」至「勸慕」 天氣下降，地氣上騰，而有寒暑生焉。刑新國用輕典，刑亂國用重典。輕重隨俗而有，寬猛異焉。「天道有上下交接之義」，故寒暑易節；「政教有用俗改更之理」，故寬猛相濟。天道有寒暑遞來，政教以寬猛相濟。民之風俗，善惡無常，或善變爲惡，或惡變爲善，不可以其既善，謂善必不變。民之俗善，須以善養之，令善遂不變。人之俗有不善，當以善法御之，使變而爲善。若乃不善其善，則下民「無所勸慕」。民無所慕，則變爲惡矣。殷民今雖已善，更當以善教之，欲以屈畢公之意。

傳「言公」至「師法」 「小物」，猶小事也。能勤小事，則大事必能勤矣，故舉「能勤小事」以爲畢公之善。釋詁云：「亮，佐也。」〔四八〕晉語説文王之事云：「詢于八虞，訪于辛尹，重之以周、召、畢、榮。」則畢公於文王之世已爲大臣，是「輔佐文、武、成、康四世爲公卿」也。「正色」，謂嚴其顔色，不惰慢，不阿諂。以此率下，「下民無不敬仰師法」之。

傳「公之」至「子孫」 先王之功，無由可及。言「公之善功，多大先人之美」，方欲委之以事。盛言之，重其功美矣。

王曰：「嗚呼，父師！今予祗命公以周公之事，往哉！」今我敬命公以周公所爲之事，往爲之哉！言非周公所爲不敢枉，公往治。○治，直吏反。旌别淑慝，表厥宅里，彰善癉惡，樹之風聲。言當識别頑民之善惡，表異其居里，明其爲善，病其爲惡，立其善風，揚其善聲。○别，彼列反。癉，丁但反。弗率訓典，殊厥井疆，俾克畏慕。其不循教道之常，則殊其井居田界，使能畏爲惡之禍，慕爲善之福，所以沮勸。○俾，必爾反。沮，辭汝反，又慈呂反。**申畫郊圻，慎固封守，以康四海。**郊圻雖舊，所規畫當重分明之。又當謹慎堅固封疆之守備，以安四海。京圻安則四海安矣。○守，徐始救反。重，直用反。**政貴有恒，辭尚體要，不惟好異。**政以仁義爲常，辭以體實爲要，〔四九〕故貴尚之。若異於先王，君子所不好。○好，呼報反。**商俗靡靡，利口惟賢。餘風未殄，公其念哉！**紂以靡靡利口惟賢，覆亡國家。今殷民利口餘風未絶，公其念絶之。○覆，芳服反。

【疏】「王曰」至「念哉」　王更歎而呼畢公曰：嗚呼，父師！今日我敬命公以周公所爲之事，公其往爲之哉。公往至彼，當識別善之與惡，表異其善者所居之里，彰明其爲善，病其爲惡。其爲善之人，當立其善風，揚其善聲。其有不循道教之常者，則殊其井田疆界，使之能畏爲惡之禍，慕爲善之福。更重畫郊圻境界，謹慎牢固其封疆守備，以安彼四海之内。爲政貴在有常，言辭尚其體實要約，當不惟好其奇異。商之舊俗靡靡然好相隨順，利口辯捷阿諛順旨者惟以爲賢。餘風至今未絶，公其念絶之哉。戒畢公以治殷民之法。

傳「言當」至「善聲」　旌旗所以表識貴賤，故傳以「旌」爲「識」。「淑」，善也。「慝」，惡也。「言當識別頑民之善惡」，知其善者，表異其所居之里，若今孝子順孫、義夫節婦，表其門閭者也。表其善者，則惡者自見。明其爲善，當褒賞之；病其爲惡，當罪罰之。其有善人，立其善風，令邑里使放傚之。揚其善聲，告之疏遠，使聞知之。

傳「其不」至「沮勸」　孟子云：「方里爲井，井九百畝。使民死徙無出鄉，鄉田同井，出入相友，守望相助，疾病相扶持，則百姓親睦。」然則先王制之爲井田也，欲使民相親愛，生相佐助，死相殯葬。「不循道教之常」者，其人不可親近。與善民雜居，或染善爲惡，故「殊其井田居界」，令民不與來往，猶今下民有大罪過不肯服者，則擯出族黨之外，吉凶不與交通，此之義也。亦既殊其井田，必當思自改悔，使其能「畏爲惡之禍，慕爲善之福」，所以沮止爲惡者，勸勉爲善者。

傳「郊圻」至「安矣」　「郊圻」，謂邑之境界。境界雖舊有規畫，而年世久遠，或相侵奪，當重分明畫之，以防後相侵犯。雖舉邑之郊境爲言，其民田疆畔，亦令更重畫之，不然，何以得殊其井疆也？王城之立四郊，以爲京師屏障，預備不虞。又當謹慎牢固封疆之守備，以安四海之内。此是王之近郊，牢設守備，惟可以安京師耳。而云「安四海」者，京師安則四海安矣。

傳「紂以」至「絶之」　韓宣子稱「紂使師延作靡靡之樂」，「靡靡」者，相隨順之意。紂之爲人，拒諫飾非，惡聞其短，惟以靡靡相隨順、利口捷給，能隨從上意者以之爲賢。商人效之，遂成風俗，由此所以覆亡國家。殷民利口餘風至今不絶，「公其念絶之」，欲令其變惡俗也。

「我聞曰：『世禄之家，鮮克由禮。以蕩陵德，實悖天道。特言我聞自古有之：世有禄位而無禮教，少不以放蕩陵邈有德者。如此，實亂天道。○鮮，息淺反。悖，布内反。敝化奢麗，萬世同流。』言敝俗相化，車服奢麗，雖相去萬世，若同一流。○敝，步寐反。兹殷庶士席寵惟舊，怙侈滅義，服美于人。此殷衆士居寵日久，怙恃奢侈以滅德義，服飾過制，美於其民。〔五〇〕言僭上。○怙音户。驕淫矜侉，將由惡終。雖收放心，閑之惟艱。言殷衆士驕恣過制，矜其所能以自侉大，如此不變，將用惡自終，雖今順從周制，心未厭服，以禮閑禦其心惟難。○侉，苦瓜反。壓，于葉反，又于甲反，又于艷反。資富能訓，惟以永年。惟德惟義，時乃大訓。不由古訓，于何其訓？」以富資而能順義，則惟可以長年命矣。惟有德義，是乃大順。若不用古訓典籍，於何其能順乎？

【疏】「我聞」至「其訓」　我聞古人言曰：世有祿位之家，恃富驕恣，少能用禮，以放蕩之心陵邈有德之士，如此者實悖亂天道。敝俗相化，奢侈華麗，雖相去萬世，而共同一流。此殷之衆士皆是富貴之家，居處寵勢惟已久矣。怙恃奢侈，以滅德義。身卑而僭上，飾其服美於其人，驕恣過制，矜能自侉。行如此不變，將用惡自終。今以法約之，雖收斂其放佚之心，恒防閑之，惟大艱難。資財富足能順道義，則惟可以長年命矣。惟能用德，惟能行義，是乃爲大順德也。若不用古之訓典，則於何其能順乎？欲令畢公以古之訓典教殷民也。

傳「特言」至「天道」　凡以善言教化，無非古之訓典。於此特言「我聞」者，言此事自古有之，所以尤須嚴禁故也。世有祿位，財多勢重，縱恣其心而無禮教，如此之人，少能不以「放蕩」之心「陵邈有德者」。天道以上臨下，以善率惡，今乃以下慢上，以惡陵善，如此者，「實亂天道」也。

傳「此殷」至「僭上」　「席」者，人之所處，故爲「居」之義。「舊」，久也。殷士多是世貴之家，故爲「居寵日久」。怙恃己之奢侈，自謂奢侈爲賢，德義廢而不行，故爲以滅德義。又以人輕位卑，美服盛飾，是服飾過制度。「美於其人」，言僭上服，服勝人也。

傳「言殷」至「惟難」　「淫」，訓過也。故爲「過制」。強梁者不得其死，好勝者必遇其敵，故矜侉不變，「將用惡自終」。言「雖收放心」，則已收之矣，「雖令順從周制」，畏威自止，故怨猶在「心未厭服」，故「以禮閑禦其心惟難也」。「閑」，謂防閑。「禦」，止也。〔五一〕

王曰：「嗚呼，父師！邦之安危，惟茲殷士。不剛不柔，厥德允修。言邦國所以安危，惟在和此殷士而已。治之不剛不柔，寬猛相濟，則其德政信修立。惟周公克慎厥始，惟君陳克和厥中，惟公克成厥終。周公遷殷頑民以消亂階，能慎其始。君陳弘周公之訓，能和其中。畢公闡二公之烈，能成其終。三后協心，同厎于道。道洽政治，澤潤生民。三君合心爲一，終始相成，同致於道。道至普洽，政化治理，其德澤惠施，乃浸潤生民。言三君之功不可不尚。○政治，直吏反。施，始豉反。浸，子鴆反。四夷左衽，罔不咸賴，予小子永膺多福。言東夷、西戎、南蠻、北狄被髮左衽之人，無不皆恃賴三君之德，我小子亦長受其多福。○衽，而甚反，又而鴆反。公其惟時成周，建無窮之基，亦有無窮之聞。公其惟以是成周之治，爲周家立無窮之基業，於公亦有無窮之名聞於後世。○爲周，上于僞反。子孫訓其成式，惟乂。言後世子孫順公之成法，惟以治。嗚呼！罔曰弗克，惟既厥心；人之爲政，無曰不能，惟在盡其心而已。罔曰民寡，惟慎厥事。無曰人少不足治也，惟在慎其政事，無敢輕之。○人少，詩照反。欽若先王成烈，以休于前政。」敬順文、武成業，以美於前人之政，所以勉畢公。

【疏】傳「敬順」至「畢公」 「美於前人之政」，謂光前人之政，所以勉勵畢公。〔五二〕

校勘記

〔一〕 乃洮頮水 「乃」上諸本有「王」字。

〔二〕 王將發大命 「將」原誤「大」，從正字說改。阮云：「岳本『大』作『將』。」

〔三〕下至御治事　阮云：古本無「治」字。

〔四〕在後之侗　按：説文引作「在夏后之詷」。

〔五〕成王自斥　盧云：「古本下有『也』字，此等必當有。今一例删去，失之。」

〔六〕此及今能言　「此」上李本、殿本、阮本有「以」字。

〔七〕王寢於北墉下　阮云：「陸氏曰：『墉』，本亦作『牖』。按『墉』、『牖』相似，鄭注喪大記兩存之。續通解、纂傳引此俱作『牖』。」

〔八〕王在幕若幄中　正字云：「『主』誤『王』。」「若」，阮本作「居」。阮云：「宋板『居』作『若』，與周禮注本文合。」

〔九〕使之就干戈以往　「就」，殿本作「執」。阮云：「毛本作『執』，續通解亦作『執』。」今按：作「執」是，「就」字涉上誤。

〔一〇〕釋言云翼明也　按：爾雅「翼」作「翌」。

〔一一〕敷重篾席　説文引「敷」作「布」。

〔一二〕竹子可爲席　「可」字原誤「竹」，黄焯引阮云：「下『竹』字疑當作『可』。」今從改。

〔一三〕伏羲氏王天下　「羲」，諸本作「犧」。

〔一四〕車渠車軔也　黄焯云：「段云『軔』當作『輞』，盧本改作『輞』。」

〔一五〕埶音孰一音育　「一」字原缺，據宋無疏本、阮本補。

〔一六〕東西廂謂之序釋宫文　按：今爾雅「廂」作「牆」。

〔一七〕以其夾中央之太室　「太」，李本、阮本作「大」。

〔一八〕遣弟興詣孫策　「詣」原誤「治」，據殿本改。阮云：「毛本『治』作『詣』，『治』字誤。」

〔一九〕策引白削斫席　「席」原誤「虎」，據殿本改。

〔二〇〕夷常釋詁文　按：今爾雅「夷」作「彝」。

〔二一〕東方之珣玗琪也　「方」，原作「北」，據爾雅、説文改。阮云：纂傳亦作「方」。

〔二二〕古者包犧氏之王天下也　「包」，殿本作「伏」。阮云：毛本作「伏」。

〔二三〕西序亦陳之寶　阮云：「亦」字疑「所」字之誤。

〔二四〕戺音俟徐音士　「俟徐」、「士」三字原墨釘，據宋無疏本、殿本、阮本補。

〔二五〕説文鉞大斧也　按：説文「大斧」字作「戉」，「鉞」訓「鑾聲也」。

〔二六〕鋭以税反　「鋭」，當如經作「鈗」，音亦誤。

〔二七〕在門者守門兩廂各一人　「者」下原有「兩」字，衍，從盧説刪。

〔二八〕路寢三階書亦未有明文　「書」上原有「不」字，衍，從盧説刪。

〔二九〕蓋今鑱斧　「鑱」原誤「纔」，據諸本改。

〔三〇〕麻冕蟻裳　孫星衍云：「説文無『蟻』字，當作『蛾』。」

〔三一〕皆賤者先至　「至」原作「置」，阮云：「纂傳『置』作『至』，是也。」今從改。

〔三二〕此必卿士邦君即位既定　「卿」下原有「下」字，衍，據經義及下疏刪。

〔三三〕故曰廟　盧云：古本「廟」下有「門」字。

〔三四〕主天子之正號　盧云：古本「正」作「政」。

〔三五〕康王之誥　李本、阮本「王」下有「既至」二字，與例合。

〔三六〕以和諸侯之好　正字云：「好」下脱「故」字。

〔三七〕圭是文馬之物　「文」，李本、殿本作「致」。考證云：「監本作『致』字，是。」下「文命」同。

〔三八〕覲禮諸侯享天子馬卓上　考證云：「據覲禮鄭注，『馬』上當有『匹』字。」

〔三九〕樹以爲蕃屏　「蕃」，殿本作「藩」。阮云：毛本作「藩」。

〔四〇〕安汝先公之臣　盧云：古本「公」作「君」。

〔四一〕乃施政命　「命」，李本、殿本、阮本作「令」。

〔四二〕康王命作册畢　考證引王應麟曰：「史記周本紀作『作册畢公』，書序缺『公』字。」孫星衍、俞樾亦並云奪「公」字。

〔四三〕以命畢公　「命」原誤「爲」，據諸本改。

〔四四〕分居里成周郊　俞樾云：據周本紀，「東」誤「里」。

〔四五〕王命作策書豐刑　按：漢志原文無「書」字。

〔四六〕不與此序相應　「不」下原有「同」字，衍，從盧校删。

〔四七〕垂拱仰公成理　盧云：古本「理」作「治」。

〔四八〕釋詁云亮佐也　按：今爾雅「佐」作「右」。

〔四九〕辭以體實爲要　「體」，原訛作「理」，據經與疏改。

〔五〇〕美於其民　盧云：古本「民」作「人」。

〔五一〕按：以上疏文原在篇末傳下，今移此，以近其經傳。

〔五二〕按：此疏原在所移上節疏後，今分。

君牙第二十七

穆王命君牙爲周大司徒，穆王，康王孫，昭王子。作君牙。君牙，臣名。○穆王名滿。君牙，或作「君雅」。

君牙命以其名，遂以名篇。

王若曰：「嗚呼，君牙！順其事而歎，稱其名而命之。惟乃祖乃父，世篤忠貞，服勞王家，厥有成績，紀于太常。言汝父祖世厚忠貞，服事勤勞王家，其有成功，見紀録書於王之太常，以表顯之。王之旌旗，畫日、月曰太常。○畫，胡卦反。惟予小子嗣守文、武、成、康遺緒，亦惟先王之臣克左右亂四方。惟我小子繼守先王遺業，亦惟父祖之臣能佐助我治四方。言己無所能。心之憂危，若蹈虎尾，涉于春冰。言祖業之大，己才之弱，故心懷危懼。虎尾畏噬，春冰畏陷，危懼之甚。○蹈，徒報反。噬，市制反。陷，陷没之陷。

【疏】「穆王」至「春冰」〔一〕　穆王命其臣名君牙者爲周大司徒之卿，以策書命之，史録其策書，作君牙。

傳「言汝」至「太常」　周禮司勳云：「凡有功者，銘書於王之太常，祭於大烝。」鄭玄云：「銘之言名也。生則書于王旌，以識其人與其功也。死則於烝，先王祭之。」是有功者「書於王之太常，以表顯之」也。周禮司常云：「日、月爲常。」王建太常，是王之旌旗畫日、月，名之曰「太常」也。

「今命爾予翼，作股肱心膂。今命汝爲我輔翼，作股肱心體之臣。言委任。○膂音旅。纘乃舊服，無忝祖考，弘敷五典，式和民則。繼汝先祖故所服，忠勤無辱累祖考之道，大布五常之教，用和民，令有法則。○累，劣僞反。令有，上力呈反。爾身克正，罔敢弗正。民心罔中，惟爾之中。言汝身能正，則下無敢不正。民心無中，從汝取中，必當正身，示民以中正。夏暑雨，小民惟曰怨咨；〔二〕夏月暑雨，天之常道，小人惟曰怨歎咨嗟，〔三〕言心無中也。〔四〕冬祁寒，小民亦惟曰怨咨。冬大寒，亦天之常道，民猶怨嗟。厥惟艱哉！思其艱以圖其易，民乃寧。天不可怨，民猶怨嗟，治民其惟難哉。當思慮其難以謀其易，民乃安。○其易，以豉反。

【疏】「今命」至「乃寧」。王言我以危懼之故，今命汝爲我輔翼，〔五〕汝當作我股肱心膂。言將任之如己身也。繼汝先世舊所服行，亦如父祖忠勤，無爲不忠，辱累汝祖考。當須大布五常之教，用和天下兆民，令有法則。凡欲率下，當先正身，汝身能正，則下無敢不正。民心無能中正，惟取汝之中正，汝當爲中正以率之。夏月大暑大雨，天之常也，小民惟曰怨恨而咨嗟。冬月大寒，亦天之常也，小民亦惟曰怨恨而咨嗟。天不可怨，民尚怨之，治民欲使無怨，其惟難哉！思慮其難以謀其易，爲政不違道不逆民，民乃安矣。

傳「今命」至「委任」。「股」，脚也。「肱」，臂也。「膂」，背也。汝爲我輔翼，當如我之身，故舉四支以言。「爲股肱心體之臣」，言委任如身也。傳以「膂」爲「體」，以見四者皆體，非獨膂爲體也。禮記緇衣云：「民以君爲心，君以民爲體。」此舉四體，令以臣爲心者，君臣合體則亦同心。詩云：「赳赳武夫，公侯腹心。」是臣亦爲君心也。

傳「冬大」至「怨咨」 傳以「祁」爲「大」，故云「冬大寒」。「寒」言大，則「夏暑雨」是大雨，於此言「祁」以見之。上言「暑雨」，此不言「寒雪」者，於上言「雨」以見之，互相備也。

「嗚呼！丕顯哉文王謨，歎文王所謀大顯明。丕承哉武王烈。言武王業美大可承奉。啓佑我後人咸以正，罔缺。文、武之謀、業大明可承奉，開助我後嗣皆以正道，無邪缺。○缺，苦穴反。爾惟敬明乃訓，用奉若于先王。汝惟當敬明汝五教，用奉順於先王之道。對揚文、武之光命，追配于前人。」言當答揚文、武光明之命，君臣各追配於前令名之人。

【疏】「嗚呼」至「前人」 王又歎言：嗚呼！大是顯明哉，文王之謀也；大可承奉哉，武王之業也。文王之謀、武王之業，開道佑助我在後之人，皆以正道，無邪缺。言先王之道，易可遵也。汝惟敬明汝之五教，用奉順於先王之道，汝當答揚文、武光明之命，追配於前世令名之人，令其順先王之道，同古之大賢也。

傳「言武」至「承奉」 文王未克殷始謀造周，故美其謀。武王以殺紂功成業就，故美其業。謀則明白可遵，業則功成可奉，故「謨」言「顯」、「烈」言「承」。詩周頌武篇曰：「於皇武王，無競維烈。」亦美武王業之大也。

傳「文武」至「邪缺」 文始謀之，武卒成之，文謀大明，武業可奉。言先王以此成功開道佑助我之後人，使我得安其事，而奉行之以正道，見其無邪罔缺失。見其周備，故傳言「無邪缺」。

王若曰：「君牙，乃惟由先正舊典時式，民之治亂在兹。汝惟當奉用先正之臣所行故事舊典，〔六〕文籍是法。民之治亂，在此而已。用之則民治，廢之則民亂。○治，直吏反，下注同。率乃祖考之攸行，昭乃辟之有乂。」言當循汝父祖之所行，明汝君之有治功。○辟，必亦反。

【疏】「王若」至「有乂」　王順而呼之曰：君牙，汝爲大司徒，惟當奉用先世正官之法，諸臣所行故事舊典，於是法則之。民之治亂，在此而已。汝必奉而用之，循汝祖考之所行，「明汝君之有治功」。「汝君」，王自謂也。

冏命第二十八

穆王命伯冏爲周太僕正，伯冏，臣名也。太僕長，太御中大夫。○冏，九永反，字亦作「臩」。長，誅丈反。作冏命。

【疏】「穆王」至「冏命」　穆王命其臣名伯冏者爲周太僕正之官，以策書命之，史録其策書，作冏命。

傳「伯冏」至「大夫」　「正」，訓長也。周禮「太御，〔七〕中大夫」；「太僕，下大夫」。孔以此言太僕正，則官高於太僕，故以爲周禮太御者，知非周禮太僕。若是周禮太僕，則此云「太僕」足矣，〔八〕何須云「正」乎？且此經云「命汝作大正，正于羣僕」。案周禮「太馭中大夫」，而下有「戎僕、齊僕、道僕、田僕」，太御最爲長。既稱「正」于羣僕，故以爲太御中大夫。且與君同車，最爲親近，故春秋隨侯寵少師，以爲車右；漢書文帝愛趙同，命之爲御。凡御者最爲密呢，故此經云：「汝無昵於憸人，充耳目之官。」故以爲太御中大夫，掌御玉輅之官。〔九〕戎僕雖中大夫，以戎事爲重，敘在太御之下，故以太御爲長。太僕雖掌燕朝，非親近之任，又是下大夫，不得爲長。

冏命 以冏見命名篇。

王若曰：「伯冏，惟予弗克于德，嗣先人宅丕后。順其事以命伯冏，言我不能於道德，繼先人居大君之位，人輕任重。怵惕惟厲，中夜以興，思免厥愆。言常悚懼惟危，夜半以起，思所以免其過悔。○怵，敕律反。惕，他歷反。昔在文、武，聰明齊聖，小大之臣咸懷忠良。聰明，視聽遠；齊通，無滯礙。臣雖官有尊卑，無不忠良。○礙，五代反。其侍御僕從，罔匪正人。雖給侍進御、僕役從官，官雖微，無不用中正之人。○侍御，如字，一音禦。僕從，才用反，注及下注「侍從」同。以旦夕承弼厥辟，出入起居，罔有不欽。小臣皆良，僕役皆正，以旦夕承輔其君，故君出入起居無有不敬。發號施令，罔有不臧。下民祗若，萬邦咸休。言文、武發號施令，無有不善，下民敬順其命，萬國皆美其化。

【疏】「王若」至「咸休」 王順其事而呼之曰：伯冏，惟我不能於道德，而繼嗣先人居大君之位，人輕任重。終常悚懼，心內怵惕，惟恐傾危。中夜以起，思望免其愆過。昔在文王、武王，聰無所不聞，明無所不見。「齊」，中也。每事得中。「聖」，通也。通知諸事。其身明聖如此，又小大之臣無不皆思忠良。其左右侍御僕從，無非中正之人，以旦夕承輔其君。故其君出入起居，無有不敬。文、武發號施令，無有不善。以此之故，下民敬順其命，萬邦皆美其化，由臣善故也。

傳「言常」至「過悔」　禮記祭義云：「春雨露既濡，君子履之，必有怵惕之心。」「怵惕」是心動之名，多憂懼之意也。「厲」，訓危也。言常悚懼，惟恐傾危。易稱「夕惕若厲」，即此義也。

傳「聰明」至「忠良」　聰發於耳，明發於目，故爲「視聽遠」也。「齊」訓中，「聖」訓通也。動必得中，通而先識，是無滯礙也。

「惟予一人無良，實賴左右前後有位之士，匡其不及，惟我一人無善，實恃左右前後有職位之士匡正其不及。言此，責羣臣正己。繩愆糾謬，格其非心，俾克紹先烈。言恃左右之臣彈正過誤，檢其非妄之心，使能繼先王之功業。○繩，市陵反。俾，必爾反。

【疏】「惟予」至「先烈」　王言惟我一人無善，亦既無知，實恃賴左右前後有職位之臣，匡正其智所不及者，責羣臣使正己也。即言正己之事。繩其愆過，糾其錯謬，格其非妄之心。心有妄作則格正之，使能繼先王之功業。言得臣匡輔，乃可繼世也。

傳「言恃」至「功業」　木不正者，以繩正之。「繩」謂彈正，「糾」謂發舉。有愆過則彈正之，有錯謬則發舉之。「格」謂檢括。其有非理枉妄之心，檢括使妄心不作。臣當如此匡君，使能繼先王之功業。言己無能，責臣使如此也。

「今予命汝作大正，正于羣僕侍御之臣。欲其教正羣僕，無敢佞僞。懋乃后德，交修不逮。言侍御之臣無小大親疏，皆當勉汝君爲德，更代修進其所不及。○更，古衡反。慎簡乃僚，無以巧言、令色、便辟、側媚，其惟吉士。當謹慎簡選汝僚屬侍臣，無得用巧言無實、令色無質、便辟足恭、側媚諂諛之人，其惟皆吉良正士。○便，婢緜反。辟，匹亦反，徐扶亦反。足恭，上將住反。諛，徐以朱反。

【疏】「今予」至「吉士」　今我命汝作太僕官大正，汝當教正於羣僕侍御之臣，勸勉汝君爲德。汝與同僚，交更修進汝君智所不及之事。汝爲僕官之長，當慎簡汝之僚屬，必使皆得正人，無得用巧言、令色、便辟、側媚之人，其惟皆當用吉良善士。令選其在下屬官小臣、僕隸之等，皆用善人。

傳「欲其」至「佞僞」　「作大正」，「正」，長也，作僕官之長。「正於羣僕」，令教正之。二「正」義不同也。羣僕雖官有小大，皆近天子。近人主者多以諂佞自容，令太僕教正羣僕，明使教之，「無敢佞僞」也。案周禮「太馭，中大夫」，掌御玉輅；「戎僕，中大夫」，掌御戎車；「齊僕，下大夫」，掌馭金輅；「道僕，上士」，掌馭象輅；「田僕，上士」，掌馭田輅。「羣僕」謂此也。

傳「當謹」至「正士」　府史已下官長所自辟除，命士以上皆應人主自選。此令太僕正謹慎簡選僚屬者，人主所用，皆由臣下銓擬，可者然後用之，故令太僕正慎簡僚屬也。論語稱「巧言、令色、足恭，左丘明恥之」。「便辟」是巧言令色之類，知是彼足恭也。「巧言」者，巧爲言語以順從上意，無情實也。「令色」者，善爲顏色以媚說人主，無本質也。「便辟」者，前却俯仰，以足爲恭。「側媚」者，爲僻側之事，以求媚於君。此等皆是諂諛之人，不可用爲近官也。「媚」，愛也。襄三十一年左傳云：鄭子產謂子皮曰：「誰敢求愛於子？」知此爲側媚者，爲側行以求愛，非是愛前人也。若能愛在上，則忠臣也，不當禁其無用。

「僕臣正，厥后克正；僕臣諛，厥后自聖。言僕臣皆正，則其君乃能正；僕臣諂諛，則其君乃自謂聖。后德惟臣，不德惟臣。君之有德，惟臣成之；君之無德，惟臣誤之。言君所行善惡，專在左右。爾無昵于憸人，充耳目之官，迪上以非先王之典。汝無親近於憸利小子之人，充備侍從，在視聽之官，道君上以非先王之法。○昵，女乙反。憸，息廉反，徐七漸反，利口也。本亦作「思」。〔一〇〕近，附近之近。道君，道，導也。非人其吉，惟貨其吉。若非人其實吉良，惟以貨財配其吉良，以求入於僕侍之臣，汝當清審。〔一一〕若時，瘝厥官。若用是行貨之人，則病其官職。○瘝，故頑反。惟爾大弗克祗厥辟，惟予汝辜。」用行貨之人，則惟汝大不能敬其君，惟我則亦以此罪汝。言不忠也。

王曰：「嗚呼，欽哉！永弼乃后于彝憲。」歎而敕之，使敬用所言，當長輔汝君於常法。此穆王庶幾欲蹈行常法。

呂刑第二十九

呂命，呂侯見命爲天子司寇。穆王訓夏贖刑，呂侯以穆王命作書，訓暢夏禹贖刑之法，更從輕以布告天下。○贖音蜀，注下同。作呂刑。

【疏】「呂命」至「呂刑」　呂侯得穆王之命，爲天子司寇之卿，穆王於是用呂侯之言，訓暢夏禹贖刑之法，呂侯稱王之命而布告天下，史録其事，作呂刑。

傳「呂侯」至「司寇」　呂侯得王命，必命爲王官。周禮司寇掌刑，知呂侯見命爲天子司寇。鄭玄云：「呂侯受王命，入爲三公。」引書說云：「周穆王以呂侯爲相。」書說，謂書緯，刑德放之篇有此言也。〔一二〕以其言「相」，知爲三公。即如鄭言，當以三公領司寇，不然，何以得專王刑也？

傳「呂侯」至「天下」　名篇謂之「呂刑」，其經皆言「王曰」，知呂侯以穆王命作書也。經言陳罰贖之事，不言何代之禮，故序言「訓夏」，以明經是夏法。王者代相革易，刑罰世輕世重，殷以變夏，〔一三〕周又改殷，夏法行於前代，廢已久矣，今復「訓暢夏禹贖刑之法」，以周法傷重，更「從輕以布告天下」。以其事合於當時，故孔子録之，以爲法經。多說治獄之事，是訓釋申暢之也。「金作贖刑」，唐、虞之法。周禮職金「掌受士之金罰、貨罰，入於司兵」，則周亦有贖刑。而遠訓夏之贖刑者，周禮惟言士之金罰，人似不得贖罪，縱使亦得贖罪，贖必異於夏法，以夏刑爲輕，故祖而用之。罪實則刑之，罪疑則贖之，故當並言贖刑，非是惟訓贖罰也。周禮「司刑掌五刑之法，以麗萬民之罪。墨罪五百、劓罪五百、宫罪五百、刖罪五百、殺罪五百」，五刑惟有二千五百。此經「五刑之屬三千」，案刑數乃多於周禮，而言變從輕者，周禮五刑皆有五百，此則輕刑少而重刑多，此經墨、劓皆千，剕刑五百、宫刑三百、大辟二百，輕刑多而重刑少，變周用夏，是改重從輕也。然則周公聖人，相時制法，而使刑罰太重。今穆王改易之者，〔一四〕穆王遠取夏法，殷刑必重於夏。夏承堯、舜之後，民淳易治，故制刑近輕。輕則民慢，故殷刑稍重。自湯已後，世漸苛酷。紂作炮烙之刑，明知刑罰益重。周承暴虐之後，不可頓使太輕，雖減之輕，猶重於夏法。成、康之間刑措不用，下及穆王，民猶易治，故呂侯度時制宜，勸王改從夏法。聖人之法非不善也，而不以經遠，呂侯之智非能高也，而法可以適時。苟適於時，事即可爲善。亦不言呂侯才高於周公、法勝於前代，所謂「觀民設教，遭時制宜」。刑罰所以世輕世重，爲此故也。

呂刑 後爲甫侯，故或稱甫刑。

【疏】傳「後爲」至「甫刑」 禮記、書傳引此篇之言，多稱爲「甫刑曰」，故傳解之「後爲甫侯，故或稱甫刑」。知後爲甫侯者，以詩大雅崧高之篇宣王之詩，云「生甫及申」；揚之水爲平王之詩，云「不與我戍甫」，明子孫改封爲甫侯。不知因呂國改作甫名？不知別封餘國而爲甫號？然子孫封甫，穆王時未有甫名，而稱爲甫刑者，後人以子孫之國號名之也。猶若叔虞初封於唐，子孫封晉，而史記稱「晉世家」。然宣王以後改呂爲甫，鄭語史伯之言幽王之時也，乃云「申、呂雖衰，齊、許猶在」，仍得有呂者，以彼史伯論四嶽治水，其齊、許、申、呂是其後也。因上「申、呂」之文而云「申、呂雖衰」，呂即甫也。

惟呂命，王享國百年，耄荒，言呂侯見命爲卿時，穆王以享國百年耄亂荒忽。穆王即位，過四十矣，言百年，大其雖老而能用賢以揚名。〔一五〕○耄，本亦作「薹」，毛報反，切韻莫報反。度作刑，以詰四方。度時世所宜訓作贖刑，以治天下四方之民。○度，待洛反，注同。馬如字，云：「法度也。」詰，起一反。

【疏】「惟呂」至「四方」 惟呂侯見命爲卿，於時穆王享有周國已積百年，王精神耄亂而荒忽矣。王雖老耄，猶能用賢，取呂侯之言，度時世所宜，作夏贖刑，以治天下四方之民也。

傳「言呂」至「揚名」 史述呂侯見命，而記王年，知其得命之時，王以享國百年也。曲禮云：「八十、九十曰耄。」是「耄荒」爲年老精神耄亂荒忽也。穆王即位之時，已年過四十矣。比至命呂侯之年，未必已有百年。言「百年」者，美大其事，雖則年老，而能用賢以揚名，故記其百年之耄荒也。周本紀云：「甫侯言於王，作修刑辟。」是修刑法者，皆呂侯之意，美王能用之。「穆王即位過四十」者，不知出何書也。周本紀云：「穆王即位，春秋已五十矣」，「立五十五年崩」。司馬遷若在孔後，或當各有所據。無逸篇言殷之三王及文王享國若干年者，皆謂在位之年。此言享國百年，乃從生年而數。意在美王年老能用賢，而言其長壽，故舉從生之年。以耄荒接之，美其老之意也。文不害意，不與彼同。

王曰：「若古有訓：蚩尤惟始作亂，延及于平民，順古有遺訓，言蚩尤造始作亂，惡化相易，延及於平善之人。九黎之君，號曰蚩尤。○蚩，尺之反。尤，有牛反，馬云：「少昊之末九黎君名。」罔不寇賊鴟義，姦宄奪攘矯虔。平民化之，無不相寇賊，爲鴟梟之義，以相奪攘，矯稱上命，若固有之。亂之甚。○鴟，尺之反。鴟梟，惡鳥。馬云：「鴟，輕也。」義，本亦作「誼」。宄音軌。攘，如羊反。矯，居表反。虔，其然反。苗民弗用靈，制以刑，惟作五虐之刑，曰法。〔一六〕三苗之君習蚩尤之惡，不用善化民，而制以重刑，惟爲五虐之刑，自謂得法。蚩尤，黄帝所滅。三苗，帝堯所誅。言異世而同惡。殺戮無辜，爰始淫爲劓、刵、椓、黥。三苗之主頑凶若民，敢行虐刑以殺戮無罪，於是始大爲截人耳鼻、椓陰、黥面，以加無辜，故曰五虐。○劓，魚器反。刵，徐如志反。椓，丁角反。黥，其京反。越茲麗刑，并制罔差有辭。苗民於此施刑，並制無罪無差有直辭者。言淫濫。○麗，力馳反。并，必政反。民興胥漸，泯泯棼棼，罔中于信，以覆詛盟。三苗之民瀆於亂政，起相漸化，泯泯爲亂，棼棼同惡，皆無中於信義，以反背詛盟之約。○泯泯，面忍反，徐音民。棼棼，芳云反，徐扶云反。覆，芳服反，徐敷目反。詛，側助反。背音佩。約，如字，又於妙反。虐威庶戮，方告無辜于上，上帝監民，罔有馨香，德刑發聞惟腥。

三苗虐政作威，〔一七〕衆被戮者方方各告無罪於天，天視苗民無有馨香之行，其所以爲德刑，發聞惟乃腥臭。○發聞，音問，又如字，注同。腥音星。之行，下孟反。皇帝哀矜庶戮之不辜，〔一八〕報虐以威，遏絶苗民，無世在下。○皇帝，帝堯也。哀矜衆被戮者之不辜，乃報爲虐者以威，誅遏絶苗民，〔一九〕使無世位在下國也。○君帝，「君」宜作「皇」字，帝堯也。遏，於葛反。

【疏】「王曰」至「在下」　呂侯進言於王，使用輕刑，又稱王之言以告天下，説重刑害民之義。王曰：順古道，有遺餘典訓，記法古人之事。昔炎帝之末，有九黎之國君號蚩尤者，惟造始作亂，惡化遞相染易，延及於平善之民。平民化之，亦變爲惡，無有不相寇盜相賊害，爲鴟梟之義，鈔掠良善，外姦内宄，劫奪人物，攘竊人財，矯稱上命以取人財，若己固自有之。然蚩尤之惡已如此矣，至於高辛氏之末，又有三苗之國君習蚩尤之惡，不肯用善化民，而更制重法，惟作五虐之刑，乃言曰此得法也。殺戮無罪之人，於是始大爲四種之刑：刵截人耳、劓截人鼻、椓人陰、黥割人面。苗民於此施刑之時，並制無罪之人對獄，有罪者無辭，無罪者有辭。苗民斷獄，並皆罪之，無差簡有直辭者。言濫及無罪者也。三苗之民慣瀆亂政，起相漸染，皆化爲惡。泯泯爲亂，棼棼同惡，小大爲惡，民皆巧詐，無有中於信義。以此無中於信，反背詛盟之約，雖有要約，皆違背之。三苗虐政作威，衆被戮者，方方各告無罪於上天，上天下視苗民無有馨香之行，其所以爲德刑者，發聞於外，惟乃皆腥臭，無馨香也。皇帝帝堯哀矜衆被殺戮者不以其罪，乃報爲暴虐者以威，止絶苗民，使無世位在於下國。言以刑虐故滅之也。

傳「順古」至「蚩尤」　古有遺訓，順而言之，故爲「順古有遺訓」也。「蚩尤造始作亂」，其事往前未有，蚩尤今始造之，必是亂民之事，不知造何事也。下説三苗之主習蚩尤之惡，作五虐之刑，此章主説虐刑之事。蚩尤所作，必亦造虐刑也。以峻法治民，民不堪命，故惡化轉相染易，延及於平善之民，亦化爲惡也。「九黎之君號曰蚩尤」，當有舊說云然，不知出何書也。史記五帝本紀云：「神農氏世衰，諸侯相侵伐，蚩尤最爲暴虐，莫能伐之，黄帝乃徵師諸侯，與蚩尤戰於涿鹿之野，遂擒殺蚩尤，而諸侯咸尊軒轅爲天子。」如本紀之言，蚩尤是炎帝之末諸侯君也。〔二〇〕應劭云：「蚩尤，古天子。」鄭云：「蚩尤霸天下，黄帝所伐者。」漢書音義有臣瓚者引孔子三朝記云：「蚩尤，庶人之貪者。」諸說不同，未知蚩尤是何人也。楚語曰：「少昊氏之衰也，九黎亂德，顓頊受之，使復舊常。」則九黎在少昊之末，非蚩尤也。韋昭云：「九黎氏九人，蚩尤之徒也。」韋昭雖以九黎爲蚩尤，要史記蚩尤在炎帝之末，國語九黎在少昊之末，二者不得同也。「九黎」之文惟出楚語。孔以蚩尤爲九黎，下傳又云蚩尤黄帝所滅，言黄帝所滅，則與史記同矣。孔非不見楚語，而爲此說，蓋以蚩尤是九黎之君，黄帝雖滅蚩尤，猶有種類尚在，故下至少昊之末，更復作亂。若其不然，孔意不可知也。鄭玄云：「學蚩尤爲此者，〔二一〕九黎之君在少昊之代也。」其意以蚩尤當炎帝之末，九黎當少昊之末，九黎學蚩尤，九黎非蚩尤也。

傳「平民」至「之甚」 蚩尤作亂，當是作重刑以亂民。以峻法酷刑，民無所措手足，困於苛虐所酷，人皆苟且，故平民化之，無有不相寇賊。羣行攻劫曰「寇」，殺人曰「賊」。言攻殺人以求財也。「鴟梟」，貪殘之鳥。詩云「爲梟爲鴟」，梟是鴟類。鄭玄云：「盗賊狀如鴟梟，鈔掠良善，劫奪人物。」傳言「鴟梟之義」，如鄭說也。釋詁云：「虔，固也。」「若固有之」，言取得人物，如己自有也。

傳「三苗」至「同惡」 上說蚩尤之惡，即以苗民繼之，知經意言「三苗之君習蚩尤之惡」。「靈」，善也。不用善化民，而制以重刑，學蚩尤制之，用五刑而虐爲之，故「爲五虐之刑」，不必皐陶五刑之外别有五也。曰「法」者，述苗民之語，自謂所作得法，欲民行而畏之。如史記之文，蚩尤黄帝所滅，下句所說「三苗帝堯所誅」，楚語云「三苗復九黎之惡」，〔二二〕是異世而同惡也。鄭玄以爲「苗民即九黎之後，顓頊誅九黎，至其子孫爲三國。高辛之衰，又復九黎之惡。堯興，又誅之。堯末，又在朝。〔二三〕舜臣堯，又竄之。後禹攝位，又在洞庭逆命，禹又誅之。穆王深惡此族三生凶德，故著其惡而謂之民」。孔惟言「異世同惡」，不言三苗是蚩尤之子孫。韋昭云：「三苗，炎帝之後諸侯共工也。」

傳「三苗」至「五虐」 三苗之主，實國君也。頑凶若民，故謂之「苗民」。不於上經爲傳者，就此惡行解之，以其頑凶敢行虐刑以殺戮無罪。釋詁云：「淫，大也。」於是大爲截人耳鼻、椓陰、黥面，苗民爲此刑也。椓陰，即宮刑也。黥面，即墨刑也。康誥周公戒康叔云「無或劓刵人」，即周世有劓刵之刑，非苗民別造此刑也。「以加無辜，故曰五虐」。鄭玄云：「刵，斷耳；劓，截鼻；椓，謂椓破陰；黥，爲羈黥人面。〔二四〕苗民大爲此四刑者，言其特深刻，異於皋陶之爲。」鄭意蓋謂截耳、截鼻多截之，椓陰苦於去勢，黥面甚於墨額。孔意或亦然也。

傳「三苗」至「之約」 「三苗之民」，謂三苗國内之民也。「瀆」，謂慣瀆。苗君久行虐刑，民慣見亂政，習以爲常，起相漸化。「泯泯」，相似之意。「棼棼」，擾攘之狀。「泯泯爲亂」，習爲亂也。「棼棼同惡」，共爲惡也。「中」，猶當也。「皆無中於信義」，言爲行無與信義合者。詩云：「君子屢盟，亂是用長。」亂世之民，多相盟詛，既無信義，必背違之，以此無中於信，「反背詛盟之約」也。

傳「三苗」至「腥臭」 「方方各告無罪於上天」，言其處處告也。天矜於下，俯視苗民，無有馨香之行。「馨香」，以喻善也。「其所以爲德刑」，苗民自謂是「德刑」者，發聞於外，惟乃皆是腥臭。「腥臭」，喻惡也。

傳「君帝」至「下國也」〔二五〕 釋詁云：「皇，君也。」此言「遏絶苗民」，下句即云「乃命重、黎」。命重、黎是帝堯之事，〔二六〕知此滅苗民亦帝堯也。此滅苗民在堯之初興，使無世位，在於下國。而堯之末年又有竄三苗者。禮，天子不滅國，擇立其次賢者，此爲五虐之君，自無世位在下，其改立者復得在朝。但此族數生凶德，故歷代每被誅耳。

「乃命重、黎絶地天通，罔有降格。重即羲，黎即和。堯命羲、和世掌天地四時之官，使人、神不擾，各得其序，是謂絶地天通。言天神無有降地，地民不至於天，〔二七〕明不相干。○重，直龍反，注同。黎，力兮反。羣后之逮在下，明明棐常，鰥寡無蓋。羣后諸侯之逮在下國，皆以明明大道輔行常法，故使鰥寡得所，無有掩蓋。○棐音匪，又芳鬼反。鰥，居頑反。皇帝清問下民，鰥寡有辭于苗。帝堯詳問民患，皆有辭怨於苗民。○清問，馬云：「清，訊也。」德威惟畏，德明惟明。言堯監苗民之見怨，則又增修其德，行威則民畏服，明賢則德明人，所以無能名焉。

【疏】「乃命」至「惟明」　三苗亂德，民、神雜擾，帝堯既誅苗民，乃命重、黎二氏，使絶天地相通，令民、神不雜，於是天神無有下至地，地民無有上至天，言天神、地民不相雜也。羣后諸侯相與在下國，羣臣皆以明明大道輔行常法，鰥寡皆得其所，無有掩蓋之者。君帝帝堯清審詳問下民所患，鰥寡皆有辭怨於苗民，言誅之合民意。堯視苗民見怨，則又增修其德，以德行威則民畏之，不敢爲非；以德明人，人皆勉力自修，使德明。言堯所行賞罰得其所也。

傳「重即」至「相干」　楚語云：「昭王問於觀射父曰：『周書所謂重、黎實使天地不通者，何也？若無然，民將能登天乎？』對曰：『非此之謂也。古者民、神不雜，少昊氏之衰也，九黎亂德，家爲巫史，民、神同位，禍災薦臻。顓頊受之，乃命南正重司天以屬神，命火正黎司地以屬民，〔二八〕使復舊常無相侵瀆，是謂絶地天通。其後三苗復九黎之德，堯復育重、黎之後不忘舊者，使復典之。』」彼言主説此事。而堯典云「乃命羲、和欽若昊天」，即所謂育重、黎之後使典之也。以此知重即羲也、黎即和也。言羲是重之子孫，和是黎之子孫，能不忘祖之舊業，故以重、黎言之。傳言「堯乃命羲、和掌天地四時之官」，堯典文也。「民、神不擾，是謂絶地天通」，楚語文也。孔惟加各得其序一句耳。楚語又云：「司天屬神，司地屬民，令神與天在上，民與地在下，定上下之分，使民、神不雜，則祭享有度，災厲不生。」經言民、神分別之意，故言「罔有降格」，言天神無有降至於地者，謂神不干民。孔因互文云地民不有上至於天者，言民不干神也，乃總之云「明不相干」，即是民、神不雜也。「地民」，或作「地祇」。學者多聞神祇，又「民」字似「祇」，因妄改使謬耳。如楚語云「乃命重、黎」，是顓頊命之。鄭玄以「皇帝哀矜庶戮之不辜」至「罔有降格」皆説顓頊之事，「乃命重、黎」即是命重、黎之身，非羲、和也。「皇帝清問」以下，乃説堯事。顓頊與堯再誅苗民，故上言「遏絶苗民」。下云「有辭於苗」，異代別時，非一事也。案楚語云：「少昊氏之衰也，九黎亂德。」又云：「其後三苗復九黎之德。」則九黎、三苗非一物也。顓頊誅九黎謂之「遏絶苗民」，於鄭義爲不愜。楚語言「顓頊命重、黎」，解爲帝堯命羲、和，於孔説又未允。不知二者誰得經意也。

傳「言堯」至「名焉」 此經三句，説帝堯之德事也，而其言不順。文在「苗民」之下，故傳以爲「堯監苗民之見怨，則又增修其德」，敦德以臨之。以德行其威罰，則民畏之而不敢爲非。「明賢則德明人」者，若凡人雖欲以德明賢者，不能照察，今堯德明賢者，則能以德明識賢人，故皆勸慕爲善，明與上句相互。則「德威」者，凡人雖欲以德行威，不能威肅，今堯行威罰，則能以德威罰罪人，故人皆畏威服德也。

「乃命三后，恤功于民：伯夷降典，折民惟刑；禹平水土，主名山川；稷降播種，農殖嘉穀。伯夷下典禮，教民而斷以法；禹治洪水，山川無名者主名之；后稷下教民播種，農畝生善穀。所謂堯命三君，憂功於民。○折，之設反，下同。馬、鄭、王皆音悊，馬云：「智也。」種，章用反。殖，承力反。斷，丁亂反，下同。三后成功，惟殷于民。各成其功，惟所以殷盛於民。言禮教備，衣食足。士制百姓于刑之中，以教祇德。言伯夷道民典禮，斷之以法，皐陶作士，制百官於刑之中，助成道化，以教民爲敬德。○祇，止而反。

【疏】「乃命」至「祗德」　堯既誅苗民，乃命三君伯夷、禹、稷憂施功於民，使伯夷下禮典教民折斷，下民惟以典法；伯禹身平治水土，主名天下山川，其無名者，皆與作名；后稷下教民布種在於農畝，種殖嘉穀。三君者各成其功，惟以殷盛於民，使民衣食充足。乃使士官制御百官之姓於刑之中正，以教民爲敬德。言先以禮法化民，民既富而後教之，非苟欲刑殺也。

傳「伯夷」至「於民」　伯夷與稷言「降」，禹不言「降」，降可知。「降」，下也，從上而下於民也。舜典伯夷主禮典，教民而斷以法，即論語所謂「齊之以禮」也。山川與天地並，生民應先與作名，但禹治洪水，萬事改新，古老既死，其名或滅，故當時無名者禹皆主名之。言此者，以見禹治山川，爲民於此耕稼故也。此三事者皆是爲民，故傳既解三事，乃結上句。此即所謂「堯命三君，憂功於民」，憂欲與民施功也。此三事之次，當禹功在先，先治水土，乃得種穀，民得穀食，乃能行禮。管子云：「衣食足，知榮辱；倉廩實，知禮節。」是言足食足衣，然後行禮也。此經先言伯夷者，以民爲國之本，禮是民之所急，將言制刑，先言用禮，刑、禮相須，重禮，故先言之也。

傳「言伯」至「敬德」　此經大意，言禹、稷教民，使衣食充足；伯夷道民，使知禮節。有不從教者，乃以刑威之，故先言三君之功，乃説用刑之事。言禹、稷教民稼穡，衣食既已充足，伯夷道民典禮，又能折之以法，禮、法既行，乃使皐陶作士，「制百官於刑之中」，令百官用刑皆得中正，使不僭不濫，不輕不重，「助成道化」。「以教民爲敬德」，言從伯夷之法，敬德行禮也。

「穆穆在上，明明在下，灼于四方，罔不惟德之勤。堯躬行敬敬在上，三后之徒秉明德明君道於下，灼然彰著四方，故天下之士無不惟德之勤。故乃明于刑之中，率乂于民棐彝。天下皆勤立德，故乃能明於用刑之中正，循道以治於民，輔成常教。○治，直吏反。

【疏】「穆穆」至「棐彝」　言堯躬行敬敬之道在於上位，三后之徒躬秉明德，明君道在於下，君臣敬明，其德灼然著於四方，故天下之士無不惟德之勤，悉皆勤行德矣。天下之士皆勤立德，故乃能明於用刑之中正，循大道以治於民，輔成常教。美堯君臣明德，能用刑得中，以輔禮教。

傳「堯躬」至「之勤」　釋訓云：「穆穆，敬也。」「明明」重「明」，則「穆穆」重「敬」，當敬天敬民，在於上位也。明明在下，則是臣事，知是「三后之徒秉明德明君道於下」也。「彰著于四方」，四方皆法效之，「故天下之士無不惟德之勤」。

傳「天下」至「常教」　「刑」者，所以助教而不可專用。非是身有明德，則不能用刑。以天下之大，萬方之衆，必當盡能用刑，天下乃治。此美堯能使「天下皆勤立德，故乃能明於用刑之中正」，言天下皆能用刑，盡得中正，循治民之道以治於民，「輔成常教」。伯夷所典之禮，是常行之教也。

「典獄非訖于威，惟訖于富。言堯時主獄有威、有德、有恕，非絶於威，惟絶於富，世治，貨賂不行。○賂，來故反。敬、忌，罔有擇言在身。堯時典獄皆能敬其職，忌其過，故無有可擇之言在其身。惟克天德，自作元命，配享在下。」凡明於刑之中，無擇言在身，必是惟能天德，自爲大命，配享天意在於天下。

【疏】「典獄」至「在下」　堯時典獄之官非能止絶於威，有犯必當行威，威刑不可止也。惟能止絶於富，受貨然後得富，無貨富自絶矣。言於時世治，貨賂不行。堯時典獄之官皆能敬其職事，忌其過失，無有可擇之言在於其身。天德平均，惟能爲天之德，志性平均，自爲長久大命，配當天意在於天下。言堯德化之深，於時典獄之官皆能賢也。

傳「言堯」至「不行」　堯時主獄之官有威嚴、有德行、有恕心。有犯罪必罪之，是有威也。無罪則赦之，是有德也。有威、有德，有恕心。行之不受貨賂，是「恕心」也。「訖」是盡也，故傳以「訖」爲絶。不可能使民不犯，非絶於威，能使不受貨賂，惟絶於富。言以恕心行之，世治則貨賂不行，故獄官無得富者。

傳「凡明」至「天下」　「惟克天德」，言能效天爲德。當謂天德平均，獄官效天爲平均。凡能明於刑之中正矣，又能使無可擇之言在身者，此人必是惟能爲天平均之德，斷獄必平矣。皇天無親，惟德是輔。若能斷獄平均者，必壽長久大命。大命由己而來，是「自爲大命」。「享」，訓當也。是此人能配當天命在於天之下。鄭云：「大命，謂延期長久也。」

王曰：「嗟！四方司政典獄，非爾惟作天牧？主政典獄，謂諸侯也。非汝惟爲天牧民乎？言任重是汝。○爲天，上于僞反。任重，上而鴆反，下輕重之重。今爾何監？非時伯夷播刑之迪？言當視是伯夷布刑之道而法之。其今爾何懲？惟時苗民匪察于獄之麗。其今汝何懲戒乎？所懲戒惟是苗民非察於獄之施刑，以取滅亡。○麗，力馳反。罔擇吉人觀于五刑之中，惟時庶威奪貨，言苗民無肯選擇善人，使觀視五刑之中正，惟是衆爲威虐者任之，以奪取人貨，所以爲亂。斷制五刑，以亂無辜。上帝不蠲，降咎于苗。苗民任奪貨，姦人斷制五刑，以亂加無罪。天不絜其所爲，故下咎罪，謂誅之。○蠲，吉緣反。咎，其九反。苗民無辭于罰，乃絶厥世。」言罪重無以辭於天罰，故堯絶其世。申言之，爲至戒。

【疏】「王曰」至「厥世」　王呼諸侯戒之曰：咨嗟，汝四方主政事典獄訟者，諸侯之君等，非汝惟爲天牧養民乎？　言汝等皆爲天養民，言任重也。受任既重，當觀古成敗。今汝何所監視乎？　其所視者，非是伯夷布刑之道也。言當效伯夷善布刑法受令名也。其今汝何所懲創乎？　其所創者，惟是苗民非察於獄之施刑乎？　言當創苗民施刑不當，取滅亡也。彼苗民之爲政也，無肯選擇善人，使觀視於五刑之中正，惟是衆爲威虐者任之，以奪取人之貨賂。任用此人使斷制五刑，以亂加無罪之人，上天不絜其所爲，故下咎惡於苗民。苗民無以辭於天罰，堯乃絶滅其世，汝等安得不懲創乎？

傳「言當」至「法之」　伯夷典禮，皋陶主刑，刑、禮相成以爲治。不使視皋陶而令視伯夷者，欲其先禮而後刑。道之以禮，禮不從，乃刑之。則刑亦伯夷之所布，故令視伯夷布刑之道而法之。王肅云：「伯夷道之以禮，齊之以刑。」

傳「其今」至「滅亡」　上言「非時」，此言「惟時」，文異者，「非時」者言豈非是事也，「惟時」者言惟當是事也，雖文異而意同。「惟是苗民非察於獄之施刑，以取滅亡」也。言其正謂察於獄之施刑不當於罪，以取滅亡。

傳「苗民」至「誅之」　「以亂加無罪」者，正謂以罪加無罪是亂也。「蠲」，訓絜也。「天不絜其所爲」者，鄭玄云：「天以苗民所行腥臊不絜，故下禍誅之。」

王曰：「嗚呼，念之哉！念以伯夷爲法，苗民爲戒。伯父、伯兄、仲叔、季弟、幼子、童孫，皆聽朕言，庶有格命。皆王同姓，有父、兄、弟、子、孫列者。伯、仲、叔、季，順少長也。舉同姓包異姓，言不殊也。聽從我言，庶幾有至命。○聽，如字，又他經反。少，詩照反。長，丁丈反。今爾罔不由慰日勤，〔二九〕爾罔或戒不勤。今汝無不用安自居日當勤之，汝無有徒念戒而不勤。○日勤，上人實反，一音曰。〔三〇〕天齊于民，俾我。〔三〕一日非終，惟終在人。天整齊於下民，使我爲之。一日所行非爲天所終，惟爲天所終在人所行。○天齊于民，絶句，馬云：「齊，中也。」俾我，絶句，上必爾反，馬本作「矜」。矜，哀也。爾尚敬逆天命以奉我一人，雖畏勿畏，雖休勿休。汝當庶幾敬逆天命以奉我一人之戒，行事雖見畏，勿自謂可敬畏；雖見美，勿自謂有德美。惟敬五刑，以成三德。一人有慶，兆民賴之，其寧惟永。」先戒以勞謙之德，次教以惟敬五刑，所以成剛、柔、正直之三德也。天子有善，則兆民賴之，其乃安寧長久之道。

【疏】「王曰」至「惟永」 王言而歎曰：嗚呼，汝等諸侯，其當念之哉！念以伯夷爲法、苗民爲戒。既令念此法、戒，又呼同姓諸侯曰：伯父、伯兄、仲叔、季弟、幼子、童孫等，汝皆聽從我言，依行用之，庶幾有至善之命，命必長壽也。今汝等諸侯無不用安道以自居，曰我當勤之哉。汝已許自勤，即當必勤，汝無有徒念我戒，許欲自勤而身竟不勤。戒使必自勤也。上天欲整齊於下民，使我爲之，令我爲天子，整齊下民也。我一日所行失其道，非爲天所終；一日所行得其理，惟爲天所終，此事皆在人所行。言已當慎行以順天也。我已冀欲順天，汝等當庶幾敬逆天命，以奉用我一人之戒。汝所行事，雖見畏，勿自謂可敬畏；雖見美，勿自謂有德美。欲令其謙而勿自取也。汝等惟當敬慎用此五刑，以成剛、柔、正直之三德，以輔我天子。我天子一人有善事，則億兆之民蒙賴之。若能如此，其乃安寧惟久長之道也。

傳「皆王」至「至命」 此總告諸侯，不獨告同姓，知舉同姓包異姓也。「格」，訓至也。言庶幾有至命。「至命」，當謂至善之命，不知是何命也。鄭玄云：「格，登也。登命，謂壽考者。」傳云「至命」，亦謂壽考。

傳「今汝」至「不勤」 「由」，用也。「慰」，安也。人之行事，多有始無終，從而不改。王既殷勤教誨，恐其知而不行，或當日欲勤行而中道倦怠，〔三二〕故以此言戒之。今汝等諸侯無不用安道以自居，言曰我當勤之。安道者，謂勤其職，是安之道；若不勤其職，是危之道也。

傳「天整」至「所行」　天整齊於下民者，欲使之順道依理，以性命自終也。以民不能自治，故使我爲之，使我爲天子。我既受天委付，務欲稱天之心。墜失天命，是不爲天所終。保全禄位，是爲天所終。我一日所行善之與惡，非爲天所終。惟爲天所終，皆在人所行。王言己冀欲使爲行稱天意也。

傳「汝當」至「德美」　「逆」，迎也。上天授人爲主，是下天命也。諸侯上輔天子，是逆天命也。言與天意相迎、逆也。汝當庶幾敬逆天命以奉我一人之戒，欲使之順天意而用己命。凡人被人畏，必當自謂己有可畏敬；被人譽，必自謂己實有德美，故戒之。汝等所行事雖見畏，勿自謂可敬畏；雖見美，勿自謂有德美。教之令謙，而不自恃也。

傳「先戒」至「之道」　上句「雖畏勿畏，雖休勿休」，是「先戒以勞謙之德」也。「勞謙」，易謙卦九三爻辭。謙則心勞，故云勞謙。天子有善，以善事教天下，則兆民蒙賴之。

王曰：「吁！來，有邦有土，告爾祥刑：〔三三〕吁，歎也。有國土諸侯，〔三四〕告汝以善用刑之道。○曰吁，況于反，馬作「于」，于，於也。在今爾安百姓，何擇非人？何敬非刑？何度非及？〔三五〕在今爾安百姓兆民之道，當何所擇非惟吉人乎？當何所敬非惟五刑乎？當何所度非惟及世輕重所宜乎？○度，待洛反，注同，馬云：「造謀也。」〔三六〕兩造具備，師聽五辭。兩，謂囚、證。造，至也。兩至具備，則衆獄官共聽其入五刑之辭。○兩造，七報反，注同。五辭簡孚，正于五刑。五辭簡核信有罪驗，則正之於五刑。○核，幸革反。五刑不簡，正于五罰。不簡核，謂不應五刑。當正五罰，出金贖罪。○不應，應對之應，下同。**五罰不服，正于五過。**不服，不應罰也。正於五過，從赦免。**五過之疵，惟官、惟反、惟內、惟貨、惟來。**五過之所病，或嘗同官位，或詐反囚辭，或內親用事，或行貨枉法，或舊相往來，皆病所在。○疵，才斯反。來，馬本作「求」，云：「有求請賕也。」**其罪惟均，**〔三七〕**其審克之。**以病所在出入人罪，使在五過，罪與犯法者同。其當清察，能使之不行。**五刑之疑，有赦；五罰之疑，有赦，其審克之。**刑疑，赦從罰；罰疑，赦從免。其當清察，能得其理。〔三八〕**簡孚有衆，惟貌有稽。**簡核誠信，有合衆心，惟察其貌，有所考合。重刑之至。**無簡不聽，具嚴天威。**無簡核誠信，不聽理，其獄皆當嚴，敬天威，無輕用刑。

【疏】「王曰」至「天威」。凡與人言，必呼使來前。「吁」，歎聲也。王歎而呼諸侯曰：吁！來，有邦國有土地諸侯國君等，告汝以善用刑之道。在於今日，汝安百姓兆民之道，何所選擇？非惟選擇善人乎？何所敬慎？非惟敬慎五刑乎？何所謀度？非惟度及世之用刑輕重所宜乎？即教諸侯以斷獄之法。凡斷獄者，必令囚之與證兩皆來至。囚、證具備，取其言語，乃與衆獄官共聽其入五刑之辭。其五刑之辭簡核，信實有罪，則正之於五刑，以五刑之罪罪其身也。五刑之辭不如衆所簡核，不合入五刑，則正之於五罰，罰謂取其贖也。於五罰論之，又有辭不服，則正之於五過。過失可宥，則赦宥之。從刑入罰，從罰入過。此五過之所病者，惟嘗同官位、惟詐反囚辭、惟內親用事、惟行貨枉法、惟舊相往來。以此五病出入人罪，其罪與犯法者均。其當清證審察，〔三九〕能使五者不行，乃爲能耳。五刑之疑有赦，赦從罰也。五罰之疑有赦，赦從過也。過則赦之矣。其當清證審察，使能之，勿使妄入人罪，妄得赦免。既得囚辭簡核誠信，有合衆心，或皆可刑，〔四〇〕或皆可放。雖云合罪，惟更審察其貌，有所考合。

謂貌又當罪，乃決斷之。無簡不聽者，謂雖以罪狀無可簡核誠信合罪者，則不聽理其獄，當放赦之。皆當嚴敬天威，勿輕聽用刑也。

傳「在今」至「宜乎」　「何度非及」，其言不明。以論刑事，而言度所及，知所度者度及世之用刑輕重所宜。王肅云：「度，謀也。非當與主獄者謀慮刑事，度世輕重所宜也。」

傳「兩謂」至「之辭」　「兩」，謂兩人，謂囚與證也。凡競獄必有兩人爲敵，各言有辭理。或時兩皆須證，則囚之與證，非徒兩人而已。兩人謂囚與證，不爲兩敵。「至」者，將斷其罪，必須得證，兩敵同時在官，不須待至，且兩人競理，或並皆爲囚，各自須證，故以兩爲囚與證也。兩至具備，謂囚、證具足，各得其辭，乃據辭定罪。與衆獄官共聽其辭，觀其犯狀，斟酌入罪，或入墨劓，或入宫剕，故云「聽其入五刑之辭」也。

傳「五辭」至「五刑」　既得囚、證，將入五刑之辭，更復簡練核實，知其信有罪狀，與刑書正同，則依刑書斷之，應墨者墨之，應殺者殺之。

傳「不簡」至「贖罪」　「不簡核」者，謂覆審囚、證之辭，不如簡核之狀。既囚與證辭不相符合，則是犯狀不定。謂不應五刑。不與五刑書同，獄官疑不能決，則當正之於五罰，令其出金贖罪。依準五刑，疑則從罰，故爲「五罰」，即下文是也。今律疑罪各依所犯，以贖論虛實之證，等是非之理均，或事涉疑似，旁無證見，或雖有證見，事涉疑似，〔四一〕如此者皆爲疑罪。

傳「不服」至「赦免」　「不服，不應罰」者，欲令贖罪而其人不服，獄官重加簡核，無復疑似之狀，本情非罪，不可强遣出金，如是者則正之於五過。雖事涉疑似有罪，乃是過失，過則可原，故從赦免。下文惟有「五刑」、「五罰」，而無「五過」，亦稱「五」者，緣五罰爲過，故謂之「五過」。五者之過，皆可原也。

傳「五過」至「所在」　釋詁云：「疵，病也。」此五過之所病，皆謂獄吏故出入人罪，應刑不刑，應罰不罰，致之五過而赦免之，故指言五過之疵。於五刑、五罰不赦其罪，未有此病，故不言五刑之疵、五罰之疵。應刑而罰，亦是其病，於赦免言「病」，則赦刑從罰亦是病可知。損害王道，於政爲病，故謂之「病」。「惟官」，謂嘗同官位，與吏舊同僚也。「或詐反囚辭」，拒諱實情，不承服也；「或内親用事」，因有親戚在官吏，或望其意而曲筆也；「或行貨於吏」，吏受財枉法也；或因與吏「舊相往來」，此五事皆是病之所在。五事皆是枉法，但枉法多是爲貨，故於貨言「枉」，餘皆枉可知。

傳「以病」至「不行」 以五病所在出入人罪，不罰不刑，使得在於五過，妄赦免之，此獄吏之罪，與犯法者同。諸侯國君清證審察，能使之不行，乃爲善也。此以病所在，惟出人罪爾，而傳並言「入」者，有罪而妄出，與無罪而妄入，獄吏之罪等，故以「出入」言之。今律「故出入者與同罪」，即此是也。

傳「刑疑」至「其理」 刑疑有赦，赦從罰也。罰疑有赦，赦從免也。上云「五罰不服，正於五過」，即是免之也。不言「五過之疑有赦」者，知過則赦之，不得疑也。其當清察能得其理，不使應刑妄得罰，應罰妄得免也。舜典云「眚災肆赦」，大禹謨云「宥過無大」，易解卦象云「君子以赦過宥罪」，論語云「赦小過」，是過失之罪，皆當赦放，故知過即是赦之。鄭玄云：「不言五過之疑有赦者，過不赦也。禮記云：『凡執禁以齊衆者，〔四二〕不赦過。』」如鄭此言，「五罰不服，正於五過」者，五過皆當罪之也。五刑之疑赦刑取贖，五罰疑者反使服刑，是刑疑而輸贖，罰疑而受刑，不疑而更輕，可疑而益重，事之顛倒，一至此乎？謂之祥刑，豈當若是？然則不赦過者，復何所謂？執禁以齊衆，非謂平常之過失也。人君故設禁約，將以齊整大衆。小事易犯，人必輕之。過犯悉皆赦之，衆人不可復禁。是故不赦小過，所以齊整衆人，令其不敢犯也。今律：「和合御藥誤不如本方、御幸舟船誤不牢固，罪皆死，乏軍興者斬。」故失等，〔四三〕皆是不赦過也。

傳「簡核」至「之至」 簡核誠信，有合衆心，或皆以爲可刑，或以爲可赦，〔四四〕未得即斷之，惟當察其囚貌，更有所考合。考合復同，乃從衆議斷之，重刑之至也。「察其貌」者，即周禮五聽：辭聽、色聽、氣聽、耳聽、目聽也。鄭玄以爲「辭聽，觀其出言，不直則煩；色聽，觀其顏色，不直則赧然；氣聽，觀其氣息，不直則喘；耳聽，觀其聽聆，不直則惑；目聽，觀其眸子視，不直則眊然」。是察其貌有所考合也。

傳「無簡」至「用刑」「無簡核誠信」者，謂簡核之，於罪無誠信效驗可簡核，即是無罪之人，當赦之。

「墨辟疑赦，其罰百鍰，閱實其罪。刻其顙而涅之曰墨刑。疑則赦從罰。六兩曰鍰。鍰，黄鐵也。閱實其罪，使與罰名相當。○墨辟，婢亦反。鍰，徐戶關反，六兩也。鄭及小雅同。〔四五〕說文云：「六鋝也。鋝，十一銖二十五分銖之十三也。」馬同，又云：「賈逵說俗儒以鋝重六兩，周官劍重九鋝，俗儒近是。」閱音悅。顙，素黨反。涅，乃結反。劓辟疑赦，其罰惟倍，閱實其罪。截鼻曰劓刑。倍百，爲二百鍰。剕辟疑赦，其罰倍差，閱實其罪。刖足曰剕。倍差，謂倍之又半，爲五百鍰。○剕，扶謂反。倍差，測加反，下同。傳云：「五百鍰也。」馬云：「倍二百爲四百，差者又加四百之三分之一，凡五百三十三鍰三分鍰之一也。」刖音月，又五割反，絶也。宮辟疑赦，其罰六百鍰，閱實其罪。宮，淫刑也，男子割勢，婦人幽閉，次死之刑。序五刑先輕轉至重者，事之宜。大辟疑赦，其罰千鍰，閱實其罪。死刑也。五刑疑，各入罰，不降相因，古之制也。墨罰之屬千，劓罰之屬千，剕罰之屬五百，宮罰之屬三百。大辟之罰，其屬二百。五刑之屬三千。別言罰屬，合言刑屬，明刑、罰同屬，互見其義以相備。○互見，賢遍反。

【疏】傳「刻其」至「相當」五刑之名，見於經傳，唐、虞已來皆有之矣，未知上古起在何時也。漢文帝始除肉刑，其刻顙、截鼻、刖足、割勢，皆法傳於先代，孔君親見之。說文云：「顙，額也。」「墨」，一名黥。鄭玄周禮注云：「墨，黥也。先刻其面，以墨窒之。」言刻額爲瘡，以墨塞瘡孔，令變色也。「六兩曰鍰」，蓋古語存於當時，未必有明文也。考工記云：「戈、矛重三鋝。」〔四六〕馬融云：「鋝，量名，當與呂刑鍰同。俗儒云鋝六兩爲一川，不知所出耳。」鄭玄云：「鍰，稱輕重之名。今代東萊稱或以太半兩爲鈞，十鈞爲鍰，鍰重六兩太半兩。鍰、鋝似同也。或有存行之者，十鈞爲鍰，二鍰四鈞而當一斤。然則鍰重六兩三分兩之二。周禮謂鍰爲『鋝』。」如鄭玄之言，一鍰之重六兩，多於孔、王所說，惟校十六銖爾。舜典云「金作贖刑」，傳以「金」爲黄金，此言「黄鐵」者，古者金、銀、銅、鐵總號爲金，今別之以爲四名。此傳言「黄鐵」，舜典傳言「黄金」，皆是今之銅也。古人贖罪，悉皆用銅，而傳或稱黄金、或言黄鐵，謂銅爲金、爲鐵爾。「閲實其罪」，檢閲核實其所犯之罪，使與罰名相當，然後收取其贖。此既罪疑而取贖，疑罪不定，恐受贖參差，故五罰之下皆言「閲實其罪」，慮其不相當故也。

傳「刖足」至「百鍰」。釋言云：「剕，刖也。」李巡云：「斷足曰刖。」說文云：「刖，絶也。」是刖者，斷絶之名，故刖足曰剕。贖劓倍墨，剕應倍劓，而云「倍差」，倍之又有差，則不啻一倍也。下句贖宮六百鍰，知倍之又半之爲五百鍰也。截鼻重於黥額，相校猶少；刖足重於截鼻，所校則多。刖足之罪，近於宮刑，故使贖剕不啻倍劓，而多少近於贖宮也。

傳「宮淫」至「之宜」。伏生書傳云：「男女不以義交者，其刑宮。」是宮刑爲淫刑也。男子之陰名爲勢，割去其勢，與椓去其陰，事亦同也。婦人幽閉，閉於宮，使不得出也。本制宮刑，主爲淫者，後人被此罪者未必盡皆爲淫。昭五年左傳楚子以羊舌肹爲司宮，非坐淫也。漢除肉刑，除墨、劓、剕耳，宮刑猶在。近代反逆緣坐，男子十五已下不應死者，皆宮之。大隋開皇之初始除男子宮刑，婦人猶閉於宮。宮是次死之刑，宮於四刑爲最重也。人犯輕刑者多，犯重刑者少，又以鍰數以倍相加，序五刑先輕後重，取事之宜。

傳「死刑」至「制也」　釋詁云：「辟，罪也。」死是罪之大者，故謂死刑爲「大辟」。經歷陳罰之鍰數，五刑之疑各自入罰，「不降相因」，不合死疑入宫，宫疑入刵者，是「古之制也」。所以然者，以其所犯疑不能決，故使贖之，次刑非其所犯，故不得降相因。

傳「別言」至「相備」　此經歷言「二百」、「三百」、「五百」者，各是刑之條也。每於其條有犯者，實則刑之，疑則罰之，刑屬、罰屬，其數同也。別言罰屬，五者各言其數，合言刑屬，但總云「三千」，明刑、罰同其屬數，互見其義以相備也。經云「大辟之罰，其屬二百」，文異於上四罰者，以「大辟」二字不可云「大辟罰之屬」，故分爲二句，以其二字足使成文。

「上下比罪，無僭亂辭，勿用不行。上下比方其罪，無聽僭亂之辭以自疑，勿用折獄，不可行。○無僭，子念反。惟察惟法，其審克之。惟當清察罪人之辭，附以法理，其當詳審能之。上刑適輕，下服；重刑有可以虧減，則之輕服下罪。下刑適重，上服。輕、重諸罰，有權。一人有二罪，則之重而輕並數，輕重諸刑罰各有權宜。○並，必政反。數，色住反。刑罰世輕世重，惟齊非齊，有倫有要。言刑罰隨世輕重也。刑新國用輕典，刑亂國用重典，刑平國用中典。凡刑所以齊非齊，各有倫理，有要善。〔四七〕

【疏】「上下」至「有要」　此又述斷獄之法。將斷獄訟，當上下比方其罪之輕重，乃與獄官衆議斷之。其因有僭亂之虚辭者，無得聽之，勿用此辭斷獄，此僭亂之辭，言不可行也。惟當清察罪人之辭，惟當附以法理，其當詳審使能之，勿使僭失爲不能也。「上刑適輕」者，謂一人雖犯一罪，狀當輕重兩條，據重條之上有可以虧減者，則之輕條，服下罪也。「下刑適重」者，謂一人之身輕重二罪俱發，則以重罪而從上服，令之服上罪。或輕或重，諸所罪罰，皆有權宜，當臨時斟酌其狀，不得雷同加罪。刑罰有世輕世重，當視世所宜，權而行之。刑罰者，〔四八〕所以齊非齊者，有倫理，有要善，戒令審量之。

傳「上下」至「可行」 罪條雖有多數，犯者未必當條，當取故事並之，上下比方其罪之輕重，上比重罪下比輕罪，觀其所犯當與誰同。獄官不可盡賢，其間或有阿曲，宜預防之。「僭」，不信也。獄官與囚等或作不信之辭，以惑亂在上，人君無得聽此僭亂之辭以自疑惑，勿即用此僭亂之辭以之斷獄，此僭亂之言不可行用也。

傳「一人」至「權宜」 「一人有二罪，則之重而輕並數」者，謂若一人有二罪，則應兩罪俱治，今惟斷獄以重條，而輕者不更別數，與重並數爲一。劉君以爲上刑適輕、下刑適重，皆以爲一人有二罪。「上刑適輕」者，若今律重罪應贖，輕罪應居作官當者，以居作官當爲重，是爲上刑適輕。「下刑適重」者，謂若二者俱是贓罪，罪從重科，輕贓亦備，是爲而輕並數也。知不然者，案經既言「下刑適重上服」，則是重上服而已，何得云輕贓亦備？又今律云「重罪應贖，輕罪應居作官當者，以居作官當爲重」者，此即是下刑適重之條，而以爲上刑適輕之例，實爲未允。且孔傳下經始云「一人有二罪」，則上經所云，非一人有二罪者也。劉君妄爲其說，故今不從。

傳「言刑」至「要善」 「刑罰隨世輕重」，言觀世而制刑也。「刑新國用輕典，刑亂國用重典，刑平國用中典」，周禮大司寇文也。鄭玄云：「新國者，新辟地立君之國。用輕法者，爲其民未習於教也。平國，承平守成之國。用中典者，常行之法也。亂國，篡弒叛逆之國。用重典者，以其化惡，伐滅之也。」

「罰懲非死，人極于病。刑罰所以懲過，非殺人，欲使惡人極於病苦，莫敢犯者。非佞折獄，惟良折獄，罔非在中。非口才可以斷獄，惟平良可以斷獄，無不在中正。〔四九〕察辭于差，非從惟從。察因辭，其難在於差錯，非從其僞辭，惟從其本情。哀敬折獄，〔五〇〕明啓刑書胥占，咸庶中正。當憐下人之犯法，〔五一〕敬斷獄之害人，明開刑書，相與占之，使刑當其罪，皆庶幾必得中正之道。○刑當，丁浪反。其刑其罰，其審克之。〔五二〕其所刑其所罰，其當詳審能之，無失中正。獄成而孚，輸而孚。斷獄成辭而信，當輸汝信於王。謂上其鞫劾文辭。〔五三〕○謂上，時掌反，下注同。鞫，九六反。劾，亥代反，玉篇胡得反。其刑上備，有并兩刑。其斷刑文書上王府，皆當備具。有并兩刑，亦具上之。

【疏】「罰懲」至「兩刑」　言聖人之制刑罰，所以懲創罪過，非要使人死也。欲使惡人極於病苦，莫敢犯之而已。非口才辯佞之人可以斷獄，惟良善之人乃可以斷獄。言斷獄無非在其中正，佞人即不能然也。察因之辭，其難在於言辭差錯，斷獄者非從其僞辭，惟從其本情。斷獄之時，當哀憐下民之犯法，敬慎斷獄之害人，勿得輕耳斷之。必令典獄諸官明開刑書，相與占之，皆庶幾得中正之道。其所刑罰，其當詳審能之，勿使失中。其斷獄成辭得其信實，又當輸汝信實之狀而告於王。其斷刑文書上於王府，皆使備具，勿有疏漏。其囚若犯二事，罪雖從重，「有并兩刑」「上之」者，言有兩刑，亦具上之。恐獄官有所隱沒，故戒之。

傳「當憐」至「之道」　論語云：「陽膚爲士師，曾子戒之云：『如得其情，則哀矜而勿喜。』」是斷獄者於斷之時，當憐下民之犯法也。死者不可復生，斷者不可復續，當須敬慎斷獄之害人，勿得輕耳即決之。五刑之屬三千，皆著在刑書，使斷獄者依案用之。宜令斷獄諸官明開刑書，相與占之，使刑書當其罪。今人之所犯，不必當條，須探測刑書之意，比附以斷其罪，若卜筮之占然，故稱「占」也。皆庶幾必得中正之道，令獄官同心思使中也。此言「明啓刑書」，而左傳云「昔先王議事以制，不爲刑辟」者，彼鑄刑書以宣示百姓，故云臨事制宜，不預明刑辟。人有犯罪，原其情之善惡，斷定其輕重，乃於刑書比附而罪之，故彼此各據其一，義不相違。

傳「斷獄」至「文辭」　「孚」，信也。「輸」，寫也。下「而」，爲「汝」也。斷獄成辭而得信實，當輸寫汝之信實以告於王，勿藏隱其情不告王也。曲必隱情，直則無隱，令其不隱情者，欲使之無阿曲也。漢世問罪謂之「鞫」，斷獄謂之「劾」，謂上其鞫劾文辭也。〔五四〕

傳「其斷」至「上之」　「其斷刑文書上王府，皆當備具」，若今曹司寫案申尚書省也。「有并兩刑」，謂人犯兩事，刑有上下，雖罪從重斷，有兩刑者亦并具上之，〔五五〕使王知其事，王或時以下刑爲重，改下爲上，故并亦上之。

王曰：「嗚呼，敬之哉！官伯族姓，朕言多懼。敬之哉，告使敬刑。官長，諸侯；族，同族；姓，異姓也。我言多可戒懼，以儆之。○以儆音景。朕敬于刑，有德惟刑。我敬於刑，當使有德者惟典刑。今天相民，作配在下，明清于單辭。今天治民，人君爲配天在下，當承天意，聽訟當清審單辭。單辭特難，聽故言之。○天相，如字，馬息亮反，助也。治，直吏也。民之亂，罔不中，聽獄之兩辭。民之所以治，由典獄之無不以中正，聽獄之兩辭。兩辭棄虛從實，刑獄清則民治。無或私家于獄之兩辭。典獄無敢有受貨聽詐，成私家於獄之兩辭。獄貨非寶，惟府辜功，報以庶尤。〔五六〕受獄貨非家寶也，惟聚罪之事，其報則以衆人見罪。永畏惟罰，非天不中，惟人在命。當長畏懼惟爲天所罰，非天道不中，惟人在教命，使不中。不中則天罰之。天罰不極，庶民罔有令政在于天下。」天道罰不中，令衆民無有善政在於天下，由人主不中，將亦罰之。○令衆，上力呈反。

【疏】「王曰」至「天下」　王歎而呼諸侯曰：嗚呼，刑罰事重，汝當敬之哉！謂諸侯官之長。此同族、異姓等，我言多可戒懼。我敬於刑，當敬命有德者惟典刑事。今上天治民，命人君爲天子，配天在於下，承天之意。爲事甚重，其聽獄訟，當明白清審於獄之單辭。民之所以治者，由獄官無有不用中正，聽訟之兩辭由以中正之，故下民得治。汝獄官無有敢受貨賂，成私家於獄之兩辭，勿於獄之兩家受貨致富。治獄受貨，非家寶也，惟是聚罪之事。言汝身多違則不達，虛言戒行急惡，疏非虛論矣。〔五七〕多聚罪則天報，汝以衆人見被尤怨而罰責之，汝當長畏惟天所罰。天罰汝者，非是天道不中，惟人在於自作教命，使不中爾。教命不中則天罰汝，天道罰不中也。若令衆民無有善政在於天下，則是人主不中，天亦將罰人主。諸侯爲民之主，故以天罰懼之。

傳「敬之」至「儆之」　此篇主多戒諸侯百官之長，故知「官長」即諸侯也。襄十二年左傳哭諸侯之例云：「異姓臨於外，同族於禰廟。」是相對則「族」爲同姓，「姓」爲異姓也。告之以「我言多可戒懼」者，以儆戒之也。下言民無善政則天罰人主，是儆戒諸侯也。

傳「我敬」至「典刑」　「當使有德者惟典刑」，言將選有德之人使爲刑官，刑官不用無德之人也。

傳「今天」至「言之」　傳以「相」爲「治」，今天治民者，天有意治民而天不自治，使人治之。人君爲配天在下，當承天意治民，治之當使稱天心也。欲稱天心，聽獄當清審單辭。「單辭」，謂一人獨言，未有與對之人。訟者多直己以曲彼，構辭以誣人，單辭特難聽，故言之也。孔子美子路云：「片言可以折獄者，其由也與？」片言，即單辭也。子路行直，聞於天下，不肯自道己長、妄稱彼短，得其單辭，即可以斷獄者，惟子路爾。凡人少能然，故難聽也。

傳「民之」至「民治」　「獄之兩辭」，謂兩人競理，一虛一實，實者枉屈，虛者得理，則此民之所以不得治也。民之所以得治者，由典獄之官其無不以有中正之心聽獄之兩辭，棄虛從實，實者得理，虛者受刑，虛者不敢更訟，則刑獄清而民治矣。孔子稱「必也使無訟乎」，謂此也。

傳「典獄」至「兩辭」　典獄知其虚，受其貨而聽其詐，詐者虚而得理，獄官致富成私家，此民之所以亂也，故戒諸侯無使獄官成私家於獄之兩辭。

傳「受獄」至「見罪」　「府」，聚也。「功」，事也。「受獄貨」，非是家之寶也，惟是聚近罪之事爾。罪多必有惡報，「其報，則以衆人見罪」也。衆人見罪者多，天必報以禍罰，故下句戒令畏「天罰」也。

傳「當長」至「罰之」　衆人見罪者多，天必報以禍罰，汝諸侯等當長畏懼「爲天所罰」。天之罰人，非天道不得其中，惟人在其教命自使不中。教命「不中則天罰之」，諸侯一國之君，施教命於民者也，故戒以施教命中否也。

傳「天道」至「罰之」　天道下罰，「罰不中」者，令使衆民無有善政在於天下，「由人主不中」。爲人主不中，故無善政。天將亦罰人主，「人主」謂諸侯。此言戒諸侯也。

王曰：「嗚呼！嗣孫，今往何監？非德于民之中？尚明聽之哉！嗣孫，諸侯嗣世子孫，非一世。自今已往，當何監視？非當立德於民爲之中正乎？庶幾明聽我言而行之哉！哲人惟刑，無疆之辭，屬于五極，咸中有慶。言智人惟用刑，乃有無窮之善辭，名聞於後世。以其折獄屬五常之中正，皆中有善，所以然也。○屬音燭。受王嘉師，監于茲祥刑。」有邦有土，受王之善衆而治之者，視於此善刑，欲其勤而法之，爲無疆之辭。

【疏】「王曰」至「祥刑」　戒之既終，王又言而歎曰：嗚呼，汝諸侯嗣世子孫等，從自今已往，當何所監視？非當視立德於民，而爲之中正乎？言諸侯並嗣世，惟當視此立德於民爲之中正之事。汝必視此，庶幾明聽我言而行之哉！有智之人惟能用刑，乃有無疆境之善辭。得有無疆善辭者，以其折獄能屬於五常之中正，皆中其理，而法有善政之美譽。

故也。汝有邦有土之君，受王之善衆而治之，當視於此善刑。從上已來，舉善刑以告之，欲其勤而法之，使有無窮

傳「言智」至「以然也」　「屬」，謂屬著也。「極」，中也。「慶」，善也。「五常」，謂仁、義、禮、智、信，人所常行之道也。言得有善辭，名聞於後世者，以其斷獄能屬著於五常之中正，皆得其理而法之，有善，所以得然也。知「五」是「五常」者，以人所常行，惟有五事，知五常也。〔五八〕

校勘記

〔一〕穆王至春冰　「春冰」，當作「君牙」。

〔二〕小民惟曰怨咨　盧云：「古本『曰』作『日』。下『亦惟曰』同。」今按：作「日」似勝。「日」，謂日日也。

〔三〕小人惟曰怨歎咨嗟　盧云：古本「人」作「民」。

〔四〕言心無中也　盧云：「古本『也』作『正』。」

〔五〕今命汝爲我輔翼　「我輔翼」，李本、殿本、阮本作「大司徒」。

〔六〕汝惟當奉用先正之臣所行故事　「先正」，當作「先王」，先王之臣即「先正」。

〔七〕周禮太御　「御」，原經作「馭」。下同。

〔八〕則此云太僕足矣　「足」原誤「是」，從正字説改。

〔九〕掌御玉輅之官　孫詒讓云：「『玉』當作『王』。」

〔一〇〕本亦作愢　「愢」原誤「思」，據宋無疏本改。

〔一一〕汝當清審　盧云：古本「審」下有「之」字。

〔一二〕刑德放之篇有此言也　「刑德放」，原作「刑將得放」，衍「將」字，「德」誤「得」，從盧説删正。

〔一三〕殷以變夏　正字云：「『以』當『已』字誤。」下「穆王以享國百年」同。

〔一四〕今穆王改易之者　「今」原誤「令」，據李本、殿本改。

〔一五〕大其雖老　「其」原作「期」，連上讀，非，今據疏義，從盧、阮説改。

〔一六〕苗民弗用靈制以刑惟作五虐之刑曰法　孫星衍云：「緇衣『靈』作『命』。墨子尚同中篇引作『苗民否用練折以刑惟作五殺之刑曰法』。」

〔一七〕三苗虐政作威　盧云：古本「政」作「民」。

〔一八〕皇帝哀矜庶戮之不辜　按：釋文云「君帝，君宜作皇字」，則陸氏所見本作「君帝」。

〔一九〕誅遏絶苗民　盧云：「遏」下脱「滅」字，古本有。

〔二〇〕蚩尤是炎帝之末諸侯君也　「君」，李本、殿本作「名」。

〔二一〕學蚩尤爲此者　「此」本作「亂」，此意改。

〔二二〕三苗復九黎之惡　「惡」本作「德」，此意改。

〔二三〕堯末又在朝　「又」本作「其黨」，此意改。

〔二四〕黥爲羈黥人面　正字云：「『謂』誤『爲』。『羈』疑『刻』字誤。」

〔二五〕傳君帝至下國　「君」，當作「皇」。

〔二六〕命重黎是帝堯之事　「命」字原脱，從正字及盧説補。

〔二七〕地民不至於天　「民」原作「祇」，從正字説、據阮本改。

〔二八〕命火正黎司地　正字云：「火」當爲「北」。

〔二九〕今爾罔不由慰日勤　「日」，俞樾校作「曰」。齊召南云：「按孔疏，則本文作『曰勤』。」傳「日」字同。

〔三〇〕一音曰　段玉裁云：「曰」當作「越」。

〔三一〕天齊于民俾我　孫星衍云：今文「于」作「乎」，「俾」作「假」。

〔三二〕或當日欲勤行而中道倦怠　「日」原作「曰」，改從李本及阮所引毛本。

〔三三〕告爾祥刑　孫星衍云：墨子引作「訟刑」。

〔三四〕有國土諸侯　盧云：「土」上脱「有」字，古本有。

〔三五〕何度非及　俞樾云：「『及』乃『服』字誤。」今按：「及」疑當作「極」，以音誤。

〔三六〕馬云造謀也　「造謀」二字原倒，據通志堂本乙。

〔三七〕其罪惟均　「均」，宋無疏本作「鈞」。阮云：毛本作「鈞」。

〔三八〕能得其理　盧云：古本「理」作「所」。

〔三九〕其當清證審察　盧云：「證」當作「徵」。

〔四〇〕或皆可刑　「皆」原誤「記」，據殿本改。

〔四一〕或雖有證見事涉疑似　「涉」原作「非」，與上下文文理不順，據毛本改。

〔四二〕凡執禁以齊衆者　按：原書無「者」字。

〔四三〕故失等　正字云：「故失」疑「凡此」誤。

〔四四〕或以爲可赦　「可」字原在「以」上，阮云：「毛本作『或以爲可赦』，是也。」今從移，殿本同。

〔四五〕鄭及小雅同　「小雅」原誤「爾雅」，從盧校改。

〔四六〕戈矛重三鋝　「戈」，考工記原文作「戟」。
〔四七〕有要善　阮云：「善」，岳本、纂傳作「義」。
〔四八〕刑罰者　「刑」原誤「行」，據殿本改。
〔四九〕無不在中正　盧云：古本「不」作「非」。
〔五〇〕哀敬折獄　考證引王應麟曰：「左傳作『哀矜哲獄』，漢書于定國傳作『哀鰥哲獄』。」今按：宜作「矜」，讀爲「鰥」，「敬」字以音誤。
〔五一〕當憐下人之犯法　盧云：古本「人」作「民」。
〔五二〕其審克之　孫星衍云：「克」當爲「覈」之假借字。
〔五三〕謂上其鞫劾文辭　「鞫」，阮本作「鞫」。阮引岳本考證云：「説文窮理罪人曰鞫，中應從『言』爲是。」
〔五四〕謂上其鞫劾文辭也　正字云：上疑脱「故」字。
〔五五〕亦并具上之　「并具」二字原誤合作「䢍」，據諸本改。
〔五六〕報以庶尤　「尤」，説文引作「訧」。
〔五七〕言汝身多違則不達虛言戒行急惡疏非虛論矣　正字云：「此十九字當誤衍。」今按：此當是後人旁注字闌入。
〔五八〕知五常也　盧云：「知」上脱「故」字。

文侯之命第三十

平王錫晉文侯秬鬯圭瓚，以圭爲杓柄謂之圭瓚。○平王，馬本無「平」字。錫，星歷反，馬本作「賜」。秬音巨。鬯，敕亮反。瓚，才但反。杓，上灼反。柄，彼病反。

作文侯之命。所以名篇。幽王爲犬戎所殺，平王立而東遷洛邑，晉文侯迎送安定之，故錫命焉。

【疏】「平王」至「之命」　幽王嬖褒姒，廢申后，逐太子宜臼，宜臼奔申。申侯與犬戎既殺幽王，晉文侯與鄭武公迎宜臼立之，是爲平王，遷於東都。平王乃以文侯爲方伯，賜其秬鬯之酒，以圭瓚副焉，作策書命之。史録其策書，作文侯之命。

傳「以圭」至「圭瓚」　祭之初，酌鬱鬯之酒以灌尸。「圭瓚」者，酌鬱鬯之杓，杓下有槃，「瓚」即槃之名也。是以圭爲杓之柄，故謂之圭瓚。周禮典瑞云：「裸圭有瓚，以肆先王，以裸賓客。」鄭司農云：「於圭頭爲器，可以挹鬯。裸祭謂之瓚。以肆先王，灌先王祭也。」鄭玄云：「肆，解牲體以祭，因以爲名。爵行曰裸。」漢禮瓚槃大五升，口徑八寸，下有槃，口徑一尺。詩云：「瑟彼玉瓚，黄流在中。」毛傳云：「玉瓚，圭瓚也。黄金所以飾流鬯也。」鄭云：「黄流，秬鬯也。圭瓚之狀，以圭爲柄，黄金爲勺，青金爲外，朱中央。」是説圭瓚之形狀也。禮無明文，而知其然者，祭統云：「君執圭瓚裸尸，大宗執璋瓚亞裸。」鄭云：「圭瓚、璋瓚，裸器也，以圭璋爲柄。酌鬱鬯曰裸。」然則圭瓚、璋瓚惟柄以圭、璋爲異，其瓚形則同。考工記玉人云：「裸圭尺有二寸，有瓚，以祀廟。大璋、中璋九寸，邊璋七寸，厚寸，黄金勺，青金外，朱中，鼻寸。」鄭云：「鼻，勺流也。凡流，皆爲龍口也。」三璋之勺形如圭瓚，是鄭以璋形如此，知圭瓚亦然。毛傳又云：「九命然後錫以秬鬯、圭瓚。」則晉文侯於時九命爲東西大伯，故得受此賜也。「秬鬯」從經爲傳，故此惟解「圭瓚」。

傳「所以」至「命焉」。周本紀云：「幽王嬖褒姒，褒姒生子伯服。幽王廢申后，並去太子，用褒姒爲后、伯服爲太子。申侯怒，乃與西夷犬戎共攻殺幽王。於是諸侯乃與申侯共立太子宜臼，是爲平王。東徙於洛邑，避戎寇。」隱六年左傳周桓公言於王曰：「我周之東遷，晉、鄭焉依。」鄭語云：「晉文侯於是乎定天子。」是迎送安定之，故平王錫命焉。

文侯之命

平王命爲侯伯。

【疏】傳「平王命爲侯伯」。伯，長也。諸侯之長，謂二伯也。僖元年左傳云：「凡侯伯，救患、分災、討罪，禮也。」是謂諸侯之長爲侯伯。王肅云：「幽王既滅，平王東遷，晉文侯、鄭武公夾輔王室。晉爲大國，功重，故平王命爲侯伯。」

王若曰：「父義和：順其功而命之。文侯同姓，故稱曰父，義和，字也。稱父者非一人，故以字别之。○義，本亦作「誼」。和，馬云：「能以義和諸侯。」别，彼列反。丕顯文、武，克慎明德，大明乎文王、武王之道，能詳慎顯用有德。昭升于上，敷聞在下。惟時，上帝集厥命于文王。更述文王所以王也。言文王聖德明升于天而布聞在下民，惟以是故，上天集成其王命，德流子孫。○敷聞音問。以王，于況反。亦惟先正，克左右昭事厥辟。言君既聖明，亦惟先正官賢臣，能左右明事其君，所以然。○辟，必亦反。越小大謀猷，罔不率從，肆先祖懷在位。文王君聖臣良，於小大所謀道德，天下無不循從其化，故我後世先祖歸在王位。

【疏】「王若」至「在位」 平王順文侯之功，親之，敬而呼其字曰「父義和」。既呼其字，乃告以上世之事：大明乎文王、武王之道，能詳慎顯用有德之人，以爲大臣。文王之爲王也，聖德明升於天，言其道至天也。又布聞於在下，言其德被民也。惟以是故，上天成其大命於文王，使之身爲天子，澤流後世。文、武聖明如此，亦惟先世長官之臣，能左右明事其君，君聖臣賢之故。於小大所謀道德，天下無有不循從其化，故我之先祖文、武之後諸王，皆得歸在王位。言先世聖王得賢臣之力。將説已無賢臣，故言此也。

傳「順其」至「别之」 覲禮説天子呼諸侯之義曰：「同姓大國則曰伯父，〔一〕其異姓則曰伯舅；同姓小國則曰叔父，其異姓則曰叔舅。」鄭玄禮注云：「稱之以父與舅，親親之辭。」晉文侯，唐叔之後，與王同姓，故稱曰父。曲禮天子謂二伯爲伯父、伯舅，計文侯爲侯伯，天子當呼爲伯父，此不云「伯」而直稱「父」者，尤親之也。左傳以文侯名仇，今呼曰義和，知是字也。天子於同姓諸侯皆呼爲父，稱父者非一人，若不稱其字，無以知是文侯，故以字别之。鄭玄讀「義」爲「儀」，儀、仇皆訓匹也，故名仇字儀。古人名字，不可皆令相配，不必然也。

傳「文王」至「王位」 「後世先祖」，謂文、武之後，在今王之先祖，成、康以至宣、幽皆是也。「懷」，歸也。歸在王位者，王位是其所有也，若歸向家然，故稱「歸」也。

「嗚呼！閔予小子嗣，造天丕愆。歎而自痛傷也。言我小子而遭天大罪過，〔二〕父死國敗，祖業隤隕。○閔予，如字，又音與。愆，去虔反。隤，杜回反。

隕，于敏反。殄資澤于下民，侵戎我國、家純。言周邦喪亂，絶其資用惠澤於下民，侵兵傷我國及卿大夫之家，禍甚大。○殄，大見反。即我御事，罔或耆、壽、俊在厥服，〔三〕予則罔克。」所以遇禍，即我治事之臣，無有耆宿、壽考、俊德在其服位，我則材劣，無能之致。

【疏】「嗚呼」至「罔克」　王又歎而自傷：嗚呼，疲病者是我小子繼嗣先王之位，遭天大罪過於我周家，父死國敗，傾覆祖業，致使周邦喪亂，絶其資用惠澤於下民。言下民資用盡，致使而王澤竭也。西夷犬戎侵兵傷我國及卿大夫之家，其禍亦甚大也。所以遇此禍者，即我治事之臣，無有耆宿、壽考、俊德之人在其服位，我則材弱無能之致。自恨己弱，不能致得賢臣，恐又不能自立也。

傳「言周」至「甚大」　此經所言，追叙幽王滅事。民不自治，立君以養之，民之資用，是王者佑助以得之。言周邦喪亂，不能撫佑下民，絶其資用惠澤於下民也。幽王之滅，由夷、狄交侵，兵傷我國及卿大夫之家，其禍甚大。諸言「國、家」者，皆謂「國」爲國家，傳意欲見君臣俱被其害，故以「家」爲卿大夫之家。王肅云：「遭天之大愆，謂幽王爲犬戎所殺。殄絶其先祖之澤於下民，侵犯兵寇，傷我國家甚大，謂犬戎也。」

傳「所以」至「之致」　此經亦是追叙往事，言幽王所以遇禍者，即我周家治事之臣無有耆宿、壽考、俊德之人在其服位，致使有犬戎之禍，亦是我材劣無能之致。幽王之時，平王被逐在外，國之興亡，非平王所知，言我無能之致者，引過歸己，自懼將來復然，故下句思得賢臣。

曰：「惟祖惟父，其伊恤朕躬。嗚呼！有績，予一人永綏在位。〔四〕王曰：同姓諸侯在我惟祖惟父列者，其惟當憂念我身。嗚呼，能有成功，則我一人長安在王位。言恃諸侯。父義和：汝克昭乃顯祖，〔五〕重稱字，親之。不稱名，尊之。言汝能明汝顯祖唐叔之道。獎之。○重稱，上直用反。汝肇刑文、武，用會紹乃辟，追孝于前文人，言汝今始法文、武之道矣，當用是道合會繼汝君以善，使追孝於前文德之人。汝君，平王自謂也。繼先祖之志爲孝。○乃辟，扶亦反。汝多修，扞我于艱，若汝予嘉。」戰功曰多。言汝之功多甚修矣，乃扞我於艱難。謂救周誅犬戎。汝功我所善之。○扞，下旦反，注同。

【疏】「曰惟」至「予嘉」　王又言：我以無能之致，私爲言曰：同姓諸侯惟我祖之列者，惟我父之列者，其惟當憂念我身。又自傷歎，嗚呼！此諸侯等若有能助我有功，則我一人長安在王位。言己無能，惟恃賴諸侯也。又呼文侯字曰：父義和，汝能明汝顯祖唐叔之道，汝始法文、武之道，用是道合會繼汝君以善，追孝於前世文德之人。救周之日，汝功爲多，甚修矣。乃能扞蔽我於艱難，謂救周誅犬戎也。如汝之功，是我所善。陳其前功以勸勉之。

傳「王曰」至「諸侯」　文侯是同姓諸侯，王言己未得文侯之時，常望同姓助己。王私爲言曰：同姓諸侯在我惟祖惟父列者，惟當憂念我身。「伊」，訓「惟」也。望得同姓之間有憂己者。以思謂未得，〔六〕更復歎而爲言：嗚呼！同姓諸侯若有能助我有功，則我一人長得安在王位。言己恃賴諸侯，思得其人。在後果得文侯。告文侯以此言，言己思文侯之功。

傳「重稱」至「獎之」　天子之於諸侯，當稱父、舅而已，既呼其「父」，又稱其字，所以别他人也。初則别於他人，重則可以已矣，重稱其字者，親之也。禮，君父之前曰名，朋友之交曰字。是名重於字也。輕前人則斥其名，尊前人則避其重，故不稱其名，尊之也。不於上文作傳，〔七〕於此言尊之者，就此親之並解之也。「昭乃顯祖」，不知所斥，以晉之上世有功名者惟有唐叔耳，故知「明汝顯祖唐叔之道」，所以勸獎之，令其繼唐叔之業也。

傳「言汝」至「爲孝」　以其初有大功，終當不殞其業，故言「始法文、武之道」。當用是文、武之道合會繼汝君以善，令以功德佐汝君，使汝君繼前世，追行孝道於前世文德之人。「汝君」者，平王自謂也。先祖之志在於平定天下，故子孫繼父祖之志爲孝也。

傳「戰功」至「所善之」　「戰功曰多」者，周禮司勳文。又云：「王功曰勳，國功曰功，民功曰庸，事功曰勞，治功曰力，戰功曰多。」彼有此六功也。言功多殊於他人，故云「汝之功多甚修矣」。言其功修整，美其功之善也。文侯之功，在於誅犬戎立平王，言「乃扞蔽我於艱難」，知謂救周誅犬戎也。「若」，訓「如」也。如汝之功，我所善也。王肅云：「如汝之功，我所嘉也。」

王曰：「父義和：其歸視爾師，寧爾邦，遣令還晉國，其歸視汝衆，安汝國内上下。○遣令，力呈反。用賚爾秬鬯一卣、黑黍曰秬，釀以鬯草。不言圭瓚，可知。卣，中尊也。當以錫命告其始祖，故賜鬯。○賚，力代反。卣音酉，又音由。釀，女亮反。彤弓一、彤矢百、盧弓一、盧矢百、〔八〕彤，赤；盧，黑也。諸侯有大功賜弓矢，然後專征伐。彤弓以講德習射，藏示子孫。○彤，徒冬反。馬四匹。馬供武用。四匹曰乘。侯伯之賜無常，以功大小爲度。○馬供音恭。父往哉！柔遠能邇，惠康小民，無荒寧！父往歸國哉，懷柔遠人必以文德，能柔遠者必能柔近，然後國安。安小人之道必以順，無荒廢人事而自安。簡恤爾都，〔九〕用成爾顯德。」當簡核汝所任，憂治汝都鄙之人，人和政治，則汝顯用有德之功成矣。不言鄙，由近以及遠。○核，户革反。治，直吏反。

【疏】「王曰」至「顯德」　王既陳其功，乃賚賜之。王曰：「父義和，其當歸汝晉國，視汝衆民，安汝國内上下，用賜汝秬鬯之酒一卣鐏，歸以告祭汝之始祖。又賜汝彤弓一、彤矢百、盧弓一、盧矢百、馬四匹。父往歸國哉，必以文德安彼遠人，欲安遠必能安近，是遠近乃得安耳。當以順道安汝之小民，無得荒廢人事以自安逸。簡核汝所任之臣，憂治汝都鄙之人民，用成汝顯明之德。戒使歸國善治民也。

傳「黑黍」至「賜鬯」　釋草云：「秬，黑黍。」李巡曰：「黑黍一名秬。」周禮鬱人「掌和鬱鬯，以實彝而陳之」，鄭云：「鬱，鬱金香草也。築鬱金煑之，以和鬯酒。」鄭衆云：「鬱，爲草若蘭。」又有鬯人，「掌共秬鬯」。鄭玄云：「鬯，釀秬爲酒，芬香調暢於上下也。」〔一〇〕如彼鄭說，釀黑黍之米爲酒，築鬱金之草煑以和之，此傳言「釀以鬯草」，似用鬯草合釀。不同者，終是以鬯和黍米之酒，或先、或後言之耳。詩美宣王賜召穆公云：「釐爾圭瓚，秬鬯一卣，告于文人。」知賜秬鬯者必以圭瓚副焉。此不言圭瓚，明并賜之可知也。「卣，中尊也」，釋器文。孫炎云：「尊，彝爲上，罍爲下，卣居中。」郭璞曰：「在罍、彝之間，即犧、象、壺、著、大、山等六尊是也。」周禮司尊彝云：「春祠、夏禴，祼用雞彝、鳥彝；秋嘗、冬烝，祼用斝彝、黃彝。」則祭時實鬯酒於彝。此用卣者，未祭則盛於卣，及祭則實於彝。此初賜未祭，故盛以卣也。詩稱「告于文人」，毛傳云：「文人，文德之人也。」鄭玄云：「王賜召虎以鬯酒一尊，使以祭其宗廟，告其先祖諸有德美見記也。」〔一一〕然則得秬鬯之賜，當遍告宗廟，此傳惟言告始祖者，舉祖之尊者言之耳。

傳「彤赤」至「子孫」　「彤」字從丹，「玈」字從玄，故彤赤玈黑也。「諸侯有大功賜弓矢，〔一二〕然後專征伐」，禮記王制文也。周禮司弓矢掌六弓，其名王、弧、夾、庾、唐、大。鄭玄云：「六者，弓異體之名也。往體寡、來體多曰王、弧，往體多、來體寡曰夾、庾，往體、來體若一曰唐、大。」經又云：「唐弓、大弓以授學射者、使者、勞者。」鄭云：「學射者弓用中，後習强弱則易也。使者、勞者弓亦用中，遠近可也。勞者，勤勞王事，若晉文侯受弓矢之賜者。」鄭玄以此彤弓、玈弓爲周禮唐弓、大弓，唐、大是弓强弱之名，彤、玈是弓赤黑之色，孔意亦當然也。此傳及毛傳皆云「彤弓以講德習射」，用周禮爲說也。唐弓、大弓以授學射者，是習射也。授使者、勞者，是講德也。講論知其有德，乃賜之耳。襄八年左傳云：晉范宣子來聘，季武子賦彤弓，宣子曰：「城濮之役，我先君文公受彤弓於襄王，以爲子孫藏。」杜預云：「藏之以示子孫。」

傳「馬供」至「爲度」　六畜特以馬賜之者，爲馬供武用故也。周禮校人云：「乘馬一師四圉。」圉養一馬，是「四匹曰乘」，乘車必駕四馬故也。司勳云：「凡賞無常，輕重視功。」是侯伯之賜無常，以功大小爲度。

傳「父往」至「自安」　論語云：「遠人不服，則修文德以來之。」是懷柔遠人必以文德也。能柔遠者必能柔近，遠、近俱安，然後國安。「惠」，順也。「康」，安也。言「順安小民」者，安小民之道，必以順道安之，故言順安也。順者，順小民之心爲其政也。論語云：「因民之所利而利之。」是順安也。

傳「當簡」至「及遠」　「簡恤者共有爾都」之文，〔一三〕當簡核汝都内善人而任之，令以德憂治汝都鄙之人。「人和政治，則汝顯用有德之功成矣」，言用賢之名既成，國君之治亦成也。鄭云：「都，國都也。鄙，邊邑也。言都不言鄙，由近以及遠也。」

費誓第三十一〔一四〕

魯侯伯禽宅曲阜，始封之國居曲阜。〇伯禽，魯侯名。徐夷並興，東郊不開，〔一五〕徐戎、淮夷並起爲寇於魯，〔一六〕故東郊不開。〇不開，舊讀皆作「開」，馬本作「闢」。作費誓。魯侯征之於費地而誓衆也。諸侯之事而連帝王，孔子序書，以魯有治戎征討之備、秦有悔過自誓之戒，足爲世法，故録以備王事，猶詩録商、魯之頌。〇費音秘。〔一七〕

【疏】「魯侯」至「費誓」　魯侯伯禽於成王即政元年，始就封於魯，居曲阜之地。於時徐州之戎、淮浦之夷並起，爲寇於魯，東郊之門不敢開闢。魯侯時爲方伯，率諸侯征之，至費地而誓戒士衆。史録其誓辭，作費誓。

傳「徐戎」至「不開」　經稱淮夷、徐戎，序言徐夷，略之也。此戎、夷在魯之東。諸侯之制，於郊有門。恐其侵逼魯境，故東郊之門不開。

費誓

費，魯東郊之地名。

【疏】傳「費魯」至「地名」　甘誓、牧誓皆至戰地而誓，知費非戰地者，東郊不開則戎、夷去魯近矣。此誓令其治兵器、具糗糧，則是未出魯境，故知費是魯東郊地名，非戰處也。

公曰：「嗟！人無譁，聽命！〔一八〕伯禽爲方伯，監七百里内之諸侯，帥之以征，歎而勑之，使無喧譁，欲其静聽誓命。○譁，户瓜反。監，工銜反。**徂茲淮夷、徐戎並興，**今往征此淮浦之夷、徐州之戎並起爲寇。此戎、夷帝王所羈縻統叙，故錯居九州之内，秦始皇逐出之。**善敹乃甲胄，敿乃干，無敢不弔！**言當善簡汝甲鎧胄兜鍪，施汝楯紛，無敢不令至，攻堅使可用。○敹，了彫反。敿，居表反。弔，音的。鎧，苦代反。兜，丁侯反。鍪音矛。楯，常準反，又音允。紛，芳云反。不令，力呈反。**備乃弓矢，鍛乃戈矛，礪乃鋒刃，無敢不善！**備汝弓矢，弓調矢利，鍛鍊戈矛，磨礪鋒刃，皆使無敢不功善。○鍛，丁亂反。礪，力世反。鍊，來見反。

【疏】「公曰」至「不善」　魯侯將征徐戎，召集士衆歎而勑之，公曰：嗟，在軍之人，無得喧譁，皆静而聽我誓命。今往征此淮浦之夷、徐州之戎，以其並起爲寇故也。汝等善簡擇汝之甲胄，施汝楯紛，無敢不令至攻極堅。備汝弓矢，一弓百矢，令弓調矢利。鍛鍊汝之戈矛，磨礪汝之鋒刃，無敢不使皆善。戒之使善，言不善將得罪也。

傳「伯禽」至「誓命」　禮，諸侯不得專征伐，惟州牧於當州之内有不順者得專征之。於時伯禽爲方伯，監七百里内之諸侯，故得帥之以征戎、夷。王制云：「千里之外設方伯，以八州八伯。」是州别立一賢侯以爲方伯。即周禮大宗伯云「八命作牧」是也。禮記明堂位云：「封周公於曲阜，地方七百里。」孔意以周之大國不過百里，禮記云七百里者，監此七百里内之諸侯，非以七百里地并封伯禽也。下云「魯人三郊三遂」，指言「魯人」，明於時軍内更有諸侯之人，故知帥七百里内諸侯之人以之共征也。鄭云：「人，謂軍之士衆及費地之民。」案下句令塡塞坑穽，必使軍旁之民塞之，或當如鄭言也。

傳「今往」至「出之」　詩美宣王命程伯休父「率彼淮浦，省此徐土」，知淮浦是淮浦之夷，徐戎是徐州之戎也。四海之名，東方曰夷，西方曰戎，謂在九州之外。此徐州、淮浦中夏之地，而得有戎、夷者，此戎、夷帝王之所羈縻而統叙之，不以中國之法齊其風俗，故得雜錯居九州之内。此伯禽之時有淮浦者，〔一九〕淮浦之夷並起。詩美宣王命召穆公平淮夷，則戎、夷之處中國久矣。漢時内地無戎、夷者，秦始皇逐出之。始皇之崩至孔之初，惟可三四十年，古老猶在，及見其事，故孔得親知之也。王肅云：「皆紂時錯居中國。」經傳不説其事，無以知紂時來也。

傳「言當」至「可用」　世本云：「杼作甲。」宋仲子云：「少康子杼也。」説文云：「冑，兜鍪也。」兜鍪，首鎧也。」經典皆言「甲冑」，秦世已來始有「鎧」、「兜鍪」之文。古之作甲用皮，秦、漢已來用鐵。「鎧」、「鍪」二字皆從金，蓋用鐵爲之，而因以作名也。甲冑爲有善有惡，故令敹簡取其善者。鄭云：「敹，謂穿徹之。」謂甲繩有斷絶，當使敹理穿治之。「干」，是楯也。「敿乃干」，必施功於楯，但楯無施功之處，惟繫紛於楯，故以爲「施汝楯紛」。紛如綬而小，〔二〇〕繫於楯以持之，且以爲飾。〔二一〕鄭云：「敿，猶繫也。」王肅云：「敿楯，當有紛繫持之。」是相傳爲此説也。「弔」，訓至也。無敢不令至極，攻堅使可用。鄭云：「至，猶善也。」

傳「備汝」至「功善」　「備」，訓具也。每弓百矢，弓十矢千，使其數備足，令弓調矢利。案毛傳云：「五十矢爲束。」

或臨戰用五十矢爲束。凡金爲兵器，皆須鍛礪。有刃之兵，非獨戈矛而已，云鍛鍊戈矛，磨礪鋒刃，令其文互相通稱，諸兵器皆使無敢不功善，〔一二〕令皆利快也。

「今惟淫舍牿牛馬。今軍人惟大放舍牿牢之牛馬。言軍所在，必放牧也。○牿，工毒反。杜乃擭，敜乃穽，無敢傷牿。牿之傷，汝則有常刑。擭，捕獸機檻，當杜塞之。穽，穿地陷獸，當以土窒敜之，無敢令傷所放牿牢之牛馬。牛馬之傷，汝則有殘人畜之常刑。○杜，本又作「敷」。擭，華化反，徐户覆反。敜，徐乃協反，又乃結反。穽，在性反。檻，户減反。窒，珍栗反。畜，許六反，又丑六反。

【疏】「今惟」至「常刑」 此戒軍旁之民也。今軍人惟欲大放舍牿牢之牛馬，令牧於野澤。杜汝捕獸之擭，塞汝陷獸之穽，無敢令傷所放牿牢之牛馬。牛馬之傷，汝則有殘害人畜之常刑。

傳「今軍」至「放牧也」 「淫」，訓大也。周禮充人「掌繫祭祀之牲牷，祀五帝則繫于牢，芻之三月」。鄭玄云：「牢，閑也。」校人「掌王馬之政，天子十有二閑，馬六種」。然則養牛馬之處謂之牢、閑，牢、閑是周衛之名也。此言大舍牿牛馬，則是出之牢、閑牧於野澤，令其逐草而牧之，故謂此牢、閑之牛馬爲「牿牛馬」，而知「牿」即閑、牢之謂也。故言「大放舍牿牢之牛馬」，言軍人所在，必須放牧。此告軍旁之民也。既言牛馬在「牿」，遂以「牿」爲牛馬之名。下云「無敢傷牿」，謂傷牛馬。「牿之傷」，謂牛馬傷也。鄭玄以「牿」爲桎梏之梏，施梏於牛馬之脚，使不得走失。

傳「擭捕」至「常刑」 周禮冥氏掌「爲阱擭，以攻猛獸」。知穽擭皆是捕獸之器也。擭以捕虎豹，〔一三〕穿地爲深坑，又設機於上，防其躍而出也。穽以捕小獸，穿地爲深坑，入必不能出，其上不設機也。穽以穿地爲名，擭以得獸爲名。擭亦設於穽中，但穽不設機爲異耳。「杜塞之」，「窒斂之」，皆閉塞之義。使之填坑廢機，無敢令傷所放牿牢之牛馬，「牛馬之傷，汝則有殘人畜之常刑」。今律文：「施機槍、作坑穽者，杖一百。傷人之畜産者，償所減價。」王肅云：「杜，閉也。擭，所以捕禽獸，機檻之屬。斂，塞也。穽，穿地爲之，所以陷墮之。恐害牧牛馬，故使閉塞之。」鄭玄云：「山林之田，春始穿地爲穽，或設擭其中，以遮獸。擭，柞㖨也。」〔二四〕

「馬牛其風，臣妾逋逃，勿敢越逐。馬牛其有風佚，臣妾逋亡，勿敢棄越壘伍而求逐之。役人賤者男曰臣，女曰妾。○逋，布吳反。佚音逸。祗復之，我商賚汝。衆人其有得佚馬牛、逃臣妾，皆敬還復之，我則商度汝功，賜與汝。○商，如字，徐音章。賚，力代反，徐音來。度，待洛反。乃越逐不復，汝則有常刑。越逐爲失伍不還，爲攘盜，汝則有此常刑。○攘，如羊反。無敢寇攘，踰垣牆！軍人無敢暴劫人，踰越人垣牆。物有自來者，無敢取之。○垣音袁。竊馬牛，誘臣妾，汝則有常刑。軍人盜竊馬牛，誘偷奴婢，汝則有犯軍令之常刑。甲戌，我惟征徐戎。誓後甲戌之日，我惟征之。峙乃糗糧，無敢不逮，汝則有大刑。皆當儲峙汝糗糒之糧，使足食，無敢不相逮及，汝則有乏軍興之死刑。○峙，直里反，爾雅云：「具也。」糗，去九反，一音昌紹反。糧音良。糒音備。魯人三郊三遂，峙乃楨、榦，甲戌我惟築。總諸國之兵而但稱魯人峙具楨榦，道近也。題曰楨，旁曰榦。言三郊三遂，明東郊距守不峙。甲戌日當築攻敵壘、距堙之屬。○楨，徐音貞。榦，工翰反。築，陟六反。守，手又反。堙音因。無敢不供，汝則有無餘刑，非殺。峙具楨榦，無敢不供，不供，汝則有無餘之刑，刑者非一也，然亦非殺汝。○不供音恭。魯人三郊三遂，峙乃芻茭，無敢不多，汝則有大刑。」郊遂多積芻、茭，供軍牛馬。不多，汝則亦有乏軍興之大刑。○芻，初俱反。茭音交。

【疏】「馬牛」至「大刑」　馬牛其有放佚，臣妾其有逋逃，汝無敢棄越壘伍而遠求逐之。其有得逸馬牛、逃臣妾，皆敬還復之，歸於本主，我則商度汝功賞賜汝。汝若棄越壘伍，遠求逐馬牛臣妾，及有得馬牛臣妾不肯敬還復歸本主者，汝則有常刑。

傳「馬牛」至「曰妾」　僖四年左傳云：「唯是風馬牛不相及也。」賈逵云：「風，放也。牝牡相誘謂之風。」然則馬牛風佚，因牝牡相逐而遂至放佚遠去也。「逋」，亦逃也。軍士在軍，當各守部署，止則有壘壁，行則有隊伍，勿敢棄越壘伍而遠求逐之。周禮太宰「以九職任萬民」，「八曰臣妾，聚斂疏材」。僖十七年左傳云：晉惠公之妻「梁嬴孕過期，卜招父與其子卜之，其子曰：『將生一男一女。』招曰：『然，男爲人臣，女爲人妾。』」是「役人賤者男曰臣，女曰妾」也。古人或以婦女從軍，故云「臣妾逋逃」也。

傳「皆當」至「死刑」　「峙」，具也。預貯米粟謂之「儲峙」。鄭衆云：「糗，熬大豆及米也。」說文云：「糗，熬米、麥也。」鄭玄云：「糗，擣熬穀也。謂熬米、麥使熟，又擣之以爲粉也。」糒，乾飰也。糗、糒是行軍之糧，「皆當儲峙汝糗、糒之糧」，使在軍足食。「無敢不相逮及」，謂儲糧少，不及衆人，「汝則有乏軍興之死刑」。興軍征伐而有乏少，謂之「乏軍興」。今律：「乏軍興者斬。」

傳「總諸」至「之屬」　指言魯人，明更有他國之人。總諸國之兵而但謂魯人峙具楨榦，爲道近故也。「峙具楨榦」，以擬築之用。「題曰楨」，謂當牆兩端者也。「旁曰榦」，謂在牆兩邊者也。釋詁云：「楨，榦也。」舍人曰：「楨，正也，築牆所立兩木也。」「榦」，所以當牆兩邊障土者。「三郊三遂」，謂魯人三軍。周禮司徒萬二千五百家爲鄉，司馬法萬二千五百人爲軍。小司徒云：「凡起徒從役，無過家一人。」是家出一人，一鄉爲一軍。天子六軍，出自六鄉，則諸侯大國三軍，亦當出自三鄉也。周禮又云：「萬二千五百家爲遂。」遂人職云：「以歲時稽其人民，簡其兵器，以起征役。」則六遂亦當出六軍，鄉爲正，遂爲副耳。鄭衆云：「六遂之地，在王國百里之外。」然則王國百里爲郊，鄉在郊內，遂在郊外。釋地云：「邑外謂之郊。」孫炎曰：「邑，國都也。」設百里之國，去國十里爲郊，則諸侯之制亦當鄉在郊內，遂在郊外。此言「三郊三遂」者，「三郊」謂三鄉也。蓋使三鄉之民分在四郊之內，三遂之民分在四郊之外，鄉近於郊，故以郊言之。鄉遂之民分在國之四面，當有四郊四遂，惟言三郊三遂者，明東郊令留守，不令峙楨、幹也。上云「甲戌我惟征徐戎」，此云「甲戌我惟築」，期以至日即築，當築攻敵之壘、距堙之屬。兵法攻城，築土爲山，以闚望城內，謂之「距堙」。襄六年左傳云：「晏弱城東陽而遂圍萊，甲寅堙之環城，傅於堞。」杜預云：「堞，女牆也。堙，土山也。周城爲土山，及女牆。」宣十五年公羊傳楚子圍宋，「使司馬子反乘堙而闚宋城，宋華元亦乘堙而出見之」。何休云：「堙，距堙，上城具也。」是攻敵城壘必有距堙，知築者築距堙之屬也。

傳「峙具」至「殺汝」　上云「無敢不逮」，此云「無敢不供」，下云「無敢不多」，文異者，糗糧難備，不得偏少，故云「無敢不逮」；楨幹易得，惟恐闕事，故云「無敢不供」；芻茭賤物，惟多爲善，故云「無敢不多」，量事而爲文也。「不供，汝則有無餘之刑」者，言刑者非一，謂合家盡刑之。王肅云：「汝則有無餘刑，父、母、妻、子同産皆坐之，無遺免之者，故謂無餘之刑。然入於罪隸，亦不殺之。」鄭玄云：「無餘刑非殺者，謂盡奴其妻、子，不遺其種類，在軍使給厮役，反則入於罪隸、舂槀，不殺之。」周禮司厲云：「其奴，男子入於罪隸，女子入於舂槀。」鄭玄云：「奴，從坐而没入縣官者，男女同名。」鄭衆云：「輸於罪隸，舂人、槀人之官也。」然不供楨、幹雖是大罪，未應緣坐盡及家人，蓋亦權以脅之，使勿犯耳。

「芻茭」　鄭云：「茭，乾芻也。」

秦誓第三十二

秦穆公伐鄭，遣三帥帥師往伐之。○秦穆公伐鄭，事見魯僖公三十三年。三帥，色類反，下注同，謂孟明視、西乞術、白乙丙。晉襄公帥師敗諸崤，崤，晉要塞也。以其不假道，伐而敗之，囚其三帥。○崤，户交反。塞，悉代反。假，工下反。還歸，作秦誓。晉舍三帥還歸，秦穆公悔過作誓。

【疏】「秦穆」至「秦誓」　秦穆公使孟明視、西乞術、白乙丙三帥帥師伐鄭，未至鄭而還，晉襄公帥師敗之於崤山，囚其三帥。後晉舍三帥，得還歸於秦。秦穆公自悔己過，誓戒羣臣，史録其誓辭，作秦誓。

傳「遣三」至「伐之」　左傳僖三十年：晉文公與秦穆公圍鄭，鄭使燭之武説秦伯，秦伯竊與鄭人盟，「使杞子、逢孫、楊孫戍之，乃還。」三十二年：「杞子自鄭使告於秦曰：『鄭人使我掌其北門之管，若潛師以來，國可得也。』穆公訪諸蹇叔，蹇叔曰：『不可。』公辭焉，召孟明、西乞、白乙，使出師伐鄭。」是「遣三帥，帥師往伐之」事也。序言「穆公伐鄭」，嫌似穆公親行，故辨之耳。

傳「崤晉」至「三帥」　杜預云：「殽，在弘農澠池縣西。」築城守道謂之塞，言其要塞盜賊之路也。崤山險阨，是晉之要道關塞也。從秦嚮鄭，路經晉之南境，於南河之南崤關而東適鄭。禮，征伐、朝聘過人之國，必遣使假道。晉以秦不假道，故伐之。左傳僖三十二年，晉文公卒。三十三年，「秦師及滑，鄭商人弦高將市於周，遇之，矯鄭伯之命，以牛十二犒師。孟明曰：『鄭有備矣，不可冀也。攻之不克，圍之不繼，吾其還也。』滅滑而還。晉先軫請伐秦師，襄公在喪，墨縗絰。夏四月，敗秦師於殽，獲百里孟明視、西乞術、白乙丙以歸」。是襄公親自帥師伐而敗之，囚其三帥也。春秋之例，君將不言帥師，舉其重者。此言「襄公帥師」，依實爲文，非彼例也。又春秋經書此事云：「晉人及姜戎敗秦師于殽。」實是晉侯而書晉人者，杜預云：「晉侯諱背喪用兵，通以賤者告也。」是言晉人告魯，不言晉侯親行，而云大夫將兵。大夫賤，不合書名氏，故稱「人」也。直言敗秦師于殽，不言秦之將帥之名，亦諱背喪用兵，故告辭略也。

傳「晉舍」至「作誓」　左傳又稱：「晉文公之夫人文嬴，秦女也，請三帥曰：『彼實構吾二君，寡君若得，而食之不厭。君何辱討焉？使歸就戮于秦，以逞寡君之志，若何？』公許之。秦伯素服郊次，嚮師而哭曰：『孤違蹇叔，以辱二三子，孤之罪也。不替孟明，孤之過也。』」是晉舍三帥而得還，秦穆公於是悔過作誓。序言「還歸」，謂三帥還也。嫌穆公身還，故辨之。公羊傳說此事云：「匹馬隻輪無反者。」左傳稱秦伯嚮師而哭，則師亦少有還者。

秦誓　貪鄭取敗，悔而自誓。

公曰：「嗟！我士，聽無譁！誓其羣臣，通稱士也。予誓告汝羣言之首，衆言之本要。古人有言曰：『民訖自若，是多盤。』言民之行己盡用順道，是多樂。稱古人言，悔前不順忠臣。○樂音洛。責人斯無難，惟受責俾如流，是惟艱哉！人之有非，以義責之，此無難也。若己有非，惟受人責即改之，如水流下，是惟艱哉。○俾，必爾反，下同。我心之憂，日月逾邁，若弗云來。〔二五〕言我心之憂，欲改過自新，如日月並行過，如不復云來。雖欲改悔，恐死及之，無所益。○復，扶又反。

【疏】「公曰」至「云來」　穆公自悔伐鄭，召集羣臣而告之。公曰：咨嗟！我之朝廷之士，聽我誥於汝，無得喧譁。我誓告汝衆言之首，誥汝以言中之最要者：古人有言曰：「民之行己盡用順道，是多樂。」言順善事則身大樂也。見他有非理，以義責之，此無難也。惟已有非理，受人之責，即能改之，使如水之流下，此事是惟難哉。言已已往之前，不受人言，故自悔也。今我心憂，欲自改過自新，但日月益爲疾行，如似不復云來。恐已老死，不得改悔也。

傳「誓其」至「稱士」 「士」者，男子之大號，故羣臣通稱之。鄭云：「誓其羣臣，下及萬民，獨云士者，舉中言之。」

傳「言民」至「忠臣」 「訖」，盡也。「自」，用；「若」，順；「盤」，樂也。盡用順道則有福，有福則身樂，故云「是多樂」也。稱「古人言」者，悔前不用古人之言，不順忠臣之謀故也。昔漢明帝問東平王劉蒼云：「在家何者爲樂？」對曰：「爲善最樂。」是其用順道則多樂。

傳「言我」至「所益」 「逾」，益；「邁」，行也。「員」，即「云」也。言日月益爲疾行，並皆過去，如似不復云來。畏其去而不復來，夜而不復明。言已年老，前途稍近，雖欲改悔，恐死及之，不得修改，身無所益也。王肅云：「年已衰老，恐命將終，日月遂往，若不云來，將不復見日月。雖欲改過，無所及益。自恨改過遲晚，深自咎責之辭。」

「惟古之謀人，則曰未就予，忌。惟爲我執古義之謀人，謂忠賢蹇叔等也。則曰未成我所欲，反忌之耳。○惟爲，于僞反，下「爲我謀」同。惟今之謀人，姑將以爲親。惟指今事爲我所謀之人，我且將以爲親而用之。悔前違古從今，以取破敗。

【疏】「惟古」至「爲親」 此穆公自説已之前過：我欲伐鄭之時，羣臣共爲謀計，「惟爲我執古義之謀人」，我則曰「未成我之所欲」，反猜忌之。「惟指今事爲我所謀之人」，我且將以爲親已而用之，「悔前違古從今，自取破敗」也。其「古之謀人」，當謂忠賢之臣若蹇叔之等。「今之謀人」勸穆公使伐鄭者，蓋謂杞子之類，國内亦當有此人。

「雖則云然，尚猷詢茲黃髮，則罔所愆。言前雖則有云然之過，今我庶幾以道謀此黃髮賢老，則行事無所過矣。番番良士，旅力既愆，我尚有之。勇武番番之良士，雖衆力已過老，我今庶幾欲有此人而用之。○番番音波。仡仡勇夫，射御不違，我尚不欲。仡仡壯勇之夫，雖射御不違，我庶幾不欲用。自悔之至。○仡仡，許訖反，又魚乞反，馬本作「訖訖」，無所省録之貌」，徐云：「强狀。」射，神夜反。惟截截善諞言，俾君子易辭，我皇多有之，昧昧我思之。惟察察便巧，善爲辯佞之言，使君子迴心易辭。〔二六〕我前多有之，以我昧昧，思之不明故也。○截截，才節反，馬云：「辭語，截削省要也。」〔二七〕諞音辨，徐敷連反，又甫淺反，馬本作「偏」，云：「少也。辭約損明，〔二八〕大辨佞之人。」易，羊石反。昧昧音妹。如有一介臣，斷斷猗無他技，其心休休焉，其如有容。如有束脩一介臣，斷斷猗然專一之臣，雖無他技藝，其心休休焉樂善，其如是，則能有所容。言將任之。○介音界，馬本作「介」，〔二九〕云：「一介，耿介一心端慤者。」字又作「个」，音工佐反。斷斷，丁亂反，又音短。猗，於綺反，又於宜反。他，本亦作「它」，吐何反。技，其綺反，本亦作「伎」。樂音洛。

【疏】「雖則」至「不欲」。言我前事雖則有云然之過，我今庶幾以道謀此黃髮賢老，受用其言，則行事無所過也。番番然勇武之善士，雖衆力既過老，而謀計深長，我庶幾欲有此人而用之。仡仡然壯勇之夫，雖射御不有違失，而智慮淺近，我庶幾不欲用之。自悔往前用壯勇之計失也。

「惟截」至「有容」。惟察察然便巧善爲辯佞之言，能使君子迴心易辭。我前大多有之，昧昧然我思之不明故也。如有一心耿介之臣，斷斷守善猗然，雖無他技藝，而其心樂善休休焉。其如是，則能有所含容。如此者，我將任用之。悔前用巧佞之人，今將任寬容善士也。

傳「惟察」至「故也」　「截截」，猶察察，明辯便巧之意。「諞」，猶辯也。由其便巧善爲辯佞之言，使君子聽之迴心易辭。「皇」，訓大也。我前大多有之，謂杞子之等及在國從己之人。以我昧昧而闇，思之不明，故有此輩在我側也。

傳「如有」至「任之」　孔注論語，以「束脩」爲束帶脩飾，此亦當然。「一介」，謂一心耿介。「斷斷」，守善之貌。「休休」，好善之意。如有束帶脩飾，一心耿介，斷斷然守善，猗然專一之臣，雖復無他技藝，休休焉好樂善道。其心、行如是，則能有所含容。言得此人將任用之。猗者，足句之辭，不爲義也。禮記大學引此作「斷斷兮」，「猗」是「兮」之類。詩云「河水清且漣猗」是也。〔三〇〕王肅云：「一介，耿介一心端慤。斷斷，守善之貌。無他技能，徒守善而已。休休，好善之貌。其如是人，能有所容忍小過，寬則得衆。穆公疾技巧多端，故思斷斷無他技者。」

「人之有技，若己有之；人之彦聖，其心好之，不啻如自其口出，是能容之。人之有技，若己有之，樂善之至也。人之美聖，其心好之，不啻如自其口出，心好之至也。是人必能容之。○好之，上呼報反。啻，失豉反。**以保我子孫，黎民亦職有利哉。**用此好技聖之人安我子孫，〔三一〕衆人亦主有利哉。言能興國。

【疏】「人之」至「利害」　此說大賢之行也。大賢之人，見人之有技，如似己自有之；見人之有美善通聖者，其心愛好之，不啻如自其口出。愛彼美聖，口必稱揚而薦達之。其心愛之，又甚於口，言其愛之至也。是人於民，必能含容之。用此愛好技聖之人安我子孫、衆民，則我子孫、衆民亦主有利益哉。言其能興邦也。

「人之有技，冒疾以惡之；人之彦聖而違之，俾不達，見人之有技藝，蔽冒疾害以惡之；人之美聖，而違背壅塞之，使不得上通。○冒，莫報反，注同。〔三二〕惡，烏路反。背音佩。壅，於勇反。塞，先得反。是不能容，以不能保我子孫，黎民亦曰殆哉。冒疾之人，是不能容人，用之不能安我子孫，衆人亦曰危殆哉。○殆，唐在反。

【疏】「人之」至「殆哉」　此説大佞之行也。大佞之人，見人之有技，蔽冒疾害以惡之；見人之有美善通聖者，而違背壅塞之，使不達於在上，〔三三〕是人之不能含容人也。用此疾惡技聖之人，不能安我子孫、衆民，則我子孫、衆民亦曰危殆哉。言其必亂邦也。

傳「見人」至「上通」　傳以「冒」爲覆冒之冒，謂蔽障掩蓋之也。「疾」謂疾惡之，謂憎疾患害之也。見人之美善通聖而違背之，不從其言，壅塞之使不得上通，皆是佞人害賢之行也。

「邦之杌隉，曰由一人；杌隉不安，言危也。一人所任用，國之傾危，曰由所任不用賢。○杌，五骨反。隉，五結反，徐語折反。邦之榮懷，亦尚一人之慶。」國之光榮爲民所歸，亦庶幾其所任用賢之善也。穆公陳戒背賢則危，用賢則榮，自誓改前過之意。

【疏】「邦之」至「有慶」　既言賢佞行異，又言用之安否。邦之杌隉危而不安，曰由所任一人之不賢也；邦之光榮爲民所歸，亦庶幾所任一人之有慶也。言國家用賢則榮，背賢則危。穆公自誓將改前過，用賢人者也。

校勘記

〔一〕同姓大國則曰伯父　按：儀禮原文「國」作「邦」。下「小國」同。

〔二〕言我小子而遭天大罪過　阮云：「而」上疑有缺文。

〔三〕俊在厥服　孫星衍云：今文作「咎在厥躬」。

〔四〕永綏在位　孫星衍云：「『綏』，當從説文作『綏』。」今按：孫説是，「綏」、「綏」形似而誤。綏，繼也。

〔五〕汝克昭乃顯祖　「昭」，阮本作「紹」，校曰：「『紹』字非也，殆因下『紹乃辟』而誤。」孫星衍曰：「三體石經作『紹』。」

〔六〕以思謂未得　正字云：「謂」，當「惟」字誤。

〔七〕不於上文作傳　按：「不」字原缺，據諸本補。

〔八〕盧弓一盧矢百　孫星衍云：「王制疏引尚書大傳引書作『盧弓十盧矢千』。」又盧云：「古本『盧』作『玈』。」

〔九〕簡恤爾都　孫星衍云：「三體石經『簡』作『柬』。」今按：作「柬」正。

〔一〇〕芬香調暢於上下　「調」，鄭注原文作「條」。

〔一一〕告其先祖諸有德美見記也　「也」，鄭箋原文作「者」。

〔一二〕諸侯有大功賜弓矢　「諸」上原衍「是」字，從諸本删。

〔一三〕簡恤者共有爾都之文　盧云：「『者』疑衍。」今按：「者共有」三字疑並衍。下句句首當有「謂」字。

〔一四〕費誓　孫星衍云：説文、周禮雍氏、曾子問、匡謬正俗俱引作「粊誓」。

〔一五〕東郊不開　阮云：唐石經初作「闢」，後磨改。匡謬正俗引作「闢」。

〔一六〕並起爲寇於魯　盧云：古本「魯」下有「東」字。
〔一七〕費音秘　「秘」，阮本作「祕」。
〔一八〕聽命　盧云：古本「聽」下有「予」字。
〔一九〕此伯禽之時有淮浦者　正字云：「徐戎興」三字誤「淮浦者」。
〔二〇〕紛如綬而小　按：「如」字原缺，據諸本補。
〔二一〕且以爲飾　「且」原誤「其」，從正字説改。
〔二二〕諸兵器皆使無敢不功善　「諸」下原衍「侯」字，從盧説删。
〔二三〕擭以捕虎豹　「擭」原誤「檻」，從正字説改。
〔二四〕擭柞鄂也　「柞」原誤「作」，從正字説改。又「鄂」，盧云：當作「鄂」，「鄂」譌。
〔二五〕若弗云來　正字云：「按正義，『云』本作『員』。」盧云：「古本作『員』。」
〔二六〕使君子迴心易辭　「迴」，宋無疏本作「回」。阮云：岳本、纂傳作「回」，是也。
〔二七〕截剥省要也　「剥」，阮本、殿本、通志堂本作「削」。
〔二八〕辭約損明　黄焯云：葉鈔「損」作「指」。
〔二九〕馬本作介　「介」，阮本作「界」。
〔三〇〕河水清且漣漪　按：「漪」原詩作「猗」。
〔三一〕用此好技聖之人　阮云：古本「聖」上有「美」字。
〔三二〕注同　「注」原誤「音」，據通志堂本改，阮本無此二字。
〔三三〕使不達於在上　「達」原訛作「遠」，據諸本訂正。

附録

上五經正義表

長孫無忌等

臣無忌等言：臣聞混元初闢，三極之道分焉；醇德既醨，六籍之文著矣。於是龜書浮於温洛，爰演九疇；龍圖出於滎河，以彰八卦。故能範圍天地，埏埴陰陽，道濟四溟，知周萬物。所以七教、八政垂炯戒於百王，五始、六虚貽徽範於千古。詠歌明得失之跡，雅頌表廢興之由，寔刑政之紀綱，乃人倫之隱括。昔雲官司契之后，火紀建極之君，雖步驟不同，質文有異，莫不開兹膠序，崇以典墳。敦稽古以弘風，闡儒雅以立訓；啓含靈之耳目，贊神化之丹青。姬、孔發揮於前，荀、孟抑揚於後。馬、鄭迭進，成均之望鬱興；蕭、戴同升，石渠之業愈峻。歷夷險其教不墜，經隆替其道彌尊。斯乃邦家之基，王化之本者也。

伏惟皇帝陛下得一繼明，通三撫運，乘天地之正，齊日月之暉。敷四術而緯俗經邦，藴九德而辯方軌物，御紫宸而訪道，坐玄扆以裁仁。化被丹澤，政洽幽陵。三秀、六穗之祥，府無虚月；集囿、巢閣之瑞，史不絶書。照金鏡而泰階平，運玉衡而景宿麗。可謂鴻名軼於軒、昊，茂績貫於勳、華。而垂拱無爲，遊心經典，以爲聖教幽賾，妙理深玄，訓詁紛紜，文疏踳駁，先儒競生別見，後進争出異端，未辯「三家」之疑，莫袪「五日」之惑。故祭酒、上護軍、曲阜縣開國子臣孔穎達，宏材碩學，名振當時，貞觀年中，奉詔修撰。雖加討覈，尚有未周。爰降絲綸，更令刊定，敕太尉揚州都督、監修國史上柱國、趙國公臣無忌，司空上柱國英國公臣勣，尚書左僕射兼太子少師、監修國史上柱國燕國公臣志寧，尚書右僕射兼太子少傅、監修國史上護軍、北平縣開國公臣行成，光禄大夫、吏部尚書、侍中兼太子少保、監修國史上護軍、蓨縣開國公臣季輔，光禄大夫、吏部尚書、監修國史上柱國、河南郡開國公臣褚遂良，銀青光禄大夫、守中書令、監修國史上騎都尉臣柳奭，前諫議大夫、弘文館學士臣谷那律，國子博士、弘文館學士臣劉伯莊，朝議大夫、守國子博士臣王德韶，朝散大夫、行太學博士臣賈公彦，朝散大夫、行太學博士、弘文館直學士臣范義頵，朝散大夫、行太常博士臣柳宣，通直郎、守太學博士臣齊威，宣德郎、守國子助教臣史士弘，宣德郎、行太常博士臣孔志約，右内率府長史、弘文館直學士臣薛伯珍，兼太學助教臣鄭祖玄，徵事郎、守太學助教臣隨德素，徵事郎、守四門博士臣趙君贊，承務郎、守太學助教臣周玄達，承務郎、守四門助教臣李玄植，儒林郎、守四門助教臣王真儒等，上稟宸旨，旁摭羣書，釋左氏之膏肓，翦古文之煩亂；探曲臺之奥趣，索連山之玄言。囊括百家，森羅萬有。比之天象，與七政而長懸；方之地軸，將五嶽而永久。筆削已了，繕寫如前。臣等學謝伏恭，業慚張禹，雖罄庸淺，懼乖正典。謹以上聞，伏增戰越。謹言。

永徽四年二月二十四日，太尉、揚州都督、上柱國、趙國公臣無忌等上表。

請雕五經正義表

孔維

臣維等言：臣等先奉敕校勘五經正義，今已見有成，堪雕印版行用者。伏以三才分而書契肇啓，六籍著而學校斯興。由是體國辨方，必宗乎典禮；修文立教，實本於膠庠。則郁郁乎文，於周爲盛矣。後暨法值挾書，復時經戰國，或年祀遠而篇簡爛脱，或師徒衆而傳授差訛。存歷朝錯綜之文，雖具陳解説；在羣儒講論之旨，亦互有異同。唐貞觀中，國子祭酒孔穎達考前代之文，採衆家之善，隨經析理，去短從長，用功二十四五年，撰成一百八十卷。自是至此，三百餘年，講經者止務銷文，應舉者唯編節義，苟期合格。志望策名出身者急在干榮，食禄者多忘本業。一登科級，便罷披尋。因循而舛謬漸滋，節略而宗源莫究。舉前朝之墜典，正歷代之舊章。

伏惟應運統天睿文英武大聖、至明廣孝皇帝陛下道高貫日，德邁重瞳，武暢遐陬，文加異俗。崇儒雅之風，三王却軫；闡詩書之教，兩漢厚顔。臣等謬以寡聞，幸塵華貫，猥奉窮經之寄，曾無博古之能。空極覃精，寧周奥義？今則逐部各詳於訓解，寫本皆正於字書，非遇昌期，難興大教。既釋不刊之典，願垂永代之規，儻令雕印以頒行，乞降絲綸之明命。干犯旒冕，臣等無任戰汗兢惶，激切屏營之至，謹奉表陳請以聞。臣維等誠惶誠恐，頓首頓首謹言。

端拱元年三月日，勘官承奉郎、守大理評事臣秦奭等上表，勘官徵事郎、守大理寺丞柱國臣軒轅節，勘官徵事郎、守太子右贊善大夫臣胡令問，勘官承奉郎、守太子右贊善大夫柱國臣解貞吉，勘官承奉郎、守殿中丞柱國臣胡迪，勘官朝奉郎、守國子毛詩博士柱國、賜緋魚袋臣解損，勘官承奉郎、守國子禮記博士、賜緋魚袋臣李覺，勘官承奉郎、守國子春秋博士、賜緋魚袋臣袁逢吉，都勘官朝請大夫、守國子司業、賜紫金魚袋臣孔維。

六經疏義跋

黄唐

六經疏義，自京監、蜀本，皆省正文及注，又篇章散亂，覽者病焉。本司舊刊易、書、周禮，正經、注、疏萃見一書，便於披繹，它經獨闕。紹熙辛亥仲冬，唐備員司庾，遂取毛詩、禮記疏義，如前三經編彙，精加讎正，用鋟諸木，庶廣前人之所未備。乃若春秋一經，顧力未暇，姑以貽同志云。壬子秋八月，三山黄唐謹識。

四庫全書總目尚書正義提要

尚書正義二十卷　舊本題「漢孔安國傳」。其書至晉豫章內史梅賾，始奏於朝。唐貞觀十六年，孔穎達等爲之疏。永徽四年，長孫無忌等又加刊定。孔傳之依託，自朱子以來，遞有論辯，至國朝閻若璩作尚書古文疏證，其事愈明。其灼然可據者，梅鷟尚書考異攻其注禹貢瀍水出河南北山一條，積石山在金城西南羌中一條，地名皆在安國後。朱彝尊經義考攻其注書序東海駒驪、扶餘、馯貊之屬一條，謂駒驪王朱蒙至漢元帝建昭二年始建國，安國武帝時人，亦不及見。若璩則攻其注泰誓「雖有周親不如仁人」，與所注論語相反。又安國傳有湯誓，而注論語「予小子履」一節，乃以爲墨子所引湯誓之文。案安國論語注今佚，此條乃何晏集解所引。皆證佐分明，更無疑義。至若璩謂「定從孔傳以孔穎達之故」，則不盡然。考漢書藝文志叙古文尚書，但稱「安國獻之，遭巫蠱事，未立於學官」，不云作傳，而經典釋文叙録，乃稱藝文志云「安國獻尚書傳，遭巫蠱事，未立於學官」，始增入一「傳」字，以證實其事。又稱「今以孔氏爲正」，則定從孔傳者乃陸德明，非自穎達。惟德明於舜典下注云「孔氏傳亡舜典一篇，時以王肅注頗類孔氏，故取王注從『慎徽五典』以下爲舜典，以續孔傳」，又云「曰若稽古帝舜曰重華協于帝」十二字，是姚方興所上，孔氏傳本無。阮孝緒七録亦云：「方興本或此下更有『濬哲文明温恭允塞玄德升聞乃命以位』，凡二十八字異，聊出之，於王注無施也。」則開皇中雖增入此文，尚未增入孔傳中，故德明云爾。今本二十八字，當爲穎達增入耳。梅賾之時，去古未遠，其傳實據王肅之注而附益以舊訓，故釋文稱「王肅亦注今文，所解大與古文相類，或肅私見孔傳而祕之乎」。此雖以末爲本，未免倒置，亦足見其根據古義，非盡無稽矣。穎達之疏，晁公武讀書志謂因梁費甝疏廣之，然穎達原序稱爲正義者，蔡大寶、巢猗、費甝、顧彪、劉焯、劉炫六家，而以劉焯、劉炫最爲詳雅，其書實因二劉，非因費氏。公武或以經典釋文所列義疏僅甝一家，故云然歟？朱子語録謂五經疏周禮最好，詩、禮記次之，易、書爲下。其言良允。然名物訓故，究賴之以有考，亦何可輕也。

尚書注疏校勘記序

阮元

自梅頤獻孔傳，而漢之真古文與今文皆亡。乃梅本又有今文、古文之別。新唐書藝文志云：「天寶三載，詔集賢學士衛包改古文從今文。」說者謂今文從此始，古文從此絶，殊不知衛包以前未嘗無今文，衛包以後又別有古文也。隋書經籍志有古文尚書十五卷，今字尚書十四卷，又顧彪今文尚書音一卷。是隋以前已有今文矣。蓋變古文爲今文，實自范甯始。甯自爲集注，成一家言。後之傳寫孔傳者從而效之，此所以有今文也。六朝之儒，傳古文者多，傳今文者少。今文自顧彪而外，不少概見。李巡、徐邈、陸德明，皆爲古文作音。孔穎達正義出於二劉，蓋亦用古文本，如「塗」之爲「斁」、「云」之爲「員」是也。然疏内不數數覯，殆爲後人竄改，如陳鄂等之於釋文歟？然則衛包之改古從今，乃改陸、孔而從范、顧，非倡始爲之也。乃若天寶既改古文，其舊本藏書府，民間不復有之。更經喪亂，即書府所藏，亦不可問矣。開成初，鄭、賈進石經，悉用今文。前此張參之壁經，後此長興之板本、廣政之石本，當無不用今文者。乃後周顯德六年郭忠恕獨校古文尚書上之，上距天寶三載已三百餘年，不知郭氏從何而得。其本宋初仍不甚行，至呂大防得於宋次道、王仲至家，而晁公武取以刻石，薛季宣據以作訓，然後大顯。今按釋文序録云：「尚書之字本爲隸古。既是隸寫古文，則不全爲古字。今宋、齊舊本及徐、李等音所有古字，蓋亦無幾。穿鑿之徒務欲立異，依傍字部，改變經文，疑惑後生，不可寫用。」是所謂古文，不過如周禮、漢書，略有古體及假借通用之字而已。晁氏讀書志云：「陸德明獨存一二於釋文。」此正與古字無幾之説相合。若連篇累牘悉是奇字，則陸氏豈得或釋或不釋哉？晁氏又云：「以古文尚書校釋文，雖小有異同，而大體相類。」夫釋文所存，僅止一二，就此一二之中復小有異同，則全經不合者必十之九，其爲贋本無疑。然觀陸氏之言，則穿鑿立異，自古而然，不獨郭氏也。元於尚書注疏舊有校本，兹以各本授德清貢生徐養原校之，並及釋文。元復定其是非，且考其顛末，著於簡首。阮元記。

引據各本目録

唐石經用衛包所改之今文，後來注疏本俱出於此。

宋臨安石經今所存者起禹貢之半，至胤征之半；又起大誓末，至酒誥之半。

古本見山井鼎七經孟子考文，乃日本足利學所藏書寫本也。物觀序以爲唐以前物。其經皆古文，然字體太奇，間參俗體，多不足信。

岳本宋岳珂用廖氏世綵堂本重加校勘，所謂相臺本也，世甚重之。今考其書多詳於音讀句逗，而略於字句異同，又往往據疏以改注，不知疏中所述經傳，不必盡依元文也。然合二十三家參訂，用力甚勤，固當優於諸家。元本未見，今所據者，武英殿翻刻本也。

葛本即永懷堂本，與閩刻注疏本相類，而譌字較多。　已上三種，皆單注本。

宋板見七經孟子考文。左傳考文載黄唐禮記跋云：「本司舊刊易、書、周禮正經、注、疏萃見一書，便於披釋，它經獨闕。紹興辛亥，遂取毛詩、禮記疏義如前三經編彙，精加讎正。」蓋注、疏合刻，起於南、北宋之間，而易、書、周禮先刻，當在北宋之末也。　此本或即黄跋所稱者。　自盤庚以下爲九卷，泰誓以下爲十卷，洪範以下爲十一卷，旅獒以下爲十二卷，康誥以下爲十三卷，召誥以下爲十四卷，多士以下爲十五卷，君奭以下爲十六卷，立政以下爲十七卷，顧命以下爲十八卷，君牙以下爲十九卷，文侯之命以下爲二十卷。其中缺葉爲後人所補者，則謂之「補」。

宋十行本案他本注疏每半葉九行，此獨十行，故世謂之十行本。　溯其源，蓋即岳珂九經三傳沿革例所謂建本有音釋注疏是也。　修板至明正德間止，亦即山井鼎所謂正德本是也。　記中稱正德本，據考文而言。　其中譌字雖多，無臆改之失。　考文所引宋板，多與之合。

閩本明嘉靖時李元陽刻於閩中，即考文所謂嘉靖本也。記中亦與考文所引並載，以見此詳彼略云。

明監本神廟時所刊，毛本從此出。

毛本汲古閣刻，今校正義以此爲據。

已上七種，皆注、疏合刻本。

釋文陸德明本據古文作音義，自陳鄂改用今文，流傳至今，已非其舊矣。　其注中所載别本，或尚屬元文，今仍歸之陸氏。

六經正誤宋毛居正撰，多辨偏旁之疑似，惟所載監本、興國本、建本，可以考宋本之異同，自不可廢。

尚書纂傳元王天與撰，注語略有刊落，疏則僅載十之一二，其中有臆改處，不足盡憑。

石經考文提要乾隆五十六年命刊立石經，工部尚書彭元瑞因著此書。其所據自通行各本外，有宋本九經、南宋巾箱本、宋本附釋音尚書正義、宋本纂圖互注尚書岳珂本、元本尚書正義、至善堂九經本。

九經誤字顧炎武撰，以唐石經正監本之誤。又金石文字記舉唐石經誤字。

七經孟子考文山井鼎撰，物觀補遺，以古本宋板校明刻之訛，間有辨論。别爲古文考一卷列尚書之前，殊嫌疣贅。

十三經正字嘉善浦鏜撰。

羣書拾補餘姚盧文弨輯。

圖書在版編目(CIP)數據

尚書正義/(漢)孔安國傳；(唐)孔穎達正義；黄懷信整理．—上海：上海古籍出版社，2007.12（2023.9重印）
（十三經注疏）
ISBN 978-7-5325-4899-6

Ⅰ.尚…　Ⅱ.①孔…　②孔…　③黄…　Ⅲ.①中國—古代史—商周時代　②尚書—注釋　Ⅳ.K221.04

中國版本圖書館CIP數據核字 (2007) 第 191231 號

本書出版得到國家古籍整理出版專項經費資助

十三經注疏
尚書正義
[漢] 孔安國傳
[唐] 孔穎達正義
黄懷信整理
上海古籍出版社出版發行
（上海市閔行區號景路159弄1−5號A座5F　郵政編碼201101）
(1) 網址：www.guji.com.cn
(2) E-mail：gujil@guji.com.cn
(3) 易文網網址：www.ewen.co
上海展强印刷有限公司印刷
開本 890 × 1240　1/32　印張 27　插頁 6　字數 800,000
2007 年 12 月第 1 版　2023 年 9 月第 10 次印刷
印數：6,201-7,000
ISBN 978-7-5325-4899-6

K·1085 精裝定價：108.00 元

如發生質量問題，請與承印公司聯系
電話：021−66366565